中华当代学术著作辑要

# 古代埃及史

刘文鹏　著

创于1897　商务印书馆
The Commercial Press

**图书在版编目(CIP)数据**

古代埃及史/刘文鹏著.—北京:商务印书馆,2023
(中华当代学术著作辑要)
ISBN 978-7-100-23147-3

Ⅰ.①古… Ⅱ.①刘… Ⅲ.①埃及—古代史
Ⅳ.①K411.2

中国国家版本馆 CIP 数据核字(2023)第 193708 号

中华当代学术著作辑要
**古代埃及史**
刘文鹏 著

———————————————

商 务 印 书 馆 出 版
(北京王府井大街36号 邮政编码100710)
商 务 印 书 馆 发 行
北京市十月印刷有限公司印刷
ISBN 978-7-100-23147-3

———————————————

2023 年 12 月第 1 版　　　　开本 710×1000　1/16
2023 年 12 月北京第 1 次印刷　　印张 43
定价:198.00 元

# 中华当代学术著作辑要

# 出 版 说 明

学术升降,代有沉浮。中华学术,继近现代大量吸纳西学、涤荡本土体系以来,至上世纪八十年代,因重开国门,迎来了学术发展的又一个高峰期。在中西文化的相互激荡之下,中华大地集中迸发出学术创新、思想创新、文化创新的强大力量,产生了一大批卓有影响的学术成果。这些出自新一代学人的著作,充分体现了当代学术精神,不仅与中国近现代学术成就先后辉映,也成为激荡未来社会发展的文化力量。

为展现改革开放以来中国学术所取得的标志性成就,我馆组织出版"中华当代学术著作辑要",旨在系统整理当代学人的学术成果,展现当代中国学术的演进与突破,更立足于向世界展示中华学人立足本土、独立思考的思想结晶与学术智慧,使其不仅并立于世界学术之林,更成为滋养中国乃至人类文明的宝贵资源。

"中华当代学术著作辑要"主要收录改革开放以来中国大陆学者、兼及港澳台地区和海外华人学者的原创名著,涵盖语言、文学、历史、哲学、政治、经济、法律、社会学和文艺理论等众多学科。丛书选目遵循优中选精的原则,所收须为立意高远、见解独到,在相关学科领域具有重要影响的专著或论文集;须经历时间的积淀,具有定评,且侧重于首次出版十年以上的著作;须在当时具有广泛的学术影响,并至今仍富于生命力。

自 1897 年始创起,本馆以"昌明教育、开启民智"为己任,近年又确立了"服务教育,引领学术,担当文化,激动潮流"的出版宗旨,继上世纪八十年代以来系统出版"汉译世界学术名著丛书"后,近期又有"中华现代学术名著丛书"等大型学术经典丛书陆续推出,"中华当代学术著作辑要"为又一重要接续,冀彼此间相互辉映,促成域外经典、中华现代与当代经典的聚首,全景式展示世界学术发展的整体脉络。尤其寄望于这套丛书的出版,不仅仅服务于当下学术,更成为引领未来学术的基础,并让经典激发思想,激荡社会,推动文明滚滚向前。

商务印书馆编辑部

2016 年 1 月

# 目　录

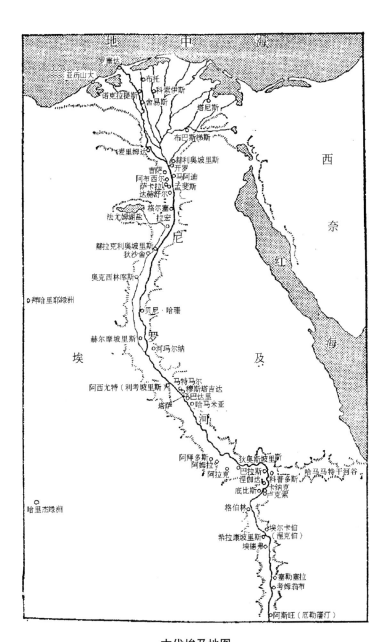

古代埃及地图

没有任何一个国家有这样多的令人
惊异的事物,没有任何一个国家有这样
多的非笔墨所能形容的巨大业绩。

——希罗多德

# 导　　论

卷首引用的希罗多德对古埃及的评论和感慨,可以说是千古绝伦
的一句名言。的确,没有去过埃及的人,绝不会表达出这样深刻的意
念;同样,没有去过埃及的人,也绝不能真正体会到这句名言的真谛。

古埃及国家的那些"令人惊异的事物"及其"巨大业绩",至今还没
有被人们遗忘。古埃及人的伟大形象,似乎还浮荡在我们的面前:巍峨
壮观的金字塔,显示了古埃及人的巨大创造力;瑰丽宏伟的卡纳克神
庙,仍给人们以庄严神秘之感;惟妙惟肖的雕塑绘画,继续给人们以艺
术上的享受。在当今世界,各国流行的拼音文字,不难让人们想起腓尼
基人的贡献,而腓尼基字母文字又是溯源于古埃及的象形文字。在现
代文明社会中,耸立在伦敦、巴黎、纽约上空的古埃及方尖碑,常常让人
们想起已经消失了的古埃及文明。

## 一、古老、悠久而伟大的古埃及文明

在茫茫的东北非的大沙漠中,那日夜奔腾、川流不息的尼罗河,给

埃及人送来了一线生机,带来了生存的希望。她历经沧桑,哺育了一代又一代的古埃及人。或许正是由于这种"恩赐",当欧洲大陆尚在蒙昧之中,古埃及人便摆脱了野蛮状态,率先迈入了文明社会。文明相对于野蛮,意味着人类的进步和巨大的创造力。

大约在公元前4000年代中叶,古埃及人和苏美尔人一样,在地球上最早建立起城堡、神庙和国家,发明了文字,形成了地位不同的社会集团。古埃及人就是在人与自然、人与人的斗争中,不断地发展壮大起来,成为历史上最早的巨人。

人类的文明是在原始的野蛮状态基础上建立起来的。为了摆脱野蛮状态,一些人奴役另一些人,必然采用了野蛮的手段。古埃及文明正是在野蛮的奴隶制的社会形态中发展起来的。专制君主建立了法老王朝,一直维持到波斯人和马其顿亚历山大的征服为止。从公元前305年以后,马其顿-希腊人的托勒密王朝又继续下来。公元前30年,罗马人又代替了希腊人,接着还有拜占庭人成为埃及的主人,一直到7世纪。尽管希腊人和罗马人征服了古埃及人,但是埃及仍然是埃及人的埃及,埃及的传统仍然保存下来。7世纪阿拉伯人征服了埃及,埃及的古代文明最终消失了,取而代之的是阿拉伯的伊斯兰文明。就古代奴隶制文明的延续、发展而言,其悠久而古老的历史,是任何民族和国家所望尘莫及的。

## 二、古代埃及文明的重现

阿拉伯人征服了埃及后,伊斯兰文明发展起来,古埃及文明逐渐被历史的洪流所淹没。到了近代,法国拿破仑远征埃及,他第一个打开了埃及的大门,并因此也打开了古埃及的语言、历史和文明知识的大门。拿破仑的士兵在罗塞达构筑堡垒时发现了一块破损的石碑,由于罗塞达石碑上铭刻了古埃及的象形文字、世俗体文字和希腊文字,因而为西方学者提供了解读象形文字的一把钥匙。1822年法国商博良解读象形文字成功，从此宣告了埃及学的诞生。埃及学是研究古埃及的语言文学、历史和文化等诸多方面的一个专门的学科。在商博良以后，德国的列普修斯，法国的马里埃特、马斯帕洛，英国的皮特里，美国的布雷斯特德等学者，在埃及学的创建和发展上，做出了巨大的努力。①

　　法国、英国、美国、德国的埃及学研究机构，或长或短在埃及进行的考古与历史研究不断地取得新的发现和成就。

　　在世界各国考古学家、历史学家和众多学者的努力下，古埃及的城堡、神庙、陵墓、雕刻品等一批批地被发掘出来；纸草文献、石碑铭文大量地被译读出版。古老而伟大的埃及文明逐渐被揭示出来，重新展现在现代人的面前。

　　"二战"后，埃及学发展的特点首先是配合埃及建筑事业而进行的抢救性的迁移和发掘工作。例如，1960年起因阿斯旺大坝建筑而进行的大规模国际协作的阿布辛拜勒的迁移工程，以及1990年以来因北西奈的萨拉姆运河的开凿而进行的抢救遗址和纪念物的考古工作。这些救援计划，使1922年轰动一时的图坦哈蒙墓的发现黯然失色。现代科学技术手段的应用和人才培训，包括尖端的地球物理学的勘察，为埃及学的发展创造了更为有利的条件。

　　此外，值得强调的是战后以来埃及民族考古学的成长，使得埃及学摆脱了殖民主义者的控制与垄断。埃及政府的古物局和开罗大学的埃及学教学与研究由埃及人充任。1954年，埃及的专家卡迈尔·马拉赫发现了胡夫太阳舟。阿赫迈德·法库里(1905—1973)在西部沙漠进行了开拓性的发掘工作。埃及国内学者的研究工作，越来越受到外国学者的重视。

---

　　①　详见拙文"埃及学的诞生、发展与现代的研究"，《世界历史》1994年第1期，第80—87页；又见拙著《埃及学文集》，内蒙古大学出版社1996年版，第1—20页。

### 三、古埃及历史的分期

考古学发现的历史文物与遗址、遗迹,以及历史文献所揭示的古埃及人的各种记录,往往成为研究古埃及历史的重要证据。古埃及人的历史,可以追溯到100多万年前的旧石器时代,经过新石器或铜石并用时代,进入了文明社会。文明社会的标志之一是文字的发明。所以,古埃及人留下的阿拜多斯王名表、萨卡拉王名表、都灵王名册、巴勒莫石碑等文献,记载了某些朝代国王的世系、统治年代,甚至某些国王的重大活动和事件。公元前3世纪的埃及僧侣马涅托将古埃及的历史划分成30(31)王朝,记载了各朝国王的重大历史事件。这些文献为我们研究古埃及史分期问题提供了依据。

现代埃及学者通常以马涅托的王朝体系为基础,按其《埃及史》的30王朝分成古王国、中王国和新王国三大时期,后来,又补充了早王朝和后王朝两大阶段。古埃及的30或31王朝,以波斯的征服而结束。现在流行的断代,通常以马其顿王亚历山大征服埃及为终结,此后的古埃及史分别划入了希腊和罗马历史的范畴。显然,这是以征服者的历史代替了土著埃及人的历史。事实上,不论是托勒密王朝,或者罗马、拜占庭帝国统治下的埃及,仍然是奴隶制的埃及文明。7世纪,阿拉伯人征服了埃及,古埃及文明被伊斯兰文明所代替,古代埃及的历史才最终结束。

基于上述的认识,在保留马涅托王朝体系的同时,考虑到古代国家形态的发展规律,我们提供一个新的古埃及史的分期:

1. 史前时代和前王朝文化。

由旧石器时代发展到铜石并用文化,包括塔萨·巴达里文化、涅伽达文化Ⅰ和Ⅱ。大约在公元前3500年形成了奴隶制的城市国家文明。

2. 埃及统一王国的形成与分裂。

公元前3100年开始统一,经早王朝(1—2王朝)到古王国时代

(3—6 王朝),形成了专制主义王国。第一中间期,埃及统一王国分裂。

3. 埃及王国的发展与衰落。

中王国(11—12 王朝)时代埃及重新统一,专制主义统治加强。第二中间期,埃及王国衰落,希克索斯人入侵。

4. 埃及的军事霸权与帝国的形成。

新王国(18—20 王朝)时代,埃及大规模的对外征服促进了奴隶制的发展,形成了强大的中央集权专制主义的大帝国。

5. 埃及帝国的分裂、复兴与衰亡。

第三中间期,帝国分裂。后埃及(26—31 王朝)复兴又衰落。

6. 异族的长期征服与奴隶制的崩溃。

在托勒密王朝和罗马、拜占庭帝国统治下,埃及确立了更加强化的专制主义国家制度,奴隶制逐渐衰落并向封建制过渡。[①]

新的历史分期法,最明显的是将古埃及史延长了将近一千年,把被割断的古埃及史重新连接起来,还历史发展以完整的面貌。

### 四、加强我国的埃及学建设

我们中国是世界文明古国之一。站在一个文明的大地上,眺望另一个更古老的文明,自然有其感情上的纽带。在几千年的文明发展中,两大古老文明的交往,至今还保留着某些踪迹。在我国,保留至今的唐明时期建筑、修补的泉州开元寺,在其大雄宝殿前台束腰石上的狮身人面像的浮雕,让我们看到了古埃及斯芬克斯的形象。在我们内蒙古偏僻的边塞,庆州的辽代白塔上,雕刻着一种人头鸟身的"金翅鸟",让我想起了古埃及的名为"巴"的精灵。

---

① 参看拙文"古代埃及的年代学与历史分期",《世界历史》1996 年第 2 期,第 72—80 页。

　　埃及学从 1822 年在西方诞生之日起，至今已有近两个世纪之久的历史。但是，在我国，严格说来，埃及学是从党的十一届三中全会以后才开始起步的。近一二十年来，我国开始建立埃及学的研究机构，培养了一批博士、硕士研究生，或者选送他们到国外深造。我国的学者出席了国际埃及学大会，并与国外学者建立了联系。国内已出版有关埃及历史、文化等方面的论著，发表有关埃及城市国家、专制主义、土地制度、奴隶制度以及宗教文化等方面的论文。尽管我国的埃及学已取得较大的成绩，但与国外的同行相比，仍然是小巫见大巫。

　　中国与埃及都是举世闻名的文明古国，曾经创造了光辉灿烂的文化，为人类文明的发展做出了巨大的贡献。在现今改革开放的大好形势下，在迎接 21 世纪到来之际，我们中国的埃及学应该担负起时代的重任，进一步努力发掘古埃及的这座珍贵的世界文明宝库，为发展我国的埃及学，为人类文明的进步，做出新的、更大的贡献。

# 第一章　古代埃及的地貌、
# 生态环境和民族

## 第一节　"埃及"一名的起源与古埃及的地理位置

通常使用的"埃及"（Egypt）一词是现代人对阿拉伯埃及共和国的简称。7世纪，阿拉伯人征服了埃及，古埃及文明覆灭。但是不论阿拉伯人，或者土著的古埃及人，他们本身都不曾使用过"埃及"一词。

古代埃及人，远古以来便生活、繁衍于大体上相当于现代埃及的这块土地上。古埃及人把他们自己称为 km ，符号表示黑色的鳄鱼皮，意为"黑色的"，这是就他们的肤色而言的。他们把自己的国家称为 kmt ，意为"黑色的土地"，表示他们的尼罗河冲积层的黑色肥沃的土壤。与此相对立的是"红色土地"，这是他们对他国的荒芜沙漠地的蔑视。古埃及人有时也把他们的国家称为 T3-mri ，意即泛滥之国。由于埃及南北地区自然条件的不同和行政管理方面的需要，自古以来被划分为上埃及和下埃及。上埃及称为 šmʿw ，即"南部的土地"，下埃及为 T3-mḥw ，即三角洲，二者合在一起称为"两地"，tʒwy ，即埃及。①古埃及人对自己国家的称呼，随着象形文字的消失而销声匿迹。但是古希腊人对埃及的称呼却保留下来。

现今流行的"埃及"一词,可以追溯到古希腊人对埃及的称呼Aigyptos,此语来源于希腊人对埃及古城"孟斐斯"一名的误称 Hekap-tah,意为"普塔神灵之家",科普特文把它写为 εκεπτο。后来的拉丁语称为 Aegyptus,显然都来源于希腊语。现今西方流行的 Egypt 一词,通常认为是由拉丁语演变而成的。也有人认为,埃及 Egypt 一词起源于腓尼基人的毕布罗斯城的君主对埃及的称呼 Chikuptach。

阿拉伯人自己把埃及称为 Misr(米斯尔),意指开罗或者意为"辽阔的国家",显然来源于公元前 2000 年代亚述的楔形文字,塞姆语的 ⸢⸣ ⸢⸣ ⸢⸣ ⸢⸣(米斯里)。我国的古籍《诸蕃志》作勿斯里,《元史》作米西尔、密昔尔,《明史》作米昔尔,一名密思儿。②我国古籍上的这些名字都是由阿拉伯语的 Misr 音译过来的。

埃及位于非洲东北角,包括亚洲西南端的西奈半岛,地处东经25°—35°,北纬 22°—32°之间。国土面积 1,002,000 平方公里,从北向南延伸 1055 公里,从东至西为 1250 公里,尼罗河贯穿南北,形成一个以狭长河流为中心的广漠的国家。

埃及处于地中海东南,东隔红海与阿拉伯半岛相望,西接利比亚,北临地中海,南连努比亚,即今之苏丹。南部边界,在历史上常有变动,传统上以尼罗河的第一瀑布为界。在中王国时代,南部边界被延长250 多英里,而在新王国时代,其前沿包括努比亚,延伸到阿斯旺南 600多英里。在埃及领土的扩张时代,西部边界,北从锡瓦到南部的哈里杰,大约与尼罗河间隔 200 公里。

## 第二节　古代埃及的地貌和生态环境

埃及是以尼罗河为中心、横跨亚非两大洲的方形版图的国家,除了尼罗河流域及其三角洲和法尤姆绿洲外,她还被山地、沙漠分划为范围不等的非常干燥的地区。

较大的西部沙漠是一个没有干河（又译干谷）或小溪的、横卧的低高地；较小的东部沙漠是一个石灰岩和沙石台地，其大部分地区被一些干河所切开，并且还被东南凸凹不平的群山所点缀。东部沙漠东北方的西奈，是一个类似于被干河划分的半岛。在西奈半岛南部的群山，包括埃及的最高峰凯瑟林山，高达 2642 米。

尼罗河在古埃及人民生活中，在历史上占有重要的地位。从已发掘的情况来看，尼罗河谷在地质年代的新生代中新世末已经形成，河床平均深度为 400 或 500 米，宽 10 至 15 公里。①但是上新世的高海面却把地中海的洪水引进了尼罗河谷凹地，即所谓"海浸"，一直淹没到上埃及的考姆翁布，使河谷变成了一个狭长的海湾。进入到这个洪水海湾的南端，尼罗河及其支流源源不断地灌注瓦砾岩屑，直到上新世末，几乎注满了水位。在下更新世，海水退落，回到北方，而河流开始浸蚀它的河床，与下降的基准面相一致。②

在更新世期间，埃及经历了一个继续不断的多雨的一段时间，气候十分潮湿。在这同时，尼罗河及其支流从沙漠小丘冲击下来被浸蚀的大量的砾石和沙子，构成了尼罗河两侧的低沙漠砾石台地，河床的中间部分则是泛滥洪水平原的肥沃的冲积地。③而在后更新世期间，在自然环境上有了许多的、但却是适度的变化。地质考古学证明，正当欧洲北半部为冰原覆盖的更新世的冰河时代，埃及的气候是湿润的，从尼罗河到撒哈拉是一片广大的草原地带。但更新世结束时，大约一万年前，冰河期结束，气候开始干燥化，沙漠扩大化，以致最后形成目前的基本状态。④

古代埃及人经常意识到的埃及国土的基本地区是尼罗河流域、三角洲和法尤姆地区。传统上总是有另外的埃及地理上的两重性：上埃及和下埃及。上埃及从利希特或阿西尤特到阿斯旺的第一瀑布；下埃及位于北方,从地中海沿岸延续到利希特或阿西尤特。

古代埃及的地形,按现代地质学、地貌学和考古学的研究,可以划分为三大部分:尼罗河谷地、三角洲冲积地和尼罗河两侧的低沙漠边缘和沙漠高地。通常也可以划分为五大部分:尼罗河流域、三角洲地带、法尤姆地区、西沙漠和东沙漠。现代埃及的沙漠地带占全国面积的96.5%。

### 一、尼罗河流域的地貌和生态环境

尼罗河全长6648公里,是世界上最长的河流之一,流域面积334.9万平方公里。河宽平均800—1000米,河深10—12米。尼罗河源于埃塞俄比亚高地的青尼罗河和中非维克托里亚湖的白尼罗河。贯穿埃及南北全境的尼罗河大约1350公里长。埃及的尼罗河水80%来源于埃塞俄比亚的夏天雨季膨大的雨量的集中。尼罗河每年从7月开始水位上升,通常从8月开始出现洪水,8月中旬到9月末河水淹没了河谷大部分底部,冲洗了土壤中的盐分,沉积一大片淤泥层,平均每百年积层增高几厘米。尼罗河水位降低以后,在10月和11月,人们播种主要作物,次年1至4月间作物成熟。4至6月是尼罗河水位最低的时间。

尼罗河流域是季节性的泛滥河流平原,由沙质的或沙砾多的河床构成,其两侧是淤泥和泥土。由于季节性的洪水溢出两岸,使这种地层彼此混合。按照泛滥平原类型,尼罗河泛滥平原总是属于"凸状的"。河渠中的水,其本身具有浸蚀河床的倾向,但是,洪水期淤泥的沉淀物增高了近河流土地的平面。凸状的泛滥平原,以自然的冲积堤为特征,而自然的冲积堤构成了低水位河岸,并在季节的泛滥冲积的平地上涨水几米。洪水不是一般地充溢堤岸,而是通过洪水河渠蔓延到堤岸背后低卧的地面上。洪峰或多或少同样地蔓延到平原的主要地区和河流中(见图1)。图1的地貌图表明了历史时代的尼罗河向东移动,而且自然的冲积堤伴随着尼罗河渠在最低冲积的盆地上升1—3米。它还进一步上升并被人工堤防所加固。

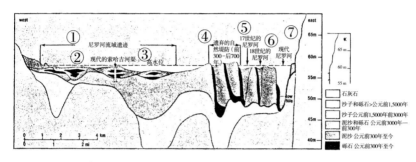

**图 1 索哈杰和阿西尤特之间的尼罗河流域断面图(据巴策尔)**

如前所述,尼罗河水位每年7月开始上升,洪水从尼罗河上游涌向下流。标准的洪水高峰,几乎总是将冲积堤顶短暂地淹没。洪水通过泛滥的河床或靠支流经过低冲积堤溢出,进入连续不断的洪水池塘,洪水池塘中平均水深1.5米。⑤这种池塘是在尼罗河的泛滥过程中自然形成起来的。尼罗河及其地方的河床的冲积堤,不论是实用的或者遗弃的,把冲积的河边低地分成分离的,自然的洪水池塘,其范围要比19世纪和20世纪的人工再分的池塘大得多。那些靠近乡间和河岸的人工池塘规模平均90平方公里和106平方公里,而作为典型的西岸的池塘仅仅在35平方公里以下。根据吉萨和阿西尤特之间的河谷的部分,可以估计自然的洪水池塘必定在两倍或三倍大。除了洪水池塘外,在尼罗河的泛滥期,全部耕地也都积满了0.5—2米深的河水。⑥

尼罗河的夏季增水期10月末结束后,进入减水期。在上埃及的第1个池塘,一般是10月初干旱,而到11月末被排干的北部河谷几乎最低的池塘变空。⑦随着尼罗河水的减退,池塘内贮存的河水又通过泛滥河床倒流出来,给人们的耕地和作物进行了水利灌溉。在埃及,这种自然泛滥的池塘灌溉,可以称为"特殊的溢流"(洪水)灌溉。⑧

此外,与灌溉农业密切相关的是,尼罗河的泛滥和池塘流入的河水带来了许多有机物和无机物,由于长期的积水,水分深深渗入土壤中,起到了自然的施肥作用。同时,从上游冲下来的淤泥沉积物,使土壤每年得到更新。还有一个重要的作用是,土壤中溶解的盐分通过土壤的毛细组织在地表面析出,池塘灌溉排水时地表的盐分洗净、脱盐,灌溉的效果增大,土质改善。

上述的尼罗河泛滥和池塘灌溉是在正常的情况下进行的,但是尼罗河泛滥开始的早晚,尼罗河水位的高低,也常常带来不同的影响。如果尼罗河增水期的水位低,那么仅仅能够泛滥、灌溉到一部分地区;反之增水期水量过大,而到了减水期则耕地的河水停滞没有排干,那么耕种也无法进行。所以,古代埃及人在历史上十分重视尼罗河水位的测定,并根据水位的变化,预测农业的丰歉。

尼罗河的地貌和生态环境对古埃及人具有重大的意义,特别是有利的生态条件提高了埃及人的生产力,促进了生产的发展和农业文明的进步。

作为古老文明的埃及史前人类的居住地,在尼罗河流域大约出现在公元前 15000—前 3000 年或者更早一些时间。⑨史前埃及人利用大自然为他们提供的优越条件,从事自然灌溉的农业生产。在旧石器时代,大部分的居住地必定是集聚于冲积堤极近的河岸,或者在法尤姆湖的周围。早期农民公社继续使用树木丛生的河岸作为居住地,当洪水退落后在潮湿的盆地上种植他们的农作物。荒地维持了作为猎人集团至少是季节性生计的足够的猎物。而"荒地、草原"植物适合于来自尼罗河的牧人的适中的季节性的开垦,或小的荒漠基地集团的"游牧的牧畜主义"。⑩在草地上和冲积的河边低地的丛林中,吃草的动物可以维持一年中的八九个月的生活。大的猎物在尼罗河中、丛林中、开阔地和沙漠中也是常有的。而野禽在尼罗河或"绿草地"和沼泽中也是十分丰富的。⑪

### 二、三角洲地带的地貌和生态环境

埃及三角洲是在较早的地质时代的高海平面时期的海底与尼罗河沉积的泥土之间的相互作用中形成起来的。三角洲最北部的沼泽和咸水湖或盐滩或许被海的浸蚀所造成。⑫

三角洲的地貌和生态环境不同于尼罗河谷地带。根据巴策尔的意见,三角洲平原的绝大部分是尼罗河支流、自然冲积堤、冲积平地(再分成泛滥池塘)和汇集的小河(现在人工排水)系统。希罗多德、斯特里波等证明,三角洲尼罗河的支流有七八个,在公元前 3000—前 2000年间,古王国和中王国时代十分活跃。而在新王国的拉美西斯时代,其支流可能在四五个。由于三角洲的冲积堤是相当低的,与许多池塘一起在自然条件下易于形成季节的或永久的沼泽。⑬

三角洲的沼泽化,使农业的开垦更加困难,甚至现在的三角洲广大地域仍不适于耕种。而三角洲中适于永久居住的地区,只是尼罗河支流和其他水渠之间的沙质地隆起的部分。也可以说在冲积堤的广大范围和沙滩岛或"龟甲形器"的展开的地方,有了持久的居住地,而适合于耕作或长草的季节性的泛滥的土地在大规模的排水前是更重要的。由于这种环境,土地的开垦对于这个地区的任何时代都是重要的。在三角洲的沙质地隆起部分的周围可以从事谷物生产,在其潮湿的地方用于长草可作为牧场。沼泽地带像尼罗河谷一样,适合于野生动物、鱼类的繁殖。此外,还有丰富的纸草、芦苇和蘑草植物以及羊齿植物、柽柳属植物等。大约从公元前 1400 年以来,三角洲地区农业生产的实力,增大了埃及政治和经济生活的范围,其土地可用的总数是尼罗河流域的两倍。而三角洲接近于近东,与它的交往,在晚后的埃及史上展现了一个新的发展实力。⑭

三角洲的居住地究竟什么时候开始的？从古至今没有一个成熟的看法。古代的作家希罗多德和现代的考古学家鲍姆伽特等人表示，前王朝时期的三角洲是一个几乎无人居住的地方。但是，巴策尔新近的研究认为，三角洲的实际情况已经完全否认了上述看法。有人推测，三角洲的最早的居住地或许出现于前王朝时期。⑮

### 三、法尤姆绿洲的地貌和生态环境

"法尤姆"一词来源于科普特语的 phiom，即"河"。法尤姆是埃及古代居住地中的第 3 个广阔地带，位于西沙漠大台地的大洼地之中，达到海平面下 45 米，是一个富饶而美丽的地方。法尤姆是埃及最大和经济上最重要的绿洲，从东到西最宽部分达 65 公里，而从南到北有 50 公里，被绵延的丘岭所环绕。作为尼罗河支流的巴赫尔·优素福在阿西尤特北向西分流，通往加龙湖或莫伊利斯湖。

史前时代，法尤姆低地或许仍然被上新世尼罗河一个支流的河水所覆盖。那时在这里形成了一个广阔的湖，具有繁茂的植物和丰富的动物生活的沼泽区。在这些动物中必定有大量的鳄鱼，因为从很早时候起，鳄鱼被当地人崇拜为神，即索贝克，晚些时改为沙乔斯，并且出现了鳄鱼城。早在旧石器时代末期（约公元前 7000 年）和新石器时代，这里已经出现了猎人和采集者的居民点；到了古王国时代农业被引入，并依赖湖水开垦土地。新石器时代开始，湖的面积逐渐缩小，差不多与现在全部法尤姆地带的大小相同。

法尤姆地区的湖，在古代被埃及人称为 Sha-resi（"南湖"），后来称为 Mer-wer（"大湖"），希腊的旅游者和地理学家则把它称为莫伊利斯湖。希罗多德说，这个湖的周边有 3600 斯塔吉亚（445 英里），⑯并覆盖有一个 770 多平方英里的区域，即大约是该湖现在范围的三四个大湖。湖的南面有一条狭窄的可耕地，称为 Ta-she（"湖地"），还有一座首城舍戴特("鳄鱼城"),它被堤坝所保护,以防洪水。中王国时代第12王朝的统治者在这个地区的东端设置居民点,而阿蒙尼姆赫特三世似乎对它发生了特殊的兴趣,着手大规模的沼泽排水工程,开垦了大约450平方公里的耕地。在托勒密王朝时期,法尤姆地区进一步排水开垦耕地,湖区达到了现今加龙湖的面积,开垦了大约1200平方公里的农耕地。[17]由于这里气候适宜,每年可生产两期作物,所以,在托勒密王朝时代,法尤姆成为埃及最繁荣、人口最稠密的地区之一。

还有一个类似于法尤姆绿洲、位于开罗以北、接近三角洲的一个非常小的瓦迪纳特仑绿洲,纳特仑(Natrun)一词的意思是涉及那里的一些盐湖。这些盐湖是古代埃及泡碱的主要产地。泡碱通常用于消毒,或者制作木乃伊,以及瓷器和玻璃等。但是,这片绿洲在农业资源上却是贫瘠的。

### 四、东、西沙漠地带的地貌和生态环境

尼罗河谷的气候、雨量的变化对埃及东、西沙漠地带具有重大的影响。埃及的雨量真正变成稀有的,是继前王朝多雨的间隙的结束而发生,约公元前2900年,并且甚至更靠近中王国的开始,约公元前2040年。中王国时代孟斐斯南部的雨量几乎绝对不足,必然减少沙漠游牧民的资源和数量,这也将影响尼罗河和红海之间,或利比亚绿洲和尼罗河之间的旅行。更困难得多的是季节性牧民的活动被河谷的人们排斥的时候。[18]但是,东、西沙漠本身特有的地貌生态环境在埃及历史上也占有重要的地位和影响。埃及的东沙漠与河谷地带的关系较之西沙漠似乎更密切些,东沙漠分布一些重要矿产地,从古王国的第3王朝起至新王国时代,埃及人就在西奈矿山开采绿松石。在西奈西部的马格哈拉干河和塞拉毕特卡迪姆,埃及人留下了半永久性的居住地。西奈也是铜的产地。新王国时代第18—20王朝时期的矿山遗址在埃拉特附

近的提姆纳已被发掘出来。

此外,东部沙漠还出产建筑石材和次宝石,并有通向红海的道路。在尼罗河附近还有一些采石场,如艾哈迈尔山的石英岩矿和哈特努布的雪花石膏矿。在南方的哈马马特干河还有硬砂岩(硬黑石),科普托斯地方的南部则是金矿的产地。

在沙漠有三条通向红海的主要通路:戈苏斯干河到塞法杰,哈马马特干河到屈赛尔和阿布哈德干河到贝蕾尼西。还有一条小路由开罗南约80公里到苏伊士的朱拂。这些通路显然与红海贸易或矿藏的开采有关。北边的路基本上在埃及整个历史时期使用,而最南边的路是在新王国时代以后使用的。戈苏斯干河路直到后埃及,也许到波斯时期还在通行。屈赛尔和贝蕾尼西两个港口或许被用于与蓬特国家的贸易,其中以香料贸易为最重要。

西沙漠位于尼罗河谷以西,北界从亚历山大的西部沿海直到昔兰尼加,或许包括了利比亚的主要部分。所以在古代,西沙漠通常称为利比亚。西沙漠也许不像现在那样荒凉,但是在一大片绿洲外,还点缀了几片绿洲。

在西沙漠地区,从北到南属埃及领域的有四个主要绿洲:拜哈里耶、费拉法、达赫莱及其东部的哈里杰。在沙漠绿洲生产有某些重要的作物,如葡萄和椰子等。在后两处绿洲发现有中王国和新王国时代受处罚或被迫害的逃亡者迁居的证据。第21王朝时代,还向这里流放政治犯。此外,西边更远的锡瓦绿洲在晚后时期并入埃及版图。在公元前525年,波斯王冈比西斯派遣军队远征锡瓦,但是全军覆没。后来,亚历山大率军远征到达了锡瓦绿洲。他在那里参拜了神庙,并得到阿蒙神的承认。除了这些绿洲外,还有一些小绿洲,它们往往成为沙漠中长途通行的商队的中继地。在这里,驴子,特别是骆驼成为他们贸易的主要运输工具。

西沙漠对埃及来说,重要的是涉及埃及与利比亚的关系。可能最早在公元前 3000 年,利比亚人已居住在乌威奈特,而在早期,利比亚人在文化上类似于埃及人,并操着同一种语言。但是,在整个法老时代,两者通常处于敌对状态,利比亚人往往成为埃及人掠夺奴隶的来源之一。到了后埃及时代,利比亚人入主埃及,控制了三角洲,在埃及历史上留下了重要的一页。

## 第三节　古代埃及的民族和语言文字

古代埃及的地貌与生态环境给古埃及人提供了一个施展其才能的活动舞台。那么,在这样一个特殊的舞台上究竟容纳了多少埃及人,他们属于什么种族,其民族的语言成分如何,这是需要进一步研究的。

### 一、古代埃及的人口和民族

古代埃及的人口究竟有多少?自古以来就成为社会上所关注的问题。古王国时代的《巴勒莫石碑》记录了法老们每两年一次的人口及财产的清查活动。但遗憾的是并没有具体的数字保留下来,而我们所能得到的仅仅是晚后一些时期的古典作家的记载。

希罗多德在讲到第 26 王朝阿玛西斯(阿赫摩斯二世)统治时代(公元前 6 世纪)时说,那是埃及史上"空前繁荣的时代",有人居住的城市有 20,000 座。[①]狄奥多拉斯则认为,在古埃及有 18,000 座以上的重要乡村和城市,而在托勒密腊加的儿子统治时代,其总数在 30,000座以上,人口总数大概为 700 万人,[②]狄奥多拉斯提出的 30,000 座数字,包括了乡村和城市,或许接近正确。这些人口数字看来也接近正确。

现代学者根据考古发掘或遗址的勘查,提供了有关埃及人口的一

些初步的数据。麦克伊韦迪等人假设在中石器晚期埃及共有 25,000
居民,到公元前 5000 年左右达 10 万人,公元前 4000 年达 25 万人,③美
国学者 K. W. 巴策尔对前王朝时代一些遗址做过勘查与研究。他根据
最古老最大的史前居民点麦里姆达(公元前 3820±350 年)几百年的遗
址覆盖面积 18 万平方米,推测其中人口 16,000 人。另一个作为巴达里
文化典型的哈马米亚村,他估计人口为 20 人。最著名的希拉康坡里斯
(涅伽达文化Ⅱ),据巴策尔的 1958 年勘查,其人口约 4700 人,至多
10,000 人。他认为,在前王朝时代晚期(约公元前 4000 年代末),埃及
的人口必须按 10 万至 20 万人来考虑。④除此之外,巴策尔还提供了埃
及整个古代时期的人口发展及其相关的数字(见表 1 和表 2)。⑤

**表 1  古代埃及假定的人口数字的发展(上)**

| 地　区 | 公元前 4000 年 | | | 公元前 3000 年 | | | 公元前 2500 年 | | |
|---|---|---|---|---|---|---|---|---|---|
| | A | B | C | A | B | C | A | B | C |
| 河谷 | 8 | (30) | 240 | 8 | (75) | 600 | 8 | (130) | 1.04 |
| 法尤姆 | 100 | (30) | 3 | 100 | (60) | 6 | 100 | (90) | 9 |
| 三角洲 | 8 | (10) | 80 | 7000 | (30) | 210 | 9 | (69) | 540 |
| 沙　漠 | | | 25 | | | 50 | | | 25 |
| 总计(百万人) | 0.35 | | | 0.87 | | | 1.60 | | |

**表 2  古代埃及假定的人口数字的发展(下)**

| 地区 | 公元前 1800 年 | | | 公元前 1250 年 | | | 公元前 150 年 | | |
|---|---|---|---|---|---|---|---|---|---|
| | A | B | C | A | B | C | A | B | C |
| 河谷 | 8 | (140) | 1.12 | 9 | (180) | 1.62 | 10 | (240) | 2.40 |
| 法尤姆 | 450 | (135) | 61 | 400 | (180) | 72 | 1.30 | (240) | 312 |
| 三角洲 | 10 | (75) | 750 | 13 | (90) | 1.17 | 16 | (135) | 2.16 |
| 沙　漠 | | | 25 | | | 25 | | | 25 |
| 总计(百万人) | 2.00 | | | 2.90 | | | 4.90 | | |

注:A=每平方公里中的可耕地的面积

　　B=每平方公里的人口密度

　　C=假定的数千的人口

从上述统计表来看,前王朝时代的埃及人口在 35 万至 87 万之间。在古王国时代达到 160 万人。新王国时代达 290 万人,后埃及晚期已达 490 万人。麦克伊韦迪等人也提供了王朝时代的埃及不同时期的人口数。他们讲到公元前 3000 年美尼斯统一埃及时人口已达到 100 万大关。在古王国时代,约公元前 3000—前 2000 年间,人口从 100 万增到 200 万;在中王国时代,又增到 250 万。新王国时代,随着帝国的形成,版图扩大到努比亚和巴勒斯坦,而那里的人口总共至少有 35 万人,再加上埃及本土的 300 万人,人口发展达到高峰。但是在公元前第一千纪,从大体上后期埃及以后,人口增长速度放慢,至 2 世纪,人口达到最大值约 500 万,直至近代才被超过。⑥现代的埃及人达到 5831.1 万人。

上述的埃及人口总数,尽管有一定的科学依据,但也只能是一个大概的估计数,可以作为我们的参考。那么,这些古埃及人究竟属于什么种族,有些什么特征呢? 这个问题至今已讨论了多年,仍未取得一致的意见。

19 世纪,人们已经辩论过古埃及人是白种人或黑种人的问题,20 世纪继续进行了热烈的讨论,特别是在 1974 年初,联合国教科文组织在开罗举行了关于古埃及居民的学术讨论会。虽然没有一个公认的结论,但是人们已经认识到传统上把古埃及居民划分为黑种、白种及其混血种三个部分的看法是无法确立的。至于埃及人本身,南方与北方也不同。南方人比北方人肤色深一些,而且他们的体质形态也不尽相同,所以,很难把他们称为一个种族。如果不拘泥于严格的科学定义的话,也可以把他们称为"非洲种族",正如有人所说的那样,埃及人的性情和思想方式体现了非洲特性。⑦

大体说来,史前埃及人属于地中海民族之一,他们是具有长头颅和优美的椭圆形脸的细长高个的人;他们的毛发是黑色的和波状的,但身体上的毛却是稀疏的。这个基本的群体在早期被来自于混合了安纳托利亚和塞姆血统的巴勒斯坦的宽阔头颅移民者所改变而产生了历史上的埃及人。他们是光洁的、身材中等的、具有大脑壳和强壮骨骼的人，而手腕和脚腕则格外粗大。但是，女人通常矮小些和更苗条些。⑧

由于埃及地处北非，埃及人与地中海的古代人民一样，早早发育成熟，往往在 12 岁时就进入青春期，而官方认定的成年人年龄不超过 16 岁。阿西尤特的一个州长讲到国王任命他为州长时，他仅长到 1 腕尺高（钦定的腕尺是 52.3 厘米），并且让他与王室小孩一起学习游泳。阿蒙的高僧巴肯孔斯早在 16 岁时便开始了僧侣职务的生涯。⑨埃及的地理、生态环境和气候条件，有利于埃及人的成长和活动。

## 二、古代埃及的语言和文字

如上所述，关于古埃及民族的种族问题，还是一个需要进一步研究的问题。但是，如果我们再从语言学的角度研究古埃及民族，可以有更进一步的认识。

古埃及语在古代世界语言中占有什么地位？这个问题早在商博良译读象形文字以前就已经被提出来了。英法一些学者，如尼德哈姆等人认为，埃及象形文字与中国的象形文字完全相同。在商博良以后，1844 年德国学者 T. 本非最先提出了埃及语属于塞姆语的看法。⑩所谓塞姆语集团，包括了阿卡德、乌加里特、古西奈、迦南、阿拉伯、埃塞俄比亚等语言分支。德国的 P. 列普修斯最先确定了哈姆语的术语，而哈姆语系则包括了远古以来居住在北非和东北非的民族语言。1887 年，语言学家 F. 默雷尔又提出了采用"塞·哈语"的术语标明分布在广大地区的塞姆·哈姆语的综合。后来尽管 M. 科恩证明这个术语没有确定的内容和明显的内部分类，这个术语还是被广泛地使用。⑪目前人们通常认定古埃及语属于塞·哈语系，或者属于亚非语族。⑫

我们认为，古代埃及人是非洲的哈姆语系的部落和亚洲的塞姆语系的部落在长期历史发展过程中逐渐融合而成的。有的研究者如鲍姆伽特,在这方面做了具体的论述,并明确指出:前王朝时期最早的居民是巴达里人。她认为从巴达里和穆斯塔吉达得到的人类骨骼的研究证明,早在那个时代,人们已经是混合血统起源的;有些人是细小的,而有些人有沉重的头盖骨。他们的头骨与涅伽达文化Ⅰ和涅伽达文化Ⅱ的人民紧密相联。⑬她还强调,埃及最早的居民来自南方,他们沿着尼罗河向西或许还向东前进。但是,这些居民最早来自何方,我们还无法叙说,他们的燧石文化或许指向南非,但还不能得出结论。他们已经掌握了发源亚洲的谷物和牲畜,所以,他们同样地或许来源于亚洲,而这会和他们所讲的哈姆语的起源不一致。这种文明发展的最高水平就是涅伽达文化Ⅰ。在涅伽达文化Ⅰ的末期,与涅伽达文化Ⅰ有着商业关系的亚洲民族侵入了尼罗河谷,并且创造了涅伽达文化Ⅱ,涅伽达文化Ⅱ的民族在语言和性格上与涅伽达文化Ⅰ的民族没有非常大的差异。他们讲西塞姆语,十分类似于涅伽达Ⅰ人民的哈姆方言,而最终与之融合。⑭当然,鲍姆伽特的观点,特别是涅伽达文化Ⅱ的起源问题,也曾遭到某些人的抨击。大体说来,根据考古发掘提供的资料来看,古埃及早期文化具有古代非洲民族文化的传统,又有古代西亚文化来源的特点。由于前王朝时期两种不同文化的交流和影响,这些原始的不同的部落和民族,特别是哈姆语人与原始塞姆人、柏柏尔人、库希特人等融合成为具有统一语言的塞·哈语系的古埃及人。

塞·哈语系可以分为 5 个同等的亚群:塞姆语、古代埃及语、柏柏尔语、库希特语和凯狄克(豪沙)语。⑮从公元前 3000 年代早王朝时期的象形文字铭文来看,古代埃及语言与亚非语族,特别是塞姆语言之间存在着原始的相互关系。⑯古代埃及语可以分为以下几个发展阶段:⑰

1. 古埃及语,大约公元前 3100—前 2160 年(第 1 至第 8 王朝),象形文字原文证明,或许包括金字塔文的语言。

2. 中埃及语，大约公元前 2160—前 1780 年（第 9—11 王朝），标准的文学语言，从古埃及语演变过来的，并且不仅使用于中王国期间，而且以稍微改变的形式用于纪念碑上，直至公元前 1000 年代，即流行到希腊、罗马统治时代。

3. 后埃及语，第 2 个标准的语言形式，从大约公元前 1370—前 715 年（第 18 王朝末至第 24 王朝）广泛应用于文学上和日常生活中，主要用僧侣体书写。由于后埃及语同这个时期的口语的许多新特征的结合，而大大不同于中埃及语。

4. 世俗语，第 3 个标准的语言形式，从公元前 1000 年代的前半叶期间演变过来的，并且不严格地应用于公元前 715—470 年（第 25 王朝至后期罗马帝国）。在文法、正字法和书写体上不同于先前的语言形态。

5. 科普特语，古代埃及语言发展的最后阶段，从 3 世纪起流行。它是古代埃及人的基督教徒的后裔科普特人的口语，而科普特文是用变异的希腊字母写成的，并且补充了渊源于埃及象形文字的 7 个特殊的字母。在阿拉伯人征服埃及后，科普特语逐渐被阿拉伯语所代替，直至 16 世纪已不再作为一种方言口语。尽管直至今日，在科普特教堂还用科普特语念经，但已不知其意义。

古代埃及人使用的文字，我们概括其形体特征，习惯于把它称为象形文字。古埃及人的象形文字基本上是独立发展起来的。古希腊文"象形文字"ιερογλφαη 一词最早由亚历山大的克利门特（2—3 世纪）使用的，它是由 ιερος（"神圣的"）和 γλοφω（"雕刻"）形成的一个复合词。克利门特把它称为在石头上雕刻的文字。象形文字是由绘画文字演变过来的最古的文字形式，所以，它通常是由描绘具体的生物体和非生物体的各种符号组成的，最经常使用的符号大约共 700 个，到罗马时代增长到 5000 多个。加德纳对象形文字进行了分类。A 类表现男人及其各种职业的不同符号共 55 个；B 类表现女人的符号 7 个；G 类表现鸟的符号 54 种；O 类表现建筑物和建筑物的一部分的符号有 51 种。⑱埃及的象形文字属于表意文字体系，但其象形文字的重要特点是既有表意文字体系，又有表音符号。而表音符号，其原本也是表意符号。

象形文字最早出现于前王朝的涅伽达文化Ⅰ、Ⅱ之交的时期，大约公元前 4000 年代中叶。最典型的早期象形文字铭文就是公元前 3100 年的那尔迈调色板上的文字。象形文字通常刻在石碑上，或者寺庙和陵墓的建筑物的墙壁上，有时也出现在纸草上。但是，后来其使用范围越来越局限于纪念碑上。

象形文字也经历了几个发展阶段。象形文字的形体复杂，书写速度慢，所以那些经常使用象形文字的僧侣们便在其使用过程中，将象形文字的外形简化，采用圆笔的形式，创造出了一种行书体，通常称为僧侣体文字。最早的僧侣体文字见于古王国时代第 5 王朝。那时，僧侣体文字与象形文字区别不大，在中王国和新王国时代两者差异越来越大。在那个时期，僧侣体文字总是用于纸草的书写上，通常用来抄写文学作品，以及商业文书等，但宗教文书除外。大约在第 21 王朝，开始用纸草记录宗教文献，而僧侣体文字也开始出现在石碑上。

在第 25 王朝时期，大约公元前 700 年左右，从新王国时代后期的商业文书的僧侣体文字演变出来一种新的书写体——世俗体文字，而世俗体文字是僧侣体文字的快速书写的形式或草书体。最初，世俗体文字是政府官员用来书写契约、公文和法律文书等，而到托勒密时代和罗马统治时代，不仅在商业上，甚至平民的日常生活上，以及最后宗教文献、文学作品也都用它来做记录。偶尔，在石碑上也使用。

从公元前 3 世纪起，由于基督教的传播，科普特文字兴起，象形文字逐渐被淘汰，4 世纪以后，象形文字失传，直到 19 世纪初，商博良译读象形文字成功以后，象形文字才重新被人们所认识，并给我们了解、研究古老的埃及文明提供了一把钥匙。

# 第二章　史前埃及
# 与尼罗河文明的起源

　　中东是人类文明的摇篮,在底格里斯河与幼发拉底河之间,在尼罗河流域,孕育了世界上最古老的两个文明国家。古埃及文明不仅以其诞生之早,而且又以其延续之久,成就之大,往往令人难以理解,甚至成为人们难解之谜。但是,埃及文明的形成只不过是近五千多年前的事情。在古埃及文明兴起之前,还有一个数十万年、甚至数百万年的漫长的所谓史前时代。古埃及的文明必须追溯到那个遥远的、开辟了人类历史进程的最早阶段。因为古代埃及人正是由那个原始的阶段开始起步的。

## 第一节　旧石器时代埃及的史前文化

　　关于旧石器时代埃及的历史,特别是其早期阶段,由于受到了种种条件的限制,至今我们了解的十分有限。尽管那个时代还没有文字的记载,但是,埃及早期人类的活动,通过他们的遗物、遗迹,被记录在远古尼罗河流域的砂砾和泥渣以及沙漠的绿洲中。所以,在埃及尼罗河谷和沙漠绿洲的考古工作,便具有十分重要的意义。在20世纪20—30年代,K. S. 桑福德和 W. J. 阿克尔在这一方面的开创性的工作,和随后在30—50年代 G. 卡顿-汤普森和 E. W. 加德纳在法尤姆绿洲的发掘工作,以及60年代以来加拿大、美国、苏联等国与埃及合作的在考姆翁布以及西部沙漠绿洲几个遗址的探查工作,都给我们研究埃及旧石器时代文化提供了依据。

## 一、旧石器时代早、中期的史前埃及文化

尼罗河流域是埃及人生存活动的重要场地。如前所述,尼罗河谷早在新生代中新世末已经形成,但是在上新世时由于海浸,尼罗河谷直至考姆翁布一带被海水淹没。到了下更新世时,海水退落,而河流开始浸蚀其河床,特别是由于多雨的气候,造成了尼罗河及其支流冲击下来大量的砾石和砂子,从而构成了尼罗河两旁的砾石台地。从哈拉发干河到开罗附近的尼罗河砾石台地高出现代河面之上最高达 90 米或 98 米。从大约 90 米到 45 米的台地上,未曾发现原始埃及人的活动踪迹。最早的石器工具出现在 30 米的台地上,通常是阿布维利和阿舍利型的燧石手斧,它是由小石子或棕色燧石的小漂砾制成的。在 15 米台地的砂砾中,发现了中阿舍利型和某些晚阿舍利型的卵形的燧石手斧和盘状物。在 9 米的砂砾沉积中,得到了与勒瓦娄哇薄片有关的某些晚阿舍利型的燧石手斧。这些高度不同的台地都是在尼罗河的不断的切割、剥蚀过程中形成的。在 9 米阶段以后,由于它的水路的北端的继续剥蚀,把河流推移到远在它的现在水平之下,因而晚期阶段的堆积物,在今天被深深地埋在现代冲积层之下。在上埃及的 3—4 米台地和基层的泥渣中,包含了上述的薄片工业,勒瓦娄哇型工具。由于法尤姆通过哈瓦拉河渠而与尼罗河相通,所以法尤姆的较高沙滩上也发现了勒瓦娄哇型工具。上述的各种类型工具的发展,仅仅是旧石器时代演进的一个简单的图景。①

近年来,由于新的考古发现,有的著作将埃及的旧石器时代推前到一个更古老的时期,标明为奥杜韦文化。奥杜韦文化是旧石器时代最早期的文化,也可以说是前阿舍利文化,大约开始于 175 万年前至 75

万年前。②在西沙漠发现了许多大的未加工的天然手斧和切刀,有的石器距今 35 万年,这仅仅给我们提供了一个最低的年代。类似的天然手斧也由开罗附近的尼罗河沙滩、淤泥和沉积物中发现。但是,也有人认为,奥杜韦文化在各地都是以经过加工的卵石(砍砸器)为特征。在 70 年代初,在底比斯对第四纪初的 25 处冲积层进行了勘查和发掘,在阿舍利早期文化层(旧石器时代早期)之下见到了经过加工的卵石层。而且后来在底比斯丘陵早期冲积层中发现了一枚人类祖先的牙齿化石,与它一起还有一些砍砸器。③

　　奥杜韦文化以后是传统的下旧石器时代的阿舍利文化。在尼罗河流域和西沙漠的各遗址,广泛流行的是大约 25 万年时期的最后的手斧。阿舍利文化在开罗附近的阿巴西亚和底比斯遗址以及古老的尼罗河台地上都发现了连续几层的阿舍利工业。在哈里杰遗址上面还有一层时间更晚的阿舍利文化。④

　　关于哈里杰绿洲遗址,早在 1930—1932 年间由卡顿-汤普森和加德纳所发现。这里发现有一片古代出现的堆积物和由一片砂砾与石灰石凝灰岩一起排列成相互交叉的岩层的丘陵,沿着围绕绿洲的洼地的悬崖。他们从丘陵发现了晚期阿舍利制品,包括了各种系列的 370 个制作很好的手斧。猪羚羚已出现,但非常稀少。其他的成分包括少数的石核和斧头与稀罕的薄片工具。薄片被发现的仅仅是手斧的一半。勒瓦娄哇成分已出现,但是非常稀有。此外,在达赫莱绿洲的丘陵和比尔撒哈拉洼地边缘都发现有晚期阿舍利遗物,而在达赫莱丘陵出土的晚期阿舍利手斧更优于哈里杰的。关于这些绿洲遗址的年代,难以精确计算。可以说它们比阿泰尔、莫斯特和所谓勒瓦娄哇出现早些。⑤

　　中旧石器时代了解较多的是西沙漠的两个邻近的池塘绿洲比尔撒哈拉和比尔塔法维,而以比尔撒哈拉为主。这些遗址是由美国、波兰、埃及联合的史前探查队发掘的。他们的发掘报告指出:"无疑的,比尔撒哈拉湖是莫斯特潮湿阶段期间平原的唯一的地文和环境的地形。"
又说,"在比尔撒哈拉池塘的发掘和广泛的地质学的工作揭示了中旧
石器时代居住地的至少 5 个时期层次的存在"。⑥在这里,他们发现了
大量的阿舍利手斧,也有勒瓦娄哇型的工具。一部分工具与阿舍利型
有关,而另一部分与莫斯特型有联系。而阿舍利型的工具是在达赫莱
绿洲发现的上阿舍利时期的基础上发展起来的。发掘者们认定:"西
沙漠的莫斯特文化与欧洲非常早期的莫斯特文化同一时代,而这个地
区的阿泰尔文化相当于早期或中期莫斯特文化"。⑦

　　埃及的中旧石器时代的绝对年代涉及下旧石器时代的年代的确
定。先前提出这些年代划分的意见是,把晚下旧石器(阿舍利)时代断
定为 25 万—9 万年,中旧石器时代(莫斯特)为 9 万—3 万年。⑧但是,
近年来的研究却把这些时间大大提前。下旧石器时代的绝对年代,主
要是阿舍利时期,可以确定为 60 万—20 万年。⑨埃及的中旧石器时代
的绝对年代可以参照非洲的中旧石器时代的年代,即大约 20 万—10
万年以前。⑩关于上述的比尔撒哈拉的中旧石器时代的年代,有人认
为,其许多的活动完全在晚间冰期内,推测大体可能开始于 20 万年前
至 9 万年前。⑪

　　接着而来的是上旧石器时代的绝对年代的问题。由于埃及的中旧
石器时代与上旧石器时代在技术上没有明显的突然的变化,所以,难以
确定两者之间的界线。但是,有人认为在尼罗河谷,从 4.5 万年前至
3.5 万—2.5 万年之间的最早上旧石器时代有一个中断,而且提到一个
早上旧石器时代燧石矿山遗址放射性碳年代鉴定为 3.3 万年前左右。⑫

## 二、旧石器时代晚期的史前埃及文化

　　关于埃及的晚期旧石器(上旧石器)时代,直到 1920 年,当法国学
者 E.维格纳德报告了在考姆翁布发现石器工具时才得以知晓。

埃及的旧石器时代晚期阶段以源出于勒瓦娄哇型的一些工业的出现为标志，而勒瓦娄哇文化最后被邻近地区的叶片文化所代替。⑬勒瓦娄哇型的工业，目前我们知道较多的是考姆翁布的塞比尔工业。如果说，我们对旧石器时代早、中期阶段的埃及，除了石器工具外，基本上是一无所知的话，那么现今关于旧石器时代晚后时期的详细情况，不论是工具的发展或人类生存活动，通过考姆翁布的发掘与研究，可以取得某些认识。

考姆翁布位于阿斯旺以北大约 50 公里的一片广阔的古代冲积淤泥区的平原上。考姆翁布遗址发现于干涸了的水渠的边缘，并且明显地说明了人们扎营在河流的岸上。有人估计，考姆翁布的上旧石器时代的最早遗址大约有 17,000 年之久。考姆翁布平原可开发的部分，当时大约有 400 平方公里，其中包括尼罗河泛滥平原、河床和地下水区域。在这里富饶的动植物资源，无疑地使其成为最有吸引力的人类居住地之一，并且遗址至少继续了 5000 年之久。⑭

考姆翁布的晚旧石器时代以其附近的塞比尔命名的工业为特点，而塞比尔工业明显地近似于勒瓦娄哇型石器，但是核心和薄片较小些，并且尺寸逐渐减小，工具被特别地一点点咬剥修饰而成形。在中塞比尔期，几何形的工具开始出现，而在上塞比尔期流行起来。⑮

在考姆翁布，可以看到下、中、上塞比尔工业的系列发展。所以，有的研究者把考姆翁布平原的晚旧石器时代工业划分为五个发展阶段（见图 2）：最早的是哈勒芳工业，它是一种结合了相对原始和相对先进技术特点的奇特的工业，大约在公元前 15000 年；第二工业为塞勒塞拉，第三为塞比克。它们大约出现于公元前 13000 至 12000 年间。塞勒塞拉工业专造细石器工具，而塞比克工业的特点是狭长的，轻轻压剥修饰的刀刃的叶片。第四工业为塞比尔，大约始于公元前 11000 年并继续延续了几千年。在这里，古老的勒瓦娄哇石核的制作技术重新出现。与塞比尔工业几乎同时并有与它相同特点的是第五工业,命名为门契工业。许多门契工具是在又沉又厚的石片和石板上制成的,可能用于切割。第四、五种人工制品似乎和那些显然用作研磨或粉碎的沙石片和手掷之石有联系。在门契和塞比尔等遗址上,发现了许多磨石,通常认为是加工植物食品用的或许甚至加工结籽野草的人工工具。⑯

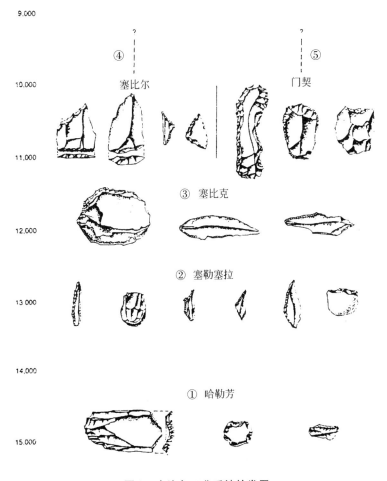

图 2  塞比尔工业系统的发展

关于考姆翁布的人口密度的计算,显然是十分不易的。如果按照大约每平方英里一口人的约略人口数据,那么,考姆翁布平原的 400 平方公里或 150 平方英里,可以养活 150 人,或许在最佳的情况下,能够养活 300 人。⑰

从考姆翁布出土的动物遗骨的分析和我们能够推断的尼罗河活动规律与植物种类,可以表明考姆翁布不仅季节性地,而且可以常年维持人类的生存。虽然冬春雨季是提供食物的丰富季节,但生物产量可能在大半年或全年里分布相当均匀。丰富的鱼、虾、牡蛎、河马、水鸟等水生生物和荷花、菱藕、纸草及其他芦苇等可食水生植物是四季可得的。陆地食物也十分丰富,包括水果、浆果和棕榈油、无花果树油等。大多数大的哺乳动物,特别是野生的,比如大羚羊在冬春雨季也可猎取到。捕猎鹤、鸭、鹅等野禽是冬季的一项主要活动。可能春末夏初是生存较困难的时期。他们可能随时划分成一些小群体,每个群体可视每年随着各种食物资源的季节性的可用情况进行周期性的大迁移。大约在公元前 13000 年—前 10000 年间似乎有过人口增长和大批定居的总趋势。⑱但是我们对公元前 10000 年后的有时称为期外旧石器或中石器期间的库巴尼亚干河的人类活动情况了解甚少。

上面我们所能描述的仅仅是猎人和采集者的生产活动。埃及的作物栽培是什么时候开始的? 先前有过一段讨论。1978 年美国、波兰和埃及联合的史前埃及探查团在库巴尼亚干河进行了发掘工作,库巴尼亚干河位于阿斯旺以北,考姆翁布以南不远的尼罗河西岸。遗址中令人最感兴趣的就是在其中一个沙丘遗址上发现了烧焦了的 3 颗大麦粒和残存的小穗的颖苞与小穗。还有一颗单粒小麦。这个晚期旧石器时代遗址的年代断定为 18,300 年和 17,000 年以前之间。根据电镜的扫描,发掘者表示:"我们可以考虑库巴尼亚干河作为早期食物生产社会的一个例子,而植物学遗物的含糊或许指明它实际上是一个发端

的食物生产社会。"⑲后来,他们又说:"最早的谷物培养是在尼罗河
流域……虽然不能正面鉴定这些麦粒是驯化的谷物,但是它们不失为
迄今为止世界上人类最早培养谷物的候选者"。⑳随后,还有些新的发
现,可问题在于这些谷物是否是人工栽培的? 至今还没有得到确认。
有人认为,"多种食物生产在埃及最终出现大约在公元前 5000 或公元
前 4000 年"。㉑还有的著作写道:"新近的发现表明,在公元前 15000
年—前 5000 年之间,尼罗河流域的丰富的植物和动物,被一群群的猎
人采集者所利用,他们或许试图将某些当地的禾草和哺乳大动物人工
培植或驯养。但是,新石器时代充分发展的农副业是与或是从东北
(利凡特),或是从西北(非洲)引进更高级的培植驯养方式一起发生
的,这种引进,如果不是由侵入集团带进来,便是当地土著中的石器居
民从外面输进。"㉒

　　除了尼罗河流域的遗址外,在西沙漠哈里杰绿洲的发掘也为我们
提供了上旧石器时代的科学知识。哈里杰绿洲位于尼罗河西 110 英
里,这个大槽湖洼地 115 英里长,横卧 400 英里,在利比亚高原的地表
面之下。旧石器时代的工具发现于干河的砂砾层和石灰质的凝灰岩中
和小丘上。根据那里发现的遗物证据,可以看到一个来自上阿舍利型
的工业系统,通过阿舍利·勒瓦娄哇和勒瓦娄哇正统的,发展到勒瓦娄
哇和塞比尔型亲缘的变异。继这些以后,发生了哈里杰型,而它是勒瓦
娄哇·哈里杰型的更小的形式。㉓还有一个"外来的"阿泰尔工业。阿
泰尔工业在西北非和撒哈拉是早已流行的。像哈里杰一样,阿泰尔也
有一个勒瓦娄哇祖先,显示了比土著埃及文化所做的更优秀的手艺。
它的一套工具包括抛射头的两个类型,一个是叶形的尖头工具剥成两
面剥片,类似欧洲的梭凌特"月桂树叶",另一个是(箭头)柄舌尖头工
具由三角形的薄片构成。这些是精巧的并可能是侵略民族的武器。㉔

　　大体说来,上述的阿布维利、阿舍利和勒瓦娄哇工业的系统或许多

少与其同一时代的欧洲的工业具有同等的意义。而勒瓦娄哇的派生物塞比尔、期外勒瓦娄哇、勒瓦娄哇·哈里杰和哈里杰包含了在欧洲是被上旧石器时代的叶片文化所占据的片刻时代。㉕

关于旧石器时代和中石器时代之间的界限，旧石器时代如何过渡到中石器时代的问题，也并不十分清楚。正如考姆翁布的上塞比尔文化提供的期外勒瓦娄哇工业的例子，显然的冰河期时代的工具渐进地自然地演变到几何形的细石器形式，表现了中石器的特征，而且如此广泛地遍布于这个地区。另一方面，下埃及的期外勒瓦娄哇没有表现这种倾向，但是想象是后旧石器时代和前新石器时代的真正的叶片细石器的集合物，被发现于扩散在这个地区的地面上，并且至少这些地区之一，在赫勒万，与巴勒斯坦的中石器纳吐夫有亲缘关系。㉖所有这些描述，是相当混乱的。所以，有的学者并不明确地划分上旧石器时代与中石器时代的界限，而把两者合在一起标明"上旧石器时代和中石器时代"。这里包括了哈里杰·勒瓦娄哇、阿泰尔、塞比尔几种文化。㉗当然，也有的著作明确标明埃及的中石器时代，主要是指着塞比尔文化，并把它断代在公元前10000—前7000年以前；或者除塞比尔外，还包括哈勒芳、阿基、塞勒塞拉、法库尔、纳吐夫等诸文化。㉘下一个史前埃及文化阶段所能揭示的是新石器时代，但是，在新石器时代文化的较早时期，旧石器文化的因素同样还残存着。

## 第二节　新石器时代、铜石并用时代 与埃及的前王朝文化

大约从公元前7000—前4500年，埃及进入新石器时代或铜石并用时代。新石器时代在欧洲，在埃及最多大约延续了2000年左右，与旧石器时代相比，不足其百分之一的时间，但是它在史前文化的发展

中,甚至人类历史上,都是一个重要的,具有决定意义的时代。在这个时代中,人类从狩猎、采集经济生活转变到畜牧、农耕生产阶段,从而控制了他们自己的食物补给。恩格斯在总结摩尔根的史前文化分期法时,把学会经营畜牧业和农业作为野蛮时代的标志,以区别于蒙昧时代的采集现成的天然产物为主的时期,并充分肯定了其进步的意义。①英国考古学家柴尔德认为,畜牧农耕的这种食物生产经济是一种"革命",因而提出了"新石器时代革命"的概念。②还有的学者把新石器时代作为"史前和历史的"最后分界线。③

埃及的新石器时代文化,传统上以北部的法尤姆文化A、麦里姆达文化和奥玛里文化为代表,南部以塔萨为典型。④但是,也有的学者,如鲍姆伽特近年的研究认为,布伦吞发现的塔萨文化,其所存的物件不能被在穆斯塔吉达和玛特马尔发掘的文物证明,可以规定为专门的塔萨文化,并且没有地层学的证据把塔萨从巴达里文化中分离出来。所以,她把塔萨文化合并在铜石并用的巴达里文化中,并提出了塔萨·巴达里文化。鲍姆伽特还指出,法尤姆文化A来自南方,"法尤姆文化A是涅伽达Ⅰ时期的文化";麦里姆达与涅伽达文化Ⅱ"有商业关系",而奥玛里的发现物与麦里姆达的发现物有"持久的联系"。⑤所以,她把这些所谓新石器文化或者并入后来的铜石并用文化,或者在年代上把它们与后来的铜石并用文化作为同一时期的文化。在她看来,埃及似乎没有纯粹的新石器文化。

埃及的新石器文化和铜石并用文化,由于南北地区文化之间的差异及其分布的不同,通常分为南北两大文化群:下埃及文化群主要包括法尤姆文化A、麦里姆达文化、奥玛里文化和马阿底文化;上埃及文化群主要有塔萨文化、巴达里文化、阿姆拉文化、格尔塞文化和涅伽达文化等。

### 一、下埃及诸文化群

下埃及文化群的诸文化中,年代最早的当属法尤姆文化 A。据当地出土遗物的 $C^{14}$ 多项测定的综合结果,得出的年代是约公元前5200—前4500 年。⑥法尤姆位于埃及北部,开罗以南约 100 公里的低凹的盆地。1924—1928 年 G. 汤普逊和 E. W. 加德纳探查法尤姆,除了旧石器文化遗迹(法尤姆文化 B)外,在莫伊利斯湖北发现了埃及最古的农耕遗迹。法尤姆文化 A 的遗物遗迹主要有用成批的篮子储存的大麦、小麦。陶器简陋,表面光滑,呈红色、棕色或黑色,包括钵、大杯等器皿,类似巴达里地方的器皿。石制工具已有了两面加工的技术,出土了石灰石制作的化妆用的调色板。居住地发现了炉址,住址的规模不明,窝棚的痕迹已不存在。

另一个通常称为新石器文化的麦里姆达·贝尼·萨拉姆遗址位于埃及三角洲地带南部,开罗以北 50 公里的低沙漠边缘。早在 1929—1939 年,澳大利亚的 H. 容克发掘了麦里姆达部分乡村和居住地。麦里姆达文化的年代,据近年研究大约在公元前 4800—前 4400 年。⑦麦里姆达的居住遗址分 3 期:第 1 期发现了固定炉灶遗址和简陋的储藏室,没有发现房屋;第 2 期有树立木桩的直径 5—6 米长的椭圆形小屋;第 3 期,即最上层,表现为小屋周围根基涂上厚层泥土。哈桑曾提到,麦里姆达住宅是椭圆形的,尺寸从 1 米×1.5 米至 2 米×3∶2 米。某些住宅无疑地单身成年用,其余的为小家庭用,住宅被粗制的掺杂有麦秸的泥块层筑墙围绕。⑧从第 1 期开始,栽培了小麦,饲养了牛、羊、山羊和猪等家畜。出土的石器有石刀、石镰、磨制石斧等,还发现了梨形权标头。陶器前半期以红色居多,末期出现黑色的光滑陶器,有钵、瓮、大杯、盘子等。纺车的发现证明了纺织品的发明。麦里姆达城镇遗址据巴策尔的考察,遗址覆盖的面积大约 18 万平方米,文化堆积达到平均 2 米深,推测占据了几百年之久。整个遗址似乎可以估计有大约 16,000 人,与其同时代的文化遗址相比,可能是最大的史前居民点,而且也是最古老的一个。⑨但是哈桑认为可能维持了 400—500 人(保守的估计)。⑩较为特殊的是,他们的墓葬是在他们的房屋内,而且没有陪葬的器皿,没有宗教,墓地大大地背离了埃及的传统,令人怀疑。⑪

　　在埃及北部,开罗以南 27 公里的赫勒万近郊的奥玛里遗址,在 1925 年试掘以后,从 1942 年起由 F.德布诺发掘。就其居住、埋葬……和陶器而言,类似于麦里姆达文化。有人认为奥玛里文化更直接地从麦里姆达和法尤姆新石器文化发展而来。⑫据德布诺的记述,赫勒万的奥玛里居住地遗址,包括 100 多个圆形茅屋,此外还有巨大椭圆形寓所。房屋直径大约 1.6 米,地面被挖掘到 40—50 厘米深。某些房屋的基底用粘土覆盖的席子做衬底。木桩被用于支持上层建筑,和法尤姆与麦里姆达的一样。篮子被用于贮存谷物。在寓所的中心,小圆形的凹地作为炉床。圆形寓所有时也互相交错。在居住地内部发现有坟墓,它们建成椭圆形墓穴。⑬他们经营农业、畜牧业,也有渔业。陶器仍是单色彩,但质地精良,样式也更美观和繁多。墓穴陪葬品发现甚少,但最值得注意的是,在一个墓中发现了类似笏的木制权杖被握在一具尸体的手里,这种权杖后来发展为法老王权的象征。这里出土的所谓权杖,显示了这个人物的重要地位,或许是一名首长。

　　下埃及文化中,一个特殊的遗址是马阿底。马阿底位于开罗以南约 15 公里的尼罗河东岸,阿拉伯沙漠的边缘。1930—1935 年间,由 O.门赫姆和 M.阿默在这里发掘。有人认为,马阿底文化并非接着奥玛里文化,它出现在涅伽达文化 I 之结束,并一直发展到涅伽达文化 II 终结之时。⑭马阿底文化的绝对年代,有的定在公元前 3600 年,而根据两个 $C^{14}$ 测定的数据平均,或许可以定在公元前 3800—前 3500 年间。⑮

　　马阿底文化的房室,除椭圆形外,还出现了更为先进的长方形房屋。房屋用粘土建筑,也有的用泥砖建造,中央是居住区,周围是贮藏穴或贮藏用陶器埋藏处。马阿底文化遗址包括房屋、仓库、贮藏窖、地下室等共 18 万平方米,其面积与麦里姆达相同。⑯出土的彩色陶器碎片从口缘和颈部具有特征的卵形陶器来看,类似于格尔塞文化的陶器特点;而黄褐色的粗制陶器、环状把手,突起状把手形状的陶器类似巴勒斯坦陶器,显示了两地的文化交流。马阿底文化与下埃及其他诸文化最明显的不同的地方,是铜器的发明与使用,而且规模也很大。在马阿底发现了铜制的别针、凿子、锥子、鱼钩及斧子等。显然,马阿底人与西奈铜矿有联系,这与南方的巴达里,特别是涅伽达文化Ⅰ相似。所以,把它看成是比较稍后出现的下埃及文化是有道理的。

## 二、巴达里文化

除了下埃及诸文化外,在这同时或稍后,在上埃及出现了若干新石器或铜石并用时代的文化遗址,由于上埃及的文化遗址比起下埃及文化遗址具有更大的典型意义,特别是各文化之间的关系和序列已经系统化,因而以此为根据确立了前王朝文化发展的 3 个阶段。F. 皮特里是第一位把上埃及文化划分成阿姆拉文化、格尔塞文化和塞迈尼安文化三个阶段的。后来,E. J. 鲍姆伽特根据涅伽达文化遗址的两个不同层次,提出了涅伽达文化Ⅰ和Ⅱ的术语,并且把涅伽达文化Ⅰ等同于阿姆拉文化,涅伽达文化Ⅱ等同于格尔塞文化。因为这种类型的文化最早是在涅伽达发现的,而且涅伽达文化遗址又是最大和最重要的遗址。此外,鲍姆伽特又根据巴达里文化先于涅伽达文化,又增加了巴达里文化的序列,因而形成了上埃及文化发展的三个不同的阶段:巴达里文化、涅伽达文化Ⅰ和涅伽达文化Ⅱ。这三个阶段构成了前王朝文化发展的过程和内容。⑰但是,有的著作在涅伽达文化Ⅱ之后,又增加了涅伽达文化Ⅲ(格尔塞文化 B 或塔尔坎文化)。

巴达里位于埃及中部阿西尤特的东南,尼罗河的东岸。巴达里文化最早在 1922 年由 G. 布伦吞在巴达里和 1925 年卡顿-汤普逊在哈马米亚发现的。在这两处遗址附近,还有塔萨、穆斯塔吉达和马特马尔等,并且这种文化还分布到南方的希拉康坡里斯。卡顿-汤普逊在现代的哈马米亚乡村附近发现了前王朝居住地的碎片贝冢,其深度超过 6 英寸,被一处纯白石灰石大约 11 英寸厚的陡坡冲积物所覆盖,并且建立在大约 12 英寸厚的坚固的角砾岩的堆积场上。在这个没有弄坏的角砾岩层之下,有一个没有受到扰乱和影响的,相对纯粹的石灰石碎石和垃圾层,在那里发现了巴达里陶器碎片和燧石工具。直接在形成了贝冢的最低部分的角砾岩上有更多的巴达里燧石碎片,发掘者把这个地方称为"临时宿营地"。在这个巴达里文化层之上是一个紊乱的层积,而在它之上有两个以上的地层,它的低层包括了涅伽达 I 时期的东西,而在其上是涅伽达 II 时期的物件。⑱哈马米亚的发掘,其重要的价值就在于它的不同文化层次提供了前王朝文化的三个不同的发展阶段,特别是展现了巴达里文化在前王朝文化中的地位。

与巴达里文化有关的塔萨文化的性质,乃是一个尚有争论的问题。G. 布伦吞说过,"塔萨的布局和保留的东西是有特色的",所以,他认为,他发现了一个新的文化,而塔萨文化甚至比巴达里文化还古老。还有的学者表示,巴达里文化可以看作塔萨文化的进一步发展,并且后者接近中埃及的巴达里。⑲但是近年来,E. J. 鲍姆伽特等人却把塔萨归划入巴达里文化。尽管目前还不能做出确切一致的结论,但是必须强调的是,在塔萨至今还没有发现铜器,在这一方面,明显地不同于巴达里文化。

在巴达里,及其附近的哈马米亚、穆斯塔吉达和马特马尔等遗址发现的巴达里文化,可以揭示出它们的生产、生活的实践,以及某些宗教意识。而哈马米亚的巴达里文化,被认为是"典型的"或"古典的"。⑳

巴达里文化的基本的生产工具是石器工具。他们的石工业是粗糙的和贫乏的,主要表现为一个岩球制成的核心工业或称石核工业。岩球发现于沙漠表面而不是得自石灰石悬岩的更好的燧石。这表明巴达里文化最初的发祥地必定是在缺乏燧石并逼迫他们去使用劣等石头的地方,而这样的地方只能在南方,因为从伊斯纳以北至地中海沿岸都有石灰石。巴达里文化最普通的工具形式是具有倾斜末端的小打击面,两面有锯齿形加边缘的石镰刀,而锯齿状部是用同样的,但不是极好的技术制成。他们的斧子和锛子的形式还不知道。巴达里文化最大的成就就是铜器的使用,并因此而进入了铜石并用时代。他们掌握了某些铜器,但是铜器工具很少,主要是出土了一些铜的念珠和单个的小工具,或许是扣针。武器发现得很少,那些仅仅有翼的或叶状的箭头使人想起弓的使用。某些木质的棍棒,布伦吞称为投掷棒,也被发现。㉑

最流行的和颇具特色的陶器发现于墓的陪葬品中和哈马米亚的"临时宿营地"中。巴达里文化的陶器可以分为两大类:粗制陶和精制陶。粗制陶或是光滑棕色的或是粗糙棕色的陶器,并且形状简朴。最普通的陶器是钵子或烹调用的纵深的罐子,它们没有边缘和颈状部,并且几乎所有的这类陶器都有圆形的底边。明显的精制的器具最有代表性的是比其他史前陶器更薄的器壁,其边缘是那样的薄而脆,以致发现的许多这类陶器都是破碎的。精制的器具有三种类型:红色的光面陶器或称红光陶,黑色的光面陶器或称黑光陶以及具有黑顶的红色或褐色的光面陶或称为黑顶陶。这些光面陶器是把滑泥用小鹅卵石擦光或磨光后烧制而成。精制的陶器与粗制陶器有很大的不同,而最可作为特征的是许多最精美的陶器所装饰的波纹形的表面,虽然有些粗略,甚至也被发现于某些粗陶上。但是,这种波纹形装饰是把还未干燥的潮湿的粘土与弄成细密的锯齿形的工具相结合,然后用小鹅卵石磨光而制成的。㉒

黑顶陶不仅是巴达里文化陶器的另一装饰的特点,也是某些较晚的可作为特征的前王朝时代器皿,并且一直使用于王朝时代。黑顶陶从很早起发现于努比亚和苏丹,并且在埃及已经放弃了它以后很久,在那些地方还是长期流行。直到新王国时代,它反复被南方入侵者引来。而在北方,在下埃及,从未有过属于涅伽达文化Ⅱ以前的黑顶陶片。㉓

巴达里文化的居民经营农业、畜牧业和渔业。农耕与饲养家畜,狩猎与渔猎在他们的经济生活中必定起着重要的作用,他们耕种的农作物有谷物、小麦和大麦,还有亚麻等。在墓中发现的动物的遗骨有狗或豺、母牛、绵羊和山羊。渔业的发达可以从哈马米亚墓穴中发现的鱼骨来判断。㉔

巴达里文化的埃及人与外界必定有过广泛的接触。有人认为,如此大量发现的光滑的念珠,还有铜,以及或许甚至制造的铜物件都是被引进的。许多用于个人装饰的贝壳来自红海和波斯湾。而更为重要的事实是,巴达里文化的那些谷类、大麦、小麦和他们饲养的绵羊、山羊等动物都是亚洲起源的,并且必定是通过与亚洲接触而得到。㉕

巴达里文化的最早的居住地发现于泛滥和沼泽范围以外的低沙漠的尖坡上,也可以说是紧邻洪水平原的低沙漠的边缘。史前居住地遗址通常不过几英尺深,布伦吞把它们称为乡村或城镇,特别值得注意的是他把巴达里第5500号区说成"似乎是巴达里城镇的中心"。㉖但是除了记录遗址的某些清单外,没有提供详情。巴达里遗址是一个小乡村,而作为巴达里文化"典型的"哈马米亚北尖坡与巴达里村有非常类似的规模。哈马米亚的文化瓦砾堆覆盖的面积约200平方米,深150—180厘米,而人口估计20人。㉗

房屋的遗迹很少保存下来,可以看出他们建筑了具有圆形或次圆形的周围底部凹陷的茅舍。茅舍的面积是3米×2.25米,2.7米×2.7米,1.6米×2.1米。房舍底部是泥灰泥并且设立了两个砖壁板。在哈马米亚的巴达里文化居住地,有九个圆形的被低矮的底壁所环绕的茅舍。㉘除了居住地外,巴达里文化的墓地数量和规模也使人联想到居住地是相当密集的。在巴达里和穆斯塔吉达的墓地每一处都包含了300座以上的墓穴。大多数墓穴是椭圆形的,或大致圆形的,这很容易使人联想到他们居住的茅舍。仅仅某些大的和重要的墓是长方形的,通常还有圆角。墓的大小不等,一般约直径1.5米长,1米深。㉙在墓穴里还发现了粗糙的席子和圆材,或许是墓穴的覆盖材料。每一墓穴,通常包括单人的简陋的埋葬,偶尔有两个或更多尸体的埋葬。尸体通常放在大篮子内,或者卷在席子中。偶尔也用山羊或小羚羊等兽皮包裹,也许还穿上寿衣。

居住地,特别是墓葬保留下来的遗物,使我们看到了巴达里文化时代埃及人的衣着打扮。人们穿着兽皮或亚麻的衣服,有短裙,还有大的衬衣或长袍。某些人佩戴着用椭圆形蓝色念珠装饰的腰带或皮带。这些成串地排列在腰部周围的念珠,有些是真正的绿松石制成,而大多数是用玻璃面一样光滑的蓝色冻石制成的绿松石的仿制品。软石或稀有的硬石或铜的念珠、贝壳和粉红色的小管单独地或成串地装饰在脖子、手腕和脚腕上。与念珠一起发现的,还有小护符,有两个表现为河马,还有一个是用小羚羊头骨雕刻而成,或许是戴在脚腕上。用象牙、动物骨或角制成的手镯戴在前臂上。此外,他们还用骨和象牙制成装饰的梳子。尤为盛行的是男人和女人都注重化妆。所以,保存下来不少的石片或石板制成的化妆调色板。㉚人们用调色板研磨绿松石,然后用油脂或树脂,或者蓖麻油与之调合,做成滑溜的糊状物,擦于面部或身体上。

巴达里文化时代的社会组织,他们的政治制度和社会制度几乎什么也不知道。根据上述的考古资料可以看到,巴达里文化在石器工业的基础上发明了铜器,生产出铜器工具和装饰品,进入了铜石并用时代。但是铜器的使用,毕竟还是很少的,可以说是铜石并用时代的早期阶段。其绝对年代,根据 $C^{14}$ 测定提供的数据,在哈马米亚的巴达里文化年代(或者其晚期表明)或许处于大约公元前4400—4000年之间,而通常认定的年代,包括塔萨在内,大约从公元前4500年开始。㉛

巴达里文化时代,由于金属器的发明而进入摩尔根、恩格斯划分的野蛮时代中级阶段。巴达里文化的埃及人从事农业、畜牧业或者狩猎与渔猎,是否出现了分工,尚不清楚。他们居住于乡村或城镇,并且有其固定的居住地,说明了其生活的稳定,特别是社会经济生活的进步。由此可以推测,他们必定组织了氏族公社。他们的墓穴,一般规模较小,仅仅少数的较大些,埋葬简陋。陪葬品虽然多寡不同,但看不出明显的差异,通常是一二件陶器。在这些方面,表现了他们的原始共产主义的公社经济。

巴达里文化的氏族公社,可以确定为母系氏族公社,因为女人的墓一般比男人的要大些,特别是女性雕像的流行。在墓中发现了不同样式的女人小雕像:有两个是粘土制的,有一个是光滑的红色陶制像,其他的没有烘烧而且更粗糙些。㉜除了泥塑雕像外,还有象牙雕像,其中,有的是具有明显女性器官特征的完整的全身像;也有的是无臂形的女像。这些女性雕塑像显然是巴达里人所尊敬的祖先的化身,并且可能是给他们所崇拜的大母女神的还愿奉献物,或者是为了死者的需要,㉝但是,归根结底,反映了女性的崇高地位和对女性的崇拜。

墓穴及其陪葬现象的出现,反映了巴达里人的宗教意识。死者通常是侧卧,身体蜷缩,头向南,面朝西。陪葬品有食物和其他日用品,以保证阴间生活的需要。值得重视的现象是动物和人被埋在同一墓地中,动物的尸体同样也被裹在席子和亚麻布中,说明了动物的埋葬与人类的埋葬同等重要,只是墓穴中没有人类需要的那些器具。已发现的动物遗体,主要是豺、犬、母牛和绵羊等。母牛是"第一母牛",是大母女神,显然,后来发展演变为哈托尔女神。豺犬后来成为死者之神,坟墓之神阿努毕斯。这些动物埋葬不仅反映了原始居民对动物的崇拜,也说明了氏族部落神的起源。

### 三、涅伽达文化 I(阿姆拉文化)

"涅伽达文化"术语来自卢克索以北 30 公里的尼罗河西岸的现代涅伽达村。1894—1895 年,F. 皮特里在这里发现了大约 2200 座墓,以及与此相联系的城镇遗址。E. J. 鲍姆伽特把涅伽达文化分为涅伽达文化 I、II。由于涅伽达文化 I 与阿姆拉文化相类似,所以,人们把这两种文化视为同一种文化。阿姆拉位于涅伽达以北的阿拜多斯东南 9 公里的尼罗河西岸。1896 年法国人 J. 德摩尔根和阿美利诺与 1900—1901 年英国人 D. 兰德尔·马凯维尔与 A. C. 麦斯先后发掘了阿姆拉。阿姆拉文化在中埃及属于典型的,它不仅发生在中、上埃及,而且在很大程度上散布到努比亚。㉞涅伽达文化 I,除了涅伽达、阿姆拉外,还发现于马哈斯那、狄奥斯坡里斯·帕尔瓦、阿巴底亚等遗址。

如前所述,在哈马米亚的巴达里文化层积之上是涅伽达文化 I 和 II 的文化层。有一些小茅舍或仓库的废墟属于涅伽达文化 I 的晚期和涅伽达文化 II 的最早部分(S、D、35—45)。茅舍约略地呈圆形,直径从 3—7 英尺不等。围墙是用石灰石碎片和块料混合的泥土造成的,大约有一脚厚。外部的表面常常带有芦苇或麦秸包扎的痕迹;里面是光滑的灰色的泥。在墙上没有门或道路,而进入内室必定是通过假定在墙和上部构造的连接点的口隙上。㉟在麦里姆达顶层上发现的类似的茅舍中,河马的胫骨被用作台级。我们可以想象在那里的类似的设计。有一个圆状物,在其西北侧放置一个炉子,显然地是一个住所。最小的一个用晒干的绵羊或山羊粪充满,可能是燃料仓库。

墓穴是涅伽达文化 I 发现的最重要内容之一,涅伽达文化 I 墓穴的形状相同于巴达里文化。最大的和长方形的墓是否主要还是女人的墓难以确定。在阿巴底亚的最大和最充实的墓是一个女人的墓。另一个大墓则容纳了包括小孩在内的两性的7具尸体。尸体包裹的习惯和材料没有改变,或者还把它们放在柳条编的篮子内,头向南,面朝西。关于他们的衣服,了解甚少,仅仅发现了亚麻和兽皮的缝合遗物,还有一双象牙的模型皮带鞋(S. D. 32)。㊱

装饰品有贝壳、骨和象牙的臂饰。念珠多半是软石制作的,还有一串长的陶念珠。调色板普通的是菱形,其最大的达到42公分长,而一般的不超过5公分。调色板通常在其一端或两端装饰以河龟、河马、猬羚或鸟的形式,有的出现了母牛女神的角和耳,这些形象传到以后各时代。㊲

墓穴中出土的陶器形状大半是简单的:钵子或大杯子,细长瓮和瓶子,偶然发现特殊的器皿是带有4只脚的瓮,带有圆柱形基底的杯子等。陶器分为粗制的和精制的两种。粗陶在涅伽达文化Ⅰ的墓穴中是稀有的,而精制的器皿除红光陶、黑光陶和红面黑顶陶外,还最先出现了确定形式的白十字线的绘画器皿。白十字线陶是涅伽达文化Ⅰ时代的最有特色的重要产品,往往是在红光陶上或偶然在黑顶陶上装饰以白色或淡黄色的十字线条。式样多半是几何形的,极少数的描绘有人和动物的场面。㊳许多画面的主题,可以从西亚的画瓶上找到说明,而且某些陶器的形状也来自外部:脚杯、宽大的平顶杯、带有狭小口和颈的龙骨状的罐子等,这些在伊朗是普遍流行的。但是,还不知道埃及与这么遥远的地方如何取得联系的。㊴

十分明显的现象是涅伽达文化Ⅰ的燧石工业,在巴达里文化的基础上发展起来。涅伽达Ⅰ人民所完成的物质文化进步中主要是专门化的工业。先前使用未加工的地表面上的岩球为原料,而现在采掘优质的燧石,因而生产出双面刃口的锐利的大刀,有的达35厘米长,而仅仅几毫米厚。还有一些弯形刀、鱼尾状的人工制品。[40]后者虽不能完全确定其用途,大概可以作为刀或矛使用。另外一些工具几乎具有法尤姆文化A的一切形式:剥成薄片,具有磨过的切断的边缘的手斧,叶形的尖状器和石镰刀等。这些工具往往是制成需要的形状的薄片,然后从两边压剥加工而成的。在这里,我们看到了一些燧石采矿业,专门化的燧石工业。所有这些物件是用同一技术制成的,它们不是临时的劳动者的产品,而是高度熟练的工匠的产物。这些矿工和技工阶级,他们可以不再从事粮食生产,而具有一定的财富。这种现象又暗示了公社现在必定有了一定的剩余和财富的积累,使之能够抚养它的某些成员。[41]

铜器工具仍然是非常稀有的,出土的铜器有薄铜片和一端卷成小环的铜针。黄金,在涅伽达文化Ⅰ的墓中完全没有发现。也许是难以保存下来,因为它自然地成为盗墓的第一个目标。涅伽达文化Ⅰ的人民使用铜器,似乎不知道黄金,但是,涅伽达一带是黄金的产地,它的古代的名字 Nbt 努布特,在古埃及语中是"黄金"一词的阴性形式,"城镇"也是阴性的,所以,"努布特"城镇的名字必定意为"黄金"。但是,"努布特"的名字是否能追溯到涅伽达文化Ⅰ时代,还不能证明。假如"努布特"的确是"黄金",它可能指明,这城镇得到"努布特"的名字是由于掌握它和用它贸易的黄金地位,假如黄金是涅伽达文化Ⅰ人民的财富来源,它必定表明,他们如何偿付他们的输入绿松石、玻璃珠、青金石和其他奢侈品的代价。由此可以推测,涅伽达文化Ⅰ时代或许已经开始采掘金矿。[42]

涅伽达文化Ⅰ时代,埃及是否与地中海国家发生贸易关系,尚无定论。但是,至少与埃及周边的西亚可能有了商业往来。涅伽达文化Ⅰ的人民输入绿松石、玻璃珠等奢侈品,大概要用黄金去交换。而黄金又吸引外人前来经商和后来的大规模的渗入。某些居住地还专门制造一些用于交换的固定产品,如贝壳镯子。这些情况说明了商品生产和商业已开始发展。

　　手工业和商业贸易的发展,必然形成一些发达的经济中心,从而导致城市的出现。涅伽达文化 I 时代的人民可以称为"城市居民"。F. 皮特里在涅伽达附近发现了两个居住地,一个称为南城,一个称为北城。北城位于巴拉斯的北部,规模小于南城。北城的考古层积最多 1 英寸厚,出土物很少。南城是最重要的,又称为"涅伽达城"(见图 3),它是塞特神之城努布特。塞特神庙坐落于历史时代的低沙漠边缘,但还不知道它是否是以前王朝的神庙为先驱。它的南部在干河的另一岸上,是前王朝的努布特城。从那里到西南方,有一个短距离,在一个增高的平地上伸展出涅伽达的大墓地,作为努布特居民的世代埋葬地。南城覆盖的城镇的部分,大约 100 平方米。这仅仅是其最初范围的仅有的一部分,还不是城镇的所有面积。人们可以见到少数的墙,类似于作坟墓衬里的小砖的建筑物。砖的铺道被发现,它的某些部分被 F. 皮特里看成是城墙。就其墓地的重要性来说,或者就其地方神塞特的地位来说,我们可以得出结论,涅伽达本身是一个首都的性质。㊸与此有关的,F. 皮特里还讲到了这里的防御工程的问题。从公布的小地图来看,涅伽达城的确是一个"设防的城镇"。㊹

　　在涅伽达文化 I 时代,可作为特征的现象是出现了权标头,而在巴达里文化中则是没有的。E. J. 鲍姆伽特也正是根据法尤姆文化 A 出土了权标头,而把它归于涅伽达文化 I 时代。在涅伽达的 1443 号墓地(S. D. 31)出土了迄今所知的最早的圆盘形权标头。阿姆拉 90 号墓出土了两个圆盘形权标头,年代为 S. D. 41 或 34。㊺这种权标头是由各种坚硬的石头制成的,具有凹形边的大致圆椎形和狭小的孔眼,可能装在把柄上。最初可能是新的武器,但是在墓中发现的某些,或许作为象征性地使用,因为它的装柄和小孔眼作为坚固的把柄是不够的,如果用力过猛必定突然折断。

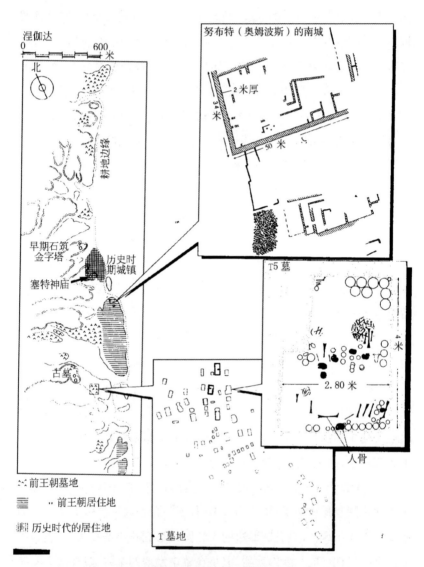

图 3　涅伽达遗址及其局部放大图( 据 B. J. Kemp)

　　还有一种迹象是一些巫术用品出现在大墓中。这些大墓的所有者可能是巫师或女巫医。他们是公社中的重要成员,或许甚至是他们的领袖。⑯正如恩格斯所说,氏族首领靠着他们的巫术,"在非常原始的状态下执行宗教职能"。这些从公社中分化出来的脱离劳动而担任社会管理的人员,往往成为专职公务人员,"这些职位被赋予了某种全权,这是国家权力的萌芽"。⑰在那些大墓中还发现了一些稀有的东西:女性小雕像和具有丰产女神形象的瓮(见图4)。他们崇拜丰产女神,其典型姿势是双手支撑乳房,类似在叙利亚和美索不达米亚所见到的那样。但在埃及,丰产女神还有母牛的角。⑱这些现象反映了对女性的崇拜。在这同时,还出现了男性的形象。在绘画陶器上有一幅"行列中的人们"的画面,在其8个人物中,有两个高大的人物,他们的腿上画有一排小点,或许表示男性皮肤的粗

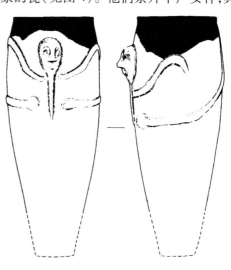

**图 4　具有丰产女神浮雕的陶器**

糙或多毛,与其余矮小的光滑皮肤的女性形象形成了鲜明的对照⑲(见图5)。由泥和象牙雕塑的人像,表现了胖胖的、剃光下巴的或具有尖长的小胡子,强烈地显示了鹰鼻和高额的男性。女人同样地常常剃头,并且泥塑像个别塑造成戴假发。与骨骼遗物相适应的匀称挺秀的女人雕像同时,男性雕像具有臀部过大的明显特征。⑳男性雕像的出现,特别是上述的男女人物形象对比,显示了男性地位的提高和对男性的崇拜。与此相适应,涅伽达文化Ⅰ的"主神或许是塞特",㉑塞特神也是男性的。

图5　陶器画面上的男女人像

涅伽达文化 I 的社会组织和政治生活,仍然是一个未解之谜。根据上述考古资料可以推测,涅伽达文化 I 时代母权制已向父权制过渡,或者是父权制已代替母权制,但是母权制仍有其一定的影响。与此同时,原始的共产制经济可能已被打破,或许出现了私有制。在出土的一些器皿上,经常可以看到刻画的一定形象的符号,表明它们属于其一定的主人,尤其明显的是,在一处埋葬中的所有器皿照例是采用同一个符号为标志。[52]我们还不能确定他们的奴隶制情况,但是,在这个时期除了作为尊敬崇拜的女性雕像外,还有担水的女人雕像。这种担水的女人与背着手的俘虏形象联系起来,似乎可以说明奴隶制现象的存在。[53]

### 四、涅伽达文化 II(格尔塞文化)

涅伽达文化 II 是涅伽达文化的后一阶段,又称为格尔塞文化。格尔塞文化一词取自它的现代的乡村格尔塞的名字。格尔塞位于埃及北

部的开罗以南约 100 公里的尼罗河西岸。格尔塞文化是在 1912 年由
F. 皮特里和 G. A. 温赖特考察该地墓地时发现的。涅伽达文化Ⅱ的主
要遗址除了涅伽达、格尔塞外，还有希拉康坡里斯、巴拉斯、阿布西尔、
马列克等。

　　关于格尔塞文化的来源及其与阿姆拉文化之间的，或者说涅伽达
文化Ⅰ与涅伽达文化Ⅱ之间的关系问题，存在着几种不同的意见。先
前有人强调，涅伽达文化Ⅱ的人民从巴勒斯坦近旁走过，到达三角洲居
住，并以他们的高超的文明征服了上埃及。但是，近年鲍姆伽特指出，
所谓涅伽达文化Ⅱ来自于三角洲，在新近的考古发掘中没有得到证实。
她认为：在涅伽达文化Ⅰ时代末期，与涅伽达有商业关系的亚洲民族侵
入了尼罗河谷，他们是涅伽达文化Ⅱ的创造者。他们起源的地方我们
还不知道，似乎从哈马马特干河进入埃及。在哈马马特干河发现的图
画船的典型形式可以证明他们通过这里。他们似乎曾把哈马马特和科
普托斯变成了兴旺的巴拉斯和努布特公社，在那里能自立足以后，他
们发明了一种新型的我们称之为涅伽达文化Ⅱ的文明，并向下埃及
殖民。[54] G. V. 柴尔德的意见与此相反，他认为，阿姆拉文化与格尔塞
文化之间没有明显的中断，新的秩序逐渐渗透到上埃及。大多数学者
在寻求作为这种新秩序的来源转向更北方的地区。格尔塞文化从未传
播到努比亚，在那里继续保留了阿姆拉传统。[55]

　　涅伽达文化Ⅱ时代仍然是处于铜石并用时代，但是生产力有了较
大的发展。涅伽达文化Ⅱ时代的燧石工业，不论在何处发现的，都达到
更娴熟和精美的程度，并且增加了一项新技术，那就是离开燧石核心制
造长刃口的技术，而改变成具有精确制作出来的钝背的刀。现在用镰
刀刃口代替了两面修饰的镰刀石的使用。同时，在某些墓中发现了许
多小的刃口，虽然某些被弄钝了刀背，大多数没有修饰。但是，作为大
一些的工具，两面的技术并未放弃。燧石手斧是坚硬的，不论是长方形

或椭圆形都是在两个侧面上工作。这些手斧在墓中非常稀罕,但却大量出土于居住地中。他们还精选出最好的燧石用于制作刀子,通常是在剥成薄片后再研磨。另一种新奇的叶片技术是凿子头的和半月形的箭头,并且能生产出比两面工作的更锐利的尖头。此外,还更广泛地采用了一种有效的武器,那就是梨子形的权标头,这种权标头一直使用到新王国时代。(56)

金属器进一步扩大使用。铜器变成了更为流行的,主要用于制作鱼叉、短剑、刀、缝针等工具。铜锛子是薄的,直的颈和向下倾斜的切割的边缘。前王朝时代最早的铜斧发现于马特马尔的3131号墓,它是一个不等四边形,具有凸出的面,正方形的颈,差不多是16厘米长和3.5磅重。它的化学分析显示铜的成分占97.35%,此外,还有少量的钡、砷、青铜和锰。(57)引人注目的是,在巴拉斯发现了银锛子,在涅伽达发现了银鹰像。出土的金属器还有银短剑、刀和缠在一片银箔上的7厘米长的金子。虽然,银子保存下来这么多,但是,金子在墓中却是稀有的,并且大多用作金属片。在巴拉斯和马哈斯纳出土了金薄片的两个耳环。

装饰品也很丰富,已发现的主要有铜制的戒指、念珠和带有环状圆头的扣针等。在吉尔萨,曾发现了穿进项链的金念珠和青铜念珠,而后者显然是陨石。还有用青金石和天蓝石等硬石雕刻而成的大量念珠和护符。

陶器的制造经历了深远的变化。黑顶陶已成为稀有之属。红光陶和黑光陶保留下来。但是,由于制陶泥土的不同,主要的是选择低沙漠的粘土,而不是尼罗河的,因而红光陶从黑玫红色变成红砖色。另外陶器生产引进了缓慢施转,以及“扫帚手法”等技术,并发明了陶轮。

陶器本身的形式和修饰发生了变化,出现了肩挑的、狭口颈的陶器,而且颈口能被关闭。具有特色的是,许多陶器顶部有突出的穿孔的把柄,或者是管状的或者是三角形的。F.皮特里认为,“波状把柄”的陶器是一种更好的陶器,在形式上类似于肩挑的狭口的器皿,而某些波状形把柄的罐钵是被描绘的,并由好粘土制成。这些陶器的把柄带有"波状形",而装饰以扇形花样。雕刻的陶器有两种类型:第一种被 F.皮特里称为"黑雕的"器皿,大多数用于宽大的钵子上,在外侧或边缘上刻上某种模型,有时也刻在内侧,正好在边缘下面。罐钵是粗劣的,黑粘土刻的模型用白质地的色彩填满。第二种雕刻的陶器是更简易的形式,用手指或指甲印记作为装饰,F.皮特里称为"粗劣的器皿"。[58]

与雕刻陶器同时,彩绘陶器流行起来。精心地用红线图案装饰的陶器使人想起美索不达米亚的捷姆迭特·那色陶轮制成的彩色器皿。红线图案的模型有羚羊、红鹤、山羊,偶尔还有人物像。特别是还表现了大的船,或许是纸草结构的,通常有几只桨和两个仓室,其中一个仓室上有一面具有某种徽章的旗帜,而它或许暗示一个神龛,并且或许是神或女神的象征。在晚后的阶段,这些符号被用于象征城市或地区(诺姆)(见图6)。[59]

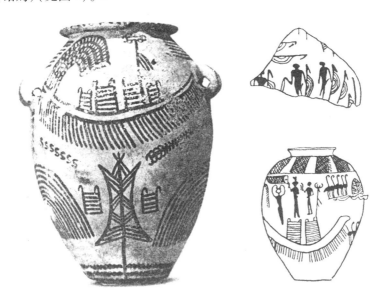

图6　绘画陶器及其图案

　　涅伽达文化Ⅱ人民居住的环境与条件有了显著的变化。如果说先前的人们,不论是巴达里文化时代,或者涅伽达文化Ⅰ时代,都居住于尼罗河两岸的低沙漠的边缘上,而现在则下到尼罗河常年定期泛滥的平原上。这一改变取决于两种因素:一是在这个时期尼罗河谷的气候愈益干燥,雨量减少;一是结合人类社会的进步,人口的增长,而能够促使人们更充分地利用尼罗河谷的洪水,因而河谷的生活变成了更有吸引力的。涅伽达文化Ⅱ的人民开始居住于尼罗河谷,并在那里从事生产。有人指出,在涅伽达文化Ⅱ时期引进了人工灌溉。他们开凿河渠,修筑堤坝,进行水利灌溉。排水与灌溉不是单个人所能做到的,它要求整修公社或者甚至一个地区整体协调的行动和管理,这些情况必定发生在涅伽达文化Ⅱ的末期。

　　涅伽达文化Ⅱ的居住地遗址,除了涅伽达文化Ⅰ开始出现的涅伽达城外,最典型的还有希拉康坡里斯。根据涅伽达文化Ⅱ废墟提供的一个房屋的情况可见,其人民生活于粗制的长方形房子中,或许还有一个大庭院。在阿姆拉的一个墓中发现的一个陶器房屋模型(S.D.44—64)在这一方面也可以做个补充说明。房屋模型是长方形的,长46厘米,在一道短墙中有一个门,而在对面一道墙上安置有两个小窗户,屋顶像个盒子盖(见图7)。⑩

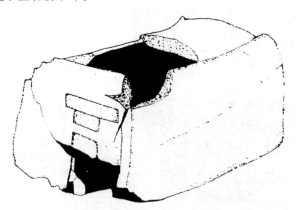

图7　阿姆拉出土的房屋模型

涅伽达文化Ⅱ时期,更精心制作的墓是长方形的,但是穷人仍然使用圆形或椭圆形的。某些较好的墓用席子或木板做衬里。大约这个时期末出现的所谓"分房间的墓",是为公社的特殊成员所使用。尸体被安放在这个狭小的空间里,墓坑用作为装备墓穴的仓库。墓穴是用木板、席子盖顶,有时给它涂上灰泥。用席子包裹尸体的习惯逐渐消失,而木棺成为更经常使用的葬具。墓穴中发现的亚麻,证明了亚麻仍在继续使用,而在涅伽达 T 墓地 26 号(S. D. 69)

F. 皮特里发现了最早知道的部分编织的白色和棕色毛织品。[61]墓穴的陪葬品直接地反映了涅伽达文化Ⅱ人们的某些生活。

## 第三节　城市和城市国家的形成

### 一、城市的产生与城市的规模

城市的产生是文明时代的重要特征之一。现代西方流行的"文明"(civilization)一词源于拉丁文 civis,其意为"城市中的居民"。恩格斯认为:"在新的设防城市的周围屹立着高峻的墙壁并非无故:它们的壕沟深陷为氏族制度的墓穴,而它们的城楼已经耸入文明时代了。"[①]

城市和城市国家的问题,近年来一直成为国内外人们关注的焦点之一。城市和城市国家是否为西方世界所固有? 古代埃及历史的早期是否存在城市和城市国家? 这些问题经常引起人们的争论。著名埃及学家 W. 赫尔克断言:"在基本上是农业国度的人口中,绝不需要城市。"S. 威尔逊甚至表示:"直至新王国时代,埃及是没有城市文明的。"[②]国内有些同志对埃及早期城市的存在也持否定态度。

近年来,由于新的考古成果和研究,使我们有可能就埃及的早期城市和城市的形成问题做进一步的探讨与论证。

如果我们研究一下"城市"一词的文字符号及其意义,必将有助于我们解决城市的起源问题。象形文字"城市"niwt 一词通常用⬛t一组符号来表示。在这些符号中最重要的表意符号是以十字路为中心的圆形周壁。如果我们追溯一下象形文字 niwt 一词的起源的话,类似的圆形周壁的十字路符号在前王朝的不同时期的彩陶上都可以见到。例如,出自巴达里的残缺不全的⬛符号;涅伽达的⬛;狄奥斯坡里斯·帕尔瓦的✚;希拉康坡里斯的⊗⊞等。此外,还有一些更为复杂的十字路形的象形文字符号,如⬛ ⬛ ⬛。③它们表示单一或多条十字路形的街道区划。所以,niwt 一词的实际意义仍是道路的交叉点和包围某些街区的圆形周壁,表示具有城防工事和一定规划与中心的城区。④

考古学家发掘出来的历史文物,给我们提供了某些城市的具体形象。令人感兴趣的是,在狄奥斯坡里斯·帕尔瓦 B83 号墓穴出土的围墙模型(涅伽达文化Ⅰ或涅伽达文化Ⅰ向涅伽达文化Ⅱ过渡阶段)。这是一件长方形的泥塑雉堞墙模型的一部分,在墙的背后立有两名战士警戒。这个模型可能表现了一个居民点四周的防护围墙,或许可以看成是"防御工事""城市围墙"。⑤法国卢浮宫博物馆收藏的公牛击敌调色板的背面,刻画了大小两个方形雉堞墙,而上端的公牛击倒的敌人显然属于这两个城市的。稍晚些的那尔迈调色板,在正反两面上都刻画了不同形象的城市符号。一个是正面底栏上,有一个长方形的雉堞墙⬛符号和另一个带有两条支柱的半圆形符号⬛,其下侧有两名逃跑的敌人。在调色板反面的底栏上刻画了一头公牛头击圆形雉堞墙,其右侧也有两名逃跑的敌人,脚下还踩着一名敌人。值得注意的是,在这个圆形雉堞墙内还有一个带着两个把手的袋子形的象形文字⬛和另一组 3 个长方形符号。前者可能是城镇的名字,后者可能是城市内的建筑物,或者这些符号表明圣所和住宅,⑥这些符号充实了城市形象的内容。与那尔迈有关的利比亚调色板更明显地雕刻了以雉堞墙围绕起来的方形或长方形的城市形象。城市内分别刻画有不同的动物、植物等符号,显然可以看成是城市的名称。

上面的论述,虽然为我们研究城市的产生提供一些证据,但是毕竟还不能证明城市本身的存在,所以,城市遗址的考古发现就显得更加重要。K. W. 巴策尔认为,麦里姆达是埃及最大的,也是最古老的史前居民点,亦可说是"新石器时代城镇"。巴达里的第 5500 号区被其发掘者说成"似乎是巴达里城镇的中心"。这些论断曾遭到了某些人的反对。E. J. 鲍姆伽特则提出,马阿底是一个城镇。⑦如果说,对上述的新石器时代或铜石并用时代的早期城市,还有某些争论的话,那么,在涅伽达文化Ⅰ和涅伽达文化Ⅱ时代出现的涅伽达城和希拉康坡里斯城,似乎是没有疑义的。

据 K. W. 巴策尔晚近的考察,希拉康坡里斯的前王朝遗址,可能是一个中心城镇和许多附属的乡村。关于它的面积,各家的估计出入很大。凯泽相信,它占据了 100 万平方米。但是,K. W. 巴策尔认为,这样大的面积或许是误解。他在 1958 年勘查遗址的最后结果表明,表面的陶器碎片范围很难超过 50,800 平方米,人口约 4700 人,至多 10,000人。⑧ K. W. 巴策尔的人口数的估计是根据希拉康坡里斯的观察——一处茅舍按 65 平方米计算,他指定每个房屋住 6 个人——而提出来的。在前王朝末期,希拉康坡里斯城镇由低沙漠边缘发展扩充到 400米外的冲积平原上,建立了新的,有围墙的城镇。城镇呈不整长方形,面积至少为 190 至 220 米乘以 260 至 300 米。⑨城外四周是一大片耕地,并有两处显然是后来的沙杜弗遗址。新的城镇从早王朝、古王国一直发展到新王国时代。与希拉康坡里斯城相对,在尼罗河东岸有埃尔·卡伯城遗址,其年代最早可追溯到公元前 6000 年。但是正方形的城镇(550 米×550 米),大概建于王朝初期。

关于前王朝埃及居住地的性质、规模和人口数字等是一个重要而难解的问题,曾引起好多埃及学家的注意。美国学者 F. A. 哈桑曾对已发表的有关这一方面的材料进行过综合性的研究,并且归纳、制作了图表(见表3)。⑩

**表 3　关于埃及前王朝遗址的有效的报导**

| 遗　址 | 内容报导 | 面积 $m^2$ | 作　者 |
|---|---|---|---|
| 麦里姆达 | 混杂有仓库、墓和贮藏窖的房屋 | 180.000 | Junker(1928. 1940) |
| 马阿底 | 房屋、仓库、地下室藏酒窖和贮藏窖 | 180.000 | Amer(1947) Menghin(1934) Menghin & Amer (1932—1936) |
| 马哈斯那 | 作为防风的证据,圆形炉灶直径 3 米 | 710 | Garstang(1902) Ayrton & Loat(1911) |
| 哈马米亚 | 粘土茅舍圆状物,40×50 码 | 2.000(按:200?) | Brunton & Caton-Thompson(1928) |
| 涅伽达 | 房屋、墓穴、藏酒窖 | 50.000 | Petrie(1895) |
| 希拉康坡里斯 | 城镇和乡村群 | $1×10^6$ (具有 50.800$m^2$ 碎片) | Butzer(1959) |
| 阿尔曼特 |  | 716 | Mond & Myers(1937) |

哈桑认为,麦里姆达、涅伽达和希拉康坡里斯通常被看成城市,但是遗址布置的进一步研究还是需要的。巴策尔和哈桑曾经提供了某些遗址的人口数字,但是,这些数字的估计是偏低的。令人感兴趣的是马库斯在 1976 年根据每公顷家族的数目和遗址的面积,提出约计每公顷有 10 个家族。假如对前王朝(每个家族惯例 5 人)时代采用这个数字,那么前王朝埃及的居住地的人口是很多的。马库斯提供的人口估计数字(见表4)。⑪

根据上述资料的综合研究,哈桑的结论是:前王朝时期的居住地是大的,指明了一个由小的结伙到较大的公社,小村庄和乡村可能住有

50—200 人,但是较大的居住地(城镇?),像麦里姆达可能维持了 400—500 人(保守的估计)。希拉康坡里斯由较大的中心和各个乡村组成的地区,可能被 2500—5000 人占据。⑫至于前王朝时代埃及的全部居民,巴策尔认为可能有 10 万—20 万人。⑬

表 4 人口估计数字表

| 遗址 | 人口 |
| --- | --- |
| 麦里姆达 | 900 |
| 马阿底 | 900 |
| 涅伽达 | 250 |
| 希拉康坡里斯 | 5000 |

尽管我们从几个方面论证了城市的存在,包括城市或居住地的规模,但是必须指出,在这里我们所讲的仅仅是早期城市。所谓早期城市,相当于某些人所说的"原始城市"或"最初城市",处于"准城市"和严格意义上的城市之间的中间状态。⑭所以,这里所讲的城市,通常又表现为城镇,而城市与城镇之间并无本质上的差异,只不过前者比后者更大些和更重要些。某些埃及学家充分肯定了埃及的城市化形态,指出:古代埃及"正像邻近的亚洲一样,一个都市化的社会已经展开"。"毫无疑问,古代埃及是一个相对正常形态的都市化社会。"⑮

## 二、城市国家的形成与王权的产生

城市的产生紧紧与城市国家的形成相联系。由于恩格斯所处时代科学发展的限制,他不可能预见所谓"古代东方"社会的城市国家的性质。但是,恩格斯明确指出:"同乡村对立而产生的城市的特殊需要,都要求有新的机关"。恩格斯把城市的产生与国家的出现联系起来的观点,得到了考古学的证实。考古学家柴尔德在讲到"城市革命"时说过:"一个第二次革命,把许多自给自足的小农村,变成了人口众多的城市;这种城市用较高级的工业和对外贸易来培养,而且正式组成了国家。"⑯

城市国家的问题,不仅与城市有关,而且涉及国家的起源问题。古代埃及的城市国家,乃是以城市为中心,包括其附属的乡村,形成起来的一些独立的小国家。它是埃及国家发展的早期阶段,不同于古典世界的以公民为主体的城邦。所以,有人把前王朝时期的涅伽达和希拉康坡里斯称为"初期城市国家"。⑰也有人把埃及的城市国家称为"诺姆国家",并指出:最早的国家则无论何时何地都是在一个不大的范围内形成的,即在一个地域公社范围内,或者说,在更多的情况下是在若干彼此有着紧密联系的公社范围内形成的……这种形成国家的特点分明的地区,我们姑称之谓诺姆。它通常以该诺姆的主神庙宇所在地为中心;周围设以行政机构,并建有食品和物资的仓库和武器库;最重要的能工巧匠也集中于此——在所有这一切的周围筑起墙垣以保安全从而形成了城市,作为这种小型原始国家的中心。⑱

"诺姆"一词来源于希腊文 nomos,意为牧畜的地方,或者区划或行省,中译为州,而其埃及的象形文字为 𓊹𓉐 或 𓈈 sp(3)t。从象形文字的表意符号 𓈈 来看,显然是由河渠所划分的地段。在王朝时代,它变成了统一王权下的各个省区。到前王朝时代的末期,埃及究竟有多少诺姆,难以确定,但是目前我们所能知道的是,在早王朝时代,上埃及有16 个诺姆,下埃及有 10 个诺姆。⑲每个城市国家都有其自己的名称,首城和一定范围的领土,特别是徽章和崇拜的神。各诺姆的徽章起源于其原始的图腾,后来,鹰、母牛等动物图腾则变成了诺姆保护神荷鲁斯、哈托尔等。

古埃及的城市国家以城市的形成为基础,以王权的出现为标志。如果说对巴达里文化时代的城市产生还有些异议的话,那么到了涅伽达文化Ⅰ的末期和涅伽达文化Ⅱ时代,随着埃及城市化过程的展开,无疑的,埃及开始出现了城市国家或诺姆。涅伽达城出土了最早的王冠和王衔的符号,可以看作为王权统治的最早的城市国家。而希拉康坡里斯出土的权标头和调色板等文物,证明了它是又一个城市国家之所在。

王冠又称为王徽,是王权的象征,早期的王冠主要是红冠和白冠,按照传统的观点,在第 1 王朝以前,埃及南北分立,上下埃及各有一个独立的王国。在南方,上埃及国王头戴白冠;在北方,下埃及王头戴红冠。纽伯里指出,一个长期所知道的过程就是在三角洲有一个古代的王国。塞思认为"pe 的精灵"涉及西三角洲的布陀,并且显然史前的国王在那里。[20]

但是,近年来的研究,越来越多的证据表明,埃及的文明最早起源于上埃及,并由上埃及向下埃及扩展。象征王权的王冠形象也是遵循着这样的趋势发展和演变的。

埃及王冠或王徽的最早的形象出现于涅伽达 1610 号墓出土的黑顶陶的浮雕陶片上,按 F. 皮特里的测定为 S. D. 35—39,介于涅伽达文化 I 与 II 之间(见图 8)。红冠在传统上被认为是下埃及王冠,但是红冠浮雕陶片为什么出现于上埃及的涅伽达,而不是在下埃及的舍易斯,而且两地距离那么遥远?

在 1960 年代,E. J. 鲍姆伽特在其《史前埃及文化》一书中,屡次提到红冠陶片,而且同样遵循传统的观点,也把它看成是下埃及的王冠。直到 70 年代,她根据考古的研究成果,并结合王衔的起源,对红冠的起源及其发展演变进行了新的探讨,[21]提出了与传统观点不同的全新的认识。

涅伽达 1610 号墓出土的红冠浮雕陶片是迄今我们所知的有关王冠的最早的材料。此外,巴勒莫石碑上也保留了头戴红冠的前王朝国王的名字,至少有 9 个或 12 个。白冠的材料,迄今我们所知道的,最早

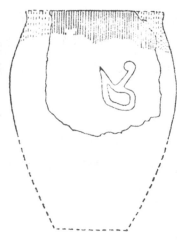

图 8　红冠陶片

见于蝎王权标头,尽管 E.J. 鲍姆伽特不承认。红冠,按 F. 皮特里的 S.
D. 35—39 年代,确定为涅伽达文化 I 之末和涅伽达文化 II 之初;而白
冠的材料,蝎王权标头则属于涅伽达文化 II 的末期,紧接第 1 王朝的开
端。红冠的材料发现于上埃及的涅伽达,而白冠的材料,不论是蝎王权
标头或者时间上紧接其后的那尔迈调色板,也都发现于上埃及的希拉
康坡里斯。涅伽达和希拉康坡里斯都是上埃及的重要的城镇,而且两
者相去不远。涅伽达城早在涅伽达文化 I 时代开始发展起来,而希拉
康坡里斯的霸权则在涅伽达文化 II 时代末期确立起来。我们认为,红
冠最早起源于涅伽达,而它是涅伽达的王冠,后来的白冠出土于希拉康
坡里斯,它是代表了希拉康坡里斯的王权。所以,红冠和白冠都是上埃
及的起源,至于红冠代表下埃及,那是晚后的传统,"因为在更晚一些
时期红冠常常与下埃及有关"。㉒

　　红冠起源于上埃及,最初代表上埃及,而后来发展演变成下埃及王
冠,还可以结合王衔的情况来说明。埃及的王衔通常有 5 个或称为 5
个"伟大的名字",其中的第 1 个就是隼鹰神荷鲁斯的衔名。在涅伽达

1546号墓出土的陶罐破片上（见图9），描绘了一间坐落在两侧墙内的带有圆屋顶的房子，而两侧的墙面则伸出在圆屋顶上。在这座建筑物顶上栖息着一只鸟。虽然勾画得十分粗略，但是，显然与后来的荷鲁斯坐落于"王宫门面"上的形象一脉相承，而荷鲁斯神则与第1王朝诸王紧密相联。陶罐上的圆顶的建筑物通常称为"下埃及的itrt"的建筑物，像红冠一样，最初也是起源于上埃及，而在晚后期，两者都被下埃及采用。红冠最早是代表上埃及，我们还可以与早王朝时期的另一个王衔n-sw-bit（"树蜂衔"）结合起来予以证明。n-sw-bit头衔中，nswt（菅，或译为树）王衔位于先，必定是较老的一个头衔，可以把它与涅伽达文化I联系起来，尽管目前还没有证据，但是bit"养蜂

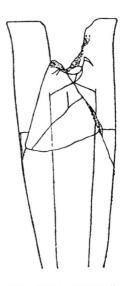

**图9 涅伽达1546号墓出土的陶罐破片**

（上绘飞鸟栖止圆屋顶上，属涅伽达文化I时期之末，定年在SD37）

者"却可以与敏神直接连接起来。因为他是野蜂的主宰，蜜蜂是献给他的，而敏则是涅伽达文化II的民族神。㉓

上面仅仅是初步论证红冠起源于上埃及，最初是代表上埃及的王冠。既然如此，那么晚后的下埃及为什么要采用上埃及的王冠呢？E.J.鲍姆伽特的结论是，"……土著的埃及传统是那样的强有力，以致合法的王必须采用古代的头衔和徽章，而且所有的头衔和徽章都有它们的上埃及的起源，而在这早期，从下埃及来的东西是无法与之相比的"。㉔

除了王冠与王衔外，与王权有关的还有权标头，权标头是国王手握的武器的顶端部分，更重要的是国王权力的标志。

在埃及各地的不同时期的文化遗址中，发现了大量的权标头。埃及的权标头大体上可分为圆盘形、梨头形、双角形（或战斧）和纺锤螺

旋形。至今我们所知的最早的圆盘权标头出自涅伽达 1443 号墓, S. D. 31(涅伽达文化Ⅰ末期),在阿姆拉也发现了两个圆盘形权标头,日期或者是 S. D. 41(据麦克弗),或者是 S. D. 34(据 F. 皮里特)。此外,还有梨头形、双角形、纺锤螺旋形各式权标头。㉕

权标头上,有的没有任何装饰;而有一些则装饰以人物、动物和植物等场面,多数是浮雕。在希拉康坡里斯的"大宝藏"中有三只特别大的梨头形权标头,其中的两只存于牛津的阿什摩林博物馆:一个是希拉康坡里斯最大的蝎王权标头,约 23 厘米高;另一个是那尔迈权标头。第三只是在伦敦大学学院保存的外表损毁严重的黄色石灰石大权标头的两个残片:uc 14898 和 uc 14898A。

蝎王权标头公认为涅伽达文化Ⅱ末期或前王朝时代末代王的权标头,权标头上的浮雕刻画了头戴白冠的蝎王主持开渠仪式。而那尔迈权标头则表现了头戴红冠的那尔迈远征胜利的凯旋。第三只权标头的两个残片,奎贝尔认为是属于同一个权标头,但是后来 A. J. 阿克尔则把它们分划为两个不同的权标头:一个是"搬运者权标头",一个是蝎子王战胜"带着辫子人的权标头",因为在蹲下的带辫子人的背后有一个头戴红冠的人物,其面前的残缺不清的符号似乎可以复原为蝎子王。㉖

除了权标头的文物外,在其他一些绘画和文物上,我们同样可以见到权标头的形象。涅伽达文化Ⅱ末期著名的希拉康坡里斯画墓壁画上的左上角有一个高大的人物,他站在狮子的面前,左手高举类似权标的东西。而最能说明问题的则是绘画左下侧的"大人物"(见图 10)。在涅伽达文化Ⅱ时期,通常是用放大尺寸表现首领或国王,他左手抓住俘虏的头发,右手高高举起权标头打击敌人。㉗类似的手握权标头的人物形象又见于希拉康坡里斯出土的象牙印章上和后来的那尔迈调色板上的大人物。

**图 10　希拉康坡里斯画墓壁画局部放大**

　　王冠与王衔作为国王的徽章和名衔,表现了王之身份和地位,而权标头则标志国王的伟大权力。但是,王权的产生有一个从"军事首长权力变为王权"的长期演变过程。从上述的权标头的年代测定来看,除了个别少数的属于巴达里文化时代的氏族部落首长的权标外,其余的多数属于涅伽达文化Ⅰ之末和涅伽达文化Ⅱ时代的国王权标。从王冠和王衔起源的时间来看,主要是涅伽达文化Ⅰ之末或涅伽达文化Ⅱ之初,这和上述的多数权标头的年代基本上是一致的。确定王权的产生,最终还必须与国家的形成联系在一起。

　　在不同地区发现的国王埋葬地或王墓同样证明了各自独立小国家的存在。在涅伽达文化Ⅱ时代,埃及的墓葬有了明显的变化,人们更精心制做的是长方形墓穴,而且其规模也更大些。涅伽达 T 墓地是涅伽达文化Ⅱ末期的典型墓地之一,在这里保留了几十座大小不同的墓。除了 T5 墓是不规则的长方形外,其余的都是标准的长方形墓。这些长方形墓不仅规模大,而且结构也复杂,特别是 T20、T15、T23 墓尤为突出。关于这些墓穴的规模,没有明确的记载,有人估计 T20 墓与希拉康坡里斯的画墓规模非常接近,大约 5 米×2 米。㉘墓的陪葬品以 T5 为例,至少也有三四十件。㉙希拉康坡里斯的画墓又称"装饰墓"或 100

号墓。画墓位于希拉康坡里斯史前墓地东端,由于墓穴墙壁上保留了一幅重要的壁画而著名于世。画墓面积为 4.5 米×2.0 米×1.5 米。其陪葬品由于被盗等原因不能准确统计,但至少有 32 件。㉚

画墓的主人身份究竟是什么? 早在 1950 年代柴尔德表示,"画墓的建筑学平面配置使我们能够推测某一有影响的氏族成员被提升等级,至少是领袖"。后来,W. 凯泽认为,"有其他非常大的墓穴靠近它的画墓是首领墓地的一部分"。"围绕画墓的墓穴形成了一个王家墓地"。到了 1970 年代,B. J. 肯普进一步指明,希拉康坡里斯的画墓和涅伽达 T 墓地两者都是"前王朝国王的埋葬地"。在 1980 年代,B. J. 特里格尔也指出,"涅伽达和希拉康坡里斯的统治者或许埋葬于与这些城镇遗址相联系的前王朝墓地的所谓王墓中"。㉛

上述的一些王家墓地的并存的情况说明了什么呢? 正如有的研究者所说的那样,在第 1 王朝前的一些王,包括所谓"史前统治者",完全是"不同的单独的传统"。㉜这种现象暗示我们,在涅伽达文化Ⅱ时代,埃及已经形成了一些城市国家独立并存的局面。

### 三、城市国家的殖民与争霸

上面已经提到了城市国家的起源及其存在的证据,但是还要进一步论证埃及城市国家发展过程中的殖民活动和城市国家间的相互关系。这是埃及文明化发展的必然趋势。

根据考古发现的文化遗址证明,埃及文化最早起源于上埃及。作为典型的巴达里文化、涅伽达文化Ⅰ和涅伽达文化Ⅱ都是发生在上埃及。在涅伽达文化Ⅱ时期,上埃及已经形成了几个大的文化中心:以涅伽达为中心的科普托斯一带;以希拉康坡里斯为中心的埃德富以北地区;以阿姆拉为中心的阿拜多斯一带;塔萨和巴达里为中心的附近地区。那么下埃及的情况如何呢? 传统上的一种观点认为,埃及的文明起源于三角洲,但是 E. J. 鲍姆伽特坚持:三角洲起源的理论得不到证明。她强调,在涅伽达文化Ⅱ之前,在阿西尤特以北的下埃及看不到居民的迹象,涅伽达文化Ⅱ之后,上埃及的人向北扩张到下埃及,并向下埃及殖民。㉝至于通常所说的下埃及的新石器时代法尤姆文化 A,E. J. 鲍姆伽特把它看成是上埃及文化向下埃及发展的结果。关于法尤姆文化 A 的争论姑且不论,但是,上埃及向下埃及的扩张和殖民是可以证明的。

如前所述,荷鲁斯王衔符号最早起源于涅伽达文化Ⅱ初期,后来显然由涅伽达向北传播到法尤姆的玛拉克、开罗附近的图拉,甚至远至三角洲的东端白达等地。在这些地方不仅发现了荷鲁斯王衔符号,有的地方还出现了双荷鲁斯符号,如图拉的 ⌂,白达的 ⌂,㉞这些符号也许表示二王共治。

在涅伽达文化Ⅱ时期,上埃及人向阿西尤特以北移居或殖民。在 E. J. 鲍姆伽特看来,法尤姆文化 A、马阿底文化等都是上埃及移民带来的文化。至前王朝末和早王朝时代,他们还向三角洲一带移民,东至白达,西至卡那太,还包括南端的萨卡拉、阿布西尔等地都建立了一些殖民地。㉟

在诺姆或城市国家形成和殖民过程中,往往伴随着各诺姆之间的争霸,而在争霸过程中又出现了某些诺姆之间的联合。各诺姆之间的联盟与争霸最早反映在猎狮调色板上。调色板描绘了分成两排的 19 名猎人,攻击大小 3 只狮子,还有被狗驱赶或捕获的鹿和山羊的场面。值得注意的是,这些猎人被弓箭、矛、斧子、投掷棒(飞去来器)和权标头等所武装,而且用兽尾装饰。这些形象与后来的那尔迈的形象完全一致,而他们的兽尾装饰也是后来国王的象征。由此可见,这些所谓的猎人,或许是各诺姆或城市国家的首领,或最早的王。在两排猎人中,有的举着鹰和羽毛的标帜,也有矛头的装饰,前者表示"西方",后者意为"东方"。猎狮调色板反映了"东方"和"西方"的诺姆联盟共同击败以狮为代表的某些诺姆。在另一个战场调色板上的画面恰恰与此相反,表现了以狮子为象征的国王对敌人的战斗。除了狮子外,还有豺犬、鹰、鹭等攻击敌人,这些标帜可以看成是诺姆的徽章,也可以称为"诺姆旗",显然是代表了一些诺姆的联盟即城市国家的联盟。在一个被俘的敌人面前有一束纸草的符号,很可能表示他们是三角洲居民。而牵引俘虏的两面旗帜的标记是鹰(Horus)和羽毛、鹭(Toth)和羽毛。

**图 11 公牛击敌调色板**

在这种情况下十分清楚的是,被兀鹰(希拉康坡里斯保护神)帮助的狮子(与公牛一道,是王家权力的形象之一)确保了隼鹰(还不能与王家的王朝神荷鲁斯视为同一)的南部王国战胜北方人民。㊱与此同时,公牛击敌调色板描绘了公牛抵伤北方人种的过程中,五个盟国的人格化旗帜(两只豺犬、鹭、鹰、雷电)用单根绳子捆绑俘虏,反面有两个被征服人民的城堡。从被击倒的人物来看,可能是三角洲人民。(见图 11)尤为重要的是前王朝时期末期的蝎王权标头,其中心部位表现了蝎王主持农业仪式或开渠仪式,也许是神庙奠基典礼。但是,这项活动显然是在一次成功的远征之后举行的。蝎子王的远征得到了一些诺姆的共同支持与协作。图刻上各种不同形象为标志的旗帜代表了参与蝎王领导远征的上埃及各诺姆。从残存下来的诺姆标帜或诺姆旗帜来看,有山、塞特、敏、豺犬等。各诺姆旗帜上套索的"田凫"和"弓"就是远征胜利的成果。另一个前王朝时代最末期,也许与蝎王有关,或者与那尔迈有关的利比亚调色板更突出地表现了以猫头鹰、鹭、金龟子和荆棘等为标志的 7 个大小不同的筑有雉堞墙的城堡,分别被带有鹤咀锄的隼鹰、狮子、蝎子、双隼鹰等 7 种动物所破坏,画面表现了 7 个联盟的诺姆联合攻击 7 个敌对的营垒或诺姆。㊲

在前王朝时代末期,各城市国家或诺姆之间的联盟与争霸是一种经常的现象。正是由于这种联盟与争霸,最后才出现了那尔迈的初步统一埃及的胜利,开辟了埃及历史发展的新阶段。

传统上,把第 1 王朝以前时期的原始的文化称为"史前文化",或"前王朝文化"。所谓"史前文化",严格地说,应该是文明产生以前的社会文化,是一种非城市化的文化。但是,事实上,在史前时代末期或前王朝文化末期,埃及开始过渡到文明社会。

# 第三章　统一王国的开端
# 与早王朝时代的埃及

如果说,在涅伽达文化Ⅱ时期,埃及已经形成了各自分散或暂时联合的城市国家的话,那么经过了几百年的发展和各国之间的争霸,到了公元前3100年左右,希拉康坡里斯的蝎子王,特别是那尔迈王称霸了埃及,最终建立了第1王朝,开创了上下埃及一统的局面。从那尔迈开始的早王朝时代,又称古朴时代,包括了第1、2王朝,大约延续了4个世纪之久。早王朝时代的埃及,是城市国家向统一王国的过渡的时代,虽然没有展现出后来几个时期的那些宏伟壮观的历史场面,但是,它在埃及史上的各个领域中,包括行政、文化、艺术建筑等事业上,开创性的伟大历史意义是永不磨灭的。

## 第一节　希拉康坡里斯王国的霸权
## 与那尔迈开创的统一事业

### 一、从神话到历史:神王朝至人王朝的过渡

传统上的埃及历史以宇宙的神学为开端,而最早的宇宙神学体系的记述可以追溯到纸草文献和金字塔铭文。赫利奥坡里斯的太阳神学,除了在金字塔铭文中以外,在狄奥多拉斯的历史著作中也有反映。按照赫利奥坡里斯的神学,最早的神王朝有大九神,其次有小九神和第

3 九神。大九神包括阿图姆·拉、舒和泰富努特、盖伯和努特、奥西里斯和伊西丝、塞特和涅菲俤丝。第 2 神朝亦 9 人，所谓小九神，其中包括荷鲁斯神在内。第 3 神朝，即第 3 九神，为半神半人的英雄，多为荷鲁斯之子孙。但是，作为创世神学学说中的另一神学体系，孟斐斯神学则推选出普塔神为造物主。孟斐斯神学涉及了 3 个相互关联的论题的连续性：1. 普塔是最高神，并且是宇宙和人类的创造者；2. 普塔是全埃及的国王和埃及国家的统一者；3. 孟斐斯是埃及的首都。据孟斐斯神学，普塔用他的"心"（智慧）构想出宇宙的成分，并且用他的"舌"（命令）使它实现。作为埃及历史开端的神话，普塔召集了九神集团并由大地神盖伯审判塞特与荷鲁斯之间的争吵。盖伯判决塞特和荷鲁斯分别为上、下埃及之王，统治上、下埃及。但是，后来盖伯改变了他的第一次判决，把他的全部土地划给荷鲁斯统治。他宣布："我已任命了长子，荷鲁斯""遗产给这个继承人""给我儿子的儿子，荷鲁斯""因而，荷鲁斯占有了（全部）地方，因而这个地方被统一"。这样，荷鲁斯就作为统一的"上下埃及之王而出现"。①

作为历史的文献，《巴勒莫石碑》刻有从第 1 王朝至第 5 王朝的第 3 王尼斐利尔卡拉为止的年代记。但是，都灵纸草和马涅托的《埃及史》在基本上保留了一个编年史结构的同时，也包括了一个埃及起源的宇宙论的神话故事。马涅托的《埃及史》系统地记述了神王朝至人王朝的埃及历史的发展，而以"神王朝"为开端。马涅托的神王朝包括赫斐斯托斯、其子赫里奥斯，以下是索西斯、克洛诺斯、奥西里斯，还有奥西里斯的弟弟泰丰，以及奥鲁斯。②

神朝之后，马涅托原文的希腊文编辑，在内容上是没有错误的。他把埃及语的普塔神和拉神分别说成是希腊语的赫斐斯托斯和太阳神赫里奥斯。他所记述的索西斯、克洛诺斯、泰丰以及奥鲁斯，分别为埃及神话中的舒、盖伯、塞特和荷鲁斯。在神王朝之后，马涅托还提到了神人(英雄)和亡灵朝。上述的所谓神王朝的群神,显然地反映了人们对宇宙形成的认识和追求宇宙,包括人类间的秩序的观念。历史因而简单地被表现为神话的创世论。神话和历史的结合,被神话上的黄金时代的引进而实现,在那个期间,神在地上统治。③

拉美西斯二世时代编纂的都灵纸草王名册,记述了拉、舒、盖伯、奥西里斯、塞特、荷鲁斯、玛阿特和第2组荷鲁斯诸神。在神王朝之后,都灵王名册提到了"荷鲁斯的追随者"和"荷鲁斯追随者的亡灵"。这个"荷鲁斯的追随者"术语散在地出现于第二中间期的末叶直到托勒密时期的原文中,以及罗马时期的残破的纸草中。埃及学家 K. 赛泰把"荷鲁斯的追随者"断定为希拉康坡里斯和布陀的诸王。有两个连续的记录涉及"帕(布陀)的灵魂,作为下埃及的荷鲁斯的追随者"和"涅亨(希拉康坡里斯)的灵魂,作为上埃及的荷鲁斯的追随者"。④这些所谓的"荷鲁斯的追随者"通常被解释为前王朝晚期的国王,是美尼斯的直接的先驱;或许相当于马涅托的神人和亡灵朝。⑤

但是,在前王朝时代,就下埃及而言,是否已形成了下埃及王国,是否出现了国王,至今还是一个颇有争议的问题。如前所述,E.J. 鲍姆伽特一再强调,传统上的埃及文明起源于三角洲的说法得不到证明,她认为,在涅伽达文化Ⅱ之后,上埃及人向下埃及扩张并殖民。但是,向北部殖民是否达到布陀也是个问题。所以,三角洲的布陀(帕)王国的存在,至今不能被证明,更何况布陀的下埃及王国的所谓"荷鲁斯的追随者"。作为前王朝末期的上埃及的王,从当时的记载中,至多可以发现有两个王名,这就是希拉康坡里斯的卡王和蝎子王。但是,这两个王名也有其可疑或值得研究之处。而蝎王通常被看成是那尔迈或美尼斯的直接的先驱。考古学者给我们提供了有关希拉康坡里斯王国及其诸王的某些历史文物与记录。这些资料是我们研究前王朝时代埃及王国起源的证据。

### 二、希拉康坡里斯王国及其霸权

希拉康坡里斯是古代埃及具有政治、宗教意义的城市和城市国家之一。研究希拉康坡里斯的起源与发展，对于了解城市的布局，解决埃及早期国家发展形态问题具有重要的、典型的意义。

希拉康坡里斯遗址与分布

K. W. 巴策尔认为，在古代埃及，除了法尤姆湖沿岸的新石器时代村落外，所有上旧石器时代和铜石并用时代的乡村、城镇遗址都是位于低沙漠的边缘，紧邻洪水平原。⑥

希拉康坡里斯遗址的年代，最早从旧石器时代和新石器时代开始，经早王朝和古王国时代，大约延续到新王国时代。希拉康坡里斯的前王朝和早王朝时代的地质地形的构成包括：1. 上更新世（塞比尔）的尼罗河淤泥；2. 干谷冲积地和碎岩；3. 未巩固的风积沙地；4. 努比亚沙石露头，局部地被冲积土和碎岩遮盖；5. 新冲积层。⑦这里的前王朝时期的居住地和墓地，就其文化碎片和埋葬的分布来看，基本上是在上更新世尼罗河淤泥上，即现今的沙漠边缘，紧邻全新世冲积层的洪水平原。而王朝时代的希拉康坡里斯城市遗址则建于洪水平原上。但是，前王朝和王朝时代的遗迹、遗物常常混杂在一起，所以，我们也难以把它的两大时期截然分开。

前王朝时代的希拉康坡里斯遗址（见图 12）的西北端，大约 6 公里远，有一座由石矿岩石筑成的库拉金字塔，年代在第 3 至第 6 王朝之间。更重要的是，遗址西面的一座用途不明的建筑物，在各方面都类似于阿拜多斯长方形砖砌堡垒，但规模小些，发掘者因此把它称为"堡垒"。堡垒位于沙漠边缘，距离耕地不远，通向干谷约 500 米。在设计造型上，它是一座长方形的建筑物，有一个入口朝向耕地，外墙建筑有 2.34 米厚，坐落于 4.87 米厚的内墙和主墙的前面，并且较内墙低些。

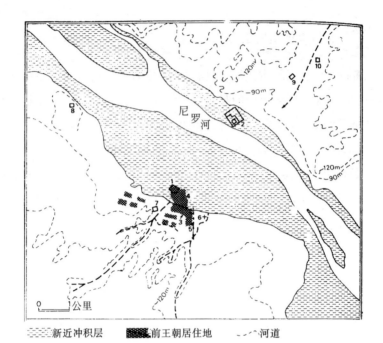

新近冲积层　■■■前王朝居住地　--- 河道

1. 古王国时代希拉康坡里城镇
2. 埃尔卡伯
3. 晚期前王朝城镇遗址
4. 在洪水平原上的城镇遗址的范围(边缘未详)
5. 前王朝墓地
6. 画墓
7. 第2王朝"堡垒"
8. 库拉金字塔(第3王朝?)
9. 拉美西斯Ⅱ庙
10. 阿蒙诺斐斯Ⅲ庙

**图 12　希拉康坡里斯遗址图**

在两道墙之间有一间隔地带为 2.23 米宽。墙完全由非烘烧的粗制砖砌成，涂以胶泥并刷上白色。墙砖尺寸在 25 厘米×12 厘米×9 厘米和 30 厘米×14 厘米×7 厘米之间而不等。西南墙没有破坏，大约 8 米或 9 米高。建筑物的年代通常认为是早王朝，更确切地说，是第 2 王朝末哈塞海姆威时代。⑧

堡垒西部附近是低山丘，那里有两座古王国时代的装饰墓，西南处是通向第 18 王朝墓群的入口。在堡垒东面比较广阔的地段是红色低山丘，有时称为"红色之丘"。

在堡垒东面,"堡垒干河"和"沙丘干河"之间一大片紧邻洪水大平原的沙漠边缘地带,上更新世(塞比尔)的尼罗河淤泥沉积处,按 K. W. 巴策尔的考察,确定为希拉康坡里斯的"格尔塞市镇"遗址。⑨在那里分布有瓦砾堆和陶器碎片。但是,关于这一方面的情况,最初的发掘者奎贝尔并没有提及。他把这里仅仅看成是墓地。紧邻其南面的,即奎贝尔所说的,由堡垒延伸到呈现在地图东南端的排水沟是"史前大墓地"。遗憾的是,这片墓地被破坏得如此严重,以致连一座墓也在所难逃。近年,巴策尔考察这一带,把它称为"格尔塞墓地",认为这里的墓地同样也受到了风积活动的影响而被剥蚀。虽然最初考察发掘这片前王朝墓地一无所获,但是在墓地东端发现的著名的画墓却是惊人的成就。

画墓是在 1898 年由格林主持发掘的,编号为 100,故称 100 号墓,又因墓穴墙壁上装饰以着色的图画,通常称为"画墓"或"装饰墓",现已被确认为是王墓(见上文)。画墓位于希拉康坡里斯史前墓地的东端,包括大约 4.5 米×2.0 米×1.5 米的坑室和与沙漠表面同样高的墙壁,建筑于斜坡 1/2 的沙漠坑穴中。墓壁由特大的粗制砖砌成,其平均尺寸为 23 厘米×11.5 厘米×9 厘米。画墓的本身被一个毗连在东北墙壁之中心处的低矮的半道横墙间壁分为两部分(见图 13)。砌砖工程的全部,包括地面在内,涂上灰泥的涂层,大约 5 毫米,并依次覆盖上黄赭色或白色涂料。⑩画墓中的陪葬品被盗,破坏甚多,最初仅保留了 18 件陶器、燧石工具等,后来又搜集增补到 32 件。⑪

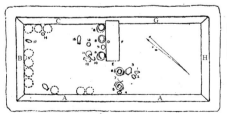
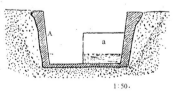

**图 13　希拉康坡里斯画墓平面、断面图**

　　画墓壁画的内容,主要是描绘了大小不同的船舰,捕获俘虏、狩猎动物等场面。绘画的主题表现了希拉康坡里斯人对外来入侵者(努比亚人或亚细亚人)的抗击与胜利。⑫

　　前王朝时代的希拉康坡里斯的居住地,可能是一个中心市镇和许多附属的乡村。但是遗址的面积,各家估计不同,有人推算为大约 2 平方公里,而据巴策尔的最后考察,认为是 50,800 平方米;人口在 4700 人到至多 10,000 人。⑬

　　在前王朝时代末期,希拉康坡里斯迁移到冲积平原上,距离前王朝时代的旧遗址大约 400 米远。新的城镇遗址,已被厚大的城墙所围绕。城墙的大部分由建筑房屋用的尺寸大小相似的粗制砖(26 厘米×13 厘米×7 厘米)砌成。城墙厚度不同,大体上从 6 米至 9 米厚,也有的部分 3 米厚。新城遗址呈不整长方形,面积至少为 190—220 米×260—300 米。⑭城市的大部分地区似乎为古王国时代的房屋,但是出土的文物一般属于第 1、2 王朝时期。在城市中心处有一座由大砖砌成的大门的遗址,被认为是一座早王朝时期的宫殿。⑮城墙的东南还有一个特殊的神庙圈地,大约占城市遗址的 1/6 面积。神庙遗址的年代,根据不同的文化层,可以看到,第 1、2 层属于前王朝时代,第 3 层为早王朝时代,以后几层包括古王国至新王国时代。

　　在神庙区内,最重大的发现是在其东面的一组建筑物墙下的著名"大宝藏"(Main Deposit),"大宝藏"中出土了几百件堆放在坑中的重要遗物:数以十计的权标头和各种器皿,还有燧石刀、铜刀等工具,以及象牙与木刻的人物和动物雕像、调色板、圆筒形印章等。⑯"大宝藏"的形成,显然是奉献于神庙的物品贮藏处;大概这些东西由那尔迈的先辈"蝎子"和"卡"所奉献。⑰关于"大宝藏"的年代,因其文物的年代不一,存在着几种不同意见。较为合理的解释是,"大宝藏"的文物埋于古王国或中王国时代,但是,其中多数的东西属于前王朝——早王朝时代。⑱

**希拉康坡里斯王国的霸权**

迄今,我们所能见到的《开罗残片》《巴勒莫石碑》和某些王名表,以及马涅托的埃及史有关前王朝诸王的记载,往往由于碑文的残留不全或辨认不清,或者文献的记述仅仅保留了某些古老的传说,因而对于我们研究前王朝时代诸王的历史,几乎没有什么具体的实用价值。目前,只能借助于考古学提供的有关希拉康坡里斯王国的某些文物资料,来探讨希拉康坡里斯的王朝世系及其在前王朝时代城市国家形成过程中的称霸活动。迄今我们所知道的埃及史上有据可查的最早的王名似乎有两个:卡王和蝎子王。

首先,关于卡王及其历史的真实性问题。早在1899年,在阿拜多斯大墓地的第1王朝王墓旁,一个被盗的B7号墓中和它旁边发现了一些带有 符号的荷鲁斯名的陶器碎片;与它们一起,还有一个被打碎的器皿陶"塞"上的图章印迹,这些阿拜多斯墓地的遗物具有前王朝后期型的特点。[19]阿拜多斯铭文的出版者F.皮特里把上述铭文中的"王宫门面"(Serekh)内的 符号读为 ($K^3$,卡),并翻译了其中的一段铭文为:"荷鲁斯卡,国王伊普"和"哈,荷鲁斯卡的妻子"。[20]皮特里的读法遭到了许多人的反对。上述阿拜多斯铭文的"王宫门面"外的符号与图拉附近墓地铭文的"王宫门面"外的符号 十分相似。阿拜多斯铭文的 符号,有人认为就是 符号,读为 šmꜥ,意为"上埃及"。但是,实际上, 符号不仅作为 šmꜥ 表明"上埃及"(和由它派生的)术语,而且也读为 nśw·t,具有"上埃及国王"的概念。加德纳认为, 符号被视为上埃及典型的植物,它与蜜蜂符号相结合构成 n-sw-bit 符号,表示"上下埃及之王",而 符号或许起源于 (菅茅?)符号,表示出产这种植物的土地的符号。[21]阿拜多斯铭文中还有一种符号 是纸草丛的形象，表示三角洲，与塔尔坎墓地的第 216、315、1549 号墓铭文上的 ⚱ 符号同样，也表示头衔，只不过是下埃及的。㉒如果把这一符号与红冠结合起来，则表示"下埃及王冠"。㉓皮特里确定的"荷鲁斯卡"的名字如果与 ⚓ 或 ⚱ 符号结合起来，显然可以把"卡"符号看成是上埃及或下埃及的王名。

如果承认上述的"卡王"的名字，那么，希拉康坡里斯大宝藏中出土的雪花石膏罐子上的蝎子符号与卡符号并列的现象则又提出了一个新的问题。有人以此为根据，提出了卡和蝎子共治的结论，但是，这种结论没有得到其他资料的证明。事实上，卡与其他王名相结合的现象还可以找到其他几个例子。

上述情况说明了"卡"的问题是比较复杂的。阿拜多斯铭文的"王宫门面"内的符号 ⚔ 读为"卡"（$K^3$）是无疑义的，它的规整的写法 🐂 表示一个为了拥抱(?)而伸张的手臂，意为"人物""神灵""个体""气质"等。㉔问题在于，卡究竟是否是王名？目前，尚难以断定。根据上面的论述，我们能够推测的不外是三种可能：或者是具有卡名字的国王；或者位于"王宫门前"外的符号一般不是某一个人的名字；第 3 个可能是，在上述情况下，卡完全不是个人的名字，而是意味着国王的"同貌人"，他的卡。㉕

对于"卡王"一说表示怀疑的，还可以提出其他一些证据，即有时卡的名字例外地被写在"王宫门面"的方框之下，而不是像通常的那样，在"王宫门面"的方框之内，所以，有的学者提出，对于可疑的卡王，可以置之而不顾。㉖但是，也有些人承认卡王的真实性，甚至认为，卡王被埋于阿拜多斯的王墓中。然而，在承认卡王的前提下，还有不同的说法：一种意见为，蝎子王是卡王的先驱；另一种意见是卡王由蝎子王所继承。还有的根据与卡在一起的个别符号写成的蝎子的草体形式，把卡王与蝎子王视为一体,并提议把它拼读为塞肯(Sekhen)。㉗所以,把卡王作为一个历史人物,还有待于进一步的发现和研究。

其次,关于蝎王权标头(王权的标志)与蝎子王的远征问题。在希拉康坡里斯神庙区内的"大宝藏"中,发现的石灰石大权标头残片之一,现存于英国阿什摩林博物馆,编号为 E3632,通常称为蝎王权标头。权标头高 23 厘米,图案分成 3 栏,浮雕成各种不同场面的物和人。中栏的中心部分突出地刻画了一个头戴白冠的大人物。他身着长达膝盖的束腰外衣,腰部扎着一条象征国王的公牛尾或兽尾。在他的头部前方,有一只蝎子和一枚玫瑰花结的符号,通常认为,蝎子是王名的象形符号,玫瑰花结是头衔,读为"王"。蝎子和玫瑰花结的符号结合在一起,被解释为"蝎子王"。也有人把玫瑰花结说成是"7 点星",表明蝎子王作为一个神,也或许是天神荷鲁斯的象征。㉘蝎子王站在水渠之上,手中握着一把锄头;在他的面前,站立一个小人物,伸出一个篮子准备接受挖出来的泥土。有人说,那是举行农业仪式,挖掘土地,以便耕种;也有人解释为国王挖掘河渠,主持开渠仪式,或者说是挖掘壕沟,以便建筑神庙。上述情况说明,蝎子王作为一个城市国家的首领,正在执行领导者的职能。在蝎子王前面上方残留有两个小人举着带有标志的盟邦旗帜,这又说明蝎子王可能是盟邦的邦主。他的身后有几株纸草的图案,或许是象征三角洲的地方。在权标头的下栏,刻画了一个被河渠围绕的小岛,岛上有两人从事农业劳动。这两个人就其形象而言,显然不是埃及人。在权标头的上栏,有一排象征着上埃及几个诺姆或城市国家的不同标志的旗帜,其中有两只塞特动物和一个敏的箭石。塞特是奥西里斯和荷鲁斯的对手,被认为是居于奥姆波斯,被称为"南部土地的君主"。它的形象是一个怪物,或者被看成驴或者是一头猪,更可能的是像一种灵猩,具有翘起的长尾巴、细长的口、尖狭的耳,也许是一种混合物,虚构的生物。敏是阴茎像的神化(崇拜于科普托斯),其符号暂证明为箭石的两个圆锥形化石。㉙此外,还有两个残缺不全的豺和山的形象。引人注目的是,每只旗杆上垂吊下来一条绳子,套在每一个田凫("赖依特")的脖子上。残留下来的田凫共 7 只。还有残存下来的三面旗帜,保留下来的标志只有荷鲁斯一个。其中有一只旗帜垂悬下来的绳索还套扣了一只不完整的弓(见图 14)。

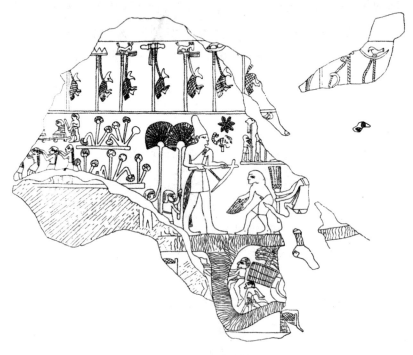

图 14　蝎王权标头图刻

关于田凫和弓的两个符号的意义,埃及学者已经做过研究。田凫γḥyt 的象形文字符号正规地写为 或 γḥyt,意为"人民""庶民"。最早提到它的,或许是开罗调色板残片(第 14238号),但最有启发性的则是蝎王权标头。因为在那里,田凫被悬吊起来。在稍后的古王国时代和新王国时代,赖依特一词仍然不断地出现。

关于赖依特的社会身份地位问题,古恩认为,"事实是在晚后时期 γhyt 无疑是看作埃及居民的一部分,我们可以做出结论,他们是居住于三角洲或其稍南的民族的一部分:最初对上埃及国王怀有敌意的,后来才变成了统一君主的臣民"。㉚但是加德纳不同意把他们看成是三角洲一带的人民,认为"他们的名称最初或许不论什么样地曾被证明敌视过希拉康坡里斯国王的任何埃及人"。"有一种可能性是 γhyt 一词的意思,开始仅仅是指'下层阶级',而且总是有叛乱倾向的"。所以,γhyt 明显地表示"被征服的人民"。㉛

与此相关的,还有被悬吊的弓的符号。弓的符号最初的数目可能是 7 个,后来直接提到 9 个,称为"九弓"。"弓"的象形文字写成 pdt,意为外国人、大群人。㉜田凫与弓的对比见于第 1 王朝哲尔的雕像上。在那里,国王的脚踏在九弓之上,而在它们面前的是 3 个展翅的田凫。这种情况,说明了田凫与弓的社会地位还是有区别的。但是,加德纳否认 γhyt 为三角洲居民的说法,似乎没有被人们所接受。一些权威的著作仍然认为,蝎王权标头所表现的是上埃及诺姆的集团在蝎子王的领导下战胜生活于绿洲和邻近沙漠的外国人和一些也许是居住于三角洲或更向南一点的下埃及王国人。㉝

蝎王权标头图刻是蝎子王活动的生动记录。由于蝎子王时代文字刚刚出现,蝎王权标头图刻上的文字符号不多,所以,蝎子王的活动与事业上的成就在很大程度上是依赖于图刻画面来表达的。因此,如何说明和理解图刻的内容,在学者中也就有所分歧,甚至蝎子王是否是一个真实的历史人物也有争论。有人一向采取否定的态度,有的著作表示,"直至更准确的证据的出现为止,这仅有的真正纪念物的那个阿拜多斯王的存在被认为是必须保留怀疑"。㉞但是,除了上述论证外,我们还可以提出有关蝎子王存在的另一证据,那就是在"大宝藏"中出土的圆筒形的石灰石罐上的图刻。图刻上刻有 3 只蝎子的形象,在它们之上还有站立在孤形板上的4只荷鲁斯,这组象形文字符号读为"荷鲁斯蝎子"。⑤荷鲁斯是国王的保护神,荷鲁斯站立在蝎子的上面,这和它站在带有那尔迈和荷尔·阿哈名字的"王宫门面"上的孤形顶面上(见图15)的描绘一样,表明了蝎子王的荷鲁斯衔名。荷鲁斯衔名构成了法老时代国王的5个伟大的名字或头衔之一,表明国王是古老的隼鹰神荷鲁斯的尘世的化身。

图 15　石灰石罐图刻

蝎子王作为一个历史人物,他是迄今所知的希拉康坡里斯王国的确凿无疑的第一位国王。他在埃及早期文明史上占有什么地位,起了什么作用? 这是一个值得研究的重要问题。

在希拉康坡里斯出土的陶器、雕刻品中,常常可以看到蝎子的形象。蝎子被偶像化,甚至当作神一样被崇拜,说明了它的重要地位。但是,并不等于蝎子王本身就是"伟大的神"。蝎子王出现于权标头上,蝎子权标头记载了蝎子王的重要活动与成就。但是却没有关于蝎子王的任何其他传说保留下来,因此,蝎王权标头是我们研究蝎王活动的最重要资料。

如前所述,蝎王权标头突出地表现了蝎子王主持的农业仪式或开渠仪式,也许是神庙奠基典礼,这是希拉康坡里斯王国的内政建设的中心内容。但是,从整个权标头图刻来看,这项活动乃是在一次成功的远征之后进行的。蝎子王的远征显然得到了其他几个盟邦的支持与协作,而蝎子王或许就是盟邦的邦主。图刻上的以各种不同形象为标志的旗帜代表了参与蝎子王领导远征的上埃及各个诺姆或城市国家。㊱各诺姆旗帜上套索的田凫和弓的符号就是远征胜利成果的记录。

除了蝎王权标头外,希拉康坡里斯还出土了两枚比较古老的黄色大石灰石权标头的残片;奎贝尔把这两者误认为同一个权标头而一起发表在《希拉康坡里斯》第 1 册上。现在它们被藏于英国伦敦大学学院皮特里收藏馆中,编号为 uc14898 和 14898A。

关于上述两件权标头图刻的主题,由于原件的破损不清,引起了几种不同的解释。阿克尔认为,uc14898A 图刻表现的是国王征服带辫子的人。㊲但是,默里(Murray)博士认为,浮雕上的梳辫子的人比国王的形象更大些,因此与其他埃及人相比是更重要的。她的结论是,国王是死的,并被奉为神明。㊳而我们认为,如果把梳辫子人看成是比国王更重要更伟大,那么,他被绳子所牵引就无法予以解释。

然而问题更大的是,uc14898 权标头上的戴红冠者究竟是谁? 如前所述,由于国王面前的浮雕或符号不清,可以假定复原出 3 种可能的形象。但是,阿克尔认为,除了辨认出蝎子的尾巴和身体外,在强烈的自然光线照耀下,还可以看出一个圆圈,因而可以复原出一个玫瑰花瓣,并指出:表现在国王名字中的蝎子可能是一个蝎子神的偶像,国王的名字或许读为"蝎子神的生命"。她的结论是:"我确信我们的 14898

残片表明了带辫子的人被通常所说的蝎子王的征服。假如这是正确的话，那么这乃是历史上最重要的事件。因为在牛津的阿什摩林 E3632 权标头（按：蝎王权标头）上，蝎子王戴着上埃及的白冠，而在这里是戴着下埃及的红冠。这说明第一个统一上下埃及的国王是蝎子王，而不是假定为他的继承者的那尔迈。"㊴

　　虽然阿克尔和亚当斯先后都在皮特里收藏馆中工作过，并都清理过这些权标头，但是在这个问题上亚当斯表示，在蝎子尾巴上面的角上，我不能发现"他所提到的玫瑰花结的痕迹"。㊵果真如此，权标头上既没有玫瑰花结，又无蝎子的身体部分，仅有蝎子尾巴的可能性（假定的 3 种可能性之一），那么，那个戴红冠的人，就难以确认为蝎子王。实际上，也没有其他的材料证明蝎子王曾经征服过三角洲。爱德华兹认为，蝎子王的征服或许达到三角洲的顶点南部为止，他甚至可能劫掠了三角洲的东部，但是未必征服了全部北部王国。㊶加德纳指出，蝎王权标头写的可能是，战败的田凫人和弓人是现实的同时代的事件。而蝎子王是在希拉康坡里斯统治的那尔迈的直接先驱，这显然作为远征或结束于战胜下埃及和完全统一国土在上埃及王统治下的一系列远征的开端。㊷所以，我们可以说，蝎子王的远征为早王朝埃及的统一开端奠定了良好的基础。

### 三、那尔迈的统一王国的初建

#### 传统上的美尼斯与美尼斯的传说

　　马涅托的《埃及史》在神、神人和亡灵朝之后，接着是人王朝。在人王朝中的第 1 位王是美尼斯（Menes）。马涅托的残篇写道："他进行了对外征服，并获得了声望"，"他与他的军队一起前进到国境之外"；还讲到"他被河马夺取了生命而死亡"。㊸狄奥多拉斯或许保留了同一个传说的更奇异的说法，断言美纳斯（Menas）在莫伊利斯湖的附近被他自己的狗所攻击,但因鳄鱼带领他平安地过湖而把他救出。㊹希罗多德则说:"米恩是埃及的第一位国王,他第一个修筑了堤坝把孟斐斯和尼罗河隔离开来……"㊺古埃及的王室世系表,如阿拜多斯王名表和都灵王名册也都提到了埃及的第一位王是美尼(Meni)。古典作家和王名表所提到的美尼斯、美纳斯、米恩和美尼,通常被看成同一个人物。

关于美尼斯的传说,除了上述的简单的内容外,一个托勒密王朝的文献谈到了米恩在孟斐斯统一了两个王国。据现代学者的研究,这是根据非常古老的传统。然而,问题在于美尼斯不论是作为最早的埃及国王或统一埃及的第一位国王,都没有出现在任何其同时代的文献中。而且,作为第 1 王朝的第 1 王,他的墓至今还没有被发现,尽管埃默里在萨卡拉发现了第 1 王朝的一系列王墓,但是考古学家却在阿拜多斯发现了包括那尔迈和那尔迈的王后墓。

考古学者在希拉康坡里斯发现了蝎王权标头、那尔迈调色板和那尔迈权标头;在阿拜多斯发现了荷尔·阿哈、哲尔、杰特等王的坟墓,以及带有阿哈名字的饰板和标签。考古学者根据这些王墓及其遗物编制了早王朝的国王世系表,并且常常想把考古学上发现的第 1 王朝早期的王名与传统上的美尼斯结合起来。但是究竟如何结合,美尼斯等同于考古学上的哪一王名,至今意见不一,分歧甚大。主要有如下几种不同看法:

赖斯纳(Reisner)　　　荷尔·阿哈＝美尼斯
　　　　　　　　　　　(其继承者是那尔迈)

皮特里(Petrie)
史密斯(Smith)　：　　那尔迈
　　　　　　　　　　荷尔·阿哈 ＝美尼斯

　　　　　　　　　　蝎子王
霍尔(Holl)　　　　　那尔迈
　　　　　　　　　　荷尔·阿哈 ＝美尼斯

| 韦戈尔（Weigal）： | 荷尔·阿哈＝美尼斯<br>（其继承者是哲尔） |
| :--- | :--- |
| 海斯（Hayes）： | 那尔迈＝美尼斯 |
| 阿克尔（Arkell） | 蝎子王＝美尼斯 |
| 爱德华兹（Edwards） | 卡<br>蝎子王　＝美尼斯⑯<br>那尔迈 |

上述意见中，比较流行的看法是那尔迈等同于美尼斯。其根据是在乌姆·卡伯（阿拜多斯）发现的一个瓶印上，除了荷鲁斯·那尔迈的衔名外，还有符号 ▭ mn。mn 符号多数学者读为 Menes（美尼斯），但是也有人读为 Men，不论读为 Menes 或 Men，把它与那尔迈的荷鲁斯衔名结合起来，便成为那尔迈与美尼斯视为同一的证据。⑰有的学者还指出：那尔迈是荷鲁斯名，而美尼斯或许是其他的王名之一，也许是本人名（马涅托常常提起它），这两个名字可能是一个或同一个国王。⑱但是，也有不少的学者认为，荷尔·阿哈才是美尼斯。涅伽达出土的一个象牙板图刻右上角有一处刻有荷尔·阿哈的荷鲁斯名的符号（见图16）。另外，在一个帐篷下，有一只鹰和一条蛇分别站在类似筐子的东西上，其下面是一只棋

**图16　涅伽达象牙板**

盘,象形文字符号为□,与上面提到的□符号等同,可以读写为 mn。这些符号与图刻被看成是美尼斯的鹰蛇式(Nebti)衔名。前者表示荷尔·阿哈为上埃及之王,后者说明美尼斯是统一埃及的君主。荷鲁斯衔名荷尔·阿哈与鹰蛇式衔名美尼斯二者结合在一起被认为是荷尔·阿哈与美尼斯等同的证据。⑭

由于各家的根据和解释不同,传统上的美尼斯究竟是谁? 美尼斯究竟相当于考古学上的哪一国王? 甚至,他是否是一个真实的历史人物,至今似乎也难以定论。事实上,美尼斯作为一位历史人物,早已引起人们的怀疑,并且越来越多地被人们所否定。

早在战前,日本的一位学者已经指出,美尼斯未必是一个人的名字,或许更好是看成几个征服者;或者即使是一个人,也是把其他国王的事迹归于美尼斯一人。⑮后来,英国的鲍姆伽特发现希罗多德的《历史》第 2 卷中有关米恩的记载上有矛盾,发表了一篇《希罗多德论米恩》的论文。她说,希罗多德在第 2 卷第 4 章中讲到了"埃及人的第一位国王的名字是米恩",但是,希罗多德讲的这段话是在 12 个神的名字之后,作为第一个人王提出来的。而在第 99 章中,希罗多德又讲述了埃及国王的历史,他从埃及的最早国王开始讲起,但看不出他所讲的米恩是第一个人王或是其先前的神王。她认为,在第 145 和 146 章,希罗多德研究了埃及和希腊诸神之间的关系,提出潘恩是诸神中最古老的。潘恩的埃及神名就是米恩,即上面提到的人王名。所以,鲍姆伽特的结论是,根据希罗多德有关米恩记载上的矛盾来看,米恩是神王而不是人王。⑯因此,她否定了美尼斯(米恩)作为一个历史人物的真实性。

还有一种意见是,美尼斯被杜撰为一位"半传说的英雄",他在遥远的过去把两地统一在一个王冠之下,并且他的真正的名字已失掉。也有人说,"成文的美尼斯统一埃及的故事,如不是来自所说的事件以后的几千年便是几百年,由于那个时代美尼斯(假如他一直真正存在)已经变成了精神文明的英雄,他的生活和才能被半神话的轶事所润饰。根据这些故事之一,他被假定在长期统治后,在河中狩猎时被鳄鱼夺去并吞没而死——作为尼罗河儿子的恰当的结局"。㊿

至于前面提到的美尼斯与那尔迈或美尼斯与阿哈等同的证据,爱德华兹认为,有理由假定,阿哈是那尔迈的继承者。的确不能再进一步证明那尔迈和美尼斯是同一个人。关于乌姆埃尔·卡伯的泥印章上的 mn(Men)符号,他推测或许是一个官吏或王子的名字,他有使用印章的权利,或者它可能是一个动词,整个一组具有"那尔迈持久"的意义。㊼

不论对美尼斯人物的种种怀疑是否成立,至少目前还没有一个为人们普遍接受的,把传统上的美尼斯与考古学上的某一国王名等同起来的意见。鉴于上述情况,我们认为,最好是放弃美尼斯的传统,宁可从考古学的实际材料出发,研究前王朝的终结与第 1 王朝的开端。

那尔迈王的军事扩张及其伟大成就

考古学上通常认为,蝎子王是前王朝时代的最后一个国王,而他的直接继承者就是那尔迈。那尔迈的几件重要历史文物是我们研究那尔迈历史活动的重要依据。

在希拉康坡里斯的"大宝藏"中出土了一块刻有那尔迈名字的大调色板(见图 17),可能是希拉康坡里斯神庙中的还愿奉献物,显然是一件胜利的纪念品。在那尔迈调色板的正面中心,有一位高大形象的人物头戴一顶白冠。他身穿紧身衣和短裤,佩带兽尾或牛尾,手执权标头。上述这些装饰,充分表明了他的王者的身份。而且调色板的上方正反两面,分别刻有两个牛首人面的哈托尔神像,在它们中间的"王宫门面"中有两个象形文字符号,一是尼罗河中的鲶鱼 N'r,另一个是凿子 mr,两个符号在一起拼读为 Nar-Mer,即那尔迈。那尔迈显然是调

图 17　那尔迈调色板图刻

色板中的大人物的名字。那尔迈站在一个跪在地上的敌人面前,左手抓住敌人的头发,而右手紧握一个权标头高举在敌人的头上,准备打击敌人。在调色板上,敌人头部后面有一组鱼叉和水池的符号,加德纳把它们分别读为 W'和 Š,两者拼在一起读为 Washi(瓦西),判断为敌人首领的名字。在敌人头部的上方,即那尔迈的面前,有一个隼鹰荷鲁斯牵引着一个人头,他的身躯连结着 6 棵生长的植物,可能是表示三角洲的纸草。上述的图刻内容,似乎表明,"隼鹰神荷鲁斯(国王的象征)征服了纸草之国的他的敌人"。也有人解释为"隼鹰神荷鲁斯(即国王)牵引着纸草地方(T3—mhy 三角洲)的被俘居民"。或者读为"荷鲁斯(给国王)带来了下埃及的俘虏"。⑤

　　那尔迈调色板底栏的附属场面,刻画了两个倒下的敌人,或者是在逃跑。在他们的各自面前有一个符号,先前认为那是他们的名字,但是法因根解释为,左面的敌人面前的长方锯齿形符号可能是一个要塞城市;右面敌人面前的符号表现一个半圆形围墙,并由那里向外伸张出两道长墙。前者可能是一个西巴勒斯坦的城市模型,后者必定是一个模型样式的古代石筑城防围墙。这类建筑在约旦发现的很多,并且有理由解释为"羊栏"。如果上述的推测是正确的话,那么,那尔迈或许甚至已经侵入了巴勒斯坦。考古学者曾经在以色列的埃拉尼和阿拉德的陶器碎片上,发现了"王宫门面"图案上因袭了鲇鱼的符号,而它是构成那尔迈名字的第一个因素。这些材料或许是那尔迈侵入巴勒斯坦的证据。⑤

那尔迈调色板的另一面同样也分成3栏。第一栏里,国王那尔迈戴着红冠,右手擎着王鞭,左手握着权标头,并以4个人举着不同标志的盟邦旗帜为先导,前往视察两排被斩首的10名敌人的尸体。调色板的中栏部分有两只奇异的动物,它有狮子或豹的脚爪和头部,但却长着细长的脖子,并且交叉在一起形成了一个调色碟。下栏是国王扮演着公牛将敌人践踏在脚下,并且破坏了一个椭圆形的要塞城市。其内部设有一座倾斜的小堡垒,并有该城的象形文字符号。⑤

有关那尔迈的另一件重要文物是那尔迈权标头(见图18),同样也是发现于希拉康坡里斯的"大宝藏"中。那尔迈标头的中心人物是坐在9个台阶上的殿堂中的戴红冠的人,由于他身后上端有一个荷鲁斯名那尔迈的象形文字的符号(鱼和凿子)而被确定为那尔迈权标头。在那尔迈身后上栏,有一个高僧泽特,在下栏是一个随员握着一双鞋和水瓮,并且具有国王仆从的头衔。⑤在那尔迈的座位顶棚上,有一个希拉康坡里斯的兀鹰女神涅凯特在保护着国王。重要的是在那尔迈前面的三栏内容不同的浮雕。上栏有一牛圈,其后有4人各举一面旗帜,与那尔迈调色板上的一样。在中栏,国王的对面有一乘用天篷罩起来的轿子。轿子中的人物或许是男人,更可能是女人,或者是俘虏来的北方公主。其身后有3个人,可能是在跳舞。下栏3组符号表示俘获来的

图 18　那尔迈权标头图刻

40 万头公牛,142.2 万头山羊和 12 万人。在这之后,还有一名两只胳膊绑在背后,坐在地面上的俘虏。⑱

类似的俘虏人物的形象还出现在希拉康坡里斯"大宝藏"中发现的一个不完整的象牙圆筒印上。圆筒印的中栏左侧有一组鱼和凿子拼成的那尔迈的名字,还有一个捷赫努的符号。其中间部分(中栏和下栏)有一双手臂握着一条棍子打击被俘的敌人。上栏有展翅的兀鹰,象征着对那尔迈的保护,⑲这使人联想到那尔迈权标头上的兀鹰形象。

与那尔迈有关的,还有一个利比亚调色板(见图 19),尽管对其年代还有某些争议。调色板上半部已破损,保留下来的部分除了一个符号外,没有其他任何标志。上述的符号被解读为捷赫努土地,指着利比亚而言,因此调色板取名利比亚调色板。调色板的正面刻画有 7 个具有雉碟墙的长方形城市。城市内的动植物当为该城市的标志和名称,其确切含义与称呼尚难辨读。每个城头上都站着隼或其他动物用鹤嘴锄在劈砍,但保留下来的仅仅有 4 个:隼鹰、狮子、蝎子和落在栖木上的双隼鹰。有人把它们解释为国王的头衔,但似乎更合理的应看成是盟国的标志。⑳研究者认为,图刻表现的是具有象征意义的隼鹰及其盟国砍伐敌人的营垒或城市。㉑调色板的背面刻画的是 3 排有角大牲畜:牛、驴和羊。最低排则是一些植物。有人认为,那些植物是用作生产非常珍贵的捷赫努油的树,或者是橄榄树。

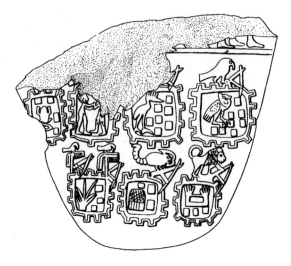

**图 19　利比亚调色板图刻**

利比亚调色板究竟属于哪一时代,哪一国王的纪念物? 可以找到几种不同的答案。一种看法,它属于前王朝晚期,是最早的一个调色板;第二种意见,把利比亚调色板上的蝎子与蝎王权标头上的蝎子联系起来,指出这个调色板是纪念蝎子对布陀的夺取;第三种意见,它是属于那尔迈扩张的记录。调色板上保留有象征荷鲁斯的隼鹰王(假定的那尔迈)和在他远征北方过程中帮助过他的那些领袖。还有一种看法,由于调色板上没有任何王名,不能明确地确定其年代。但是,从其风格来看,强有力地暗示它属于蝎王和那尔迈时期。⑫

利比亚调色板的确切断代的问题,主要是涉及蝎子王和那尔迈的历史活动的评价问题。虽然,利比亚调色板上出现了蝎子的形象,但是,没有其他证据表明蝎子王扩张到西北三角洲。调色板上以隼鹰为首,似乎更可能的是象征着荷鲁斯的隼鹰王——假定的那尔迈——和他的同盟者的一次远征活动。那尔迈远征利比亚,在上述的希拉康坡里斯出土的象牙圆筒印上已经得到了证明。因此,有理由把利比亚调色板看成是那尔迈远征西北三角洲的胜利纪念。

此外,在塔尔坎北部也发现了那尔迈统治的纪念物。他的名字还出现在卡什干河的岩石上,而它是位于科普托斯和屈赛尔之间的大贸易中心南侧。这是那尔迈在军事行动之外,又向东部沙漠派遣他的商业远征队留下的痕迹。⑥³那尔迈统治的南部边界或许到达塞勒塞拉。⑥⁴

有关那尔迈的所有材料确凿地证实了他的伟大成就,特别是我们看到了那尔迈除了白冠以外,又拥有了红冠。他是第1位头戴白、红冠的人物。通常被看成是象征着上、下埃及之王。但是,那尔迈在埃及早期文明史上占有什么地位,如何评价他的历史作用,还是一个颇有争议的问题。

埃及统一王国的形成问题

那尔迈王及其先辈蝎子王发动了军事远征,并取得了辉煌的胜利。但是这些胜利达到了什么程度? 是否真正统一了埃及? 还是需要进一步讨论和研究的。关于埃及统一王国的建立,究竟归功于谁,在哪一个时代? 至少可以举出三类不同的见解:

第一类看法,在前王朝时代,早在美尼斯或那尔迈以前,埃及已经形成了统一国家。凯泽认为,三角洲被上埃及的征服先于第1王朝发生的。那尔迈调色板上的胜利纪念是涉及北部地区的重新征服,或者是扑灭了那里的叛乱而不是那个地区的最初的兼并。他估计,"埃及的统一可能先于那尔迈王100至150年发生"。也有人表示:"可能的是涅伽达T墓地中精制的砖墓是统一埃及的第一个国王的墓穴。"⑥⁵还有的认为,uc14898残片说明了蝎子王征服了带辫子的人,并提出是蝎子王,而不是他的继承者那尔迈是"第一个统一上下埃及的王"。⑥⁶更有甚者认为,在第一王朝之前,两个更古老的统治者(按:当指卡王和蝎王)显然已是整个埃及的国王了。⑥⁷

与此相对立的第二类看法,认为埃及的统一是在古王国以后。有人指出,没有证据表明"统一的埃及存在于前王朝时代""甚至晚至古王国时代,北部三角洲在什么程度上并入埃及国家中也是不明确的"。⑱有的学者甚至怀疑蝎子王的国王身份,认为蝎子王只不过是荷马时代的"王",社会财产领域的急剧的不平等是在第 1 王朝的后半期哲尔王的统治时代。⑲

第三类看法,也是比较流行的观点,埃及的统一王国是在美尼斯或那尔迈王统治时代形成的。美国的布雷斯特德的《埃及史》写道:"在埃及的希腊人统治的时代,仍然流行的传统表明两个王国被称为美尼斯的国王所统一"。⑳英国《剑桥古代史》的作者认为,"完全征服和统一两个王国的荣誉很可能属于那尔迈",他戴着上埃及王冠和下埃及王冠,"说明这个胜利最后打败了北部王国"。㉑《苏联历史百科全书》也表示,"大约在公元前 3000 年埃及最后被南部国王美尼斯统一起来"。㉒

就目前我们所能接触到的材料来看,我们基本上赞同第三类意见,即埃及的统一王国建立于那尔迈时代,或者说是第 1 王朝初。多数研究者承认那尔迈王在前王朝至早王朝过渡过程中的重大历史作用。作为希拉康坡里斯出身的国王,他在盟邦的支持下,在蝎王对外远征胜利的基础上,多次征伐三角洲,并取得了最终的胜利。那尔迈还把他的势力伸张到东部沙漠地带,成为主宰上下埃及的第一位国王。因此,我们把他看成是第 1 王朝的开创者。如果先前提到的材料可以解释为那尔迈或许侵入了巴勒斯坦,那么,这也可能给我们确认那尔迈统一埃及提供了一个旁证。因为,只有埃及的统一才能给那尔迈向其近邻巴勒斯坦的远征成为可能,从而开辟了军事扩张的新途径。

但是,那尔迈的新的统一王国,究竟"统一"到什么程度? 或者"巩固"到什么程度? 仍然是一个问题。我们不同意上述的所谓那尔迈"完全征服和统一",或"最后"统一埃及的说法,因为那尔迈的统一,仅仅是开创了埃及的统一局面,是统一王国的开端。他的统一并非是那么巩固。在整个早王朝时代,那尔迈的后继者继续不断地征伐,以及时而出现的"两个权力"的共处、对立与和解的现象,表明了那尔迈的统一王国并未实现"最后的"和"完全的"统一。正像有的著作表示的那样,埃及"政治上的统一,本来比神话王美尼斯的突然成就更可能的是一个逐渐的过程。⑦ И. М. 贾可诺夫主编的《古代世界史》写道:"在美尼斯(按:作者把其等同于阿哈)和他的先驱者(按:指那尔迈),以及他的继承者统治时达到的国家统一,还不是最后的。被征服的下埃及长期不愿承认自己的失败,在那里几乎整个早王朝时期发生了流血斗争"。⑦联合国教科文组织编写的《非洲通史》,虽然讲到了美尼斯或那尔迈征服了下埃及,将"两个王国"合并,但又强调,"我们认为把国王神化的新教义实际上是在第 3 王朝开始的,而且直到这时埃及才成为一个统一的国家"。⑦

## 第二节 早王朝时代埃及政治形势的演进与君主政治的国家制度

### 一、第 1 王朝国王世系与政治形势的演变

大约从公元前 3100—前 2686 年为早王朝时代。早王朝时代包括第 1、2 王朝,马涅托把第 1、2 王朝称为提斯王朝。提斯的准确位置不清,想象是在阿拜多斯以北 20 公里的现在称为吉尔贾的地方。①希罗多德说,米恩是埃及的第一位国王,他第一个修筑了堤坝,并且建立了现在称为孟斐斯的一座城。②马涅托没有讲到孟斐斯城的建立,但是却提到了阿托提斯(第 1 王朝第 2 王)在孟斐斯建立了王宫。③希罗多德的讲法不一定合理,美尼斯很可能为了防御来自三角洲居民的攻击或者为了统治上下埃及而在"两地"联接处的孟斐斯建立堡垒。根据《巴勒莫石碑》的记载,早王朝国王的加冕典礼的最重要内容之一是"两地

统一"的仪式和"围绕墙列队行进"。这两者无疑是在"白墙"那里举行,而孟斐斯最初就被称为"白墙"。至于马涅托所说的提斯王朝,也可以解释为他们是提斯出身的,属于提斯世系的,而不是他们的政府所在地在提斯。④马涅托的《埃及史》保留了第1、2王朝的全部17位国王的名字和统治年代,但是有关他们的事迹却少有记载。所以埃及学学者在讲到他们的王朝世系及其事迹时,宁肯依赖于考古学上的根据。马涅托《埃及史》的第1卷开头部分写道:"……〔在洪水以后〕的埃及王朝,接续亡灵、神人——第一个王家成员8王,其第一个人为提斯的美尼斯统治了62年。⑤狄奥多拉斯说:"在神之后埃及的第一个王,据僧侣说是美尼斯,他教人民崇拜神和献祭……"。⑥此外,阿拜多斯和都灵王名册也都把美尼(美尼斯)作为王名表中的第一位国王。由此可见,传统上的美尼斯是埃及王朝时代的第1王朝的第1王。但是,值得注意的是,古典作家所记的美尼斯至多不过"进行了对外远征并获得了声望",似乎没有提到他的"统一"的功绩。但是,保留下来的一些文物,特别是那尔迈调色板和权标头则记录了那尔迈对下埃及的征服和上下埃及的统一。如果那尔迈就是美尼斯的话,那么,那尔迈或美尼斯开创了埃及王国统一的局面,他是前王朝的末代王,又是第一王朝的创建者(见表5)。

### 表5　第1王朝(约公元前3100—前2890年)王名表

| 荷鲁斯名 | 本名 | 统治年数 |
|---|---|---|
| 那尔迈 | 米恩(美尼斯)? | |
| 阿哈 | 伊梯(阿托提斯) | |
| 哲尔 | 伊梯(阿托提斯) | 47(50) |
| 杰特 | 伊泰尔梯 | |
| 登 | 卡斯梯 | 55—60 |
| 阿涅德吉布 | 麦尔柏比阿(密毕斯) | 7 |
| 塞麦尔凯特 | 伊利涅梯尔 | 9 |
| 夸阿(卡阿) | 夸阿(卡阿) | 25 |

　　那尔迈的继承者,通常认为是阿哈。在萨卡拉,考古学者发现了阿哈的墓,以及带有阿哈名字的饰板和木标签。通常是把阿哈等同于马涅托的阿托提斯。当然,也有人把阿哈看成是美尼斯。

　　据马涅托的记载,阿托提斯是美尼斯之子,是第 1 王朝第 2 位王。一个残片提到,他统治了 57 年,他在孟斐斯建立了王宫,并且他的解剖学的著作保存下来,因为他是一名医生。但是,另一残片说他统治 27 年。⑦新王国时代的埃伯尔纸草上提到了特梯,或许是阿哈,当然也可能是第六王朝的建立者。⑧

　　"阿哈"一名意为"斗士",或许表明了他的特征和时代的要求。在阿拜多斯发现的木标签,纪念他对努比亚人的远征,这意味着他领导了在北苏丹的战争,或者说他把埃及的南部边界推进到塞勒塞拉以外。有些饰板带有俘虏的描绘,有的附带有一行铭文:"得到上下埃及"。由此可见,他的首要任务似乎是巩固他的先辈在国家统一过程中的成就,并确立他的双冠在从第一瀑布到地中海的尼罗河谷整个范围的权威。⑨

　　第三位国王是哲尔,有时不恰当地称为肯特。在阿拜多斯王名表上的第三王是伊梯,或许可以把他们看成同一个人物。据马涅托的记载,阿托提斯之子是肯凯尼斯,统治了 31 年或 39 年,也有人把哲尔看成是阿哈之子,其实际的统治年代大约 50 年或者 47 年。考古学者在现代苏丹的布亨附近,发现了哲尔的一个岩石浮雕。浮雕上描绘了第一次战争中打死的敌人和被捆绑的俘虏。还有两个车轮的符号表示被他攻陷的城市。这个岩石浮雕的发现,证明了埃及的军队已扩张到遥远的努比亚地区的第二瀑布,并从那里掠取战俘。哲尔在北方也不断用兵,几乎正是他统治的中间的一年,被称为"打败塞捷特国土的一年"。"塞捷特"一词,虽然在晚后时期被用于整个西亚,而在早王朝时期或许局限于西奈。⑩可能的是,哲尔也领导了对利比亚的远征。

哲尔的继承者是杰特，第 1 王朝的第 4 王，在阿拜多斯王名表上第 4 王为伊塔，接近于杰特有关的标签上的伊泰尔梯。他所统治的历史详情所知甚少。杰特也可能与瓦吉为同一人。有关他的记录，可能是一个远征的领导人把他的名字潦草地写在米阿赫干河的岩石上，大约在埃德富以东 15 英里。这表明他可能在尼罗河谷以外派遣远征队到达了红海沿岸，或许是一个军事的或商业性质的远征。⑪

在第 1 王朝的诸王中，最杰出的便是第 5 位王登。登王又称乌吉姆，相当于马涅托所记的乌萨菲，其统治时间最长，大约在 55—60 年。有关登王的考古资料甚多，但他个人的详情了解甚少。阿拜多斯出土的一个象牙图刻描绘了登王用权标头打击跪在他面前的敌人，图刻上的象形文字铭文是："第一次打败东方（人）"。可能，这是对西奈居民或沙漠游牧民的一次远征。新近发现的名为登的残片被认为，记载在《巴勒莫石碑》第 3 行上的国王的第 14 年，归于他的统治，而不是他的继承者阿涅德吉布。⑫《巴勒莫石碑》上所记载的涉及登王远征的有两次：一是"云契乌败北"，一是"破坏乌鲁卡"。前者是居住在尼罗河和红海之间以及西奈半岛上的部落名称；后者是某个不能确定的村落和城市。在石碑的第 3 行"×+4"年的一段记载，有两种不同译文。布雷斯特德的英译文是"［清查］西、北、东各诺姆的全体人民"。晚后的俄译本译文是"用西部、北部和东部的全体臣民充满（？）各诺姆"。俄译者表示，这里提出的译文完全是假定的，假如这种译法符合实际，那么，在我们面前呈现出来的可能是三角洲的居民（"赖依特"臣民）迁移到另一些诺姆的非常重要的事实。⑬

登王是早王朝时期统治时间最长的一位国王，他被看成是一个强有力的和雄心勃勃的统治者，他鼓励艺术和技艺，并发展了国家的行政机构。⑭在这一方面，最引人注目的是他第一次采用红白双冠和树蜂衔。前者意味着上下埃及的"两个权力的合一"；而后者表示"上下埃及之王"。显然,登王已经确立了他在上下埃及的权威,至少反映了王权统治的进一步加强和巩固。

登王的后继者是阿涅德吉布,他的另一个衔名是麦尔柏比阿,即萨卡拉王名表上的麦尔柏皮。通常是把他与马涅托的密毕斯视为同一。

阿涅德吉布是第 1 王朝第 6 王,据马涅托的记载,他的统治年代为26 年,但实际上可能仅仅为 7 年。这也就是为什么他在阿拜多斯的墓的结构上最简陋,并且是第 1 王朝国王中的物质遗物最贫乏的。阿涅德吉布仿效登王也采用了"上下埃及之王"的头衔,但是通常把他与栖木上的两只隼鹰构图的新的头衔联在一起,这个头衔(nbwy——"两主")把国王与分别象征下埃及的塞特和上埃及的荷鲁斯视为同一。⑮尽管如此,实际上,他的统治不仅是短暂的,而且也是不幸的。他的器皿上铭刻的他的名字,常常被他的继承者毁掉,这也说明了他的统治并不稳固。

第 1 王朝的第 7 王是塞麦尔凯特,通常把他与马涅托所记的塞门普赛斯视为一人,其统治年代据马涅托记载是 18 年,但是《巴勒莫石碑》的开罗残片记载仅为 9 年。

在塞麦尔凯特的阿拜多斯的墓中出土的石器皿的一些残片上,最初刻有美丽(特)奈茨(王后)、登或阿涅德吉布的名字,但是美丽(特)奈茨和阿涅德吉布的名字常常被抹去。铭刻包括前辈王名的器皿,在这个时期的墓中不是普遍的现象。有人认为,这种情况暗示了塞麦尔凯特希望否认两位前辈与自己的关系,或许是把他们看成是篡位者。与此相反,另一种意见是,他抹去他的先辈的名字,而萨卡拉的王名表上没有他的名字,暗示了塞麦尔凯特是一个篡位者。⑯至少,我们可以知道,在马涅托的著作中提到了"在他统治时有许多凶兆和特大的灾难"。⑰迄今,在萨卡拉没有发现塞麦尔凯特的纪念物,但是他在阿拜多斯的墓远胜过他的前辈阿涅德吉布。

第1王朝的第8位王,也是最后的一个是夸阿(卡阿)。在阿拜多斯和萨卡拉王表以及都灵王名册上,把他的名字写成为魁伯胡,但是,马涅托所记的末代王毕尼奇斯是否等同于夸阿,还无证据可以证明。保留下来的一条铭文写道:"两夫人欢迎(荷鲁斯夸阿)"。"两夫人"作为王者的头衔之一,说明了他为两女神所承认并受到保护。有关他的统治情况,所知甚少,可能在位25年。

第1王朝的末期的情况,一无所知。马涅托提供了第1王朝的总计的年代为253年,⑱但是,我们实际统计其列出年代的总数为263年,显然,马涅托的总计是错误的。上述的总计数字似乎是高于年代记上的数字。

## 二、第2王朝国王世系与政治形势的演变

第2王朝时期遗留下来的文物,比起第1王朝时期还要少些,并且其初期的王陵至今还未发现。所以,王名和继位顺序也都难以确切地说明。诸王的业绩及其时代的政治形势,也几乎一无所知(见表6)。

表6 第2王朝(约公元前2890—前2686年)王名表

| 荷鲁斯名 | 本名 | 统治年数 |
|---|---|---|
| 亥特普塞海姆威 | 亥特普 | |
| 拉涅布 | 努布尼斐尔 | |
| 尼涅特捷尔 | 尼涅特捷尔 | 45—47 |
| | 温尼格 | 19 |
| | 塞尼德 | |
| 帕里布森* | 帕里布森 | |
| | 阿卡(?) | |
| | 尼斐尔卡索卡尔(?) | 8 |
| 哈塞海姆 | (王名表中"空白") | 21(?) |
| 哈塞海姆威+ | 哈塞海姆威 | 17 |

* 塞特名

+ 荷鲁斯和塞特名

第 2 王朝的创建者是亥特普塞海姆威，或亥特普。通常把他与王名表上的巴扎乌和马涅托的包燥斯（鲍依托斯）视为同一人。据马涅托的记载，他的在位时间为 38 年。

"亥特普塞海姆威"一名，意为"两个权力和睦共处"。或许可以说明，作为第 2 王朝的创建者，他把南北两个对立势力或分裂的权力再次统一起来。亥特普塞海姆威墓地至今尚未发现。据萨卡拉的乌那斯金字塔附近地下道出土、带有他的名字的陶瓷图章来判断，他的墓碑可能就在这一带。马涅托讲到第 2 王朝第 1 王鲍依托斯"在他统治时，陷坑裂口出现在布巴斯梯斯，而许多人死亡"。⑲正像西三角洲那个地区那样，曾经显示了地理上的猛烈的震动，因而，马涅托的记载或许具有某些根据。可能，亥特普塞海姆威被他的继承者所推翻。

拉涅布被确认为第 2 王朝第 2 王，大致相当于王名表上的凯考和马涅托的凯奇奥斯。他的统治年代据马涅托的记载为 39 年。"拉涅布"一名意为"拉是（我的）君主"。在这里我们看到了王名与赫利奥坡里斯太阳神名相结合的最早的例子，反映了这个时代对太阳神的崇拜。拉涅布之所以把太阳神拉的名字纳入自己的名字中，也许是为了取得权力的合法地位，因为他可能是一个篡权者。马涅托讲到"在他统治时，孟斐斯的阿匹斯公牛和赫利奥坡里斯的穆涅维斯公牛，以及门德斯的山羊被当作神一样来崇拜"。⑳但是，实际上，公牛和山羊的崇拜在此以前已经流行。他的墓至今尚未发现，但是从乌那斯金字塔地下道发现的具有他的先辈名字的泥图章来看，其墓或许也是在这地区的某一地方。

尼涅特捷尔被确认为第 2 王朝第 3 王，可以把他与《巴勒莫石碑》上的涅特里木、王名表上的巴涅特捷尔和马涅托的毕诺特里斯视为一人。他的在位年代，据马涅托所记为 47 年，但实际上大约 38 年。马涅托讲到，"在他统治时，决定妇女可以执掌王位"。㉑但是在阿拜多斯和萨卡拉王名表中没有女王名。在这里，很可能涉及难以解决的，先前王朝的美丽(特)奈茨王后的地位问题。《巴勒莫石碑》记载，在他统治的第7年，建立王宫或者称为"荷尔·兰"的建筑物。尤其重要的是，在他统治的第13年，发生了毁灭塞姆·拉和哈("北方之家")城或村落的事件。这或许可以看成是一次内战。㉒

尼涅特捷尔的直接继承者是温尼格和塞尼德，但也有人把他们两人的顺序颠倒过来。或者放在更后些的位置上。马涅托把前者称为特拉斯，而后者为塞特尼斯。有关他们的事迹更不清楚。

刻有温尼格名字的一只瓶子发现于阶梯金字塔下。而塞尼德的名字得知于吉萨的一个铭刻的瓶子的残片上。塞尼德的名字在萨卡拉的第4王朝的铭文上也得到了进一步证明。在那里，一件文物的物主称他自己为"(萨卡拉)墓地的塞尼德的僧侣监督塞利"。这两个名字也出现在晚后的王名表上。有一点值得注意的是，这两王没有一般国王通常采用的荷鲁斯衔名，而是采用了涅布提(鹰蛇符号，"两夫人")头衔，意味着国王统治上下埃及。

第2王朝的第6王是帕里布森，但是有的著作把他排到第4位，却否认他是尼涅特捷尔的直接继承者。有一个图章印记上的铭文是："奥姆毕特(即塞特)把两地(上下埃及)给予他的儿子帕里布森"。帕里布森放弃传统上的荷鲁斯王衔，采用其对手塞特的头衔，把自己称为塞特·帕里布森，这说明他可能不是希拉康坡里斯(荷鲁斯神的所在地)出身的家系，或许是塞特神诺姆的某地的人，其中心是在奥姆鲍斯，即涅伽达。由于上述特殊的情况，有人把他看成是外来人，或者甚至是篡权者。他代表了一个反对派，反映了埃及内部的动乱或对立。帕里布森还有一个塞特·拉的头衔，被认为是把塞特的崇拜引进到赫利奥坡里斯。㉓

需要说明的是，在阿拜多斯的一件文物上，除了塞特·帕里布森外,还有一个采用荷鲁斯头衔的哈塞海姆的王名。有的研究者认为这种现象可能表明了帕里布森与哈塞海姆为同时代人,并且两者共治,前者统治格伯林以北的领土,后者统治格伯林至第一瀑布之间的地带。㉔

哈塞海姆,第 2 王朝末后国王之一。他或许继承了帕里布森的王位,也可能是与帕里布森为同时代的王,共治者。哈塞海姆与萨卡拉王名表和都灵王名册上的胡泽发和马涅托的塞索契里斯通常被视为同一人。他的统治年数,据马涅托记载为 48 年,但实际上可能 21(?)年。

在哈塞海姆的雕像和其他的文物上,特别明显的是,他总是戴着上埃及的白冠,至少可以说明他是出身于上埃及的家族,并且统治着上埃及,另一方面,有些文物记录了他与北方敌人的战斗。有两座带有哈塞海姆名字的雕像,其底座周围有一排歪扭跌倒的人们的雕像,描绘了被杀死的敌人,一个雕像的铭文是"北部敌人 47,209 人";另一个铭刻的是 48,205 人。㉕上述被屠杀敌人的数字显然有些夸大,但是记载了下埃及的叛乱和上埃及的大规模的征服。这些现象也反映了社会的严重动乱。很可能,哈塞海姆以其武力结束了帕里布森统治以来的分裂的局面,恢复了埃及的统一。他的名字"哈塞海姆"的含意是"权力的出现",显然,表示了加强统治的意图。

哈塞海姆威,通常排列在哈塞海姆之后,被认为是第 2 王朝末代王。或许可以把哈塞海姆威与王名表上的佳加和马涅托的契涅里斯视为同一人。关于他的统治年数,马涅托记载为 30 年,但碑文上却是 17 年。

哈塞海姆威和哈塞海姆两者之间的关系,至今也不能确切说明。在阿拜多斯墓地中,找不到哈塞海姆的墓,但却在那里的哈塞海姆威的墓中发现了相似的两个名字,哈塞海姆和哈塞海姆威,所以,有人推测,两者为同一个人名。也有人主张,当哈塞海姆战胜了帕里布森时,他把自己的名字改为哈塞海姆威,并以此表示和解。㉖

在埃及国王中，唯有哈塞海姆威采用了荷鲁斯和塞特的双重头衔，一个铭文写道："荷鲁斯和塞特·哈塞海姆威，两主（即荷鲁斯和塞特）在他统治时和睦共处"。哈塞海姆威名字的含义"两个权力的出现"也是很有意思的。这些现象或许反映了哈塞海姆威在帕里布森和哈塞海姆之后，调解了两个对立势力，把埃及最后统一在他的个人统治之下，从而真正完成了国家统一的大业，奠定了埃及古王国的新纪元的开端。

作为和平秩序恢复的结果，在哈塞海姆威统治时代，显示了技术成就的进步，一个高大的哈塞海姆威的铜制雕像在他统治的第 15 年完成，这在《巴勒莫石碑》上也有反映。此外，还建筑了"神庙"，实际上是他的阿拜多斯"墓"的一个墓室。根据这些和其他一些证据，可以表明哈塞海姆威的统治在文化上也是古王国的先驱者。

马涅托总计第 2 王朝诸王的统治年代为 302（297）年，而其正确数字应为 310 年。但是事实上，第 2 王朝延续的年代，估计为大约一个世纪，远远低于马涅托所记的年代。

### 三、早王朝时代君主政治的国家制度

通过第 1、2 王朝时期王权的交替和政治形势的演进我们可以看到，这是一个逐步完善和加强王权统治，以及最终完成上下埃及统一的伟大历史进程。所谓那尔迈确立的统一国家仅仅是国家统一的开端，事实上，各诺姆之间，甚至上下埃及之间仍然保留有其传统的势力。那尔迈的后继者阿哈作为一名"斗士"，继续进行国家统一的军事活动。而哲尔王则把埃及南部国境扩大到第二瀑布。登王统治时期不断向西奈用兵。特别是在王朝末期还出现了荷鲁斯和塞特的双重头衔，这或许反映了两个权力的斗争与和解，最后形成了"两主"的"和睦共处"。早王朝的埃及正是以提斯王朝的统治的不断加强，政治实力的不断扩张，最终巩固了那尔迈开创的统一局面，实现了上下埃及国家的完全统

一,并因此为古王国时代埃及的专制主义政权和社会的全面发展奠定了基础。

关于早王朝时期的国家制度,特别是政府组织机构,由于保留下来的埃及行政和法律文书甚少,有关埃及王权的知识含糊不清,难以确切地说明。㉗因此,关于早期埃及国家的性质常常有些不同的看法。埃默里认为:"埃及第1、2王朝的君主政治似乎具有后来时期所有的特征,它是专制的,并且国王是神的化身。"㉘还有人指出,早在第1王朝时期,一个繁荣的官僚政治就存在于埃及。㉙早王朝埃及国家的王权是否具有专制主义性质,政府的机构有哪些,官僚主义政治究竟达到什么程度,王权和政府之间的关系如何? 还值得进一步研究。

王权来自于神,这或许是作为君主的一个首要原则。马涅托的埃及诸王朝是继承了传说的神、神人和亡灵朝之后而出现的。都灵王名册的神朝以荷鲁斯神而结束,它把前王朝晚期统治者称为"荷鲁斯的追随者之亡灵"和"荷鲁斯的追随者"。这些术语也常常被埃及学家用于第1王朝的国王。上述记载,显然,表明了埃及王权来自于神。

此外,对于所有国王具有重要意义的是王衔。构成埃及国王的全部5个头衔中,至少有3个出现于早王朝时代。埃及最早的王衔是荷鲁斯衔名,至少从第1王朝初已经产生。此外,还有涅布提、尼苏毕特衔名。作为国王的姓氏前名,即登极名,第一个采用树蜂衔的是登王。到了古王国时代,埃及的国王衔名发展成5个,包括金荷鲁斯衔名和拉之子名,又称为5个伟大的名字。这些头衔表示国王与神的联系和国王的神性。㉚

关于政府的组织机构和机关,首先应该提到的是宫廷或王宫。在宫廷内部,或许分为"公务"和"家务"岗位两部分。"家务"包括后宫、"生活之家"或王家餐室、酒窖、屠宰房和其他一些部分。朝臣的一些成员必定是重要的人物,其中最高贵的是"两宝座的管理人""在国王

面前的他"和各自带有"与王家事务有关的人"的头衔者。㉛

宫廷的"公务",或者说王宫的首要任务是处理行政、税收、司法和外事等各项工作。国王作为宫廷的首领和国家的最高君主,具有完全支配政府各部门和各级官员的绝对权力。在中央政府,最高的权力机构是"王之屋"(Pr njswt),其意为"(王家)命令的秘密之主"。这个机构通常由国王亲自主持工作,它行使的权力不仅超过被看成是国王的单独的特权那样的事务,而且也超过所有其他的政府部门。

地位高的官员和一批从事办公室工作职务的书吏,通常被称为"同伴",与此有关的象形文字为 tt 。这种人物被那尔迈调色板和权标头描绘为伴随国王的便鞋携带者和其他的王家的陪同者。通常是把 tt 解释为 t3ty 头衔的早期写法,而到了古王国时代和后来则表示为"维西尔"(相当于宰相)。然而,似乎更可能的是 tt 或许与 wtt "生"相联系,因此它好像表示"儿子""王子位",或者另一种看法是与 3tt "保护人"相联系。

或许最高的管理的官员是财政大臣(sd³wty ),㉜他分别受任为上下埃及国库的"白屋"和"红屋"。其主要职能是管理国家的税收,征收和分配各种贮藏品,如油和其他征税品。从第 2 王朝末开始,还要伴随国王负责全国每两年一次的"黄金和土地"或"大牲畜"的清查工作,以确定税收数额,保证国库的税源。㉝

口粮的管理在经济和行政机关中十分重要,通常是与食品供应部门直接有关:谷物总是由"谷仓"特别管理的。或许"磨坊主的办公室"也可称为磨坊局,是"谷仓"的附属部门,专门负责谷物的磨制。如果我们把"白屋"和"红屋"一类的"屋"用现代的概念比作中央政府的"部"的话,那么其下属的一些分支机关,就可以称为局,如磨制局、亚麻局、制绳局、制面包局等。

其他部门的情况,所知甚少。第 2 王朝末期铭文上所提到的"外国的监督"是否是一个头衔还不清楚。有关军队的情况,更是一无所知。

除中央机关外,还有地方的政府机构。如果说,在前王朝时代的诺姆具有城市国家的性质的话,那么,在早王朝时代,原先的各诺姆已被统一在一个中央政府的管辖下,成为相当于省区的地方政府机构。在早王朝时代,埃及究竟有多少诺姆,在一些文献中没有提供准确的数字。作为地方的行政机构或区划,从早王朝时代开始,还有一个重新规划和形成的过程。目前我们能够确定的是,在早王朝时代,上埃及有16个诺姆,下埃及有10个。下埃及的诺姆数量相对少些,是由于三角洲地区存在一些王家领地。其某些乡镇居民点,如布陀,享有特殊的权利,拥有自己的管理机构,而不受周围地区的行政机关的管辖。㉞

关于诺姆或行省的官员,我们所能见到的有关头衔也仅仅二三个。所谓"涅亨的管理人"通常表示"行省的官员"和"世袭的亲王"。"涅亨的管理人"(直译,属于涅亨[?]的人)或许是最南部各诺姆的总督一类,它的所在地在涅亨,而它的起源归于历史上的那个城市与第1王朝的创立者在历史上的联系。后来,这种职务转变为"伯爵"($h_3ty-$‘)的头衔。㉟在下埃及,类似的高官显贵被任命为"帕的管理人",但是在第3王朝以前不可能采用。在第1王朝时期的各酒瓶的封印上铭刻有一些官员的头衔,通常的名称是诺姆"行政长官",因为在诺姆中都有葡萄园,没有明显的证据表明"海关官员"的专门的意义,它或许流行于第4、5王朝,但出现于早期王朝。在三角洲和上埃及发现的许多第3、4王朝的纪念物都表现了行省的职务和制度,如"上埃及的十人"委员会,但是却起源于早王朝。㊱

还有一些这样或那样的机构究竟起源于何时,具有何种职能也并不清楚。虽然,晚后时期的某些政府机构可以追溯到早王朝时代,但是埃及政府机关的大多数,可以说是在后来的第3、4王朝时期形成的。就现在的有关早王朝时期的王权与政府机构的资料来看,显然,早王朝的埃及并非是一个成熟的君主政治国家,特别是在政府的机构和职能上,如"白屋"和"红屋",显示了南北的"二元"的性质,至今还难以证明它是一个国王具有绝对权力的君主专制主义的国家。

## 第三节　早王朝时代的宗教信仰与丧葬习俗

### 一、"创世论"的宇宙神学体系

古埃及人的原始宗教表现了他们对于宇宙、动物、植物和人类祖先等多方面的崇拜与敬仰。远古埃及的自然界和社会历史常常被虚无缥缈的神话传说所笼罩。特别是有关创造宇宙世界的开天辟地的神话,在埃及远古神话中占有重要地位。随着文明和国家的形成,在原有的朴素神话传说的基础上经过神学家僧侣的整理加工与解释,形成了几种不同的"创世论"的宇宙神学体系。在稍后时期的金字塔经文和纸草等文献中保留了早期的 3 种主要的宇宙创始的神学学说。

反映早王朝时代最早的宇宙创始的神话理论学说,当属赫利奥坡里斯神学。希腊人称呼的赫利奥坡里斯城,埃及语为奥诺(希伯来语,奥恩),是下埃及第 13 诺姆的首府,常常出现于金字塔文中。在那里我们见到了"奥恩的灵魂的两宫殿"的记载,这可能意味着上埃及王和下埃及王的古代宫殿(或者神庙殿堂,或者两者的结合)被结合在一起。还有一处提到了它的"伟大宫殿的两个柱子",所以,赫利奥坡里斯也称为"柱子城"。①

赫利奥坡里斯是古代埃及除了孟斐斯和底比斯以外的第 3 个重要城市,又是古埃及的太阳神的崇拜中心。希罗多德曾讲到了赫利奥坡里斯的"太阳祭"。②赫利奥坡里斯太阳神学的特点,正像金字塔文描述的那样,是采用几个不同的名称(拉、阿图姆、凯普利、哈拉凯悌)表示不同形态的同一个太阳神。在希腊语中,赫利奥坡里斯意为"太阳城",希腊语的"太阳"等同于埃及语的"拉"。拉是用来指明太阳,特别是一天中的中午的太阳的最通常、最一般的名字。阿图姆是指晚上的太阳,并且是唯一的创造者。它的形象通常被描写为活着的人,戴着上下埃及的王冠,并把安柯("生命"符号和瓦芝(权杖,"权力")握在手中。凯普利是早晨的太阳,被想象为一个甲虫,并且被描绘为具有甲虫头的人。哈拉凯悌(希腊语,哈尔玛凯斯,"地平线上的荷鲁斯")是与天空神和隼鹰神相联系的太阳,并且被描绘为一个头上具有太阳圆盘的隼鹰头的人。它是在经过天空的船上飞翔或前进。这几种不同形象的不同名字的太阳神,通常互相结合,产生了复合神,或称为"变异"。用连字符号联接而形成的复合太阳神及其名字有拉-阿图姆,阿图姆-凯普利和拉-哈拉凯悌。在埃及的其他地方和晚后时代,拉也与其他神相联接。例如,拉与公羊头的制陶神克努姆连接成克努姆-拉,与鳄鱼神索贝克联接为索贝克-拉,而与底比斯的阿蒙神联接为阿蒙-拉,等等。

　　赫利奥坡里斯神学的宇宙"创世论",宣扬阿图姆(或拉-阿图姆,或阿图姆-凯普利)为一切事物的创造者。传说,阿图姆最早出现于混沌之水中的"原始丘",而"原始丘"或许是象征着赫利奥坡里斯市区旁的太阳神庙中的"沙丘"或"高沙地"。与这个原始丘有关联的是称为"奔奔"的石头,与它在一起的还有一只称为"奔"的鸟,③而其最初的形象是苍鹭,但后来成为不死鸟。希罗多德的著作中,记述了一段不死鸟的传说。④关于阿图姆神以及与它有关的大九神的起源及其与王权关系的神话保留在金字塔文中:

　　"阿图姆-凯普利,你高高来到小丘之上,你升起在赫利奥坡里斯的奔奔府邸中的奔奔石头上,你吐出舒,你咳出泰富努特,而你把你的双臂放在作为象征卡(Ka)的臂上的他们的周围。啊!阿图姆,把你的臂放在国王周围,放在大厦周围,放在作为卡的臂的这个金字塔的周围，以便国王的卡能够在其中……关于在赫利奥坡里斯的那些大九神——阿图姆、舒、泰富努特、盖伯、努特、奥西里斯、伊西丝、塞特、涅菲悌丝——阿图姆的子孙，把他的心（好意）延续给他的孩子（国王）在你的九弓的名字中。"⑤

需要说明的是，涉及这段原文中的语根奔（bn）和它的重叠词奔奔（bnbn）还有不同的翻译。这段文字的开头，有的翻译为："啊！阿图姆-凯普利，你高高在原始丘之上，你像在奥恩（即赫利奥坡里斯）奔之家（即奔奔神庙）的奔奔石头上的奔鸟一样升起或照耀。"⑥

赫利奥坡里斯宇宙创世神学的中心思想是阿图姆作为造物主，他创造了诸神。阿图姆独自生出了大气之神舒和湿气女神泰富努特。而他们又生出了大地之神盖伯和天空女神努特。天空女神努特的脚站在东方地平面上，她的身体弯曲在大地之上造成了天宫的穹隆，而她的双臂下垂到没落的太阳地平线上。这也就是人们想象中的，最初的天和地的创造与分离。盖伯和努特又生了奥西里斯和伊西丝与塞特和涅菲悌丝。他们既是兄弟姊妹，又是两对夫妻。传说，后来兄弟之间发生了王权之争，塞特篡夺了王位。但是，奥西里斯之子荷鲁斯长大成人之后，为其父报仇并战胜其叔父塞特，最终被赫利奥坡里斯法庭承认，登上了王位。⑦赫利奥坡里斯的所谓"埃尼阿德"通常包括上面提到的荷鲁斯以外的9位大神，即大九神或九神团。在其他一些神朝名单中，也包括荷鲁斯和托特，而荷鲁斯则属于小九神之例。

古埃及第2个重要的宇宙创世学说是赫尔摩坡里斯神学。赫尔摩坡里斯位于开罗以南约300公里，是上埃及第15诺姆的首府，被看成是智慧和月亮神托特之城。赫尔摩坡里斯神学尽管用了不同的方法宣扬了宇宙创世的神学，但是它的"创世论"显然来自赫利奥坡里斯的神学体系。

赫尔摩坡里斯神学在描述宇宙创建时，模仿了赫利奥坡里斯神学相类似的步骤，但在具体情节上却不相同，它把太阳作为宇宙进化锁链中的最后而不是最早的一环。根据赫尔摩坡里斯的创世神学来看,在一片流动的,天生的混沌之中,4对蛙和大毒蛇联结了它们的生殖力而创造了一个卵,它们把它放在水中浮现出来的小丘上,由这个卵中产生了八神团并组成了4对配偶。⑧还有一种与此类似,但说法不同的传说是:"宇宙卵"由天鹅或朱鹭产下来的。赫尔摩坡里斯宇宙创始神话及其有关的八神团的传说保存在各种文献中。在金字塔文中讲到了八神团中的最先和最后的两对神:

> 你的献祭糕饼属于你,
>
> 守护了诸神的努恩和努涅特,
>
> 警卫了诸神的努恩和努涅特,
>
> 你的献祭的糕饼属于你,
>
> 守护了诸神的阿蒙和阿蒙涅特,
>
> 警卫了诸神的阿蒙和阿蒙涅特。⑨

在一些石棺文中也记载了赫利奥坡里斯的九神团和赫尔摩坡里斯的八神团的神话。

根据赫尔摩坡里斯的创世神学,其八神团,即所谓"奥格道爱德"包含了4对夫妻神。首先是努恩和努涅特,努恩是原初的海洋或水,被看成是赫尔摩坡里斯的诸神的创造者,通常被称为"诸神之父"。努恩的形象往往被描绘为一个蛙头人;而其妻努涅特女神为毒蛇头的女人。其次是海赫和海亥特神,代表了永生。另外,还有凯库和凯开特,表示黑暗。最后,阿蒙及其妻阿蒙涅特则是神秘之神。晚后时期,阿蒙以太阳神而著名,变成了最重要的王朝保护神。八神团形成以后,从这八神中又产生了一个卵,生出了负有创造一切其他的神、人、动物、植物等义务的神。⑩传说这八神继续了初始时的天地创造,共同统治世界,他们还参与了太阳的升起和尼罗河的泛滥，而这两者对于埃及的繁荣是绝对必须的。

　　第三个重要的宇宙创世论是孟斐斯神学。《孟斐斯神学》的原文是保存在第 25 王朝的夏巴卡王的石碑上。夏巴卡王碑文是夏巴卡根据保留在孟斐斯的普塔神庙中的、已遭虫蛀的纸草或皮革上的原文重新铭刻复制的。碑文铭刻的年代虽然在公元前 700 年左右，但是，根据语言学、历史比较语言学、地理政治学等方面的考证，碑文的古老的原本至少在公元前 2700 年以前。然而，有的学者认为，原文类似于金字塔文，而把它看成是古王国时代的作品。

　　孟斐斯神学主要内容可分为三部分：荷鲁斯与塞特之争；普塔的创世学说和奥西里斯神话。原文的第一部分是地神盖伯召集九神团审判荷鲁斯与塞特之间的王位争夺。盖伯先是决定塞特到上埃及为上埃及之王，荷鲁斯到下埃及为下埃及之王。后来，盖伯有病变卦，"于是，盖伯把他的全部遗产传给荷鲁斯，即他的儿子的儿子，他的孙子"，"（因而）荷鲁斯占有了（全部）地方，因而这个地方被统一……荷鲁斯作为上下埃及之王而出现，在他的墙州（孟斐斯），在两地被统一的地方，统一了两地"。⑪

　　文献的第二部分内容是，创世之神普塔的"自我创造"，并创造了九神团。

　　　　（48）作为普塔产生的诸神：——

　　　　普塔在大宝座上……

　　　　普塔-努思，[生]阿图姆的父亲；

　　　　普塔-努涅特，生阿图姆的母亲；

　　　　普塔大神，就是九神团的心和舌；

　　　　[普塔]……生产诸神……

　　　　（55）他的九神团是以牙和唇（的形式）在他的面前。他们是阿图姆的精液和手（的同意语）。所以阿图姆的九神团由他的精液和手指产生,然而(普塔)九神团是这个口中的牙和唇,而口宣告万物的名字,由口里出来舒和泰富努特,并且口是九神团的创造者。⑫

孟斐斯神学的九神团,据马涅托和都灵王名册,包括普塔、阿图姆-拉、舒、盖伯、奥西里斯、塞特、荷鲁斯、托特、玛阿特九神。孟斐斯的九神团除了普塔与赫尔摩坡里斯的最高神努恩和努涅特的结合外,显然主要是吸收了赫利奥坡里斯九神团的内容,而做了个别调整。为了突出孟斐斯的地位,创世神学采用了孟斐斯的普塔神代替了赫利奥坡里斯的阿图姆的地位,并使之成为阿图姆之父和众神的创造者。在这里显示了孟斐斯作为王国的首都的越来越重要的地位。除了创造九神团外,普塔还是万物的创造者。"因为万事,食物和口粮,众神的祭品,和每一件好事都由他而出……在他完成了每一件事,以及神圣的规则以后,普塔因此而满意。他塑造了众神,他建设了城市,他创立了诺姆,他把众神放进他们的神殿中……"⑬

孟斐斯神学的第三部分内容涉及了广为流传的奥西里斯和伊西丝的神话。奥西里斯和伊西丝神话至少在第 1 王朝时期已经出现,甚至可以追溯到前王朝时代。但是,在孟斐斯神学原文中,仅仅保留了奥西里斯的被害和伊西丝的寻找丈夫的内容,并以奥西里斯与荷鲁斯父子的相遇和拥抱而结束。

上述的赫利奥坡里斯、赫尔摩坡里斯和孟斐斯三大城市神学体系的"创世论"神学,基本上是在早王朝时期不同地方、不同中心形成的有关宇宙起源、神和人以及万物创造的神话传说。三大神学体系之间,既有互相吸收、借用的关系,又有排斥、对立的一面。赫尔摩坡里斯神学显然受到了赫利奥坡里斯神学的影响,而孟斐斯神学的九神团既受到了赫利奥坡里斯神学的影响,又吸取了赫尔摩坡里斯神学的部分内容。但是,孟斐斯神学为了抬高孟斐斯城的地位,创造了普塔主神作为造物主,代替了赫利奥坡里斯的阿图姆神的崇高地位。

**图20　埃及诸神画像**

1. 普塔；2. 塞特；3. 荷鲁斯；4. 奥西里斯；5. 哈拉凯俤；

6. 哈托尔；7. 阿蒙·拉；8. 巴斯俤特；9. 托特；10. 克努姆。

　　古埃及的"创世论"的三大神学包括了有关世界万物，宇宙起源的丰富的神话传说，展现了埃及文明早期阶段埃及人的原始的宇宙观和宗教观。三大神学的"创世论"的神话之所以长期流传，其原因在于创世的学说与埃及人民的生活息息相关。

"创世论"神学的核心是太阳的神话和崇拜,而在古埃及的历史上,太阳的神话和崇拜,始终伴随着古埃及人民和国家的发展而不断地演变。在不同的时期、不同的地方或不同的中心,往往出现不同名称、不同形象的太阳神,如拉、阿图姆、阿蒙以及阿吞等。这种现象在古代世界是绝无仅有的。

在三大神学体系中,除了孟斐斯神学原文部分残缺而不可得知全部内容外,赫利奥坡里斯和赫尔摩坡里斯神学在阐述宇宙起源时,都提到了"原始丘"的混沌的水和作为造物之主的太阳。孟斐斯神学虽然捧出孟斐斯地方神普塔与赫利奥坡里斯的太阳神拉-阿图姆相对抗,但是,孟斐斯神学的普塔神却与赫尔摩坡里斯的海洋或水神努恩相结合而成为普塔-努恩神。赫尔摩坡里斯的八神团还参与了太阳的升起和尼罗河的泛滥。这些神话都离不开水和太阳,说明了水和太阳对埃及人的重要性。水和太阳象征着尼罗河和阳光,它们是埃及的生命之源。

在赫利奥坡里斯和孟斐斯神学中,奥西里斯神虽然没有其他创世神的崇高地位,但是,它在民间中的流行和影响毫无逊色。

奥西里斯的死而复生的神话反映了尼罗河的周而复始的泛滥和季节交替的规律,表现了埃及人对农业神的崇拜。另一方面,作为冥府之神的奥西里斯及其审判的神话,反映了埃及人的永恒世界的观念,显示了埃及人的"今生"和"来世"的二元论的原始世界观。

此外,还要强调的是,上述三大神学都是为宣扬王权的神圣和巩固王权的统治而服务。在这里,不免让我们看到了神话的自然属性以外,还有人为加工的社会的属性,或阶级性。孟斐斯神学反映了孟斐斯地位的重要性,就在于它位于"两地统一的地方",它是埃及最早的首都和上下埃及的枢纽。孟斐斯神学的中心思想是宣扬普塔为世界的创造者和最高神,把荷鲁斯作为上下埃及之王。所以王权始于荷鲁斯,王权来自于神。

与此相联系的是象征王权的金字塔和方尖碑。这种建筑物似乎与赫利奥坡里斯神学的世界创始的"原始丘"与"奔奔"石头的传说有关。象形文字的"丘"的符号之一是 ⌐⌐，其形象看起来像阶梯金字塔，或许就是晚后的阶梯金字塔的建筑形式，是真正金字塔的前身。⑭另一方面，原始丘还代表了太阳的创造力。在前面提到的"奔奔"石头的象形文字的表意符号是 △，一个合理的推测是，在赫利奥坡里斯的"柱子城"，"奔奔"石头高高地占据在柱子或圆柱之上。无论如何，在所有晚后的埃及神庙建筑中，方尖碑的顶端常常是用铜或金包裹的金字塔形物，或称"小金字塔"，而这种金字塔形物的表意符号为 ⍙，读为"奔奔特"（bnbnt）。⑮从语源上来看，bnbnt 显然与 bnbn 石头有关，而方尖碑闪光的金属顶端反射出来的太阳的光芒，必定是褒扬太阳神及其伟大的创造力。⑯太阳神既是自然力的体现，又是王者的象征。所以，埃及的太阳神崇拜也具有其更深刻的社会意义。

神学服务于王权，还表现在蛇标的传说上。在林德纸草（27.2 以下）中，我们读到了赫利奥坡里斯太阳神的眼睛从他的身体上失掉，并由于失去眼而从流出的泪中产生了人类的传说。当失去的眼睛复归时，它由于太阳神已制造了另一个放在它的位置上而忿怒。因此，太阳神把那只激怒了的眼睛提高到前额上，以蛇标的形式出现。"这样，我把它提升到我的脸上，当它对整个这全部大地进行统治时，它的忿怒消失了"。⑰蛇标作为王的保护者和王权的象征，流传于整个法老时代。

"创世论"神学是埃及神话的最早、最重要的部分之一，并且具有丰富的内涵。"创世论"神学体系既反映了埃及人民对自然崇拜的原始的宇宙观，又掺杂有僧侣集团的宗教观念和阶级意识。但是，不论神话传说或神学理论，对于我们研究古埃及文明早期的社会和人们的思想意识，都有其重要的价值。

### 二、早王朝时代的丧葬习俗与墓葬

　　丧葬作为一种习俗,流行于世界上的任何一个民族中。但是,埃及人的丧葬习俗,在某些方面表现得更为突出,这和他们的盲目而热心地追求"永恒"世界的观念紧密相联。早在巴达里文化时代,埃及已经出现了原始墓葬,到了涅伽达文化Ⅰ、Ⅱ时代,墓葬已经显示了社会的分化。早王朝时代墓葬的演变,则表现了丧葬习俗的进一步发展。

　　从第1王朝开始,埃及大致有3种不同类型的墓葬。第一类是下层阶级,贫穷的工人与农民的简陋的墓穴。这一类墓穴与前王朝时代的原始墓穴没有太大的差别,通常是一个椭圆形或长方形的坑墓,墓顶用枝子覆盖并铺上席子,再用碎石堆积成沙地小丘的状态。墓中的尸体通常采取紧缩的姿势安放在芦苇席子上或木匣子中,少数的容器和工具作为死者的财产散放在尸体的周围(见图21)。⑱

**图21　第1王朝时期中下层人民的墓穴断面图**

　　第二类墓是中等阶级的墓穴,包括王室的扈从、仆役和家妾,以及手工工匠和技工等人的墓葬,通常分布于王墓的周围。这一类型的墓一般是长方形的,用粗制砖砌成的坑穴或小间。尸体安放在坑内的木棺中,其周围陪葬有盛着食品的盘子和酒罐,以及其日常使用的各种工具。坑顶用木料覆盖,地面上用碎石瓦砾堆积成低矮的圆顶的长方形小丘。[19]

第三类墓属于王族或高官贵族的马斯塔巴墓。所谓"马斯塔巴",在阿拉伯语中意为"长凳"或"凳子"。马斯塔巴墓包括有长方形的地上建筑和地下建筑两部分,就其低矮的长方形的上层建筑外形而言,类似于阿拉伯人的长凳,故而被称为马斯塔巴(见图22)。马斯塔巴墓规模较大,并用砖建成地下和地上建筑。由基岩开凿出来的长方形地下建筑坑墓一般约3—4米深,用十字墙分成若干间墓室。中心一间较大的安放有木棺(大约10英尺×6英尺),是装放尸体的埋葬间。木棺周围放置装有食品的陶器和雪花石膏盘子,装有衣服的匣子和箱子,还有珠宝饰品,以及其他陪葬物。埋葬间周围的一些附属小间是装有确保其来世生存所必须的各种食物和用品的贮藏室。其中有的全部贮藏食物或装满一排排的酒罐,并用黏土封闭罐口;此外,往往还有家具、燧石和铜制的工具和武器,以及化妆品等。所有的墓室用木梁和木板木盖顶。墓室顶上的上层建筑部分也分成若干小间,装有较小的贵重的葬礼时用的装备品。在地上和地下建筑之间设有阶梯,阶梯入口的发明是建筑设计上的重要发展。它使建筑师能够在埋葬遗体前建成整个殡

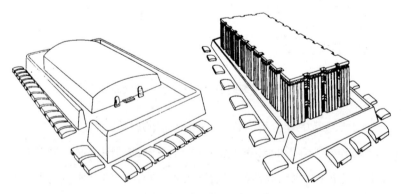

图 22　马斯塔巴外形图

葬大建筑物,而在这个革新前采用的地上建筑是在埋葬之后建造。值得注意的是,大多数墓都有葬礼用的小船的船窖,这种船可能是用于死者在来世的天空旅行,或者是丧葬船。⑳

在早王朝时代,用于建筑马斯塔巴的主要材料是木料和太阳晒干的粗制砖。木料是从黎巴嫩输入的杉木;砖是用尼罗河粘土和剁碎的麦草或沙土的混合物。有时也用石灰石、花岗岩铺地面、盖棚顶、护墙壁或门口。㉑

墓葬发展史上的另一个重要的发明是,在建筑马斯塔巴的同时,还建造殡葬庙,或称为葬祭庙。到了第 1 王朝末,一个小的葬祭庙被建筑在墓的北侧。墓和庙两者被围墙包围,墙东侧有一入口。在第 1 王朝的墓葬发展中,我们已经看到了晚后王朝的金字塔复合建筑的原始形态。㉒

除了坟墓建筑外,丧葬习俗中的另外一些表现就是陪葬品和遗体的保存。在埃及人看来,人们去世以后,死者在地下世界继续生存,但是必须有维持其地下世界生活所必须的食品和用具。根据已发现的陪葬品来看,食品主要有谷物、鱼、肉、水果以及葡萄酒等,还有一些食品存放于贮藏室内。此外还有陶器和石器器皿,以及铜制品,包括工具和武器在内。几乎所有墓中都陪葬有化妆品。

丧葬习俗中的最重要的内容是遗体,遗体的完整无缺的保存是死者在地下世界生存的首要条件。埃及的干旱少雨的气候,以及大片的沙地为尸体的保存提供了有利条件。埃及人死后,最初都是直接埋于原始的竖穴墓的沙地中,尸体上的腐败的液体和水分逐渐被干燥的沙漠所吸收,因而随之也出现了脱水现象,最后变成了干尸。干尸不仅骨骼完整,皮肤无损,而且毛发还保存下来。但是后来,由于建筑技术的发展、马斯塔巴墓的出现,用木、砖建成的墓室使埋葬的尸体不能直接与沙地接触,不等尸体干燥脱水便已腐败而无法保存下去。所以,为了保存尸体,人们不得不试验采用新的保存尸体的方法。大约从第 1 王朝开始,人们发明了麻布包裹尸体的新技术。第 2 王朝时,又采用了尸体涂抹树脂的包带防腐技术,并使死者的形体再现。但是,直到第 2、3 王朝为止,还没有学会取出内脏的方法解决腐朽的问题。上述的发明和新技术仅仅是制作木乃伊的初步技术,还算不上是真正的木乃伊的制作。只是到古王国末期,特别是新王国时代,干尸的制作技术大大提高,木乃伊的制作才算真正完成。㉓在遗体加工完成后,通常将它装在棺材中,并放到墓室的寝台上,举行仪式,然后埋葬。

### 三、阿拜多斯和萨卡拉墓地

与丧葬习俗有关的,早王朝时代最重要的文化遗址就是阿拜多斯和萨卡拉墓地。1885 年考古学者阿美利诺开始发掘阿拜多斯,1899 年皮特里再去考察。在 1938 年以后,埃默里去萨卡拉发掘。在这些地方,考古学者发掘了前王朝、早王朝及其以后时期的重要的纪念物、碑铭以及马斯塔巴和金字塔、神庙等建筑物。

阿拜多斯位于涅伽达西北部和阿西尤特南部,接近于上埃及第 8 诺姆的首府提斯。阿拜多斯遗址被认为是一切墓地中最大的墓地,并且是奥西里斯神的故乡。阿拜多斯废墟分为三个地区:北部有第 1 王朝开始建筑的肯塔美翘(地方狗神,后来与奥西里斯合一)神庙,和两座第 2 王朝建筑的泥砖"堡垒";中央地区是墓地,其中最重要的是远离中心地带的地方,称为乌姆卡伯;在南部区有新王国时代的塞提一世的神庙和纪念碑与拉美西斯二世的庙。值得提到的是,在乌姆卡伯的地方,发现了 12 座大墓及其周围的数百座附属的墓。在那里的每一座大墓前面都有一对石碑,大墓虽然在古代已被盗劫和破坏,但是墓中仍然残存一些遗物。在那些石碑和遗物上保留了十个早王朝时代的王名和一个王后名,其中八个王名属于第 1 王朝,而两个王名被确认是第 2

王朝。㉔

　　萨卡拉位于孟斐斯附近,是孟斐斯周围五大墓地之一。萨卡拉墓地南北 7 公里长,东西 500—1500 米宽,保存有从早王朝时代到托勒密和科普特时代的重要的丧葬遗迹和遗物。在萨卡拉,早王朝时代的墓地从接近阿布西尔的北部地区开始,直到古王国时代左塞王的阶梯金字塔附近为止。在那里大约有 15 座非常大的马斯塔巴墓,通常在 40—60 米长,15—30 米宽。此外,还有不少附属的小墓。在萨卡拉墓中发现了与阿拜多斯出土相同的早王朝时代的六个王名(阿哈、哲尔、杰特、登、阿涅德杰布、卡阿),还有两个王后名(迈尔奈特、海尔奈特)和其他人名。㉕但是,在那里却没有发现像阿拜多斯墓中作为标志的石碑。

　　在阿拜多斯,从已发掘出来的马斯塔巴墓来看,其最早的王墓 B10 或许是那尔迈王墓,其面积是 11 米×9.4 米,而在涅伽达发现的那尔迈王后涅托泰普墓为 53.4 米×26.7 米。阿拜多斯的那尔迈墓与其王后墓相比微不足道,很可能,这仅仅是他的南方的墓,而他的真正的墓还没有发现,或许是在塔尔坎和萨卡拉。㉖

　　设计简单的,最早的马斯塔巴之一,萨卡拉的第 3357 号墓,被认为是荷尔·阿哈王墓。阿哈王马斯塔巴墓面积为 48.2 米×22 米,地下建筑分隔成 5 间,地上建筑共 27 间。地上地下建筑内部都贮备有食物、饮料、工具和武器,以及带有阿哈名字的数以百计的陶器器皿。地上建筑从底到顶向内倾斜,并用镶嵌板建成壁凹,南北各 9 个壁凹,东西各 3 个。在墓周围有凸状的两道砖墙被泥铺道隔开。地上建筑和围墙涂以白灰泥装饰的着色的几何图形的花样。㉗

　　阿拜多斯的哲尔王墓,地下建筑包括修复的在内,面积为 21.5 米×20 米。围绕着哲尔的王墓有一排排的墓穴共 338 间,葬有国王下葬时牺牲的家臣侍从的尸体,其中后宫 275 人,仆人 43 人。此外,在距离王

墓 1.5 公里方圆周围还葬有国王亲信或宫廷官员 269 人,或许他们也是为哲尔王殉葬的。㉘

　　在阿拜多斯的瓦吉王墓,面积为 19 米×15 米,周围葬有伴随国王牺牲的王家侍从墓 174 个;而他在萨卡拉的第 3504 号墓的面积为 56.45 米×25.45 米。由大坑构成的地下建筑开凿到地平面上,被十字墙分隔成 5 间壁,其地上建筑为 45 间。在其马斯塔巴墓的围墙外侧,围绕的随葬墓有 62 名奴隶殉葬。㉙

　　第 1 王朝时代最大的马斯塔巴墓是在萨卡拉的第 3035 号乌吉姆,即登王的墓(见图 23),面积为 57.3 米×26 米。地下建筑是由岩石中开凿 3 间墓室,地上建筑则有 45 间。但是,他在阿拜多斯的墓,面积小得多,仅仅为 23.5 米×16.4 米。大概有 136 名奴隶殉葬在王墓周围,

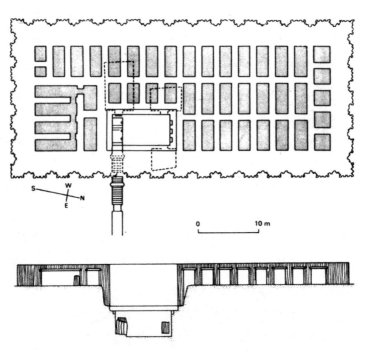

图 23　萨卡拉 3035 号登王墓(平面与断面)

包括了男女两性。他的阿拜多斯的墓，在结构上有了新的改进。像萨卡拉墓一样，有一个阶梯直通到用木料覆盖的竖坑中，值得注意的是还采用了花岗岩石铺地面。㉚

　　除上述第 1 王朝时代的马斯塔巴墓具有地上和地下建筑的复杂结构外，在第 1 王朝末期以前，还出现了一种特殊的、具有多层台阶的马斯塔巴。这就是在萨卡拉发现的一座层层向上缩小的方形阶梯的台式建筑物。㉛尽管这座贵族的马斯塔巴与后来的阶梯金字塔或许没有什么直接关系，但是，从陵墓建筑发展史上来看，也许可以把它看成阶梯金字塔的前身。

　　第 2 王朝诸王共 9 名，与其先王一样，在阿拜多斯和萨卡拉似乎也各有一座墓。但是，在萨卡拉仅仅在瓶印上发现了属于第 2 王朝的第 1 王亥特普塞海姆威及其继承者拉涅布的名字。在萨卡拉发现的第 2 王朝的 3 座大墓属于第 3 王尼涅特杰尔统治时代，其中的第 2302 号墓被看成是尼涅特杰尔的最后埋葬地，地上建筑面积为 58 米×36.64 米。而在阿拜多斯发现的国王的殡葬建筑仅仅有伯里布森和哈塞海姆威二者。㉜伯里布森在阿拜多斯的墓是他留下的唯一的遗迹。墓的上层建筑已被破坏，仅有一个用砖堆砌起来的地下建筑坑墓，其中心埋葬间同样被贮藏室和遗物所围绕，整个面积为 21 米×18.5 米。哈塞海姆威在阿拜多斯的墓长 68.97 米，南北两端宽度在 17.6 米和 10.4 米之间不等。从北边一道门可进入 3 排共 33 间的贮藏室，然后进入两边各 4 个墓室的石材建筑的埋葬间，再进入每边各 5 个的贮藏间，最后入南门，还可以看到 4 个更大的墓室。㉝

　　上面仅仅列举了第 1、2 王朝诸王中比较典型的，几座重要的马斯塔巴墓。早王朝时代每一位国王几乎都有两个墓：一个在萨卡拉，一个在阿拜多斯。而且，萨卡拉的王墓几乎都大于阿拜多斯的王墓，如何解释这些现象呢？有人认为，阿拜多斯是王家墓地，而萨卡拉往往是最重要的官员的埋葬地。但是,近年来,越来越多的人相信:萨卡拉是国王遗体的埋葬处,是国王的真王的墓地;而阿拜多斯的"墓地"仅仅是国王纪念碑的所在地,㉞或者用我们的习惯用语来说,类似于"衣冠冢"。萨卡拉墓地接近于孟斐斯王宫,把它作为国王的真正的墓地是有理由的,而且萨卡拉墓地的王墓往往大于阿拜多斯的"墓"。而阿拜多斯作为丧葬纪念物之所在地,成为重要的宗教中心也是适宜的。一个国王之所以有两处墓地,可能是王权的"二元"性的反映。

　　除了上述的典型的几种国王的马斯塔巴墓以外,在阿拜多斯和萨卡拉墓地还发现了早王朝时代的达官贵族的马斯塔巴墓,这些贵族墓通常围绕在王墓的周围。除了个别的贵族官员大型马斯塔巴墓外,一般的多为小型的,但是其结构基本相同,包括地上和地下建筑,并同时采用阶梯直接通向地下的埋葬间。

　　到了第2、3王朝时,马斯塔巴的地上建筑在保持建筑物的原有外形的同时,还采用了坚固的大石块,并在其外层覆盖以砖面的技术。墙上的壁凹通常减少到两个:在东墙的两端各有一个。南边的壁凹发展成了献祭室,或称为享堂,有时完全在其地上建筑的主体内部,而有时在其外面。㉟到了第4、5王朝时,马斯塔巴墓建筑达到顶点,并且对金字塔的发明产生了巨大的影响。

# 第四章 专制主义统一王国的
## 确立与古王国时代的
## 政治、经济与文化的发展

经过第 1、2 王朝的 400 多年的发展,在哈塞海姆威统治时代,埃及最终巩固了南北两方的统一局面,结束了早王朝时代,进入了一个新的发展历程——大一统的王国时代。统一王国时代的早期阶段,又称古王国时代(约公元前 2686—前 2181 年)。

古王国时代包括第 3—6 王朝。随着统一王国的最终确立,埃及形成了中央集权的专制主义国家。大规模的、持续不断的金字塔的建筑创造了人类历史上的第一个伟大的奇迹。在社会经济生活和文化艺术领域内的全面发展,第一次显示了古老埃及民族的伟大创造力和杰出的贡献。

## 第一节 古王国时代埃及王朝与政治形势的演变

### 一、第 3 王朝国王世系的演变

根据马涅托的记载,第 3 王朝由孟斐斯的 9 王组成。除了其中的第 1 位尼契罗斐斯和第 2 位陶索尔特罗斯保留某些记载外,其余 7 王仅仅留下王名和统治年代。关于尼契罗斐斯,马涅托写道:"……在他统治时,利比亚人民反叛埃及,而当月圆超过了计算时,他们吓得投降"。①关于尼契罗斐斯的其他情况,我们一无所知。但是,有人认为,尼契罗斐斯是哈塞海姆威的名字之一。关于陶索尔特罗斯,马涅托仅仅讲到了"在他统治时出生了伊姆提斯",并提到伊姆提斯享有希腊医神阿斯克列庇奥斯的名誉并发明了采用粗石建筑的艺术。②显然,伊姆提斯就是伊姆霍特普,而他则是左塞王的建筑师和最高大臣。

根据都灵王名册和其他文物,我们可以确定第 3 王朝的国王至少有 5 名(见表 7)。

**表 7　第 3 王朝(约公元前 2686—前 2613 年)王名表**

| 荷鲁斯名 | 本名 | 统治年数 |
|---|---|---|
| 萨那克特 | 尼布卡 | 19 |
| 涅帖莱凯特 | 左塞 | 19 |
| 塞凯姆凯特 | 左塞·特悌 | 6 |
| 卡阿巴 | ("拉库纳") | 6 |
| …… | 胡尼(尼苏太赫) | 24 |

第 3 王朝第 1 王是萨那克特(扎那克特),在都灵王名册和阿拜多斯王名表中列出了他的名字,统治时间为 19 年。萨那克特,通常被认为是左塞王的兄长,但也有人相信他是左塞王的继承者而不是左塞王的先辈。③

在阿拜多斯北 20 公里的拜特哈拉夫的第 3 王朝马斯塔巴出土的泥制壶塞上刻有两个王名,除了荷鲁斯名萨那克特外,还伴随有第 2 个王名,或许可以恢复为"尼布卡([Neb]ka)",而后者是第 1 个出现在王名圈内,这是我们所见的最早的带有王名圈的王名,④他在萨卡拉的墓后来被归并入阶梯金字塔中。

第 3 王朝的第 2 王左塞,他的荷鲁斯名为涅帖莱凯特,或许可以把他与马涅托的陶索尔特罗斯视为一人。左塞王以哈塞海姆威王和出身低微的哈普尼玛特王后之子的身份继承了王位。都灵王名册把左塞王的继位看成是新王朝的开始,实际上,左塞王是第 3 王朝的开创者。左塞王的统治年代或者是 29 年,或者是 19 年。左塞王以其首创的阶梯金字塔而名扬天下。在他统治时期,农业和贸易发展起来,新的城市兴起。他还阻击了东部边缘的游牧民和西部的利比亚人的骚扰,国内形势安定。

在上埃及厄勒藩汀附近的塞赫勒岛上保留下来的,托勒密王朝时代树立的所谓"饥馑碑",记载了有关左塞王传说中的一个重要事件。据说,在他统治时期的 7 年间,尼罗河涨水不足,国家粮食歉收,因而发生了饥馑。左塞王在群臣的建议下,亲自来到崇拜克努姆神的厄勒藩汀。克努姆神被看成是主宰尼罗河泛滥之神,所以,左塞王在厄勒藩汀为克努姆神建立了新的神庙,结果饥馑奇迹般的结束了。⑤这个传说或许反映了左塞王的势力已扩大到了尼罗河第一瀑布附近。

第 3 王朝第 3 王塞凯姆凯特,他的名字曾被刻在马格哈拉干河附近的悬崖上,可能他远征到西奈半岛。就在萨卡拉的左塞王的阶梯金字塔西边,有一座规模更大的未完成的阶梯金字塔,仅仅保留了第 1 台阶和部分第 2 台阶,其高约 7 米。令人感兴趣的是,在那里留下了一条通向这座金字塔的斜坡粗石路。考古学者在金字塔的地下通路和埋葬间发现了石瓮和金手镯,以及带有铭刻塞凯姆凯特名字的罐塞。塞凯姆凯特的金字塔虽未完成,但是,在那里却安放了一个雪花石膏石棺。

塞凯姆凯特的继承者卡阿巴,或许是第 3 王朝的第 4 王。他的名字发现于涅伽达的石钵上和第 4 王朝萨胡拉王的墓中,还出现于吉萨和阿布西尔之间地带的、扎维耶特·阿里安的"层级金字塔"旁第 3 王朝时期的 8 个钵子上和希拉康坡里斯的图章印记上。所以,"层级金字塔"通常被看作属于他所有。在那里数层石造建筑被加在上层建筑的中心部位,其意图或许是建筑阶梯金字塔。⑥

胡尼是第 3 王朝第 5 王,也是该王朝的末代王。他的在位时间是第 3 王朝中时间最长者,王名表的记录为 24 年,但实际上,可能是 33 年或 34 年。他在厄勒藩汀建筑了一座堡垒,显然是为了加强南方的统治。他还在美杜姆(开罗以南 88 公里)建筑了阶梯金字塔,共 8 个层级,但现在仅仅残留 3 层,平顶,因而被称为"截顶金字塔"。胡尼娶美丽珊克为王后,并生下斯尼弗鲁。

## 二、第 4 王朝国王世系的演变

据马涅托的记载,"第 4 王朝包括了属于不同家系的,孟斐斯的 8 王"。[⑦]王名表上记录有七八个王,而纪念物上见到的荷鲁斯王名有 6 个。现综合并列王名表如下(见表 8)。

表 8　第 4 王朝王名表(约公元前 2613—前 2498 年)

| 马涅托王名 | 本名 | 荷鲁斯名 | 统治年数 |
| --- | --- | --- | --- |
| 索里斯 | 斯尼弗鲁 | 尼布玛阿特 | 24 |
| 萨斐斯(Ⅰ) | 胡夫 | 美杰杜 | 23 |
|  | 拉杰德夫 | 凯帕尔 | 8 |
| 萨斐斯(Ⅱ) | 哈夫拉 | 乌塞里布 | 25(?) |
|  | 鲍富拉(?) |  |  |
| 门契里斯 | 孟考拉 | 凯克特 | 18(28) |
| 拉陶伊塞斯 |  |  |  |
| 比契里斯 |  |  |  |
| 塞比尔契里斯 | 舍普塞斯卡夫 | 舍普塞西凯特 | 4 |
| 塔姆普提斯 | 戴德夫普塔赫(?) |  | 2 |

斯尼弗鲁,第 4 王朝的创建者,出生于上埃及第 16(羚羊)州,因此,该州被说成是"斯尼弗鲁的保姆"。斯尼弗鲁的荷鲁斯名为尼布玛阿特,意为"正义之主",是一位颇有作为的国王。斯尼弗鲁在位时期,他开辟了埃及的军事和建筑艺术的奋发进步的时代,而且开始了与地中海民族,特别是小亚的贸易。《巴勒莫石碑》仅仅保留了在他统治的 4 年间的业绩。埃及对努比亚的远征从早王朝时代的阿哈和哈塞海姆

威王时已经开始,但是,斯尼弗鲁的远征努比亚,显然是真正的征服,或许这是第一次。在达赫舒尔的斯尼弗鲁的"弯曲金字塔"的埋葬间完好地保存了杉木木梁,证明了埃及与黎巴嫩的贸易。此外,斯尼弗鲁还向西奈半岛进军。虽然先前的一些国王已经在寻求西奈半岛的绿松石,但是,斯尼弗鲁后来(中王国铭文)被认为是埃及在西奈地区采矿的真正的创始者和这个地区的神。⑧

斯尼弗鲁在美杜姆帮助其父胡尼最后完成了他的金字塔外,更重要的是在达赫舒尔(萨卡拉南 10 公里)为自己建筑了一座高大的金字塔,因中途改变了塔身的倾斜度而成为"弯曲(折角)金字塔",后来,又在其北部建筑了一座真正的金字塔,其规模接近于胡夫的大金字塔。

斯尼弗鲁统治了 24 年,马涅托记为 29 年。斯尼弗鲁与其异母姐妹海泰斐丽丝结婚,并生了胡夫。他有几个"长子",显然是由几个王妃所生,并在宫中担任要职。斯尼弗鲁的另一个儿子卡尼斐尔任维西尔,活动于胡夫统治时代。斯尼弗鲁的一个长子尼斐尔玛阿特也是维西尔,而他是斯尼弗鲁王与其女儿尼斐尔特卡乌公主之子。尼斐尔玛阿特之子赫米乌努也成了胡夫的维西尔,并被授予礼节上的尊称"元首"。斯尼弗鲁王的另一长子安克哈夫也担任了维西尔,可能是在哈夫拉王时代。斯尼弗鲁强有力地执行了任命王家成员,尤其是王子为最高行政长官维西尔的政策,而维西尔变成了政府中最重要的职务。他促进了标志古王国顶点的高度中央集权行政的演进。

古王国时代以其大金字塔而闻名于世的胡夫王是斯尼弗鲁之子和继承者,第 4 王朝的第 2 王。胡夫,又拼读为胡夫威或克诺姆胡夫威,马涅托把他称为萨斐斯,而希腊人称他为齐阿普斯(希罗多德)或齐米斯(狄奥多拉斯)。胡夫大约 35 岁继位,接近 60 岁时去世。但是马涅托记载他的统治年数为 63 年,而希罗多德为 50 年。

少数史料证明,胡夫是斯尼弗鲁与海泰斐丽丝之子。胡夫本人可能 4 次结婚。胡夫早年与美丽提特丝结婚,她为胡夫生了长子克瓦布,有人认为,海泰斐丽丝二世也是她的子孙。可能她还是哈尔德德夫和鲍富勒的母亲。胡夫第 2 次结婚,王妃的名字未知。胡夫第 3 次与海努特森结婚,生了胡夫哈夫王子,可能就是哈夫拉,也有人认为哈夫拉是胡夫哈夫的弟弟,她生的另一儿子是敏卡夫。胡夫最后一次结婚娶了尼斐尔特卡乌,斯尼弗鲁的长女。在胡夫的儿子中,有一个重要的,并且在胡夫死后继承王位的是拉杰德夫,据说他的母亲是一个金发蓝眼的女人,或许是利比亚人出身的王妃,但缺少确凿的证据。

关于胡夫个人的事迹所知甚少。他远征西奈半岛,在那里留下了"克努姆·胡夫,伟大的神,穴居人(西奈半岛土著部落)的摧毁者"⑨的铭文。胡夫统治时代,名声最大的是,为我们留下了一座世界上最大的金字塔,不愧为古代世界的伟大奇迹,迄今还屹立在开罗西南 16 公里的吉萨墓地(详见下文)。阿夫利坎努斯保留的马涅托的《埃及史》写道:"萨斐斯,统治 63 年。他建筑了大金字塔,希罗多德说它是齐阿普斯建成的。萨斐斯构想出一个侮辱神的计划,他还著作了圣书……"⑩所谓萨斐斯的侮辱神的计划,可能是指他封闭神庙,把一切财富用到金字塔的建筑上。希罗多德曾讲到:"齐阿普斯当政的时候,人民大倒其霉了。因为首先,他封闭了所有的神殿,以致任何人也不能在那里奉献牺牲;其次,他强迫所有的埃及人为他作工"。⑪希罗多德说齐阿普斯建造金字塔,花费了 30 年时间,但实际上,他的统治时间仅 23 年。胡夫死后,他的两个儿子拉杰德夫和哈夫拉先后继承了王位。

拉杰德夫,又拼读为杰德夫拉,或狄杜弗勒,第 4 王朝第 3 王,或许就是马涅托所记的拉陶伊塞斯,其统治年代为 25 年,实际上可能是8 年。

拉杰德夫是胡夫和出身低微的王妃之子,通常说他谋杀了他的长兄,王位的合法继承人克瓦布,并篡夺了王位。他埋葬了胡夫,并主持了其所有的丧葬仪式。他与克瓦布的寡妇海泰斐丽丝二世王后结婚，而他的主要妻子是肯特坦卡。他在埃及诸王中第一个将自己称为"〔太阳神〕拉之子"。他的金字塔位于下埃及第一、二州之间的边界附近的阿布罗阿什（吉萨以北 9 公里），金字塔基底约 100 平方米，高 12 米，可能尚未竣工。在其东侧原来位置上还有一些红花岗岩的砌石。拉杰德夫的统治突然结束。

至于哈夫拉，希罗多德称为塞福林，古埃及第 4 王朝第 4 王。有关哈夫拉的身世，说法不一。而狄奥多拉斯说："齐米斯（齐阿普斯）死后，他的兄弟塞福林继位，并统治了 56 年，但是有些人说他不是齐米斯的兄弟，而是他的儿子"。⑫现代的研究，通常认为哈夫拉是胡夫与海努特森王妃之子，他继承了他的兄长拉杰德夫的王位。哈夫拉最初的名字可能是拉哈夫，后来名字中的字顺变更而成为现今称呼的哈夫拉。他也模仿其兄长，把自己称为"拉之子"，并在三角洲的布巴斯梯斯附近，为太阳神建筑了神庙。他的最著名的建筑物是吉萨的第二大金字塔及其前面的狮身人面像。

哈夫拉的妻子是哈美莱尔尼布悌一世。美丽珊克三世王妃为他生了尼布玛凯特王子；赫杰海凯努王妃为他生了塞凯姆卡拉王子；帕尔森悌王妃生了涅库拉王子和孟考拉王子。在哈夫拉以后和孟考拉即位之前，可能还有一个不知名的国王（鲍富拉）的暂短统治。

孟考拉，马涅托把他称为门契里斯，希罗多德称为米塞里努斯，第 4 王朝第 5 王，统治年数为 18 年或 28 年。孟考拉是哈夫拉和王妃帕尔珊悌之子，可能在一个未知的暂短的统治之后继承了王位。据希罗多德的记载，他与其父辈不同，打开了神殿，容许人们去奉献牺牲，让人们各去做各人的行业，"以仁政来治理他的人民"，"他是国王中最公正的审判者"。⑬孟考拉统治时社会稳定，并且艺术工作受到保护。也许是由于上述的一些原因，他在吉萨留下的一座金字塔比起他的先辈们小得多。虽然，这座金字塔的下半身用了昂贵的阿斯旺的花岗石覆盖面，但他的金字塔的破损程度却甚于其他二座。

孟考拉与王后哈美莱尔尼布悌二世生了库尼拉王子，但他没活到继承王位的时候。孟考拉的另一王子舍普塞斯卡夫，显然不是哈美莱尔尼布悌二世所生。

舍普塞斯卡夫，马涅托记为塞比尔契里斯，希罗多德称为阿苏奇斯，第4王朝第6王。其统治年代仅4年。舍普塞斯卡夫是孟考拉的儿子，他继承了王位，但是某些记载说他不是王家血统。

舍普塞斯卡夫在位时代，王权与日益显要的僧侣之间发生了矛盾，同时，州的地方势力开始发展起来，尤其是财政紧张，债务矛盾尖锐。所以，希罗多德说他定出一条法律，可以用自己父亲的尸体做抵押。他为孟考拉在吉萨最后完成了金字塔的综合建筑，但是，他自己却一返常态，远离吉萨，而在萨卡拉的南部地区建造了圆顶和两端垂直的长方形的马斯塔巴，并且用泥砖建筑，通常称为"马斯塔贝特·法伦"（"法老之墓"）。据希罗多德的记载，他"留下了一座砖造的金字塔作为自己的纪念，上面有刻在石头上的铭文：'不要因为和石造的金字塔相比而小看我。因为我比他们优秀得多，就好像宙斯与其他诸神相比一样。因为人们把竿子戳到湖里面去，并把附着在竿子上的泥土收集到一起做成砖。而我就是这样修筑起来的'。"⑭金字塔本来是权威的象征，也是太阳神崇拜的标志，而舍普塞斯卡夫的马斯塔巴的建筑，也许是对太阳神拉的势力的抵制。

舍普塞斯卡夫的王后或许是他的女儿肯特卡维丝，"第5王朝的母亲"。他的另一个妃子是布尼斐尔。舍普塞斯卡夫的结局并不清楚，据马涅托的记载，第4王朝以塔姆普提斯的统治为终结，而人们推测，他可能相当于除此之外没有记载的具有埃及名字的戴德夫普塔赫。⑮

### 三、第 5 王朝国王世系的演变

据阿夫利坎努斯保存的马涅托的记载，"第 5 王朝由厄勒藩汀的 8 王组成"，但实际上列出的是 9 王；而犹塞比乌斯保留的马涅托的记载多至 31 王，显然是不确切的。此外，第 5 王朝诸王出身于厄勒藩汀，也没有找到证明。韦斯特卡尔纸草（或许写成于希克索斯时代）的民间故事涉及第 5 王朝王室的起源：一个名为杰狄的术士预言胡夫的王朝到他的儿子哈夫拉和他的孙子孟考拉时将被一个新的王室所代替，那就是太阳神拉和服务于下埃及的太阳圣殿之一的拉的僧侣的，名为卢德戴特的妻子的子孙。卢德戴特在众女神的帮助下生了 3 个儿子：乌塞尔卡夫、萨胡拉和尼斐利尔卡拉，而这 3 人就是第 5 王朝的前 3 王。⑯阿夫利坎努斯所记的马涅托的 9 个王名基本上与王名表和纪念物上的有关王名是符合的。现将第 5 王朝王名列表如下，其统治时间依据于保存下来的王名表（见表 9）。

**表 9　第 5 王朝（约公元前 2494—前 2345 年）王名表**

| 马涅托名 | 本名 | 荷鲁斯名 | 统治年数 |
|---|---|---|---|
| 乌塞尔契里斯 | 乌塞尔卡夫 | 伊尔玛阿特 | 7 |
| 塞斐里斯 | 萨胡拉 | 尼布卡乌 | 14 |
| 尼斐尔契里斯 | 尼斐利尔卡拉·卡凯 | 乌塞尔卡乌 | 10 |
| 塞赛里斯 | 舍普塞斯卡拉·伊塞 | 塞凯姆卡乌 | 7 |
| 契里斯 | 尼斐勒弗拉 | 尼斐尔卡乌 | 7（？） |
| 拉图里斯 | 纽塞拉 | 伊塞布托威 | （3）1 |
| 门契里斯 | 孟考霍尔　阿考霍尔 | 孟考乌 | 8 |
| 坦契里斯 | 杰德卡拉　伊塞西 | 杰德卡乌 | 39（？） |
| 翁努斯 | 乌那斯 | 瓦吉托威 | 30 |

乌塞尔卡夫，马涅托记为乌塞尔契里斯，第 5 王朝的创建者，在位时间 7 年。

　　有关乌塞尔卡夫的身世,不清楚。如前所述,韦斯特卡尔纸草的民间故事把他说成是卢德戴特的儿子,但是有些证据表明,他的母亲是拉杰德夫王的女儿尼斐尔海特普丝。乌塞尔卡夫或许与这个时期的具有主要王家世系的肯特卡维丝结婚以增强其王位的合法地位。

　　韦斯特卡尔纸草把乌塞尔卡夫等3王描写成太阳神的儿子,反映了他们是太阳神拉的皈依者,以及赫利奥坡里斯的太阳神和僧侣在宗教上的重要地位。特别显著的是,乌塞尔卡夫为首的第5王朝诸王建筑了一些太阳神庙,至少有6座,其中有两座已被发掘和确认的,一座是乌塞尔卡夫在阿布西尔建筑的,另一座是纽塞拉在阿布古罗布建筑的。在西部的墓地上,乌塞尔卡夫引进了特殊的太阳神庙,在台子上竖立有表示太阳神庙的象形文字的方尖碑。在《巴勒莫石碑》上记载了乌塞尔卡夫的神庙建筑和对拉神以及与拉神有关的哈托尔神的献祭,特别是土地的捐献。乌塞尔卡夫在三角洲为拉神捐献了1704斯塔特耕地,⑰这是《巴勒莫石碑》上有关土地捐献的最多的记录。而且,石碑上记载的土地捐献也是从乌塞尔卡夫开始的。第5王朝的金字塔一般比第4王朝诸王的金字塔要小,大体上坐落于萨卡拉和吉萨之间的阿布西尔。规模较小的乌塞尔卡夫的金字塔位于萨卡拉左塞王阶梯金字塔圣区的东北角200米远,金字塔群体包括祭庙和殿堂在内。祭庙的中庭被方形的花岗岩石柱环绕,墙面上装饰有浮雕。从祭庙中出土了相当于他自身3倍大的花岗岩石雕像,这是超自身大的雕像的第一例。此外,还有纸草丛生沼地上的水鸟及其他场面的风景壁画。

　　萨胡拉,马涅托记为塞斐里斯,第5王朝第2王,在位时间14年。萨胡拉可能是肯特卡维丝王后之子。

　　萨胡拉开创了萨卡拉南的阿布西尔的王家墓地,他在那里建筑的金字塔的墙壁上,描绘了他的沙漠远征和海军舰队。作为一名军事指挥官,他在攻击西沙漠的利比亚人的战斗中起了积极作用。特别是,他以创建埃及的海军而荣耀。他着手在地中海沿岸的远征,派遣舰队到蓬特和巴勒斯坦一带贸易。《巴勒莫石碑》记载了他从蓬特得来的"芳香树脂""琥珀"和"长方木"等。萨胡拉与乌塞尔卡夫同样,积极向各地太阳神庙捐献土地和食物。他还从西奈半岛开采绿松石,从图拉采石场开采优质石灰石以及开采阿布辛拜勒的闪绿岩,大力发展建筑艺术。

尼斐利尔卡拉,又名卡凯,第 5 王朝第 3 王,他是萨胡拉的兄弟,并继承了其王位,至少统治了 10 年。

在尼斐利尔卡拉统治时期,发生了一起与他有关联的宫廷官员被谋杀的事件。当维西尔瓦什普塔赫伴随国王巡视一座新建筑物时,维西尔被刺杀,请来的御医也没能把他挽救过来。尼斐利尔卡拉王在场安排了尸体安葬仪式,并下令为他造了一具黑檀木棺。⑱在尼斐利尔卡拉的墓中铭文上,还提到了他准许一名宠臣吻他的脚,这在当时也是国王给予臣民的一大"荣誉"。尼斐利尔卡拉还积极从事军事远征。他在阿布西尔建筑的金字塔群体是阿布西尔第 5 王朝的 4 座金字塔中最大者。

舍普塞斯卡拉,又名伊塞,第 5 王朝第 4 王,统治时间 7 年。

尼斐利尔卡拉的两个直接的继承者在历史上印象淡薄。在都灵王名册和萨卡拉王名表上提到了舍普塞斯卡拉的名字,但是似乎没有留下他的纪念碑。有关他的统治情况很少知道。然而,他也用了王名圈伊塞的名字,和荷鲁斯名乌塞尔卡乌一样。

尼斐勒弗拉,或尼斐尔卡拉,第 5 王朝第 5 王。在都灵王名册的破损部分,失去了他的名字和统治年代。他的在位时间可能 7(?)年。有关尼斐勒弗拉的统治毫无所知。我们只知道他建筑了一座太阳神庙,并且在阿布西尔的尼斐利尔卡拉王的金字塔旁边,建筑了他的金字塔,但并未完工。

纽塞拉,第 5 王朝第 6 王,在位时间 30 年以上,是第 5 王朝中重要的统治者。纽塞拉由于他在阿布西尔的金字塔及其不远的阿布古罗布的太阳神庙而著名于世。在他的阿布西尔的葬祭庙的装饰上,我们可以见到象征国王的兀鹰,或者有时斯芬克斯践踏敌人的画面,同时,还有外国首领献供的场面。在他葬祭庙中还发现了一个被缚的俘虏的雕像。纽塞拉对西沙漠的利比亚人和西奈半岛的亚细亚人进行了成功的军事远征。在西奈的马格哈拉干河,纽塞拉留下了他的巡视该地区的岩刻铭文,其内容涉及了这里的矿山。

纽塞拉与拉普特尼布王后结婚,他们有 3 个女儿和 1 个女婿,死后也都埋在纽塞拉在阿布西尔的金字塔附近。

孟考霍尔,或阿考霍尔,第 5 王朝第 7 王,在位时间 8 年。

有关孟考霍尔王的情况,所知甚少。虽然已知他的金字塔和太阳神庙的名字,但至今仍未发现,有可能在斯尼弗鲁金字塔附近。除了西奈半岛的铭文记录了他派遣的远征队获取建墓用的材料外,很少有其他的记载。在孟斐斯发现了他的一个小的雪花石膏雕像保存在开罗博物馆。

杰德卡拉,又名伊塞西,第 5 王朝第 8 王,其统治年数在 28 年以上,或者可能在 31 年。“杰德卡拉”一词意为“拉的卡是稳定的”,并以此作为他的头衔之一,由此可见把他自己放在拉的保护下,但是他没有建筑一座太阳神庙,而他自己埋葬在南萨卡拉。

他以开采哈马马特干河和西奈半岛的石场和矿山而著名。他的名字还被铭刻在马格哈拉干河和位于第二瀑布的哈拉发干河,显然,他的势力已伸张到努比亚。在阿布西尔的尼斐利尔卡拉王的葬祭庙中发现了行政管理的纸草片断,即阿布西尔纸草,是由杰德卡拉为尼斐利尔卡拉葬祭庙设立的账目。阿布西尔纸草是迄今我们所知的最早的纸草文献。杰德卡拉先后任命了几个维西尔,有一位是舍普塞斯拉,他曾被挑选为上埃及总督职务的最早的担任者。设立那个职务是为了更好的管理南部各行省，并且似乎是在获取维西尔职务以前的官员媒介的一个台阶。需要说明的是第 5 王朝没有一个维西尔是王子，而这个事实使人想象到与巩固政府在南方地区的地位增强有关。这种现象也指明了第 4 王朝时牢固掌握在国王直系家族手中的中央集权统治的削弱。⑲杰德卡拉还任命了普塔霍特普为维西尔，他被看成是古代埃及的与伊姆霍特普、荷尔戴戴夫等并肩著名的人物。王子拉穆库威为王位继承人，但在他登上王位以前死去。

乌那斯，或拼读为威奈斯，第 5 王朝第 9 王，统治年数为 30 年。

有人认为乌那斯是杰德卡拉的儿子，但似乎没有任何真正的证据。乌那斯在他统治时期，进行了商业远征。在上埃及的厄勒藩汀的纪念物上，描写了他巡视南方，接见努比亚首领，并带回了一头稀有的动物长颈鹿。在地中海东岸的毕布罗斯，人们还发现了带有他的名字的瓮，并描绘了战斗的场面。乌那斯死后埋葬于萨卡拉的左塞王阶梯金字塔的西南，他的金字塔外形几乎已经风化成碎石的土堆。乌那斯之所以著名，在于他的金字塔中的两间室的墙壁上刻满并涂上了颜料的象形文字的铭文。这是迄今所知的最早的金字塔文。金字塔文中，祝福乌那斯像奥西里斯神一样，"复活又生存。"他的妻子是尼布特王后和凯努特王妃。

马涅托的《埃及史》把乌那斯的统治看成是第 5 王朝的最后统治者，而现代学者一般把他看成是古王国的古典阶段的结束，所以，第 6 王朝表现了延伸到第一中间期的衰落的开端。

### 四、第 6 王朝国王世系的演变

据马涅托的记载，第 6 王朝由孟斐斯的 6 位王组成。从第 6 王朝至第 8 王朝是晚期孟斐斯系统。马涅托的第 6 王朝王名基本上与其他王名表和纪念物上的王名等同（见表 10）。

表 10　第 6 王朝(约公元前 2345—前 2181 年)王名表

| 马涅托名 | 本名 | 荷鲁斯名 | 统治年数 |
|---|---|---|---|
| 奥奏伊斯 | 特悌 | 塞赫太普托威 | 12 |
| | 乌塞尔卡拉 | | 1(?) |
| 斐奥斯(Ⅰ) | 麦利拉·珀辟Ⅰ | 麦利托威 | 49 |
| 美扎萨斐斯 | 麦然拉　安提姆塞夫Ⅰ | 安柯卡乌 | 14 |
| 斐奥斯(Ⅱ) | 尼斐尔卡拉　珀辟Ⅱ | 尼杰尔卡乌 | 94(?) |
| 孟悌提萨斐斯 | 麦然拉　安提姆塞夫Ⅱ | | 1 |
| | 尼杰利卡拉 | | |
| 尼托克丽丝 | 尼托凯尔悌 | | 2(?) |

特悌,马涅托记为奥奏伊斯,第 6 王朝的开创者,其统治年数至少 12 年。

特悌的荷鲁斯名塞赫太普托威,意为"他是平定两地(上下埃及)的人"。特悌如何登上王位,我们并不清楚。第 5 王朝末期虽然中央集权的统治已削弱,但没有内战的证据。作为新王朝的创建者,与第 5 王朝并未断绝关系。他与乌那斯王的女儿伊普特结婚,这样他就把自己安置在合法的王家世系上,继而又与著名的维西尔美列卢卡联婚,娶了他的长女塞什塞斯赫特为妃,保证了与贵族的联系。

特悌建立了一个新的王朝,然而似乎没有留下任何特殊的标志。特悌的名字出现在毕布罗斯发现的一个石瓮上。他的一个雪花石膏壶上还描绘了一个典型的蓬特女人的形象。这些发现证明了他的对外关系和交往。特悌之所以为后人所熟悉,是与他的维西尔美列卢卡有关。因为美列卢卡是最有影响的权贵,而且他还是特悌金字塔群的首席僧侣。美列卢卡的马斯塔巴接近特悌的金字塔,是北萨卡拉的最好的马斯塔巴之一,它不仅规模宏大,而且结构复杂,尤其以反映狩猎、捕鱼,以及各种动植物形象的卓越的浮雕而著名。在萨卡拉的特悌的金字塔那里,不仅发现了特悌的雕像,而且还有祭神的乐器。马涅托断定奥奏伊斯（特悌）"被他的侍卫所谋杀"，[20]但是，似乎没有其他的证据可以证明。据阿拜多斯王名表，特悌为第6王朝第2王乌塞尔卡拉所继承，执政仅仅一年。除了阿拜多斯王名表和两个圆筒印上提到乌塞尔卡拉王名外，没有任何记载。一些纪念物表明，特悌的真正继承者是珀辟一世。

珀辟一世，在位初期又称为尼斐尔索霍尔，后改名麦利拉，或写成麦利拉·珀辟，第6王朝第3王，马涅托记为第6王朝第2王。马涅托记载他的统治时期为53年，但实际上是40多年。

珀辟一世是特悌王和伊普特王后之子。他的40多年的长时间的统治暗示了，当他在其母亲摄政末期登上王位时是非常年轻的。他的荷鲁斯名"麦利托威"意为"他是被两地所爱戴的人"，这或许表明他在政治上的缓和的愿望。他放弃了埃及边境传统的防御政策，积极推行对努比亚人、利比亚人的军事远征，并在努比亚建立要塞和商业据点。他曾5次派遣大官乌尼率领军队前去镇压西奈和巴勒斯坦的贝都因人的暴动。王后维列特雅姆悌丝因涉嫌闺房阴谋事件而被秘密起诉和审讯，此后她也就即刻消失了。这一事件被特别的记载在《乌尼传记》中。珀辟一世在塔尼斯、布巴斯悌斯、阿拜多斯等地建立了神庙，在萨卡拉建筑了金字塔。他的金字塔称为"孟尼斐尔马拉"（Men-nefer-Mare），是一个令人难忘的丧葬群体建筑物，同时还把这个名字用于周围地区。首都，最初称为海卡·普塔（Hiku-ptah），而现在被改为孟尼斐尔（Men-nefer），后来称孟斐（Menfi），在晚后时代被希腊人译为孟斐斯。珀辟一世又娶了地方州长的两个女儿为妃，她们的名字同为美列莲柯尼丝，其一为珀辟一世的继承者麦然拉的母亲，其另一个是珀辟二世之母亲。在珀辟一世统治的晚期，可能是与其子麦然拉共治。

麦然拉，又名安提姆塞夫，或尼姆提姆塞夫，第6王朝第4王，在位时间14年。

麦然拉是珀辟一世与美列莲柯尼丝之子，可能，他在其父王麦利拉统治的第 40 年，登上了宝座，与其父王共治。都灵王名册上记载的他所统治的 14 年中，包括了他们的共治和他单独统治的 5 年。麦然拉的妻子是珀辟一世的女儿奈特王后。在麦然拉统治时代，他派遣三代宠臣乌尼两次远征到尼罗河第一瀑布，取来用于建造王后金字塔的花岗岩和石棺，又派乌尼远征中埃及的哈特努布的雪花石膏采石场，用 60 肘长 30 肘宽的大船运输。在苏丹的凯尔玛发现了刻有珀辟一世、麦然拉和珀辟二世名字的破损的雪花石膏瓮。[21] 由此可以想象，这里或许已经成为埃及的南方的商业据点。但是，他的统治和寿命是短暂的，有人认为当他 16 岁时已结束了他的青春年华。

珀辟二世，又名尼斐尔卡拉，第 6 王朝第 5 王，据马涅托的记载，"他在 6 岁时开始统治，而继续到他的 100 岁"。[22] 因而其统治时间在 94 年(?)，是古王国时期统治时间最长的国王。

在布鲁克林博物馆中保存了珀辟二世的一个雪花石膏小雕像，他的前额装饰以标志王权的蛇标，并且坐在其母亲的膝部上，这件遗物证明了他少年继承王位。他的母亲美列莲柯尼丝二世成了摄政王。他的叔父维尔德骄也辅佐他管理国家。当他 8 岁时，一个地方长官哈尔胡夫到努比亚巡视并向他报告将要带回来一名善于舞蹈的小矮人，而他竟迫不及待地写信要哈尔胡夫把这个"礼物"完好地运回首都。珀辟二世面临着内忧外患的局面：地方官员权力的不断增长和中央权力的衰败；外来势力的不断威胁。在他统治时期继续了传统的努比亚和蓬特的远征。但是，他的晚年十分不幸，国家陷入无政府状态：地方官员支配了各行省，变成了脱离中央的地方的统治者，大概变成了世袭的。在这同时，利比亚人、叙利亚人和东方的游牧民族不断侵入，南方的努比亚人也发生了叛乱。他的金字塔在南萨卡拉，并有金字塔文，此后再没有大型金字塔建筑。

珀辟二世的王后是其兄弟麦然拉的遗霜奈特王后。其子麦然拉二世是一个短命的统治者,以后他又与麦然拉的女儿伊普伊特结婚。他的另一个妻子是安克尼斯·珀辟。而她的儿子或孙子则开创了短命的第8王朝。还有一个妻子是威杰布吞。

麦然拉二世,又名安提姆塞夫二世,第6王朝第6王,在位时间仅仅一年。

麦然拉二世是珀辟王和奈特王后之子,他继承了王位,并可能与尼托克丽丝王后结婚。在奈特母后祠堂附近的碑文上,提到了安提姆塞夫的名字。有关他的详情一无所知。

尼托克丽丝,希腊语名称,它来源于埃及语尼托凯尔悌。第6王朝末代王,大概在位时间两年。

尼托克丽丝或许是麦然拉·安提姆塞夫二世的姊妹、王后,后来成为寡后。马涅托把她作为第6王朝的末代王,并说她是最高贵、最美丽的,白肤色的女人。㉓在都灵王名册上,尼托克丽丝直接在麦然拉之后,把她写为"上下埃及之王"。可以说,她是我们所知的第一个行使全埃及政治权力的女王。希罗多德说,尼托克丽丝是埃及王中唯一的女人,由于她的哥哥在位时被其臣民所谋杀,她被推上了王位。她为了替她的兄长报仇,想出了一条诡计:她借口庆祝新建的地下室落成,宴请了暗杀其兄长的共谋者,她乘机利用事先秘密建成的一条大道引进了河水,将他们全部淹死。然后,她投身到一间无充满灰烬的屋子里去,以便逃避可能会受到的报复。㉔都灵王名册的第6王朝部分,唯一保留下来的王名就是尼托克丽丝。没有任何考古证据残留下来,使我们难以了解她的活动。

尼托克丽丝结束了第6王朝,而古王国也就随之崩溃了。从第7王朝开始进入第一中间期,尽管还保留着统一王朝的名称,但埃及的中央政权已经瓦解,形成了四分五裂的地方割据势力。

## 第二节　古王国时代的物质生产与社会经济制度

从公元前 4000 年代中叶,埃及进入了文明时代,建立了早期国家,经过早王朝到古王国时代,埃及发展成为统一的、强大的中央集权的专制主义国家。古王国时代埃及的社会制度是什么性质? 埃及的社会生产力的发展和社会经济形态——土地制度和阶级关系究竟如何? 这些问题常常为西方学者所忽视,但是作为马克思主义的历史科学工作者,这是必须认真回答的,尽管目前我们研究这一问题还存在相当大的困难。

### 一、生产的发展与社会经济生活

#### 农业与畜牧业生产

古王国时代,由于上下埃及的最终统一和中央集权统治的形成,给埃及南北经济的直接交往,社会生产力的发展与经济生活的稳定创造了有利的条件。

埃及是一个农业发达的国家。尼罗河的有规律的泛滥,肥沃的土地与有利的气候条件,保证了埃及农业的发展和繁荣。所以,农业在古埃及的社会生活中是一个基本的和主导的部门。

从早王朝至古王国时代,尽管已有 400 多年的发展,但古王国时代在古埃及史上仍然是一个社会发展的早期阶段。农业生产的发展还是处于不发达的状态。土地的开垦和耕种是农业发展的关健,在农业生产中具有重要的意义,而这种现象在古埃及更显得突出。

在古埃及的文献中,常常可以见到 3ḥt 一词,这个术语的象形文字的意义仍是"耕地""田野"。①耕地一般分布在每年尼罗河泛滥而被淹没的低地。在第 3、4 王朝之际的《梅腾墓铭文》中,几次提到可以耕种的土地,即耕地。在著名的《巴勒莫石碑》上,记载了第 5 王朝的乌塞尔卡夫、萨胡拉和尼斐利尔卡拉诸王捐赠给神庙的耕地。在一定数量的"耕地"之外,有时还有一定数额的"土地"或"地段"。乌塞尔卡夫王在(X+)2 年捐赠给"奥恩神灵……乌塞尔卡夫领地的耕地 35 斯塔特(和)土地(地段)3 斯塔特"。②这些耕地主要在下埃及,说明了上埃及的开发早于下埃及。下埃及这些耕地的开发常常是与上埃及向下埃及的移民或殖民同时进行的。

由于埃及气候的干旱缺雨,农业生产紧紧依赖于尼罗河的泛滥和水利灌溉。《巴勒莫石碑》每年记载尼罗河水位的高度,说明了国家对农业生产活动的重视。但是,国家大规模的统一的灌溉网的修建还没有得到证明。《梅腾墓铭文》除了"建立大的水池(花园)"外,还两次提到"被建立的梅腾的居住地"。而"被建立的"一词的象形文字 ]=[ 其形象为人工挖掘斜坡的水池。如果说,这与水利灌溉工程有关的话,这也只能是贵族领地的范围内。第 6 王朝著名的维西尔美列卢卡的墓壁画上保存了人工浇灌菜园和果园的场面,③而这也是贵族官僚家园范围内的原始灌溉。

关于古王国时代埃及农业生产发展的水平和耕种方式,希罗多德在讲到"孟斐斯下方的土地"时说:"他们比在世界上其他任何民族,包括其他埃及人都易于不费什么劳力而取得大地的果实,因为他们要取得收获,并不需要用锄头锄地,不需要用耨掘地,也不需要做其他人所必须做的工作。那里的农夫只需等河水自行泛滥出来,流到田地上去灌溉,灌溉后再退回河床,然后每个人把种子撒在自己的土地上,叫猪上去踏进这些种子,此后只是等待收获了。"④希罗多德讲的埃及农业生产的简便程度显然是被夸大了,也许仅仅是"孟斐斯下方"的情形。从古王国时期陵墓的绘画上,我们常常看到人们套上一头或两头牛耕种土地。在农事图中,用犁耕种的同时还直接播种,有时也驱赶绵羊把种子踏入地下。或许作为补充手段的是,用锄头耕地的场面,这在萨卡拉的第 5 王朝的贵族悌伊的墓中已被描绘(见图 24)。锄头的形象最早见于前王朝时期,古王国时代的锄头是由两块木料构成的,并且通常带有两个弯曲的把手。在许多墓的壁画上还保留了收割庄稼的描绘。带有燧石刃口的木镰刀十分流行,常常用它来收割麦穗,有的墓铭上还表示:"私人之家的小队收割大麦和二粒小麦"。有的墓中的浮雕画面描绘了从播种到收割的生产全过程。收获的谷物,还要送到打谷场上用家畜践踏谷物,打下谷粒后再人工扬谷后将谷物存放于谷仓中。在古王国时期的谷仓都是用尼罗河泥堆起来的。

古王国时代的农业作物,包括谷物、经济作物和园艺作物。谷物有大麦、二粒小麦和小麦。其中以大麦为最多,而小麦为稀少。在一些献祭的名单中,我们可以见到"晒干的大麦""晒干的小麦"和"二粒小麦"。在墓铭上,我们还可以见到"大量的大麦和二粒小麦"成为支付陵墓建筑工人的报酬之一。

经济作物中最重要的是亚麻。亚麻在很早以前已被种植,用它制作的衣服、绳索等得到了广泛的使用。

如果说上述两类的作物在先前已基本上为人们所熟悉,那么由野菜培植的蔬菜却不断增加新的品种。蒜和卷心菜同样的古老。用粘土制的蒜的模型在前王朝及其以前的墓中已有发现。古埃及人最常食用的蔬菜是萝卜、葱等。希罗多德讲到胡夫大金字塔石块上面留下了给建筑工人买萝卜、葱、蒜费用的记录。⑤葱的最早出现,见于古王国的时代第 5 王朝末的乌那斯金字塔和第 6 王朝的珀辟二世金字塔中的浮雕上。在左塞王金字塔附近的库房中发现了甜菜。在第 6 王朝维西尔美列卢卡的墓中有一幅菜园的描绘,其中提到了"黄瓜"的名称。在第 3 王朝的献祭名单上有个术语可能是"豆科植物",⑥另外还有莴苣等。

图 24　墓壁浮雕图：农业生产

葡萄园,在早王朝和古王国时代以前的文物上已经出现。第3王朝左塞王的印章上提到了作为国王一个部门的葡萄园。《梅腾墓铭文》中还讲到了他的葡萄园,还有几处无花果树和非常多的葡萄藤。古王国时期果园的发展,显然与养蜂业的发展有关。描写养蜂业的情况最早见于第5王朝纽塞拉王在阿布古罗布的太阳庙的一间房屋的墙上。

古王国时期,大概在上埃及专门培植谷物,特别是大麦。在三角洲地区布满了园地,葡萄园和果园,显示了经济开发的一般特征。谷物、蔬菜和果园不论是数量和品质上,都有了巨大的增加和提高。

农业的发展和生活上的需要,巩固了农业在社会经济生活中的主导地位。埃及的牧畜业在新石器时代开始出现,从第1王朝起,牲畜作为战利品大量记录在各种文物的碑铭上。那尔迈权标头上列举了掠夺来的40万头大的有角牲畜和142.2万头小的有角牲畜。在《巴勒莫石碑》上记载了第4王朝斯尼弗鲁王掠夺努比亚的20万头大小牲畜,并为牲畜创建了35所建筑物和122个畜圈。[⑦]上述数字也许有些夸大,但是牲畜具有重大的经济价值,既有畜力的作用,又有食用的可能。

在古王国时代,农业生产,不论耕种、播种、收割和打场,以及最后的收获品的运输,都离不开大小有角牲畜。通常我们能够看到的是公牛犁田,绵羊踏种子于耕地下,还用公牛与驴在打谷场上践踏谷穗,驴子运输收割的麦穗等生产活动。此外,从古王国时代起,在长途的远征中,往往使用公牛和驴运送货物,在王家经济和建筑工程中还把它们用于运载沉重的石头和石板等建筑材料。除了上述几种主要家畜外,古王国时代还驯养了一些羚羊、瞪羚、大角野山羊等。

家畜作为肉类食品,从前王朝时代的材料中已经表现出来。而在古王国时代,家畜大量地被屠宰的现象,在陵墓画上常常可以见到。希罗多德讲述埃及人宰牛杀豚和烧烤的过程,以及最后用于祭祀和食用的情况,尽管人们厌恶豚,视为不洁之物。⑧

在贵族家庭中,专门安排一些牧人负责放牧、饲养和繁殖家畜,并且挤奶。此外,还饲养家禽,除了鹅、鸭、鸽子外,还有鹤群等。在第5—6王朝的墓中,这些禽类饲养场的画面都保存下来。在普塔霍特普的墓中记载了大量家禽的数目:一种鹅的数字高达121,200只,另一类的鹅121,022只,鸭120,000只,天鹅1225只,鸽子111,200只。⑨

由于畜牧业的发展及其重大的经济意义,牲畜成为财富的标志之一,而且往往成为国家税收来源之一。从《巴勒莫石碑》可见,国家除了定期清查"黄金和土地"外,在第5王朝乌塞尔卡夫统治时,我们还看到"第3次清查大牲畜"的记录。显然,把大牲畜与黄金和土地并列。

由于埃及人生活于大河流域,特别是三角洲或法尤姆地区,渔猎成为人们生活中的不可缺少的行业。在第5、6王朝的贵族陵墓的壁画上,我们可以见到用网捕鱼或用钩钓鱼的描绘,还有猎河马的场面。希罗多德说,埃及的僧侣是"不能吃鱼"的,在底比斯和法尤姆的莫伊利斯湖附近的人们把鳄鱼看成是圣兽,也不能吃它,但是在厄勒藩汀市的人们则不把它们看成圣兽,"他们甚至以鳄鱼为食"。希罗多德还说,在农业地区的人们,他们不仅吃烧烤或煮熟的鱼,而且还吃生鱼,或晒干的鱼,或盐水腌的鱼。在沼泽地区,也有一些"完全以鱼类为活的"。⑩

至于在沼泽和沙漠地区猎取其他禽类和动物,作为娱乐和消遣,在贵族的生活中是习以为常的。从墓壁画面我们可以见到贵族常常在沼泽纸草丛中驾船,用飞去来器狩猎野禽的场面。在沙漠中猎取的大动物主要有红额羚、羚羊亚科、狮子、豹子等。著名的第3—4王朝时代的梅腾的职务中,就包括有"牧人的管理者"和"猎人的长官"等职衔。

#### 手工业生产

农、牧业的发展与手工业生产的双向交流,相互影响,促进了生产力的发展。埃及文明是奠基在铜石并用文化的生产力的基础上,在早王朝和古王国时代,手工业生产仍然离不开铜器和石器这些基本的生产资料和水平。但是,从早王朝开始,铜器的制作和使用有了一定程度的增加和发展。埃默里在萨卡拉的第1王朝哲尔王墓中发现了大量的铜器制品,包括121件刀,7件锯,68件器皿,32件粗针,262件针,15件钻孔器,79件凿子,75件长方形板,102件锛子和75件锄,共计836件。⑪但是,在萨卡拉和阿拜多斯的第1王朝的其他墓中,除了大量的石器工具以外,仅仅找到稀有的几件铜器,如在第1王朝时期的海玛卡墓中共发现了100多件工具,而铜钻孔器仅8件。⑫较早时期的铜是在天然的状态下被发现的,根据早王朝时期的铜凿的分析,除了铜的成分外,还包括2.51%的银和4.14%金,所以,具有高比率的银和金的这个样品的合成,暗示了它是天然金属构成的。⑬

到了古王国时代,铜器更广泛地被使用,加工技术也显著地提高。但是,石器仍然在流行。在古王国时代的墓中或献祭名单上,经常发现的一些铜工具(包括其模型),主要有刀、斧子、凿子、锛、锯等,这些都是埃及人的基本的生产工具。在各种生产活动中,特别是金字塔建筑工程上,常常见到铜器工具。铜锯的痕迹保留在胡夫大金字塔附近的葬祭庙的玄武岩的地面上。在左塞王、胡夫王和哈夫拉王的花岗岩的石棺上,往往也能看到。⑭在西奈半岛的采石场遗址上,发现了圆柱形的铜钻孔器,特别是用于小孔的钻孔和研磨的铜制小钻孔器的使用,排挤了石制的钻孔器。还有一些古王国时代开始需要的重要的生产工具是两种形式的大金属锤。在第4王朝初的斯尼弗鲁王的妻子和胡夫王的母亲海泰斐丽丝王后的墓中发现了这类工具,可以证明,石制的打击工具被铜器工具所代替。在上述的王后墓中以及西奈半岛上,还发现了铜制的T字镐。⑮

古王国时期不仅铜制品增加,铜的加工技术也有了显著的改善和提高。在海泰斐丽丝王后墓中出土的铜制的高水罐和盆,是用冷锻方法制成的,罐子的壶嘴是铸造的,最后被连接到器皿上。⑯在第5—6王朝的绘画中,证明了金属加工利用了熔炼和锻造的手工工艺。在吉萨的第5王朝初的维帕姆尼弗尔墓中描绘了手工业者在炉旁熔炼铜,在附带的铭文中有两处讲到“熔炼铜”和由坩锅中“倒出的铜”。作为熔炼铜的坩锅,在库阿·巴达里沙漠中发现了属于第7—8王朝的制品。还有些铭文讲到了铜的锻造,在第6王朝的美列卢卡墓中用“打”字表示金属的锻造。但金属的锻造还借助于石器。⑰

　　除了铜器外,金属的加工还有铅、金、银和铁。第1王朝以来,出现了由铅制作的戒指、珠串(项链)等装饰品和小雕像。黄金的加工或许从前王朝时代已开始,在早王朝的墓中发现了小金块、镯子和哈塞海姆威的金权标。⑱《巴勒莫石碑》从第2王朝末开始报导清查“黄金和土地”。在古王国时代,黄金常常被用于装饰木器,如家具和棺材,或作为单独的装饰品。在海泰斐丽丝王后墓中出土了3件金器皿,其中有一只带有弯曲的圆圈和粗嘴的漂亮的黄金高脚杯。还有一些镀金的木家具和镀金木棺。⑲

　　银子的加工,主要是戒指和镯子。银制品在早王朝时期已经出现,但直到第18王朝为止是非常稀有的。在海泰斐丽丝的墓中出土物可以证明,银子比黄金更稀少和更贵重。⑳

　　铁器是在晚后时期发现的,但是在早王朝和古王国时代,埃及人已经知道了陨石铁和可能的铁矿。在前王朝后期发现铁制的小念珠,以及后来的护符、项链和其他装饰品,而在吉萨的胡夫大金字塔外面的石造物上也有铁的发现。希罗多德也讲到了,在建筑胡夫大金字塔时使用了铁。㉑考古学者还在吉萨的孟考拉的河谷庙中发现了铁氧化物,以及在阿布西尔发现的第6王朝时期的鹤咀锄的几个碎片。㉒对于这些铁的性质,除了陨石铁外,人们往往表示怀疑,即便是承认了铁矿的铁,而在生产中也是很少使用的。

除了铁以外,上述的铜、金、银等金属器的广泛使用是与矿山的开发和矿业的发展联系在一起的。

在东部沙漠盖翁金矿遗址上发现的铭文,证明了在早王朝时期已有远征队在矿上开采。埃及的产金区分布在尼罗河谷至红海之间,主要在东部沙漠,从基纳屈赛尔路南至苏丹边境,而更大的地区是在努比亚,是现代埃及的下努比亚(从阿斯旺至哈拉发干河)地方。希罗多德曾经讲过,在埃塞俄比亚(努比亚)地方"有大量黄金。"[23]

在西奈半岛的西南部,靠近马格哈拉干河和塞拉毕特·卡迪姆发现了古代矿场和矿场居住地址,最早的日期是第3—4王朝。在靠近矿山的岩石上,远征队留下第1—4王朝时期的浅浮雕和铭文。在马格哈拉干河的铜矿上,不仅发现了古王国时期的露天铜矿场上的一大堆铜矿渣,而且还有矿工住宅。矿工的小村落废墟大概居住125人。在这里的岩石上的铭文还提到"铜匠的书吏"和"铜匠的监督"。据考查,开采铜矿的劳动,大概从1月中旬到5月中旬,继续了3—4个月的时间。[24]

早王朝时代以来,由于金属加工技术的发展,金属器开始排挤了某些石器,特别是燧石器。在第3—6王朝时期,燧石刀的制作技术的恶化或许说明了它已不大适用于生产,而成了传统的慰灵崇拜、祭祀的用品。但是,还有大量的石器工具在生产中继续使用,其中包括斧子、钻孔器、T字镐、大锤、锯、双柄刮刀、凿子、镰刀齿等。在某些器皿上还可以见到均等的钻孔的痕迹,显然是借助于旋转的石钻孔器,这在古王国某些墓的墙壁画上可以见到。石钻孔器和打击工具,仍然具有特别重要的意义。T字镐和大锤经常用于采石场。而大锤往往还与铜凿子同时使用。特别是粗制石器对金属的锻造的和石器的磨光还是必要的。为了把石雕像抛光,仍然需要使用铜器和石器。[25]

随着金属器和石器工具的发展,器皿的加工制作进一步扩大。

在早王朝时代,人们已采用了白云石的大理石,各种石灰石,雪花石膏板岩、玄武岩等石材,而在第 3 王朝时器皿加工的基本材料是闪长岩,以及花岗岩,斑岩和正常岩等许多材料。还有大量的石材加工用于金字塔的建筑上。萨卡拉的阶梯金字塔,吉萨的金字塔是典型的例子。特别是胡夫的大金字塔用了约 2.5 吨重的石块共计 230 万块。

在铜器、石器的加工外,还有其他一些手工业的生产:食品、陶器、木器、编织、皮革等加工业。

由于农业的发展,食品加工业兴盛。在第 4 王朝的献祭名单中,出现了几种类型的面包,如"尖顶的(面包)""圆形的(面包)""大麦面包""小麦面包""在地上(?)的面包""小孩的大圆形面包"等。[26]用农作物酿造酒类,表现了农产品的剩余。葡萄酒最早出现于第 1、2 王朝,但是葡萄仅仅在王家和贵族的庭园和领地上栽培,葡萄酒产量少。葡萄酒通常献祭供神,称为"神酒",也是贵族阶级的贵重饮料,常在宴会上使用。但是,在古王国时代,特别是新王国时代以后大量生产。从第 2 王朝开始,出现了"啤酒"和"甜啤酒",而在古王国时代啤酒则为庶民大量饮用。[27]

陶器在人们的经济生活中的地位尽管不如先前那样突出,而且出现了石制器皿,但由于它的价廉实用,普遍使用,陶器生产仍然得到进一步的发展。陶工和陶器制作的全过程被描绘在萨卡拉的第 5 王朝的悌伊的墓中。

木器加工业涉及到好多方面。铜锯和铜锛在木材加工中大量使用。有些木料保留有铜锯锯开的痕迹。在悌伊墓和狄沙舍第 6 王朝的舍吉墓的壁画上,保留了木器加工的全过程:用锯锯开木料,用石器磨光箱盖,用木锤和凿子加工木板,用乌木料作木工床。此外,房屋的建筑,家具的制作,木棺的加工,人像的雕刻,都是由木工完成。

造船业的发展,不论是大型船舶、驳船和小船都需要部分木料的加工。而最重要的木料——杉木或云松往往需要由叙利亚和巴勒斯坦输入，这在《巴勒莫石碑》上是有记载的。埃及水路运输的需要刺激了造船业的发展。大规模的金字塔建筑的石材运输和埃及的对外贸易，也需要大量的船只和发展造船业。《巴勒莫石碑》提到了"用雪松建造一艘 100 肘（=52.3 米）的"两地光荣"船和"用麦鲁（针叶木）建造的两艘 100 肘的船"。㉘古王国时代的墓中，保留了不少制造船舶的画面。胡夫的陪葬的太阳船长 43.6 米、宽 5.9 米、排水量 40 吨，可以代表古王国时代造船技术的高超技巧。至于个人，包括贵族们经常使用的小船往往是纸草制作的。

埃及的纺织手工业是很发达的。在前王朝和早王朝时代发现的用石头环制作的纺缍，以及亚麻绳和麻布纺织的残片证明了埃及纺织业的发明。在古王国时代的献祭名单上，常常可以见到各种亚麻织物的名称。希罗多德强调，埃及的僧侣只穿"麻布的衣服"，而不穿其他材料制成的衣服。㉙埃及的纺织主要是用亚麻制作布匹、帆、绳子、椅子座和卧铺等。在古王国的墓壁画上可以看到亚麻的加工过程：通常是由木槌敲打亚麻，以便剥皮和寻找纤维，然后由纺锤制成绳子或纺织衣物。纺织机床在早王朝时代已出现，在古王国时代似乎未曾提到。但这并不能否认古王国时期纺织业的成就。在王室和私人经济中都有专门的纺织作坊。一些有关纺织作坊的官衔，如"大宫的织布作坊的长官"，"织布作坊工匠的长官"等提供了又一可靠的证据。㉚

编织业同样是人们生活中的不可缺少的行业。用亚麻、草木植物，包括芦苇和纸草等制成的篮筐制品、席子、纸草鞋和牧人用的芦苇服装以及芦苇茅舍等应用于生活中的各方面，实际上从前王朝时代开始已经流行。

### 商业交换和对外贸易

古王国时代的农业，牧畜业和手工业生产普遍地发展起来。农业上,土地的开垦,犁耕农业的普遍化,谷物生产和园艺业的分工发展,使埃及人积累了充分的剩余产品。农业生产的发展,直接关系到牧畜业和养禽业的生产,特别是手工业的发展和进一步的分工,而它们之间又相互制约和相互影响,并且促进各个生产领域内的发展。埃及文明经过了几百年的发展,到了古王国时代,便由原始的简单的自然经济过渡到更复杂更进步的农业和手工业生产的发展形态。所以,剩余产品的交换,甚至海外的贸易,也就成为可能和十分必要的。

在古王国时期的丧葬建筑的墙壁上,人们常常可以见到简单的以货易货或以物易物的情景的描绘。在第5王朝乌那斯王的葬祭庙和第5王朝悌伊墓的墙上,描绘了市场上的农业和手工业产品的交换。从那里可以见到人们用谷物、蔬菜、水果和鱼等农副产品交换木手杖、鱼钩、檀香树、斜靠木板等手工业品。关于古王国时期的物物交换是否还停留在古老的原始形态?有人做了专门的研究,认为在古王国时代买者与卖者的以货易货,往往是用谷物估价和支付货物的。谷物首先是有消费的价值,而且它还拥有同一样式和通用的流通手段,完全具备了价值尺度的作用。在不具备市场金钱表现的情况下,这意味着金银铜按其优越性来说,还不能成为那种手段。[31]在人们的消费意义上,首先铜是有价值的东西。因此,作为铜同样能够被估价,而且各种东西能够用铜和谷物支付。在古王国末期保留了一件房屋买卖的契约:

> (我)支付了酬金,从书吏钱契那里获得了这个房屋。我付给他10萨提(š‘t[j?]):
>
> '四倍大的'亚麻(?)    /    萨提  3
>
> 床    /    萨提  4
>
> '两倍大的'亚麻(?)    /    萨提  3。[32]

这份买卖房屋契约的格式与《梅腾墓铭文》的土地买卖契约格式

一样(见下文)。有趣的是,购买房屋不是直接用"萨提"来支付,而是用3种日常生活用品,每一种用品分别用"萨提"标明其价值,总共为10"萨提"。所以,研究者得出结论:"Š$^c$·t(j)单位就是货币,也就是铜钱。"[33]如果是这样的话,那么,在出现铜币的同时,也可以说谷物的一般等价物的作用并未消失。事实上,在古王国崩溃后,社会动乱的时期,谷物仍然是重要的支付手段之一。

古王国时代的一些铭文证明了埃及与腓尼基、蓬特和努比亚之间的对外贸易。

《巴勒莫石碑》记载了斯尼弗鲁王"得到了满载雪松的40艘船",这可能是对黎巴嫩的一次远征。第5王朝萨胡拉王统治时,"由蓬特送来8000(度量单位)芳香的树脂,6000琥珀,2900长方木(?)23,020……"。[34]蓬特位于红海南部,现代的索马里地区。第6王朝的《哈尔胡夫传》表明,他作为商旅队的长官,被法老3次派遣去努比亚,达到第三瀑布地带的雅姆,"从它那里带来了各种美好的珍贵的贡物。"在伊尔杰特等地,"带着300匹驴子装载有香料、黑檀木、ḥknw油、S$^3$t(5)豹皮、厄勒藩汀的象牙、飞去来器和各种各样上好的产品。"[35]埃及人远征蓬特或努比亚,既有掠夺性,又有贸易的性质,在某种程度上可能是带有强制性的贸易。但是毕竟不完全是单纯的军事性质,表现了对外贸易的活跃。

在古王国时期,埃及的生产力发展虽然还处于铜石并用时代,保留有某些原始性,但是,由于统一王国的形成,社会经济生活的稳定,必然为经济的发展创造了有利的条件。所以,在农业、手工业、商品交换和对外贸易各个生产领域内,在生产与消费和产品交换上,还是迈进一大步,呈现了一个新的发展的局面。

### 二、土地制度及其类型

生产力的发展必然影响到生产关系,生产关系即所有制,主要表现在土地制度方面。古埃及的土地制度,即土地所有制是所有制的主要表现形式,而所有制是在历史上形成的对于物质资料的一定的占有形式。那么,古埃及的土地制度表现为哪些形态呢? 这些问题常常被西方学者所忽视,至今还没有经过充分的研究,只有个别著作涉及这一方面。所以,我们也只能对古王国时期的埃及土地制度问题做一初步的分析论证和评述。

根据遗留下来的纪念物,铭文和文献可以看出,古王国时代土地形态,大体上可以分为王室土地、寺庙土地、贵族官僚的私人大土地和小私有地几种类型。

第一类土地是国王领地或王室地产,是国王直接支配的土地。国王作为专制君主,具有绝对的无限的全权,国王又是一切土地的最高所有者。在《巴勒莫石碑》上,从第 2 王朝开始记载每一位国王每两年一次的黄金和土地的清查,表明了国王对全国土地和财产的权力。国王有权随意占有某些地方的某些土地。《巴勒莫石碑》上讲到舍普塞斯卡夫在上下埃及,巡城一周,礼拜诸神之后,便去"选择'舍普塞斯卡夫凉爽'金字塔地址。"国王还有权赏赐土地给贵族大臣和寺庙。一切土地的买卖和转让又需经国家的批准和"国王证书"的承认。《巴勒莫石碑》记载第 5 王朝乌塞尔卡夫王把"乌塞尔卡夫领地的 24 斯塔特耕地"捐赠给塞普拉的太阳庙诸神;把"三角洲诸州 44 斯塔特耕地"捐赠给拉神;还有"54 斯塔特耕地"捐赠给帕尔捷巴乌特诸神。[36]值得注意的是乌塞尔卡夫王捐赠给诸神或寺庙的耕地,有的是国王"领地"中的土地,有的标明"州"的土地,还有的无任何标明的土地。这些现象说明,不论是国王直接支配的领地,或者是某一州或无任何标明的土地,国王都有权支配。这些土地既有王家领地,也有国家土地。而这两者常常难以分清。在公文书中,王家领地和国家土地往往几乎没有区别。[37]尽管有关王家领地的直接报道十分缺乏,但至少可以确认某些王家领地的存在。

　　首先，以国王名字命名的土地，可以看作王家领地或王室地产。在王室成员和某些显贵大臣的墓中，以国王名字称呼的象征性的领地的描绘，证明了王室（国王）领地的巨大数额。第 4 王朝哈夫拉王之子，最高大臣塞海姆卡拉墓中提到了以他的父亲哈夫拉名字命名的 21 个居住地被他继承。[38]哈夫拉的另一儿子，最高大臣涅库拉在他的关于家产分配的遗嘱中有 14 座城镇，其中至少可以辨认出 11 座是以哈夫拉王的名字命名的。而在这 14 座城镇旁，涅库拉王子至少还有作为他的丧葬基金的 12 座城镇，其中至少有 9 座是以哈夫拉名字命名的。这些以哈夫拉名字命名的城镇，都是哈夫拉王赏赐给涅库拉的。除了涅库拉保留用于其丧葬祭祀的地产外，其余的又被涅库拉遗传给他的妻子和子女。[39]

　　其次，金字塔附近的居住地往往也是国王直接支配的领地。在古王国时代，每位国王都要为自己建造庞大的金字塔，而起源于金字塔建筑工人居住地区的所谓金字塔附近的居住地，同样成为国王支配的王家领地或王室土地之一部分。考古学者发现的古王国时代金字塔附近的居住地，占据了利比亚高地山脚下的河谷的巨大面积，通常由寺庙、仓库、作坊和墓地劳动者、手工工匠，以及参与管理他们的官员、僧侣等人的住宅构成的。[40]在第 4 王朝斯尼弗鲁的"红色金字塔"附近的居住地上发现了两个居住地，分布在达赫舒尔墓地的北部，房屋是长方形的，保存不完好，面积为 65 米×100 米。在吉萨的两个金字塔附近的居住地：第 4 王朝孟考拉及其女儿肯特卡维丝王后的居住地，面积为 51 米×78 米，毗邻孟考拉的河谷庙，乃是两个时期建筑的遗迹。[41]近年来在吉萨的大狮身人面像东南发现了第 4—5 王朝建筑金字塔的技术人员和工人的村庄（见后文）。

　　金字塔附近居住地的居民成分比较复杂。根据古王国后半叶的购买房屋证书和乌帕姆尼斐尔特在他的吉萨墓的铭文上可以看出，金字塔附近居住地的居民包括：屠夫、建筑者（砌石工）、（僧侣的）工作班的监督、墓地工人（石匠）、"同貌人的奴隶"（慰灵僧侣）、艺术家、雕刻家、手工业者、墓地官员、劳动队的领导者、施防腐剂者、掌印者。其中，手工业者、墓地工人、僧侣和下级官员是这些居住地的基本居民。㊷根据某些头衔来看，全部居住地分为两个基本的区——北部和南部的，皆由州长管理。在全居住地的领导下有："某某金字塔"或"某某金字塔附近居住地"的"长官"。从第6王朝起，简化为"金字塔附近居住地"，而没有他的名称或国王的名字。有人认为，"金字塔附近居住地的长官"在第6王朝时，与其说是国王官邸的管理者，勿宁说是国王慰灵领地的管理者。第一个著名的"天陲的胡夫金字塔长官"是斯尼弗鲁王子卡尼斐尔。据赫尔克的研究，古王国时代金字塔附近居住地的大量长官和僧侣（"神仆"）的大部分是贵族人物——王家和宫廷人员，在第4王朝时，王子和公主是金字塔附近的寺庙的僧侣，同时，王子卡尼斐尔是斯尼弗鲁王的金字塔长官。在第6王朝麦然拉王时代，金字塔的寺庙僧侣是著名的乌尼。当然，这些显贵人员并不住在金字塔附近的居住地，而金字塔附近居住地的管理却集中在王家和国王官员的手中。㊸

但是，难以理解的是，珀辟二世给斯尼弗鲁王的两个金字塔附近居住地的《达赫舒尔敕令》，禁止国王家族和宫廷成员企图侵占金字塔附近居住地的土地和收入。一种解释是金字塔附近领地和属于早已死亡的国王的金字塔的居住地，在珀辟一世时，不大显贵的人成了金字塔的僧侣，而曾经是金字塔僧侣的国王家族成员却能够利用那里的土地和收入。因此，《达赫舒尔敕令》证明，金字塔附近领地的土地在国王生前时紧密与宫廷相联系，而在他死去以后，它们成为国王给予特殊权利的寺庙领地。㊹

第二类土地是寺庙地产。寺庙土地最早可能出现在早王朝时代。

在阿拜多斯的早王朝时期陶器的两个残片上讲到了敏和亨悌曼提乌神土地领地。《巴勒莫石碑》保留了有关神庙土地的重要记录。从碑铭来看，第5王朝开始，每一位国王都常常不断的捐赠土地给各地的神庙，并标明寺庙或神的名字，以及土地数额和种类。据保存下来的记录，列表如下（见表11）。

表11　第5王朝国王捐赠神庙土地表

| 王名 | 年代 | 神或庙名 | 土地数额（哈、斯塔特） | 土地位置 |
|---|---|---|---|---|
| 乌塞尔卡夫 | X+2年 | 奥恩神 | 35斯塔特耕地 | 乌塞尔卡夫领地 |
| | | | 3斯塔特土地（地段） | |
| | | 塞普拉（庙堂） | 24斯塔特耕地 | 乌塞尔卡夫领地 |
| | | 拉神 | 44斯塔特耕地 | 三角洲的州 |
| | | 哈托尔女神 | 44斯塔特耕地 | 三角洲的州 |
| | | 帕尔捷巴乌特诸神 | 54斯塔特耕地 | 克索伊斯州 |
| | | 荷鲁斯神 | 2斯塔特耕地 | |
| | X+3年 | 拉神 | 1704斯塔特耕地 | 三角洲…… |
| 萨胡拉 | X+1年 | 塞海特拉太阳庙 | 2哈耕地，4斯塔特地段 | 克索伊斯州 |
| | | 墨斯尼神 | 2斯塔特耕地 | 布塞里斯州 |
| | | 塞穆神 | 2斯塔特耕地 | 布塞里斯州 |
| | | 恒契纳乌特夫神 | 2哈(?)耕地，8斯塔特地段 | 孟斐斯州 |
| | | 哈托尔女神 | 2哈(?)耕地，6斯塔特地段 | 东部州 |
| | | 金字塔（庙）的哈托尔女神 | 2哈(?)耕地 | 西部州 |
| | | 白色神圣公牛 | 2哈(?)耕地，13斯塔特地段 | "前东部"州 |
| | X+2年 | "九神" | ……耕地 | ……州 |
| | 第14年 | 拉神 | ……斯塔特耕地 | 在上下埃及 |
| | | 哈托尔女神 | ……斯塔特耕地 | 在上下埃及 |
| | | 涅赫伯的家 | 2哈耕地，4斯塔特地段 | |
| 尼斐利尔卡拉 | 第1年 | 在塞努特的"九神" | 3哈耕地 | 在尼斐利尔卡拉庄园旁(?) |
| | | 奥恩神灵 | ……斯塔特耕地 | 东部州，尼斐利尔卡拉村落 |
| | | 奥恩神灵，海利阿赫神（塞特涅赫王?） | 352(?)哈耕地，2斯塔特地段 | "前东部"州 |
| | 第9年 | | ……耕地 | |

　　上述的第5王朝诸王捐赠神庙土地的记录，仅是留传下来的一部分，从这仅有的材料可以看出，国王捐赠给神庙的土地包括可耕地和土地的地段，后者显然是不能耕种的、或未开垦的土地。据《巴勒莫石

碑》铭文来看,国王捐赠给神庙或神的土地,其来源不外两种:一种是
王室领地;另一种是国家土地。在乌塞尔卡夫王捐赠给神庙或神的土
地中,有的特别标明对于"奥恩神灵:……乌塞尔卡夫领地的 35 斯塔特
耕地"……"塞普拉(庙堂)的诸神:乌塞尔卡夫领地的 24 斯塔特耕
地"。还有尼斐利尔卡拉王捐献的土地中,特别标明对于在塞努特的
"神之家"的"九神":"在尼斐利尔卡拉庄园旁(?)的耕地 3 哈,在孟斐
斯州的'被九神爱戴的尼斐利尔卡拉村落……"(或"被九神爱戴的尼
斐利尔卡拉城的 30 斯塔特土地(??),在尼斐利尔卡拉庄园监督下")
以及对于"奥恩神灵。在东部州,'被奥恩神灵爱戴的尼斐利尔卡拉'
村落的耕地……斯塔特"(或"……城市的耕地 110(?)")。⑮除了上引
的特别标明的乌塞尔卡夫领地和尼斐利尔卡拉的村落(或城市)的耕
地外,其他的一些土地地段,包括了分布在三角洲的诸州、克索伊斯州、
布塞里斯州、东部州、西部州、上下埃及等地的土地地段。有人把它们
说成是"农舍的土地,可能是带有池塘的果园或茶园,是国王土地的一
种"。⑯但是,我们认为这些土地地段是指着与"耕地"相对立的不能耕
种的土地地段,更可能是属于并非在国王直接支配的(领地)土地,因
而是国家的土地的一部分。

　　作为国王,同样有权支配国家土地。《巴勒莫石碑》上记载的国王
捐赠给神庙或神的土地是从 2 斯塔特至 1704 斯塔特之间,一般是 40
斯塔特左右。其数额与中王国和新王国相比是不大的,这种相对较
小的数额已为考古学家在阿拜多斯和其他地方的考古发掘工作所
证实。⑰

　　由上述两种途径起源的神庙的土地,通常都被称为"神的土地"
(3ḥ t  nt_r)在《巴勒莫石碑》和《尼斐利尔卡拉王的阿拜多斯敕令》中
同样提到了"神的土地"。这些"神的土地"是完全用于神庙祭祀和维
持神庙僧职人员生活的,真正属于神庙所有的土地。

除此之外,还有一种是王宫贵族捐献给寺庙的,用于他们死后慰灵祭祀的土地。从第 1 王朝开始,一些文物已经证明了慰灵祭祀的葬祭庙的存在。在古王国时代,文献上涉及第 3 王朝的大官梅腾曾经是"森特庄的,被管辖的村落(和)土地的领地的管理者"。"庄" ḥw.t 的概念,在古王国的铭文中意味着居住地及其土地领地(在这种情况下它具有居住地的限定词),或者既用于国王、王室成员和大臣的慰灵祭祀的领地,也包含大臣私人经济的领地。这种庄的面积很大,在庄的领域内分布有作坊、居住地、果园、耕地等。[48]《梅腾墓铭文》中提到的"森特庄"是第 3 王朝胡尼王的母亲,森特王后的慰灵祭祀领地。在梅腾的同时代人帕赫尔尼斐尔的墓中同样被提到,并且指明了它的位置。在《梅腾墓铭文》中还讲到了梅腾是"列脱坡里斯州之尼·苏特亥庄的管理者"。尼·苏特亥庄可能是第 3 王朝胡尼王的居住地的领地的名称。[49]胡尼的领地分布在下埃及的第 2 和第 7—8 州。

《梅腾墓铭文》还涉及第 3 王朝左塞王的母亲哈普尼玛特(或尼玛特亥普),铭文记载:"厅堂每天由国王子女的母亲尼玛特亥普的慰灵庙堂收入 100 块面包"。所谓"慰灵庙堂",象形文字 mḥw.t-k³ 直译为"同貌人的庄"。这种慰灵庙堂既是专门预备用于死者慰灵祭祀的领地,又是供奉国王和王后雕像(或王家其他成员和国家最高大臣)的庙宇和教堂。这类土地通常是由王室或高官把其部分领地捐赠给寺庙,而庙堂的收入则专门用于死者的慰灵服务。但是,也并不排除某些国王还在其生前就把其领地一部分用于国王或神的祭祀的可能性。[50]如第 6 王朝的珀辟二世的敕令之一,曾提到了以他的名字命名的"庄"。

在古王国时代,在建筑金字塔的同时,国王金字塔附近的寺庙和居住地变成了国王慰灵崇拜的中心。如先前提到的金字塔附近的这类居住地占据了利比亚高地山脚下的河谷的巨大面积,在吉萨、达赫舒尔等地也发现了这类居住地。不论是金字塔附近的居住地或者上述的国王捐赠给寺庙的慰灵领地，在国王生前仍然是王室领地的一部分；只有在他们死后，寺庙僧侣把那些土地用于慰灵祭祀服务时，它才能成为具有特殊权利的寺庙领地的一部分。(51)

第三类土地是高官贵族的大土地所有制，是土地私有制的形式之一。私有土地的情况也是相当复杂的，而且有些问题还有不同的意见，需要作进一步的研究。

在贵族大臣的墓中，通常可以见到有关村落和庄的描绘上往往附带有一些铭文，其中涉及了象形文字 Pr-ḏt 一词。有人把它译为“私人财产（地产）”；也有译为“永恒之家”，把它看成慰灵（寺庙）经济。皮列皮尔金则综合了 pr 和 ḏt 的几种不同解释，把它译成“私人之家”，(52)是十分恰当的，而且也是符合上述几种意见中的基本的含义。

除了术语学上对 pr-dt 的解释外，更重要的是阐明“私人之家”的社会意义。皮列皮尔金等人证明，在古王国时代，“私人之家”意味着高官显贵在世时维持的财产和地产，或者直译为“大官经济”，而在他们死后，则把其部分收入作为慰灵祭祀的支付。(53)从有关的史料来看，作为“私人之家”的土地，在主人生前即可转让，死后可以继承；父母的财产可以转让给子女，丈夫的财产也可以转让给妻子。转让的财产可以是“人们”和“牲畜”，也可以是部分的“居住地”或者是“耕地”，还有的是作为慰灵祭祀用的“耕地的地段”。(54)

高官贵族的领地，除了转让继承来的土地外，另一个重要来源就是土地的买卖。在第 4（？）王朝的一个大臣与慰灵僧侣的契约的铭文中，讲到了禁止“用酬金出让”，即禁止把耕地、人们和用具出卖给任何人。在这里说的是慰灵祭祀的主人不允许慰灵僧侣把这些动产和不动产出让，以便保证主人的慰灵祭祀的需要。(55)但并不等于说其他的动产或不动产，特别的土地不能转让或出卖。相反，还可以反映出其他的土地买卖现象的存在。迄今为止，我们所能见到的土地买卖的最早的证据是在《梅腾墓铭文》中。在那里两次记录了梅腾"用酬金从许多国王的人们那里获得了200斯塔特耕地"。㊱先前,布雷斯特德的英译文是"200斯塔特耕地由许多王家的〔……〕转授予他作为奖赏",㊲两种译文出入很大,其原因是由于这个动词语句中的一定的字序的损毁而导致了不同的理解与翻译。皮列皮尔金和萨维里耶娃的俄译文恢复过来的被损毁的象形文字的动词是 inj,而 inj 在古埃及语中作为动词可译为"获得","获得"一词在象形文字中还具有"购买"的意义。在 inj 后面连接的象形文字 r-isw 意为"用酬金"或"支付酬金",两者合在一起 injr-isw 直译为"用酬金获得",即用支付酬金的办法购买来土地。㊳但是,也有人反对这种译法,他们认为由于不知道在这里被称为"国王的人们"的社会地位,有关这些报道的性质还不清楚,而且在古王国时代,确认出卖他们的私有土地的其他材料似乎暂时还没有。在他们看来,直到后埃及利比亚王朝的法老西阿蒙统治的第16年的一份土地买卖文书才是"确凿无疑的买卖土地的早期公文书之一"。㊴这种论点显然是不符合历史实际的,不仅在新王国时代,而且在古王国向中王国的过渡时代我们还能找到早期土地买卖的根据。在一个大臣的铭文中写道:"(我)做出了(即获得了 inj. n/. j/)5000(土地面积?)耕地。(我)做出了(获得了)(?)20头驴。(我)做出了200头山羊"。㊵这里俄译的"做出"即"获得"的意思,原文为 inj,同样也具有"购买"的意义。

古王国时代,在"家"中签定买卖不动产的契约,必须有证人在场。正像有的契约原文所证明的那样,"当着(金字塔的)机关,'天涯的胡夫'的面,当着许多证人的面……"㊶

买卖土地的契约不仅要有证人的担保,而且最后还要经过国王和政府机关的批准。《梅腾墓铭文》中有两处提到"国王证书",还有一处提到了"各地方机关"。㊷梅腾在购买200斯塔特耕地和继承他母亲的50斯塔特耕地以后,经过了规定的各地政府机关的批准和承认,并取得国王证书,才能够最终确立梅腾对这些土地的所有权。从这个意义上讲,国王表现为土地的最高所有者和支配者,但是,这并不否认上述土地的私有性质,马克思说:"私有财产的真正基础即占有⋯⋯只是由于社会赋予实际占有以法律的规定,实际占有才具有合法占有的性质"。⑥

　　贵族官僚的私有地还有一个来源是国王奖赏的土地。《梅腾墓铭文》有关土地的记载,除了购买、继承的土地外,还提到了"4 斯塔特土地、人们(和)一切东西〔⋯⋯〕命令被授予⋯⋯"这一句铭文残缺不全,援引的这些不动产和动产,以及"人们",显然是授予梅腾的,但是究竟是谁授予的? 原文不清。从上下文来推测很可能是"国王奖赏的土地"。⑥作为国王奖赏而授予的土地,最确凿的证据是古王国后期的一些铭文。第 5 王朝贵族宠臣尼考尼克墓中的遗嘱主要涉及孟考拉王授予的两块土地的转让:一是作为罗伊尼特(特赫尼)地方的哈托尔神庙的捐献;另一个作为克努卡墓的捐献。铭文提到了:"⋯⋯孟考拉王转授两块土地地段给这些先知而同时又是僧侣"。⑥另一个证据是第 6 王朝州长伊比的铭文。伊比生活于珀辟一世和珀辟二世期间,是一个"被国王尊重","被他的城市神尊重"的人。他说:"⋯⋯我是从我的作为丧葬领地的地产的城镇和从我主陛下给予我的丧葬礼物做出了这件事⋯⋯我主陛下给〔予我〕的 203 斯塔特土地,使我富裕"。⑥上引的文字,除了明确指出国王给予的 203 斯塔特土地外,在这一段文字的前面还列举了国王的丧葬礼物,包括 11 个乡村或居住地。著名的第 6 王朝的大臣萨布尼的铭文写道:"作为 Mn-'nḫ-Nfr.h³-K' 金字塔的 ḥntj-š 授予(我)上下埃及的 24 斯塔特耕地"。 ḥtj-š(亨提什)——"神的奴隶",或许是指着僧侣,从第 6 王朝起有许多显贵得到了这个称号。他们以亨提什的身份得到国王授予的土地。⑥

　　高官贵族的私有地,作为农庄或农场在古王国时代已经发展起来,形成了私人的大土地所有制。有关古王国时代的大土地所有制的巨大发展，我们还没有全面掌握，了解甚少，但是，梅腾的私人大领地给我们提供了研究这一问题的重要证据。如上所述，梅腾购买了 200 斯塔特耕地，继承了 50 斯塔特耕地，奖赏（？）给他 4 斯塔特耕地，以及授予他和他的子女的 12 斯塔特耕地，总计 266 斯塔特耕地。但是，在这里还不包括梅腾在下埃及 3 个州的 12 个"被建立的梅腾的居住地"，以及不大的葡萄园（面积 1/3 斯塔特有余）。

关于古王国时期的斯塔特面积问题，仍然有些不同的计算。斯塔特 $st^3t$ 相当于希腊语阿鲁拉，在中王国时期，1 斯塔特 = 100 平方罗克奇（$mḥ$）= 2735 平方米。但是 K. 赛泰和 A. 加德纳认为，古王国时期的斯塔特不同于中王国时期的面积。赛泰推测先前埃及的 $st^3t$ = 10,000 平方罗克奇。K. 贝尔认为，斯塔特面积在古王国时期比中王国时代大得多，他推测，1 斯塔特等于 $3ḥ^3$（哈），即 3×1000 平方罗克奇 = 3000 平方罗克奇（在中王国，$ḥ^3$ = 1000 平方罗克奇 = 19 斯塔特），由此贝尔计算，梅腾购买的土地面积等于 60 万平方罗克奇，即约 162 万平方米。[68]

古王国时代的贵族的家庭经济由庄园或农场和分散在上下埃及不同州的居住地的领地构成，这些土地领地的总和构成了高官显贵的"私人之家"。这些土地领地直接与居住地有联系，而这些领地又位于居住地旁。

"私人之家"的庄园或农场，在古王国时代的许多陵墓墙壁上都有描绘。庄园或农场的生活主要表现为农业生产劳动、狩猎、捕鱼，以及各种专业的手工作坊。"私人之家"的领地的经营分为两种类型：一是用高官贵族庄园的自己的劳动者耕种；二是用依附民种植。这种依附民被同族人所奴役，他们用庄园或农场主的生产资料，经营自己的（个体的和集体的）经济，而以缴纳地租为条件。[69]

古王国时代最后一种类型的土地是公社土地所有制和由于公社的

解体而产生的小土地所有制。古王国时代的农村公社或村落共同体是
古埃及社会长期发展中形成和保存下来的社会最基层单位。有人认
为，古代埃及史料中有关农村公社的问题，几乎没有涉及，但是仅仅在
后期埃及和拉美西斯时期具有某些相应的指示。⑳的确，古埃及史料中
关于农村公社及其内部结构的情况，几乎没有什么记录，但这并不意味
着古代埃及从未存在着公社组织，萨维里耶娃论证公社问题时，例举了
几种不同的说法：B.B.斯特鲁威认为，埃及的诺姆（州）中的村庄能够
看作为地域公社。他推测，在古王国墓壁上居民的象征性的人格化的
描述，就像经常的经济上的课税和在统治阶级面前永远表现为统一体
的经济单位那样，能够作为假定而被证实。B.И.阿甫基耶夫表明，埃
及的诺姆（州）就是农村公社。萨维里耶娃则认为，最古老的和最广泛
的表示村庄——niw.t 的术语可以用作公社的名称，后来（但是已在早
王朝时期）它用作一切居民点的限定词。㉑后两者的论点，看来，难以
成立。虽然诺姆具有地域性质，但至少在古王国时代以后，它已成为大
的，地方的行政区划。关于 niw.t 一词，尽管最初也包含村庄的意义，
但把它看作公社的名称也并非确切。事实上，niw.t 一词的严格意义是
"城市"。虽然，至今我们还没有掌握明确标明公社概念的文献证据，
但是，正像斯特鲁威所说的那样，把诺姆（州）中的村庄看作公社，还是
有道理的。从实际情况来看，公社标志之一是中央政权之下的连环保
或者作为构成它的基本要素的国库税。作为古埃及的行政区划——诺
姆之下的最基层单位的农村公社的成员，似乎与其他古代国家的某些
公社的农民一样，被固着于地域公社中，但是缺乏某种"自治性"，这在
专制主义政权下也是一种必然的现象。作为公社成员，农民有权占有、
使用公社的土地。但是，由于土地长期的继承和买卖的可能性，农民已
经具有了事实上的所有权。

《梅腾墓铭文》记载了梅腾"他用酬金从许多国王的人们那里获得

了 200 斯塔特耕地"。而布雷斯特德的英译文把"国王的人们"译为
"王家的……"所谓"国王的人们",其象形文字原文为 nisw. tj·(w)
(尼苏提乌),来源于 nisw. t,意为"属于菅茅",是上埃及国王的头衔之
一,代表了上埃及国王。菅茅与蜜蜂两个象形文字结合在一起读为 n-
sw-b-t,所以,有人把它译为"上埃及的(人们)",但是,在早王朝和古
王国时代,njswt 头衔不仅意味着上埃及国王,而且是二合一的统治的
王,即王权,因此有些埃及学家把 njsw. tj. (w)合理的译为"国王的人
(们)"。㊁关于"国王的人们"的社会地位问题,争论甚大,至今未解决。
有人认为,"国王的人们"是与国王领地直接有关的居民,或者把他们
看成"农奴",或者是"国王的奴隶"。也有人把他们看成是"小土地所
有者"。根据《梅腾墓铭文》来看,梅腾用酬金从"国王的人们"那里购
买土地,而且是"许多的国王的人们"那里,说明了他们可能是一群小
土地所有者,共同出卖了自己的土地。但是并不排斥另一种的可能性,
即土地的出售者或卖主是一个统一的集体。因为梅腾是"从许多国王
的人们"那里,而不是从某一"国王的人们"那里购买土地,或许说明他
们不能单独的支配自己的土地占有权。这就使我们联想到,"国王的
人们"可能是作为公社的统一体的集体成员而出现。在这种情况下,
我们所能见到的是,梅腾购买的土地或者是划归为公社成员的公社的
份地,或者是未经划分的,仍然是公社集体的土地,在公社集体的同意
下能够出卖。㊂"国王的人们"的土地被买卖,表明了官僚贵族对公社
农民或公社集体的土地的大量的兼并。类似的公社土地被兼并的情
况,在苏美尔·阿卡德的土地买卖文献上也可以找到说明。

"国王的人们"(尼苏提乌)不论作为个体的小土地所有者或公社
的集体的土地占有者,都表明了他们与公社的某种关系。作为小土地
所有者,他们可以出卖自己的土地,显然是在公社的份地已变成了他们
的私有地,而这种情况只有在公社的不断瓦解和破坏的过程中才能发

生;作为公社的成员之一,他们集体的占有公社的土地,而公社土地的出卖,也只有在公社成员集体的同意下,才可能实现。

关于古王国时代的土地制度,由于缺乏必要的文献资料和系统的研究,还存在不少的问题,有待于进一步的探讨。与土地制度直接相关的问题就是人们的社会关系,而所有制关系就是社会关系的总和。由于人们在社会中的不同地位,也就必然形成了不同的阶级关系。

### 三、阶级关系与生产者的社会地位

氏族社会末期的社会分化,导致了阶级的形成和对立,出现了贵族和被奴役的平民,以及贵族奴隶主和被掠夺来的奴隶。马克思和恩格斯指出:"在过去的各个历史时代,我们几乎到处都可以看到社会完全划分为各个不同的等级,看到由各种社会地位构成的多级的阶梯。"而作为第一个阶级社会的相对立的阶级就是"自由民和奴隶、贵族和平民。"[74]

**奴隶主贵族统治集团**

从古王国时代的土地所有制来看,作为社会的基本财富——土地是控制在国王(王室)、官僚贵族和僧侣集团中。作为社会的统治集团,王室、官僚贵族和僧侣集团不仅掌握了作为生产资料的主要财富的土地,而且还役使下层的贫穷的自由民和完全丧失生产资料和人身自由的奴隶。所以,在这里我们看到了占有统治地位的贵族奴隶主阶级和被剥削、被奴役的平民和奴隶的阶级。

作为贵族奴隶主的统治阶级的代表是国王。他不仅被认为全国土地的最高所有者,有权支配一切土地等财富,而且作为专制主义政府的最高首领具有一切行政、财政、法律等方面管理的特权,是全国的最高统治者,而围绕着他的王室家族及有关人员同样具有崇高的不可侵犯的社会地位和雄厚的物质财富。

作为官僚贵族阶级,包括了中央政府的各部大臣和高官,以及地方政府的首领和要员。他们掌握了中央和地方政府各部门的要害,是专制主义政府中的官僚体系的支柱。他们占有大量的土地,牲畜等财富,并且奴役下层自由民和奴隶。生活于第 3、4 王朝之交的梅腾可作为古王国时代贵族高官的代表。梅腾先后担任了地方政府及其基层的各级领导者,一直到中央政府的"上埃及十大人"和"国王物品管理人"等要职。他出身于官宦世家,继承了其父母的一大笔遗产,包括土地、牲畜和"人们",并且购买了 200 斯塔特土地,成为富有的奴隶主贵族。还有的贵族官僚一次竟得到国王赏赐的 203 斯塔特耕地,以及 11 个村落。在这些贵族的"私人之家"中,往往有一些依附的人和各种类型的奴隶。他们或者从事农庄劳动,或者作为仆人从事家务劳动,还有的专事于慰灵祭祀的服务。

以高僧为首的僧侣集团承担了各地神庙的宗教活动和对神灵的祭祀工作,还包括国王和贵族大官的个人的慰灵祭祀。他们依赖于国王而又服务于他们,又是统治阶级集团的一分子。古王国时期的僧侣集团,不论在政治上和经济上都没有后来的僧侣集团那样强大和富有,但是,也是社会中不可忽视的,具有重大影响的力量。第 5 王朝的国王往往都要向各地神庙捐赠大量土地和供品,通常是四五十斯塔特,而最多一次竟达 1704 斯塔特耕地。第 5 王朝的《尼斐利尔卡拉王的阿拜多斯敕令》,把阿拜多斯的奥西里斯神职人员从国家的强制劳动中解放出来。凡违反法令的任何官员和王家挚友,均将被革职法办,没收财物,以致被发配劳动。⑦⑤第 6 王朝的《珀辟二世王的科普托斯敕令》则免除了与敏神经济有联系的人,由奴隶至州长的任何王家义务,反映了寺庙势力的强大和不可侵犯性。⑦⑥

中下层自由民集团

古王国时代的中下层自由民集团的成分相当复杂,包括中小奴隶主阶级和普通的小生产者。涉及这一方面的文献资料十分贫乏,至今还难以提供出一个明确的阶级关系的概念。目前,我们所能接触到的有关中下层自由民阶层的专门术语主要有如下几种。

亨提乌塞 ḥntj·w-š。第 6 王朝珀辟一世王给斯尼弗鲁王的两个金字塔附近居住地的《达赫舒尔敕令》中提到了亨提乌塞:"陛下我命令不准在任何国王妻子,任何国王儿子(和子女),任何朋友(和)大臣的奴仆(mrt)的耕地的地方耕种这两个金字塔附近居住地的任何的可耕地,除了这两个金字塔附近居住地的亨提乌塞以外。"[77]亨提乌塞 ḥntj·w-š 直译为"在果园面前的人"。对于他们的社会地位的看法,一直分歧很大。有人认为,他们是"自由的"佃农,或国王土地上的特殊的佃农。还有人认为,他们是自由的物质财富的生产者,他们居住在一起并组成公社,以彼此的共同服务相联系。另一种意见认为,他们不仅居住在金字塔附近,而且也在宫廷附近,他们一是为了祭祀而上供,另外也为宫廷供应食品。除了把他们看成低下的自由民阶层外,有人提出,在亨提乌塞中能够有显贵的和比较高的社会地位的人,或者认为他们就是显贵的和富有的人。但是,比较合理的看法是,他们常常在金字塔附近,当国王在世时或死后为他服务,他们之中可能有非常显贵的人和一般小职员,甚至手工业者。[78]

在上面引用的珀辟一世给已死的国王斯尼弗鲁的两个金字塔附近居住地的敕令中,讲到了亨提乌塞耕种金字塔附近的可耕地的特殊权利。敕令还允许他们从那里取得收获,并免除他们的"河渠、池塘(或注满了水的土地)、水井、皮囊和无花果的计算"。亨提乌塞占有一定的生产资料,耕种国王的土地,取得收入作为供祭物,并被免除一些负担,具有独立的经济。但是,从第 6 王朝起,一些显贵的人,包括国家的高官大臣,如珀辟一世的特奇美勒和钱契也都得到了亨提乌塞的称号。著名的大臣乌尼曾经是宫廷亨提乌塞的监督和长官。[79]第 6 王朝大臣萨布尼在自己的铭文中讲到了国王"授予（我）"上下埃及的 24 斯塔特耕地作为金字塔祭祀活动的支出。[80]这段铭文不仅说明了官僚贵族能够享有作为亨提乌塞的耕地，而且更可以证明这些耕地不一定集中在一个地方，可以分布在上下埃及各地，所以，亨提乌塞也不一定集中居住在一个地方。《达赫舒尔敕令》还证明，金字塔附近领地的土地，在国王生前时紧密与国王宫廷联系，而在国王去世后，那些地产成为国王给予特殊权利的寺庙领地。总之，亨提乌塞直接依附于国王，并经营国王授予他们的土地，采用不同的形式为国王的今世或来世服务，其中主要是中下层自由民，包括手工业者，也有高官大臣，因而形成了一个与国王相联系的，具有不同阶层的特殊社会集团。

尼苏提乌 njsw. tj. w。《梅腾墓铭文》记述了梅腾用酬金从许多"国王的人们"那里购买了 200 塔特耕地。所谓"国王的人们"是象形文字 njsw. tj. w（尼苏提乌）术语的一种译法。关于"尼苏提乌"的概念以及他们的社会地位，同样存在着分歧意见。赛泰把这个词确定为上埃及国王的头衔。斯特鲁威在这个基础上把它看成来自于"上埃及的（人们）"，而且认为这些人是上下埃及国王的臣民和战士。И. М. 卢里耶和容克称他们为"国王的人们"。卢里耶认为他们是农奴，而容克把他们看成依附农民而不是农奴。还有的人说，他们是"自由的土地占有者""自由农民的后裔"。最后，赫尔克也确认他们是不依附于国王的自由的农民、土地占有者，而在古王国末期他们变成了农奴（mr. t）。[81]

关于尼苏提乌的社会地位究竟如何呢？前面我们已经看到，梅腾是从许多的尼苏提乌那里买来了 200 斯塔特土地，而这些尼苏提乌无疑地是个体土地所有者，或小土地所有者。但是"许多的尼苏提乌"显然是作为一个整体而出现，所以，也不排除他们作为集体的成员出卖公社的集体土地的可能性。关键在于他们出卖的土地究竟是属于个体的或集体的，还难以确定。

　　关于"尼苏提乌"的术语，在《伊普味陈辞》中也曾提到。有人认为，大概在古王国时代末期，他们的社会地位逐渐改变，在各州中处于特殊"长官"的领导下，而他们的一部分成为某种类型的依附于寺庙经济的"什纳之家"（pr-šn'）的人，但与奴仆（丧失生产资料的依附民）并不相同。

　　勒墨特 rmt。第 5 王朝的《尼斐利尔卡拉王的阿拜多斯敕令》讲到："任何官员或王家挚友或农业长官，要是违反我命令的这些事情，将要（被免职）并移交法庭，而他所占有的房屋、田地、人们和一切物品将被没收。"②在这里，与房屋和土地并列的"人们"，其象形文字原文为 rmt·w 勒墨特，rmt，rmt·w 除了"人""人们"以外，它还有"人民""人类""埃及人"等意义，③"勒墨特"一词，一般说来，它是某种人们的社会集团，但是在古王国的铭文中十分确定的是标明了处于贵族之下的低下的自由民阶层，或者说，是普通劳动者。所以，在文献中我们可以见到"……不论哪一个富有者，不论哪一个官员，不论哪一些人们"的并行排列的现象。如果勒墨特的财产受到威胁，或者被贵族用强权夺去，他们可以诉讼法律。第 5 王朝的一个铭文讲道："至于涉及由（我的）手中夺取土地的任何人，我将在伟大的神的面前与他打官司"。④看来，勒墨特拥有财产自主的权利。

　　但是，勒墨特的权利和自主的地位并不能得到社会的保障。他们常常受到政府官员和贵族的迫害和劫掠，以致分化、破产，而不得不投靠于贵族官员。早在第 3、4 王朝之际，《梅腾墓铭文》便把"人们"和"牲畜"并列，铭文先后提到，授予梅腾及其子女"12 斯塔特耕地，以及人们和牲畜"，"4 斯塔特耕地，人们（和）一切物品（……）命令被授予……"。尤其重要的是铭文强调"法官书吏殷普耶曼赫授予他以自己的财产，不是大麦和二粒小麦，任何家内的东西，而是人们（和）小牲畜"。⑤后面的引文说明，梅腾的父亲把他的财产授予梅腾，而"人们"显然也是作为财产的一部分,与"小牲畜"并列,可见其社会地位的变化。在第5王朝的《尼斐利尔卡拉王的阿拜多斯敕令》中同样把"人们"也看成是"物品"。勒墨特,既然被当作"财产"和"物品"的一部分,对于贵族官僚阶级来说,他们当然可以被转让和继承。

有的文献把勒墨特称为"购买来的人"。勒墨特被买卖,证明了他们已经失去了人身的自由。开罗博物馆收藏的 No. 56994 铭文(第6王朝时期),记载了把"购买来的人"用于慰灵祭祀服务:"个人占有的购买来的人(isww)——我用酬金得到了他们(即购买),他们在木质的契约上盖印,为的是他们给我带来坟地上的慰灵牺牲。"⑧某些官员贵族为了保证他们死后的慰灵祭祀,在其生前购买勒墨特,并把他们用于"私人之家"的劳动中是经常可以见到的现象。所以,在第6王朝的卡盖姆尼墓中铭文上保留了"私人之家的一切人们(rmt・w)"的一般称呼。

在贵族官僚陵墓中保存下来的"私人之家"领地上的经济生活的描述,证明了这些"人们"主要从事于农业生产,农产品的加工制作和其他劳动。从古王国贵族大臣陵墓中的绘画和铭文可以看出,他们没有生产资料工具,他们往往成队的在主人的领地上耕种土地,借助于主人的劳动工具和牲畜,播种主人的谷物并在主人的养活下。⑧但是,在某些特殊的情况下,特别是灾荒的情况下,"人们"往往食无粮谷,衣不遮体。所以在古王国时代的后半叶,特别是在第6王朝时期,一些州长和官员常常在自己的陵墓铭文中自夸他们向那些饥饿的"人们"施舍救济。"(我)把面包给予饥饿者,把衣服给予裸体者"似乎已成为贵族自我夸耀的传统语句。而在《珀辟纳赫特铭文》中,当讲到不可能由贵族或州长那里得到谷物贷款的偿还的可能性时,包含了暗示由于债务而奴役同族人的可能性。⑧

勒墨特作为下层自由民,小生产者,处于不断的分化中,有的被转让、买卖和继承,实际上成为贵族官僚的财产的一部分,但是,他们又能在市场上进行产品交换,说明他们还占有某种财产。而且他们大部分以家族集体而生活,他们居住的领地具有居住地或标明为村落的限定的符号,似乎被束缚在土地上。⑧所以,他们的社会地位,虽然接近于奴隶,但又不完全相同,而应该是隶属于贵族官僚的失去自由的依附民。正由于他们还不完全等同于奴隶,所以那些破产而食无粮谷,衣不遮体的"人们"有时能够得到某些贵族官僚的施舍。

名目繁多的不同种类的奴隶

在古代埃及,有关"奴隶"的表述,没有一个固定的术语,实际上存在着几种不同的名称,特别是由于各个研究者的不同见解,对于表示奴隶的术语名称的判断存在很大的分歧。目前,我们所能归纳的主要有以下几种。

麦尔特 mrt。"麦尔特"mrt 一词,通常被译为织工、仆人、下人(部下)、农奴、奴隶、奴仆等。⑩关于他们的社会地位,除了 B. B. 斯特鲁威和 A. M. 贝克尔等人把他们看成是奴隶外,Ц. M. 卢里耶认为他们是公社成员或脱离公社和在寺庙或大奴隶主经济中劳动的自由的人们。⑪布雷斯特德则把麦尔特说成是"农奴"或"农民",⑫还有人认定他们主要是在国王寺庙,州或贵族大农庄中依附的生产者和被剥削者。由此可见,对于麦尔特的社会地位认识上分歧之大,可以说是几乎涉及所有的阶层,至今也难以取得一致意见。而我们也只能依据几篇主要文献阐述其社会地位。

先前已经提到,第 6 王朝珀辟一世给斯尼弗鲁王金字塔旁两个居住地的所谓《达赫舒尔敕令》讲到:"陛下我命令不准在任何国王妻子,任何国王儿子(和子女),任何朋友(和)大臣的奴仆(mrt)的耕地的地方耕种这两个金字塔附近居住地的任何耕地……"从这篇文献可以看出,麦尔特是与耕地联系在一起,而且属于国王贵族和高官大臣所有。

在第 5 王朝的《尼斐利尔卡拉王的阿拜多斯敕令》中，尼斐利尔卡拉王规定："（我不允许任何人有权）为了徭役和行政区的任何（其他）工作，带走（在任何神田上的）任何 mrt，（那里有由各个先知所作的僧侣服役）。（他们永世被上下埃及之王尼斐利尔卡拉的命令所赦免，在任何的服役中没有他们的名单）。"⑨尼斐利尔卡拉王豁免"（在任何神田上的）任何 mrt"的"徭役"和"任何（其他）工作"，又说明了麦尔特附属于神庙经济，并在神庙田地上劳动。《巴勒莫石碑》记载了第 5 王朝尼斐利尔卡拉王为拉神和哈托尔女神建立"两处祭坛……210 份供祭品，203 份面包和啤酒（供祭）；两处杂用房被建成给这个（？）；mrt 被收集给这个（？）。"⑭从上面引文来看。《巴勒莫石碑》俄译文讲的或许是尼斐利尔卡拉王为拉神和哈托尔神贡献祭坛，祭品，还建立了两处杂用房（工人房屋或库房），并给它收容了麦尔特。从这里我们又见到，麦尔特不仅与神庙土地相联系，而且还与"杂用房"有关。俄译文的"杂用房"一词是根据象形文字 Pr-šnʿ 翻译过来的，有人把它直译为"什纳之家"。实际上 šnʿ 除了库房和仓库外，还具有作为囚禁犯人的"土牢"的意义。⑮贝克尔认为，在古王国时期，男性和女性的 mr(y)t 被分派给 Pr-šnʿ，而 Pr-šnʿ 是"土牢"，即囚禁奴隶的监狱的部门。⑯此外，更能说明问题的是，第 6 王朝时期的贵族伊比的铭文讲到，他帮助饥饿者和赤身裸体者外，还涉及"我的领地的谷物的、公牛的和农民的……"以及"与我的领地的农民一起，充实以公牛、山羊和驴，作为[-]-"。⑰布雷斯特德在这里英译的"农民"，原文就是麦尔特。显然，铭文所提的麦尔特在这里是"作为"贵族伊比的私人财产而与土地、谷物、公牛等动产和不动产一起并列。看来，这些麦尔特在领地上是没有自己的生产资料，如果在领地上劳动的话，只能借助于领主的谷物播种和役使牲畜。

　　为了深入研究麦尔特的社会地位问题，我们将进一步考察"麦尔特”的起源。但是,关于麦尔特的起源问题同样也有几种不同的说法。弗兰采夫把 mrt 一词与 mr(锄头)联系在一起,他把麦尔特译为与古代三角洲的农业种植有关的“臣民”,而古王国后半叶的一个官员的头衔中提到的“供给麦尔特(和)赖依特 rḥyt 之家”一句,或许证明了麦尔特的下埃及的起源。⑱ И. С. 坎柴尔松认为,麦尔特起源于在先前内战时期俘虏的战俘,所以他推测麦尔特意味着下埃及的农人,在内战时期他们可能降服,而且部分被以强制的方式移居到上埃及。⑲但是与上述意见相反,赫尔克认为麦尔特来源于尼苏提乌,即“国王的人们”。他指出,尼苏提乌原是不依附于国王的自由的农民土地占有者,而到古王国末,他们变成了麦尔特。⑳埃及的学者贝克尔从麦尔特一词的文字符号来考虑麦尔特的来源及其意义。他强调根据“麦尔特”术语的文字符号 ⟨符号⟩ 来看,其中的 ⟨符号⟩ 符号代表了织工的梳机,所以他断定 mrt 必定意味着织工。他的结论是,麦尔特被组织在“监督”的领导下,特别是在土地上从事劳动,并且献身隶属于 šnʿ 的其他劳动的奴隶。㉑最后,关于麦尔特的起源,我们还可以提出另一种看法。先前我们已经看到,《巴勒莫石碑》记载了尼斐利尔卡拉王为拉神和哈托尔女神捐献了祭品,还有两处“什纳之家”(Pr-šnʿ)以及被收集(收容)起来的麦尔特。这说明麦尔特与“什纳之家”(Pr-šnʿ)有关联。既然 Pr-šnʿ 含义之一是“土牢”,囚禁奴隶的监狱部门,而“麦尔特被收集”,很可能,麦尔特是作为罪犯而被收容到这里。因此,麦尔特来源于罪犯,或者至少可以说犯罪是沦为麦尔特的原因之一。

综上所述,在官僚贵族的“私人之家”和神庙经济中,麦尔特是基本的劳动者。由于麦尔特常常与耕地和领地联系在一起,而且其名称 mrt 又与 mr(锄头)有关,也可以说麦尔特是基本的农业劳动力。所以,有人认为麦尔特最初是农民。但是,他们并不是自由的农民或独立的公社成员,他们往往起源于被征服的下埃及人或罪犯,隶属于官僚贵族和神庙,并且是他们的财产的一部分。在这一方面,麦尔特类似于勒墨特("人们"),但又不同于他们。麦尔特除了农业劳动外,更具特点的是在"什纳之家"中从事慰灵服务或纺织,包括男性和女性两者在内。麦尔特和其他的奴隶一起构成为"什纳之家"的人们,他们共同为官僚贵族和神庙奴隶主阶级服务,证明了他们的类似于奴隶的地位。所以,麦尔特的社会地位较之勒墨特更为低下,把麦尔特译为"奴仆"而不是其他的奴隶看来是合理的。

麦列特 mr(y)t。麦列特在文字上类似于麦尔特,所不同的是麦列特带有 $\diagup\!\!\!\!\diagdown$ 符号,构成了阴性的集合名词,通常可译为下仆、织工。贝克尔强调从麦尔特与神庙和个人的关系以及从他们的工作性质来判断,麦尔特似乎处于与麦列特不同的地位。因为他们能够被转让和拥有,把他们看作为以纺织作为他们工作一部分的"家内奴隶"也是可以证明的。[102]贝克尔指出,在古王国和中王国时代,麦列特属于贵族的"私人之家"和宗教团体。他们常常与土地和牲畜一起被提到,并且也与"什纳之家"有联系,通常担负农业耕作劳动,或者一般表示为祭品的搬运工。而且他们还被王家命令所保护,豁免他们的徭役和州内的其他劳动。到了新王国时代麦列特与具有 $\mathbf{\pi\pi}$ 符号的麦尔特相混同。[103]

伊苏 isww。"伊苏"的术语从第 6 王朝开始见于文献。开罗博物馆的一篇未公开发表的第 56994 号铭文显示了 isww 的身份地位:"这 isww 属于(我的)财产,(我)买到了他们,(他们)已被登记在木质刻印的契约上"。这段铭文证明了伊苏可以合法的买卖,而且明确作为主人的财产,显然属于奴隶的范畴。紧接其后还有一句重要的内容:"为的是他们带给(我)在坟地上的慰灵牺牲",[104]这又指明了伊苏的用处。

伊苏 isww,从语源学来看,仅仅能够与 isw"价格"或"等价物"相联系,因而似乎指明了这种人作为等价物而"获得"。"获得"一词即"购置"的意思。所以,贝克尔把 isww 译为"等价物",也有人把它译为"购买来的人”，认为这种奴隶能够用于“šn'之家”中准备慰灵牺牲的祭品。[105]

拜克 b³k。在古王国及其以后的新王国时代，拜克 b³k 术语的动词和名词的形式流行于埃及。作为及物动词的例子我们可以看到：“（我）强制瓦瓦特的人为每一个首长劳动”。拜克作为不及物动词的形式表现为：“让我们为官员劳动”。因此，明显的是拜克作为及物动词可以意味着“强制劳动”，而在不及物动词的使用上，它意味着服侍（或工作）于一个人或国王。这种服侍也许或者强制劳动的性质，临时的或永久的，或者仅仅一般的役使。[106]

如果拜克以名词的形式表现，那么，具有男性限定词的 b³k 术语通常译为“仆人”，而具有女性限定词的 b³kt（拜克特）译为“女仆”。[107]

在拜克与主人的关系上，文献写道：“我不允许[我的子女们，或我的兄弟们]，或我的姐妹们……处理……我曾指令他们同时为我做 Prt-ḥrw 的任何事情……而不论他们（即上面提到的人们）的拜克，[或者他们的 b³kt]……在同时为我做 Ptr-ḥrw 之外。”中王国时代的例子更进一步阐明了拜克的性质及其与主人的关系：“除了我父亲给我的那些以外，我获得了 3 名拜克和 7 名拜克特”。[108]“获得”一词在这里显然是意味着购买，可见拜克（拜克特）可以作为财产被继承和买卖。在新王国时代，则有很好的证据表明拜克作为仆人阶级，包括了奴隶在内。[109]

其次，我们还可以看到隶属于僧侣的拜克。在第 4 王朝的一个大官的铭文中，拜克表现为属于中产阶级的人们——慰灵僧侣的奴隶。这些仆人（奴隶）属于僧侣本人所有，而不构成为把他们转让的大官的财产。[110]

最后，我们必须提到，b³k 术语正像其英译的 Servent 一词一样，既表明真正的“仆人”，又表示“官吏”或“公务员”的意义，在国王面前，所有的官员或公务员都被称为 b³k，而他们当然也是国王的仆人。古王国时代的一段铭文写道："国王赞美我……超过他的任何官员,他的任何贵族,他的任何拜克"。[111]在这里拜克或许是等同于或包括了这些贵族官员,因为他们一起被国王称赞。拜克同样也可能表示国王的公务中的下层等级。有一个例子证明,拜克娶了国王的女儿——他因此仅仅被看作是国王的公务员中的一个人。

拜克术语流行于整个古埃及时期,在拉美西斯时代作为包括 ḥm 在内的奴隶用语而被使用。到了托勒密时代,拜克一词甚至用于从事家务、手工业者和隶属于神庙领地的饲牛的农场劳动者、佃农等。[112]

赫姆 ḥm。具有男性限定词的赫姆 ḥm 术语,福克纳把它与 b³k 术语同样译成"仆人"。但是,加德纳把 b³k 译为"仆人",而把赫姆 ḥm 译为奴隶,赫姆特 ḥmt 译为女奴隶。[113]贝克尔认为,尽管赫姆 ḥm 一词出现于古王国时代,但是在古王国和中王国时代,关于奴隶制固有的臣民的证据是不足的。[114]所以,他的有关 ḥm 的奴隶地位的论述主要是新王国时代的内容。还有人认为,赫姆在古王国时期意味着可能不是奴隶的"仆人"。

关于赫姆的社会地位和阶级关系问题,我们可以见到几种不同的表述。在某些铭文中涉及他们与国王的关系。第 5 王朝时期的一段铭文写道:"(我没有讲到)关于不论哪一个国王的人们及其 ḥmw 的任何恶事。"在另一处墓壁画上的铭文还提到:"由国王的 ḥmw 收割二粒小麦"[115]。如果上述引文令人难以分辨"仆人"和"奴隶"的界线的话,那么,我们还可以找出其他例子证明其奴隶的身份地位。在萨卡拉的第 6 王朝的铭文中报道:"至于任何贵族出身的人,(任何)大臣(和)(任何)官员,那么,那些人把 ḥm 和 ḥmt 转让(给我)……,那些人把奴隶同貌人转让给我。"这段引文所讲的可能是关于某一大臣的慰灵领地的,即私人领地的奴隶。此外,在第 4 王朝末舍普塞斯卡夫王给孟考拉国王金字塔附近居住地的命令中提到了寺庙的奴隶（具有男人和女人的限定词的 ḥ mw）："他不给（权利）……为的是他们用（酬金）转让了奴隶（具有男人和女人限定词 ḥ mw……"在《普塔霍特普教谕》（原文被认为是第 5 王朝末）中提到了在碾谷碾子上"劳动的赫姆特"。上述3 条引文⑩证明，作为奴隶的赫姆和女奴隶的赫姆特可以被买卖、转让，并服役在王家、贵族大官和寺庙经济中，也有的被利用于慰灵祭祀上。

　　在古王国时代保留下来许多木刻或石刻的研磨谷子，以及烤面包的男女奴隶的雕像，除了一些具有长发的，通常表现为自由的女性外，常常看到一些短发的女人，特别是那些具有粗糙人物特点的女工，几乎没有衣服。简单的潦草的稍微修剪的头发，一般为奴隶，她们弯身屈膝在石臼上从事磨谷工作。而男性劳动者也是短发或者是光秃的，常常几乎是裸体。

　　除埃及出身的奴隶和仆役外，古王国时期还保存了有关外国的或战俘的奴隶的少数报道。在古王国的好多陵墓的壁画上，描绘了贵族大臣"私人之家"的侏儒手工业者，他们在手工作坊中从事于珠宝的加工劳动。还有的墓壁画描绘了两个具有埃及人名字的"购买来的人"的侏儒奴隶，一个人手持主人的床铺；另一个人手握着手杖和凉鞋。第6 王朝的大官哈尔胡夫的传记中，保留了他给珀辟二世的信件，说的是他将献给珀辟二世一个矮黑人，即侏儒，而法老的回信则迫不及待地想得到这个善于舞蹈的侏儒。

　　在第 5 王朝的尼苏特涅费拉墓中的绘画上可以看到，在主人的私人仆役中有两名努比亚人，尽管具有埃及人名字，但其外貌与埃及人明显区别，铭文提到他是"努比亚人，麦鲁的伴侣"。另一个努比亚人是管家。不仅努比亚人，在埃及周围的利比亚人和亚细亚人，也都是埃及奴隶主阶级掠夺奴役的对象。特别是在国王手中控制了一大批外国人。国王的侍从队伍,即警察部队正是由所谓"安静的努比亚人"组成的。在第6王朝珀辟一世的《达赫舒尔敕令》中规定:"这些安静的努比亚人"不得侵占斯尼弗鲁王的两座金字塔附近居住地的寺庙的收入。另外,在金字塔的建筑工程中,以及采石场的矿山上,组织了不少的"队伍"(gš)。这些劳动"队"通常用国王的名字命名。在采石场发现的石板和铜工具的铭文上记载了第3王朝尼布卡王的两个劳动队,第4王朝斯尼弗鲁王的一个队,胡夫王的四个队,孟考拉王的三个队,第5王朝萨胡拉王和纽塞拉王的三个队的名称。这些"队"基本上是由"民兵"组成,其中有不少是手工业者。这些"队"的基本核心是由依附于国王的人们,多半是奴隶构成。而在建筑队和采石场上利用的国王奴隶中,可能有来源于战俘的外国人。在第3王朝的塞凯姆凯特王的金字塔的石板上就保留有佩带弓的利比亚人的描绘。[117]

古王国时期尽管没有像后来那样大规模的战争,但是,发动战争,掠夺战俘同样也有不少的记载。从《巴勒莫石碑》可见,在第3王朝斯尼弗鲁王统治时,"击破尼西人(黑人)的国土,获男女俘虏7000人"。第5王朝的萨胡拉王陵墓的墙壁上描绘了被埃及俘虏的利比亚人首领。第6王朝的大官乌尼受法老的派遣5次远征亚细亚,"夺得了无数队伍以为俘虏"。由于古王国时代的对外战争不像新王国时代那样频繁,那样大的规模,所以,外国战俘即奴隶的来源并不充足。因此,不论在王室经济、寺庙经济和私人经济中,奴役同族人仍然是主要的剥削手段。

在总结古王国时代的阶级关系,特别是生产者的社会地位时,我们所能看到的是,亨提乌塞、尼苏提乌、勒墨特、麦尔特、麦列特、伊苏、拜克、赫姆,以及被俘的外国人等各种术语和名称。对于这些不同名称和术语标明的不同地位、不同身份的生产者,尽管目前还不能完全准确地揭示出其身份地位,以及他们之间的关系,但是,可以肯定地说,他们之中有自由的小土地所有者,小生产者,或公社社员;也有破产的自由人,或者依附于王室、寺庙和贵族的依附民;还有沦为奴隶、仆役的埃及人以及由战争掠夺来的外国人。这些错综复杂的不同阶级,不同阶层的人们构成了奴隶主阶级,包括国王、贵族官僚和寺庙高僧的剥削和奴役的对象。作为上述不同类型的生产者,他们在奴隶主阶级的统治下,只能是受到奴隶制的剥削,从而形成了奴隶制的生产关系。而奴隶制的生产方式的主要特点就是采用野蛮的手段和强制性的劳动。恩格斯指出:"人类是从野兽开始的,因此,为了摆脱野蛮状态,他们必须使用野蛮的、几乎是野兽般的手段","强迫人们去从事任何形式的奴隶的劳役。"⑩但是,作为奴隶制的生产关系,或奴隶制的剥削方式,在埃及不曾有表示奴隶主和奴隶阶级的简单化的文字符号。所以,在古代埃及展现出来的阶级关系是由各种社会地位构成的"多数的阶梯"。既有自由民与奴隶,又有贵族和平民的区分。自由民与奴隶,贵族与平民之中,又可按其不同的社会地位和作用划分成更多层次的阶梯,从而构成了一个复杂的社会阶级关系。

## 第三节　古王国时代的专制主义
## 国家制度和对外关系

### 一、中央集权的专制主义

古代埃及国家的政体问题,向来是存在几种完全不同的评论。一种看法,埃及是"治水社会",因此决定了埃及自始至终是"东方专制主义"的典型,"最专制的文明",是"极权力量"之一。①与此截然相反,另一种见解认为埃及"没有独断专横的行为","与纯粹的专制主义有别",②甚至还美化埃及王权,吹捧国王是"人民的法老",并用现代的时髦用语称呼他是"人民的代表"。③这两种评论,显然是带有某种政治倾向的。我们承认,法老埃及历史上曾经存在过专制主义政体,但是,它有一个发生和发展的过程,而且还必须与那些所谓"自始至终"的专制主义,或"治水专制主义"以及后来的希腊、罗马统治下的专制主义制度严格区别开来。④

"专制主义"一词源于希腊文 despoteia,意为君主统治的无限的权力。所谓专制主义,乃是国家体制和管理的一种形式。君主是专制主义政权的主宰,是神的化身和继承者。所以在专制主义政权下,君主具有法律、行政和财政等一切方面的无限权力,实行以个人意志为转移的绝对统治,而不为任何法律和规范所限制。

### 国王的神性

作为专制主义君主的国王,他的人格被神圣化,人性的王被赋予神性。传统上,国王的世系被认为是神王的起源和继承。马涅托的《埃及史》不仅记载了古埃及史上的王朝政权,而且追溯到第 1 王朝之前的所谓"神、神人(半神半人)和亡灵王朝"的统治世系。马涅托的神王和人王两大系列的记载,连接了神话传说和历史记录两者,反映了马涅托以及传统上关于埃及王权起源于神系的观念,而第 1 王朝的诸王往往被称为"荷鲁斯的追随者"。

王权来源于神,国王是神的继承者。所以,国王被称为太阳神"拉之子",或者是"伟大的神"等。例如,第 5 王朝萨胡拉王的西奈铭文写道:"王冠之主;上下埃及之王萨胡拉……伟大的神打击一切国家的亚细亚人"。⑤

对于确立和维护王权的神性和权威具有重大意义的,乃是国王的神圣的头衔。国王的完整的头衔通常由 5 个组成,或称为 5 个"伟大的名字"。这 5 个头衔是在不同时期分别形成的,而作为完整的 5 个头衔则最早出现于中王国时代。我们以中王国的塞索斯特里斯一世的 5 个

头衔为例,分别予以说明:

$$\underline{H}r\ {}^c n\underline{h}\ msw t,\ nbty\ {}^c n\underline{h}\ \ msw t,\ \underline{H}r\ nbw\ {}^c n\underline{h}\ msw t,\ n\text{-}sw\text{-}bit$$
$$\underline{H}pr\text{-}k\mathfrak{z}\text{-}R^c,\ s\mathfrak{z}\ R^c\ S\text{-}n\text{-}Wsrt,\ di\ {}^c n\underline{h}\ \underline{d}dt\ w\mathfrak{z}s\ mi\ \ R^c\ \underline{d}t$$

荷鲁斯'出生的生命',两夫人'出生的生命',金荷鲁斯'出生的生命',上下埃及之王'凯帕尔卡拉'['拉的卡进入人体中'],拉之子'塞索斯特里斯'['沃斯列特(女神)之人'],(他能)像拉一样永远被赋予生命、安定和幸福。"⑥

在这里我们可以看到,法老的5个头衔是:荷鲁斯、涅布提、金荷鲁斯、尼苏毕特和拉之子。

荷鲁斯名是国王所采用的最早的头衔,至少从第1王朝已经有了荷鲁斯衔名，但其起源可以追溯到前王朝时代涅伽达文化Ⅰ之末期。荷鲁斯是王权的保护神,荷鲁斯衔名正如一些文物上所表现的那样,隼鹰立足于"王宫门面"建筑物之上,似乎表示国王居住于王宫时呈现的隼鹰荷鲁斯的形象。

涅布提(nebty)名的象形文字符号是用兀鹰和眼镜蛇二者表现的。兀鹰女神涅赫伯特最初是上埃及涅克伯(埃尔卡伯)的保护神;眼镜蛇女神开始为下埃及布陀的保护神,后来,两者结合在一起,读为涅布提,译为"两夫人",代表了上下埃及。在埃及人的心目中,上下埃及的王冠被二女神所保护,她们不仅是"王冠的主人",而且王冠的女神也与它被视为一体。最早的涅布提头衔的符号,可以追溯到前王朝末期涅伽达墓中发现的象牙牌上的鹰蛇形象。加德纳把它假定为美尼斯的头衔,认为第1王朝的美尼斯第1个采用了涅布提头衔,象征了他统一两个王国的事实。⑦但是,也有人反对此说,认为"两夫人"作为王衔不包含在登王以前的王名衔中。⑧

金荷鲁斯的象形文字符号🕊是荷鲁斯立于黄金之上。关于金荷鲁斯衔名的意义至今争论很大。某些权威学者推测，这个拼合文字象征荷鲁斯战胜"奥姆伯特"，即在现代的卡斯附近的奥姆鲍斯所崇拜的塞特神。也有人认为它与阿蒙神的权威有关。至今为止，其确切的含义还令人迷惑不解。有人认为，金荷鲁斯的概念能够确切地追溯到第11王朝；但是也有提出，第1个使用金荷鲁斯头衔的是第4王朝的左塞王。⑨

尼苏毕特名的象形文字🐝 n-sw-bit，意味着"他是属于菅和蜂的人"，可译为"树蜂衔"。菅茅和蜜蜂分别代表上下埃及两部分，尼苏毕特或树蜂衔是在国王继位时采用的，又称王位名，通常表示上下埃及之王。王位名必定写在"椭圆形装饰"中，或称为"王名圈"中，严格地讲，它是圆形的似乎表示国王被太阳所围绕。尼苏毕特作为王衔最早出现于登（乌吉姆）王的文物上，实际上并不排除它的更早出现的可能。⑩

最后，"拉之子"头衔🦅，从第5王朝开始使用，一直延续到努比亚、波斯、托勒密和罗马统治埃及的时代，并演变成异族统治者的头衔。拉之子头衔用于个人名字，即本名之前。新的头衔说明了王之神性直接来源于拉神，是神王理念的完成，另外也表现了从理念上对于神王的绝对权力的一种挑战。⑪拉之子的头衔和尼苏毕特头衔一样，也被写在王名圈之中，表示了王权与太阳神的关系。总之，国王的5个头衔或"伟大的名字"意味着国王是荷鲁斯神的化身，被"两夫人"女神所保护，成为实力强大的金荷鲁斯，还是"两地的君主"或上下埃及的唯一的统治者和太阳神拉之子。

作为专制主义的最高君主，除了他的神的世系和神圣头衔外，他还具有作为直接统治权威的诸神—胡、西阿、玛阿特—的属性。

胡神是"命令"的权威之化身，"胡"一词可译为"威令"或"权威"。

传说胡是由发言创造事物,具有再生的神的能力。在孟斐斯的创世学说中,胡与最高神普塔的舌头的权力有关,"一切神圣的规则通过心想那事和舌头命令而真正的发生"。⑫据金字塔时代的神学,当国王孤独时,胡伴随着他。君主的权威为胡所承认和支持。

西阿神是知识和智慧的化身,常常位于太阳神的右侧,并负有携带体现智力成就的神圣纸草的任务。西阿是对事物的神的容忍和理解,通常译为"认识"或"知识"。

玛阿特为"真理"和"秩序"的女神,在古王国时代盛行着对玛阿特女神的崇拜。传说她是太阳神拉的女儿,并以此身份参加了创世活动,在混沌之中建立了秩序。玛阿特女神还在奥西里斯冥府中起着重要的作用。如果把玛阿特小雕像放在天秤上的一端作为衡量死者之心的砝码,则象征着真理和正义。国王把玛阿特看成是他们统治的权威并且着重于使他们的统治维持由她体现的宇宙的法则。⑬

综上所述,君主国王不仅是神和神之子,而且又是权威、智慧和真理的化身,具有"创造性的言辞""超人的智力""坚持真理"和"主持正义"的神的属性。⑭在国家的动乱过程中,我们看到贵族伊普味埋怨国王时说:"权威、知识和真理在你一边,然而你为全国所安排的是混乱。"⑮当人们赞扬后世的拉美西斯二世国王时说:"威令在你的口中,认知在你的心中,而你的舌头可以产生正义。"⑯

在古代世界,君主被神化以及王权神授的理论并非是个别的、偶然的现象。但是,古埃及国王的神化,显然是超过了近东的其他民族。苏美尔时代的恩西,只不过是神的服待者,神的代理人,而古埃及的君主一开始就是神或神的化身,是一个有形的实体的神。国王是神而不是人,这是埃及王权的基本概念。⑰君主国王的神化及其神的属性,尤其是他集胡,西阿和玛阿特神于一身,成为古埃及专制主义政权统治的思想基础和国王权威的重要根源。

### 君主的专制主义统治

国王的神化和神性,自然使国王成为理念上和实际上的威严无比的伟大君主,并因此而受到臣民的崇拜。君主具有绝对的、无限的权力,实行以个人意志为转移的专制主义的统治。

国王是上下埃及的君主,国王统治埃及首先要主持"正义",确立社会的秩序。因此,国王必须制定法律,以严酷的法律作为专制主义政府统治埃及臣民的手段。但是,遗憾的是,古代埃及的法典或法律汇编至今未发现。可能当时还没有出现法典,但更可能的是法律条文或许写在纸草上或皮革上因不好保存而未流传下来。根据古典作家狄奥多拉斯的记载,埃及的第一位立法者穆涅维斯(美尼斯),以后还有萨西奇斯、塞索西斯和博克霍里斯等王。⑱萨西奇斯即希罗多德所记的继承孟考拉王位的阿苏奇斯,通常被看成是第 4 王朝的舍普塞斯卡夫。希罗多德说,在阿苏奇斯当政时期,"埃及的金融紧迫,因此定出一条法律,一个人可以用他自己父亲的尸体做抵押来借钱;法律还规定,债主对于债务人的全部墓地是有财产置留权……"⑲但是,仅仅根据古典作家的片断,很难全面了解古埃及的立法。保存下来的某些法律文献或法令则给我们研究君主国王立法、司法活动提供了某些根据和可能。

如前所述,国王具有胡的属性,立法权为国王所掌握。"威令"在国王的口中,国王的敕令和口谕就是法律,法律只不过是他的意志的合法的表达。国王的敕令首先写在纸草上,然后刻在石板上。至今保留下来的最古的一篇立法文献是第 5 王朝《尼斐利尔卡拉王的阿拜多斯敕令》。第 6 王朝的《珀辟二世的科普托斯敕令》,给予科普托斯神庙以特许权,免除了与神庙经济有关的所有人的王家义务,规定不得把"任何劳动""任何负担"加在他们的身上。⑳类似的一些敕令所涉及的劳动和义务,往往还包括搬运、挖掘、运水以及贡纳金、铜、食品、药膏等方面。此外,我们还看到了有关遗言、财产继承和转让以及判决的记录等法律文献。

埃及的成文法可能出现于古王国时代（甚至可能是早王朝时代），但这并不意味着氏族部落时代的习惯法完全消失。而且，在法律的实践中，国王甚至往往以自己的喜怒哀乐为转移，定夺案件的合法或非法。如果法律被集成，很明显，任何法规都能被执政的国王在任何时候修改或废除。㉑

国王不仅是立法者，也是最高的司法者和法官。诉讼案件必须首先写成"诉讼事实摘要"，其内容可以从柏林博物馆藏的一份古王国时代的法律文书上见到。但是，还不清楚"诉讼事实摘要"是否直接送到国王手里。重要的案件通常由法官和维西尔（最高法官）一起审理。有些特殊的案件，如在后宫反叛的情况下，告发王后是在两个"隶属于涅亨的"，特别是为了这一目的而由法老任命的法官的法庭审理，大法官和维西尔则不能参加。《大臣乌尼传》给我们提供了上述的证据。国王可以直接任命法官代表国王开庭审判，但是，死亡的判决显然只能由国王批准，并且他也必定行使宽恕的特赦权。㉒全国臣民的生杀予夺之大权皆由国王所掌握。

不仅立法和司法，一切行政最高大权也由国王所独揽，中央和地方的行政都受国王的指挥，国王行使专制主义的统治。为了控制政府的各部门，国王委任了各类高级官员，特别是任命维西尔作为他统治的助手。关于委任和提拔地方与中央的官员和大臣的命令，在梅腾和乌尼的传记中都有反映。第6王朝的大臣乌尼本来是一个地方的下层官员，后来被提升为法官、宫廷捍卫者和国王的"唯一的朋友"。对于有功和亲密的官员，国王常常予以奖励。除了土地，财产和奴隶奖励外，国王往往还要亲自召见。第4王朝末和第5王朝初的贵族官员普塔舍普塞斯在其铭文中炫耀尼斐利尔卡拉王因为一件事而赞扬他时说："陛下允许他吻他的脚，"而不是像通常的那样只允许他吻他脚前的地面。㉓第 5 王朝的维西尔，大法官塞涅塞米布墓铭文记载，他两次得到法老的亲笔表扬信："由于我做好了陛下命令的每项工作，并且很好地根据陛下的心愿对待它，陛下为了表扬我，他用他（自己）的手指写信"。铭文最后还提到了在塞涅塞米布死后，他的儿子还得到了国王赠予的石棺的奖赏。㉔

国王日常亲自批阅繁多的纸草卷文书，或者转发给有关的官员处理。他经常接见他的大臣，特别是维西尔照例每天早上都要到国王面前报告国家的公务要事。同时，国王也常常在维西尔和其他官员的陪同下，乘坐轿子或船出巡视察。《巴勒莫石碑》上记载的国王"巡视城墙"，逐渐变成了新国王登基时的一种礼仪上的习俗。

国王尤其关心人口、财产和土地的清查工作。《巴勒莫石碑》详细记录了与国库财政收入活动有关的一切工作。在碑铭上我们可以看到通常是两年一次的按期进行的"第×次计算，"即人和物的清查。有时明确记载"计算（清查）黄金和土地"或"计算大牲畜"。清查人口、动产和不动产，并以此为根据征收税务是一切国家的重要职能。但是，税收的标准，人民的负担多寡还难以断定。在没有确切统计的情况下，可以提供数字概念做参考的是《旧约·创世记》，它记述了希伯来人约瑟为相（维西尔）时，"征收埃及地的五分之一"，还说"约瑟为埃及地定下的常例直至今日，法老必得五分之一。"㉕且不论约瑟是否是埃及史上的历史人物，所谓"五分之一"税是否确切，还难以证实，或许可以把它看成是一种常规。

与赋税有直接关系的是土地的分配和使用。国王作为土地的最高所有者，常常把土地遗传给他的王室成员或子女，或者奖励给他的臣僚，或者捐赠给神庙。但是，全国土地的大部分则分配给广大农民使用，以便保证国家的基本税收来源。我们还没有发现古王国时代全国土地的分配使用的记载，但是，希罗多德却讲到了中王国时代塞索斯特里斯王"在全体埃及居民中间把埃及的土地做了一次划分。他把同样大的正方形土地分配给所有的人，而要他们每年缴纳租金，作为他的主要收入。如果河水冲跑了一个人分得土地的任何部分，这个人就可以到国王那里去把发生的事情报告给他；于是国王便派人前来调查并测量损失地段的面积；这样今后他的租金就要按照减少后的土地的面积来征收了。"㉒由此可见，国王不仅是法理上的最高所有者，而且实际上，土地所有权也是由国王掌握，并且亲自处理有关土地的事件。在这同时，国王还要解决赋税的负担问题。

国王十分关心公共建筑工程的建设问题。埃及是个气候干燥少雨的国家，但是尼罗河贯穿埃及南北，它的定期泛滥为农业的发展创造了有利的条件。国王重视尼罗河的水位，所以，《巴勒莫石碑》上每年记录水位的高低。但是，在古王国时代，除了建筑金字塔而开凿河渠外，还没看到国王的大规模的水利建设工作。公共建筑工程主要表现在金字塔陵墓的建筑上。金字塔的建筑，一方面和埃及人的"永恒世界"的信仰与太阳神的崇拜有关；另一方面，也体现了国王的君主专制的权威。希罗多德在讲到齐阿普斯建筑大金字塔时"强迫所有的埃及人为他做工"。他用了10万人，包括修路在内，共用了30年建成，可见国王的绝对权威。在金字塔周围至今还残存的一些马斯塔巴墓，说明了王公贵族不仅在世时簇拥在国王的周围，就是在他们去世后，也同样追随他们的君主，而愿永远为其主人效劳。

军队是国家和机关中的重要组成部分之一，国王负有保障国家安全的责任。所以，国王又是军队的最高统帅。从那尔迈调色板可以看到，在早王朝时代，那尔迈王亲自出征打杀敌人并去视察被杀死的敌人。显然，那是为了统一国家而采取的军事行动。在古王国时代，统一王国形成后通常是在战争期间，由城乡紧急招募兵员，在地方长官（通常是文职官员而非专门的军事长官）的领导下组成部队，由国王统率或调遣。《大臣乌尼传》记载了国王为反击亚细亚贝都因人的队伍,由埃及各地及周边部落招募兵员,组成了"好几万人的队伍",并指派乌尼领导这支部队。平时,由埃及人和部分所谓"安静的"努比亚人组成的卫队主要是负责保卫国王,或者应付战争或暴乱一类的紧急突发事件。

国王和神庙的紧密关系贯穿于整个王朝时代。在所有的神庙中,国王被描绘为履行仪式者。但是,实际上,他的祭祀的职能委托于僧侣。通过僧侣的祈祷和颂扬,宣扬"王权神授",祈求国泰民安。所以国王直接任命高级僧侣职务,关心神庙的宗教活动,为神庙僧侣解除某些负担,特别是建造一座座的神庙,为他们捐献祭品,财物和奴隶等。

总之,作为至高无上的君主,国王掌握了立法、司法、行政、财政、公共工程、军事、宗教等事务的一切大权。古王国时代埃及的君主制就是以国王的专制主义统治为基础,但是,君主专制主义的统治又是紧密地依赖于政府机关的官僚主义的集权化的管理制度。

在古埃及,国王和王室家属的寓所形成为宫殿,而毗邻王宫的是巨大的庭院或宫廷,与它相关的是"厅"或是中央政府的各机关。王宫和邻近的政府机关的全部综合体,通称为"大房子",即"大宫"。"大房子"的象形文字 pr-'3 一词,现代各国语言音译为"法老"。通常意味着国王的"法老"一词,显然是后来的称呼。王宫和宫廷则是全国政治的枢纽和统治的中心,在那里集中了分布全国的政府的全部系统。

政府的官僚主义集权化的管理

王国政府的管理通常以中央集权的官僚主义制度为特征。"官僚主义"一词源于法文 bureaucrate,意为一些官僚集团的政权或势力。就现代科学意义而言,官僚主义或官僚制度乃是剥削制度国家所固有的管理事务的体系或特定的统治机构。与代议制或民主制政体不同,在官僚主义制度下,君主直接任免各级官员,而官员则对君主负责。

古埃及政府的中央集权化的官僚主义行政管理是适应于君主专制统治的需要。但是,关于政府机关的组织机构及其各个权力部门的职能,特别是这种或那种权力部门是什么时候或怎样产生的,至今仍有不少模糊不清的问题。大体上说,其中有些部门可能相当早的时候就已存在,但是大多数部门和机关往往是在第 3 王朝和第 4 王朝期间出现的。㉗

国王作为国家的主宰,有权指挥和掌管各级政府机关和政府的各个部门。但是,实际上,除了部分重要事务外,大部分是通过维西尔来控制和实现其统治的权力。

中央政府的最高官吏,或最高大臣称为 t3ty("捷提"),其名称可能来源于象形文字 tt,正像在那尔迈调色板和权标头上描绘的伴随国王的便鞋携带者和其他的王家侍从的人物,它被解释为书写 t3ty 头衔的早期的方式,而在古王国和后来则表示为"维西尔"。然而似乎更可能的是,tt 或者与 wtt("生")相联系,所以它意味着"儿子","王子位"或者与 3tt"保护人"相联系。㉘"维西尔"一词是"捷提"的阿拉伯文的音译,汉译为宰相。维西尔一职,一般认为是第 4 王朝斯尼弗鲁王设立,但实际上,可以追溯到更早的第 2 王朝时期。至少在第 3 王朝左塞王的金字塔中出土的一个名为孟考的官员印章上,我们已经看到了"捷提"的头衔。㉙维西尔具有"全国的总管""国王全部命令的顾问"等称号,他还是国家档案的总保管人。他的"大厅"或办公厅同时又作为政府的档案库,保存了"国王的文件"以及全国土地的登记册。㉚维西尔是法老的助手,而在他的手下还有大批书吏、管家、听差和卫兵等人协助工作。据说比较晚后时期的希伯来人约瑟被任命为维西尔时,法老说:"你可以掌管我的家,我的民都听你的话,唯独在宝座上我比你大……我派你治理埃及地……在埃及全地若没有你命令不许人擅自办事。"㉛第 5 王朝的维西尔塞涅寨米布的墓铭中述说:"作为陛下的机密事务的长官,作为陛下任何事情的亲信,〔我是国王所喜爱的人〕……至于陛下命令去做的任何工作,我根据陛下的心愿为他去做(它)。"㉜维西尔不仅每日向他的君主报告关于国家的重要事务,而且接受国王命令并颁布给中央政府各部门,代国王起草官员的任免令。所以塞涅塞米布作为维西尔,还有"国王书写的书吏长""国王一切工作之长"等头衔。

维西尔不仅是中央政府行政的最高官吏,往往又兼任大法官之职。上述的塞涅塞米布就是如此,其他的维西尔大多也如此。在左塞王时代的孟考的图章上,便铭刻了"大法官和捷提"的双重头衔。除了行政、司法职能外,维西尔与上下埃及的税收工作关系密切。但是,他也调动国王的卫兵;视察木材的砍伐和全面的水利灌溉;指挥乡村头领夏季的耕耘,进行每周的水源的检查;考虑边境要塞的形势;反击强盗和游牧者的袭击;查看船只的装备等。他还主持由低一级的法庭托付给他的重要的国内事件。他也接见外国大使并接受其贡品,监督作坊,包括王陵工作在内的建筑工程等。㉝

除了维西尔等职务外,还有大量职务的多数职能的性质至今尚未完全掌握或者完全无知。例如"中央大厅长官""国王之家代理人"等职很少了解。虽然有些职衔,如"王友"或"唯一之友"常常在某些大臣的传记中出现,但是对它的解释也各有不同。有人认为那是一种地位高的官员和一批从事办公室工作职务的官吏,或者国王的单独的顾问。但还有人认为,在某些职称之后,列出"王友"或"唯一之友"没有任何实际的内容,是一种象征性的职务,仅仅是满足于那些妄自尊大的官员的自尊心。㉞

中央政府机关主要有四个部门,第一个重要部门是"财政部",其主要任务是管理国家的财政税收,包括两年一次的人口和财物的清查,同时也征集各种贮藏品,如酒、粮等。有人把它等同于埃及文献上的"双谷仓",㉟由"双谷仓之长"领导。但是,也有人把它说成是由早王朝时代的下埃及的"红屋"和上埃及的"白屋",统一归并而成的"双重白屋"。"双重白屋"可能相当于国库,但也可能在国库之外还有"谷仓",而谷仓的重要性更甚于国库。在谷仓下面或许还有磨坊局,在那里把谷物加工完成。供给神庙和宫廷和其他特权人物的配给物由"赏赐官之屋"分配,那是一个与王室中的"生活府邸"紧密联系的一个部门。㊱由于国家的税收用实物缴纳,所以国库也是支付实物。这种情况至少继续到新王国时代。所以,文献中还可以看到"食品官"等职务。

与财政部紧密联系的农业部是第二个重要的部门。农业部分为两个局:第一个是主管家畜饲养;第二个负责农业耕作和由洪水复原的田地,由"田野的监督"及其上属"田野之长"主持管理。㊲

第三个主要部门是王家档案,看管土地所有权的证书,掌握记录内政的公文书抄本,特别是包括契约和遗嘱以及王家敕令的原文。㊳

第四个重要部门是司法部,即关于法律的实践和应用。政府的司法工作,通常由国王委托给庞大的精心组织的官僚集团。我们还不能明确断定职业的法官阶级,但是,行政官员一般都精通法律。所以,行政官员往往都兼任法官职务,直接履行司法的职能。许多法官都有古代流传下来的附加的"隶属于涅亨(希拉康坡里斯)的法官"头衔。第6王朝大臣乌尼便是其中的一个。法官中最高的职位——大法官由维西尔兼任。全国的最高法律机构,根据《伊普味陈辞》的记载,主要是"30人家",即由30人组成的法律委员会或法律审判团,或许可以把它称为最高法院。《伊普味陈辞》虽然断代时间有分歧,但至少是古王国时代以后的文献,其中提到了"……从前30人家的诉讼程序……""从前"显然是更早些的时间。《伊普味陈辞》还讲到当时"大议事室是人民大众常来的场所,而贫民往来于大宫中"。㊴这里提到的"大宫",有人解释为法官会议的大宫,但也有人注释为"六大宫",即古埃及六个最高法庭。㊵大臣乌尼在其传记中夸耀自己说:"我代表国王、王家妇族和六个最高法庭,单独和最高法官——最高大臣一起审理"。关于"六大宫"的问题,还有人指出,地方法官组成 6 个法庭,而这些依次在全国大法官的领导下。㊶前引文献中的"议事室"(hnrt)一词,还可译为"审判厅",或许还有"档案室"的意思。㊷其确切的含义尚难断定,但可以肯定它和司法方面有关。当然这种机构可能出现于中王国时代。

土木工程,包括王陵、庙宇的建筑,耗费了无穷的人力和物力。主持土木建筑的是建筑师,但他们往往还有很多其他重要的头衔。第 3 王朝左塞王的建筑师伊姆霍特普为左塞王设计了阶梯金字塔,被称为"王之下第一人""赫利奥坡里斯高僧,雕刻家之长,木工之长"。由于他在建筑工程及其他方面的卓越事迹,他的名字万古流传,甚至被当作神来崇拜。第 4 王朝时期,金字塔的建筑达到顶峰。与金字塔工程在一起的,还有国王的葬祭庙建筑,形成一个金字塔复合工程。第 5—6 王朝时期,除了金字塔建筑外,由于对太阳神拉的崇拜,建筑了一些太阳神庙。第 6 王朝时期,可能有 6 个国王都建筑了太阳神庙。而到新王国时代,各地阿蒙神庙的建筑达到了空前的大规模。公共工程的建筑,展示了国王的权威,宣扬神灵的伟大,同样是政府职能部门的任务之一。

除了政府机关外,军队作为国家机器的组成部分之一,在埃及史上越来越显示其重要的作用。古埃及象形文字 mš 一词,除了表示"士兵""军队"外,还有"一队劳动者"㊸的含义。在文献中,我们常常见到招募的兵员被派往西奈、哈马马特等地的采石场或矿山劳动,或者到蓬特等地从事贸易远征。这些远征队平时通常由"神(国王)的司库员"来指挥,而军队往往兼有劳动和保卫的双重任务。第 6 王朝的大臣乌尼,在战时受命领导上下埃及或"城乡"㊹中招募的军队,去反击亚细亚的贝都因人;平时又率领军队远征努比亚和南厄勒藩汀的采石场和中埃及的哈特努布雪花石膏采石场,开采石材。据有关资料记载,古王国时代唯一的军事单位是"大队",但是一个大队究竟有多大,还难以知道。"将军"一词,在古王国时代已出现,但其职务一般都由非军事性质的文官担作。有人统计,从第 1 王朝至第 7 王朝已知的将军职务中,有 3 人指挥了西奈远征军,另 3 人指挥了哈马马特干河采石场远征队,其余的将军,卡穆特吉特王子,大部分从事外事工作。一个名为格尔顿的将军在新招募的军队中保持了很高的权威外,其他的将军大部分到厄勒藩汀担当努比亚的辅助部队的指挥。古王国时代唯一的正规将校军阶的记录表明,将军又是"军司令官"。画面上他和其他的整个列队中的人物的唯一的区别就是手持指挥棒。㊺在中王国时代的文献中,保存了许多有关军事组织的记录。从这时起,"将军"称号可以看成是"攻击部队的司令官","家臣的训练者"。"家臣"本来是国王之非军事侍从,而在战时从军,在国王身边担负保卫工作。在新王国时代,埃及军事力量大大增强起来,军事组织系统才完善起来。

作为王权神授的专制主义国家,神庙或许可以看作国家行政的一个特殊部门。国王的祭神活动是国家政治生活中的大事。从早王朝时期的"祭荷鲁斯"至第 5 王朝时的祭太阳神,在《巴勒莫石碑》上都是作为大事而记载下来。国王祭祀神灵,必须通过神庙及其僧侣。神庙是法老政府专制主义统治的不可缺少的一环。神庙的祭祀活动又为专制君主的统治及其事业的成功和国家的安宁及其繁荣昌盛提供了思想意识上的保证。国王常常在神庙中举行各种仪式,因此他必须经常向神庙捐献祭品,或者金银财宝、耕地,甚至还有后来的数以十计的城市和千万名奴隶。

神庙的僧侣作为国王的代理人,主持祭祀活动就如政府的官员履行其职责一样。虽然古王国时期的僧侣情况还不清楚,但是可以看出,某些僧侣职务是由宫廷家族的职务演变而来的,而且早期的低级宫吏也是充当了他们的特殊部门的保护神的僧侣。㊻僧侣职务也是由法老任免,并且也存在不同的级别。僧侣职务中,最高的职务是高僧,或者称为"第一先知"或"先知长"。第 5 王朝的尼斐利尔卡拉王关于神庙享有特许权的《阿拜多斯敕令》，就是发给"先知长"亥木尔的。"僧侣"一词的原义为"神仆"，而"先知长"一词又可译为"僧侣长"，意为"神仆管理人"。到了新王国时代，有些"第一先知"的社会地位仅次于维西尔，而且有的维西尔本身就是"第一先知"。

中央政府被划分为"州"的行省所支持。地方政府在国家的政治、经济生活中同样发挥了重要的作用。地方政府服从于中央政府，是埃及专制主义统治政权的基础。但是，一旦地方势力发展起来以后，它往往又成为统一王国的分裂因素。

古希腊人把埃及的大行政区称为"诺姆"，中译为"州"，或行省。关于州的起源问题，一种看法，州是由前王朝的"早期公国"，即城市国家演变而来。[47]另一种见解，州是由国王、贵族的大地产发展而来。类似的观点还进一步说明，在三角洲存在王家领地，它为行政中心服务，因而由领地发展而来。[48]也有人认为它起源于自治城市的地方。还有人宁愿把它说成是全体人民在第 1、2 王朝期间重新安居的结果。[49]目前，我们能够确定的是，在早王朝时期上埃及有 16 个州，下埃及有 10 个。州的组织至少可以假定，它的明显的形式从第 3 王朝开始，而其形成过程的结束大致于第 6 王朝。那时上埃及为 22 个州，下埃及为 20 个。这种区划在后来的历史发展中长期延续下来。[50]

关于州的内部行政机构，我们知道的甚少。《梅腾墓铭文》保留了第 3、4 王朝之际的国家地方机关某些职务的记载。梅腾作为若干州的主管人（州长）和某些"家""居住地"和"大庄"的管理人，既负责州的事务，同时也管理分布在州内的区或居民点，或者王家经济的地方分支机构和国王领地的工作。但是，由于对原文的翻译和理解出入很大，令人难以精确掌握，而且有些职务还不清楚。有的研究者表示，可能州的行政最初委任于中央政府部门的代理人，其每一个人对他自己的特有

的范围负责。后来,州或许由大行政官管理。州长逐渐形成独立的统治可能是在第5、6王朝。(51)

州长(或"州的主管人")是州的最高行政长官,州是在州长管理下的一个"小型国家",具有政府机关的所有行政单位:国库、法庭、土地管理局、堰堤河渠维持部门,民兵队及其军需库等;在这些单位还有大群书吏或书记,他们经常参加大量的档案和地方记录等工作。(52)在这些职务中,具有重要地位的是"河渠挖掘者",其主要职责是监督蓄水系统的建设。这个头衔早在第1王朝时已经出现,久而久之,其权力逐步扩大,到后来甚至演变成"堡垒的主人"和"法官"等职务。(53)

最后,我们还要提到,书吏在专制主义政府中的地位与作用。在古埃及的文献中,sš 通常可以译为"书吏",此外,还具有文具、书写、绘画、文件、图画、信函、写生、画家和作为书写材料的纸草等含义。(54)可见书吏的活动往往与书写和绘画以及与之有关的书吏工具和书写对象联系在一起。书吏的最早的形象出现于那尔迈调色板上。第2王朝和古王国时代都有严肃认真的书吏的雕像保存下来。根据古埃及不同历史时期的文献记载,可以看出书吏由于其具体职务的不同,可以分为不同专业的书吏,主要有:公文书吏、田地书吏、书信书吏、军队书吏、国王书吏(兼有军事长官、御医)和神庙书吏等。

书吏享有崇高的社会地位。有些书吏还担负其他一些重要职务。梅腾出身于书吏世家,除了担任书吏长之外,还是几个州的州长和王家经济的管理人。珀辟二世的《阿拜多斯敕令》把"王家公文书吏、田地书吏"与"显贵"并列。《聂非尔提预言》讲到,巴斯梯特的一位书吏被国王召见进宫,而且还能"预言"国家的形势。有的维西尔也同时兼有书吏的头衔。第5王朝的维西尔塞涅寨米布,既兼任大法官,又是"国王书写的书吏长"。(55)书吏通常出身于贵族家世,而且有些是父子相传。从古王国开始,书吏就形成了一个专为法老政府服务的士大夫阶层。他们就职于地方政府，或被重用提拔到中央政府或王室任职。埃及政府的官僚，特别是文官，包括机关中的职员和高级官员往往来源于书吏。书吏为官僚主义机构的发展提供了源源不断的后备力量，同时，它又是国家各级政府部门中的不可缺少的重要职务之一。

## 二、军事活动与对外贸易

埃及地处非洲大陆的东北端，尽管地理形势上具有一定的闭塞性，但是，埃及并非是一个封闭性的国家，经常与利比亚人、亚细亚人和努比亚人等发生军事的或和平的往来关系。

### 古王国时代的军事远征

在古王国时代，埃及的军事活动在早王朝时代的基础上，并遵循着同一的方向和路线进一步发展起来。古王国时代埃及军事政策和对外关系的发展的原因，至少部分地可以解释为埃及专制主义政治制度的形成，特别是君主国王的大规模的建筑活动，他们迫切要求通过军事扩张与和平的商业远征获取大量的资财，甚至人口。

从第3王朝一开始，萨那克特王及其兄弟左塞王便揭开了对埃及东北边界和南方边界的战争的序幕。在马格哈拉干河悬崖上保留的具有萨那克特名字和左塞名字的浮雕残片，说明了他们对西奈半岛地区大规模的军事征服。[56]左塞王还阻击了西部的利比亚人的骚扰。在晚后的托勒密王朝时代，在厄勒藩汀附近的塞海勒岛上树立的一座“饥馑碑”，记载了左塞王在这里曾建立了克努姆神庙。这个民间传说或许反映了左塞王的势力已扩大到尼罗河第一瀑布。第3王朝末代王胡尼还在厄勒藩汀建筑了一座堡垒，显然是为了巩固对南方的统治。

第4王朝斯尼弗鲁王继续进行了大规模的军事远征。在马格哈拉干河的一个浮雕上，还描绘了斯尼弗鲁王用权标击打下跪的亚细亚人，浮雕上的象形文字把斯尼弗鲁说成是“外国土地的征服者”。在浮雕的上部,除了斯尼弗鲁的王名外,还有一段文字:"赏赐的安定、繁荣和心灵的永久愉快"。⑰斯尼弗鲁王对于这个地区的军事胜利最终把西奈半岛铜矿区归并于埃及,对于埃及来说具有重大的政治意义和经济效益。因此,有的矿场和某些道路用他的名字命名,斯尼弗鲁被看成是全部这个地区的征服者和这里的铜矿场的奠基者。数千年来,他的名声一直保留在埃及人民的记忆中,其至把他当作这个地区的"伟大的神"和庇护者加以崇拜。在《巴勒莫石碑》上,特别记载了斯尼弗鲁王对南部边境部落的远征:"击破尼西人的境土,获男女俘房 7000 人,大小牲畜 20 万头"。而且为了巩固其在南北的边境,"建筑了南北埃及'斯尼弗鲁堡'的城墙"。⑱此外,在东北三角洲还有一些堡垒,或者被称为"大公墙"的防御工事,可能也是由他建筑的。稍后在中王国时代写成的《辛努亥的故事》曾经讲到了:"我把我的脚步走向北方,而我到达了为抗击亚细亚人和击破贝都因人而建立的'大公墙'"。⑲斯尼弗鲁时代的著名高官梅腾在其传记铭文中,列举了他的众多职衔之一就是"利比亚州(和)舍易斯州大庄的法警,管理者,西部大门的领导者"。所谓"西部大门"就是指着利比亚地方的边防区。

　　第 5 王朝时期保留下来的一些铭文和画面,证明了埃及国王军事侵略政策的进一步的扩大。第 5 王朝的一些国王认为,他们的使命不仅统治埃及人,同样也要主宰利比亚人、亚细亚人和努比亚人。在第 5 王朝中,最伟大的国王是萨胡拉。萨胡拉王继承了自己先辈的遗愿,发动了对东北方的侵略战争,以期达到最终征服西奈半岛的目的。马格哈拉干河悬崖上的萨胡拉王军事远征的浮雕描绘了萨胡拉王在神的庇护与引导下,击败敌人的场面。附带的铭文是:"光辉的主宰,永远赋予生命的上下埃及国王萨胡拉,外国土地的征服者,一切外国土地的毁灭者孟图(按:国王的战神)。"⑳萨胡拉王还对利比亚人发动大战。在萨胡拉王陵庙的浮雕上,描绘了西方女神阿曼梯特把萨胡拉王的权力加给捷赫努人（利比亚人），并附有一段象形文字的说明："我把捷赫努和其他一切（西方）国家的首领交给你"。利比亚神阿什对国王说："我送给你在山上找到的一切好东西"。在这里还描绘了来自利比亚的巴凯特和瓦什部落的俘虏，以及数千群公牛、母山羊、绵羊和驴。⑥

　　在狄沙舍发现了赫拉克利奥坡里斯州长殷俤的墓，墓中浮雕描绘了埃及人围攻亚细亚人的城堡，有人把这次远征与萨胡拉王联系起来，但也有人认为，那是第5王朝末或第6王朝初的事件。狄沙舍墓浮雕生动地描述了埃及军队在远征亚细亚的一次战斗中，侵略者和被侵略者之间的激烈搏斗。浮雕右上端描绘了一些埃及战士用梯子爬上一个城市要塞，袭击了敌人。城堡内的许多妇女也勇敢地与埃及士兵扭打在一起，但是，她们的首领却在绝望中用刀刺自己的头部而自杀身亡。浮雕下部右端表现了埃及士兵在城墙下挖掘地道并从那里掠去俘虏（见图25）。

图25　狄沙舍的墓浮雕

第 6 王朝时期的前半叶,埃及仍然保持了传统的军事远征和商业远征的政策。珀辟一世时期,由"麦里拉赫军事长官之子,伊布杜军事长官"为领导,在西奈半岛上发动了一场战争,其胜利的场面保留在马格哈拉干河悬崖附近的浮雕和铭文中。与此同时,珀辟一世的军队还深入到尼罗河的第二瀑布的努比亚地区。在托马斯地区的铭文上提到了完成开辟"瓦瓦特境土"的远征。㉒

正是在这个基础上,当麦然拉王出现在努比亚地区时,玛格扎耶夫、瓦瓦特和伊尔杰特部落的领袖前来向麦然拉表示忠诚。这一重大的政治事件被描述在尼罗河东岸第一瀑布区域的悬崖的浮雕和铭文上。画面上突出了麦然拉王,在他的背面是克努姆神,其前面是努比亚的部落领袖。铭文记载:"上下埃及之王麦然拉,边界的主宰克努姆所喜爱者,第 5 年,第 3 季第 2 月,第 29 日,居于山国后面的国王本人到达这里,同时玛格扎耶夫、伊尔杰特和瓦瓦特的首领对〔他〕表示俯首听命并给予极大的赞扬"。㉓在麦然拉王统治时期,对努比亚不同地区的一系列大规模的军事远征最终由哈尔胡夫所完成。哈尔胡夫身兼中央和地方政府的多种要职,特别是作为上埃及的总督和厄勒藩汀地方的统治者,颇得麦然拉和珀辟二世的赏识和重用。哈尔胡夫被麦然拉派遣 3 次去尼罗河第三瀑布附近伊阿姆,以后又到达捷美赫,伊尔杰特和塞提乌,并且接受了伊尔杰特、塞提乌和瓦瓦特统治者的礼物,"带着 300 匹驴装载有香料,黑檀木,ḥknw-油、sꜣt、豹皮、厄勒藩汀的象牙、投扔捧,和各种各样上好的产品下来"。《哈尔胡夫传》除了提到上述对努比亚的军事行动外,更令人值得注意的是,对于新征服的城市的统治者和僧侣监督发布了命令,"下令由承担课税的每个储藏仓库和不曾豁免的每个寺庙贡献给养"。㉔这段记录让我们看到了埃及军事征服政策的最终目的。

在《哈尔胡夫传》中,特别有趣的是,保留了珀辟二世王给哈尔胡夫的信件。珀辟二世迫不急待地要哈尔胡夫把他得到的能歌善舞的侏儒护送到京城,以便消遣、娱乐。在珀辟二世统治时期,又发动对努比亚的大规模战争。厄勒藩汀的统治者和"外国土地的长官"珀辟·那克特的铭文中讲到了他对努比亚的两次远征,结果是毁灭了瓦瓦特和伊尔杰特,并带回来俘虏。铭文记载:"陛下我主派遣我讨伐瓦瓦特和伊尔杰特。我这样做了,我的君主赞扬我。我在那里杀死了大量的首领的子女和〔-〕优秀的指挥官。我把他们的许多人作为活的人带到宫廷,而我站在许多强健的战士面前作为英雄……"。铭文还讲到了他的第 2 次远征努比亚:"现在,我主陛下派我去安抚这些国家。我这样做了,我的君主特别赞扬我上面提到的事情。我把这些国家的两个首领安全地带给宫廷,公牛和活的〔山羊〕与首领的子女,和〔……〕两个指挥官一起〔-〕给宫廷"。⑥

　　《大臣乌尼传》对我们了解第 6 王朝时期的军事活动,同样具有重要的史料价值。乌尼是第 6 王朝前 3 位国王的臣下,一向受到国王的重用。乌尼根据国王的命令和派遣,5 次前去镇压贝都因人的暴动,最后还远征到贝都因人境土以北,位于南部巴勒斯坦的伽色里海角,消灭了"所有的暴动者",并将他们"全部擒获"。值得注意的是,乌尼统率的军队,不仅在埃及人中,而且甚至从努比亚人和利比亚人中招募。乌尼军队为了镇压贝都因人的暴动,不仅摧毁那里的堡垒,而后放火毁灭全境,大肆劫掠俘虏。令人感兴趣的是,在《大臣乌尼传》中还保留下来一首难得的埃及军队的凯旋的战歌:

> 这个军队安然归来了,
> 在破坏贝都因人的国境之后。
> ……
> 这个军队安然归来了,

在那里击溃了好几万的队伍。

这个军队安然归来了，

在那里〔夺得了〕无数〔队伍〕为俘虏。⑥⑥

尽管这首战歌的歌词单调，但是却比较典型地反映了古王国时期埃及军队的野蛮的破坏性和掠夺性。乌尼由于他的战功，每每得到国王的夸奖并一再提拔重用。

在哈马马特干河的铭文中，还保留了伊姆霍特普王时代的一个扎梯的铭文。伊姆霍特普与另一个伊梯是未曾被排列世系的两个国王，他们的名字出现在哈马马特干河，可能是与第6王朝同时代。铭文讲到军队的将军扎梯去哈马马特干河获取纪念物，可能是为了国王的雕像。"委任国王长子，神的司库员，军事长官，称为凯诺斐尔的扎梯完成了。交战时我站在人民的前面，在袭击时我按照我的计划照样调动。我被高举在众人之上，借用王宫中的1000人、100名采石工，1200〔战士〕和50〔……〕完成了伊姆霍特普的这项工作。陛下派遣这支来自宫廷的大量队伍。我完成了这项工作，然而〔-〕每天〔-〕而陛下给予我50头公牛和200只驴"。⑥⑦这次远征可能是埃及军队与贝都因人的军事战斗，目的是护送采石工开采石材。为此还必须组织好军队的供应和用大量牲口运送石材的驮运队。这些远征必然伴随着大规模的军事活动。

古王国时代的商业远征与贸易活动

除了上述的大规模的军事征服外，在军事活动的基础上，埃及的对外商业贸易关系，特别是第5王朝以后，也十分活跃。埃及的商业远征，虽然以"和平"的方式进行，但是往往在军队的保护下，因而，在一定程度上也是带有军事性质的，而且常常是伴随着军事征服活动而进行的。

20 世纪 20 年代,法国学者蒙泰在发掘毕布罗斯废墟时,发现了一些涉及埃及与毕布罗斯两国之间的关系的遗物:

1. 带有第 2 王朝哈塞海姆威法老名字的残片。

2. 带有第 4 王朝胡夫法老名字的闪长岩器皿和残片。

3. 带有第 4 王朝孟考拉法老名字的透明石制的器皿残片。

4. 带有斯尼弗鲁和胡夫夫人美丽提特丝王后名的雪花石膏器皿残片。

5. 带有第 5 王朝乌那斯法老名字的雪花石膏器皿。在这个器皿上的铭文写道:"上下埃及国王乌那斯,永生,荷鲁斯·拉所喜爱者,立足于国王矿区上"。(?)

6. 带有第 6 王朝法老名字:特悌、珀辟一世和珀辟二世的雕像和器皿。⑱

在毕布罗斯发现的埃及不同时期的文物,特别是器皿证明了毕布罗斯和埃及两个国家之间的交往或贸易,而且这种关系可以追溯到早王朝时代,但主要是属于古王国时代。在早王朝时代,从巴勒斯坦和叙利亚的城市贸易而来的大量陶器同样也被发现于埃及贵族的墓中。在古王国时代,随着埃及对外战争的扩大和国内建设的需要,埃及与毕布罗斯之间的杉木交易更为发达。《巴勒莫石碑》上第一次记载了"得到满载杉木的船 40 艘",以及"用杉木制造王宫大门"都是在第 4 王朝的斯尼弗鲁王时代。毕布罗斯成了埃及在西亚的贸易中心。

第 5 王朝的萨胡拉王被认为是海军的创建者。在他的葬祭庙的浮雕上,描绘了一艘巨大的海船舰正在开向亚细亚,向巴勒斯坦或黎巴嫩进军。他着手在地中海沿岸远征,派遣船舰到巴勒斯坦和蓬特。在萨胡拉的葬祭庙墙壁上,除了描写部分军事远征外,也有商业的掠获物。在这里描绘了亚细亚人(男人、女人、小孩)、黎巴嫩熊、外国器皿,可能包括叙利亚酒。最后,在铭文上提到亚细亚人送来的橄榄油。这个远征船向亚细亚航行,因此开辟和创建了由尼罗河三角洲到叙利亚的海上通路。⑥在《巴勒莫石碑》上记载了萨胡拉王与蓬特的交易:"由蓬特送来 8000(度量单位)芳香的树脂,6000 琥珀,2900长方木(?),23,020……"⑦埃及与蓬特的关系,由于古文献缺乏明确的地理位置的记载,其确切地方至今仍有争论,大概在红海南部,现在索马里地方。

在第 6 王朝先前几个国王统治时期,埃及与临国的商业贸易关系更为广泛和密切。在努比亚的凯尔玛发现了刻有珀辟一世、麦然拉和珀辟二世名字的破损的雪花石膏瓮,有人认为,第 6 王朝时在埃及凯尔玛那里已经建立了商业哨所。⑦

在第 6 王朝时期不断的军事远征的同时,也伴随着商业的探险和远征。哈马马特干河商路的开辟十分重要,从科普托斯沿着干涸的河床哈马马特到红海岸的商路具有重大的军事的和经济的意义。许多大的商队装载石材、矿石和其他类型的原料沿着这条道路运行。这条商路不仅把埃及与红海联系起来,而且打开了通向西奈半岛和阿拉伯半岛的海路。在哈马马特干河的悬崖上,保存了一些沿着这条商路远征的有关铭文。在珀辟一世王时期的一个铭文提到了一次远征中有建筑师参加,显然是具有十分重要意义的某种建筑劳动。

在珀辟二世统治时代,《库威墓铭文》中保留了克尼姆霍特普一段话,他说:"我与我的主人,伯爵和神的财政大臣寨提一同去库什,我与(我的主人,伯爵和财政大臣)库威一同去蓬特〔11〕次。我在访问了这些国家后我平安返回。"⑦铭文提到克尼姆霍特普陪伴财政大臣去访问库什和蓬特,而且达 11 次之多,说明了他们的这些活动纯属于非军事性的商业贸易活动。同样属于珀辟二世统治时代的《珀辟纳赫特铭文》记载了主人在两次远征努比亚以后,又向北部红海的亚细亚人发动远征。这次远征的特殊目的在于去营救曾被捆绑在蓬特的一个贵族

的尸体。当他为了航行而去造船时,他被沙漠居民所谋杀。铭文写道:
"现在我主陛下派遣我到亚细亚国家为他带来唯一的朋友,水兵的〔指挥
官〕、商队的领导埃宁克特,他在那里为蓬特建造一只船,当属于沙漠居
民的亚细亚人杀死了他时,我与同他在一起的大队的军队一同……。"⑦
这位埃宁克特是"水兵的指挥官",又是"商队的领导",而且是国王的
"唯一的朋友",在宫中与国王关系亲密,可见"商队领导"的重要地位,
但是商队遭到游牧的贝都因人的袭击,看来也是经常的现象。

　　在古王国时代,埃及与周边的部落和国家发生了广泛的交往。埃
及周边的游牧部落袭击埃及边境事件时有发生,埃及人不得不进行防
卫,但更多的是埃及人以侵占土地、抢劫财物、俘虏居民为目的军事远
征,尤其是贪恋于西奈的石材(绿松石)和矿物(铜矿)以及努比亚的矿
物(闪绿岩和铜)和人口。在频繁的军事远征的基础上,埃及积极开辟
水陆洼的商路,从事商业远征,获取资源,成为埃及专制主义国家的职
能之一。所以,在古王国时代的军事远征的同时,往往配合以商业远
征,而商业远征除了和平方式的交易外,也常常带有一定的军事性质。

## 第四节　古王国时代的宗教信仰与文化艺术

　　古王国时代,随着统一的中央集权专制主义王国的确立和社会经
济的发展,在意识形态领域内也发生了较大的变化,特别是表现在以王
权为中心的社会意识上。在宗教信仰方面突出了象征王权的太阳神的
崇拜,而其他的文化艺术的主题也带有明显的倾向性,并且往往具有浓
厚的宗教气息。但是,这并不妨碍古埃及人在文化艺术领域内的创作
热情,以及他们在建筑、雕刻等方面取得的伟大成就。这些丰富的优秀
的成果,不仅为后世埃及文化艺术的发展,做出了典范,而且至今仍不
失为人类文明的宝贵遗产。

## 一、拉神的崇拜与丧葬习俗

### 拉神的神话与崇拜

如果说在前王朝至早王朝时代,埃及流行着不同体系的宇宙创始的神话和对宇宙诸神的普遍崇拜的话,那么到了古王国时代随着中央集权专制主义国家的形成,拉神的崇拜被加强并且形成为众神之中至高无上的大神。拉作为太阳神与王权的崇拜紧密联系在一起,成为王权的保护神和象征。但是,从第 5 王朝开始,国王采用"拉之子"的头衔,并不意味着拉的本身,或许表明了国王从属于拉神及其僧侣,从而显示了王权的削弱。

有关拉神的神话,最初是寥寥无几的,流行的主要有拉与原初的荷花的神话。传说宇宙创始之际,拉曾给予荷花以生命,而荷花则每日以其芬芳赋予拉神以生机。此外还有所谓拉与冥府之蛇阿波斐斯搏斗的神话。传说拉每天乘坐太阳船从东方航行到西方,然后进入地下世界。在冥府中拉神必须经过 12 个关口,似乎是相当于 12 小时,与地下恶魔搏斗,而最严峻的关口就是与巨蛇阿波斐斯的遭遇和斗争。只有在闯过这些难关之后,拉神才能走出冥府的大门,重新出现在天空之上,照例继续它的航行。

拉最初仅仅是赫利奥坡里斯的地方神,希腊语的"赫利奥坡里斯"意为"太阳城",而埃及语的"拉"等同于太阳。在赫利奥坡里斯,太阳神采用了几种不同的名称。凯普利是早晨的太阳,拉特指一天中的中午的太阳,阿图姆是指晚上的太阳,但是,拉是太阳神的一切表现的精华,并渗透了天空、大地和冥府之界。特别是拉常常与其他神相结合而变成复合神,如拉-阿图姆,阿蒙-拉等,产生了越来越大的影响。

拉神的崇拜最早始于早王朝时代。第 2 王朝第 1 王拉涅布("Reneb")的名字中包括了"拉"的成分,而"拉涅布"意味着"拉是君主"。在第 3 和 4 王朝时代,拉神的崇拜继续下来。第 4 王朝的一些朝臣声明,他们是赫利奥坡里斯的"伟大预言者"或高僧。特别是在第 4 王朝,金字塔建筑的发展,显示了太阳神崇拜的加强。但是,在第 4 王朝末舍普塞斯卡夫王统治时期,却一反常态,废除了金字塔式的建筑,在萨卡拉为自己建筑了马斯塔巴墓。这也许是对太阳神拉的势力的抵制,但是,结果以失败而告终。①

　　拉神的崇拜,在第 5 王朝时达到了顶峰。第 5 王朝的 9 位国王中,有 6 个王名带有"拉"的成分,显示了国王们对拉神的依赖。第 5 王朝的国王把自己称为"拉之子",而且把它作为国王的 5 个头衔之一。这些国王即位时,往往是在拉神的介入和支持下完成的,而国王当然要对拉神及其僧侣表示尊重。在第二中间期写成的,但属于古王国时期故事的《韦斯特卡尔纸草》(即《胡夫与魔法师》故事)记述了一个名为鲁德戴特的太阳神僧侣的妻子为太阳神拉生了 3 个儿子:乌塞尔卡夫,萨胡拉和尼斐利尔卡拉,而拉则认定他们为其在地上的代理人和正统的王。②但是,实际上并无资料证明他们是僧侣妻子的儿子,而萨胡位和尼斐利尔卡拉则是乌塞尔卡夫王的儿子。然而,这个故事却反映了对太阳神拉的崇拜,以及赫利奥坡里斯僧侣的重要地位。值得注意的是,在《巴勒莫石碑》上,正是从第 5 王朝的乌塞尔卡夫王开始,记载了诸王对赫利奥坡里斯等神庙的太阳神捐赠土地和祭品。土地的捐赠由 2 斯塔特至 1704 斯塔特不等。碑文记载了各地的太阳庙,以及太阳船和太阳船围墙。尽管文献上提到了太阳庙,实际上发现的是乌塞尔卡夫和纽塞拉王的神殿,但其建筑采用了赫利奥坡里斯太阳庙的形式。虽然在古王国时代,太阳神拉的崇拜十分流行,但是,到了第 5 王时期,王权明显地衰落。

　　在宗教信仰方面,除了拉神突出于其他的神之上,具有重要的地位外,埃及人的自身意识的逐渐成长,追求永恒世界的观念也是古王国时代的特征之一。在丧葬意识上，表现尤为明显。

### "灵魂不死"与丧葬习俗

希罗多德讲到了埃及人的"灵魂不死"时说："……埃及人还第一个教给人们说，人类的灵魂是不朽的，而在肉体死去的时候，人的灵魂便进到当时正在生下来的其他生物里面去；而在经过陆、海、空三界的一切生物之后，这灵魂便再一次投生到人体里面来。"③希罗多德肯定了埃及人的"灵魂不死"说，但是埃及人的灵魂不死的观念是相当复杂的。

在埃及人的意识中，死者之灵魂有 3 个形式：卡、巴和阿克，但主要是前两者。所谓卡，乃是一个人的形体的含糊的概念，可以译为"精灵"，它是作为活着的人的"替身"而出生。卡是在人出生时被创造，似乎代表了个人的生命力。但在人死后，卡被想象为居住在墓中，更确切地说是在木乃伊的遗体中。它通过他的生命并且在其后生活于墓中而归属于他。所以，死者有时被认为是"进入他们的卡的人"，而墓室则被称为"卡之家"。卡在墓中接受对他的葬祭品，一件铭文写道："1000个面包和啤酒壶与一切好的和清洁的东西送给死者的卡"。④最初人们仅有一个卡，但是神和王则有几个卡。

死者之灵魂的另一表现为巴。"巴"通常被译为"魂"。象征着死者仍然活着，其形为人头的鸟。据说，在人死时，巴离开尸体，并且在日间由墓中出来遨游，可以回到他在尘世时经常出没的地方，但是，在夜间却返回自己的木乃伊中居住。在他们看来，当巴进入尸体后，木乃伊便苏醒起来，享用亲属们供奉的食物和饮料。此外，还有一个"阿克"，通常被说成是"美化的灵魂"，是对死后的人们帮助的一种超自然的力量。⑤

在前王朝时代，根据丧葬文化遗物来看，墓中供应死者每日需要的物品，似乎表明人们死后继续过着人间的生活，但是，到了古王国时代，王族死后追求的生活与庶民的意识有着显著的区别,而这个区分必定开始更早些。在这个阶段上埃及人未必在任何时候保持唯一的另一世界的看法,但是由于他们不情愿放弃古老的思想,简直是有能力同时维持两个或更多的矛盾的见解,这在金字塔文中已经显示出来。在那里,这种想法表现为国王的来世可以用不同的咒文大大地改变。⑥金字塔文专门为王家起草,而它们包括的另一世界的幻想对于身份较低的人完全封闭。私人想象的最好的愿望就是在死后保持差不多就像他们在世上原先的那样生活。⑦

古王国时代的丧葬意识和习惯主要表现在王公贵族的陵墓,即马斯塔巴和金字塔的建筑上。马斯塔巴在早王朝时代已经流行,而到了古王国时代,除了个别国王外,已经成为王室人员和贵族大臣的专用的坟墓建筑形式。而且,马斯塔巴通常是围绕在金字塔周围,似乎仍然保持生前那样的君臣关系,并在另一世界继续为国王效劳。

在马斯塔巴的基础上,从左塞王墓开始,发明了金字塔建筑形式,包括阶梯金字塔和标准金字塔(见图 26)。从第 5 王朝末乌那斯的金字塔开始,在塔内墙壁上铭刻金字塔文。金字塔文最早的篇章之一,讲到国王将成为围绕天极的星体之一北极星,因为它在埃及从未显示落下来,因而被认为是永久的象征。来世的星体的概念或许可以用最早的金字塔祭庙的位置在左塞王的阶梯金字塔的北侧来说明,并且正像人们所知道的那样,在古王国时代所有的金字塔的入口必定是在朝北的方向。在金字塔文的晚后章节中,国王则被说成是与太阳神拉相结合,在他的每天巡游中经过天空。⑧

在金字塔文中虽然表现的不太显著,但却显示了一种信仰,即已故的王与全系列的神被视为一体,或者被说成是诸神之长,但有时却又是在他们的保护下。此外,他还能与奥利翁神一起遨游天空,或者与奥西里斯神一起通过地下世界。

图 26　萨卡拉的左塞王阶梯金字塔

在金字塔文中更重要的因素是把已故的王与奥西里斯神等同,而奥西里斯后来又变成了死者的最高神。奥西里斯最早出现于赫利奥坡里斯的九神团中,后来又被吸收到孟斐斯的九神团中。传说奥西里斯的王权被塞特篡夺,奥西里斯则成为冥府之神。

除了金字塔文中反映的有关丧葬的思想意识外,金字塔陵墓的建筑则是王家的丧葬习俗的另一表现。金字塔建筑有一个从阶梯金字塔至真正金字塔的演变过程。金字塔的演变过程,除了建筑学上的发展规律外,也反映了人们信仰上的变化。埃及人把金字塔称为梅尔,意为"上升的地方"。阶梯金字塔给驾崩的国王提供了阶梯,据说国王死后与其父太阳神拉会面,可以踏着金字塔的阶梯而升天,在金字塔铭文中讲到了:"阶梯……作为国王升上天空的东西。"而光滑倾斜的标准金字塔则象征着太阳的光芒四射,太阳的光照射到金字塔上形成了太阳的光线,去世的国王则可以借助太阳光线而升天。

在丧葬习俗上,马斯塔巴和金字塔的实用价值就在于它们是王公贵族大臣的陵墓,是保存他们的遗体的地方。但是,为了保存遗体,必须把它制成木乃伊。"木乃伊"一词通常应用于以人工手段保存人类、动物,包括鸟、鱼或爬行动物在内的尸体。但它一般却错误地被用于仅仅表示被太阳干燥的人们的尸体。中文的"木乃伊"一词是根据西文"Mummy"音译过来的,按照我国的习惯用法,通常被译为"干尸",以别于湿尸或软尸。"木乃伊"术语既不是来源于古埃及语,又不是接近象形文字的科普特语。"木乃伊"一词最早被发现于拜占庭的希腊和拉丁语中,并流行于差不多所有的欧洲语言中。但是,它来源于阿拉伯语"皮奇"(Pitch)"松脂",而它的波斯语的最初形式意为"蜡制的"。作为"木乃伊"一词的波斯语和阿拉伯语,其意为"用蜡制的或沥青"保存的尸体。讲叙利亚语的人们把用于制作木乃伊的这种东西称为"Mumya"。⑨

木乃伊的发明是和埃及的自然条件与埃及民族的宗教信仰有着密切的关系。早在旧石器时代晚期或新石器时代,尼罗河沿岸的猎人与采集者已经相信来世,并把他们的死者葬在小墓地中。在前王朝时代,死者通常用席子或皮革包裹,埋葬于墓中。但是,由于埃及的特殊干旱的自然条件,在死者的遗体被埋葬后,尸体上的腐败的液体被干燥的沙漠所吸收,很快出现了脱水现象,最后变成了干尸而得以长久保存下来。这种古老的埋葬习惯又影响了埃及人的信仰的发展,以致形成了只要保全尸体,死者的灵魂便可返回尸体,并"永恒"地生活下去的来世观。⑩当然,这种天然形成的木乃伊,并非人工制作的,谈不上真正的木乃伊。

大约从第1王朝开始,人们采用了麻布带包裹遗体,着手保存遗体的人工实验。后来,发明了涂上树脂的包带防腐技术,使死者的形体再现。但是,直至第 2、3 王朝,还没有采用取出内脏的方法解决尸体腐朽问题的企图。而这仅仅是木乃伊制作的初步技术,还不算是成为真正的木乃伊。从第 4 王朝开始,我们找到了把内脏从遗体中取出,以防腐败的试验的证据。埃及人把内脏,特别是肝脏、肠、胃取出,促使空洞的肉体(内腔)迅速干燥起来,以便更好的保存。此外,在吉萨的海泰斐丽丝王妃(胡夫母亲)的墓中还发现了具有 4 个间隔的所谓“卡诺匹斯”的雪花石膏箱,用于保存经过处理的内脏。到了第 5、6 王朝时,下层阶级的人们也把取出的内脏单独存放在木箱中的石灰石的“卡诺匹斯”罐子中,并且把尸体用树脂浸上的带子缠捆,至此已经完成了木乃伊的制作技术。而在新王国时代,木乃伊的制作技术有了显著的提高。

　　按照埃及人的习俗,人死亡后,家人要表示哀悼。希罗多德说:当任何家中有人死亡时,家中的所有妇女和男子到城中各处巡行捶胸哀悼,妇女们还要用泥土涂抹面部或头部,裸露胸部。然后,再把遗体送去制成木乃伊。⑪木乃伊制成后,还要举行木乃伊的开放仪式,即通常所说的“开口仪式”。据林德纸草的记载,共有 17 种之多。每一种礼仪均与身体的各个部分直接有关,包括头部的七个切口,内脏的四个,两只脚,两只臂,胸和背的开放。全部过程共需 70 日完成,这和其他的史料记载完全相同。⑫所谓“开口仪式”就是对木乃伊,或者包括死者的雕像和浮雕“注入生命力”,以便保证死者的木乃伊在地下世界的生活。从古王国时代起,除了木乃伊外,还要制作和安放死者的雕像。制作安放死者的雕像,其用意是一旦遗体损伤或消失时,他的雕像可作为它的替身而维持存在下去。⑬仪式中往往对木乃伊喷香料,撒水,用手斧触动木乃伊或雕像的口、手和足等,使死者的灵魂再入体内。在哈夫拉王的河谷庙中的 T 字形大厅内堂安放了 23 座哈夫拉王像,可能就是在"开口仪式"上使用过的。

已故国王的安放仪式较为复杂。除了建筑金字塔外,还要建造与此有关的附属建筑物,即河谷庙和葬祭庙。河谷庙又称下庙,通常位于尼罗河边,当送葬队伍从河东到河西上岸后,把遗体暂停放在河谷庙中,并制成木乃伊,然后送葬者再把木乃伊和供物通过一条砌道或参道送到接近金字塔的葬祭庙或享殿。在这里人们向木乃伊祭祀后,由僧侣把木乃伊移送到金字塔中。

在丧葬习俗上,还有一个令人注意的现象是在举行葬礼时,为死者陪葬太阳船或其模型。许多金字塔配备有石坑,其中有些形状类似船形,在这些石坑中还发现了木制的船。在达赫舒尔曾出土了第12王朝时期的3只杉木船。最著名的是1954年在胡夫大金字塔南侧18米处的石坑中发现的胡夫太阳船(见图27)。这只太阳船是由埃及的学者马拉赫在清理场地时发现的。埋葬太阳船的石坑长31米,用4.5米长,重16吨的41块巨石板覆盖。在石坑中保存了完整无损的1224个部件,经考古学家的努力,已把零散的部件用棕绳缝合起来,恢复成一只完整巨大的太阳船,现展览在意大利人设计的船体形的大博物馆中。胡夫的太阳船长43.6米,船幅5.9米,排水量约45吨。船上设计有指挥室和船仓,船体两侧各配备5只木桨,每只长8.5米,船尾设有转舵桨。在4000多年前,制造了如此庞大精致的太阳船,不能不令人钦佩。1985年,在距此石坑3米远的西侧,又发现了一个埋有太阳船的石坑,其中的太阳船与前者完全相似,但已被封闭。

关于太阳船的功用,存在着不同的说法。所谓"太阳船",显然是和太阳神的崇拜有关。传说,太阳神乘船昼夜在天空和地下航行。埃及的君主国王被尊崇为神和"太阳之子",因此,为胡夫王陪葬太阳船,其目的也是保证与太阳神一样的航行。在金字塔的铭文中,可以见到有关国王乘坐太阳船的记述。但是,另一种看法是把它说成是丧葬船。

**图 27 胡夫太阳舟**

在国王的葬仪中,通常是用船把遗体运到河谷庙,所以,也可以把它称为丧葬船,然后再把船沿着筑有围墙的通道扛运到金字塔基底附近埋葬。胡夫太阳船的发现以其具有重要的研究价值而轰动了考古学界,成为 20 世纪埃及考古的重大发现。

由于埃及人笃信来世的"永恒世界",所以,他们的丧葬思想意识非常强烈,葬礼习俗也是异常丰富而多样。除上述几种现象外,在丧葬的实践中,最大的成就是陵墓的建筑,特别是表现在金字塔的建筑上。

### 二、金字塔建筑的起源与演变⑭

"金字塔"一词是我国对古埃及的角椎体陵墓的形象的称呼,由于角椎体陵墓的每一面都呈三角形,类似于汉字的"金"字的外形,故称为"金字塔"。古埃及人就这种几何学上的准确形式,把它称为梅尔"mr",其严格意义又还不清楚。表示"mr"一词的象形文字的限定词为台座上的三角形图形 △,意为"上升的地方",也就是说,国王与其父太阳神相会面而升向天空的地方。现代西方流行的术语,英文 Pyramid,法文、德文 Pyramide 等术语皆来源于古希腊语 Pyramis 复数为 Pyramides,意为"小麦饼"。古希腊人经常食用一种三角形的面饼,所以,当他们看到这种三角形的大建筑物时,自然地联想到他们食用的"小麦饼",而用这个词来称呼它。而且早期希腊人甚至滑稽地用这个词作为埃及纪念物的名字。⑮

在尼罗河的西岸,以古王国的首都孟斐斯为中心,形成了一大片王家墓地。除最主要的萨卡拉和吉萨外,还包括达赫舒尔、阿里安和阿布拉瓦西等地。从开罗附近的吉萨至上埃及的赫拉克利奥坡里斯一带分布着大大小小的金字塔,据报道至 2002 年 5 月为止已发现的金字塔有 110 座。

阶梯金字塔及其向真正金字塔的演变

金字塔建筑经历了阶梯金字塔和标准金字塔的二个发展阶段。最早的阶梯金字塔出现于萨卡拉墓地。萨卡拉位于开罗西南约 24 公里。除了前王朝和古王国时代墓葬外还包括新王国和希腊、罗马统治时代的墓葬。在墓地北端,分布有早王朝时代诸王和贵族的马斯塔巴墓。

墓地中部为古王国时代的金字塔群,其中最引人注目的就是左塞王的阶梯金字塔。

左塞王是古王国时代第 3 王朝最有作为的君主。他的阶梯金字塔是世界上最古老的,石造的巨大建筑物,是真正金字塔建筑的先驱。左塞王的阶梯金字塔最初本来是按马斯塔巴设计的。其地上建筑是每边约长 62.5 米,高 7.9 米的方形平顶墓。后来卓越的建筑师伊姆霍特普为了体现他的君主的威严,将马斯塔巴地上建筑部分的四周向外扩大,又以它为基础向上增加了三层马斯塔巴,高度达到了 40 多米。最后,考虑到与整个金字塔群体建筑的和谐,又向西、北侧扩大了层基面积,再增高了两层,因而最终形成了逐层向上缩小的六层马斯塔巴重叠的阶梯式金字塔。左塞王的阶梯金字塔(见图 28、29)。高约 60 米,底边不等,东西长 121 米,南北宽 109 米。通过金字塔的甬道,直达地下墓室约 28 米深,室内葬有国王的木乃伊。目前所能见到的这座金字塔,外表风化损毁严重,石灰石罩面已全部坍塌,边角石材脱落甚多。但是金字塔的阶梯

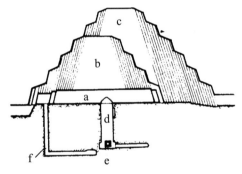

**图 28　左塞王阶梯金字塔断面构造图**

a. 最初的马斯塔巴;b. 第 1 金字塔;c. 第 2 金字塔;d. 大竖穴;e. 墓室;f. 通往王后墓室的竖穴。

形轮廓还算清晰,只不过阶层之间盖上了一层层的沙石。阶层表面上显露出来的石材的平面与砌造的技术,和吉萨的金字塔相比,显得十分粗糙。地下埋葬间,因年久失修,不再对外开放。

除了阶梯金字塔外,其周围还有些附属建筑物,包括围墙在内,形成了一个金字塔复合建筑,或金字塔群体建筑。但建筑物破坏甚多,仅

**图 29　左塞王金字塔群体建筑复原图**

仅保留了部分残垣断壁。金字塔群体建筑的东南侧残存的围墙,用石灰石砌面,石材平整,结构严密,可见一般。围墙从北到南544米长,从东至西277米宽,高在10米以上,占地面积15公顷。⑯围墙共13个模拟门和一个作为出入口的真门。通过凸凹墙面的壁龛式入口进入长方形的、包含有象征着古埃及40个州的40个圆柱的大厅。用石材雕刻堆砌成的圆形石柱,有的已腰折倒坍了部分,有的整根保存完好。柱身刻有细长的凹线。在阶梯金字塔的东侧和东北侧有两座难以辨认的建筑物,通常称为"南宫"和"北宫",似乎标志着上下埃及的两个中心——希拉康坡里斯和布陀的远古的圣堂。在"南宫"门口两旁墙面上残存的带有凹槽的半圆形的两只百合花连墙石柱(柱头已倒坍),和"北宫"墙面上残存的三只半圆形纸草式连墙柱,分别用两种不同植物形象代表着国家的南北两部分。这些建筑物,似乎表明左塞王对上下埃及的统治。在金字塔的北侧筑有葬祭庙,现已成废墟。在南侧有一露天大厅,面积1500平方米。⑰左塞王金字塔群建筑在建筑史上占有重要地位。阶梯金字塔开创了迈向真正金字塔建筑之路,其附属建筑物上的各种柱式建筑为后来埃及柱式的发展奠定了基础,特别是它的凹槽式柱类似于晚后希腊的多利安式石柱,无疑的,在世界建筑史上也有其一定的影响。

左塞王阶梯金字塔西南面有一座规模更大些的,尚未完成的阶梯,仅仅建筑了底层和第 2 阶的一部分,现高约 7 米。考古学者在地下通路和埋葬间发现了石瓮和带有塞凯姆凯特荷鲁斯名字的罐塞,或许可以断定为塞凯姆凯特王的金字塔,而他是左塞王的继承者。更令人感兴趣的是,在那里保留了一条通向这座阶梯金字塔的斜坡粗石路。因为,有人相信这条斜坡粗石路,是建筑金字塔的运输石材的通道,随着金字塔的增高而不断扩大。

除了萨卡拉的左塞王的阶梯金字塔外,在法尤姆东南,开罗以南88 公里处,尼罗河西岸的美杜姆也有一座阶梯金字塔,它是第 3 王朝末代王胡尼的建筑物,但它或许从未用作国王的埋葬墓。胡尼王的阶梯金字塔最早建筑的核心部位,仿造其先辈左塞王的阶梯金字塔,并且位于至今仍然显而易见的高达 40 米的岩石小丘上。美杜姆的阶梯金字塔原是 7 层重叠的马斯塔巴,塔身的各个阶梯被磨光的石板覆盖,倾斜度达 74°10′。后来,增加到 8 层。最后,这 8 层的阶梯形的金字塔的各阶层之间用当地产的石块填平,并且覆盖上光滑的图拉产的优质石灰石,改造成了具有倾斜面的,角椎体的"真正的"金字塔(见图 30),但是,阿拉伯人却称它为"假金字塔"。这座金字塔原高约 92 米,每边 144 米,倾斜度 51°51′。现已大部坍塌,四周是一片瓦砾堆和沙石。眼前所能见到的仅仅是 3 层阶梯式的塔形建筑:第 1 层仍然显

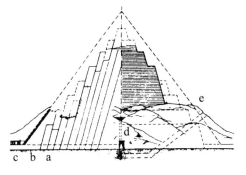

**图 30　美杜姆金字塔断面**

a. 最早完成的阶梯式金字塔;b. 扩大后的线;

c. 真正的金字塔(推测);d. 墓室;e. 入口。

示出 11.2 米高的台子；第 2 层是 9.9 米高；第 3 层破坏甚大，仅剩 6.85 米高。这 3 层阶梯的塔身仍被最初覆盖的磨光石板的护墙所保护，这也许是胡尼金字塔倾斜面全部倒坍的原因。护墙上的间或脱落了的一些石板，显示出粗石堆砌的塔身。

　　胡尼的阶梯金字塔改造成"真正的"金字塔，究竟是在什么时候，由谁完成的呢？胡尼王的阶梯金字塔可能是胡尼统治时代完成的，但是，新王国以来的不规范的刻石铭文告诉我们，埃及人把胡尼和他的继承者联系起来，所以，通常认为，把胡尼的阶梯金字塔改造成"真正的"金字塔者似乎是斯尼弗鲁王。

　　如果说美杜姆的胡尼金字塔是阶梯金字塔过渡到真正金字塔建筑的尝试的话，那么，最早按标准金字塔设计并建筑的真正的金字塔是坐落在达赫舒尔的第 4 王朝斯尼弗鲁王的金字塔。达赫舒尔墓地位于萨卡拉南 2 公里的沙漠边缘，墓地面积长 3 公里，宽 1.5 公里，共有五座金字塔和一些墓、庙的遗址。其中除了三座中王国第 12 王朝诸王的金字塔外，余下两座保存基本完好的较大的金字塔都是古王国时代斯尼弗鲁王的金字塔。斯尼弗鲁王先是在达赫舒尔墓地南部为自己建造一座金字塔，原倾斜度是 54°31′，后来发现角度倾斜太陡，为了减轻内部石室的屋顶负荷的重量，于是在接近塔身高度的一半处，即 45 米高时，改为 43°21′，结果形成了下陡上缓倾斜形的所谓"弯曲金字塔"或"折角金字塔"，高 97.26 米，边长 188.56 米（见图 31）。此外，与此相配套的还有附属的河谷

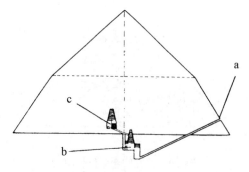

图 31　达赫舒尔弯曲金字塔断面

a. 入口；b. 下部墓室；c. 上部墓室。

庙,通路,附属小金字塔和围墙,构成了一个标准的金字塔建筑群。河谷庙保存很好,位于沙漠东北 700 米,被一个露天通道所连接。

但是,斯尼弗鲁王并不满足,后来,又在其北部建造了一座所谓"北部石金字塔",或者按其覆盖的红色石灰石的颜色称为"红色金字塔"。这座金字塔边长 213 米,高 101.15 米,倾斜度 43°40′。从占地面积看,接近其后继者胡夫的大金字塔,从入口进入金字塔,在北壁高 28 米处,有一竖坑引向金字塔中心的 3 个房间,其第 3 个墓室 9.30 米长,4.50 米宽,15 米高。但事实上,斯尼弗鲁并没有埋葬在这里。"红色金字塔"是按照标准的角锥体设计建造的第一座真正的金字塔,后来埃及的金字塔都是按照这样的模式建筑的。斯尼弗鲁的儿子胡夫王就是在这个基础上,建筑了奇迹般的大金字塔,从而把金字塔建筑推向了高峰。

*巍峨壮观的吉萨三大金字塔*

吉萨是古王国孟斐斯大墓地的一部分,位于开罗西南 16 公里的近郊,由于那里保留了第 4 王朝的胡夫、哈夫拉和孟考拉的 3 座金字塔而著名于世(见图 32),并且成为世界各国旅游者云集游览的胜地。

胡夫是斯尼弗鲁王之子,第 4 王朝第 2 王,希腊人称为齐阿普斯。胡夫的金字塔位于吉萨的岩盘丘陵地带,原高 146.50 米,现损减为 137.20 米;基底边长原 230.38 米,现为 227.50 米;倾斜角度为 51°51′。其塔身共计 250 层级,共用了 230 万块平均 2.5 吨重的石材砌成,其大者有 15 吨重,全部石材总重量推测为约 570 万吨。[18]大金字塔的核心部分是用当地产的石灰石砌筑的,外部覆盖以图拉产的美丽的白石灰石,现今已完全脱落,只是在北侧基底部分还残存若干砌石。金字塔的拱门式入口在北侧,接近中央地方的层积第 13 阶,离地面约 20 米高。在原洞口的左下方 10 米处,还有一个后人开凿的洞口。如今的参观者都是通过这个洞口进入金字塔内。从经过约 100 米的通道到达塔底正中间离地面 30 米深的地下室,室高 3.5 米,宽 14 米。但是这个墓室已

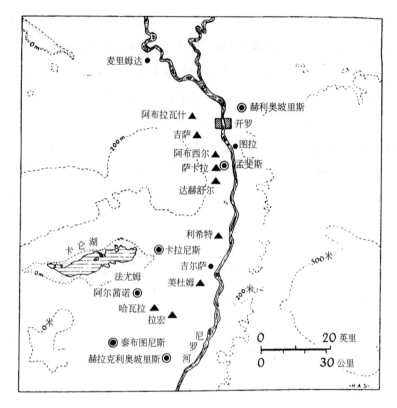

**图32　金字塔遗址分布图**

被放弃。在离入口约 20 米高的通道中间,另辟一条上坡通道,通向一间位于地面之上约 6 米高的中心线上的墓室,通常称为"王后间"。在这之上还有一条宽大走廊,长 8.4 米,宽 1.8 米,高 3.1 米,其尽头就是胡夫王墓室,又称"国王间",高 5.8 米,宽 5.2 米,屋顶石板重 50 吨,大致位于金字塔的中心。墓室内西侧壁附近安放一口石棺,但没有棺盖。"国王间"离地面约有 40 米高,在它上面约 17 米处还有 5 层的"缓冲室"高约 1 米。最上层的顶盖是三角形的,以便减轻塔身顶部对墓室的压力。在国王墓室的南北两侧,还有两条通风口直达塔身外面,以保证空气的流通以及灵魂之出入。(见图 33、34)

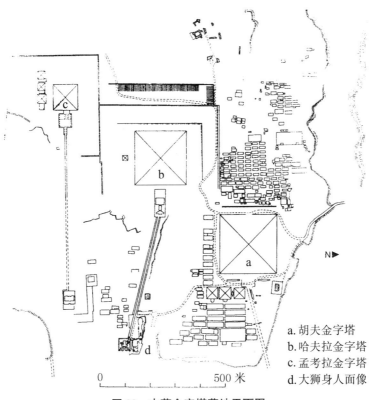

**图33 吉萨金字塔墓地平面图**

a.胡夫金字塔
b.哈夫拉金字塔
c.孟考拉金字塔
d.大狮身人面像

**图34 胡夫大金字塔断面图**
a.墓室；b.大走廊；c.d.未完成
的墓室；e.通路；f.入口；g.h.
通气坑。

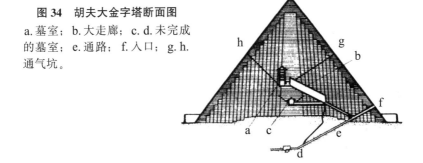

目前,我们所能知道的胡夫大金字塔的设计仅仅是这些。由于"国王间"的石棺粗糙,还保留锯切的痕迹,也没有精细的装饰,引起了研究人员的怀疑。人们想象似乎还有一个豪华的陪葬品和木乃伊的埋葬间,而根据美国斯坦福大学音响学的调查,在"国王间"和"王后间"之间还有一间埋葬室。此外,推测在21米和33米深处另有两室间。⑲

大金字塔的卓越成就使它赢得了世界七大奇迹之一的美名。在大金字塔身上凝结了古埃及人民的智慧和力量,它不仅在建筑艺术上创造了辉煌的业绩,而且也体现了古埃及人在天文学和几何学等方面的伟大成就。大金字塔角锥体的四边面向正东西南北,据现代的测量,其误差北和南两边仅仅向西南方偏 $2'28''$ 和 $1'57''$,而东和西边仅仅向北西偏 $5'30''$ 和 $2'30''$。⑳另外,古埃及人关于圆周和直径的关系的概念也十分清楚。如果我们把大金塔的4边长之和931.220米(每边232.805米),用大金字塔的高(148.208)的两倍除之,我们可以得出 $\pi$ 的数值:$931.22/(2 \times 148.208) = 3.1416$;或者以金字塔的边长232.805来除以金字塔高之 $1/2$(74.104)等于3.1415982。地球与太阳的距离为1亿4千8百万公里,其长为胡夫大金字塔高的10亿倍。金字塔的重量为5,955,000吨,而地球的重量为5兆9千9百50亿吨,是其100万倍。㉑这些数字听起来让人吃惊,但也很难用"巧合"来解释。如果没有一定的几何、天文学的知识,不可想象设计出如此庞大而坚固的建筑物。

除了金字塔的主体工程外,在大金字塔东侧,原有一座葬祭庙(上庙),通过一条砌道与河谷庙(下庙)联接在一起。而它现在或许是埋在今之奈兹列特萨满村地下。在大金字塔东侧附近还保留了3座附属的小金字塔。其中,南端的金字塔最高,现为11米,是胡夫王妃海努特森的金字塔。在它的东侧,与它相联建造了一座圣堂,被称为"金字塔的夫人,伊西丝"祠堂。在北端的一座是斯尼弗鲁的王后,胡夫之母的金字塔。在这座金字塔内部出土了海泰斐丽丝王后的完整的雪花石膏

石棺和丧葬的陪葬物。希罗多德说,胡夫因建造金字塔而耗尽了财力,
"竟然使自己的女儿去卖淫以便勒索报酬"。又说,他的女儿除了按照
她父亲的吩咐去做外,也想给自己留点纪念物,"因而请求每一个想和
她交媾的人都要给她的营造物提供一块石头。而这些石头便用来修建
了对着大金字塔的三座金字塔中间的一座。"㉒现代的考古学家并不相
信那是事实。㉓但是,也有人不完全否认这件传说,认为这3座小金字
塔是胡夫王妃的金字塔,另有10座已荒废的马斯塔巴是胡夫的儿子,
女儿,以及与自己父王结婚的美丽珊克王妃等人的墓,而后者就是希罗
多德所说的卖淫丑闻的那一个。㉔

　　在大金字塔的东、南、西侧还分布一些王室人员和贵族的马斯塔巴
墓。这些小型墓围绕在大金字塔的周围,似乎表明那些王妃贵族大臣在
他们的君主死亡后,还要在"地下世界"永远追随着主人,为君主效劳。

　　在胡夫的大金字塔西南160米远,有一座胡夫的继承者哈夫拉的
金字塔,通常称为第2金字塔。塔基每面原215.25米长,现210.50
米;原高143.50米,现为136.50米;塔身倾斜面53°11′。金字塔基底
残存一部分阿斯旺产的红花岗岩石覆盖面,这和希罗多德所说的,"它
最下面一层是用彩色埃西欧匹亚(埃塞俄比亚)石修筑的"㉕说法相符
合。塔身覆盖面的大部分已风化瓦解,在塔顶斜面上方1/4少部分残
存的原有的覆盖面,是图拉产的美丽的白石灰石,如今已风化变成暗
褐色。

　　哈夫拉金字塔与其东侧的葬祭庙、砌道和河谷庙一起构成了一座
完整的金字塔群,它是古王国时代金字塔群体建筑的典范。葬祭庙或
称上庙,是国王下葬或每年举行祭祀的地方。它由入门大厅、露天庭院
(祭坛)、壁龛(5个王像)、库房和神殿构成,但现已变成废墟。河谷庙
又称下庙,位于河岸边,现留下部分残垣断壁。下庙东面有南北两个出
入口,进门向北或向南经过短的过道通向一间长的前室,从那里再向东

**图 35　作者于吉萨金字塔前**

经过一条短过道进入一个大厅,前面有一排南北向的 6 根整块方形红花岗岩石柱。在其第 3、4 根石柱西侧的东西向的大厅,又排列两行各 5 根的石柱,形成了一个面向东的 T 字形大厅。花岗岩石柱上面的横梁同样也用红花岗岩筑成。下庙通常在尼罗河边,所以,又称河谷庙。送葬队伍把遗体由尼罗河运到这里,制成木乃伊,并举行各种仪式,保证木乃伊继续"活"下去。然后,再把木乃伊入棺并通过砌道运送到上庙,由上庙(葬祭庙)再搬送到金字塔中。连接上庙和下庙的砌道 494.60 米长,用石块铺砌,并有矮墙护卫。但是砌道的后一部分现已荡然无存,只能看到前面一小部分的残迹。

作为哈夫拉金字塔群体建筑的另一重要遗迹是举世闻名的斯芬克斯像。在其东侧还有一座斯芬克斯神殿。Sphinx 为拉丁语,意为人头狮身的雕像,通常译为狮身人首像。拉丁语的 Sphinx 术语或许来自于埃及语的 Shesep ankh,意为"活的肖像(雕像)"。在埃及文献中,这座纪念物一般被称为 Horemakhet("地平线的荷鲁斯")。因此,"斯芬克斯"或许似乎表示太阳神或国王,而国王去世则与太阳神结为一体。㉖狮身人首像坐落在哈夫拉金字塔的东侧,紧靠河谷庙的西北,似乎是塔陵的守卫者,但也可能是哈夫拉死后与太阳神结为一体的象征。所以,千百年来,这座半人半兽的怪物不断引起人们的遐想。狮身人首像意味着人的智慧和狮子的勇猛力量的结合。狮身人首像身高约 20 米,长为 55 米,据说是由建筑大金字塔时留下来的整块巨石雕刻而成。如果把另外加上的匍伏在地面上的两只前爪计算在内,共 73.50 米长。它的头部 5 米长,其耳、鼻的长度超过普通人的身长。几千年来,由于自然的风化和人为的破坏,整个狮身遍体鳞伤,特别是鼻子坍陷,面部有些丑陋,尽管如此,它的威严仍不减当年。

　　哈夫拉的儿子孟考拉王的金字塔,位于哈夫拉金字塔的西南 200 米远,塔基边长为 108.50 米,原高为 66.50 米,现 62 米,倾斜角为 51°。塔身上层表面覆盖以图拉产的白石灰石,下层表面是阿斯旺运来的红色花岗岩,诚如希罗多德所言,"有一半高度是用埃西欧匹亚石修建起来的"。㉗孟考拉的金字塔保存尚好,它的北壁紧接地面,有一人高的两根大石板支撑着入口。位于金字塔中轴线地面下,有两个埋葬间。孟考拉金字塔的附属建筑已成废墟,孟考拉河谷庙中出土的硬沙岩雕成的孟考拉王与两女神像(96 厘米高)栩栩如生,展览在开罗博物馆。在孟考拉金字塔南侧也有 3 座王妃金字塔,保存基本完好。

　　吉萨的三大金字塔是古埃及人留给我们的最伟大的建筑物,也是最宝贵的世界文化遗产。在三大金字塔中,胡夫大金字塔以其严密的结构,规模的宏大壮观而著名于世。人们不禁要问,如此巨大的金字塔是如何建筑的,究竟投入了多少人力,花费了多少时间建成的?

金字塔是怎样建筑的?

关于大金字塔的建筑,古埃及人并没有给我们留下任何记载。只是考古学者发现了杠杆、滑轮、石锤和铜凿,而无任何其他的辅助工具,致使现代的工程师对古埃及人的建筑技术也感到吃惊。希罗多德所记载的,只是后来他听说的,用杠杆把石材一块块地搬上去。㉘而现代埃及学者推测采用"斜面上升法",即从采石场用麻绳牵引移动石块到场地,再在金字塔的每一阶层的每一边上建筑起一个同样高的斜坡通路运送石材;也有人主张仅在金字塔的一个侧面采用梯形斜面的更简便的方法(见图 36)。㉙

图 36　金字塔建筑方法想象图

至于建筑金字塔的人力，如今也很难确定。在大金字塔的建筑中，显然是利用了大量的人力，但究竟多到什么程度，目前也只能推测。根据某些铭文可见，金字塔的建筑是按照"队"来进行的。每个劳动队通常都用国王的本名或荷鲁斯名命名的，如"友善的孟考拉队伍""伟大的荷鲁斯卡赫特的队伍"等。在采石场发现的不同时期的石板和铜制劳动工具的铭文上，记录了第 4 王朝胡夫王的 4 个"队"，第 4 王朝孟考拉王的 3 个"队"，第 5 王朝萨胡拉王和纽塞拉王的 3 个"队"的名称。用同一名字命名的劳动"队"的名称，证明了他们劳动在国王的金字塔综合体的工程上。㉚这些劳动队通常都由"班"和"组"组成。有人认为，每个队分为 4—5 个班。赖斯纳作了近似的计算，认为每个组可由 10—15 人组成，而每个班由 200—250 人组成，一个劳动队由 800—1000 人组成。在一个采石场上有 1600 人劳动。㉛但这个数字也并非为人们所接受。众所周知，希罗多德讲到了建筑金字塔的时间和人力，他说："他们分成十万人的大群来工作，每一个大群要工作三个月。在十年间人民都是苦于修筑可以使石头通过去的道路……金字塔本身的建筑用了 20 年。"㉜希罗多德的记载，还需要我们做进一步的研究。首先，他所说的修建大金字塔包括修筑道路和建筑金字塔本身共需 30 年，但是，胡夫王的实际在位时间只不过是 23 年，所以，这个记载显然不符合实际。对于希罗多德上述的夸大说法可以提供参考的是斯尼弗鲁王在达赫舒尔的北部金字塔。根据那里的石块所记述的日期是斯尼弗鲁统治的第 21 年开始，而在第 24 年完成，整整用了 3 年时间。㉝其次，他所说的建筑工程，"分成 10 万人一大群来工作，每一大群要工作 3 个月"，似乎也是含糊不清。因为"每一大群工作 3 个月"究竟是在一年之中仅仅安排 3 个月，或者是全年安排 3 个月为一期，连续不断的交替？如果是 10 万人全年安排，每一大群工作 3 个月，那么一年之中，按 4 个季节算则是 40 万人。英国著名学者皮特里认为，所谓 10 万人的每一大群工作 3 个月仅仅是季节性的,而且是在泛滥季节,即在 7 月末至 10 月末期间。这个说法也许有些道理。如希罗多德所言,大金字塔的建筑共 20 年完成,而建筑的石材推测为 230 万块,那么,一年间的石材搬运量为 115,000 块,按皮特里的计算,一块石材平均 2.5 吨,由 8 人搬运,可运 10 块,那么,10 万人 1 年可运 125,000 块,20 年可运 2,500,000 块。这与我们上面所讲的 230 万块的石材总数相差不多。㉞所以,皮特里的季节性建筑金字塔的说法长期沿用下来。但是,也有与此相反的观点。容克确认,劳动队劳动在采石场上至少在一年的两个季节内,而在第 3 个泛滥的季节期间沿着尼罗河向建筑的地方流放石材,即事实上是全年期间劳动。㉟

除了上述说法外,皮特里根据工地营区遗址的发掘情况指出,有一支包括熟练的石匠及其随从的劳动者 4000 人的劳动队居住在营房里,全年从事于大金字塔的建筑。㊱

关于大金字塔的劳动者,皮特里提出的,既有季节性的埃及人的劳动,又有长期性的专门的劳动者的论点,越来越为人们所接受。萨维里耶娃指出,至于这些劳动队的成分,也没有必要把它完全归结于农民,埃及的农民向国家尽义务,能够参加到建筑劳动中,但是仅仅作为力工,主要是沉重的劳动,不可能在经常性的劳动队中,作为建筑队的经常性的劳动者主要是由训练有素的手工业者,即工匠所组成。㊲

近年来美国和埃及的考古学家在吉萨金字塔地区先后发掘了一些金字塔建筑工人的遗址。1984 年以来,美国耶鲁大学的 M. 莱赫奈尔就在这里指导发掘工作。1989 年他们与埃及古物局在胡夫大金字塔南的石灰石采石场发现了面包房和啤酒厂。在这个地区,他们又发现了装有谷物的石器皿、骨头、灰、鱼骨等。此外,还发现了一个圆脸的男性雕像,它可能表现了当时的工人。在附近,还发现了一些小坟墓,其中有些是随意埋放的尸体,可能是建筑金字塔时死去的工匠。莱赫奈

尔认为,面包房应该是设在工人居住地中间。㊳

1991 年,埃及古物局在大狮身人首像(哈夫拉金字塔前)的东南,发现了金字塔建筑者的墓,哈瓦斯博士说,这些墓是工人、工头和技术人员的坟墓。至 1992 年初为止,共发现了 159 座。㊴

1994 年,美国筹备了一个基金会,将恢复发掘这座消失了的城市。莱赫奈尔说,这座消失的城市曾经居住过至少 50,000 人,而或许多至 100,000 人,其中包括建筑胡夫大金字塔的建筑家、工匠、面包师和普通劳动者。他想象这城市是发展为金字塔建筑的副产品,似乎设计的像在中心具有一个闹市区的现代京城和辐射的郊外农业区。㊵

金字塔建筑的衰落

金字塔的建筑到第 4 王朝时达到顶峰,但是在第 4 王朝末舍普塞斯卡夫王统治时,他放弃了传统的金字塔的建筑,而在萨卡拉的南部地区,为自己建筑了一种长方形的马斯塔巴,墓顶呈弧形,两端垂直,通常以"法老的马斯塔巴"而著名。㊶

第 5—6 王朝时期,随着中央集权势力的削弱,金字塔建筑也开始衰落。这些金字塔基本上在萨卡拉和阿布西尔一带,而且比起他们先辈的金字塔,规模缩小,通常在 90 米以下;质量低劣,有的是用碎石建筑。所以,有不少的金字塔都已风化瓦解,甚至变成一堆堆沙石土丘。

第 5 王朝 5 位王之中的 4 王都在阿布西尔建造金字塔,其中保存最好的是萨胡拉王的金字塔,而其中最大的是尼斐利尔卡拉王的金字塔。尼斐勒弗拉王建筑一个较小金字塔,纽塞拉王又建立一个小金字塔,但在阿布古罗布建筑一个大的令人难忘的太阳神庙,其内部装饰以绘画浮雕。㊷第 5 王朝末代王乌那斯则在萨卡拉的左塞王阶梯金字塔的西南建立了自己的金字塔,目前,除了底部残留一些石砌的塔基砌层外,塔身的多半部已风化瓦解成碎石细沙。乌那斯金字塔最显著之处,就在于两间人字形尖屋顶的埋葬间的墙壁上刻满了精致的,并涂上蓝色颜料的象形文字铭文,即金字塔文。在第 6 王朝的 6 王中,一般而言,这些金字塔及其附属的王妃金字塔遵循着他们先辈的传统,但是,建筑质量低劣粗糙。

在第 5 王朝时期,除了金字塔建筑物外,一个显著的现象是太阳神庙的建造。在《巴勒莫石碑》及其他文献中,我们至少可以见到六座太阳神庙的名字。其中至少可以确认两个,一是乌塞尔卡夫王在阿布西尔建筑的,另一个是纽塞拉王在阿布古罗布建筑的。太阳神庙的总体设计类似于金字塔群建筑,具有河谷庙并与通道相联,但是代替金字塔本身的是类似马斯塔巴的墓坛,并且在顶上带有大的柱子或方尖碑,具有赫利奥坡里斯太阳神庙的主要特征。

随着中央集权势力的削弱,以及金字塔建筑的衰落,与此相对立的现象是贵族大臣的马斯塔巴的豪华建筑。国王死后,通常被认为是升天与太阳神结合在一起,而贵族死后则在下界继续维持其生前的生活。所以,墓中保存了死者的像,某些尼罗河航行的舟的模型、工具、武器、家具等日常用品,特别是在壁画、浮雕上铭记他们生前的职业、地位,描绘他们领地上的播种与收获,畜养与屠宰家畜,酿造啤酒与烘烤面包等生产活动,还有狩猎、钓鱼等娱乐以及宴会歌舞的场面。贵族大臣的墓以第 5、6 王朝时期的俤伊墓和美列卢卡的马斯塔巴为代表,美列卢卡的马斯塔巴不仅以结构复杂,包括 33 间房室和走廊,而且尤以其卓越的浮雕画引人入胜。在他的马斯塔巴入口的对面,树立着一座真人大小的雕像,栩栩如生,让人一看,似乎主人向你走来,形象逼真。

除了金字塔、马斯塔巴外,在第 5—6 王朝时期,地方行政官员在自己统治的地方为自己营造岩窟墓,而岩窟墓的形式最早出现在第 4 王朝末期的吉萨。这种墓是建筑在沙漠边缘的悬崖中,并且装饰以浮雕。

第 6 王朝灭亡后,随着中央集权统治的崩溃,作为王权象征的金字塔建筑(除了第 8 王朝唯一的一个外)也就消失了,只是到了中王国时代,金字塔建筑才重新恢复起来,但那是暂短的。

### 三、雕刻与绘画

古王国时代的艺术,除了建筑艺术的巨大成就外,在雕刻与绘画方面,也达到了一个新的发展阶段,形成了一些艺术创作的基本法则。为后来埃及艺术的发展奠定了基础,成为后人学习和创作的典范。

*雕刻艺术*

古王国时代的雕刻、绘画与建筑艺术的发展决定于埃及人的"永恒"世界的宗教信仰和王权神圣的崇高观念。埃及的雕刻和绘画往往都出自于陵墓和神庙。除建筑物上的浮雕画面表现死者的生活和追求来世的"永生"意识外,人物雕像往往是在陵墓或神庙中作为人的"替身"而出现,以免木乃伊腐败而死者的灵魂无法永存。另外,神庙中的神像和国王葬祭庙中的国王像,通常是具有纪念性的,以供人们瞻仰和祭拜。

雕像一般由石、木、象牙和陶土等为原料创作而成。人物雕像的主要特点是遵循着"正面律"的表现方法,人物雕像不论直立或端坐,其头部和躯体必须保持垂直。面部雕刻除了相貌与真人相像外,往往还有与人物本身的不同等级地位相适应的特殊标准,特别是国王的雕像与一般的雕像的不同之处在于他的理想化的神圣性和威严性。除面部雕刻形象外,还注意眼睛的镶嵌:眼珠通常用铜制成,而眼球则用水晶、石英等矿物。埃及雕像还有个明显的特征是雕像着色,头发、胡须和眼圈涂黑色,衣服为白色。男性雕像的肤色通常用棕色表现,而女性为浅黄色或肉皮色。

古王国时期最早的雕刻作品是第 3 王朝左塞王的石灰石坐像,雕像脸部损毁严重,但它是埃及雕刻艺术中具有"正面律"特征的早期范本。他头戴王巾,右手握权杖于胸前,左手平放在膝上,庄严肃穆地端

**图 37　哈夫拉王雕像**

坐姿态,显示出一种神圣不可侵犯性。最典型、最杰出的法老雕像是哈夫拉河谷庙中发现的第4王朝"哈夫拉王坐像"(见图37)。它用闪绿岩雕刻,集中体现了埃及美学原理的标准:国王端坐在宝座上,头部装饰以荷鲁斯神鹰,但是与前者不同之处在于他的双手都放在膝盖上。国王的面部加以理想化的修饰,体现了他的伟大永恒的力量和威严无比的崇高地位。第4王朝的"孟考拉王和王后像"与"孟考拉王和两女神群像"显示了同一个造型模式。而前者孟考拉两臂垂直,双手握拳直立,而王后右手搂着国王的腰部,左手垂直弯曲放在国王的左臂上,夫妻面容微笑,形象生动。国王的雕像,传统上,上半身裸露,而王后身着紧身长袍,体现出女性的优美体形和线条。与此相并列的石灰石雕成的"拉霍特普夫妇像"是双人坐像的代表,同样也是第4王朝的杰出作品。拉霍特普王子的右手按在胸前,眼光注视远方,全身棕色;而他的妻子诺弗列特脸颊丰盈,袒胸露臂,体态丰满,身着白袍,两者形成显明对照。特别是两者都安上了水晶眼球,瞳光闪闪,炯炯有神。

第5王朝时期,雕刻艺术表现了宽松的特点,出土了不少描写达官贵人的作品。"卡佩尔像"是世界上最古老的木雕之一,身高1米,表现了一个粗壮结实,自信不凡的地方政府官员的形象。由于它的显明的现实主义的特点,颇似出土地方的村长的形象,因而又被称为"村长像"。类似的作品还有一些书吏像,在萨卡拉发现了两件着色的石灰石"书吏像",分别存放于法国卢浮宫和埃及开罗博物馆。前者两眼炯炯有神,后者稍微呆板,并佩戴假发,但是,两者形态相似,席地盘腿而坐,左手持记录板,右手握笔,显示出专心致志,谨慎小心的神态。

除了王公贵族雕像外,还有一批陪葬的各类劳动者的雕像,其形态与传统的标准模式截然不同。它们没有严格的造型限制,所以,表现的人物形象更为生动自然。尤其是那些酿酒、磨谷的女仆身体粗壮,丰满健美,她们弯身劳动的形象非常逼真。

### 浮雕和绘画

古王国时代的浮雕和绘画的艺术成就,并不亚于雕像。因为,在所有的陵墓墙壁上,几乎都装饰以浮雕和绘画,特别是浮雕往往着以色彩,与绘画没有严格的区别,所以,也可以把它说成是"绘画浮雕"或者"浮雕画"。此外,在纪念物、雕像和石碑上往往也有浮雕创作(见图38)。

浮雕和绘画的创作程序,类似于雕刻使用的那些手法。但不同的是,画像直接雕刻在墓壁的光滑的优质石灰石墙上。创作的过程,首先拟定用线画出的直到最小的细目,包括它们的附带象形文字的记述。其次是浮雕本身的创作:艺术家简单地刻画足够深的切口,在图像的边缘的周围,去创作一个"凸起的浮雕"的幻影;然后在图像内和在浮雕的背景区内再雕刻细目,包括刻入突出表面的真正突出的浮雕。㊸

浮雕和绘画,继承了"那尔迈调色板"的风格,突出了王公贵族的高大形象,但更多的是反映了人们的丰富多彩的日常生活:宗教仪式、陵墓建造、木乃伊制作、宴会活动、舞蹈杂耍、播种收割、狩猎动物、饲养家禽、牧放牲畜以及各种家务劳动的场面。其中最重要的有第5王朝时期萨卡拉的悌伊和普塔霍特普墓中的浮雕画。悌伊墓中的"猎取河马图"描绘了大臣观看仆人同心协力猎取河马的紧张的神情。在普塔

图 38 普塔霍特普墓中沙漠狩猎浮雕画

霍特普墓中表现的沙漠狩猎、献祭和大牲畜的描绘,以及在萨卡拉伊杜特王子墓中屠夫宰割献祭的公牛等绘画浮雕也异常生动。在萨卡拉第6王朝的美列卢卡墓中的浮雕画精细美妙,丰富多彩,特别是沼泽狩猎图中,除了人物活动外,描绘了正在孵窝的田凫和伺机偷袭的猫鼬,以及大河马咬死一只鳄鱼,而其身后的小河马又被大鳄鱼咬住尾巴的画面,展示了自然界中的弱肉强食,生存竞争的规律,形象逼真生动,生气昂然,引人入胜。

古王国时期,在灰泥墙壁上绘制的纯粹彩色的绘画相对较少。在美杜姆的第4王朝时期的伊太特马斯塔巴墓壁腰线上表现的"群鹅图"是古王国时代最著名的代表作。绘画中的6只鹅与现实中的鹅大小基本相等,左右对称各3只,朝着相反的方向漫步前进,悠闲自得,而以两侧的低头觅食的两只更显突出。整个画面,色彩和谐,笔法熟练,十分难得。当然,从整体来说,这幅绘画作为浮雕的附属的表现形式,还是显得较为粗糙。

总之,古王国时代的艺术创作,不仅为埃及艺术的发展奠定了基础,而且,在某些方面已达到了成熟的阶段,特别是金字塔建筑和大斯芬克斯雕像等的杰出成就是后人所永远达不到的。

### 四、文学创作

在古王国时代,埃及文学随着统一国家的确立,王权的强化和宗教意识的发展,出现了各种体裁的文学作品:宗教文学、教谕文学、传记文学和诗歌等。这些文学作品真实地反映了埃及人的宗教信仰、王权崇拜、伦理关系和世俗生活等丰富多彩的思想意识和社会关系。

*宗教文学*

宗教文学在古埃及文学史上始终是一个重要的组成部分。如果说在其历史的早期,产生了创世神学的作品,那么,在古王国时代最主要的就是金字塔文。所谓"金字塔文",乃是第5王朝末和第6王朝时期流行的,在金字塔墙壁上铭刻的咒语经文。金字塔文最早出现于第5王朝乌那斯的金字塔,后来,在第6王朝的特悌、珀辟一世、麦然拉一世、珀辟二世的金字塔内,以及珀辟一世的王妃、珀辟二世的3个王妃的金字塔内的墙壁上都有发现。这些金字塔文主要是一些祝福国王沿着金字塔的阶梯或金字塔倾斜面的阳光顺利通向天国,确保国王的复活再生,享受特权的咒文。在乌那斯王的金字塔文中,讲到"乌那斯没有死""乌那斯复活了""乌那斯像奥西里斯(神)生存一样,复活又生存"。这些金字塔文是主要由赫利奥坡里斯的僧侣整理而成的,包括了神话传说,天文学、宇宙论,以及宗教仪式、祭祀、魔术、道德、地理和历史事件等丰富内容。到了中王国时代,金字塔文则被棺文所代替。㊹

### 教谕文学

在古王国时代,除了宗教文学便是世俗文学。而在世俗文学中占有首要地位的是教谕文学。教谕文学,又称"智慧文学",其主题是如何处理人间的伦理关系,如何确立行为的规范,特别是教导人们人生在世尽行善事,而今生的行为又会影响到来世的生活。教谕文学多半采用贤人(宰相或国王)对儿子训话的形式,对年轻人的处身涉世给予必要的告诫。㊺记载这些内容的纸草往往是后世的,特别是在新王国时代成为学生模写的范本,但其内容往往可以追溯到古王国时代,反映出古王国时代的伦理观念和思想意识。

古王国时代的教谕文学最早的一部是《对卡盖姆尼的教谕》。卡盖姆尼是第3王朝胡尼王之子,又是胡尼王的维西尔。胡尼教导自己的儿子要克制,就餐时戒贪,要保持谦虚的美德。还有一篇简短的《哈尔杰德夫教谕》,大概属于第4王朝时期。王子哈尔杰德夫告诫他的儿子成家立业,建造墓地,安度来世。第5王朝时期的《普塔霍特普教谕》,内容丰富,寓意深刻,保存较完整,是一篇具有代表性的教谕文学。普塔霍特普是第 5 王朝杰德卡拉(伊塞西)王的维西尔,他的墓被发现于萨卡拉。《普塔霍特普教谕》被想象是普塔霍特普教育他的儿子,并且指出继承者成为国家有成就的官员的行为和态度。他所宣扬的处世原则是保持安静和谦虚的态度以及合乎公理的行为。例如:"不要因你的知识而你的心灵得意,不要因你是一个聪明的人而自信。要与愚者和智者商讨,技能的(极)限不能被达到,而没有技能的人为他的(全部)利害去装备"。"公正是伟大的,而它的正义是永恒的;自从它被造就以来,它不曾被侵犯,而忽视法律的人则受惩罚"。在家庭关系上,普塔霍特普主张:"在家中爱你的妻子,填满她的肚子,盖上她的后背,为她的身体配制油膏。在你活着的时候,使她的心高兴"。但是,对于任何其他地方的女人,则告诫:"小心接近女人,她们所在的地方则不能去"。⑯

传记文学

在古王国时代的墓葬中,贵族大臣通常在死后,把他们一生中的官职生涯、荣誉称号、功业事迹等一般是铭刻在石碑上、墓壁上,或写在纸草上,为自己树碑立传。传记通常是记述他们自己。由于传记多为颂扬墓主人的功名成就,文中不乏夸大不实之词。但是,仍有不少作品反映了时代的生活和社会关系,因而为我们研究当时的国家机关、军事活动、对外贸易、阶级关系、社会生活和历史发展提供了重要的资料。古王国的传记文学中,最重要的当属第3—4 王朝之交的《梅腾传》,第 6 王朝的《大臣乌尼传》和《哈尔胡夫传》等。《梅腾墓铭文》的传记详细记载了他的官职履历,获得的荣誉和奖赏,特别是继承和购买的土地、牲畜等财富。《大臣乌尼传》记载了乌尼在特悌、珀辟一世和麦然拉时期的官职业绩,特别是显示了他参与审问后宫的阴谋事件,以及率军远征亚细亚人和南征努比亚开发石材等事件。传记中难得地保留了一首战歌。《哈尔胡夫传》是古王国时代著名的传记之一,哈尔胡夫身兼中央和地方的数要职,颇得珀辟二世的赏识和重用。传记中,他详细地叙述了 4 次远征努比亚的经过,提供了获取各种财富的名单。传记一开头,就夸耀自己:"国王赞扬了我……我是有能力的人……他的父亲喜爱的人,为他的母亲所赞扬,他的所有兄弟喜爱他。我给饥饿者以面包,给衣无遮体的人提供衣服。"特别令人感兴趣的是,传记中保留了珀辟二世王给哈尔胡夫命令的信件的原文。从这里可以看到,年少的珀辟二世王迫不及待地要哈尔胡夫带来他所获得的"神舞的矮人",即埃及文献中经常提到的侏儒。信中命令:"当他同你上船时,找到可靠的人围绕在他的周围,免得他落入水中……晚间检查 10 次! 陛下期望看见这个矮子甚于矿藏之国和蓬特的贡物!"[47]

此外,还有一些神话传说和民间故事,如魔术师的故事,[48]是在胡夫王统治时代已经流行,这些民间作品广为流传,成为埃及文学中的重要组成部分之一。

# 第五章 埃及王国的分裂 与中王国时代统一王国的 恢复和发展

第 6 王朝灭亡后,古王国崩溃,统一的王国分裂成贵族割据的各自独立为政的局面,进入了所谓第一中间期。第一中间期,包括第 7—10 王朝,大约从公元前 2181—前 2040 年,延续了 100 余年,直到第 11 王朝的中王国的建立为止。第一中间期,通常表明由古王国向中王国过渡的历史时代。作为这个时期的主要特点,有人归纳为:软弱的中央行政机关,半自治的行省,敌对的王朝,国内的战争,低洪水的水位,饥馑,降低的艺术标准,以及无教育,全部供给了颠倒的社会病态。①所以,他把这个时期称为"第一次疾病"时代。但是,通常是把这一时期称为"黑暗时代"或"封建时代"。尽管这些术语不能确切地反映这个时代的特点,但是,比较流行的"第一中间期"的术语,也并非是一个完全令人接受的历史概念。

从第 11 王朝,特别是孟图霍特普二世统治时代,埃及以底比斯为中心,重新统一起来,进入了中王国时代。在中王国时代,由于削弱地方贵族势力,加强中央集权统治,结束了长期分裂割据的状态。另一方面进行行政改革,强化了王权,改善了经济生活,发展了文化事业,因而中王国重新发展起来,进入了所谓古典时代。

## 第一节　第一中间期的内忧外患与尖锐的社会斗争

### 一、中央集权统治的崩溃与地方贵族的分权化

古王国的崩溃是古埃及社会矛盾逐渐发展的结果,是一个长期的历史演变的过程。实际上,古王国的衰落从第 4 王朝末,特别是第 5 王朝时期已经开始了。古王国的崩溃的原因及其表现是怎样的呢?

古王国的崩溃,中央集权统治的削弱,首先决定于经济上的衰败,而造成经济衰败的首要因素就是中央政府财政、财力的枯竭。N. 卡纳瓦悌专门研究了首都和上埃及各州官吏的财政和财力,不仅下级和中级官吏的财源到乌那斯统治时期一致衰落,即使是在豪华的高官贵族墓中,也有一种类似的没落倾向。这种趋于没落的倾向表现在以下几个方面:

(1)精心制作的埋葬方法趋于衰落,或在埋葬观念上的变化;

(2)中央政府财源的继续减少,必定反映在它的官吏的财力上;

(3)官吏数量上的不断增加,而在经济相对缩减的农业社会中,它将意味着个人的收入必将减少。②

在第 5 王朝后半叶和第 6 王朝时期,埃及财政、财力衰微的因素,事实上可以追溯到第 4 王朝时代。N. 卡纳瓦悌指出,胡夫的统治当与斯尼弗鲁相比较时,表现了趋向没落的开始。③胡夫的大金字塔及其后继者的金字塔的建筑,耗费了国家大量的财力。胡夫为了建筑金字塔,关闭了一切神庙,而让他的女儿卖淫取得报酬的丑闻传说虽不可轻信,但是或许反映了当时财政的困境。事实上,如果以第 4 王朝时期的金字塔和第 6 王朝时期小型的、技术低劣的金字塔相比,财力衰弱的现象也是昭然若揭的。在这同时,高官贵族的陵墓虽然

无法与王者的金字塔相媲美,但是丧葬的奢侈豪华也不能不令人吃惊。与此相关的,还有部分土地划归官僚贵族用于葬祭,并且免收赋税。第6王朝时期国王的一些敕令,还赋予神庙免除租税徭役的特许权。由于这个时期地方神庙的管理权为地方贵族所攫取,他们往往成了僧侣长。④所以,地方神庙的特权也为地方贵族所获得,从而增强了他们的实力。

除了埃及君主官僚的挥霍浪费,竞相攀比,腐化堕落外,中央政权的衰弱也影响了边境的建设和对外贸易。特别是在珀辟二世统治时代,南方的努比亚的叛乱,北方的贝都因人的威胁,西方的利比亚人的骚扰,都削弱了埃及对周边国家的掠夺和贸易,尤其是西奈半岛铜矿的开发,黎巴嫩木材的输入都发生了问题,这些主要贸易路线的断绝,又影响了埃及财政上的收入。

古王国的崩溃,中央集权统治的瓦解,除了经济上的原因外,还有其政治上的原因和表现。古王国时代的中央集权专制主义的统治,主要表现在君主国王具有神圣的,无限的统治的权力。王权来自于神,而国王是神的化身;僧侣集团以及作为"神仆"的僧侣长为君主的专制主义统治服务。君主为了保持王朝血统的纯洁性,不仅王位而且宫中的高官贵族大部分都是王室成员,皇戚国舅。国王之下的第一大臣维西尔职务全部由王子担任。但是从第4王朝末,特别是第5王朝以后,僧侣集团以及地方贵族开始发展起来,他们掌握了维西尔职务,并且直接威胁了王权的神圣不可侵犯性。

在第4王朝末,舍普塞斯卡夫王在金字塔建筑风行的时代,一反常态,在远离首都的萨卡拉南部为自己建造了一座长方形的马斯塔巴墓,而不是金字塔,作为自己的最后的归宿。舍普塞斯卡夫蔑视金字塔象征太阳的传统,建造马斯塔巴墓,或许是对太阳神拉的崇拜和势力的抵制,也是王权与日益增强的僧侣之间的矛盾的反映。韦斯特卡尔纸草把第 5 王朝的起源与太阳神联系起来,说它的前 3 王是太阳神僧侣的妻子的儿子,因而他们都是"太阳神拉之子"。从第 5 王朝开始,金字塔的建筑规模逐渐缩小,并开始兴建太阳神庙。这些都反映了太阳神及其僧侣在政治生活中的越来越重要的社会地位。在《巴勒莫石碑》上记载了第 5 王朝第 1 王乌塞尔卡夫的神庙建筑和对拉神以及与之有关的诸神的献祭,特别是由他开始的土地的捐献,而且一次就捐献了1704 斯塔特之多,这又说明了僧侣的经济上的实力的增长。

从第 4 王朝末舍普塞斯卡夫统治时期开始,公主与高官大臣联姻。据《普塔舍普塞斯铭文》记载:"陛下把国王长女玛特哈给他做妻子,因为陛下希望她与他结合在一起甚于(同)任何人"。⑤从此开始出现了君主与贵族之间结成的姻亲关系的现象。到了第 5 王朝,平民出身的人物也步入了高官大臣的仕途,而维西尔的职务,竟然没有一个是由王子担任。国王对于有功之臣的恩惠,现在已不仅仅限于一代,往往允许父子继承,从第 5 王朝开始已经成为惯例。第 6 王朝时,阿拜多斯州长胡伊与王家联姻,成为珀辟一世、麦然拉一世和珀辟二世的三朝元老,并获得了"小王"的特权地位。此外,位于努比亚边境的厄勒藩汀州长,身兼"通译长官",掌握了对努比亚的贸易权,因而增强了其独立性。⑥这些地方贵族,特别是州长的世袭化,形成了分裂中央集权统治的离心力。他们远离首都,掌握了地方的行政、司法、财政、军事,甚至宗教事务的大权,而且在地方营建坟墓,死后也不再埋葬在首都孟斐斯王墓的周围。

针对地方贵族的世袭化和分权独立化,中央政府力图削弱地方贵族势力的增长,其措施之一就是从第 5 王朝末开始,设置"上埃及总督",掌管整个上埃及的贡赋徭役,以及公共事业。第 6 王朝时期的大臣乌尼曾被任命为上埃及总督。但是,从乌尼以后,由于地方贵族势力的强大,上埃及总督的实权丧失,仅仅成为一个名誉称号。而王权再也找不到什么手段抑制地方分权的独立化。在珀辟二世长期统治的最后,年迈无力,甚至连一个合适的继承人也找不到。所以,在他去世之后,出现争夺王权的斗争。

古王国时代末期,埃及政治、经济上的衰败,官僚贵族的腐化堕落,地方贵族的世袭化和分权独立化,最终导致了中央集权统治的削弱和统一王国的瓦解。此后,埃及进入了地方割据、互相争斗的无政府状态,即第一中间期。

### 二、第7—10 王朝王权的演变与斗争

埃及人尊重他们固有的王朝传统,特别是某些地方的统治者为了取得合法的王权,更是继承和维护传统的王朝体系。所以,对于埃及史上这一严重分裂和崩溃的时代,马涅托仍然是划分了不同的王朝体系。

我们所说的"第一中间期",通常是包括了第7—10 王朝(约公元前 2181—前 2040 年),而把第 11 王朝(约公元前 2133—前 1991 年)划入中王国时代。但是,更确切地说,第一中间期的结束和中王国时代的开端,应划分在第 11 王朝的中期孟图霍特普二世的统治时代(约公元前 2060—前 2010 年)。第一中间期大致可划为两个阶段。第一阶段是在第 7—8 王朝时代。

据马涅托的记载,"第 7 王朝由孟斐斯的 70 王组成,他们统治了 70 天"(另一残片为"第 7 王朝由孟斐斯的 5 王组成,他们统治了 75 天")。"第 8 王朝由孟斐斯的 27 王组成,他们统治了 146 年"(另一残片为"第 8 王朝由孟斐斯的 5 王组成,他们统治了 100 年")。⑦但是,在马涅托有关第 7、8 王朝的记载上,却没有留下一个王名。而且,所谓第 7 王朝 70 王统治 70 天之说,也令人费解。所以,这个记载似乎只能表示一个为后世所没有记载的短暂的斗争的时期。⑧但是 B. 贝尔提出了一个似乎更合理的解释。他认为,在第 6 王朝末期,珀辟二世统治时

间最长,而且他的子孙可以多至百名。所以,在他死后,或第 6 王朝结束以后,很容易想象王权继承的序列会变得模糊不清。而马涅托的 70 王统治 70 天的传统,可以想象为珀辟二世遗传的王子的议会,在他们审理他们的将要变成国王的那个问题的决议时之集体的统治。⑨

都灵王名册除了第 6 王朝最后一个统治者尼托克丽丝名字外,仅仅保留了统治的时间,而没有第 6 王朝的任何王名,一个新的残片的排列包括了尼托克丽丝的名字和 3 个后继者,其最后一名是第 8 王朝的伊比。⑩根据其他的有关材料,第 7 王朝至少有 9 王,大约在公元前 2181—前 2173 年之间,第 8 王朝有 6 王,大约在公元前 2173—前 2160 年之间。⑪我们所能看到的,第 7 王朝第 1 王的名字尼斐尔卡拉二世,是从发现于伊普特王妃房间之一的石碑残片上复原的。第 8 王朝国王卡凯拉·伊比也是从孟斐斯地区的一个纪念物上得知。他建筑了一个小金字塔,位于珀辟二世的不远处。这个金字塔包括了通常的在埋葬间的金字塔文,可以说是继承了第 5 王朝的传统。但是,这个金字塔已不是由石头堆砌,而且没有埋葬间,是一座没有完成的建筑物。⑫在第 7—8 王朝的王名中,一个有趣的现象是,第 7 王朝的 9 王中,他们的即位名有 4 个是尼斐尔卡拉;第 8 王朝的 6 王中,有 1 个是尼斐尔卡拉。这些"尼斐尔卡拉"显然是模仿他们的先辈尼斐尔卡拉·珀辟二世的即位名,把他们自己看成是尼斐尔卡拉·珀辟二世的真正继承者,以强调他们即位的合法性。

第 7—8 王朝建都于孟斐斯,虽然还维持了第 6 王朝的传统,但是,孟斐斯王权并没有扩大到比孟斐斯州的范围更远一些。在其北部,三角洲地区分布一些亚细亚人,而其南方则有一些独立或半独立的州,如阿拜多斯、厄勒藩汀等。科普托斯也只是形式上屈从于孟斐斯。地方各州的首领成为命运的主宰,他们有自己的军队,而军队成为地方政权的支柱。邻人往往被看成是敌人,成为斗争的对象。在卢克索南 30 公

里的米阿莱发现的安克提斐州长墓的铭文记载:他先是涅亨(希拉康
坡里斯)的军事长官,后来成为"涅亨的伟大长官",他使邻人埃德富屈
从于自己的政权下。⑬各州之间争斗的现象,在那个时期是具有典型的
意义。

　　第一中间期的第 2 阶段,就是第 9—10 王朝时期的"赫拉克利奥坡
里斯王国"统治时代。赫拉克利奥坡里斯位于开罗以南 130 公里,现今
的伊赫纳西耶·迈地奈,尼罗河的西岸,法尤姆入口处的正南,上埃及
第 20 州的首府。其古埃及地名为海涅尼斯威,《旧约·以赛亚书》记
为哈内斯。其地方的保护神为羊头的赫利舍夫,希腊人把它称为哈尔
塞斐斯,与赫拉克里斯视为同一,因此把此地称为赫拉克利奥坡里斯。
赫拉克利奥坡里斯因其位于埃及南北交界处,所以,具有重要的战略
地位。

　　马涅托说:"第 9 王朝由赫拉克利奥坡里斯的 19 王组成,统治了
409 年"。(此据阿夫利坎努斯的摘记,而优塞比乌斯记为 4 王统治 100
年);"第 10 王朝由赫拉克利奥坡里斯的 19 王组成,统治了 185 年"。⑭
但是,在这两个王朝的残片中,仅仅保留了第 9 王朝的第 1 王的名字。
事实上,马涅托的记载并不确切。从第 9 王朝的麦利布拉·阿赫托伊
一世开始,到第 10 王朝末后为止的两个王朝共计 18 王,统治了 120
年,大约在公元前 2160—前 2040 年间。他们的名字保存在都灵王名册
上,有的部分为片断。第 9—10 王朝的统治者中,各有一名国王采用了
珀辟二世的即位名尼斐尔卡拉,暗示他们仍然是古王国传统的继承者。

　　马涅托说:"第 9 王朝的第 1 王阿赫托伊行为比他的前辈更残暴,
为全埃及人民造成了灾难"。⑮马涅托的这段记载,或许是有道理的。
阿赫托伊用残暴的手段僭取了王位名美利布拉,显然地把他的统治强
加于他的同僚和其他州长身上。在第一瀑布的悬崖上铭刻了他的名
字,除了三角洲被亚细亚人渗入外,中埃及,甚至上埃及南至阿斯旺的

广大范围内,承认了他的王权地位。他的直接继承者,其名字我们还不知,而他的第 2 个继承者,即第 9 王朝的第 3 王尼斐尔卡拉的统治权似乎在上埃及的 3 个最南面的州中也被承认。尼斐尔卡拉被认为是在安克提斐墓中提到的卡尼弗拉王。安克提斐是著名的州长。他可能忠实于赫拉克利奥坡里斯的君主,后来,领导了有科普托斯帮助的,与希拉康坡里斯和埃德富参加的反对底比斯州长的斗争。他是第一个企图征服底比斯州的地方贵族。虽然,最初是成功的,但是,后来形势急转,甚至被迫签定投降书。第 9 王朝第 4 王尼布卡拉·阿赫托伊二世,他的名字出现在吐密拉特干河附近的泰勒塔巴发现的砝码上。在人们熟知的《一个能说善辩的农民的故事》中,提到了尼布卡拉陛下,或许就是阿赫托伊二世。历史文物和故事文献表明,赫拉克利奥坡里斯的影响范围扩大到三角洲的东部和西部。⑯其他的几名后继者仅仅保留了几个残缺不全的名字,一直维持到大约公元前 2130 年。

　　接续的第 10 王朝的王名,都灵王名册仅仅列出了可以确定的 5个。第 10 王朝的创立者美里哈托尔(?)王仅仅从哈特努布的雪花石膏采石场的破损的铭文中得知。而他的继承者尼斐尔卡拉,仅仅是在都灵王名册上出现的一个王名。第 10 王朝的第 3 王瓦赫卡拉·阿赫托伊三世被断定为《对美里卡拉王的教谕》的作者。在这篇文献中,阿赫托伊三世对他的儿子和继承者美里卡拉提出了作为国王应遵循的"规则"。从《对美里卡拉王的教谕》中所涉及的政治、军事形势来看,三角洲地区的亚细亚人已被限制在边界的"墙"外,并用军事移民充实边境,还恢复了边界贸易。边境的建设和改革的政策是成功的,但是他无力战胜南方的底比斯。在他的几十年的统治过程中,不时发生的内讧,削弱了他的国力。⑰所以,南方的底比斯发展起来,而与之抗衡。在阿赫托伊三世死后,他的中年儿子美里卡拉继位。但是,他仅仅统治了很短的时间。他的金字塔建于孟斐斯附近。他的继承者,一个不知名的最后一个国王的短期统治被底比斯王朝的扩张所中止。

### 三、大饥馑的流行与人民大起义

在第一中间期,第 6 王朝末期以来,特别是第 7—8 王朝时期,埃及进入了骚乱的时代。人们往往强调这个时期地方贵族的世袭化和独立化,社会的无政府状态,亚细亚人的渗入和劫掠等,但是近年来的新的研究成果使我们不能不注意到,在上述几种现象外,还有严重的干旱和大饥馑的流行及其严重的社会后果。

在第一中间期,中央集权政府的瓦解,地方贵族分裂割据的同时,在非洲,特别是在东北非的埃及发生了持续几十年的严重的干旱。随着"新石器时代湿润时期"的结束,在古王国末以来,东北非的气候严重干旱,其雨量或许平均比今日还稍微少些。⑱非洲气候上的突然变化,尼罗河水位低下,水利灌溉废弛,农业歉收,最后引起了大饥馑的流行。

从 20 世纪 30 年代开始,法国范迪尔研究了埃及的饥馑问题。到了 70 年代,B. 贝尔在这个基础上结合埃及气候的变化,进一步研究了饥馑的流行,并把它作为埃及史上黑暗时代的重要内容。第 1 个黑暗时代,大约在公元前 2200—前 2000 年;第 2 个黑暗时代,大约在公元前 1200—前 900 年。⑲在这里,我们涉的仅仅是第 1 个黑暗时代,而在第 1 个黑暗时代中,真正的黑暗时代仅仅持续了大约 20—25 年:从第 6 王朝末至第 9 王朝开端,或者从大约公元前 2180 年—前 2160 年。但是,"大饥馑"的年代发生在约公元前 2180—前 2130 年。大饥馑的流行实际上延续到公元前 2150—前 2000 年,即第 9 王朝末—第 11 王朝初。公元前 2180—前 2160 年,即第 7—8 王朝时期,是"大饥馑"最严重的时期,称为第一个骚乱时期,以别于约公元前 2002—前 1950 年的,即第 11 王朝末至第 12 王朝初的第 2 个骚乱时期。⑳

埃及人几乎没有为他们的子孙记载灾难的习惯,但是,一些州长在他们的传记铭文中,为了美化自己的功业,宣扬他们在那些"不幸的"年代中抚养饥饿者的记载,却给我们研究严重的干旱与饥馑的流行提供了有力的证据。

有关埃及饥馑的先兆,实际上早在第5王朝末已经显现出来。一个得自乌那斯砌道的单独的石料,浮雕有被饥饿折磨得面容憔悴痛苦,身体骨瘦如柴的一群男人、女人和小孩的形象,那是一个早期的灾害来临的先兆。㉑在第5王朝末或第6王朝初,上埃及第12州的州长亨库在其传记铭文中说道:"我把面包给予塞拉斯提斯山的所有饥馑者;我给他们中的裸体者衣服穿"。第6王朝末期第12州的州长伊比的铭文也有类似的记录:"现在,我把〔面包〕给予〔饥饿者〕,给裸体者衣服穿……"㉒但是,严重的饥馑,或者说"大饥馑"则流行于第7—8王朝。

涉及第一中间期大饥馑的最早的记载,可以考虑为上埃及希拉康坡里斯和埃德富的州长安克提斐的铭文。出自米阿莱的安克提斐的墓铭文写道:"我把吃的给希斐特(米阿莱)、霍迈尔和(?)活着的人……同时当天空是(在)阴暗/暴风(是喧嚣?),而大地是处于这阴间沙洲(与拉神敌对的阿波斐斯的地下世界)的饥饿的气息(或许是难忘的严重的阴暗季节或尘暴季节)中"。这种尘暴的证据在希拉康坡里斯的附近被发现,有一个前王朝的墓地被风暴毁坏,大概是在第6王朝末。㉓在安克提斐的铭文中,还反映了非常可怕的饥饿现象:"……全部上埃及是垂死的饥饿,以致每个人开始去吃他的孩子,但是,在这个州中,我设法没有一个人死于饥饿。我把谷子借给上埃及……在这些年间当希斐特和霍迈尔的城镇满足之后,我使厄勒藩汀的家庭活着……全国变成了像一个饥饿的(?)蝗虫,与人民一起向北方和南方(寻找谷物),但是,我从未允许偶然参与从这一州到另一州的任何人……"。㉔

安克提斐铭文所记载的饥饿现象不仅涉及了上埃及，而且甚至全国的范围。安克提斐作为上埃及最南部的两个州的州长，他的有关上埃及饥馑现象的记载是绝对权威性的。

如果我们再转向中埃及，不仅发现了同样的有关饥馑的记载，而且还看到了尼罗河低水位的现象。阿西尤特州长凯悌的铭文记载："我在……建造了一个纪念物（或许一条河渠）——代替 10 肘的河；为了它我在耕地上挖掘；我供给一个水闸……用砖……在一个建筑（的活动中），没有抢劫任何一个人的任何人的财产……我供养我的城镇，我担任（我的城镇）有关食物（?）的管账人，并作为一天当中的水的供给者……当上埃及是一片沙洲（?）时，当没有水能被看见时，我为这个城镇在岛（?）中建造一个堤坝。我把沼泽造成（农业）高地并使泛滥洪水越过古老的废墟遗址。我由……造成耕地，所有的人民都渴望喝水……当大地像沙漠时，我富有，并且计量谷物抚养我的城镇……"㉕与此相类似的记述，还有一些出自中埃及野兔州的哈特努布采石场的粗刻，现藏于都灵博物馆。粗刻 20 号，州长尼赫里在位第 6 年记载："（我是一个）……在尼罗河低水位的年代中保护（抚养）其城镇的活着的人，（我是一个）当什么也没有的时候供给他的人，（我是一个）在大人和小人之间没有取得任何荣誉而给他帮助的人"。粗刻 23 和 24 号，属于尼赫里的两个不同的儿子，在时间上与粗刻 20 号为同一年或第 2 年，也讲到了同样的话："我抚养了我的城镇，为的是在整个国家的尼罗河低水位的期间，当什么也没有的时候，它得到补救"。㉖

在这里凯悌铭文记载的，"上埃及是一片沙漠（?）""大地像沙洲"，显然，反映了土地的干旱。而铭文所记载的"没有水能够被看见"，更显示了尼罗河的干涸缺水现象。所以，作为州长的首要任务就是挖掘河渠，兴建水闸，每天供水。上述的粗刻铭文则直接提到"尼罗河低水位的年代"，甚至整个国家的尼罗河的低水位。由于河流的干涸缺水，而造成了"什么也没有"的可怕的局面,以致州长来供应水给城镇居民。

除了上述的涉及严重的第一次"大饥馑"的文献外,持续下来的饥馑的现象还反映在第9—11王朝时期的文献中。在南方兴起的底比斯的第11王朝与北方的赫拉克利奥坡里斯的第10王朝几乎同时并存。在南方的安太夫的第11王朝建立前7年,或者更早些,即第一次大干旱的晚期有一些铭文也反映了饥馑的现象,我们仅列出贝尔所提供的几个石碑铭文。库尼赫的贾里石碑:"在饥馑年代,我是他们家庭的供应者……"格伯林的希凯布石碑(不列颠博物馆1671):"我每年用上埃及的谷物供给这全城,不包括(?)……在我的城镇被供给……以后,我把油给予希拉康坡里斯"。安提佛考石碑(不列颠博物馆16280):"我有大麦和小麦,我把大麦和小麦送给饥馑者,而在我的饥馑期间前后我抚养每一个人,通过行动没有一个人死亡……"森尼石碑(开罗博物馆20500):"我把上埃及谷物分配给我管理地方的全城的亲人……在这不幸的饥馑的年代"。㉗这些零散的碑文反映了第一次大饥馑以后,仍然存在的"饥馑期间"和"不幸的饥馑的年代"。与上述碑文有关的,收藏于开罗博物馆的格伯林的伊悌石碑,其年代注明为第一中间期,而确切地说是第11王朝的开端。州长伊悌说:"在不结果实的年代中,我供养了格伯林,有400人在〔贫困中〕,(而)我没有霸占一个人的女儿,我没有霸占他的耕地"。㉘这里所讲的"不结果实的年代",或"不毛的年代",同样是指着那个干旱饥馑的年代。最后还必须提到一个重要的记录,即都灵博物馆1310铭文。范迪尔把它译为:"他(国王?)从大地上排除了(?)饥馑的年代"。他认为,这个国王最可能是第11王朝初的安太夫,而这段记载涉及在他统治时,尼罗河的低水位和严重的饥馑的结束。㉙

上面引用的铭文主要是第一中间期的各州长的传记。这些州长在地方分立割据的状态下,为了争夺权力,维持自己的独立地位,在他们的传记中极力夸大自己在那"不幸的饥馑年代",不仅"没有霸占一个人的女儿","没有霸占他的土地",而且慷慨解囊,保护或抚养自己州的饥民,以致"没有一人死亡"。这显然是美化自己,树碑立传,以致形成了一种州长传记的传统腔调的格式。但是,传记铭文所反映的"不幸的年代""尼罗河的低水位"的干旱的气候,悲惨的饥馑现象,人民的衣不遮体,食无粮油,被迫"去吃自己的孩子"的种种困境却是真实历史的写照。

除了州长传记铭文外,也有少数文献保留了那个灾难年代的回忆。《聂非尔提预言》述说:"埃及的河流干了,人(可以)徒步涉过。人们找不到能行船的水。河床变成了沙滩。沙滩上没有水,河床上也没有水……一切好东西都不见了,这个地方枯竭了……"⑳在这里所讲的"河床变成了沙滩"和前面某些州长铭文中所说的"大地像沙州"的现象是一致的。

前面的某些州长的铭文一再强调,没有"霸占"人家的女儿,没有"霸占"土地,"没有抢劫任何一个人的任何的财产",而且"供养了"那些饥馑者。这种美化自己的传记铭文,除了现实政治意义外,就像后来的《亡灵书》一样,还有一种目的是在其死后,能够顺利通过地下世界奥西里斯神的审判。

如果说,前面引用的某些州长的传记铭文一再美化自己没有"抢劫"任何人的财产,而且还"抚养"饥饿者,那么,在另一些文献中,我们却可以看到官吏对人民的巧取豪夺。《聂非尔提预言》,虽说是《预言》,但实际上讲的是过去的事情:"土地缩小了,(但是)它的行政人员却很多。土地荒凉不毛;(但)税却很重;只有很少的谷物,但量斗很大,而且量时总是满得上尖"。㉛在这里记录了第一中间期官僚机构的臃肿,官员增多,农民负担加重。同时,更说明了在气候干旱,"土地荒凉不毛"的情况下,国家的税收很重,而政府的官员又营私舞弊,搜刮民财,导致了阶级矛盾的尖锐化。

从古王国末期以来,持续了几十年的干旱和饥馑的流行,直接导致了社会的骚乱,最终汇成了人民的大暴动。但是饥馑的流行仅仅是引起人民大起义的自然的因素,而社会的动乱和人民大起义的更深刻的社会根源就在于统治阶级对人民的欺压胁迫。

有关第一中间期,特别是人民大起义的史料十分缺乏,仅仅保留了某些文学作品。其中主要有《聂非尔提预言》《对美里卡拉王的教谕》《卡凯培拉·塞奈布的苦诉》和《一个人与其心灵的辩论》等,但是不包括《伊普味陈辞》(详见下文)。对于这些作品的研究上,存在着两个问题:一是这些作品作为文学著作,而不是历史著作,究竟有无其历史实用的价值?另一个是这些作品是在何时创作成的,究竟涉及什么时代?这些问题,在下面的记述中,我们将要论及。

关于《聂非尔提预言》,苏联学者 B. B. 斯特鲁威早在 20 世纪 20 年代就断定为反映了古王国末,即公元前 1750 年左右的人民起义。《古代东方史文选》指出,原文属于较晚后的公元前 15 世纪的抄本,但是《聂非尔提预言》的内容讲到了中王国公元前 1750 年的起义。[32]近年来 U. M. 贾可诺夫等主编的《古代世界史》却认为,《聂非尔提预言》和《伊普味陈辞》一样都反映了第一中间期的事件。[33]西方学者,长期以来,一直把它断代在第一中间期或稍后一段时间。N. 格雷迈尔认为,"聂非尔提追忆接近第 11 王朝阶段的黑暗场面"。[34]《剑桥古代史》指出:"如果不是描述了在第 11 王朝末的短期的骚乱的间隔,预言者聂非尔提的苦痛似乎必定是人为的,就像他预言的那样,因为明显的是他生活于阿蒙尼姆赫特一世国王统治的期间,他预示这救世主的到来将结束他悲叹的苦难"。[35]关于这篇文献的价值,尽管把"预言"理解为"文学的假托","这部著作是以假预言形式的历史故事"。但是,人们也不

能不承认,它反映了社会的动乱:"它没有要求专门的事实根据,只不过是一般的内战现象是可能的,并且周期性的发生的。"㊱

《聂非尔提预言》一文追忆了第一中间期的"颠倒混乱"的世界,预见了阿明尼将要重新统一埃及,但是全文的重点是对社会动乱的描述。《聂非尔提预言》一开头就讲:"我的心在战栗,你将(怎样)为这块你出生的土地而哭泣……看吧,将要发生一些人们一提起就感到恐怖的事,因为你看,在你出生的这块土地上,大人物将要被消灭,不要漠不关心,看吧,它就在你面前……虽然大人们在管理着这块土地,但所做的正像没有做的一样……这块土地将完全被毁灭(以至于)没有任何残余,(甚至)连指甲大的一点黑土都不存留"。《聂非尔提预言》记述埃及的干旱和亚细亚人的渗入外,更多的描述了"大地上混乱无序","颠倒混乱的世界"。"人们拿起了武器,(因之)大地变得混乱"。"没有武器的人(现在)变成占有武器者。""一切好的事都不见了。大地凋蔽了,(好像)律法注定了让它这样:已做的事物遭到损害,现在的一切空虚让它空虚,无人理会,而那些从未做过的事,现在却做了。"《聂非尔提预言》还记述了穷人发了财,而有产者则困乏:仆人们欢乐,而大人物将要被消灭。特别是,社会变得毫无秩序,一切空虚。律法也失去了它的作用,而显得无能为力。这种颠倒了的世界,只能是社会动乱,人民起义的结果。《聂非尔提预言》的最后部分才预示了阿蒙尼姆赫特王将消灭亚细亚人和利比亚人,统一上下埃及,最终确立秩序,"公正将被恢复,恶事将被赶走"。㊲

除了《聂非尔提预言》这一重要文献外,《对美里卡拉王的教谕》中,也有部分内容涉及第一中间期的社会动乱。《对美里卡拉王的教谕》通常认为是第 10 王朝阿赫托伊三世对其继承人美里卡拉王的教训。但是近年有人提出其王位是尼布卡拉,因而可能是阿赫托伊二世。《对美里卡拉王的教谕》是阿赫托伊三世治国平天下的一部政治纲领。

它是针对地方贵族割据分立的局面,提出如何巩固自己的王朝地位和"为王的一切规则"。所以,《对美里卡拉王的教谕》中涉及了对三角洲的边防建设,对南方底比斯政权的"和平共处"的关系,特别是阐述了如何颂扬政府的官员,改善战士的生活待遇,如何关怀和公正的对待人民,并且要求尊重和祭祀神灵。《对美里卡拉王的教谕》中贯输的处世原则是"不要作恶,忍耐是美德"。但是,对于"反叛者"除外。阿赫托伊教导说:"……而他是个易怒的人,一个多嘴的人,除掉他,杀死〔他〕,抹去他的名字,〔消灭〕他的派别,排除对他的和他的爱他的信徒的记忆。好争吵的人对市民来说是一个动乱:他在年轻人中创立了两个派别,如果你发现公民依附于他……在法官面前告发他,并且除掉〔他〕。他也是一个叛徒。"对于那些"激励者"和"反叛者",表现了刻骨的阶级仇恨和坚决镇压的态度。甚至连神也都不能饶恕他。"(对于)反叛者,当他的计划被发现时,由于很好知道了叛逆的心,而神把他生命的罪恶定罪。"[38]

　　不列颠博物馆收藏的第 5645 号书板,《卡凯培拉·塞奈布的苦诉》,或许也为我们提供了有关这一阶段历史的描述。关于《卡凯培拉·塞奈布的苦诉》文献的年代,通常有两种说法:一种意见,"似乎好像发生在第 12 王朝后半叶",另一种意见,正像 J. V. 塞特尔斯指出的那样,"注明日期为阿蒙尼姆赫特三世统治时期",[39]而 G. E. 卡迪什重新翻译了这篇文献,并说明:"我倾向于相信 B. M. 5645 原文代表了第 12 王朝晚后期的著作,它反映了能够容易归于第一中间期晚期和第 12 王朝早期的这些原文传统"。[40]《卡凯培拉·塞奈布的苦诉》一文是僧侣安虎对自己的灵魂("巴")以谈话的方式把他的苦恼转移给它。他所苦恼的就是从未发生的"骚乱"。安虎苦诉:"我注视已往发生的事情,情况是在整个大地发生的。变化正在发生,不像去年那样。一年比一年更骚乱。大地正在破坏,变成了荒地给我……不正当的行为(甚至)出现在保密议事室中。神的计划被干扰;他们的仪式被忽视。大地不断遭难。遍地是悲伤。各城和各州都在悲叹中。所有的人同样受害。(至于)崇敬,别过脸而不去理它。无言的(即死的)贵族烦恼不安。(当)每天黎明来临时,形势就照已发生的事情而倒退。"安虎的苦难,首先是"一年比一年更骚乱"。这种骚乱不仅干扰了"神的计划",忽视了"他们的仪式",而且甚至被破坏了"保密议事室"。"保密议事室"一词,另有译为"审判所""档案室""大监狱"等。总之,政府机关已被冲击。特别令安虎不安的是:"从祖先以来未曾发生过(这样的)灾难。人人因它而沉默。整个大地在万分的忧虑中,没有一个人没有不正当的行为;完全一样地正在犯罪。心灵是悲哀的。惯于屈服统帅的人,(现在)是统帅屈服于他的人,两者是心甘情愿的。"㊶在这里他所苦恼的是,人人都在犯罪和阶级地位的颠倒。

还有一篇《一个人与其灵魂的辩论》。关于这篇文献的断代问题,有人认为,它的日期是第12王朝时代,也有的认为,"原文日期是中王国,或者更可能是古王国和中王国之间的混乱时期。"㊷

《一个人与其灵魂的辩论》一文,记述了一个人由于苦难而轻生,想一死了之,但他的灵魂("巴")劝告他不要烦恼,要享受人生的快乐。《一个人与其灵魂的辩论》主要是反映了在第一中间期,由于社会骚动而给贵族阶级带来的苦难和精神压力。虽然,《一个人与其灵魂的辩论》并未直接描述社会骚动,但是,在字里行间仍然流露出社会动荡不安和人际关系的颠倒:"今天我能对谁诉说? 没有公正的人,大地留下了作恶的人"。㊸中王国时代社会的理想是追求所谓"公正"或"正义",而在他们看来"公正"或"正义"在那种混乱时代是不存在的。

上述有关的文学作品,尽管不是历史文献的直接记录,但是却给我们描绘了在第一中间期的社会的严重动乱和人民的大规模的起义,或者像某些人所说的"社会革命"。在长期的大饥馑的流行的同时,这场持续多年的人民大起义,破坏了政府机关,颠倒了阶级关系,冲击了人们的思想意识,淡化了对神的崇拜。作为奴隶主阶级的代言人,书吏、作家给我们留下了反映当时社会政治形势和贵族阶级思想感情的作品,当然是十分宝贵的。

### 四、边境的骚扰与南北方的争霸

早在古王国末期,第 6 王朝时期的大臣乌尼便多次远征亚细亚人,镇压了他们的暴乱。在第一中间期,由于中央集权统治的瓦解,地方分裂割据,周边国家的异族叛乱或渗入埃及境内骚扰破坏,严重影响了埃及的对外贸易和边境的建设。

在第一中间期,赫拉克利奥坡里斯的第 10 王朝的末后统治者之一,阿赫托伊三世曾经为亚细亚人的骚扰而感到忧虑。他在《对美里卡拉王的教谕》中说道:"我平定了全部西方,直至海岸",但是"东方富于射手"。"看哪!卑鄙的亚细亚人,他住在不好的地方,为水而苦恼,因树多而困难,由于山而道路难行,他不在一个地方居住,他的两脚游荡,他从荷鲁斯时代起已(总是)在战斗,(但是)他不能战胜,同样谁也不能对他取胜"。"他是外国人的(真正的)中心,他的墙是军事的,而他的士兵是许多的"。尽管如此,阿赫托伊三世还是阻击了他们:"我使北方打败了他们,我俘虏了他们的居民,并且获取了他们的牲畜,作为亚细亚人反对埃及的口实"。《对美里卡拉王的教谕》中还强调,不仅打败了亚细亚人,而且把他们"关在墙外",设立了一道防线,并树立了界标。"界标打进了我在东方布置的地区,直至赫必努的界线和到'荷鲁斯路'"。这一条防线大约从接近现代中埃及的密尼契到苏伊士限界上。在这同时,还"用市民居住并用人民,满布大地的哨兵充满,以便对抗那附近的他们的武装"。⑭显然是采用了移民政策,巩固边防。

关于亚细亚人对埃及的渗入和掠夺,在这同时或稍后时期的《聂非尔提预言》中也可以找到说明。文献一开始就讲到聂非尔提，"他沉思着（行将）在这土地上发生的事故。他想到东方各州人将以其强大的武力入侵，将搅乱那些正在收割的人们的心，夺走耕牛的套具"。后面又讲到，"一切好东西都不见了，这个地方枯竭了，这是亚细亚人满布各地的苦果"。"敌人从东方兴起，亚洲人来到了埃及"。⑤亚细亚人利用埃及中央政权的解体，不断渗入埃及，并且以武力骚扰、掠夺是不可避免的，但是所谓"满布各地"，显然是夸大其词，亚细亚人活动的范围不会超过东北三角洲地带。

第一中间期通常以第11王朝孟图霍特普二世的"两地统一"而结束，就在他的统一过程中，我们仍然看到了孟图霍特普二世对边疆的军事行动，其中除了击败亚细亚人外，还有利比亚人和努比亚人。

赫拉克利奥坡里斯王朝既要维护北部边疆的安宁，加强边防建设，又要对抗南方兴起的底比斯王朝。如果说，第9王朝时期，赫拉克利奥坡里斯王朝相对稳定的话，那么到了第10王朝时，赫拉克利奥坡里斯则受到了几乎与它同时建立的底比斯的第11王朝的威胁。赫拉克利奥坡里斯的第10王朝与底比斯的第11王朝南北对峙，都在力图把埃及统一在自己的政权下。因此，赫拉克利奥坡里斯和底比斯之间的斗争就成了第一中间期后一阶段的主要政治活动的内容。

在公元前3000年代末，底比斯还是一个在现今的卢克索和卡纳克地方的不大的居民点。最初科普托斯州占据了由厄勒藩汀到临近阿拜多斯的称为胡的地方。它成了"上埃及之首"，但是，其内部经常发生冲突，削弱了自己的实力。由于底比斯的独立及其政治影响的增长，而不断向北扩张，直至提斯州的阿拜多斯。对于底比斯日益增强的威胁，赫拉克利奥坡里斯的阿赫托伊三世及其同盟者阿西尤特（或西乌特）的州长泰费比不得不采取行动，攻击提斯州。在《对美里卡拉王的教谕》中提到了"塔乌特的南疆"，而塔乌特就是提斯州的阿拜多斯。正像《对美里卡拉王的教谕》所记的那样，"埃及在墓地上战斗"，因为阿拜多斯曾经是古代墓地。同时，阿赫托伊三世的军队"乱砍墓穴"，大肆劫掠。所以，形容阿赫托伊三世"像大暴雨那样获得了它"。⑯

阿西尤特州长在赫拉克利奥坡里斯与底比斯的南北两大势力的争霸中，始终站在赫拉克利奥坡里斯一边。在阿赫托伊三世统治时期，阿西尤特的泰费比率领军队击败了底比斯北上的军队。泰费比在其墓铭中说："（我们的）战士第一次与一同来自南方的厄勒藩汀到北方的……城……的南部各州会战……我来到了城市，我战胜……"铭文中强调，底比斯的"拥护者们（？）"来到以后，"我像灵猩一样，（迎着？）敌人（？）开始航行南方。""我由（？）……对他而来，没有胆战心惊……"⑰

底比斯第 11 王朝的安太夫二世在其长期统治过程中，不断攻击北方，直到成功地驱逐赫拉克利奥坡里斯在"整个提斯州"之外，并且逼迫到"他的北方边界，直到爱富罗底托坡里斯州（第 10 州）"。或许在这个阶段，赫拉克利奥坡里斯的阿赫托伊三世失去了最后战胜南方的信心，而不得不采取与南方的"和平共处"的政策。⑱

赫拉克利奥坡里斯王朝对于底比斯的发展和日益的增强而显得无能为力。虽然，阿赫托伊三世打败了亚细亚人的骚扰，北部边疆稳定，甚至恢复了与叙利亚的贸易，"人们可以看见杜松"，但是对于南方，只能采取均衡对立的原则。所以，阿赫托伊三世告诫他的继承者和儿子，"不要邪恶地与南部地区（交往），因为你知道与官邸城市（按：底比斯）有关的预言……他们没有侵犯（我们的边界），正像他们所说的那样……我也要对着它的在塔乌特的南疆赞美这个"。由于双方的"和平共处"，经济上也有了往来交易。"与南方地区和好，担子脚夫带着礼物来到这里。"阿赫托伊三世对美里卡拉还说："花岗岩运到你这里而没有障碍"。⑲这是指阿斯旺的花岗岩能够没有障碍地通过底比斯运到赫拉克利奥坡里斯，说明了南北之间的"和好"。

　　南北的"和平共处"持续了几十年,第10王朝的阿赫托伊三世在统治了约半个世纪之后,美里卡拉王继位。在美里卡拉王时代,双方之间的争霸仍在继续。阿西尤特州长泰费比之子,凯悌一世率领舰队在上埃及第11州舍斯霍特普战斗。正像铭文所述,"先前从未发生过,舰队的起点在舍斯霍特普,而其结尾在北王国(?)的……城。"这次战争,据凯悌一世传记铭文,"为了他(美里卡拉?)你一人在为他航行到南方以后,教训了南方(埃及)"。"'大宫'(按:底比斯王宫)的负责人因恐惧而(被推翻?)"。⑤⓪

　　但是在美里卡拉的短期统治过程中,无力继续抵抗底比斯的扩张。特别是赫拉克利奥坡里斯王朝在阿赫托伊三世统治几十年以来,总是伴随着王宫的政变和内讧,政权不稳,一个国王代替另一个国王。南方的底比斯,则是另一种情况。年轻的王朝与赫拉克利奥坡里斯相比,具有更巩固的政治基础。同时,从安太夫一世开始创立的阿蒙神的崇拜,逐渐发展起来。而阿蒙神实际上来自上埃及的赫尔摩坡里斯,被引入底比斯又获得了新的特征。作为国家神的阿蒙的崇拜,无疑地促进了埃及个别地区的集权化。⑤①

　　在孟图霍特普二世统治的第14年,底比斯的一件铭文提到了"提斯的叛乱",底比斯再动干戈,最后击败了阿西尤特和赫拉克利奥坡里斯的同盟,把"两地"重新统一在他的王朝下。

## 第二节　统一王国的重建与中王国时代王朝世系的演变

### 一、"两地"的统一与中王国的创建

　　在第一中间期,第10王朝的赫拉克利奥坡里斯与第11王朝的底

比斯南北对峙维持了将近一个世纪之久。通常是以第 11 王朝的建立，即公元前 2133 年作为中王国的开端，但是，直至第 11 王朝的第 5 王孟图霍特普二世统治时期，他最终击败了赫拉克利奥坡里斯及其同盟阿西尤特，并占领了赫拉克利奥坡里斯，把"两地"重新统一在他的第 11 王朝之下，结束了历史上的第一中间期，开辟了一个新的历史时代。在赫拉克利奥坡里斯崩溃以前时期的格伯林殿堂的浮雕上，我们见到了"拉之子，孟图霍特普"打击同类的埃及人的场面。他穿着褶皱的国王或贵族的短裙，并且被 3 个外国人——努比亚人、亚细亚人和利比亚人所陪伴，或许表现了作为赫拉克利奥坡里斯军队重要组成部分的外国辅助部队已归属于他。附带的铭文把国王描写为"两地之首的征服者，他在上埃及和三角洲……两岸……和两城市确立了秩序"。①在这里显然涉及了消灭赫拉克利奥坡里斯集团及其附属的下埃及世袭的州长。形势的发展还反映在他所采用的荷鲁斯名字的内容上。他以珊克伊布托威（"他是使两地之心成为活着的人"）的荷鲁斯衔名开始统治，正像铭文所表示的那样，至少使用到他的第 14 年（公元前 2047 年）。有时他也采用尼切利赫杰特（"白冠之主"）的荷鲁斯名，明显地表明了他对全部上埃及的统治权力。最后在他统治的第 39 年（公元前 2022年），他的荷鲁斯名成为斯玛托威，意为"两地的统一者"。由此可见，在他统治的第 14 年和第 39 年间，或许在公元前 2040 年前后，他必定取得了对赫拉克利奥坡里斯王朝的美里卡拉王的一些不知名的继承者的完全的胜利。②

孟图霍特普二世的胜利具有重大的历史意义，传统上给他以崇高的地位。在西底比斯的拉美修姆祭庙的铭文上，把第 1 王朝的美尼斯，第 11 王朝的尼布赫帕特拉（孟图霍特普二世的王位名），第 18 王朝的阿赫摩斯诸王的名字并列在一个名单上，显然表明了他们是人所周知的古王国、中王国和新王国的创建者。③

## 二、第 11 王朝国王世系的演变

中王国时代包括第 11 和第 12 王朝。据马涅托的记载,第 11 王朝是由狄奥斯坡里斯(或底比斯)的 16 王组成,统治了 43 年。④但事实上是由 7 王组成,统治了 142 年。

表 12　第 11 王朝(公元前 2133—前 1991 年)王名表

| 荷鲁斯名 | 王位名和本名 | 公元前年代 |
|---|---|---|
| 泰皮阿<br>塞亥尔托威 | 孟图霍特普<br>安太夫 I | 2133—2118 |
| 瓦汉库 | 安太夫 II | 2117—2069 |
| 那克特尼布太普尼斐尔 | 安太夫 III | 2068—2061 |
| 珊克伊布托威<br>尼切利赫杰特<br>斯玛托威 | 尼布赫帕特拉　孟图霍特普 II | 2060—2010 |
| 珊克托威夫 | 珊克卡拉　孟图霍特普 III | 2009—1998 |
| 尼布托威 | 尼布托威拉　孟图霍太普 IV<br>神之父塞索斯特里斯 | 1997—1991 |

孟图霍特普一世是安太夫州长的儿子和继承者。在公元前 2133 年,孟图霍特普一世公开否认北方的赫拉克利奥坡里斯的第 10 王朝君主的统治,在底比斯创建了新的统治王朝,传统上被认为是第 11 王朝的创建者。虽然,他在位时可能没有得到王衔,但被他的后裔封上荷鲁斯衔名为"荷鲁斯·泰皮阿('祖先'),诸'神'之父,孟图霍特普(王)"。他的名字被写在卡纳克王名表的两个王名圈中,并被排列在第 11 王朝王名表的第 1 位上,还出现在他的年少的儿子安太夫二世王的雕像上。

安太夫一世,或安姚太夫一世,继承了他的父亲,"祖先"或"起初的"孟图霍特普一世王位,采用了"荷鲁斯·塞亥尔托威('两地的平定者'），拉之子"的头衔。他的名字在卡纳克王名表上紧跟随着他父亲的名字之后，并且伴随着他的 3 个继承者安太夫二世、安太夫三世和孟图霍特普二世，出现在陶德的神庙门侧的柱子上。面对分裂的埃及，安太夫一世开始统一南部各州，以便上埃及能够独立于赫拉克利奥坡里斯王朝，同时也对阿西尤特和赫拉克利奥坡里斯用兵多年。他的荷鲁斯名反映了他的统一活动及其成就，但是他并没有统一全国。安太夫一世死于公元前 2118 年，戴拉·阿奔·纳戈东北大庭院墓地可能属于他的，它位于所谓"安太夫墓地"的底比斯大坟地的那一部分。其墓的正面，岩石雕刻的柱廊被 12 个门口穿进而引入地下埋葬的复合体建筑，并且完全可能的墓顶上筑有泥砖金字塔。

安太夫二世（公元前 2117—前 2069 年），荷鲁斯名为瓦汉库，孟图霍特普的幼小儿子，安太夫一世之弟。安太夫二世时代，其北方仍然存在赫拉克利奥坡里斯王朝。赫拉克利奥坡里斯王朝与阿西尤特的地方首领联合蹂躏了提斯城，安太夫二世率领军队击败赫拉克利奥坡里斯，并夺取了提斯州。但是他没有进一步向北方推进，而仅仅满足于维持上埃及的领域和对赫拉克利奥坡里斯的贸易。在他的庭院墓地的大石碑上，描述了他的夺取提斯州的战斗。他的统治至少延续了 50 年。赫拉克利奥坡里斯第 10 王朝的阿赫托伊三世给其子美里卡拉王的教谕中所讲的"与南方和好"，正是属于安太夫二世统治时代。

安太夫三世，荷鲁斯名那克特尼布太普尼斐尔，第 11 王朝第 4 王（公元前 2068—前 2061 年）。当他登上王位时或许已经是一位年迈的老人，仅仅统治了 8 年。他父亲在位时代的两名廷臣不仅仍然服务于他的宫廷，甚至继续到他儿子的时代。他在南方厄勒藩汀修复了海卡耶布神庙。他在北方不顾赫拉克利奥坡里斯王朝的反复攻击,而坚持守卫他的先辈得到的地方,特别是阿拜多斯。虽然,铭文提到了"荷鲁斯·那克特尼布太普尼斐尔,上下埃及之王,拉之子,伟大的安太夫",但事实上,上下埃及仍然处于对峙的局面。还有一个值得注意的现象是,在一个侍从麦杰吉的石碑上,他的正式的名字为阿蒙尼美斯("阿蒙是首位的")。这可能涉及阿蒙神与底比斯的其他微贱的地方神之间的关系与和解。⑤在安太夫统治时代,阿拜多斯保留在底比斯领地上,但是处于艰苦"不幸的年代"中,或许发生饥馑现象。⑥

　　安太夫三世的妻子是阿奥(雅赫)王后,孟图霍特普二世的母亲。他的女儿尼斐鲁嫁给了他的继承者孟图霍特普。安太夫的另一个妻子是海尼特王妃。他的墓葬虽然至今尚未发现,可能他被埋葬在西底比斯。

　　孟图霍特普二世,王位名为尼布赫帕特位(公元前 2060—前 2010 年),安太夫之子。他采用了荷鲁斯衔名珊克伊布托威,至少到他统治的第 14 年,后来又采用尼切利赫杰特("白冠之主"),以表示他对上埃及的权力。大约在公元前 2040 年,孟图霍特普二世的军队占领了曾经作为第 9 和第 10 王朝首都的赫拉克利奥坡里斯,结束了南北对峙的局面,把上下埃及重新统一在第 11 王朝之下。

　　孟图霍特普二世除了恢复埃及的统一局面外,还力图巩固埃及的边境,开展了对渗入三角洲的利比亚人的战斗,和对西奈的亚细亚人的战争,并且恢复了对努比亚的远征。他在这个过程中,甚至利用了努比亚人和利比亚人充实自己的军队。

　　在底比斯的尼罗河西岸,戴尔巴哈里,孟图霍特普二世建筑了一座著名的陵墓。但是陵墓完全被破坏,目前仅仅剩下一些柱基。在陵墓附近的山丘上,还布满了历次战争中牺牲的官兵的墓。孟图霍特普二世的王后是他的姊妹尼斐鲁,但是他的继承人却是他的另一配偶泰姆所生。

孟图霍特普三世，其王位名珊克卡拉（公元前 2009—前 1998 年）。他是在孟图霍特普二世统一了埃及以后的第一个继位者，所以，国家处于蒸蒸日上的和平、繁荣的时代。他在年轻时代，曾经是他父亲手下的一名老兵，在公元前 2009 年，他继位以后的 12 年间，作为新的国王，致力于发展经济，开展了与红海的贸易，关注哈马马特干河的采石场工作，重视艺术和建筑的发展。他在能够俯视尼罗河两岸的高山上建筑了一座神庙或祠堂献给托特神。在厄勒藩汀到阿拜多斯的一些神庙中给我们留下了一些精美的浮雕，在埃及艺术编年史上远胜于从前。他自己的丧葬建筑物位于戴尔巴哈里，但却未能完成。

孟图霍特普四世，王位名尼布托威拉（公元前 1997—前 1991 年），孟图霍特普三世和出身低贱的伊米王妃之子。在他统治时期，重新确立与蓬特的商业关系，并在红海沿岸建立了一个港口城市屈赛尔，作为在蓬特的前沿地。他又着手远征矿山和采石场，在哈马马特干河岩壁上，刻有一段很长的铭文，记录了他派遣万人士兵去山上开采制造石棺用的石材。据记载，石棺盖约宽 2 米，长 4 米，厚 1 米。一支 3000 人的水手的队伍负责运送。⑦这次远征的指挥官阿蒙尼姆赫特由于阴谋活动而篡夺了王位，结束了第 11 王朝。

### 三、第 12 王朝国王世系的演变

第 12 王朝，据马涅托的记载，由狄奥斯坡里斯（底比斯）的 7 王组成，共计 160 年。此外，他还把阿蒙尼姆赫特作为第 11 王朝到第 12 王朝的过渡的国王，排列在第 11 王朝之后，统治了 16 年。⑧实际上，第 12 王朝共 8 王，总计 205 年。如果把阿蒙尼姆赫特排在第 12 王朝，马涅托提供的王名及其人数是正确的，只是年代上有出入。

**表 13　第 12 王朝(公元前 1991—前 1786 年)王名表**

| 王位名和本名 | | 年代(公元前) |
|---|---|---|
| 塞赫太帕布拉 | 阿蒙尼姆赫特 I | 1991—1962 |
| 凯帕尔卡拉 | 塞索斯特里斯 I | 1971—1928 |
| 努布考拉 | 阿蒙尼姆赫特 II | 1929—1895 |
| 卡凯帕尔拉 | 塞索斯特里斯 II | 1897—1878 |
| 卡考拉 | 塞索斯特里斯 III | 1878—1843 |
| 尼马拉 | 阿蒙尼姆赫特 III | 1842—1797 |
| 马凯鲁拉 | 阿蒙尼姆赫特 IV | 1798—1790 |
| 索布克卡拉 | 索布克尼弗鲁 | 1789—1786 |

　　阿蒙尼姆赫特一世,或阿蒙尼姆赫,阿蒙尼美斯,又名塞赫太帕布拉(公元前 1991—前 1962 年),第 12 王朝的创建者。他的母亲尼芙丽特,可能是努比亚血统。她除了"王母"之外,无任何其他头衔。所以有人推测,阿蒙尼姆赫特为平民出身。但是,据铭文所载,他在孟图霍特普四世统治时,曾经是世袭的公侯,城市长官,法官长,6 法院之长,南部大门之守卫者,上下埃及的富豪,国王的宠臣,国王的维西尔。⑨正是由于他的这样的出身和身居要职,因而在孟图霍特普四世去世时,阿蒙尼姆赫特篡夺了王位,登上了宝座。阿蒙尼姆赫特的荷鲁斯名为维哈美斯维,意为"反复出生的人",隐喻他再生不息,天长地久。他的首都定于上下埃及接壤处的利希特遗址,名为伊悌·托威("两地的夺取者"),以纪念他的篡权夺位的成功。《聂非尔提预言》,把阿明尼(阿蒙尼姆赫特的缩写)看成是埃及的解放者而推崇他,并祝福他复兴埃及大地。

　　在阿蒙尼姆赫特统治期间,他对利比亚人和西奈的亚细亚人发动了远征,并在那里建筑了"大公墙",作为维护埃及东部边境地区的防御墙和堡垒。在南方的第二瀑布塞姆纳,创设了另一些堡垒,并在第三瀑布的凯尔玛和努比亚前哨,建立设防的哨所。

公元前 1971 年,阿蒙尼姆赫特任命他的儿子塞索斯特里斯一世为共治者。假借阿蒙尼姆赫特的名义写成的著名的《训诫》,记录了在阿蒙尼姆赫特身边发生的流血事件,并且告诫他的儿子"不要信任一个兄弟,不要认识一个朋友",小心人们的阴谋活动。在塞索斯特里斯一世远征利比亚的过程中,阿蒙尼姆赫特突然死去,可能被阴谋暗杀。著名的《辛努亥的故事》涉及这个事件的背景。

阿蒙尼姆赫特一世的主要配偶之一是尼弗鲁托坦,她或许是塞索斯特里斯一世的母亲。德杰特则是他的姊妹。阿蒙尼姆赫特的一名女儿尼弗鲁舍丽则成为他的儿子塞索斯特里斯一世的妻子。

塞索斯特里斯一世,又译为森沃斯列特、森沃斯列、塞努塞尔特,王位名凯帕尔卡拉(公元前 1971—前 1928 年)。塞索斯特里斯一世在其父的晚年与其父共治 10 年以上。当他父王死时,他从出征的战场返回首都。塞索斯特里斯一世以其征服和建设的成就而著名。他稳定了北方,特别是东北的巴勒斯坦,并确立了贸易关系,还远征了南方的努比亚。在第二瀑布附近的布亨发现了他统治第 18 年所立的石碑,上面对战神孟图铭刻的一段铭文是:"我为你带来了努比亚的全部国家",至少 10 个俘虏的浮雕画象征了他所征服的 10 个地方。在布亨、塞姆纳一带又建设了坚固的城堡。他在尼罗河的上游和下游建造了各种建筑物,包括两个方尖碑,有一个留传至今。他还在赫尔摩坡里斯重建太阳神庙,阿蒙的崇拜开始兴旺。他的最重要的遗物是在利希特其父王的陵墓南两公里所建的金字塔,现已风化倒毁。金字塔中出土了 10 座他的雕像。他的坟墓和祭庙以其美丽的浮雕和雕像而引人注目。他还大量装饰已有的祠堂和神庙。其建筑风格力主恢复古王国的传统。塞索斯特里斯一世死于他统治的第 45 年。约在他死亡前两年,同样任命了他的儿子阿蒙尼姆赫特二世为共治者。

古典作家保留了不少有关塞索斯特里斯王的传说。塞索斯特里斯无疑地在内部建设和对外征伐中建立了丰功伟绩,第 12 王朝同名的另有两个塞索斯特里斯王,其中,塞索斯特里斯三世同样建功立业。所以,塞索斯特里斯成了希腊人传统中的传说人物。希罗多德提到塞索斯特里斯。⑩而狄奥多拉斯讲到了同一个故事传说,则把他称为塞索西斯,认为此名来源于塞斯苏,拉美西斯二世(第 19 王朝)名字的简缩形式,而普林尼则把拉美西斯二世称为塞索提斯。⑪显然,把著名的国王拉美西斯二世也混入塞索斯特里斯同一个传说之中。

阿蒙尼姆赫特二世,王位名努布考拉(公元前 1929—前 1895 年)。在塞索斯特里斯一世的晚年,阿蒙尼姆赫特与其父共治两年。在他父亲去世后,他开始了对努比亚的远征,以及对蓬特、西奈和叙利亚的远征和贸易。他努力面向国际事务,并注意防范地方贵族的分裂活动。晚年,他指定其子塞索斯特里斯二世为共同摄政王,统治了三年,死后葬于达赫舒尔。

塞索斯特里斯二世,王位名卡凯帕尔拉(公元前 1897—前 1878 年)。他和他的父王共同摄政三年。他指挥了对努比亚地区的远征,在第一、二瀑布之间的阿尼巴筑起了堡垒和城墙,又在第二瀑布南建筑米尔吉萨堡垒,把埃及的边界延伸到那里;他在努比亚和西奈积极开采矿山,特别是金矿,与巴勒斯坦和叙利亚保持联系,并接受叙利亚的贡品。国家财力雄厚富足。在他统治时期最大的成就是开发法尤姆地区。他在拉宏的入口把尼罗河引入法尤姆的莫伊利斯湖,在那里还修建了大坝和排水闸以调节湖水的水位,并开拓了成千英亩的沼泽地,使之变成良田,为以后的法尤姆大规模水利建设、维护和发展奠定了基础。塞索斯特里斯的金字塔也建于拉宏,似乎意味着他永远注视新开发的这一片大地。但是,新王国时代的拉美西斯二世为了筹备建筑材料,却破坏和劫掠了这个遗址。

塞索斯特里斯三世,王位名卡考拉(公元前 1878—前 1843 年),塞索斯特里斯二世之子,中王国时代的最著名的国王之一,也是晚后传统上的塞索斯特里斯的主要原型。塞索斯特里斯曾四次远征努比亚,可能为的是平息那里的骚乱,把埃及的边境推延到第二瀑布和第三瀑布之间的塞姆纳,并建筑了八座堡垒。他修复或重新开凿了一条从厄勒藩汀穿过尼罗河的运河,以便于军队运送和商船航行。他还对巴勒斯坦进行小规模的远征。

从第 12 王朝以来,虽然国家早已统一,但是地方世袭贵族仍然具有一定的特权,塞索斯特里斯三世为了削弱地方权贵的势力,进行了行政改革,把权力集中于中央政府手里。此后,再也看不到作为地方权贵势力象征的豪华的贵族坟墓。他的金字塔,以及他的女儿和王妃的陵墓全部建筑于他祖父阿蒙尼姆赫特二世的金字塔所在地达赫舒尔。在达赫舒尔,王家宫廷一些夫人墓中出土的"达赫舒尔宝藏"和在拉宏的塞索斯特里斯三世之姊妹塞塔托丽尼特公主墓中出土的所谓"拉宏财宝",反映了中王国时期上层阶级优雅富足的生活和工艺美术的绝妙的水平。

阿蒙尼姆赫特三世,王位名奈马特拉,或尼马拉(公元前 1842—前 1797 年)。阿蒙尼姆赫特三世在其先王塞索斯特里斯二世的基础上,进一步开发了法尤姆地区,建立了完整的水利灌溉系统。阿蒙尼姆赫特三世为了保护西奈半岛的资源,输入铜矿,在那里建筑了永久性的工人住房和堡垒,同时还利于防范贝都因人的骚扰。他的统治是在和平环境中渡过的,除了暂短的惩罚性的武力活动外,没有军事远征。在努比亚,维持他的势力直到第三瀑布。在达赫舒尔,阿蒙尼姆赫特三世建造了一座金字塔,但是他却被埋在哈瓦拉的金字塔中。在那附近,还有一片 305 米×244 米的废墟,据考证,这就是古典作家常常赞美的著名的"拉比林特"迷宫。[⑫]

阿蒙尼姆赫特四世,王位名马凯鲁拉(公元前 1798—前 1790 年)。

阿蒙尼姆赫特四世可能是阿蒙尼姆赫特三世之子,因其父统治长达40余年,而他即位时已到老年。可能,他还与其父共同摄政一个时期。阿蒙尼姆赫特四世在其暂短的统治时期,接受了来自毕布罗斯和叙利亚等国的贡品。可能,他在法尤姆为吉祥女神拉尼涅特建筑了神庙。他的金字塔建于马兹古纳,已破损。阿蒙尼姆赫特四世没有男性后嗣,他的王位被他的姊妹或异母姊妹索布克尼弗鲁所继承。

索布克尼弗鲁,王位名索布克卡拉(公元前1789—前1786年)。或许是阿蒙尼姆赫特三世之女儿,又是阿蒙尼姆赫特四世之姊妹。有一段铭文刻有她和她父亲阿蒙尼姆赫特三世的名字,或许可以说明两者的共同摄政。她登基后采用的衔名是"雌性荷鲁斯,梅里耶特拉,上下埃及之王,索布克卡拉,拉之女,索布克尼弗鲁"。她的在位时间不到4年,而一些王名表记为3年。第12王朝至此结束。

## 第三节　中王国时代的行政改革与对外战争

### 一、行政改革与中央集权统治的恢复和确立

在中王国时代初期,虽然赫拉克利奥坡里斯及其附属的世袭的州长已被消灭,或归并于底比斯的新政府,但是中部一些州的地方贵族并未受到严厉的镇压,而且在这个地区内由国王保护王家和州的官员的合作所采用的方法也是不果断的。特别是像阿西尤特州长那样,并不表示和解。另一方面,在野兔州的赫尔摩坡里斯和羚羊州的贝尼哈珊统治的贵族则是平稳的,并且似乎仅仅和缓的限制了他们的古代特权。①这些情况说明,地方贵族的势力还没有完全被摧毁。尤其是北部诸州仍然倾向于衰落的赫拉克利奥坡里斯家族。此外,千百年来,虽然提斯已经失去了它的政治上的重要地位,但是,所有的埃及国王,除

了底比斯以外，仍然居住在以它为中心的北方，形成了对南方的底比斯的离心力量。由于上述几种因素，因而有的埃及学学家把中王国时代仍然称作"封建时代"或"封建争霸"，把某些地方世袭贵族称为"封建贵族"。当然，这些表述并非科学的。

孟图霍特普二世既然统一了埃及，面对这种形势，必然要削弱和消灭地方世袭贵族的势力，以恢复和加强中央集权的统治，而其首要的任务就是在行政方面进行改革。管理国家的实践通过驻在于城市中的钦差大臣乃是这种改革的基础。由于这种实践的结果，划分成的上下埃及，如同州的独立一样，变成了仅仅在宗教仪式范围内保存到一定阶段的虚构。②

此外，中央政府的要职往往任命底比斯人担任。在孟图霍特普二世统治时代，3 个底比斯人——戴吉、贝比和埃皮连续不断地担任维西尔要职，并且像古王国时代那样，还具有金字塔或官邸城市的监督职务。非常重要的财政大臣的职务，授予国王的其余 4 个市民同伴。

在政府中新设"下埃及总督"职务，与古王国时代末期设立的"上埃及总督"相对应，选拔伊提乌担任，以负责远离首都的下埃及的贡赋徭役以及公共土木建筑事业。国王还任命了他的亲信担任国王的总管，东部沙漠监督等职务。孟图霍特普二世任命钦差大臣直接监督地方的政治体制，以及利用他的亲信掌握中央政府各重要部门的行政改革，强化了中央政府的统治。

但是，孟图霍特普二世的激进的中央集权化统治的政策，招致了地方世袭贵族的反对，其结果就是孟图霍特普四世时代的宰相阿蒙尼姆赫特一世（公元前 1991—前 1962 年）的政变和篡权，推翻了第 11 王朝、创建了第 12 王朝。

阿蒙尼姆赫特一世首先在他的墓地利希特附近建立新的城市，名为"阿蒙尼姆赫特·伊悌托威"，后来，简称为伊悌托威，并把它定为首都。

作为政变和新王朝支持者的地方世袭贵族,在阿蒙尼姆赫特篡夺政权后以及其随后几个统治者在位时代,逐渐恢复了他们的某些特权。在上下埃及,特别是野兔州和羚羊州,他们已夺回了许多权利和在赫拉克利奥坡里斯时代为"封建君主"所享有的独立性,并且再次用财富和炫耀来与国王竞争。赫拉克利奥坡里斯的贵族图特霍特普,在海特努布为他自己开凿而成的贝尼哈珊的岩窟墓和雪花石膏巨像,就是行省统治者显示其富丽堂皇的新的鲜明例证。③此外,以中埃及为中心的州的"大首长"的称号又恢复起来,在政变以后,一些有功的地方贵族许多人被任命为州长。同时,州长之间也相互争斗,扩大自己的地盘,以致国王不得不明确规定州的边界和明文颁布灌溉系统的用水权的法令。④地方世袭贵族势力的复活及其特权,再次威胁了王家的中央集权的统治。

在塞索斯特里斯三世统治的后半叶,国王忍无可忍,果断地再次进行了加强中央集权统治,削弱地方权贵势力的改革。

上埃及、中埃及和下埃及各州分别由中央政府划分的三大区(瓦列特)管理,代替了先前的钦差大臣驻在城市的管理体制。已知的各大区为北方瓦列特、南方瓦列特和南方之首瓦列特。每个大区由"报告者"和官员所领导,他的助手有"第2个报告者""委员"(djadjat)、"瓦尔图"(Wartu)和书吏等幕僚。这种地理上划分三大区的行政管理体系,是在维西尔的全面监督之下。⑤塞索斯特里斯三世还力图剥夺各州地方贵族的传统的特权和优惠的地位,并且贬低他们政治上的虚构的身份。行政改革的具体效果究竟如何? 不得而知。但是,地方的一系列豪华的大岩窟墓逐渐消失,州的"大首长"的称号也已灭绝,这些现象或许为我们研究地方贵族势力的衰败提供了某些证据。

## 二、军事组织与对外征服活动

在古王国时代,埃及周边部落不断遭受到埃及的侵略和征服。但是,在第一中间期,特别是在第 10 王朝时代,尼罗河谷两边的沙漠部落,西奈半岛和西南亚的贝都因人以及南方的努比亚人利用埃及国家分裂和削弱的形势,屡屡攻击埃及的边境并骚扰其居民。在埃及中王国时代,法老政权的统一王国恢复后,埃及又继续推行和加强了对周边国家和民族的军事征服政策。

中王国时代的军事组织越来越强化。如果说,先前是以州为单位临时仓促招募民兵,在州长和专门的军事长官的领导下应付紧急事件,而现在的军队则是由训练有素的固定的战斗兵团组成。早在第 10 王朝时期的阿西尤特州长美瑟赫梯墓中出土的两组战士队伍的模型已经给我们指明了这一特点(见图 39)。第一队是由每行 4 排的埃及战士组成,他们被带有铜尖的高大长矛和尖端朝上的盾牌所武装;另一队战士由归顺的努比亚人组成,握有燧石尖的箭和弯弓的武器,采取同样的编制。这种队伍的构成或许已经成为第一中间期和中王国时代军队组织结构的基本形式。根据这些模型和有关的铭文,我们可以看到规模和编制大小不同的部队组织机构。部队和兵团的编制,通常按照 6、40、100、400、600、2000 甚至 3000 人为单位组成。例如,在第 11 王朝时期对蓬特的商业远征就用了 3000 人的队伍。⑥阿西尤特战士的模型使我们想起了中国秦始皇的兵马俑,但是,两者的数量和整体规模是无法比拟的。这些战士通常被固定在正规的军事部队中,或许脱离了自己的家庭经济,而过了一个相当长的时候,变成了职业战士。这种固定的常备军战士往往可以得到国家授予的特殊的份地。新兵通常是在埃及各地招募,从中王国时代开始,还包括了从努比亚部落中征集来的雇佣兵。因为努比亚人在第12王朝时被法老所征服,这些努比亚人大部分

图 39　战士模型（1.93 米长）

依附于法老,而有些努比亚人作为埃及州长的"随从"加入军事卫队中,还有些麦德查部落出身的努比亚人服务于埃及的警察部队。

除了法老的常备军外,在军事远征期间,州长也许仍然主持地方部队,参与法老的军队中。这种地方部队有时由 400—600 人组成。⑦在远征邻近国家的军事组织中,地方部队有时作为护送队而起着辅助部队的作用。

中王国时代的军事远征活动,从第 11 王朝的孟图霍特普二世开始。作为"两地的统一者",孟图霍特普二世在恢复和统一了国家之后,即刻开展了对外的军事征服。在格伯林寺庙发现的 1 个浮雕残片上,我们看到了国王击败了敌人,铭文标明那是"利比亚人的首领"。另一块浮雕残片描绘了这位法老又击败了 4 名敌人,他们是"塞努〔努比亚人〕、塞切契乌〔亚细亚人〕和捷赫努〔利比亚人〕"。整个铭文表示:"击败两个国家的首领,俘获南部和北部,山地外国和尼罗河两岸的,九弓部落和两个埃及的国家"。在这里,孟图霍特普二世显然是把自己描绘为埃及两部分,三角洲和河谷的统一者,以及邻近埃及的亚细亚、利比亚与努比亚地方的征服者。孟图霍特普二世的远征仅仅是为了守护埃及的边界,带有惩罚性质的,不同于后来的大规模的掠夺性的远征。⑧但是,努比亚人、利比亚人和亚细亚人的渗入和骚扰埃及的现象并未中止。所以,中王国时代埃及的连续不断的对外征服,实际上是在第 12 王朝以后。

第 12 王朝的创立者阿蒙尼姆赫特一世,对其邻近部落进行了一系列大规模的战争。在阿蒙尼姆赫特一世在位的第 24 年的尼苏孟图统师的铭文中,记载了对亚细亚人的远征及其胜利:"我打败了亚细亚的沙漠居民特劳格罗狄提斯。我破坏了〔游牧民〕的要塞,就像〔它们从未〕存在的一样。"⑨从这里所记的铭文来看,埃及人取得了对西奈半岛的游牧部落的胜利,并且侵占了南巴勒斯坦的居住区。与此同时,阿蒙尼姆赫特一世还在埃及的西北边境发动了对利比亚人的战争。在贝尼哈珊的浮雕画面上保留了这场战争的场面,并且展示了利比亚部落的男人、女人及其孩子们的画像,显然是州长赫努姆霍太普把他们作为他自己远征利比亚的战利品。而《辛努亥的故事》所记的主人翁辛努亥逃跑的故事,正是开始于阿蒙尼姆赫特一世在位的第30年,当他派遣其儿子塞索斯特里斯一世远征利比亚并已取得了胜利的时候。那时埃及人"捕获了利比亚人的俘虏和完好的所有牲畜"。⑩在阿蒙尼姆赫特一世对他的儿子和继承者塞索斯特里斯一世的《教谕》中,还谈到了阿蒙尼姆赫特一世对努比亚和亚细亚人战争的胜利:"我抓住了瓦瓦特的人民,我捕获了玛佐伊的人民,我使贝都因人变成猎狗一样。"⑪

塞索斯特里斯一世继承了其父辈的侵略政策,进一步发动了对努比亚地区的远征。在贝尼哈珊的贵族阿蒙尼姆赫特(阿美尼)陵墓中的传记上,记述了在塞索斯特里斯统治的第18年和25年对努比亚的两次远征和对科普托斯的一次远征。铭文写道:"我航行到南方,为上下埃及之王凯帕尔卡拉(塞索斯特里斯一世)带来黄金"。⑫厄勒藩汀州长西连诺威特在他的铭文中说:国王派遣他⋯⋯"毁灭了库什国家"。⑬最后,在努比亚的哈拉干河发现了孟图霍特普将军的大块铭文,在那里讲到了塞索斯特里斯一世征服了努比亚,在铭文上面还描绘了站在战神孟图面前的塞索斯特里斯一世,国王对神说:"我把努比亚的所有的国家带给了你,在你的脚下,善良的神"。随后又记载了10个城镇的名字。⑭

阿蒙尼姆赫特二世和塞索斯特里斯二世时期的史料反映了他们对"神国"蓬特的注意力,并力图巩固在那里的势力。

早在第11王朝时期,埃及已经建立了由科普托斯到红海岸的通路,再由那里用船航行到蓬特。这个时期又开始利用位于戈苏斯干河附近的红海岸的港口。在这里发现了阿蒙尼姆赫特二世时代的铭文,证明了埃及军队经过这条道路通向蓬特。在戈苏斯干河同样也发现了不少的铭文。阿蒙尼姆赫特二世的副财政大臣塞哈托尔的铭文还记述了他对努比亚和西奈的远征。铭文写道："我作为一个青年人巡视了铜山(西奈)，并且我强迫(努比亚)首领淘金。我带来了孔雀石，我到达了尼格罗人的努比亚"。⑮神的司库员克努姆霍特普报导了塞索斯特里斯二世统治第一年,在"神国"，显然是蓬特建立了纪念碑，以巩固自己在南方的新的边界，并在那里建立堡垒。⑯

近年发现的阿蒙尼姆赫特二世的孟斐斯铭文还证实了埃及在巴勒斯坦的军事活动。

阿斯旺附近山崖上的哈普官员的铭文讲到了他在塞索斯特里斯二世统治的第 33 年被派往南方,为的是"视察在瓦瓦特国家的堡垒"。⑰

但是,总的说来,在阿蒙尼姆赫特二世和塞索斯特里斯二世统治时期的军事远征,特别是对南方基本上是停滞的,而努比亚人部落则乘机逐渐向北移动，并且直接威胁了埃及在第一、二瀑布之间的地带辖区的安全和利益。塞索斯特里斯三世面对这一形势,首先要解决下努比亚和上埃及之间水路通行的环节。所以,在他统治的早期,或许是在伊什舍拉勒开凿了在瀑布中开放的运河，称为"美好的是卡考拉(塞索斯特里斯三世)之路"。塞索斯特里斯三世对努比亚进行了 4 次远征。第 1 次远征是在他统治的第 8 年,他率军通过运河逆流而上"去征服卑鄙的库什"。第 2 次远征是在他统治的第 12 年,"陛下旅行去征服库什"。在其统治的第 16 年的第 3 次远征,无情的、彻底地消灭了库什居住地。第 19 年的第 4 次远征,"塞索斯特里斯三世旅行去征服卑鄙的库什"。⑱埃及人可能靠着船只巡行到第二瀑布,因为在塞索斯特里斯三世即位的第 8 年和第 16 年的远征,使南部边境确立在塞姆纳。埃及人在塞姆纳和第二瀑布北端的布亨之间建筑了一系列 8 个泥砖堡垒,以巩固其南部边界。塞索斯特里斯三世还在塞姆纳西部,库玛和伊洛奈尔梯建筑了堡垒。这些堡垒成了埃及军事建筑工程的最好范例。⑲
塞索斯特里斯三世由于他对努比亚的征服,并巩固埃及在南部边境的
地位而赢得了声誉,为后人所铭记。还需要指出的是,塞索斯特里斯三
世对北方的远征活动甚少。他的一名官员阿蒙尼姆赫特的铭文记载了
他去玛格哈拉干河"为陛下带来了发亮的珍贵的石材"。⑳此外,仅有
一次派遣军队远征叙利亚和巴勒斯坦。埃及人进军曼提岛,还打败了
舍契姆和列腾努地区的亚细亚人。

　　第 12 王朝晚期的一些所谓"诅咒文",反映了埃及对亚细亚和努
比亚的远征。这些原文往往刻在陶器和泥塑的被俘人物的小雕像上,
并埋在底比斯和萨卡拉的死人墓附近。那些小雕像包括了实际上可能
的构成了对埃及威胁的,因而导致埃及人企图攻击的敌人的形象。㉑

　　如果说,塞索斯特里斯三世的军事政策是再次确定埃及对西亚和
努比亚的地位和影响的话,而他的后继者阿蒙尼姆赫特三世则是巩固
在塞姆纳国境的边防,并且开采石矿和金矿。阿蒙尼姆赫特三世的名
字从凯尔玛到毕布罗斯受到了尊重,并且在他统治期间,大量的东方的
劳动者,从农民到士兵和工匠来到了埃及。㉒但是,在达赫舒尔的一个
胸饰上,描绘了国王打杀西奈和南巴勒斯坦的贝都因人,暗示了矿山远
征队偶然抗击邻近沙漠的游牧部落。

　　阿蒙尼姆赫特三世在开发法尤姆的同时,对西奈地区的绿松石和
铜矿的探查达到了空前的程度。在塞拉毕特·卡迪姆发现了在他统治
的第 2 年和第 45 年间的不少于 49 块铭文;在玛格哈拉干河和奈斯布
干河还发现了 10 块原文。㉓这些碑铭给我们提供了各矿井的监工的名
字,以及国库官员定期检查矿山和坑道的产量的记录。这里的矿工的
野营逐渐变成了实际上的永久的居住地,包括了房屋、井、池塘、神庙甚
至墓地。特别是还有防范贝都因人的堡垒。阿蒙尼姆赫特派遣的采石
远征队的记载,还发现于图拉、哈马特、阿斯旺。在努比亚的图什卡

还有闪绿岩石矿的开采。㉔

　　中王国时代的军事远征是在古王国时代的基础上进行的,基本上没有超出先前时代的范围。但是,埃及对努比亚、利比亚和亚细亚的远征是以掠夺奴隶、牲畜、财富,特别是开发劫掠矿山资源为目的。在军事远征的同时,历代法老们还积极建立一系列的要塞,力图巩固其边境,同时也把这些要塞作为与当地商业贸易的据点,这对中王国时代社会经济的发展也产生了积极的影响。

## 第四节　中王国时代社会经济的发展和社会关系

### 一、法尤姆地区的开发与社会经济的发展

　　古代埃及是以农业为本的国家,而埃及农业的发展依赖于水利灌溉。如果说,先前农业的发展主要借助于自然灌溉和局部的人工灌溉工程的话,那么,到了中王国时代,埃及的中央政府才开始着手较大规模的,水利灌溉工程的建设。这项工程主要是对法尤姆地区的开发。

　　法尤姆地区的水利灌溉工程的建设,一方面是农业生产发展的需要,另一方面,中王国时期再次发生的饥馑现象也必然影响中央集权统治的稳定。在第 11 王朝末和第 12 王朝初,大约在公元前 2002—前1950 年,由于气候的干旱,尼罗河水位低下,再次出现了饥馑。这是埃及继第一中间期的骚乱之后,出现的第二次骚乱时期。①人们通常把孟图霍特普三世统治的 12 年( 公元前 2009—前 1997 年)看成是稳定、昌盛的时代。但是,有一篇文献实际上已经给我们显示了灾难来临的先兆。一个名为亥卡纳克特的人,在尼罗河低水位的饥馑期间公出,旅差中给他的家人写信说道:"……整个大地枯死,但你还不曾挨饿……当我来到南方,我规定了你们的适当的限额。( 现在)是洪水非常高吗?

现在我们的食物是按充足的比例为我们规定……我设法维持你们的生存到今日……提防你们遭饥馑……任何事情是我的。必须说,半生存的人比完全死的人是更好些。现在每个人必须说,饥馑仅仅对于饥饿者。他们已经开始在那里吃人……②

孟图霍特普三世死后的几年,有关的情况了解甚少。而孟图霍特普四世的继位,甚至并不被看成是合法的统治者。随后或许有几年的无政府状况。在第12王朝阿蒙尼姆赫特一世时期,他给他的儿子的教导中,也涉及尼罗河和饥馑的问题:"……我是培植谷物的人,并且热爱收获神,尼罗河在每一流域欢迎我;要我的时代没有人饥饿,没有人渴望它们……"③阿蒙尼姆赫特一世强调在他统治时代没有干旱和饥饿或许是与他统治以前的饥饿现象做对比。在阿蒙尼姆赫特一世的早期,为了限制地方贵族的势力,"州的分界严格被确定,规章也被制定,涉及了每一区域的尼罗河水可用于灌溉的供应的部分。"这段记载暗示了不仅河水在他统治一开始并非充足,而且在大灾难时期水的供给可能超过了严格的限制。④这些现象或许可以说,给我们提供了阿蒙尼姆赫特一世以前的尼罗河干旱而可能引起的饥馑的证据。阿蒙尼姆赫特一世最终结束了埃及的第2次灾难的时期,而为第12王朝开创了一个繁荣的新时代。

经济的繁荣和发展在很大程度上决定于灌溉工程的建设和法尤姆地区的开发。第12王朝的塞索斯特里斯二世是第一个着手广泛的探查和开拓作为狩猎和渔猎的沼泽地带的法尤姆地区。这个计划直至他的孙子阿蒙尼姆赫特三世统治时代为止,还没有充分地完成。

"法尤姆"在底比斯的塞索斯特里斯一世的礼拜堂铭文上被称为"帕浩"(Pehou),意为容纳洪水和必要时为农耕使用的"贮水池"。而"法尤姆"一词最终来源于科普特语phiom(湖)。法尤姆大约在孟斐斯西南80公里,位于西沙漠大台地的洼地中,海拔以下45米。法尤姆绿洲呈圆角的三角形,其中心尖端朝南,从东至西最宽部分达65公里,而从北至南有50公里。在第12王朝以前,法尤姆的大部分地区是沼泽,至少从公元前2000年代起,这个肥沃的沼泽池塘为一大片湖水所淹没。所以,古埃及人把这个湖称为sha-resi(南湖),后来又称为Mer-wer(大湖)。而古希腊人把它称为莫伊利斯湖,现在称为卡仑湖。湖的面积仅占法尤姆地区的1/5,而先前要大得多。希罗多德说:"莫伊利斯湖却是更值得人们惊奇的。这个湖的周边长达3600斯塔迪昂或60司科伊诺斯(按:等于445英里)这个长度相当于埃及全部海岸线的长度。它的长度是从北到南的;它最深的地方是50欧尔巨阿(按:等于300尺)。"⑤这一片邻近尼罗河泛滥平原水平面下的低凹处的大湖,由今日称为优素福河的支流输入尼罗河水,而优素福河是从东南方经过哈瓦拉河床进入法尤姆。

第12王朝的塞索斯特里斯二世或许是第一个力图用位于拉宏的、他的金字塔附近的堤坝来控制水流。而阿蒙尼姆赫特三世大体上从位于东部的爱德瓦经过比亚赫姆到阿盖米因建筑的巨大半圆形堤坝内圈起了一片有价值的地段,并在这里开垦了美地奈特法尤姆(法尤姆城)的北部和西部的17000英亩以上的可耕地,因而获得了作为计划成功结局的荣誉。⑥希罗多德十分赞赏莫伊利斯湖的水利建设工程及其重大价值。他指出:"有六个月水从河流入湖,六个月从湖倒流入河。在向外流的六个月中间,每天捕得的鱼可使王室的国库收入一塔兰特的白银,而在向内流的场合之下,每日的收入是二十米那。"⑦法尤姆地区的水利建设和土地的开拓不仅给埃及带来了直接的经济效益和社会的繁荣,而且也巩固了中央集权的统治,带来了社会的安定。

但是,法尤姆地区的开发,在埃及的水利灌溉工程的发展上究竟占有什么地位? 还存在着不同的评价。巴策尔认为,尼罗河的和缓的、纵向的倾斜度是不适宜于高的河床下的放射形的河渠系统。而作为例外的仅仅是法尤姆,在那里复杂的渠道网首先是实施于托勒密时代。⑧这也就是说,在托勒密时代以前,埃及还没有复杂的网状的灌溉系统的建设。在巴策尔看来,王朝的灌溉技术是初步的。并且完成在地方而不是全国性的规模上。或许仅有的中央管理的局面是税率和可能的收获物之间的传统上的联系。⑨尽管如此,它毕竟为托勒密王朝大规模的复杂的灌溉网系统的建设工程奠定了基础。

希罗多德在描述莫伊利斯湖和这项灌溉工程时还说到,在湖的正中有两座金字塔,每座金字塔的塔顶上有一个坐在王座上的巨大石像。⑩在比亚赫姆的确残存两座阿蒙尼姆赫特三世的独石制作的石英岩雕像,竖立在最初18米高的石灰石台座上,而雕像本身也是18米高。在那里,它们或许是立于湖的堤坝上,就像在神庙的入口的雕像一样,面向北方似乎注视湖水,而其背后朝向阿蒙尼姆赫特三世从水中开拓的肥沃的区域。⑪阿蒙尼姆赫特三世在法尤姆的灌溉工程的功绩,在古典传统上一直被铭记。到了罗马统治时代,他甚至被尊奉为地方的守护神。

农业是古埃及的最重要的经济部门,是维持人们生活的基本的生产活动。法尤姆地区灌溉工程的建设和土地的开发,对埃及农业的发展具有重要的意义。此外,埃及的手工业生产,商业和对外贸易等也进一步发展起来。

中王国时代保留下来的一篇《阿赫托伊对其子珀辟的教谕》这篇文献,在竭力宣扬书吏的优越性的同时,极端鄙视一切体力劳动者,并描述了当时的农民,手工业者以及商人等社会生活,政治地位,为我们揭示了中王国时代生产者的艰苦劳动和社会分工。文献中提到了农民和菜农,还有狩猎和渔猎者,而手工业的生产分工更为专门化,其中包括铜匠、木匠、石匠、陶工、砌墙人、制箭人、染布工、凉鞋匠、织工和理发师等。社会分工的专门化,从一个侧面反映了生产力的发展。

埃及手工业的发展,最重要的标志就是青铜器的发明。青铜器的发明和应用,在现代考古学的分期上具有划时代的意义。

古埃及早在前王朝时代,已经发明了铜器,进入了铜石并用时代,并且在这样的基础上创造了世界历史上最古老的文明。经过了早王朝,直到古王国时代,埃及仍然处于铜石并用时代。但是,在第3王朝末和第4王朝初,手工业生产技术上一个重大的进展就是出现了青铜器制品,但仅仅是少数的和个别的,如权杖和戒指等。

在中王国时代,第11王朝和第12王朝时期,青铜器的生产扩大了,生产出了一些青铜雕像、钵子等器具。第12王朝的阿蒙尼姆赫特一世的《教谕》中讲到:"我建筑了宫殿用黄金盖屋顶……门是铜的,插销是青铜的"。⑫考古学者在尼罗河第三瀑布的凯尔玛发现了4件青铜器具:杯子、镊子、匕首、剃刀,其成分包括2%以上或更多的锡。这些青铜器属于塞索斯特里斯二世至第二中间期开始的时代。⑬在远离埃及本地的凯尔玛出土了埃及的青铜器,说明了青铜器在埃及已经流行起来。还有一些铜器的锡的成分不到2%,只能说是不纯的青铜器。所以,有人把早王朝和古王国时代划分为初期青铜器时代,中王国时代属于中期青铜时代,而新王国时代为后期青铜时代。但是,也有的学者认为,中王国或许可以看作为埃及青铜时代的开始,而从第18王朝以来,青铜器已经是十分熟悉的了。⑭严格说来,埃及真正的青铜器时代应该开始于中王国的第11、12王朝。

青铜是红铜和锡的合金,熔点在700—900℃,比起红铜的熔点(1083℃)低些,易于熔化和铸造。但是,青铜的硬度却比红铜,甚至晚后发明的铁器还要高。含有10%锡的青铜的硬度比红铜可以高4.7倍。⑮所以,青铜器的发明和应用,在生产力的发展上具有划时代的意义。然而,青铜的发明并不能贬低铜器的重要性和代替铜器的使用。中王国时代的金属物件大多数仍然是天然的铜。所以,中王国时代的法老们一直重视对西奈半岛的远征和铜矿的开采。同时,石制的工具也还在继续使用。在中王国时代的遗址中,同样也出土了一批燧石的刀、斧和镰刀刃等工具。

采矿业不仅是埃及的重要的经济部门之一,而且也关系到社会各阶层人们的生活。但是矿产地往往不在内地,通常是在西奈半岛和努比亚地方,因此,法老通过远征直接控制矿业的生产。中王国时代的矿山远征基本上是在埃及巩固了对西奈和努比亚的统治以后开始的。第12王朝的阿蒙尼姆赫特一世及其继承者塞索斯特里斯一世先后对西奈、利比亚和努比亚进行了大规模的战争。在阿蒙尼姆赫特二世及其继承者塞索斯特里斯二世统治时期,埃及国内呈现了和平安静的局面。阿蒙尼姆赫特二世在已经归顺于埃及中央政府的地方,大量开发黄金和绿松石矿,而且又组织了对蓬特的远征。阿蒙尼姆赫特三世统治时代,在全面发展经济过程中,尤其注意增加矿产和石材。在西奈半岛上的塞拉毕特·卡迪姆的45块铭文和马格哈拉干河与奈斯布的10几块铭文证明,国王对西奈矿山的远征活动,从其统治的第2年至第45年,几乎是没有停止过。而且,铭文的内容包括了负责各个矿井的监工的名字以及国库官员定期检查矿山并查看其坑道产量的记录。监工营地变成了或多或少长久的屯驻地,其中包括负责官员的房屋,工人的茅舍,防止贝都因人袭击的堡垒,城墙,甚至还有好些远征队员的墓。⑯由阿蒙尼姆赫特三世派遣的远征采石场的记载,还发现于图拉、哈马马特干河和阿斯旺等地。在图什卡西部的努比亚沙漠还有闪绿岩石矿。

在第12王朝时期,随着以采矿为目的远征,开展了较大规模的海上运输事业。海上交通运输的登陆点是苏伊士湾东岸的拉斯阿布泽尼马,从那里进入内陆的马格哈拉干河或许在拉斯阿布泽尼马的塞拉毕特卡迪姆。《船舶遇难的故事》记录了埃及人去"采矿国"的航海故事。他们乘坐120腕尺长,40腕尺宽的大船,最终漂流到蓬特管辖的岛子上。埃及人所讲的蓬特,通常看成是在红海南端的非洲海岸,现代的索马里和或许横穿曼德海峡的对岸的地方。所以,这个岛子可能在索马里和南阿拉伯之间红海的某一地方。后来,遇难的水手乘坐他人的船只向北航行两个月后返回埃及首都。他们从红海向首都航行两个月,让我们想象到,一个问题是首都可能在利希特附近的伊悌·托威;另一个是尼罗河和红海之间必定有一条水路相连结。实际上,最初的红海或许向北延长到比特尔湖和提马什湖残存处,而尼罗河的支流或许向东经过图密拉特干河与红海连结在一起。这条航线,至少在古王国时代的洪水期间是可通行的。在红海水低落时,或许靠人工加深,或开凿真正能够航行的运河。[17]古典作家希罗多德和狄奥多拉斯讲到,这条运河是由尼科二世着手,大流士一世继续完成的。但是,亚里士多德、斯特里波和普林尼则把它归功于塞索斯特里斯。[18]假如这条运河确实存在的话,前两者必定是在做运河的恢复工作,而大流士一世的建设工程则为运河沿途的至少 5 块花岗岩石纪念碑的铭文残片所证明。

古代的运河仍然残存在图密拉特干河。现代的航空摄影显示了这里的土地起伏状况和地面上的人工堤防。古代运河的某些部分也是从培琉喜阿姆南下大约 16 公里经过坎塔拉转向附近的今日的苏伊士运河,并且与伊斯梅利亚附近的运河其他部分相结合。而这项工程也必定提供了在尼罗河的培琉喜阿姆河口与地中海的联系。运河的宽度(堤防 60 米间隔)也成为对来自想象的东方入侵者的有效的障碍物。[19]

埃及南方的水上交通事业,与塞索斯特里斯三世的名字分不开。在他的两个先辈的不好战时期,埃及在第一、二瀑布之间地区的安全受到了威胁。塞索斯特里斯三世首先考虑借着可航行的水路通过阿斯旺急流把上埃及与下努比亚联接起来。因此,在他统治的早期,或许在伊什舍拉勒附近,开凿了在瀑布中开放的运河,运河长 150 肘,宽 20 肘,深 15 肘,[20]其宽度和深度足以适应最大的战舰或商船航行。按现代长度来计算,不到 260 英尺,算不上是大工程,该运河或许是重新开凿的一段,或者是麦然拉一世统治时建成的古老运河体系的延长。[21]这些水上交通事业的建设,也为经济的繁荣,尤其是商业和海外贸易的发展创造了条件。

中王国时代的社会经济在很大程度上是自给自足的自然经济,但是小农的剩余产品也积极加入商品的流通领域。著名的《一个能说善辩的农民的故事》叙述了居住在三角洲西部边界附近的"盐地"的一个农民,用驴子驮了当地的一些产品去埃及内地为自己的孩子换回一些需要的食物。农民准备用于交换的产品包括 rdmt 草、泡碱、盐……手杖、来自"牛地"的桶板、豹皮、狼皮、$ns^3$ 植物、nw 石、tum 植物、ḥ prwr 植物,以及其他一些不知名的植物和石料等。总之,包括了"盐地"的一切好的产品。[22]由此可见,农产品和手工业原料以及皮革都成为交换的对象。

古埃及的海外贸易促进了巴勒斯坦一带的商业。中王国时代的《辛努亥的故事》提到了辛努亥在逃出埃及的国境后,动身到毕布罗斯,又来到基德姆和上列腾努,即北巴勒斯坦和中南部叙利亚一带,上列腾努的统治者对辛努亥说:"你要跟我在一起,而你会听到埃及语的。"[23]这说明,埃及与这些地区已经有了联系。在塞索斯特里斯一世时期,埃及与叙利亚和巴勒斯坦的贸易延长到乌伽里特的北部。在上埃及陶德的阿蒙神庙建筑堆积物的遗物中,发现了 4 箱装满叙利亚"贡品"的银器皿,其中还包括一定数量的爱琴海型式的罐子和来自美索不达米亚的天青石护符。这些所谓"贡品"通常是贸易交换的物品,是阿蒙尼姆赫特二世统治时期埃及与西亚、甚至是爱琴世界往来关系的证据。[24]在乌伽里特的拉什萨姆拉(现代叙利亚)还出土了阿蒙尼姆赫特二世的一个女儿的雕像;在密什利菲(叙利亚)和美吉多(巴勒斯坦)出土了埃及孟斐斯州长胡俤霍特普的 4 个雕像。在现代的安卡拉地区,我们还发现了斯尼弗鲁王的第 12 王朝时期崇拜的证据。在塞索斯特里斯二世统治期间,奥利克斯州的长官克努姆霍特普接待了阿毕萨"希克索斯"和他们带来的贡品(见图40)。这个事件被描绘在贝尼哈珊的墓中壁画上。除了上面提到的爱琴海型式的陶罐外,米诺安陶器还被发现于埃及的拉宏和阿拜多斯的墓中。这些证据反映了埃及与西亚和地中海地区的密切往来和埃及的对外影响。㉕

在中王国时代,特别是第 12 王朝时期,由于统一的中央集权统治的恢复与确立,积极兴修水利灌溉系统,开发法尤姆地区;发动军事远征,开采矿山;并且发展商业和对外贸易,中王国时代的社会经济繁荣昌盛起来。埃及在近东和爱琴世界享有很高的声誉。

## 二、阶级关系和劳动者的社会地位

关于中王国时代埃及的阶级关系和奴隶制度的发展问题,无疑的在马克思主义的史学中是一个重大的问题。但是,我们所能接触到的西方学者的研究成果十分有限,而且苏联学者的研究,不论在他们内部或与西方学者之间的意见分歧颇大,至今还不能予以全面确切的说明。

美国的埃及学学家 J. H. 布雷斯特德在 20 世纪初,根据中王国时代的契约归纳出埃及社会的 4 个阶级:伯爵(ḥ'ty-')或州长;官员(šr);"市民(nḏs,直译为"小人")或农民(y'ḥty),直译为"属于田地者"。但是,他表明 4 个阶级的相互关系并不是完全能够辨别清楚的。"市民"与伯爵一样,由称为"他的田地"的田地那里交纳赋税。所谓"他的田地"或者为他所有,或者他用地租占有。农民被称为"他(公民)的农民",而因此或许是他的农奴或奴隶。他为市民耕种田地,而带着收获物为他贡献给神庙。"官员"或许是像"市民"一样的同一个社会阶级。㉖布雷斯特德仅仅用契约文献划分阶级关系,当然是不全面的,至少从马克思主义阶级理论来看,没有揭示出社会中的真正的阶级关系及其社会地位。

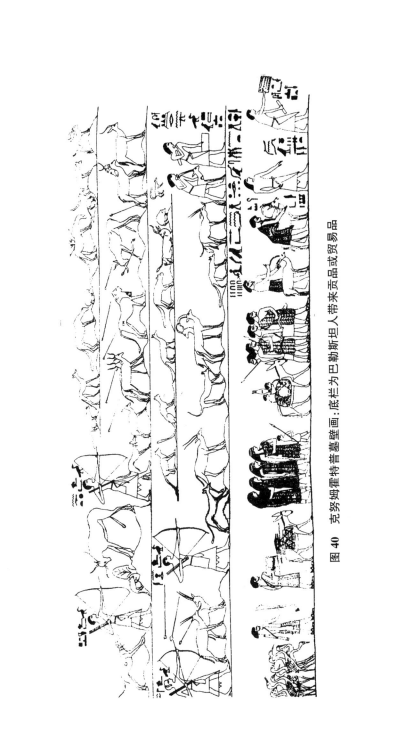

图 40　克努姆霍特普墓壁画：底栏为巴勒斯坦人带来贡品或贸易品

作为奴隶制时代的中王国的埃及社会,我们认为,和古王国时代一样,最根本的对立阶级,无疑的是奴隶主和奴隶阶级。古代埃及的奴隶主阶级,通常包括王公贵族大臣和神庙高僧,还有布雷斯特德所说的州长等。除了这些大奴隶主阶级外,其余的所谓官吏、市民,一般说来,都应属于中小奴隶主阶级。农民作为自由的小生产者,通常靠自己的独立劳动,或者占有几名奴隶,或者依附于大小奴隶主阶级从事生产活动。所以,研究社会的阶级关系,显然是一个十分复杂的问题。下面仅就几个问题作些论述。

首先,关于中王国时代的涅捷斯问题。象形文字 nḏs(涅捷斯)一词,往往可以看到几种不同的译名。先前提到的布雷斯特德在《伊悌石碑》中,把 nḏs 英译为“市民”。但是,在《赫普泽菲的契约》中,他又按字面译为“小人”。㉗J. A. 威尔森在《对美里卡拉王的教谕》一文中把 nḏs 译为“穷人”。而同一篇文献,M. 利希泰姆则把它译为“平民”,但是,在《聂非尔提预言》中,他又把同一个 nḏs 译为“市民”。㉘在《一个埃及贤人的训诫》一文中的 nḏs,福克奈先是把它译为“穷人”(2.9),而后面的又译为“平民”(5.13—14)。㉙俄译本对上述两处的译文则音译为 Неджеес。㉚由此可见,nḏs 一词并没有一个规范的统一的译名,甚至同一个译者,也有先后不同的译名。nḏs 一词,据《简明中埃及语辞典》的解释:象形文字 nḏs ⌐⌐⌐⌐,意为“小的”“贫穷的”;如果再加上一个坐着的人的符号🜏,那么,它就意为“平民”“市民”。㉛所以,上述的译名术语基本上没有矛盾。但是,他们的社会地位究竟如何呢?

nḏs 涅捷斯一词在古王国末期的文献中已经出现,本来是指着贫穷的被剥削的自由民,所以,一开始,他们被称为平民或穷人。在第一中间期,统一的中央集权统治崩溃,在地方的分裂势力和中央集权统一的斗争中,涅捷斯开始支持或投靠于地方贵族,而被地方的分裂势力所利

用,其社会地位也开始提高。阿西尤特州长泰费比在第 10 王朝和第
11 王朝争夺国家统一权力的斗争中,积极支持第 10 王朝。他在自己
的铭文中除了宣扬自己的功德之外,又强调:"我不反对涅捷斯,因为
他没有像请愿者那样对我表示反对,并竭诚地(?)带来了礼物。"㉜这
段话让我们看到了地方大贵族与涅捷斯之间的关系。第 10 王朝国王
《对美里卡拉王的教谕》中讲到:"不要把人之子与穷人(nds)区别开
来"。㉝这说明涅捷斯与贵族出身者之间,实际上还是有隔阂的。但是
阿赫托伊对美里卡拉王的教导,也反映了在他们争取统一的斗争过程
中要依靠涅捷斯,因而力图提高涅捷斯的社会地位,并对他们表示尊
重。如果依据利希泰姆对这段话的另一种翻译,"不要宁愿提拔名门
之子,而不顾平民"来看,似乎平民(涅捷斯)也成为他们依靠的对象。
所以,有人把古王国称为"神王国家",而对中王国说成"庶民"国家,㉞
虽然,并不严谨,但似乎也有点道理,至少表明平民阶级势力之增。

　　在中王国的第 11 王朝时期的文献中,我们还常常看到一些所谓
"善良的(优秀的)涅捷斯"或"强有力的涅捷斯"的记载。在格伯林出
土的《伊悌石碑》上写道:"我是凭借自己的力量而成功的优秀的市民
(涅捷斯)",或者译为"这就是我,用自己的手而生效的,善良的涅捷
斯"。㉟铭文还提到,他在"不结果实的年代中",供养了格伯林的 400
人,并且还把大麦送给其他地方的人食用,他还有十几群大小牲畜,可
见他的财力的雄厚。正因为如此,他不仅在底比斯州、在上埃及受到尊
重,而且他还成为君主的"唯一的朋友"和司库。在这里描述的"善良
的"或"优秀的"涅捷斯,不是一般的官吏,他们甚至成为州的统治者或
国王的高级官吏和心腹。在《聂非尔提预言》中,主人翁"他是靠自己
的手臂而强有力的涅捷斯,他是靠自己的手指而优秀的书吏,他是显贵
的人,他拥有比他的同行更多财富的人。"㊱由此可见,"强有力的涅捷
斯"也就是显贵的人,他成为僧侣,又步入了政府部门,成为重要的书

吏,踏上了官宦之路。所以,"强有力的涅捷斯"不仅包括中下级官员,甚至大官吏,而且还有僧侣。

随着中央集权统治的加强,特别是社会经济的发展,到了中王国时代的末期,那些强有力的涅捷斯不仅变成了富豪贵绅而且甚至成为第二中间期的革命运动的对象。但是,作为社会的一个阶层,涅捷斯在中王国时代,大多数人的社会地位仍然是低下的、普通的涅捷斯,主要包括中小农民和一般的手工业者。第 12 王朝塞索斯特里斯一世统治时期的贵族海普泽夫,在他的悬崖墓的墙壁上铭刻了他的 10 件契约的原文。在第 2 件契约上写道:"他曾从地产的每块田地上,从伯爵地产的第一次收获中给他们 1 海凯特谷物;正像阿西尤特的每一个市民从他的第一次收获中所做的那样。现在,看啊,他从为他占有的每个农民着手把它提供给这个神庙。""看啊,他说:'看吧,你们知道,说到任何官员或任何市民从他的第一次收获中给予神庙什么,对他们来说,不满意的是那里必定不足'"。㉚在这份契约中所提到的"市民"即涅捷斯,从契约来看,涅捷斯和伯爵一样,要向寺庙交纳赋税。但是,市民的赋税是由"他的每个农民"从第一次收获物中代他交纳。布雷斯特德把这些农民说成是农奴或奴隶,是否确切还值得研究。但是,契约中提到,因为他们占有的"不足"而不满意,说明了市民和一般官员也并不富裕。由于赋税的负担,特别是军役,往往使得某些涅捷斯破产而贫困化,他们亲自耕种土地,并把收获物装运上船,自己牵拉。他们过着极其贫因的生活。甚至不得不"哀求施舍给他们一顿晚餐。"

在"涅捷斯"出现了严重的贫富分化外,大多数自由民——农民、手工业者、商人,甚至一般职员仍然在极端艰苦的条件下,为着自己的生存而奔波。保留在新王国时代一些手抄本中的中王国时代的作品《杜阿乌夫之子阿赫托伊对其子珀辟的教谕》(或《关于职业的作品》),为了宣扬书吏的优越性,教导自己的儿子安心读书的同时,对比了其他各种职业劳动和生活的艰难。在这篇文献中,描述了铜匠、木工、雕刻匠、理发师、陶工、砌墙人、菜农、农民、织工、制箭人、报信人者、染色工、凉鞋匠、洗衣匠、捕鸟人、捕鱼人等各种劳动者的恶劣的工作条件及其生活:

> 我见过了铜匠在他的炉眼旁,并用他的槌子从事工作,就像在鳄鱼那里,而他比鱼子还臭。
>
> 农民,他的账单是永恒的(按:讲的是欠缴的税款)。他叫嚷(或译为'他的声音高',即表示不满)……他更劳累……他未受损伤,就像在狮子中间未受损伤那样,而疾病是感受到了……
>
> 织工在房间内,他比女人还虚弱,他的大腿紧贴着他的肚子,而他不能吸入空气。假如……在一天中织物……那么打他……50倍。他把面包送给看门人,为的是准许他看见阳光。
>
> 染色工,他的手指发臭。他们的气味(更坏)……他的视力……虚弱。他切开破布送别一日。他的衣服肮脏。
>
> 凉鞋匠——对他十分不好。他永远贫困。他未受损伤,就像……他害怕皮革。
>
> 我现在讲讲渔夫,对他来说比(从事的)一切职业更坏。看啊,(难道)他的工作不在河中,充满了鳄鱼吗?假如他在统计记载他的纳税名簿的总计,那么他便会大哭,在他那里没有(任何人)能够警告(告诉):鳄鱼在等待![38]

《杜阿乌夫之子阿赫托伊对其子珀辟的教谕》对各种职业的描述,不仅表现了中王国时代小生产者的细微分工,而且让我们看到了他们的艰苦劳动和惨遭盘剥的可悲境地。《杜阿乌夫之子阿赫托伊对其子珀辟的教谕》深刻地揭示了中王国时代统治和被统治者,贵族和平民之间的阶级关系。

　　在阶级关系上占有重要的地位的是奴隶。奴隶制在中王国时代的发展主要表现在奴隶数量的增加及其社会地位的进一步恶化。

　　对外战争仍然是奴隶的主要来源。中王国时代对努比亚、利比亚和叙利亚的掠夺战争为奴隶制的发展创造了条件。在《辛努亥的故事》中,讲到了塞索斯特里斯远征利比亚,获得了"无数活的利比亚人俘虏和所有的牲畜"。㊴由于战俘奴隶的增加,所以,他们往往按"头"来计算。塞索斯特里斯三世的一名卫士长官,在伴随国王远征努比亚的过程中,被授予"100头"作为奖赏。㊵

　　除了战俘奴隶外,触犯国法的埃及人也是奴隶的来源之一。美国《布鲁克林博物馆 No. 35. 1446 纸草》(正面)保留了阿蒙尼姆赫特三世统治 20 多年以后的逃避强迫劳动者的名单(土地所有者,仆人等)。在这份纸草的名单上,我们看到,有些逃亡者被捕获后,案件"完结";有的在逃犯,他们的家属被逮捕并替代服刑;而一旦犯人被捕后,他们的家属即被"释放"。这些被捕获的犯人,很可能送交底比斯的国家"大监狱"。而因此,他们当然也就成为国家的奴隶。㊶

　　关于中王国时代奴隶的数量,没有准确的统计。从上述的国王卫队长在战争中一次得到 100 名战俘奴隶的奖赏来看,高级官员一般至少占有百名以上的奴隶。《布鲁克林博物馆的 No. 35. 1446 纸草》同样能够给我们提供这方面的证据。在这份纸草的反面,记载了南部城市土地长官赠送给他的妻子一份奴隶名单 95 人,这说明高级官员至少占有数百名奴隶。在这份 95 人的名单中,保留下来的有 83 人。其中 33 名埃及人(15 名男人,12 名女人,4 名男孩,两名女孩),49 名亚细亚人(5 名男人,36 名女人,4 名男孩,4 名女孩),另有一名来历不明。从这份纸草记载可见,奴隶中半数以上是外国人。从性别比例来看,女性奴隶几乎是男性的两倍。从生产的分工来看,这些奴隶用于农业生产、纺织亚麻、酿造啤酒、制作面包等生产劳动,或者从事于厨师、梳发、仆役等家务劳动。在上述劳动中,仆役、女梳头人,啤酒酿造工各有一人;厨师、面包师、农民各有两人;最多的是细亚麻纺织工,先后提到八人。这篇纸草文献似乎也给我们显示了农业、手工业生产劳动的重要性。㊷如前所述,中王国时代奴隶的社会地位更加低下,他们往往按照"头"来计算,所以,在文献中我们常常看到奴隶往往与牲畜并列。在《辛努亥的故事》中,主人翁辛努亥在离开叙利亚时,他把其全部财产留给了在当地出生的他的儿子,其中最主要的就是"奴隶和牲畜"。

奴隶不仅与牲畜一样按"头"来计算,而且还可以转让、继承。前面提到的《布鲁克林纸草》(反面)上的 95 人的奴隶名单,就是南部城市土地长官把奴隶作为财产转让给他的妻子森尼布悌的。中王国末期的《关于奴隶女孩森毕特的报告》的法律文卷,证明了奴隶主通过厄勒藩汀法庭把一名埃及人佃户的女奴隶及其田产转让给厄勒藩汀城市。㊸中王国时代社会的严重分化,阶级地位的悬殊,统治者和被统治者之间的矛盾的尖锐化,终究成为中王国瓦解的重要因素之一。

# 第五节 中王国时代的宗教意识与文学艺术的发展

## 一、诸神信仰崇拜的发展与演变

随着古王国中央集权统治的崩溃,王权保护神拉的崇拜也逐渐衰微或转移。而在第一中间期及其以后的中王国时代,适应政治形势的发展,诸神崇拜的特点是:由崇拜地方神向信仰国家神的发展;奥西里斯神的信仰在民间广泛地流行。

由地方神崇拜向国家神信仰的发展

在第一中间期,由于中央集权统治的崩溃和地方贵族势力的兴起,地方神的崇拜流行起来。各地的地方神又恢复了其原初的权威和独立性。在赫拉克利奥坡里斯时代的本来无名声的地方神中,孟图和阿蒙神开始上升起来。

孟图或孟特神起源于南方底比斯附近的尤尼,古希腊人称为赫尔孟提斯,现在称为阿尔曼特。孟图神是以隼鹰头为形象的战争和带来胜利的神,最早偶然出现于金字塔文中,并且在第6王朝的珀辟二世国王的葬祭庙中被描绘。孟图神最初的崇拜中心是在古代底比斯的首府尤尼镇,后来,与尤尼或奥恩(城市)地名相结合,被称为"尤尼·孟图"或"孟图的奥恩"。①除此之外,还在杰列特(陶德)、迈杜(迈杜姆德)和卡纳克等地被崇拜。在阿尔曼特、陶德和迈杜姆德,孟图神还与一个地方公牛神相结合,后来以公牛神巴奇斯而著名。②而巴奇斯神的崇拜中心也在赫尔孟提斯。在中王国时代初期浮雕上,孟图神似乎具有太阳的圆盘和羽毛,显然又被看成是赫尔孟图·拉。③在古埃及的神话中,神的演变,或者不同神的融合,显然与古王国崩溃以来的各地方的争霸战争密切相关,所以,战争神取得了崇高的地位。作为中王国创建者的第11王朝诸王,不仅为孟图神建造神庙以表示他们对孟图神的皈依,而且4位国王把孟图神的名字拼入自己的名字中,称为孟图霍特普,意即"孟图满意的",并以此为荣。在中王国时代,孟图神成为孟图霍特普国王的保护神或家族神,从第11王朝开始由地方神被提升到国家的第一位大神。或许就是在这个时期,孟图神的专门职能不仅被想象为战争神,而且是战争胜利获得者的神祇。

但是,孟图神的无上权威仅仅是暂时的,随着第12王朝的创立,在阿蒙尼姆赫特一世继位的同时,又确立了一个新的国家神——阿蒙,并且维持了好几个世纪之久的崇高的地位。阿蒙("神秘的一个")神最初仅仅是赫尔摩坡里斯创世神学中的"八神团"成员之一,他是一个原初的神,但是却发展成埃及国家的最高神。早在第一中间期,阿蒙还是底比斯的一个并非出名的普通神,那时他类似于临近地区科普托斯的敏神,其形象与敏一样,被描绘为具有一个勃起的,长长的阴茎的男性人物,头戴两个高高羽毛装饰物的王冠,并且配备有所谓"连枷"搭在他的右肩上。在第12王朝时,阿蒙与赫利奥坡里斯的古代太阳神拉结合在一起,创造成了阿蒙·拉神。阿蒙作为"神王",其崇拜的中心主要在新王国时代的底比斯的卡纳克神庙。

第12王朝初,埃及首都由底比斯迁移到法尤姆以北的伊悌·托威·利希特城。因此,地方的鳄鱼神索贝克或沙乔斯开始流行起来,并且扩大到从三角洲到第一瀑布的尼罗河流域。索贝克最初出现于古王国的宗教文献中,在那里他被说成是奈特之子,被称为"愤怒者",因此,象征了法老的力量。

索贝克的主要崇拜中心在法尤姆的舍戴特(鳄鱼城)和马阿底的吉阿,以及上埃及的奥姆鲍斯。与它一起被崇拜的还有其配偶眼镜蛇女神拉尼努特。索贝克也像孟图和阿蒙一样,与太阳神混合变异成为索贝克-拉神,并且还和奥西里斯混合在一起,但是,它从未被提到重要的地位。

在中王国时代,其他古老的地方神的崇拜仍然在不同的地方流行。在第12王朝时期,孟斐斯的普塔神殿,赫利奥坡里斯的拉·阿图姆神殿,科普托斯的敏神殿,阿拜多斯的奥西里斯神殿等仍然在各地继续被建筑。④

奥西里斯神信仰的发展

奥西里斯神的来历及其故乡究竟在何处？还得不出确切的结论。有关奥西里斯神话的资料甚缺,而且往往是片断的记述。最古的完整的奥西里斯神话,以希腊文的形式保存在普卢塔克的《奥西里斯和伊西丝》的著作中。但是,最早记载奥西里斯神话的文献是《孟斐斯神学》和《金字塔文》。通常在埃及各地及神庙墙壁上铭刻的奥西里斯神话原文,以及描绘的奥西里斯祭典场面,主要是新王国时代以及希腊、罗马统治埃及时代的遗迹。

在第一中间期,由于中央集权统治的崩溃,国王的权威被破坏,形式上为法老所享有的丧葬仪式和习惯,首先被各州的地方贵族所接受。由此它逐渐流行并影响了普通的埃及人,以致神秘的地下世界进一步向大众开放,所有埃及人都能充分地更好地为他们自己提供必要的装备和经文。原先的赫利奥坡里斯神学的"创世论"的崇高理论开始让步于更能引起注意和更可以理解的教义,形成了所谓"来世的民主化"。⑤这种倾向体现在民间神奥西里斯的传说中。

奥西里斯神是植物生长之神,是植物再生的人格化。传说奥西里斯每年的死亡和再生是与埃及的农历相符合,并且象征着自然界季节的变化。埃及的自然环境变化的规律是每年出现一次土地干燥化,接着尼罗河泛滥,人们利用水利灌溉培植作物,丰收后又是一片荒地。到了下一年,大地又复苏,河流泛滥以致循环无穷。这种战胜荒漠,赋予植物以生命,掌管其丰收的奥西里斯神具有战胜死亡,复活生命的权能,因而又进一步推广被想象为冥界的神圣的审判官,所以,他又保留了作为王的本质和性格,成为冥界的死者之王和主宰。

在古王国时代,国王死后被想象为与奥西里斯神一样,能够复活。在第5王朝末乌那斯王的金字塔铭文中写道:"乌那斯没有死去","乌那斯复活了"。奥西里斯神的信仰与太阳神拉的信仰一样重要,不同之处在于太阳神拉是活人之神,而奥西里斯是死者之神。奥西里斯神的信仰兴起于古王国时代,为了对抗日益增强的拉神的僧侣势力,国王大力宣扬奥西里斯神。奥西里斯神的信仰不仅受到国王的支持,而且在国王死后,他的后继承者也就成为奥西里斯的儿子——荷鲁斯。在古王国时代以后,新的统治者,祈求具有广泛名声的奥西里斯神取代先前国王的保护神拉。有一件雕像上铭刻的一段金字塔文写道:"啊,国王,你没有去世而死亡,你去世而活着,坐在奥西里斯的宝座上,你的王杖在你的手中,你可以对着活的人发布命令"。⑥不仅葬送仪式,而且附带的国王的加冕式等神圣仪式或祭礼也都与奥西里斯信仰有关联,因而成为一种适应需要的神祇。⑦在民间,人们看到自然界中的生与死,再生的循环,把奥西里斯神当作战胜死亡力量的象征,因而受到各阶层人的欢迎。

在中王国时代,奥西里斯的信仰与崇拜在阿拜多斯占有特殊的地位。传说,奥西里斯神的遗体被埋葬于阿拜多斯,所以,朝拜阿拜多斯,主要是在那里每年举行一次纪念奥西里斯神的节日。在那期间僧侣们要扮演奥西里斯神的死亡,他的埋葬和最终他的胜利的复苏。⑧阿拜多斯不仅是人们巡礼膜拜的中心,而且人人都想"追随伟大的神阿拜多斯之主",向往死后埋葬在那里。但是实际上,除了国王或贵族,很少有人能够承担那样多的费用。所以,有的人宁愿在阿拜多斯立上一块石碑,而在自己的墓中随葬一只舟,似乎死后可以通行到那神圣的地方。

正是在中王国时代,古埃及人形成了死后要在地下世界经历奥西里斯神审判的信念(见图41)。死者在地下世界的42个神的面前,常常以魔法和咒文欺骗神灵,证明自己生前无罪。然后,死者的心脏被放在以真理之神玛阿特为砝码的天秤的另一边,在木乃伊制作之神阿努

图41　纸草画上的奥西里斯审判

毕斯面前被衡量。如果天秤上的心脏与另一端的玛阿特法码平衡,托特神便宣布死者无罪,死者及其灵魂便可达到奥西里斯的冥府生存下来。从第 11 王朝之后,死者名字的后面加上"公正者",说明死者经过审判无罪,而在整个中王国时代所有死者名字的前面都冠以奥西里斯的名字,这种称号与原先宗教不相符合,仅仅成为表示死者的意思。如果死者的心脏在天秤上没有与玛阿特取得一致,天秤的两端不平衡,审判就不能通过,他也就没有取得永生的资格,便被投到守护在天秤旁的各种动物面前被吃掉。⑨

在埃及人看来,奥西里斯王国的地下世界是在西方的地平线下,或许是在几个岛子上的一片绿色土地上,被称为"苇子的原野"。在那里,永远是春天,死者没有任何痛苦,和生前一样,每天过着欢乐的日子,而且不论贫富都分配耕地。在中王国时代萌生了主要有 3 个永恒性的观念:诸王的天上的死后世界;在陵墓内的生命的永恒,以及"苇子的原野"上的土地的耕作而维持的永久的生活。⑩在这里,反映了古埃及社会的主要阶层的愿望。但是,贵族官僚等上层人物,他们除了豪华墓葬的丰富的随葬品,还有一群夏勃梯小像,其目的是为了在奥西里斯地下王国中,免除农业劳动之苦。

"夏勃悌",或者"乌夏勃悌",在埃及语中意为"回答者"。其所以如此命名是因为它们被指定伴随着死者进入地下世界,并代替主人答应地下神灵奥西里斯的要求,去完成各种服役。据说,只要死者念颂经文,夏勃悌便复活,替主人去服役。北京大学收藏的一件夏勃悌上的铭文说:"……你应该替他(按:主人)摆脱,代他担当他的责任,如果在任何时候他被传唤(你应该出来)并且你应该说:我愿意做这件事"。⑪夏勃悌木雕像从第 9、10 王朝开始使用,通常是采用木乃伊形式,但形体甚小,一般在 10 几厘米长,其质地、形状、装饰和铭文随着时代的发展而有不同的变化。墓中出土的夏勃悌雕像多寡不一,最初仅一件,到了新王国时代达到数百件之多。

## 二、丧葬意识与金字塔建筑的衰落

### 贵族的墓葬

第一中间期以来,以及中王国时代,地方贵族通常在中、上埃及沿着尼罗河沿岸的悬崖营造岩窟墓,在那里开凿岩石,建筑列柱室,并用壁画装饰。连接它的内室是安放被葬者雕像的小房间,或者还有壁龛。在这些雕像的面前摆上供物,而埋葬室则在礼拜厅的内部。

赫拉克利奥坡里斯时期的丧葬艺术,基本上维持了古王国时代的样式和技术,优秀的工匠被地方贵族所雇用,为他们建筑墓室。从残存的浅浮雕来看,显得粗糙拙劣,而从第 11 王朝起,从孟斐斯艺术形象分离出来的充满活气的底比斯样式发达起来。在第 12 王朝恢复了中央集权统治后,许多贵族又遵从古老的习惯埋葬在国王陵墓的附近。但是,仍有大规模的贵族墓在各自的地方建造。这个王朝贵族墓的建造艺术,富有浓厚的地方特点的变化。这种地方特点对丧葬艺术的影响达到了顶点。

从已发掘的墓葬来看,普通人采用木棺,而王家贵族多用石棺,通常在长方形的石棺内装进人形木棺。人形棺是按照木乃伊的形体制作,在棺木外贴上纸草或亚麻布,表面再用石膏固定上。人形棺的外侧描绘了木乃伊的脸面和胸饰,在棺内装有木乃伊。中王国时代的木乃伊保存下来的很少,而且制作技术比古王国时代还低劣。棺上往往还描绘有碑文和供物,棺上记载的文字,通常是为非王家出身的人物编写的,它吸取了金字塔文的咒语而构成了所谓"棺文"。在第 9—11 王朝的大木棺内曾经发现了许多咒文的片断。棺文明确否定人的死亡,认为人的死亡只是从今生转向来世,而在这个过渡过程中,必须靠咒文以克服种种危险和困难。棺文的咒语还能够保证死者所欲求的一切,特别是在阴间过着生前同样的豪华富贵的生活。棺文是中王国时代所特有的丧葬文学，只是到了第 26 王朝时期又短期再现出来。⑫

墓葬的陪葬品包括陶器和人物、动物与舟的模型，甚至还有化妆品、玩具等。墓中安放和死者人身大小相似的雕像，还具有魔法咒力的作用，在遗体一旦被破坏的情况下，它可以成为死者的替身。此外，往往还有一些为主人从事各种劳动的奴仆的小像。

金字塔建筑的恢复与衰落

在第一中间期，第 7—8 王朝或后来兴起的第 9—10 王朝统治者的陵墓，除了个别的，几乎见不到金字塔形式的建筑物。或许，他们与贵族一样，被埋葬在萨卡拉的墓地中。

从第 11 王朝开始，埃及的政治中心转移到底比斯，今之卢克索。目前，我们所知的第 11 王朝的国王陵墓，除了孟图霍特普三世没有完成的金字塔外，主要是他的先辈孟图霍特普二世的陵庙。孟图霍特普二世在底比斯的西岸，戴尔巴哈里悬崖下建筑了通常认为是葬祭庙和金字塔结为一体的，并且和当时流行的贵族岩窟墓完美结合起来的伟大建筑物。无论从其规模或建筑形式来看，在当时都是独一无二的（见图 42）。根据现有的遗迹，所能复原的群体建筑物，包括一条带有围墙的 1200 米长、33 米宽的露天人行道，从尼罗河畔引到沙漠丘陵边的陡峭悬崖山麓。陵庙的设计可能多次改变，从现存的残迹来看，陵庙的建筑中心是重叠起来的两层大小不等的大平台，这自然使人想起马斯塔巴建筑的影响。一道斜坡从前庭通过第 1 层平台而引向第 2 层平台，在平台上通常认为是一座金字塔式建筑物。这座金字塔建筑，被双重方形列柱和三重 8 角柱的回廊所围绕。在其背后的中庭，包括了一个长的出入口，倾斜地通向国王的地下埋葬间，以及柱厅和矮墙围起的圣所。圣所的一部分降低而凿入悬崖内。在金字塔背后排成一行的王妃的 6 个小神龛用雕刻和绘画模拟门与醒目的彩色浮雕精细的装饰起来。⑬由于陵庙破坏甚大,几乎是一片废墟,仅仅能够看到两层平台和柱子的残迹。近年来,有人对陵庙平台上面的所谓金字塔形建筑物提出了疑义,认为在二层平台上面的应该是一个平顶的,类似祭坛的建筑物,或者是圆顶的,因此,又复原出与先前不同的陵庙建筑的平面图。⑭

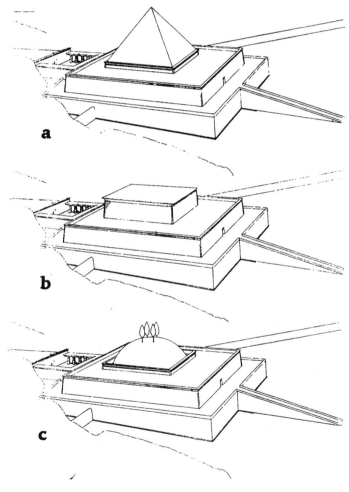

**图 42　孟图霍特普二世陵墓复原想象图**

（采自 J. Kemp,*Ancient Egypt*,p. 104）

第 12 王朝一开始,王国的首都迁移到伊悌·托威,法尤姆一带成为全国的政治中心。第 12 王朝诸王在恢复和加强中央集权统治的同时,追随着古王国时代的国王,竭力模仿古王国时代,特别是第 5—6 王朝时期的单调的金字塔建筑形式。但是,无论金字塔的规模和建筑技术与材料质地较之古时都大有逊色。在达赫舒尔、利希特、拉宏和哈瓦拉等地出现了一些中王国时代的金字塔。利希特位于法尤姆的东北,开罗以南 70 公里的沙漠台地上。第 12 王朝创建者阿蒙尼姆赫特一世在利希特的北部为自己建筑了一座金字塔,每边长 84 米,高 70 米,斜面角度 54°。这座金字塔是采用来自阿布西尔和吉萨墓地的旧石块,并用优质的图拉的石灰石作覆盖面建造而成的,金字塔已经破坏,覆盖面已消失,墓室本身也难以找到。⑮金字塔的西面是王家公墓,西南是宫廷人员的墓地。

塞索斯特里斯一世在利希特的南部建造了一座金字塔群体建筑物,像他的先辈阿蒙尼姆赫特一世的一样,被两道墙所围绕:一道墙是用石头,而另一道则是用泥砖建成。塞索斯特里斯的金字塔,边长大约 105 米,高度仅仅 60 米,倾斜度 49°。这座金字塔的建筑技术比其先辈还差。因为它是由中心辐射的石墙的中央框架构成,用图拉的石灰石粗糙石块充满空隙。⑯目前,还保留某些痕迹。除了塞索斯特里斯一世的金字塔外,在这里还有 9 座陪从的金字塔。

从利希特沿着尼罗河南下,在法尤姆入口的南边,现代拉宏镇北 3 公里,保留了一座塞索斯特里斯二世的金字塔(见图 43)。这座金字塔坐落在天然的小丘上,与早些时的金字塔不同,其地下建筑也是以石护壁为中心,大约 12 米高,用巨大的石灰石块建成十字墙的框架,并用石灰石砖块填满空隙。金字塔的地上部分是用黑色泥砖砌成,外面覆盖一层石灰石,尖顶用花岗岩盖面,原高 48 米,边长 109 米,倾斜角度 42°35′。⑰金字塔的入口在南侧,而不是像通常那样在北侧。目前我们所能看到的,

**图 43　塞索斯特里斯二世的泥砖金字塔**

仅仅是一座纯泥砖结构的建筑物,外层的覆盖面早已脱落。建筑用的泥砖是采用当地的泥土,掺杂以麦秸,用尼罗河水搅拌打坯,晒干而成。塔基的一面已露出塔心的隔室的石墙的一端,塔顶几乎成平面。

塞索斯特里斯三世与他的祖父阿蒙尼姆赫特二世一样被埋葬在达赫舒尔,但是他的金字塔却采用他的父亲塞索斯特里斯二世在拉宏的建筑技术:保留墙的石框架,安置在自然的岩石的衬心上,空间用泥砖填满,塔身外层用图拉优质石灰石覆盖。在金字塔综合体的南面和西面,泥砖围墙外面,有一些贵族的马斯塔巴墓。北面有 3 座公主墓,由岩石开凿的回廊构成,那些回廊里不仅包括棺材和卡诺匹斯(保存死者的内脏)箱,而且还有华贵的带有塞索斯特里斯二世和三世名字的胸饰。⑱

　　塞索斯特里斯三世的继承者阿蒙尼姆赫特三世先是在达赫舒尔建筑了一座泥砖衣冠冢,以石灰石盖面,边长100米,倾斜角度57°20′,顶部是一个小金字塔,通常以"黑色金字塔"而闻名。在拉宏西北不远,哈瓦拉村北1.5公里的沙漠边缘的台地上,坐落有阿蒙尼姆赫特三世的金字塔。他开发了法尤姆,所以,他更注重这块地方。阿蒙尼姆赫特三世在哈瓦拉的金字塔也是由泥砖砌成。石灰石覆盖面据说早在罗马统治时代已经脱落。金字塔的原高58米,边长100米,倾斜角度48°45′,其入口也在南侧,通过地下复杂的网络的通路可进入埋葬间。墓室存放了两个石棺,一个是他本人的巨大石英岩石棺,另一个较小者是打算给他女儿用的,但实际上,她被埋在两公里以外的地方。⑲

　　在阿蒙尼姆赫特三世金字塔南面不远处的一片沙漠地上,英国考古学家皮特里在这里发现了已经暴露出来的305米×244米的巨大建筑物的地基,以及石灰石和花岗岩的残片,通常认为这片地基就是希腊人所讲的"拉比林特"(迷宫)的遗址。几位古典作家都提到了这座迷宫,希罗多德写道:"它有12所有顶子的方庭,它们的门是相对的,6个朝北,6个朝南,并排为连续的两列……它还有双套的房间,房间的总数是3000间,1500间在地上面,1500间在地下面。"拉比林特究竟是什么建筑物,历来看法不一,马涅托认为阿蒙尼姆赫特三世建造拉比林特是"作为他自己的坟墓",而希罗多德把它说成是"国王们和圣鳄的墓窖"。⑳但是,近代的考古学者们却宁愿把它看成是王宫和葬祭庙和行政中心。㉑

　　第12王朝崩溃后,埃及进入了第二中间期。第13王朝仅仅在达赫舒尔和萨卡拉留下了3座金字塔。希克索斯(第15、16)王朝的金字塔至今仍未发现。最后一个埃及王的金字塔或许属于新王国的开创者阿赫摩斯。

### 金字塔建筑工人的村镇——拉宏

为了建造金字塔,历代法老征集工匠作为建筑金字塔的主要力量。这些工匠由国家供养,集体居住于金字塔附近,逐渐形成了一座金字塔城镇。从古王国以来的金字塔城镇中,发掘出来的规模最大的是拉宏(见图44)。拉宏位于塞索斯特里斯二世葬祭庙的北端,最早由皮特里发现。拉宏城镇大致呈四方形,位于高地面上,间架大约402米宽,也有人说北部边长384米,西侧335米。㉒城镇建筑物完全坐落于一个稍微凹地之中,并且北、西、东三面被厚墙所围绕,而南面遗址则朝尼罗河开放。城镇东侧有大门,南墙和东墙大半已完全毁灭。城墙内有一座重要建筑物,被称为"卫城"。在这座城镇遗址上,皮特里辨明了2000多由泥砖建筑的房间,他相信那些房间包括了城镇总体范围的3/4以上。㉓已发掘出来的城镇可以分成三大部分:1. 最主要的是"卫城",位于北墙边,或许是准备为国王使用,以它为中心,有一道厚墙把城镇分为东西两部分;2. 东部区,沿北墙有5座房屋包括客厅或起居室和闺房等专用的房间和通道,完全按同一设计建成,房屋的入口朝南面向街道。每一房屋面积42.06米×60.35米。这些房屋显然是为高级官员居住。城南侧还有3座较大的房屋,与北部面积相同。在这南部公馆背后,其东边分布有5条工人房屋的街道。其每一房屋大约有7小间,在南部公馆的东边分布有更多的工人住所;3. 在被厚墙隔开的城的西部区,有11条包括工人房屋的街道,其每座房屋分有4或5个房间。但是,有的材料证明,西部区的工人房屋大约10米×10米,每一房屋包括4—12个房间。㉔

从上述情况来看,拉宏城的范围远远大于我们所知道的其他的金字塔城,而且是个比单纯金字塔劳动力房屋的地方更为重要的活动中心。它的部分居民与金字塔行政或神庙有联系的官员,其财富和雕像明显地靠近大房屋。㉕所以,从这座城镇的发掘来看,拉宏显然是由于

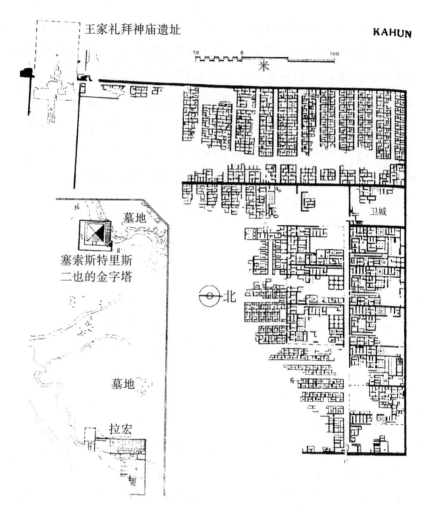

**图44　拉宏城平面图**

金字塔的建筑发展而来,既包括了监督金字塔建筑的政府官员,还有神庙的僧侣。但是,他们少数人却占据了宽大豪华的房屋和大量的财产,而大量的金字塔建筑工人则萎缩在拥挤简陋的房屋中,两者之间形成了鲜明的对照。

### 三、文学、艺术的发展与成就

中王国时代由于国家的重新统一，以及社会经济的发展和对外商业贸易关系的加强，从而促进了文学艺术的发展与繁荣。但是，中王国时代中央集权的统治，并没有达到古王国时代那样的绝对集权统治。除了第12王朝后期阶段的王权强化外，中央集权与地方贵族分权的矛盾几乎自始至终都是存在的。所以，中央和地方的关系，特别是地方贵族的分裂势力明显地反映在文学、艺术的创作上。但是，政治上的矛盾与斗争，并未妨碍文学、艺术的发展。

文学创作上的重大成就

在中王国时代，埃及语言的发展进入了中埃及语阶段，其主要特征或许是第9—11王朝的方言，后来混合有新的通俗的成分。在晚些的形式中它作为纪念碑的和文学上的用途而保存到希腊、罗马时代，而较早些的形式则残留作为宗教语言。㉖

中王国时期，至少在第12王朝以前还没有属于官方的历史文献。但是埃及人以其简明而优美的埃及中王国的古典方言写成了许多传奇故事，说教的论文和所谓伪预言等形式的文学作品。在随后的几个世纪中，这些作品广为流传，并被作为学校中的范本而一再被第12—17王朝和新王国时代书吏学校中的学生们抄写在纸草、书板和陶片上。

中王国时代的文学作品虽然是文学创作，但是，它们往往以某些实际的事件或情况为依据，所以，自然而然地具有不同程度的历史价值，或者说，可以反映某些社会的现实。在前面有关的论述中，我们已经提到了一些。但是，作为文学作品，我们更要从文学发展的角度，论证它在文学史上的重要价值。由于中王国的文学创作非常丰富，除了宗教文学（棺文等）外，教谕论文、散文故事、厌世文学、世俗诗歌等创作达到了"埃及世俗文学的黄金时代"。㉗

　　教谕或训诫的论文又称教谕文学,来源于象形文字 sb³yt,意为教导、教授、教育等。它是埃及文学中的一种重要体裁,早在古王国时期已经出现,而在中王国时代得到了巨大的发展。教谕文学通常以教化或说教的方式自由展现在赞美文学的形式上,包括了谚语、箴言、行为规范、伦理规则等条款的汇集,语言上的劝告等内容。最早的教谕文学出现于古王国时代,到了中王国时代,埃及面临新的统一政权的重建和国家权力的巩固,既要总结第一中间期的某些经验教训,又要为新的政权培养官员的需要,产生了几部重要的教谕论文的作品。

　　《对美里卡拉王的教谕》的基本文献出自列宁格勒纸草 No. 1116A,是第 18 王朝僧侣体文字的手抄本,但原文则属于第一中间期。虽然这篇文献的教导者的名字没有保存下来,但从其内容来看,显然是赫拉克利奥坡里斯的第 10 王朝末后的统治者之一,也许是第 3 位王阿赫托伊三世对自己的儿子和继承者美里卡拉王的教导。《对美里卡拉王的教谕》一文记录了当时埃及与亚细亚人,以及赫拉克利奥坡里斯的第 10 王朝与南方底比斯的第 11 王朝之间的关系。在第一中间期,阿赫托伊三世在基本上安定了三角洲,结束了边境骚扰之后,着手解决国内的矛盾。阿赫托伊的基本思想是在没有能力统一全国的情况下,与"南方和好";同时提防国家的敌人,依靠贵族官僚巩固自己的政权。显然,作为第 10 王朝的统治者阿赫托伊三世在社会大动荡的骚乱时代,必然将反对自己政权的人们看作大敌,而告诫自己的继承者美里卡拉应无情地予以镇压。在后面讲到宽厚待人的同时,又强调:"反叛者除外"。《对美里卡拉王的教谕》对于各种不同阶层和地位的人采取不同的态度。阿赫托伊三世教导他的儿子美里卡拉说,"你在神的面前应是公正的人",要"尊重贵族","提升你的大人,以便使他能够执行你的法律"。强调"公正"和法律,似乎是中王国文献中一个突出的特点。另一方面,对于普通人而言,要"安抚悲叹者;不要迫害寡妇,不要使人失去他的父亲的财产"。"抚育年轻一代,看啊,市民充满着新的生长的(青年)……使他们成为大官,提升你的〔战士〕,增加追随你的年轻的一代,供给以财富,分赐以土地,奖赏以牲畜"。㉘尽管阿赫托伊三世对美里卡拉提出了作为国王应该遵守的一切"规则",而且看来也是很有远见的政策,但是,美里卡拉王是短命的,并没有很好的实现。

与此有关的另一篇文献《阿蒙尼姆赫特的教谕》,抄本保存在第18—20王朝的4张纸草上。阿蒙尼姆赫特一世是第12王朝的创建者,在他统治的第13年发生了宫廷政变。这篇总结宫廷政变的教谕论文很可能是一位无名的作者遵照塞索斯特里斯一世的命令,以阿蒙尼姆赫特一世国王的名义写成的。《阿蒙尼姆赫特的教谕》与《对美里卡拉的教谕》不同,阿蒙尼姆赫特一世首先告诫他的儿子注意阴谋分子,不要相信任何人,他说:"把握好你自己离开隶属于(你的)那些人,免得要发生没有给予注意的那些人的恐怖。在你寂寞时不要接近他们。既不要用一个兄弟充满你的心,又不要不认识一个朋友。不要为你造就亲密的人——因为没有满足。(甚至)当你睡下时,小心你自己的心,因为在不幸的日子里没有人依附你。我救济贫穷者,我养育孤儿。我使一天所有的人致富(他的目的),就像(某些重要的人)那样。(但是)吃我食物的人聚集起来(反对)我,而因此我帮助过的人造就了恐怖。"㉙《对美里卡拉王的教谕》接着叙述了夜间卫士的战斗和流血事件。最后,阿蒙尼姆赫特一世总结了他一生中的南征北战的成就和辉煌的功业,以及为民的作为和受到的赞扬。

还有一篇与上两篇主题风格不同的是《杜阿乌夫之子阿赫托伊对其子珀辟的教谕》。这篇文献残存大量的,至少有100多篇纸草手抄本,其中主要是来自第19王朝,而且大部分是片断的。但是文献明显地可以追溯到中王国时代,甚至更早些时间,完整的或部分的原文保留在3张纸草上,分别收藏于不列颠博物馆和柏林博物馆。这篇文献在某些地方极不通顺,难以理解,甚至不能确切地译出,所以各家的译文出入很大。《对美里卡拉王的教谕》的作者显然是贵族、官吏,他力图使自己的儿子加入贵族子弟的行列,所以,当他送他儿子向南航行到首都的书吏学校就读途中,进行了教育。这篇文献的前言是要他的儿子珀辟把"心转向书写","要彻底读完凯米特(书)"。而这本书的重要的格言是"至于书吏,那么,他的一切职位首都,(而)他在那里不会贫困。(真的),没有达到心满意足,他会履行他的意愿?"⑳

　　《对美里卡拉王的教谕》的核心部分是描述和对比各种职业的特点和地位。首先是强调书吏的崇高地位及其优越性,随后是对比了各种职业的特点,如果说是对各种职业的讽刺,还不如说是极端的卑视。阿赫托伊说:"真的,我要迫使你热爱书写甚于你自己的母亲,真的,我要把它的美景显示(直译"引进")在你的面前,要知道它比一切职务的美景都还远大,(而且)在这个国家中没有与它相似的。当他(还是)儿童开始长大时,(已经)问候他的健康,并委派他执行任务,而他就不必回来穿围裙,(但)我没有见过雕刻匠受委托和工匠被派遣。"除了推崇书吏外,《对美里卡拉王的教谕》还列举了铜匠、木匠、理发师、农民、织工、洗衣匠等各种不同职业的悲惨处境。铜匠,"他的手指像鳄鱼皮一样。"陶工,"他的衣服因沾上了粘土而沉重,他的腰带用破布制成"。菜农,"他的肩被脓疮(?)所布满,溃疡(?)出现在他的流出脓水的脖子上"。洗衣匠,"他穿着女人的衣服,他经常遭到不幸,他度日悲惨,还付款……"㉛《对美里卡拉王的教谕》列举了各种职业的低下地位和艰苦状态后,阿赫托伊指出:"你看,除了书吏(职业)之外,没有一种职业不受领导者的约束,——而书吏本身就是领导者!"㉜

　　在《对美里卡拉王的教谕》的最后部分,除了强调书吏的优越性外,还告诫珀辟为官处世的原则,特别是与大官之间的关系。在结尾部分,再次强调书吏"他是到政府机关,地方行政把人们委派给他。

看啊,没有一个书吏没有得到长寿、幸福、健康的帝王之家所有的食物的。"㉝

这篇文献给我们提供了有关中王国时期的官与民之间的不同的社会地位和劳动者的生产与生活状态,具有重要的历史文献的价值。但是,这篇文献就其思想性来说,反映了当时社会上人们对统治者和被统治者、脑力劳动和体力劳动之间不同的认识和态度。如果说,我们中国的儒家思想具有"学而优则仕"的传统,那么,这篇文献所贯输的这种思想更早于我国一千多年。

与教谕文学有关,而在文学史上具有特点的厌世文学流行了几个世纪,特别是在骚乱的时代。《聂非尔提预言》记述了第4王朝斯尼弗鲁王召见智人聂非尔提时,智者对国王预言国家将被内战所颠覆,以及阿明尼(阿蒙尼姆赫特一名的简化)王将如何确立新的秩序。这篇文献实际上是以预言的形式虚构的文学托辞。《聂非尔提预言》的抄本收藏于苏联的埃尔米塔什博物馆,NO.1116B 纸草。西方的学者认为它大约是第18王朝时代的抄本,原文可能出于第一中间期,或者中王国的第11、12王朝之际(参看前文)。这篇预言形式的文献描述了自然的灾害,社会的动乱和贵族心灵上的恐怖与哀叹。聂非尔提预言将要出现一位阿明尼的国王统一国家,教导人们尊重国王,为国王服役。

《卡凯培拉·塞奈布的苦诉》和《一个人与其灵魂的辩论》两部代表作表现出来的文学手法,似乎是比较接近的。《卡凯培拉·塞奈布的苦诉》(又名《僧侣安虎与自己灵魂的谈话》)收藏于不列颠博物馆NO.5645 书板。这篇文献的日期"很难确定",如前所述,卡迪什相信这篇原文是第12王朝晚后期的著作,但反映了属于第一中间期晚后期和第12王朝早期的原文传统。《卡凯培拉·塞奈布的苦诉》一开始谈到,"在赫利奥坡里斯的瓦布僧侣,称为安虎的塞尼之子,卡凯培拉·塞奈布的痛苦头脑中汇编了各种格言、箴言的拾遗,警句的搜寻"。㉞

安虎还说:"我知道别人不知道的一些事情,不曾重复的事情。(那时)我愿叙述它们,(以便)我的灵魂可以回答我。我愿对它说明关于我的苦难并(因此)把我背上的负担,(即)使我受折磨的话,转移给它"。接着,安虎叙述了"变化正在发生,不像去年那样,一年比一年更骚乱","遍地是悲伤","我的痛苦是长期的和难以忍受的"。㉟文献显然是反映了社会动乱时期贵族的厌世主义的情绪和痛苦的悲伤。这篇文献从文学的价值上看,正如开头所说的那样,汇集了一些格言、箴言和警句,如"现在一颗勇敢的心灵在不幸的情况下,是它的持有者的伙伴"。又如,"惯于屈服统帅的人,(现在)是统帅屈服于他的人,两者是心甘情愿的。""所有的人把他们的希望寄托于欺诈之上。正当的谈话被抛弃。"㊱这些箴言或警句反映了社会的变革,以及随之来的某些人的心灵上的扭曲。

《一个人与其灵魂的辩论》纸草收藏于柏林博物馆 No. 3024。这篇文献的年代或者是第一中间期或者是第 12 王朝。《一个人与其灵魂的辩论》虽然没有直接描述社会的动乱,但是从作者的悲观厌世的情绪来看,无疑是社会大动荡的反映。文献的开头写道:"我对我的灵魂(巴)张开我的口,去回答它曾说过的话,对于我今天来说,这也是伟大的。我的灵魂不再与我谈话! 对于夸张来说,也是伟大的。它好像是抛弃我! 我的灵魂将不去,它将在这里陪伴我。"㊲这篇谈话的主人不满于社会的动乱,人们的作恶,认为"没有公正的人",因而轻生追求死亡,但他的灵魂(巴)则不满而威胁要离开他。主人无奈,不得不听从他的灵魂的劝告。在埃及人看来,人死后进入地下世界,而只要保留卡和巴两种灵魂,便可继续生存下去。在这篇《一个人与其灵魂的辩论》中,巴(灵魂)劝告主人要享受人生的快乐,不要追求死亡。这种重视现实的人生享受的思想,显然是与埃及人的追求来世的传统思想观念相违背。

故事体裁的文学作品,包括神话故事、叙述故事、传奇故事等,也十分流行。长篇的神话故事,如《人类的死亡》《拉被伊西丝的哄骗》《荷鲁斯与塞特之争》等无疑地流行于中王国期间,但它们的一部分保留在较晚的抄本上。以《胡夫与魔术师的故事》而著名的《韦斯特卡尔纸草》最初起源于古王国时代,而可能到第12王朝时期最后编定。㊳

　　叙事的故事以《一个能说善辩的农民的故事》为代表。这是一件保存在中王国时期4张纸草上的僧侣体原文。故事叙述了三角洲的一个农民要去内地交换产品而途中被劫,无奈到京城向宫廷总管莲西和国王申诉,以求得"公正"和"真理"。但是莲西对农民多次申诉无动于衷,所以,农民无望,在第8次申诉时说:"现在正义最终到了来世,它与执行它的人一起走进了墓地。当他被埋葬时,他的名字消失在大地上"。最后一次,农民把矛头指向莲西,他说:你"……不是了不起的;你不是光明正大的;不要耽阁,你不是迅速的;不要不公平的;不要听从这心;对你看见的人不要遮盖你的脸;对请求你的人不要拒绝。但愿你从懒惰中走出来,(以便)你说话能公布:'代理他,而他代理你'。不要听信每一个人,(但)鼓励一个人对他(自己)正当的利益的勇气。对于懒惰的人没有昨天,因他不听真理而无朋友,因贪心而无节日。(如果)敌人变成了一个凶手,(现在)被尊重的人变成了受难者,而受难者是一个申诉的人。看啊! 我已向你请求,(但)你不听它。我要去找可以向阿努比斯(墓地的大神)控告你的地方"。㊴这不仅是对莲西的控诉,也是对社会的抨击。经过9次的上述和申辩,尽管故事的结尾似乎完满解决。但是,作者借用农民的口揭露了官僚贵族的横行霸道,辛辣地抨击了国王和大臣。

　　《辛努亥的故事》是中王国时代文学的一篇杰作。保留下来的这篇故事的抄本很多,包括从第12王朝晚期一直延续到第21王朝,有5张纸草和至少17张碎片,而最重要的纸草文献保存在柏林博物馆 No. 3022、10499。辛努亥是第12王朝阿蒙尼姆赫特一世的随从,在他随塞索斯特里斯一世王子出征时,听到了阿蒙尼姆赫特去世并将要发生宫廷政变的消息,便逃往巴勒斯坦和南叙利亚一带。当地的统治者友好地款待他,重用他,而他娶妻生子,生活美满。但是,他仍然留恋埃及王宫,向往自己的故乡,因而向神和国王祈祷。最后,得到国王的应允和欢迎,回到了埃及。⑩这篇故事的内容可以印证《阿蒙尼姆赫特的教谕》中所反映的宫廷政变,很可能是一篇真实的历史故事。这篇文献的主题是辛努亥向塞索斯特里斯一世君主表示敬意,另一方面赞颂国王的宽仁厚道。故事的文字结构严密,技巧高超,在一些地方采用了一种对句造成韵文的效果。所以,它成为中埃及文学的一部典型的作品而长期流传。

最富于冒险的传奇故事是《船舶遇难者的故事》。故事描述了埃及人去"采矿国"途中遭遇风暴,船只沉没,唯一活下来的水手来到一个小岛上。岛上的巨蛇不仅没有伤害他,而且安慰他,并说四个月后将有埃及的船前来营救他。在埃及的船到来,他们要分别时,巨蛇又送给了他很多的土特产品。经过两个月的航行,遇难的水手终于回到了埃及,并受到了国王的接见。⑪故事的情节虽不算曲折,但它的写法类似于后来的《天方夜谈》中的《辛伯德故事》而引人入胜。

作为抒发人们感情的诗歌,在埃及也是文学创作中的重要部分之一。事实上,金字塔文、棺文、亡灵书等本身就是诗,但那些通常可以看作宗教诗。还有一些传记、教谕文学中,有时也包括诗歌,或者用韵律来表达,如《大臣乌尼传》等。

中王国时代有6首丧葬或礼仪性质的短歌用竖琴来伴唱,并记录在墓碑或浮雕上。在埃及墓中壁画上常有竖琴师在节庆日表演的场面,有一首《竖琴师之歌》,又称哈里斯纸草 No.500,现保存在不列颠博物馆 No.10060,是新王国时代的抄本,但原文可能属于第11王朝后期的安太夫统治的时代。这首歌一开始便赞美安太夫国王:

这首歌是在战无不胜的,安太夫的宫中,而他在弹奏竖琴的歌
者面前。

幸福的是他,这位善良的元首,

即使好的运气蒙受损伤!

一代人死亡,而其他人活下,

自从祖先以来,就是这样。

从前活着的神安歇在他们的金字塔中,

幸福的亡人也是埋在他们的金字塔中。

…………

不要让你的心衰弱,

追求你的希望和你的快乐。

遵从你的心的指导,满足你的尘世的需要,

直至为你悲伤的日子来到。

…………㊷

关于这首诗歌的内容和主题思想,曾经引起不同的解释。从它抒
发的内容来看,似乎透露出追求现实的生活享受和人生的快乐,这也和
传统的"来世观"的意识迥然不同。

中王国时代具有代表性的,对塞索斯特里斯三世王的颂歌保存在
拉宏纸草上。

这些抒情诗写成大致相等长度的短行,通常分成若干节。诗歌可
能谈不上严格的韵律,往往是自由的节奏,每一行或节的开始常常是同
一个词或词组的反复,这种重叠法可以说是埃及诗歌的共同手法。㊸

民间戏剧的表演和职业的演员在埃及的王朝时代似乎没有切实的
证据。但是在一般公众的宴会上,在季节的宗教节日的神庙范围内和
其他特殊情况下演出的圣礼的戏剧,到中王国时代已经扩展到一个新

的发展阶段。最早的戏剧原文或许是古王国时代的所谓《孟斐斯戏剧》即《孟斐斯神学》的某些部分，因为在这篇文献中已有戏剧的对话，并伴随有适当的舞台范围。⑭德国的埃及学学家 K. H. 赛泰认为《孟斐斯神学》的原文是剧本并附有说明的散文叙述，类似于中世纪的神秘剧。但是，另一位德国学者却反对上述意见，认为它是一个说明性的论文，部分写成说明的散文，部分写成叙述的散文，并且用对话形式与神的说教交织在一起。⑮在中王国时代产生的戏剧为《加冕礼的戏剧》，发现于底比斯的拉美修姆祭庙下面的墓中，写在第 12 王朝晚期或第 13 王朝早期的插图的纸草上。这部拉美修姆原文是为了在与塞索斯特里斯一世有关的加冕典礼上使用而改编成的，但是，无疑地有其更古老的起源。它给我们提供的对话，是由戏剧中的人物在表演中口头表达。继续的礼仪的几段描述也由那些人物扮演角色，并且按照奥西里斯神话表演。⑯有趣的是，柏林博物馆收藏的塞索斯特里斯三世时代一位官员埃赫尔诺富列特的石碑，用艺术风格描写了他如何履行了国王的命令，并且附加了一个职能的报告。那就是他在阿拜多斯的奥西里斯的节日和神秘剧的庆典上完成了工作。而在这些祭祀职务的执行中，有一个令人感兴趣的是，他扮演了荷鲁斯的角色，并护送奥西里斯"到他的墓去"。⑰

除了上述各类文学的作品外，附带说明一下有关科学技术方面的著作。

在中王国及其以前的某些科学技术的著作——医学、数学等论文保存在晚后时期的抄本中。属于中王国晚期的拉宏纸草保留了妇女病的论文和兽医手册的片断。在西底比斯的拉美修姆祭庙地下，大致也是中王国晚期的一座墓中出土了两篇魔术医学论文和医学论文的片断。⑱

在拉宏纸草中还包括有某些数学片断，但更重要的是林德纸草，它是在希克索斯王阿波斐斯时抄写的，而原文则来源于更早些的第 12 王朝阿蒙尼姆赫特一世时代。在这篇纸草上解算的大量的算数问题表明埃及人已经很好地精通四则算术的运算,而且能够运用分数和具有很好解释的十进位法系统。在几何学方面,包括发现了各种几何形图案的面积和体积——长方形、三角形、圆形、圆筒形等,并且陈述了一个正三角形的角和边之间关系的原理。有关的更早些著作,即莫斯科纸草保留了截顶金字塔体积的计算。在柏林博物馆的中王国时代纸草碎片上,记载了解答两个题目的二次方程式的代数问题。

在拉美修姆发现的中王国晚期的一部辞典或专有名词术语的著作纸草片断,包括了植物、鸟类、动物和公牛不同部位使用的术语,还有糕饼、点心和调料等术语,或许可以称为一部《百科全书》。

有关法律和商业的文献,官员和神庙账目的记录,私人的信件等,在拉宏纸草上保留了不少。在那里发现了一些遗嘱、卖据和户口调查表。私人的信件,最早见于古王国时代,但更多的是出自拉宏,大约第12王朝下半期。[49]

### 雕刻与绘画

经历了社会大动荡的中王国时代,尽管国王已不再像古王国时代那样神圣不可接近,但古王国的艺术传统仍然影响着国王像的雕刻。中王国的雕像远不如古王国时代的保留的多。第11王朝雕像中,最杰出的是头戴红色的下埃及王冠的孟图霍特普二世的坐像,他身着白色祭服,双手握住合抱于胸前,威严地面向前方。在第12王朝塞索斯特里斯一世统治时的丰富的艺术创作中形成了不同的风格:底比斯的以得自卡纳克神庙的两个站立的巨像为代表(开罗博物馆 JE38286-7);法尤姆的包括来自利希特的104座雕像的贮藏所和来自伊姆霍特普神庙的奥西里斯柱和木雕像(开罗博物馆 JE44951 和纽约大都会博物馆14.3.17);以及孟斐斯的以孟斐斯和北方他处的作品为代表。这种多样的风格往往是以过去描写国王的各种雕像形式所表现的王家传统相伴随。[50]第12王朝的雕像以塞索斯特里斯三世和阿蒙尼姆赫特三世的

系列雕像为代表(见图45)。这些雕像往往以紧张忧虑的神态取代了
古王国时期的那种庄严肃穆的自信的特点。阿蒙尼姆赫特三世的雕像
保存下来的,除了几尊头像和坐像外,还有他的狮身人首像。在塔尼斯
出土的黑花岗岩的狮身人首像被认为是阿蒙尼姆赫特三世的雕像。一
座带有国王胡子的面孔的狮子躺在雕像底座上,身体缺乏卢浮博物馆
的狮身人首像(阿蒙尼姆赫特二世)那样肌肉的紧张状态,而在头发、
肋骨、爪子、臀部那样的细节上,它们表现了在变成公式的过程中的因
袭。然而,它那强有力的凶猛面孔的造型与雕刻的狮身美妙地相协调,
从而产生了非常有趣的人和动物体态的结合。阿蒙尼姆赫特三世雕像
的风格,树立了许多保存下来的中王国时代国王雕像的典范。⑤

**图 45　阿蒙尼姆赫特三世头像**

(采自 N. Grimal,*A History of Ancient Egypt*,p. 169)

除了国王雕像外，引人注目的是普通人，奴仆的雕像。在阿西尤特的美瑟赫梯的墓中发现的两组战士的模型共 80 人，手持武器或盾牌，体形健壮，诩诩如生，好像是即将出发战斗的样子，展现了第一中间期（第 10 王朝）的私人武装力量。下层的仆人的形象显得更加真实、灵活，充满了生活的气息。在戴尔巴哈里的美凯特拉墓中出土的两尊木雕彩色绘画的女子雕像，可以说是这方面的

**图 46　木制彩绘女雕像**

代表作（见图 46）。少女身着露肩紧身裙，头顶装满贡物的篮子，手握斑鸠，应召走来，体态轻盈优美。类似形象的带来贡物的女人，还有几尊，有的手拿酒瓶。在贝尔沙赫出土的时间较晚的一组类似的木雕像（第 12 王朝前半期）保持了同样的传统。这组雕像共四人，以男仆为首排成一行，除男仆肩扛酒瓶外，其中两名女仆与上述头顶贡物的女仆同样，前去应召。这些雕像或许是由于在同时代的墓室中浮雕画像缺少，特别是烤面包、酿酒和屠宰场面稀少，而分担其任务的。㉒

在神庙、国王祭庙和贵族陵墓的墙壁上保留了部分浮雕。出自上埃及的陶德的孟图霍特普二世与拉神的石灰石浮雕和孟图霍特普三世与上下埃及女神的石灰石浮雕分别表现了神给国王戴王冠的形象。㉓卡纳克的一个石灰石柱上的浮雕刻画了塞索斯特里斯一世被普塔神拥

抱的画面，仍然是保留了传统的、王权来自于神的意识。

但是，在中王国时代壁画似乎比浮雕更流行，原因在于它的表现手法更简便些。从第一中间期以来，包括中王国时代的早期，地方大贵族的陵墓豪华性并不亚于国王，甚至有过之而无不及。他们的陵墓也保存下来大量反映其奢侈生活的壁画。在贝尼哈珊的塞索斯特里斯二世时期的克努姆霍特普的墓中，一幅饲养羚羊的壁画，表现了人与动物之间的亲昵之情。同一个墓主人的另一幅壁画是描绘仆人摘取无花果的场面。就在这棵树上还有 3 只猿，如果说是帮助仆人收获成熟的果子，还不如说在摘吃果子。人猿在一个画面上，不仅显得生动，而且也十分和蔼。还有一幅野狸图的壁画，也是典型的作品之一。(54)图中的野狸在纸草丛中伺机捕食雏鸟的形象，活灵活现。在美尔发现的森比的岩窟墓的壁画上，描绘了墓主人森比在沙漠中狩猎的形象。壁画虽已损坏，但仍能看出射箭击中猎物和猎狗捕猎羚羊的巨大而紧张的场面。(55)

中王国时代的文学艺术以其特有的成就被誉为埃及史上的古典时代，但是并不是说它的发展已达到了埃及文学艺术发展的顶峰。在中王国崩溃后，经过了一个中间期，到了新王国时代，它的发展又进入了一个新的更繁荣的时代。

# 第六章　新王国的兴起
与埃及帝国霸权的形成

埃及的统一王国经历了古王国和中王国两个主要发展阶段,到中王国瓦解后进入了第二中间期。在第二中间期(公元前1786—前1567年),第17王朝的底比斯地方的统治者,正像第一中间期的第11王朝底比斯的统治者一样,在埃及地方王朝割据分立的过程中,再次肩负起统一国家的重任,直到第18王朝时代,最终统一了全国,开创了埃及新王国(公元前1567—前1085年)的历史新篇章。在新王国时代埃及由于长期的对外战争与扩张,成为横跨亚非大陆的地中海沿岸的一个伟大的军事霸国,通常又把它称为帝国。帝国时代的埃及在政治、经济、文化等方面,进入了古埃及历史上的全盛时代。

## 第一节　第二中间期埃及地方王朝的
分立与社会的矛盾斗争

第二中间期从第12王朝的索布克尼弗鲁女王之死(约公元前1786年)开始,到第18王朝阿赫摩斯权力的兴起(约公元前1567年)为止,大约200多年之久。第二中间期与第一中间期不同,并非突然开始的,在某种意义上可以说是第12王朝的继续。在第二中间期,由于统一王权的瓦解,地方王权的割据分立,人民的大起义和希克索斯人的入侵,导致埃及陷入了内忧外患的严重局面。

### 一、第二中间期的政治形势与第 13—14 王朝国王世系的演变

埃及史上的第二中间期,包括了马涅托划分的第 13 王朝至第 17 王朝。在第二中间期,由于中央集权的专制主义统一王国的崩溃,几乎同时形成了并存的割据一方的地方王朝,而不是前后接续的。

在中王国时代第 12 王朝末期,塞索斯特里斯三世和阿蒙尼姆赫特三世大约各自统治了 50 年。这种较长时间统治的延续导致了许多继承上的问题,类似于古王国第 6 王朝末期的那样。接续而来的是阿蒙尼姆赫特四世的不到 10 年的统治,而在他死后,统一的王国再次衰落。阿蒙尼姆赫特四世的姊妹(或许也是妻子)索布克尼弗鲁王后图谋权力,成为埃及史上的第二名女法老。她的暂短的统治或许以暴力而结束。

第 13 王朝,至少是第 13 王朝的第一位统治者,或许是由于血统或者婚姻关系,似乎是第 12 王朝的合法的继承者。第 13 王朝最初是国家的唯一合法的权力系统,但是,在这同时或稍后以三角洲西部的克索伊斯为中心的第 14 王朝和以三角洲东部阿发里斯为中心的第 15—16 王朝相继建立起来,可能,也就在第 15—16 王朝稍后,第 13 王朝还未结束,在底比斯又兴起了第 17 王朝。当然,这些王朝都是由马涅托划分的。在第二中间期,这些地方王朝的相继建立,各据一方,导致国家再一次陷入四分五裂的状态。

第 13 王朝,据马涅托的记载,由狄奥斯坡里斯(底比斯)的 60 王组成,而都灵王名册则列举了 50 至 60 的王名,并且省略了我们从其他来源所知的王名。但是,有些国王的情况所知甚少,仅仅留下了名字,并且关于他们的世系和权力的演变继承也没有取得一致的意见。马涅托所记的第 13 王朝 60 王的统治时间为 453 年,①显然是错误的。第 13 王朝的统治年代,从公元前 1786 至公元前 1633 年,恰好是 153 年。

第 13 王朝的第 1 王是索布考特普一世（塞凯姆拉·库托威·阿蒙尼姆赫特·索布考特普）（公元前 1783—前 1779 年），从血统或婚姻关系来说，可能是第 12 王朝王位的合法继承人。②在他暂短统治的第 1至第 4 年间，尼罗河泛滥的高度及时记载在第二瀑布的地方。像第 12王朝最后国王一样，人口调查名单在拉宏拟定出来。此外，他在戴尔巴哈里和迈达姆德建筑了神庙。

第 13 王朝第 2 王，或传说的第 4 王，塞凯姆卡拉（塞凯姆卡拉·阿蒙尼姆赫特·森布耶夫），或阿蒙尼姆赫特（阿蒙尼美斯）五世。他的名字出现在上下埃及的纪念碑上。虽然在他统治时代，塞姆纳的尼罗河界标突然停止，他似乎还控制下努比亚，而第二瀑布的地区的统治继续维持到这个王朝的大部分时间。在亚细亚，埃及人的影响仍然是强有力的。在塞凯姆卡拉的第 2 个继承者塞赫太帕布拉二世王的圆筒印章上，毕布罗斯的元首雅肯伊鲁姆承认他自己是埃及王的仆人。但是埃及各州的将军则不稳定，塞凯姆卡拉仅仅在相对和平的条件下维持了其政权。

在都灵王名册上，这个王朝的第 6 王是阿蒙尼姆赫特六世，或许可以把他与亚细亚人阿明尼视为一人。他的小金字塔遗迹于 1957 年在达赫舒尔显露出来。

第 13 王朝第 9 王赫特帕布拉（赫特帕布拉·赛荷尔尼杰海尔姚太夫），某些王名表把他称为"亚细亚人"。在三角洲发现了一个刻有他的名字的雕像和一个圣甲虫。在西亚约旦西部的耶利奇发现了一个纪念他的统治的石碑。

都灵王名册的第 11 王索布考特普二世（索布考特普·侃克拉），是一个名为尼恩（?）……的平民的儿子，关于他的情况不清。留下来的有关他的文物，仅仅是刻有他的王名圈的圆筒印章和圣甲虫。

在索布考特普二世之后的一个不出名的统治者，是第 13 王朝的第

12(13)王伦塞尼布。他仅仅统治了4个月,而他的名字被大写字所跟随,或许仅仅是由于他的名字碰巧出现在名册史料的一页或栏目的开始,而并非由于他是新的一"组"国王的第一名。③在塔尼斯、迈达姆德和厄勒藩汀铭刻的纪念碑,倾向于表明伦塞尼布的4个继承者先后为阿维布拉·荷尔、塞杰弗卡拉·卡乌·阿蒙尼姆赫特、库托威拉·乌戈夫和塞厄斐利布拉·塞索斯特里斯(Ⅳ)。

荷尔,又名为阿维布拉,第13王朝的第13王,在位情况不详。从他的金字塔中发现了奇异而难得的木雕像。雕像头顶上刻有向上伸开两只手臂的"卡"的符号,而身体是裸露的。此外,从三角洲的塔尼斯至阿斯旺的厄勒藩汀都出土了他的纪念物。

第13王朝的第14王,阿蒙尼姆赫特七世,又名塞杰弗卡拉。他的名字出现在三角洲的塔尼斯和底比斯的迈达姆德,以及阿斯旺地区的厄勒藩汀等地。但是,有关他的事迹很少知道。

库托威拉·乌戈夫,第13王朝第15王,在位时间不长。他的雕像发现于塞姆纳,暗示了在他统治下,埃及人仍然维持了在这个地方的边界。他为戴尔巴哈里和迈达姆德的神庙扩建了一部分。

肯杰尔,又名乌塞尔卡拉,第13王朝的第17王,其统治时间未详。有关他的事迹不清。他或许是卢浮宫许多有争论的石碑的物主之一,在那里他本人的名字似乎被他的著名的祖先,第12王朝的尼马拉(阿蒙尼姆赫特三世)王所代替。肯杰尔的金字塔建于萨卡拉南部,外部用石灰石覆盖。其统治年代或许不超过4年。

肯杰尔的王位被军队的一名"将军"所继承,他采用了王位名塞门克卡拉。有关这一情况主要是从东北三角洲的塔尼斯出土的两座巨像得知的。

第13王朝的兴盛期是在索布凯姆塞夫一世,索布考特普三世、尼斐尔霍特普和索布考特普四世诸王统治时代。

索布凯姆塞夫一世（塞凯姆拉·瓦杰考·索布凯姆塞夫）显然没有被排列在都灵王名册的第 13 王朝的国王中，但是，有些建筑的某些地方带有他的名字。有时他的名字与其继承者索布考特普三世在一起。有关他的情况，我们是从由他统治的第 7 年的哈马马特干河采石场的一块铭文，通向努比亚商路开端的沙特莱戈勒的粗石刻，以及在阿拜多斯、底比斯、卡纳克、陶德和厄勒藩汀发现的各种纪念物上得知。在布鲁克林博物馆的纸草上保存了似乎在他统治的第［5］年和第 6 年对维西尔安虎的两个王家命令。还有两张较短的所谓布拉克纸草 18，一张属于"在位 5 年"时期的内容涉及维西尔安虎的仓库账单纸草的残片可能也属于他统治的时代。④

索布考特普三世（塞凯姆拉·塞瓦吉托威·索布考特普），第 13 王朝第 21 王，在位时间三年零两个月。索布考特普三世的父母孟图霍特普和伱赫耶布的名字屡屡出现在一些纪念物上，但没有头衔。所以，他的家世微末，显然是平民出身。他的纪念物发现于埃尔卡伯和利希特，而他的名字还被刻于塞赫勒岛的祭坛上。他在迈达姆德的穆特神庙重新雕刻柱廊和各个大门，又在利希特为第 12 王朝塞索斯特里斯一世王的金字塔祭庙捐赠祭品。布拉克纸草和布鲁克林纸草所记的内容均涉及索布考特普三世时代。这篇较长的布拉克 18 号纸草的抄本，一部日志详细列举了法老廷臣在底比斯的一个月居住期间的收支或许涉及到索布考特普三世时代。这部公文书不仅列举了国王慷慨大量的捐赠，而且提到了政府的 3 个部（WARUT）的名单："南方之首的瓦列特（Waret）"，"财政部"和"人民的供给者的办事处"，或劳动者办公署。⑤布鲁克林博物馆纸草保留下来的一个埃及官员家属的奴仆名单就属于索布考特普三世时代。在 95 个人的名单中，有半数以上（49 或 45 人），是亚细亚人。可见，亚细亚人在埃及数量的增长。

尼斐尔霍特普一世（哈塞凯姆拉·尼斐尔霍特普），第 13 王朝第

22 王,在位 11 年(约公元前 1741—前 1730 年)。他出身微末,他的父亲似乎是阿拜多斯的僧侣。有人认为他是索布考特普三世的兄弟。尼斐尔霍特普一世的头衔之一是荷鲁斯名吉列格托威("创立两地的人"),暗示他力图重新组织国家的两部分。他的势力范围,除了克索伊斯州外,不仅控制上埃及,也包括三角洲。尼斐尔霍特普一世的名字还出现于毕布罗斯。有一浮雕描绘了他的臣属毕布罗斯元首杨廷站在他的面前,说明这个时期的埃及国王的权威在叙利亚仍然被承认。但是,希克索斯人已渗入埃及,而且掌握了阿发里斯。发现于阿拜多斯的石碑和阿斯旺地区岩石上的铭文记录了他的统治。

索布考特普四世(哈尼斐拉·索布考特普),第 13 王朝第 23 王,在位时间 8 年以上(约公元前 1730—前 1720 年)。索布考特普四世出身微末,他的双亲汉凯夫和凯美同时也是尼斐尔霍特普一世的父母,所以,有人认为,他们都是索布考特普三世的兄弟。⑥他的雕像被发现于南方的第三瀑布和北方的塔尼斯。希克索斯人加强了他们在埃及的势力,正是在索布考特普四世统治时期,地方统治者在克索伊斯建立了第 14 王朝,而希克索斯的第 15—16 王朝则建都于阿发里斯。公元前 1 世纪的作家阿尔塔帕努斯说:"齐尼弗里斯( =哈尼斐拉?)"王是"孟斐斯以上地区的统治者(因为就在那个时代埃及有好几个国王)。"⑦

索布考特普五世(坎赫拉·索布考特普)的纪念物包括几个圣甲虫。索布考特普五世、美尔塞凯姆拉·尼斐尔霍特普二世,或许和塞凯姆拉·珊克托威·尼斐尔霍特普三世可能被排在都灵王名册的第 6 栏底下不见的 3 行。出自卡纳克的开罗石碑 20799(J.59635)提到了这 3 名国王。"当底比斯陷入危机时","一个人进入并供养它";"当他的城市衰落并防止它和外国人时,一个人提高他的城市;一个人由于他统一(?)了反叛的外国土地"并且"一个人打倒了再次反叛他的敌人,对于攻击〔他〕的人加以杀戮"。在同一个原文中,法老被说成是戴上蓝冠,在现有的埃及文记录中,它可能是最早提到了蓝冠。⑧

在随后的几位国王中,还应提到美尔尼斐拉·埃伊。他在公元前
1700 年登基,在位时间可能是 23 年零 9 个月,⑨是第 13 王朝诸王中王
位最长者。他是阿发里斯的土著,他的金字塔内的闪绿岩顶石发现于
三角洲。由于这个时期希克索斯统治了埃及北部领土,所以,他被认为
是希克索斯王的臣下。而他的几个继承者仅仅在晚后的王名单中留下
了几个王名。

杜狄摩斯(杰德尼斐尔拉·杜狄摩斯),即马涅托所讲的图梯迈乌
斯。杜狄摩斯的部分名字或许保存在都灵王名册的第 7 栏中,在美尔
赫特普拉·伊尼以后的 10 个王名位置被现代学者看成与"图梯迈乌
斯"王等同。据马涅托说,在他统治期间埃及已被希克索斯所征服。
因为杜狄摩斯不可能在 1674 年以前即位,而我们看到的希克索斯牢固
确立在东三角洲早在公元前 1720 年,因而可能的是,马涅托记载的事件
是孟斐斯被第 15 王朝创立者希克索斯王萨里梯斯所占领。⑩我们所知
的杜狄摩斯,仅仅从戴尔巴哈里和格伯林的底比斯州发现的纪念物。他
的继承者杰德霍特普拉·杜狄摩斯二世的头衔出现于埃德富的石碑上。
此外,在一些纪念物和都灵王名册上还保留了其余几位国王的名字。

在第 13 王朝整个时期及其衰亡以后大约 30 年间,在西三角洲的
克索伊斯地区,马涅托所说的至少在名义上提到独立的,而实际上是长
期的地方国王的系统或统治者就是第 14 王朝。据马涅托记载,第 14
王朝由克索伊斯的 76 王组成,统治了 184 年,而另一抄本为 484 年。⑪
推测克索伊斯与第 12 王朝的崩溃同时分离出来是在公元前 1786 年。
这个王朝的政府一直维持到公元前 1603 年。关于第 14 王朝,虽然有
一些王名保存在都灵王名册上,但是几乎没有什么纪念物保存下来。
所以有关情况难以知晓。第 14 王朝的大部分时间与第 13 王朝同时南
北并立,但却比后者延长了 30 年。

## 二、第二中间期的人民大起义

第二中间期继第一中间期之后是否再次发生人民大起义，至今仍然是争论较大的一个问题。而问题的关键是《伊普味陈辞》(《一个埃及贤人的训诫》)这篇文献的时间断代究竟在何时？现存的《伊普味陈辞》纸草文献写于新王国时代末期，但它所反映的社会事件及其时代背景争论甚大。

先前我们已经提到，自从 1909 年加德纳对《伊普味陈辞》文献的原文断代为第一中间期以来，至今大多数学者固守着这一观点，因而在他们看来，第二中间期没有任何材料假定，像古王国末期那样的暴力骚动的暗示：在一个半世纪期间，作为希克索斯在埃及出现的先导，不论内部或在其国外，国家在任何方面似乎没有崩溃，仅仅是中央的权力遭到了危机。⑫但是，这种论断显然与第二中间期的历史的实际相违背的。因为，不仅仅整个国家四分五裂，而且如果把《伊普味陈辞》断代为第二中间期，那么，还可以揭示出第二中间期的人民大起义和尖锐的阶级斗争。

关于《伊普味陈辞》这篇文献的断代问题，除了加德纳外，苏联学者 B. B. 斯特鲁威早在 1917 年便指出，这篇文献描述了公元前 18 世纪中叶的一次大规模的社会运动。近年来，美国 J. V. 塞特尔斯发表了《〈训诫〉的年代在第二中间期》一文，他从《〈训诫〉的年代在第二中间期》的种族术语、对外关系、社会和行政的发展、文学、政治形势等几方面，根据正字法和语言学的研究，把这篇文献的内容确定为第二中间期，具体地说，就是第 13 王朝晚期。⑬如果这一论断能够被接受，那么，在第二中间期发生了人民大起义，那是确切无疑的。

塞特尔斯认为，《〈训诫〉的年代在第二中间期》中提到了"麦德查人幸运地同埃及在一起"，麦德查人与其余的努比亚人分开，这只能发生在第 12 王朝时期。在对外关系上,古王国时代埃及与毕布罗斯关系密切,而《〈训诫〉的年代在第二中间期》提到"今天没有一个人向北航行到毕布罗斯",说明在第二中间期两者之间的关系断绝。随后提到的"远至克里特的国王们都用上述这些杉木制作的松脂涂尸防腐,"也反映了中王国以后克里特与埃及之间的密切关系。《〈训诫〉的年代在第二中间期》反映的埃及奴隶制比古王国时代要发展得多,文献中使用的奴隶术语 ḥm 或 ḥmt 先后提到 7 次,说明它在中王国时代特别通用,而在这之前是非常罕见的。此外,还有一些表明奴隶的术语 B³k,总是与 ḥm 同等使用,而关于家内的奴隶 dt 同样也只用于中王国时期。⑭

　　除了塞特尔斯论证的以外,我们还可以补充的论据是,《〈训诫〉的年代在第二中间期》记载的"尼罗河泛滥,但是没有人耕田",和《聂非尔提预言》所反映的第一中间期的"埃及的河流干了",沙滩上、河床上"没有水"的干旱现象形成了鲜明的对照。《〈训诫〉的年代在第二中间期》所提到的"全部三角洲不再有所隐藏,而下埃及处于听任践踏的道路上",更能反映第二中间期希克索斯人的渗入,而在第一中间期绝对不会有这种现象。文献还提到,"贫民〔苦诉(?)〕":"多么可怕啊! 我怎么办呢?"⑮这里讲的贫民就是 ndš,而 ndš 一词虽然在古王国时代已经出现,但是作为一个重要的社会组织阶层,是在中王国时代,他们的苦诉,正好说明了他们似乎已成为革命运动的对象。所以,我们把《〈训诫〉的年代在第二中间期》的日期认定在第二中间期,因而证明在第二中间期再次爆发了人民大起义。

　　在第二中间期人民大起义过程中,参加革命运动的成员主要有门卫、糖果商人、洗衣匠、捕鸟人、酿酒人、贫民、奴隶、侍从、仆人等。他们提出了"让我们镇压我们中间的有势力者"的口号,并且"反对那蛇标,拉",显示了这次人民大起义的反王权、反神权的革命精神。这次奴隶、贫民以及其他小生产者的起义,顷刻之间席卷了全国,"国王被暴徒废黜","金字塔所掩盖的已经变成了空虚","国家的首长逃亡","国家的长官被驱散各地"。"政府机关已被打开,它们的清单已被夺去"。"(书吏)已经被杀,他们的文件已被夺走。""地籍书吏的文件已被毁损,埃及的谷物已成公有财产。""议事室的法律纸卷已被抛出,在公共场所,任人们在上面践踏,在街头,任贫民把它们撕碎"。起义的人民从贵族和奴隶主手中夺取了土地、房屋、牲畜、谷物以及"所有的一切"。"大地像陶钧一样翻转起来","贫穷的人变成了珍宝的所有主","奴隶变成了奴隶的占有者"。⑯

人民大起义摧毁了国王政权,改善了阶级关系。但是,随着而来的是社会秩序的混乱,农业荒废,仓库空虚,甚至饥饿,最终造成"蛮人从国外已进入埃及",希克索斯人乘机在埃及建立了自己的政权。

### 三、希克索斯在埃及的统治及其王朝世系的演变

"希克索斯"一词,历来有不同的解释。马涅托在其《埃及史》中把萨里梯斯等 6 王称为"希克索斯"种族。 ḥyk 在圣语中意为"王",而 sôs 在世俗语中为"牧人"或"牧人们",合起来"希克索斯"意为"牧人王"。但是在另一抄本中 ḥyk 一语据说不表示"王",相反,这些合成语意思是"牧人俘虏"。约瑟夫斯表示,"这个解释更为可信并且更符合于古代史"。他还指出"有些人说他们是阿拉伯人"。阿夫利坎努斯引用的马涅托的记载,把他们的王说成是来自腓尼基。⑰

但是,现代的研究者通常认为,希腊文的 'ykσώs(希克索斯)来源于埃及文 ḥḳ³ḥ swt,或者是它的篡改。⑱埃及文中的"希克索斯"一词,意为"外国的统治者"或"沙漠高地的君主"。⑲这个术语并非是一个种族或民族的名称。早在古王国和中王国时期,希克索斯一词用于指明在努比亚和叙利亚、巴勒斯坦的所有外国人,但是似乎更倾向于亚细亚

人:阿姆人、塞切契乌、门杰乌、列腾努的人们,属于塞姆语人。有人把希克索斯看成赫梯人,又有人以其使用马和战车而把他们说是印欧语系人,成为美索不达米亚本土语系的统治的中坚。还有人把希克索斯与胡里安人视为一体,或者把它说成是"古阿卡德人"。⑳近年来,东三角洲的希克索斯人的主要文化遗址代巴和迈斯库塔的考古发掘证明,希克索斯人的文化与青铜时代中期巴勒斯坦地方的迦南人有着惊人的相似处,特别是其陶器的生产技术,形状和色彩图案都反映了迦南的风格。㉑所以,很可能,希克索斯人起源于巴勒斯坦的迦南人。

关于希克索斯入侵埃及问题,在约瑟夫斯的著作中保留了马涅托的一段详细记录:

"图梯迈乌斯。在他统治时,我不知由于什么原因,神的狂风打击了我们,而种族不明的侵略者自东方地区以必胜的信心突然地推进到我们的国土。他们没有袭击而用主力轻易地侵占了它;打败了国土的统治者以后,他们残暴地烧毁了我们的城市,彻底毁灭了神庙,用残酷的手段对待所有本地人,杀死一些人并把其他人的妻子和孩子变成奴隶。最后,他们指定了他们众人中的一名为萨里梯斯者做了国王。他把孟斐斯作为中心,向上埃及和下埃及征收贡赋,并且总是在最有利的地方派兵驻守。"㉒

图梯迈乌斯,或许是第13王朝的杜狄摩斯。马涅托所讲的"种族不明的侵略者自东方地区以必胜的信心突然地推进到我们的国土",显然是不符合实际的。希克索斯人的入侵或征服埃及并不是突然的,而是长期逐渐渗入的结果。这些亚细亚人不知从何时开始烦扰埃及东北边界,并在第一中间期越过了三角洲。在中王国的衰亡时代,各个不同的西亚人民集团,主要是塞姆人渗入三角洲,并强制向南扩大势力。㉓正像《伊普味陈辞》所说的那样,"全部的三角洲不再有所隐藏,而下埃及处于听任践踏的道路上"。㉔在《辛努亥的故事》和贝尼哈珊州长克努姆霍特普墓中的画面也充分证实了这种现象。在希克索斯入侵埃及的过程中，必然地会遇到埃及人的抵抗。在两者的冲突过程中，不可避免地是城镇被焚烧，神庙被毁灭，而土著的埃及人易于遭受虐待和暴行。

希克索斯人乘埃及统一王国崩溃之机，渗入三角洲，并以阿发里斯为中心建立政权，随后又逐渐向孟斐斯扩张，并巩固三角洲东部边界。这个过程几乎经过了半个世纪，直到大约公元前 1674 年，就在杜狄摩斯一世时代希克索斯真正变成了埃及的统治者。有可能的是，像马涅托所表明的那样，侵扰了整个埃及，控制了埃及国家远至南方的格伯林与或许到第一瀑布的所有通路，㉕但主要的势力范围在下埃及。

希克索斯在埃及的统治，并非把他们自己的统治机构强加于埃及，而是维持了现存的埃及的政治制度，并且吸收了埃及官员参政。有一名显然是塞姆人名字胡尔(用埃及文写成"哈尔")的重要的希克索斯官员，具有"下埃及王的财政大臣""(国王的)唯一之友"和"宝库的监督"等埃及政府官员的头衔。另一名希克索斯的财政大臣，他的头衔像胡尔，但他的圣甲虫上却是埃及人的名字帕利姆阿赫，显然是为希克索斯统治者所雇佣。㉖马涅托说，希克索斯王"向上下埃及征收贡赋"，这已得到其他文献的证实。萨里叶 1 号纸草写道："全国用塔·米里(埃及)的产品和一切好的东西向他纳贡"。㉗上述的希克索斯财政大臣的圣甲虫图章无疑地负有税收和贡品收据的责任。希克索斯人还利用埃及的象形文字书写体系翻译和抄写他们自己的名字，有时甚至僭取埃及的人名。他们还采用埃及传统的王家头衔，使用混合在埃及习俗中的王位名。从埃及、努比亚和巴勒斯坦等地出土的圣甲虫和印章上，我们常常可以见到：善神 $M^3-ib-r^\varsigma$，拉之子，舍西；荷鲁斯："他是控制两地的人"，善神 $Swsr.n-r^\varsigma$，拉之子希安；善神，两地之主，$Nb-ḫpš-r^\varsigma$，拉之子，阿波斐斯；荷鲁斯：平定两地的人，善神 $^\varsigma3-Ḳnn-r^\varsigma$，拉之子，阿波斐斯，塞特的心爱者；善神，上下埃及之王，$^\varsigma3-wsr-r^\varsigma$ 拉之子，阿波斐斯等王衔王位名。㉘

希克索斯人还是伟大的建设者。他们赞美埃及的艺术,或者盗用或者临摹埃及的艺术品,留下了一些神庙、雕像和浮雕,特别是圣甲虫形式的护符或图章。但是,他们也保留了自己特有的创作传统,这在所谓"希克索斯堡垒"的建筑风格上和泰勒雅胡迪亚陶器上可以显示出来。更奇妙的是希克索斯时代为我们保存下来一些埃及文学的著名抄本和技术著作。

在宗教信仰方面,希克索斯人正像在政治活动舞台上一样,他们仿效埃及的宗教,以阿发里斯为中心,设立一个官方的宗教,选择具有反叛性格的埃及塞特神作为主神。而塞特神逐渐与塞姆人的巴勒或拉舍夫,或者与赫梯的特舒布融合为一。在希克索斯的圣甲虫上,一个裸体的女人像被认为是女神安那特或阿塔尔·阿斯塔尔特,在晚后时期她被看成是塞特·巴勒神的配偶。此外,他们也没有忽视传统的埃及神,特别是拉神,并且维持了他的王位神的荣誉。

希克索斯人在接受埃及的政治、文化的同时,作为外来民族,在他们与埃及人接触的过程中,把西亚的文化引进了埃及。为埃及人带来了新的血液:除了新的艺术风格,宗教崇拜,政治制度和带声破裂音外,更重要的是马和新式武器的传播。虽然马和马拉战车可能在希克索斯以前,在尼罗河流域已经知道,但是套上马具的马的传入在战争中引起了革命,而我们所知道的最早提到在战争中使用马的文献,出自底比斯的卡莫斯的原文中。埃及人还从希克索斯人那里或许第一次熟悉了复合的弓、青铜短剑、改进型的剑和盔甲以及其他的装备与技术。[29]这些新的武器和装备在第 18 王朝的对外战争中发挥了很大的作用。

希克索斯人在埃及建立了第 15—16 王朝。据马涅托的记载,第 15 王朝(公元前 1674—前 1567 年)有 6 个最重要的、也是"最早的统治者",其中有些又见于都灵王名册(见表 14 之 1、2)。

**表 14 之 1  第 15 王朝(公元前 1674—前 1567 年)王名表(部分)**

| 马涅托王名 | 其他文献和碑铭王名 |
|---|---|
| (约瑟夫斯)(阿夫利坎努斯) | |
| 萨里梯斯  塞伊提斯 | 舍列克 |
| 布诺  布诺 | |
| 阿帕克南  帕克南 | |
| 伊安那斯  斯坦恩 | 修塞连拉·希安 |
| 阿波斐斯  阿波斐斯 | 阿波斐斯(Ⅰ、Ⅱ) |
| 阿塞斯  阿奇里斯 | 阿塞拉·卡穆底 |

最早的希克索斯统治者萨里梯斯,他的亚细亚名字或许是舍列克,他在中王国时进入三角洲,后来以阿发里斯为首都,建立第 15 王朝。据都灵王名册记载,第一位希克索斯统治者的在位年数为〔1〕3 或〔2〕3 年,与马涅托所记的 19 年相差无几。萨里梯斯及其直接继承者 6 人通常被称为"伟大的希克索斯"或简称为"大希克索斯"。据马涅托说,萨里梯斯占领了孟斐斯,蹂躏了整个埃及,把他同时代的底比斯第 13 王朝的国王作为臣属置于他的统治下。有人把萨里梯斯与迈耶布拉·舍西视为同一人,但是也有人把舍西作为萨里梯斯的直接继承者。舍西的图章发现于戴尔巴哈里、厄勒藩汀,甚至第三瀑布的凯尔玛。但这并不说明他们的统治范围已扩大到南苏丹,甚至下努比亚,至多控制到第一瀑布。

**表 14 之 2  第 15 王朝王名表(部分)**

| 王位顺序 | 马涅托 |
|---|---|
| 舍西 | 萨里梯斯 |
| 雅库布赫尔 | 布诺/帕克南 |
| 希安 | 伊安那斯 |
| 〔-〕延沙斯 | 阿塞斯 |
| 阿波斐斯 | 阿波斐斯 |
| 〔-〕卡穆底 | —— |

　　雅库布赫尔,又名麦卢塞拉,第15王朝大希克索斯第2王,或许是迈耶布拉·舍西的继承者。雅库布赫尔很难与马涅托的第2王布诺视为一人。据都灵王名册,他在位8年(或18?)以上。从圣甲虫护身符上得知麦卢塞拉·雅克·伯勒,其塞姆名译成埃及文为雅库布赫尔。雅库布赫尔的图章与舍西的一样,发现于凯尔玛,说明两个国王似乎在时间上和地理上紧密相关。

　　希安,又名修塞连拉,马涅托所记的伊安那斯或斯坦恩,可能是第15王朝大希克索斯第3王,他采用了假定的埃及王名修塞连拉和传统的埃及头衔"善神"和"拉之子"外,他还为自己选定了一个荷鲁斯名,意为"地方的拥抱者",表现了他的主宰埃及的野心。希安的统治时间,据马涅托记载为50年。他的名字常常出现在一些纪念物上。不仅在格伯林和布巴斯梯斯的建筑物上,在国外,诺萨斯王宫的石瓮上,巴勒斯坦的圣甲虫和印记上,以及巴格达的花岗岩狮子上都可见到他的名字。这些证据表明,埃及与西亚和地中海国家的贸易关系至少已经恢复到中王国时代的水平,努比亚是否沦为希安的臣属,还没有证据,两者之间的关系还不清楚,但是一个名为尼伽的人在库什取得了政权,并且借助于埃及官员的帮助。希安与他同时代的底比斯第17王朝的关系也不清楚。

　　阿波斐斯一世,又名阿塞拉,大希克索斯的第4王。在第15王朝中,他的统治时间可能是最长的,至少在40多年以上。阿波斐斯统治时期是希克索斯人统治的全盛时代。他的一个带有王位名,并装饰以有翼的太阳圆盘的石灰石门楣石发现于格伯林,证明了他在上埃及的影响。在法尤姆发现的碑文和许多圣甲虫上记录的头衔是"上下埃及之王",并且承认他自己为"拉之子,它的实体之子,它爱他"。在底比斯第18王朝的阿蒙霍特普一世的王墓中,发现了一个雪花石膏瓮,上面铭刻了阿波斐斯一世的女儿赫里特公主的名字。这个雪花石膏瓮似

乎是在底比斯从一代传到另一代。可能的是这个希克索斯王的女儿与
底比斯的其同时代的王子结婚,而因此是底比斯新王国法老的一个祖
先。然而也可能的是在底比斯墓中她的具有完整铭文的水瓮的存在,
显然指明阿波斐斯一世的长期统治的大多数时间,希克索斯和底比斯
的 17 王朝处于相互友好密切的关系中。而亚细亚人统治者的纪念物
对于早期新王国的埃及人来说并非可憎恨的。㉚但是,在阿波斐斯一世
统治的末期,双方的关系恶化。底比斯的塞肯内拉·泰奥二世首先发
起了对希克索斯人的战争。但是这位高傲的王子在一次战役中遇到了
埋伏而身亡。他的长子卡莫斯王,第 17 王朝的最后统治者,继续战斗。
阿波斐斯一世被迫退却到阿发里斯附近的边界,底比斯的舰队进发到
阿发里斯或阿发里斯领域的一个重要城市下,最后他死在阿发里斯。

　　阿波斐斯二世,又名阿昆内拉,第 15 王朝大希克索斯末后统治者
之一。阿波斐斯二世的名字除了出现在底比斯获得的短剑以及较早的
一些三角洲的纪念物外,在东部三角洲布巴斯梯斯以南没有发现。在
布巴斯梯斯(开罗北)神庙中,阿波斐斯竖立了很多的柱子和青铜门。
他的荷鲁斯名可能意味着“使两地满足”,出现在残破的门侧和柱子周
围的一些粗料上,在那里描述了国王的恩惠。阿波斐斯二世的统治时
间暂短,处于希克索斯王崩溃时代的边缘上。

　　卡穆底(?)或许是阿塞拉,第 15 王朝大希克索斯末代王,其在位
时间不超过两年。有关阿塞拉的唯一纪念物是离阿发里斯遗址不远的
北桑哈杰尔的小方尖碑,方尖碑上没有刻上阿塞拉的个人名字,但可以
逻辑上的假定他就是碑文上的“卡穆底”,而在都灵王名册上的第 15
王朝的王名单上就有卡穆底的名字。㉛卡穆底和阿波斐斯二世同样摇
摆于大希克索斯王朝崩溃的边缘。在阿发里斯被底比斯的阿赫摩斯击
败以后,卡穆底显然考虑了希克索斯人从埃及的退路问题。

　　关于第 16 王朝问题,马涅托仅仅谈到了“第 16 王朝又是牧人王,

总共 32 人，他们统治了 518 年"。㉜事实上，第 16 王朝与第 15 王朝处于同一时代。第 16 王朝的诸王都是一些与大希克索斯诸王有关系的"小希克索斯"统治者。尽管在都灵王名册与马涅托的任何名单上没有他们的位置，但是从发现出来的具有他们名字的纪念物上，往往刻有"陛下""善神，两地之主"等尊称和王衔。据现代考古学提供的小希克索斯王至少有 8 名。

### 四、底比斯王朝的演变及其与希克索斯王朝的关系

大约在公元前 1650 年，希克索斯统治埃及的早期，底比斯的第 13 王朝地方的一个分支由拉霍特普继承并创立了一个第 17 王朝。第 17 王朝建于第 13 王朝的末期，并稍晚于希克索斯的第 15—16 王朝，而与它们同时结束于公元前 1567 年（见表 15 之 1、2）。

表 15 之 1　第 17 王朝（约公元前 1650—前 1567 年）王名表（第 1 组）

| 王　　名 | 年数 |
| --- | --- |
| 塞凯姆拉·瓦卡乌·拉霍特普 | —— |
| 塞凯姆拉·威普玛阿特·安太夫 V | 3 年 |
| 塞凯姆拉·赫鲁西尔玛阿特·安太夫 VI | ×月 |
| 塞凯姆拉·舍德托威·索布凯姆塞夫 II | 16 年 |
| 塞凯姆拉·塞蒙托威·图悌 | 1 年 |
| 桑肯拉·孟图霍特普 VI | 1 年 |
| 塞瓦健拉·尼比利拉维特 I | 6 年 |
| 尼斐尔卡拉(?)·尼比利拉维特 II | ×月 |
| 塞蒙美佳特(?)拉 | |
| 塞乌塞林拉（乌塞林拉?） | 12 年 |
| 塞凯姆拉·舍德瓦斯特 | |

在都灵王名册上，第 17 王朝被分为两组或两个集团，第 1 组共 11 王，其中前 5 王又被马涅托的传统划分为第 16 王朝。第 2 组还有 5 王。都灵王名册的第 17 王朝王名中有 9 名又出现在卡纳克王名表

中。㉝此外,我们从底比斯的纪念物中还见到了第 17 王朝的 10 个王名,在底比斯还发现了列在王名单上的 7 名国王墓以及没有出现在任何名单上的 8 个国王的坟墓。大约在 80 多年中,这些国王的统治范围超过了上埃及的第 1—8 州,即从厄勒藩汀至阿拜多斯一带的国土。㉞

第 17 王朝第 1 王是拉霍特普,全名塞凯姆拉·瓦卡乌·拉霍特普。都灵王名册把拉霍特普排列在第 17 王朝第 1 位,因而可看作为新王朝的创建者,统治年代未详。但是,他与希克索斯王萨里梯斯的继承者雅库布赫尔同时代,而且直到他的 3 位继承者时期,仍然与希克索斯王朝保持友好关系。拉霍特普在科普托斯的神庙和阿拜多斯的奥西里斯神庙中,虔诚地承担了建筑物的修膳工作。在科普托斯的国王敕命中,他把神称为父亲,看来是继承了上埃及的传统信仰。

第 17 王朝第 2 王安太夫五世,全名为塞凯姆拉·威普玛阿特·安大夫,绰号为"老者""长老"。我们仅仅知道他是王家出身,并且在他的 3 年统治以后被他的弟弟和继承者安太夫六世所埋葬。

安太夫六世,全名塞凯姆拉·赫鲁西尔玛阿特·安太夫,第 17 王朝第 3 王,在位时间或许仅仅几个月,他的墓在戴拉阿奔纳戈,然而,在第 20 王朝期间被检验过,根据保存在埃伯特纸草中的这次检查记录,它似乎坐落于接近第 17 王朝安太夫七世王墓的西南。虽然他的墓未被发现,但他的金字塔顶石却残存下来,还有棺椁保存于卢浮宫。

索布凯姆塞夫二世,全名塞凯姆拉·舍德托威·索布凯姆塞夫,第 17 王朝第 4 王,在位似乎 16 年,是该王朝中统治年数最长的国王,因而保留了较之其他国王都更丰富的材料。索布凯姆塞夫二世的名字,以及出自西底比斯的小石灰石方尖碑上的他的臣下的名字索布考特普、索布克那克特等显然受到了第 13 王朝王名传统的影响。正是在索布凯姆塞夫二世统治期间,底比斯的第 13 王朝结束,而第 14 王朝的统治仅仅在克索伊斯残存有两代或三代。所以,他被称为"伟大的统治者"。他的墓在新王国拉美西斯时代被破坏和盗窃。根据纸草的记述,我们相信他和王后努布卡丝的埋葬是非常丰富的,甚至是华丽堂皇。出自底比斯的一些铭刻纪念物,特别是卡纳克和阿拜多斯的建筑活动和其他公共工程,显示了他的统治时代的繁荣昌盛。索布凯姆塞夫二世的王后努布卡丝为他生育了孔丝公主,而他的女儿孔丝也许又成为他的妃子。

图悌,全名塞凯姆拉·塞蒙托威·图悌,第17王朝第5王,在他统治一年之后,图悌让位于桑肯拉·孟图霍特普六世。图悌的名字除都灵王名册外,又出现在卡纳克王名表和巴拉斯北,戴尔的石灰石门侧柱上。由于某种原因国王的"卡诺匹斯"箱被重新铭刻,并且被王后用作为化妆品箱,而与其宽大的长方形棺一起被发现于底比斯的王后墓中。

孟图霍特普六世,又名桑肯拉,第17王朝第6王。从埃德富发现的一对石灰石狮身人首像上得知,图悌让位于孟图霍特普六世,而在不到一年的时间,孟图霍特普六世又被具有普通底比斯人名的尼比利拉维特的两个国王之一所继承。

尼比利拉维特一世,全名塞瓦健拉·尼比利拉维特,第17王朝第7王。他的完整的5个一体的伟大的头衔,出现在卡纳克神庙境域内的石碑上。这块具有重大意义的石碑,记录了埃尔卡博地方官职务被他的持有者用证书让给他的兄弟,以便取消总计大约12磅黄金的债务问题,而参与这项活动的包括维西尔在内的法老政府的两名官僚。㉟尼比利拉维特一世的第一个名字塞瓦健拉还出现在新王国的两个名单中,以及在胡(离底比斯70里)发现的中王国晚期的青铜短剑上。他在位长达6年。

尼比利拉维特二世,又名尼斐尔卡拉,第17王朝第8王,在位期间仅几个月。除了都灵王名册外,我们仅仅从开罗博物馆的哈尔波克莱提斯神的雕像上的铭文,可以联想到尼比利拉维特二世的王位名是尼斐尔卡拉。在都灵王名册上,他的继承者为塞蒙美佳特(?)拉。但是在其他任何史料上,都不知他的情况。

塞乌塞林拉,可能是卡纳克王名表和格雷格搜集的圣甲虫上命名的乌塞林拉。但这仅仅是推测。他是第 17 王朝末后第 2 王,维持了 12 年的统治。他的继承者塞凯姆拉·舍德瓦斯特,正像他的先辈塞蒙美佳特拉一样,除了都灵王名册外,任何其他材料都不曾提到。都灵王名册的第 17 王朝第 1 组王名至此结束。

表 15 之 2　第 17 王朝王名表(第 2 组)

| 王　　名 | 年数 |
|---|---|
| 努布凯帕尔拉·安太夫Ⅶ | 3+×年 |
| 塞奈克坦拉 | —— |
| 塞肯内拉·泰奥Ⅰ | —— |
| 塞肯内拉·泰奥Ⅱ | —— |
| 瓦吉凯帕尔拉·卡莫斯 | 3+×年 |

都灵王名册第 2 组的第 1 王安太夫七世,其第 1 名为努布凯帕尔拉,统治年代未详。安太夫七世(有人把他排为五世)有理由被说成是底比斯的一个新的和强有力的王家世系的创建者。而他的重新使用索布凯姆塞夫二世的圣甲虫,说明已经确立了他作为那个国王和或许属于另一家族的继承者。他以颁布科普托斯敕命和布告而引人注目。这个事件发生于国王在位的第 3 年,那时科普托斯神庙的巫术肖像被一个叫特梯的人所盗窃,所以国王给科普托斯市长、军队指挥官、全体驻军和僧侣等布告废除特梯的职务,咀咒他的罪恶,并用严肃的罚款威胁想要原谅特梯及其子孙的指挥官和市长。㊱在科普托斯、阿拜多斯、埃尔·卡伯和底比斯等遗址的神庙墙上和石碑等纪念物上,以及浮雕与铭文证明了他的建筑活动和作为军人的勇敢。在科普托斯的破裂的浮雕上描绘了国王站在神面前,举起他的权标头打击敌人。在卡纳克神

庙的一个小的柱脚上,描绘了他的王名圈在被缚的努比亚人和亚细亚人俘虏的人物像上。安太夫七世的墓在其先辈安太夫五世和索布凯姆塞夫二世墓的北边,一排新的王家墓地。在他的棺材中,还有两只弓和六只燧石箭头与他一起埋葬,显然表现了他的好战的性格。

在安太夫七世统治期间,底比斯王朝与希克索斯王阿波斐斯和睦相处,两王之间有过许多接触,林德纸草显然是希克索斯来源的抄本。它能够被看成是两个王朝之间的和平关系的证据,或者甚至指明底比斯的忠于北部王国。不排除另一个可能性的是阿波斐斯一世的势力扩大到南方的格伯林,而且甚至可能与底比斯的王室家族联姻而保持密切关系。㊲

塞奈克坦拉,第 17 王朝第 2 组的第 2 王,统治时间未详。塞奈克坦拉的名字又见于卡纳克王名单上的努布凯帕尔拉(安太夫七世)和塞肯内拉(泰奥)之间。在另一个王家祖先名单和一个墓中也有塞肯内拉及其继承者的名字伴随着塞奈克坦拉王名。上述事实可以确定他在第 17 王朝中的地位,但没有其他纪念物提供有关塞奈克坦拉的情况。

泰奥一世,又名塞肯内拉,第 17 王朝第 2 组第 3 王。在萨里叶纸草上讲到希克索斯王阿波斐斯时代,“塞肯内拉王是南部城市的统治者”,并且他没有崇拜“在〔全国〕除了神王阿蒙·拉之外的任何神”。由此可见,作为地方神的阿蒙的重要地位。泰奥一世或许居住于底比斯以北的戴尔巴拉斯的王宫中。他的姊妹和妻子,名为特悌舍丽王后是阿赫摩斯的祖母,一直活到新王国第 18 王朝的早年,所以,她得到了“新王国母亲”的永久的声誉。

泰奥二世,又名塞肯内拉,第 17 王朝第 2 组第 4 王,统治年代未详。他与三角洲的希克索斯第 15、16 王朝同时执政。被同时代人称为“勇敢者”或“勇士”。据说,三角洲的希克索斯王阿波斐斯派人给泰奥二世捎来口信,说是在底比斯圣庙池塘中的河马的刺耳鼾声使得 400

多英里以外的阿波斐斯日夜不得安宁，夜不能睡眠，要求泰奥二世制止河马的鸣叫。显然，这是一种挑战，也许是作为底比斯人与希克索斯人斗争的借口的纯文学的设想。无论如何，这件事必然使得泰奥二世横遭凌辱，因而他立即宣布对希克索斯人的战争。但是他在激烈的战争中，或许中了埋伏而死去，享年不超过 40 岁。泰奥二世的木乃伊和棺材，于 1881 年从戴尔巴哈里附近的地下隐蔽所中发现。从他的木乃伊遗体上可以看到被大斧、矛、枪击杀的证据；他的肋骨和脊柱骨已破碎，头盖骨也被击伤。所以，他被草率地装于底比斯的棺材中。泰奥二世与其姐妹阿赫霍特普结婚，生了两子和至少三女，其长子卡莫斯继承了王位。

卡莫斯，又名瓦吉凯帕尔拉，第 17 王朝末代王，其在位时间大概 5 年。他出生于戴尔巴拉斯的王家官邸中。在那里受到了他的祖母特悌舍丽王太后的教育。当他的父亲泰奥二世在反希克索斯的战争中突然牺牲时，卡莫斯继承了王位，并以极大的热情迎接了新的战斗。据卡莫斯墓碑的一个抄本（《卡那翁书板》）记载，在卡莫斯统治的第 3 年，他召集了底比斯长老会议，表示了"消灭亚细亚人"的决心和拯救埃及的愿望，尽管遭到长老们的反对，但是他仍然决心战斗。卡莫斯使用了希克索斯人引进的马和战车，用骑兵袭击没有警备的赫尔摩坡里斯北部的城市尼夫鲁什。在他第一次的胜利后，又调动了他的军队进入位于利比亚和西沙漠的拜哈里耶绿洲，进攻了法尤姆南部的希克索斯控制区。卡莫斯利用尼罗河运输他的队伍，并且用数百只船装满黄金、青金石、绿松石等贵重产物的战利品。卡莫斯还在南方捕获了一个被阿波斐斯派遣去南方库什王国的使节，并劫持了阿波斐斯要求库什支援，以使南北夹击埃及的求援信。卡莫斯宣扬他"征服了南方，打败了北方"。在阿波斐斯死后不久，卡莫斯或者由于自然原因，或者因战斗负伤而死去。

# 第二节　埃及人驱逐希克索斯人的
# 斗争与第18王朝的创立

## 一、埃及人驱逐希克索斯人斗争的伟大胜利

在公元前 1674 年以来建立的第 15—16 王朝,以三角洲的阿发里斯为中心统治埃及。在公元前 1650 年,底比斯兴起的第 17 王朝,长期以来一直与希克索斯王朝保持和平共处的关系。但是,到了第 17 王朝末期,塞肯内拉·泰奥二世统治时期,两者之间的关系恶化。在晚后的新王国时期民间流传了一个所谓《阿波斐斯与塞肯内拉的故事》,保存在萨里叶 I 号纸草上。据这份纸草记载,希克索斯王阿波斐斯派遣使者捎信给南部城市(底比斯)君主说:"废除城东的河马池塘! 因为河马不论昼夜,叫声响彻城市,不让我睡觉。"而"南部城市的君主",底比斯的塞肯内拉则对使者说:"好的,你的主人将听到关于〔这个位于〕南部城市东边的〔池塘〕的某些事。"①居住于阿发里斯的阿波斐斯提出了在 400 多英里以外的池塘中的河马的鸣叫妨碍他睡觉,并以此为理由要求废除河马的池塘,显然是对底比斯的无端的挑衅。尽管故事的后一部分,在纸草上没有保存下来,但是可以想象到,塞肯内拉蒙受了巨大的耻辱而激发了他的反希克索斯斗争的决心。如前所述,塞肯内拉木乃伊的肋骨、脊柱和头盖骨的破碎损伤,显然是在反希克索斯斗争中被击杀的表现。

塞肯内拉牺牲后,他的长子卡莫斯继承了王位,据《卡那翁书板》记载,卡莫斯在王宫中向贵族官员会议分析了当时的埃及形势,并且表明了自己的决心:"(一个)君主在阿发里斯,另一个在埃塞俄比亚,而我们与亚细亚人和尼格罗人一起坐(在这里)! 每个人都与我一起划分土地,占有这个埃及的他自己的一部分。我不能从他旁边远达孟斐

斯,埃及的河(?)但是看啊,他占有赫尔摩坡里斯。因亚细亚人的征税
而被掠夺,没有人能够安居下来。我将与他格斗,那么我能够剖开他的
肚子! 我的愿望是拯救埃及并击败亚细亚人!"但是,参加会议的贵族
官员却满足于南北各据一方,和平共处的局面,他们认为,如果"有人
来到并且行动〔反对我们〕,那么我们将行动反对他!"官员们的话刺伤
了卡莫斯的心。他表示"〔如果我〕与亚细亚人〔战斗〕将会得到成
功"。②在 1954 年发现的卡莫斯王的新铭文(又称《尼西石碑》)或许是
卡那翁书板记载内容的继续。其开头部分损毁,但从保留下来的不完
整的句子来看,显然,卡莫斯王写信给希克索斯王阿波斐斯,并且保存
了一个侮辱性的回答。所以,现在我们能够看到的句子的开头部分仅
仅是卡莫斯的言辞:"一个卑鄙的回答来自你的城镇"……"你的谈话
意思是说,当你想使我成为一个(纯粹的)'封臣'时,而你是一个'统治
者',似乎与你自己乞求完成你将失败的事情。你的背后已经被看到,
啊,卑贱的人,我的军队在你的后边。当我的军队的战斗呼叫被听见时,
阿发里斯的妇女将不受孕,她们的心在她们的身体内将不坦白"。③

卡莫斯王对希克索斯征伐的全过程,没有专门的记录。从上述有关
材料的记载来看,在卡莫斯统治的第 3 年,亚细亚人安扎在阿发里斯,但
他的势力范围扩大到中埃及的库塞;而卡莫斯则控制了库塞到厄勒藩汀
这块土地,其南方则是库什的领地。卡莫斯出征的第一个目标是位于库
塞北方的一个城市尼夫鲁什。在尼夫鲁什城内的希克索斯驻军是在皈
依希克索斯的土著埃及人泰梯的指挥下。卡莫斯在尼夫鲁什附近安营
扎寨,并派遣马吉支队包围尼夫鲁什,而马吉军队是由努比亚人出身的
埃及雇佣军组成的。卡莫斯说:"……当早餐时间来到时,我攻击它,我
毁坏了他的围墙,我杀死了他的人民,并且我使他的妻子下到河岸"④。
《卡那翁书板》还记述了埃及士兵攻陷尼夫鲁什后,劫掠的财富和战利
品:奴隶(农奴)、牲畜、牛奶、肥猪、蜂蜜等。在《卡那翁书板》和第 2 块石

碑记载之间，显然有一段空白处，不能给我们提供有关战斗的情况。

从现有的《卡那翁书板》和新的《尼西石碑》记载来看，没有关于孟斐斯和其他重要的战役的记述，仅仅保留了对阿发里斯的攻击。在卡莫斯攻击阿发里斯以前，据铭文记载，他还捕获了希克索斯王派遣去库什的使者及其所携带的求援信。卡莫斯征伐阿发里斯是通过河流运输兵力，或许是以培尔·杰德肯（或许在现代的格伯林，底比斯南）为基地。关于这次战斗情况，卡莫斯说："我编排舰队，相继排列……。而我自己的金船（王家帆船）位于前头；（它）就像一只神的隼鹰在它们前面，我安排勇敢的麦克船向沙漠边缘刺探……而（我）说：'这是攻击！我在这里。我将成功……看啊，我将饮你的葡萄酒场的酒……在我监禁了你的女人到船的监牢以后，我将毁灭你的住处和砍伐你的树木。我将接收战车部队。'"碑文还记载了埃及人在这次战役中获得的战利品，用数百只船装满的黄金、青金石、白银、绿松石、无数的金属战斧，且不说香料、肥猪、蜂蜜和各种木材等。卡莫斯还宣扬："我劫掠了所有一切，我没有留下阿里斯的东西，因为它是空虚的，与亚细亚人一起消失。"⑤在这里所记的对阿发里斯的攻击，也许是夸张。卡莫斯似乎并未攻陷阿发里斯，可能与南方的"敌对者"的存在有关。有的著作认为卡莫斯这次远征的最北方是位于法尤姆入口的南面约80公里的西诺坡里斯（上埃及第17州叫"黑狗"），从那里他乘船返回底比斯，并且夸张他征服了南方，打败了北方。"⑥

卡莫斯王在希克索斯王阿波斐斯死后不久也去世。卡莫斯王没有子嗣，所以，在他死后，他的弟弟阿赫摩斯一世大约在公元前1570年继位。阿赫摩斯继承了其兄长的反希克索斯斗争的意志，领导了埃及人民的驱逐希克索斯的斗争，并取得了胜利。

记载阿赫摩斯一世驱逐希克索斯战争的重要文献是与阿赫摩斯王同名的士兵，埃巴纳之子阿赫摩斯的传记。《埃巴纳之子阿赫摩斯传》

讲到,阿赫摩斯的父亲曾在塞肯内拉王时服兵役,而当他本人青年时代,代替父亲成为阿赫摩斯一世手下的士兵,并且继续为阿蒙霍特普一世和图特摩斯一世服兵役。在阿赫摩斯一世统治时代,围攻阿发里斯战斗时,埃巴纳之子阿赫摩斯被任命为"照耀在孟斐斯"号船上的士兵。从这只船的名称来看,可能,古老的首都孟斐斯已被埃及人占领。第2次和第3次阿发里斯战役发生在阿发里斯的帕泽库运河的河流上,第4次则在"这个城的南方"进行,最后才"攻陷了阿发里斯"。在先前几次战斗中,阿赫摩斯的屡屡战功,受到了黄金的奖赏。在最后一次攻陷阿发里斯时,士兵阿赫摩斯说,"捕获了一个男人和3个女人总共4头,陛下把他们送给我做奴隶。"⑦约瑟夫斯保留的马涅托的《埃及史》讲到,密斯弗拉格穆托西斯,即图特摩斯三世及其儿子图特摩斯四世打败了希克索斯,显然是错误的。此外,讲到埃及人围攻阿发里斯在"绝望中放弃围攻,缔结了条约……牧人们带着他们的全部财富和家族,不下24万人离开了埃及",⑧不仅是误传,也是对希克索斯的美化。事实上埃及人攻陷了阿发里斯,把希克索斯人从其三角洲的要塞中驱逐。《埃巴纳之子阿赫摩斯传》接着写到"围攻沙鲁亨6(3?)年,陛下攻占了它"。沙鲁亨是南巴勒斯坦的一个城市,通常被看成是希克索斯的堡垒,而且可能的是这座城镇在人种上与统治阿发里斯的希克索斯人有关系。埃及人在夺取阿发里斯后,逻辑上的下一个转移对阿赫摩斯来说是保证埃及东部国境的安全,由于夺取了沙鲁亨,他得到了这个结果。⑨

　　阿赫摩斯一世可能在他统治的第6或第7年完成了他在东北方的战斗任务。因此他可能把他的攻击重心致力于努比亚的重新征服,而直到他统治的后期没有重新开始在亚细亚的行动。《埃巴纳之子阿赫摩斯传》的确没有再提到对亚细亚的攻击,但是,阿赫摩斯王的同伴市民阿赫摩斯·潘·尼克伯特的传记却描述了他如何与阿赫摩斯王一起出征扎亥,⑩扎亥在新王国时代被认为是巴勒斯坦或叙利亚的地方。

以此为根据,历史学家主张,阿赫摩斯一世劫掠沙鲁亨之后,继续深入到巴勒斯坦。但是,也有人认为扎亥的战斗发生在他统治的晚期,而且在他统治第 22 年的一件原文可以提供旁证。⑪

　　阿赫摩斯领导埃及人民击败了希克索斯人,大约在公元前 1567 年驱逐了希克索斯在埃及的统治,获得了民族解放的胜利。阿赫摩斯作为新的王朝——第 18 王朝的开创者,其统治地位自然巩固起来。

## 二、第 18 王朝国王世系的演变

　　流传下来的马涅托关于第 18 王朝的记载比较混乱。据阿夫利坎努斯保留的第 18 王朝世系表,国王由 16 人组成,统治了 263 年,而犹塞比乌斯则记为 14 王,统治了 348 年。⑫从现有的文献和文物的资料来看,我们所能确定的第 18 王朝国王为 14 人,统治了 247 年。马涅托所记的埃及王名的一部分已被确认,可以与其他资料上的王名等同起来(见表 16)。

表 16　第 18 王朝(公元前 1567—前 1320 年)王名表

| 王　名 | 年代(公元前) |
|---|---|
| 尼布帕赫悌拉·阿赫摩斯一世(阿摩西斯) | 1570—1546 |
| 杰塞尔卡拉·阿蒙霍特普一世(阿蒙诺斐斯) | 1546—1526 |
| 埃赫帕尔卡拉·图特摩斯一世(图特摩西斯) | 1525—1512 |
| 埃赫帕连拉·图特摩斯二世(图特摩西斯) | 1512—1504 |
| 玛阿特卡拉·哈特舍普苏特 | 1503—1482 |
| 蒙凯帕拉·图特摩斯三世(图特摩西斯) | 1504—1450 |
| 阿凯普鲁拉·阿蒙霍特普二世(阿蒙诺斐斯) | 1450—1425 |
| 蒙凯普鲁拉·图特摩斯四世(图特摩西斯) | 1425—1417 |
| 尼布麻拉·阿蒙霍特普三世(阿蒙诺斐斯) | 1417—1379 |
| 尼斐尔凯普鲁拉·阿蒙霍特普四世(阿蒙诺斐斯)埃赫那吞 | 1379—1362 |
| 安克凯鲁拉·斯门卡拉 | 1363—1361 |
| 尼布凯普鲁拉·图坦哈蒙 | 1361—1352 |
| 凯帕尔凯普鲁拉·阿伊(阿亚) | 1352—1348 |
| 杰塞尔凯普鲁拉·郝列姆赫布 | 1348—1320 |

阿赫摩斯一世，或阿摩西斯一世，又名尼布帕赫悌拉，第18王朝（公元前1567—前1320年）的开创者。阿赫摩斯一世（公元前1570—前1546年）继承了他的兄弟卡莫斯的王位，重新开展了反希克索斯的战争，并取得了最终的胜利。阿赫摩斯又极力着手于内政建设。他开始加强政府的权威，把王家亲信安排到各地政府部门的关键岗位上。他重建河渠、堤坝和灌溉系统，改革了税额和税务体系。他鼓励并恢复了与利比亚沿海城市的贸易。他重新修复神庙，奖励艺术和建筑的复兴。阿赫摩斯虽然在位时间仅仅十几年，却是埃及史上一位颇有建树的君主。

阿蒙霍特普一世，或阿蒙诺斐斯一世，又名杰塞尔卡拉，第18王朝第2王。阿蒙霍特普一世（公元前1546—前1526年）是阿赫摩斯一世之子。阿蒙霍特普一世的兄长阿赫摩斯·塞帕尔，最初是其父阿赫摩斯一世的继承人，并且或许与其父共同摄政。但是，在他即位前已死去，因而王位就落到了阿蒙霍特普一世的手中。阿蒙霍特普一世继承了一个统一的大国，但是，在他统治的第1年，利比亚人就发动了起义，阿蒙霍特普统率军队到西部三角洲镇压了利比亚人。他又航行到南方消灭了努比亚人的叛乱，并带回了大量的战利品。在这期间他巡视了南方的防御工事，并修复了许多要塞，直到尼罗河第二瀑布的塞姆纳。阿蒙霍特普一世热心于艺术，在他巩固了南北边境的形势以后，竭尽全力着手底比斯的卡纳克神庙的建筑设计。在丧葬习俗上，他改革了陵墓丧葬综合体的建筑，把显眼的陵墓与葬祭庙各自分开远离，在葬祭庙内设计有献祭的房间和庭院。阿蒙霍特普一世以其英勇善战和恢复神庙祠堂而被国人说成是一位好君主。在他死后又被神庙僧侣宣布为有资格的神。

可能由于他的良好的名声，他的木乃伊制作花费了很大力量，并且在木乃伊尸体上罩着被单，被单上放置着红蓝色的芳香的鲜花，鲜花上还栖息一只黄蜂。所以，当他的木乃伊被发现时，以致无人想去揭开它。

　　阿蒙霍特普一世与他的姊妹阿赫霍特普二世结婚，但是他又娶了阿赫摩斯·美丽塔蒙公主，公主短命而亡。阿蒙霍特普一世与阿赫霍特普王后生了儿子阿蒙尼姆赫特，但因其子年幼死亡，没有王位直系继承人。

　　图特摩斯一世，或图特摩西斯一世，又名埃赫帕尔卡拉，第18王朝第3王（公元前1525—前1512年）。图特摩斯一世可能是国王或底比斯州贵族的一个后嗣的远房亲属。他的母亲塞尼宋布仅有"国王的母亲"称号，而无其他头衔，所以，图特摩斯一世只能是贵族或者更可能是平民出身。图特摩斯一世或许与阿蒙霍特普一世国王的姊妹阿赫摩斯结婚，当阿蒙霍特普一世去世时，图特摩斯被认定为王位继承人。

　　图特摩斯一世继位后，积极开展了对外的征伐和国内的公共工程的建筑。图特摩斯一世率军远征努比亚到达第三瀑布，俘虏了努比亚首领，把他吊在船上远航返回底比斯。在战胜努比亚人之后，图特摩斯一世在那里沿尼罗河修建了系列防御工事，并在第三瀑布的托姆波斯岛上建造堡垒。同样，为了军事的需要，在尼罗河第一瀑布疏通了先前已开凿的运河。图特摩斯一世对东部边境的扩张被看成是他的最大的功绩。埃及人还铭记着曾被希克索斯侵占过的耻辱而一心想报复。图特摩斯一世率领军队远征叙利亚（列腾努），进而到美索不达米亚东北的幼发拉底河流域的纳哈林（"两河"）。为了纪念远征的胜利，他在那里树立了石碑，并自夸他使埃及扩大到比得上太阳所照亮的范围。[13]

　　图特摩斯一世登极后就着手工程的建筑事业，包括扩大卡纳克的阿蒙神庙。在战争胜利后，为了表示对神的感激，进一步加强建筑工程。在著名建筑师伊涅尼的监督下，阿蒙神庙增加了一个小柱厅和庭院。柱厅全部用杉木圆柱筑成，并加上铜和金的门。他还建造了两座塔门(第4、5座),在塔门的旗杆上还装饰以金银合金的尖头,放射出耀眼的光芒。他树立了卡纳克神庙中的最早的两座方尖碑,其中的一座仍然屹立,而另一座已倒下。图特摩斯一世还开创了"帝王谷"陵墓的建设。他的建筑师伊涅尼在西底比斯的毕班·穆拉克,可以俯瞰底比斯的悬崖的隐蔽处,为图特摩斯一世选择并开凿岩窟墓。此后,第18至20王朝的诸王都追随图特摩斯一世葬身在这片"帝王谷"的陵墓中,但是这块秘密藏身之地仍然被暴露。稍后的第21王朝僧侣不得不把他们的先王,包括图特摩斯一世在内,重新安置在被帝王谷山地隔开的戴尔巴哈里的隐蔽处。当近代考古学者发现时,图特摩斯一世的木乃伊全身赤裸,显示出了关节炎和牙齿不健康的迹象。图特摩斯一世的葬祭庙位于美迪奈特哈布附近,但现已消失。

图特摩斯一世与其姊妹阿赫摩斯王后生了两个女儿,尼斐勒凯布和哈特舍普苏特;还有两个儿子,瓦吉摩斯和阿蒙摩斯。但是,这两个儿子应得的王位却被非嫡系的图特摩斯二世所继承。

图特摩斯二世,又名埃赫帕连拉,第18王朝第4王(公元前1512—前1504年)。图特摩斯二世的两名兄长早在图特摩斯一世执政时已去世,而图特摩斯一世的王位被身份微末,并可能是底比斯一个州的后嗣的穆特诺夫列特王妃之子图特摩斯二世所继承。图特摩斯二世为了加强他的权力的合法性,而与他的异母姊妹哈特舍普苏特,即王后阿赫摩斯之女结婚。懦弱而多病的图特摩斯二世由于王后哈特舍普苏特的干预政事,使得他的统治暗淡无光。阿斯旺的碑文记录了图特摩斯二世对努比亚的镇压;戴尔巴哈里的哈特舍普苏特葬祭庙碑文保留了他对列腾努的远征记录。图特摩斯二世除了为卡纳克神庙增加一所祠堂外,没有其他纪念物留下。图特摩斯二世深知王后哈特舍普苏特的性格和野心,就在他29或30岁死前宣布他与侧室伊西丝王妃所生之子图特摩斯三世为他的继承人。

哈特舍普苏特,又名玛阿特卡拉,第18王朝的第5位统治者,她以摄政王的身份篡夺了图特摩斯三世的王位成为埃及史上一位伟大的女王。

哈特舍普苏特(公元前1503—前1482年)是图特摩斯一世之女,她与她的同父异母兄弟图特摩斯二世结婚而成为王后。他们生有一女名为尼斐鲁拉,而无儿子。公元前1504年,图特摩斯二世死于战场,年仅10岁的图特摩斯三世继承了王位。为了加强王位继承的合法性,他与异母王后哈特舍普苏特的女儿尼斐鲁拉结婚,而哈特舍普苏特也就以母后的身份成为图特摩斯三世的摄政王。在此以前,哈特舍普苏特作为图特摩斯二世的王后已经开始为自己建筑陵墓,墓中未完成的石棺上刻着"王之女,王之姊妹,神之妻,王之伟大之妻,……哈特舍普苏特"。[14]但是,在图特摩斯三世的第2年,她就迫不及待地宣布自己为王,僭取了国王的标志、徽章,甚至身着男装、脸带假胡须,把自己打扮成男性,并把这种形象浮雕在戴尔巴哈里的她的祭庙墙上。在图特摩斯三世的第7年,她又为自己封上了"荷鲁斯女神,上下埃及之王,太阳神拉之女,阿蒙神"头衔,并且宣称王位是父王图特摩斯一世授予的。[15]哈特舍普苏特女王最有影响的活动是派遣远征队前去蓬特,运回一批黄金、象牙、皮毛、香料等。她还不遗余力地大兴土木,在卡纳克的阿蒙神庙中建筑一座大礼拜堂,围绕它的是许多附属的房间,并且在其附近竖立两座方尖碑,其中的一座仍然保存完好,高29.5米,重323吨,另一座已破碎。还有两座方尖碑仅仅知道很少残片。[16]哈特舍普苏特留下的最杰出的不朽建筑物,就是位于戴尔巴哈里的她的葬祭庙。葬祭庙与她的帝王谷中的陵墓仅一山之隔,坐落于陡峭的山麓之下,依山而筑,形成3个台阶的柱廊式建筑,气势磅礴,风格独特。

图特摩斯三世在位的第22年,哈特舍普苏特的葬祭庙及其他建筑物上她的个人的图像、以及名字全被涂抹铲除破坏,她的雕像的头部也全被砸掉。尽管没有足够证据说明图特摩斯三世与哈特舍普苏特之间的冲突，但20余年来，王位权力之争必然导致母子情义的破裂和政治权术上的报复，最后以哈特舍普苏特的销声匿迹而结束。

图特摩斯三世，又名蒙凯帕拉，第18王朝的第6王，如果排除哈特舍普苏特的非法王位应该是第5王。图特摩斯三世（公元前1504—前1450年）是图特摩斯二世与后宫伊西丝之子，因哈特舍普苏特王后无子，图特摩斯二世生前便已宣布图特摩斯三世为他的王位继承人。非嫡系而庶出的王子，早年在阿蒙神庙作小僧侣，据说在一次节日的典礼上，圣舟的轿夫拜倒在他的面前并向他致敬，似乎按照阿蒙神的意志，他应该是未来的国王。公元前1504年，图特摩斯二世去世，大约10岁的图特摩斯三世在哈特舍普苏特的辅佐下加冕，登上王位。为了保证王位的合法性，他娶了哈特舍普苏特的女儿，同父异母的姊妹尼斐鲁拉为王后，而他的姑母或异母哈特舍普苏特则成了他的摄政王。但是这位正统公主出身的王后仅仅活到哈特舍普苏特摄政统治的第11年。后来，图特摩斯三世又与美丽特拉·哈特舍普苏特，一个孟斐斯的女继承人结婚，他还有来自其他国家的妃子。

在哈特舍普苏特摄政期间，图特摩斯三世的王权被母后操纵，他也只能忍声吞气。但是他却受到了良好的军事训练与教育，特别是马术、箭术，这为他以后的军事活动奠定了良好基础。在图特摩斯二世和后来的哈特舍普苏特摄政时期，西亚地区形势不稳，被征服者甚至企图摆脱埃及的统治。在图特摩斯三世在位的第22年，正当亚洲形势紧张之际，哈特舍普苏特突然死亡。图特摩斯三世在短短几个月内安定了国内形势，并做好了军事上的准备，随后率领大军远征叙利亚和巴勒斯坦。从图特摩斯三世亲自执政的第22年至42年的20年中，他先后发动了对西亚的17次远征。最终确立了他的统治权，国境扩大到幼发拉底河上的卡赫米什。他在南方远征扩张到尼罗河第四瀑布，形成了埃及史上空前的大帝国。除了军事上的成就外,他还是位伟大的建设者。他为卡纳克的阿蒙神庙建筑了第 6 塔门和一些圣所殿堂,竖立了四座方尖碑,另在赫利奥坡里斯建立两座方尖碑。

图特摩斯三世统治的最后 12 年已是七八十岁的老人,他任命他的儿子阿蒙霍特普二世与他共治国家,直到他统治的第 55 年去世。在他独立统治埃及的 32 年间,他对西亚征服的成功,他对努比亚和北苏丹统治的扩大和巩固,他的精力旺盛的帝国资源的探查,他的埃及民族财富的大量的增加,他的国家内政的有效的组织,他的建筑物的巨大项目和在他保护下的埃及艺术和文化成就的显著进步,使他成为一个伟大的法老。⑰也有人把他称为"第一位伟大的征服者",或者把他与古代的亚历山大大帝或近代的拿破仑相比拟。

阿蒙霍特普二世,又名阿凯普鲁拉,第 18 王朝第 7 王。阿蒙霍特普二世(公元前 1450—前 1425 年)是图特摩斯三世和美丽特拉·哈特舍普苏特王后之子,他与其同父的姊妹美丽塔蒙结婚,但是他的儿子和继承者图特摩斯四世却是由梯奥王妃所生。

阿蒙霍特普二世在其父图特摩斯三世晚年时与其父共治,维持了一个庞大的帝国,当图特摩斯三世去世后,西亚一些国家企图摆脱埃及的统治。阿蒙霍特普二世发动了 3 次远征西亚的军事活动。在他统治的第 2 年,曾远征到幼发拉底河,仿其先父和太祖父,树立碑柱纪念他的业绩和成功。在凯旋埃及时,将亚细亚人的首领悬吊在船头上,并在宗教仪式上亲自予以斩首。据说他在第 2 次远征巴勒斯坦时,掠夺了 10 万名俘虏和大量的财富。此外,他再次征服了努比亚,残酷地镇压了努比亚的反抗。他受过专门训练,擅长箭术和搏斗,他还以骑手和马的饲养者引以为豪。他还关心在孟斐斯附近的帕尔尼斐尔的海军基地的建设。阿蒙霍特普二世的身材与其父相反,而且比其同时代的大多数人都要高大,肌肉发达,力大无比。但是,晚年却患有一系列疾病。

　　作为一位建设者和艺术的保护人,他在卡纳克和从埃及到努比亚的各地为我们留下了许多可观的纪念物,显示了繁荣的景象。他的统治是长期的,超过了 25 年,并且包括了至少一个赛德节的庆祝。

　　图特摩斯四世,又名蒙凯普鲁拉,第 18 王朝第 8 王。图特摩斯四世(公元前 1425—前 1417 年)是阿蒙霍特普二世和梯奥王妃之子。在吉萨的大狮身人首像双爪之间的一块所谓“记梦碑”,记述了这位年轻的王子在狮身人首像下休息而进入梦乡时,荷鲁斯神暗示他将取得王位。这个传说或许表明图特摩斯四世原不是王位的合法继承人,因而假托梦境以维持他的王位的合法性。⑱

　　图特摩斯四世年轻时表现了作为一名军人勇敢,得到了“叙利亚的征服者”的头衔,并去努比亚作战。在他取得王位后,又平定了利比亚的叛乱。当西亚的赫梯兴起时,图特摩斯四世与米丹尼公主结婚,建立了同盟关系,以抵制赫梯的扩张。另一方面又援助米丹尼以加强防御亚述帝国的威胁。他笃信阿吞神,在一枚小圣甲虫的纪念物上,刻有图特摩斯四世向西亚的纳哈林和卡罗伊进军时,用阿吞神在他面前引路。

　　图特摩斯四世重建和装饰了许多建筑物,尤其是卡纳克神庙的图特摩斯三世的方尖碑和对前述的吉萨狮身人首像的修复和保护。艺术创作也达到高潮,在一些私人墓壁画上可以看到有关农作、收获葡萄、狩猎、渔猎等场面的写实的自然主义艺术创作。

　　图特摩斯四世由于某些疾病而身衰体弱,早年去世,大约在位 9 年。

　　阿蒙霍特普三世,又名尼布麻拉,第 18 王朝第 9 王。阿蒙霍特普三世(公元前 1417—前 1379 年)是图特摩斯四世和米丹尼公主穆特姆维娅王后之子,大约在其 12 至 15 岁时继承了王位。青年时代,他善长骑马、狩猎,显示了一个年轻人的勇敢。阿蒙霍特普三世继位第 5 年,远征努比亚,或许指挥了一次战役,但是此后,他却厌恶战争而追求和平欢乐的生活。他的最大的成就与贡献在于保护与鼓励艺术的创作和大兴土木。他修整和扩大神庙,特别是在中王国第 12 王朝神庙的废墟上兴建了卢克索神庙的主体工程,后经第 19 王朝至罗马统治时代,形成了保留至今的具有完整体系的阿蒙神庙。在卡纳克的阿蒙神庙中,阿蒙霍特普三世建筑了第 3 塔门及其中庭,还有一座阿蒙的妻子穆特女神庙及其儿子孔苏神庙。尤为著名的是他在底比斯西岸的马勒卡塔兴建的南宫、中宫和北宫。传说宫中有数以百计的美女。在这些建筑物的最北端还有一座阿蒙神庙,以及为了取悦于泰伊王后仅用大约 15 天建造成的哈布湖,通过河渠把尼罗河水引进。阿蒙霍特普三世在马勒卡塔王宫北两公里为他自己建筑的葬祭庙,是底比斯葬祭庙中最大的一座,但是这些建筑物早已变成废墟。目前我们所能见到的仅仅是葬祭庙前的两座所谓美农巨像。

阿蒙霍特普三世与平民之女泰伊结婚。她的父亲可能是来自美索不达米亚的胡里安人尤亚,也有人认为他是努比亚血统。[19]尤亚最初在底比斯是一名马官,后来取得了"神之父"的称号。阿蒙霍特普三世在其执政期间得到了泰伊王后的诚心的协助。泰伊王后至少生了两子和四女。长子是普塔神的僧侣图特摩斯,可能早逝。次子阿蒙霍特普四世,继承了王位。后来继承王位的斯门卡拉和图坦哈蒙也可能是阿霍特普三世的儿子。泰伊王后还安排了贴近阿蒙霍特普三世的他们的女儿赛塔蒙与其父结婚。为了加强与西亚的关系,阿蒙霍特普三世还与米丹尼和巴比伦的公主结婚。阿蒙霍特普三世在其先辈业绩的基础上,维持了一个和平安定的国家,并使其国势、文化的发展达到昌盛的时代。

阿蒙霍特普三世晚年体弱多病,任命了他的同名王子阿蒙霍特普四世为共同摄政王。阿蒙霍特普三世大约享年 55 岁,统治了 38 年或者至多 39 年。

阿蒙霍特普四世(埃赫那吞),又名为尼斐尔凯普鲁拉,第18王朝第10王。阿蒙霍特普四世(公元前1379—前1362年)少年继位与其父共治,有人说大约延续了十一二年,也有人认为仅仅几个月的时间。但是,还有的完全否认二者的共治,认为阿蒙霍特普三世去世后,阿蒙霍特普四世才继位的。⑳阿蒙霍特普四世幼年时代身体衰弱,但头脑发达,喜好国外旅游。据说在其父去世时,他还在国外的旅游中。他多次接触国外的文化生活,扩大了其视野,这对其后来的理想主义观念的形成和冲破埃及传统的束缚不能不说是毫无关系。

阿蒙霍特普四世在历史上以宗教的改革而著名。最初他是在阿蒙神主宰一切的传统宗教的熏陶下生活。但是,不久以后,可能从其统治的第5年起,他的宗教信仰有了显著的转变,废除了阿蒙神的崇拜,代之以阿吞神的崇拜,甚至把自己的名字阿蒙霍特普("阿蒙满意者")改换成埃赫那吞("阿吞的服侍者")。为了摆脱阿蒙僧侣集团的敌对情绪,他离弃底比斯古都,在中埃及的阿玛尔纳兴建新的都市。除了宗教信仰的改革外,在文学艺术创作上也显示了新的思潮,强调自然主义创作法则,歌颂阿吞神和埃赫那吞本人。埃赫那吞为了加强王权,冲破传统的宗教束缚,实行了宗教、文学和艺术方面的改革,不失为古代埃及史上第一位伟大的改革家,但由于种种原因他的改革最终失败了。而且他被某些反对派咒骂为"宗教狂",甚至是"天下的罪人"。

埃赫那吞在对外关系上,最初似乎也有一定的成就,他着手一次努比亚的远征,并以军事行动应付西亚的危机。他还接受过外国的贡品。但是,后来却忽视了对外关系,产生了不良的影响,这也许是造成他的改革失败的外来因素。

埃赫那吞即位时与异国女子,可能是米丹尼人尼斐尔泰悌结婚,他们一共有6女。在埃赫那吞即位第13至15年间,他又与其长女美丽塔吞结婚,并且把先前授予尼斐尔泰悌的"伟大的王后"头衔又转授给美丽塔吞。显然,尼斐尔泰悌王后失宠。次年,埃赫那吞又与其三女儿,12岁的安凯塞帕吞结婚,她生了一个名为安凯塞帕吞什赖特的儿子,不久去世。此外,埃赫那吞又与凯娅,可能是一个米丹尼女子结婚,她被称为埃赫那吞的"宠爱者"。凯娅又生了一女和两子。

埃赫那吞晚年与斯门卡拉共治,他可能死于其统治的第17年。从保存下来的埃赫那吞的雕像来看,他是一个头长,臀大,腹肥而腿细的丑人,或者说是畸形体态,与其美妻尼斐尔泰悌形成了一个鲜明的对照。埃赫那吞去世后被埋在阿玛尔纳东部墓地,后来被其臣下迁移到帝王谷墓地,但他的木乃伊至今未发现,也许是被其反对者所毁。

斯门卡拉,又名安克凯普鲁拉,第18王朝第11王。斯门卡拉(公元前1363—前1361年)的统治时间,包括与埃赫那吞共治在内,仅仅3年多。斯门卡拉可能是阿蒙霍特普三世之子,或许是埃赫那吞的弟弟。在他继位后,他与埃赫那吞的长女和王妃美丽塔吞结婚,因而取得了合法的王位。在埃赫那吞去世后,斯门卡拉在僧侣们,甚至可能还有军队参谋的压力下,与阿蒙僧侣和解,并达成协议,重新恢复阿蒙神的崇拜,把首都又迁回底比斯统治了一个暂短的时期。斯门卡拉在25岁时去世,死因不明。根据他的木乃伊来看,决不会死于疾病,因而留下了一个死亡之谜。

图坦哈蒙,又名尼布凯普鲁拉,第18王朝第12王。图坦哈蒙(公元前1361—前1352年)是斯门卡拉的兄弟,也可能是埃赫那吞的兄弟。图坦哈蒙在9或10岁时继承了斯门卡位的王位,并与埃赫那吞和尼斐尔泰悌的三女儿,也曾是埃赫那吞的王妃安凯塞帕吞结婚,因而也是埃赫那吞之女婿。

图坦哈蒙原名图坦哈吞,大部分居住在阿玛尔纳。因年幼继位,王权实际上掌握在维西尔阿伊和军队司令官郝列姆赫布手中,在他们的操纵或者还有王太后泰伊的影响下,图坦哈吞恢复了阿蒙的神庙和神的崇拜,并且把自己的名字改成为具有崇拜阿蒙神意义的图坦哈蒙。大概在图坦哈蒙统治的第4年,可能最初出现于孟斐斯,后来又树立于底比斯的所谓"复兴碑",记述了对阿蒙神崇拜的恢复。

图坦哈蒙,根据其木乃伊来看,大概死于18或19岁。由于其左眼上方的头部负伤,可以推测是战斗伤害或偶然事故。图坦哈蒙死后,他的年轻的寡后安凯塞那蒙(即先前的安凯塞帕吞)写信给赫悌王苏比鲁琉马什一世,要求他派一名王子来埃及给她做丈夫。但是,王子赞南扎什去埃及途中被杀害。

图坦哈蒙葬于帝王谷中心的拉美西斯六世的墓室之下,因而直到1922年图坦哈蒙的墓才被卡特所发现,并成为轰动一时的重大新闻。因墓葬保存完好,具有重大的研究价值,尤其是墓中出土了5000多件重要的文物而引人注目。

**图47 图坦哈蒙金面罩**

在棺室内发现了4层木制圣柜,或许可称为外椁,其内部装有一座石棺,或许可称为内椁;石棺内还有3层棺,第1、2层为人形贴金木棺,最里层为纯金人形棺,长1.85米,由原2.5—3.5毫米的黄金片锤打而成,重110.4公斤。在金棺内部,图坦哈蒙木乃伊的头部还罩上了形象逼真,工艺绝顶的黄金面罩(见图47)。这座被誉为"地下宝库"的出土物,经过 10 年的清理,最后送到了开罗博物馆,成为馆藏中最重要的一批珍品。

阿伊,或阿亚,又名凯帕尔凯普鲁拉,第 18 王朝第 13 王。阿伊(公元前 1352—前 1348 年)原为埃赫那吞的廷臣,并担任了军队的重要职务。在埃赫那吞去世后,阿伊成为图坦哈蒙的亲信,后来可能成为摄政王。阿伊的前妻是泰伊,而她曾是尼斐尔泰梯的保姆。在图坦哈蒙去世后,阿伊靠着手中的权力主持了国王的葬礼,并且可能通过与寡后安凯塞那蒙的结婚而登上了宝座。在一个戒指的王名圈中刻上了阿伊和安凯塞那蒙的名字,可以提供这样一种证据,但是两者之间是否是真正的夫妻关系,令人怀疑。因为,安凯塞那蒙仍然忘不了图坦哈蒙。但在阿伊的墓壁上以及某些残存的文献中所能反映的,仍然是阿伊与泰伊在一起,阿伊在其暂短的统治过程中,重新组织了他的政府,并且扩大了阿蒙神的崇拜。他还献祭哈托尔女神,又为敏神和其他某些地方神建筑岩窟祠庙。除了在西底比斯为自己建筑了葬祭庙和陵墓外,有关他的遗物很少发现。阿伊没有继承人,所以,他的王位被郝列姆赫布所僭取。

郝列姆赫布,又名杰塞尔凯普鲁拉,第 18 王朝末代王。郝列姆赫布(公元前 1348—前 1320 年)自称州的贵族出身,在图坦哈蒙时被任命为北部埃及军队司令,并且在年幼的国王一次出征中作为警卫而服侍于他。此外,郝列姆赫布还有“国王的全国土地的代理人”“王之书吏”等头衔。在图坦哈蒙去世后,郝列姆赫布得到了新王阿伊的宠信。因阿伊没有继承人,郝列姆赫布与具有王室家族血统的穆特诺杰美特结婚而登上王位。郝列姆赫布先前一直驻扎在孟斐斯,但是在阿伊死后他率军前往底比斯,并在阿蒙僧侣的主持下继承王位,但他还是把首都定在孟斐斯。郝列姆赫布在他统治期间重新立法,力图恢复埃及的秩序。他从军队中挑选战士担任重要官职,任命军队中的可靠的伙伴拉美西斯为维西尔和王位继承人；他把常备军分为两大部队，分别驻扎在上下埃及。在行政事务上，他严禁公职人员的营私舞弊和贪污受贿的行为；特别是制定种种刑罚，处分那些鱼肉人民的贪官污吏。引人注目的是，他把埃赫那吞从法老的名单上勾掉，最终放弃了对阿吞的崇拜，恢复了传统的对阿蒙神的信仰，修复了从三角洲到努比亚的已被荒废的神庙。特别是在卡纳克神庙兴建著名的多柱厅，直到第19王朝时才最终完成。在他统治的第16年，还率军远征西亚，力图恢复国外的领地，并接受国外的贡品，因而大大增强了埃及的国际威望，埃及重新繁荣起来。

## 第三节　第18王朝的对外战争
## 与埃及帝国的霸权和昌盛

在希克索斯人被驱逐后，第18王朝的法老们便开展了一系列的对外征服活动。特别是在图特摩斯三世统治时期，他连续不断地进行了大规模的远征，造就了囊括亚非两地的埃及大帝国。在对外军事活动的同时，加强了政权的建设和法老的集权统治。从而形成了一个强大的专制主义大帝国。

### 一、第18王朝前期的对外征服与军事霸国的形成

古代埃及的对外战争，传统上不外是南北两个方向：北方的利比亚，特别是巴勒斯坦和叙利亚；南方的努比亚。在第二中间期，埃及与异族的矛盾主要表现在希克索斯在埃及的统治上。底比斯诸王掀起的反希克索斯的斗争，最终赢得了民族解放战争的胜利。阿赫摩斯一世法老为了彻底摧毁希克索斯的势力，穷追到巴勒斯坦和叙利亚的某些地方。所以，埃及的对外征服在驱逐了希克索斯以后就已经开始了，同

时民族的解放战争便转变为扩张掠夺性质的侵略战争。

可能，就在阿赫摩斯一世远征叙利亚、巴勒斯坦的时候，南方的努比亚发生了暴动。阿赫摩斯一世击溃了亚细亚人部落，巩固了东北边防之后，大约在其统治的第 6 年或第 7 年便致力于攻击努比亚人，据《埃巴纳之子阿赫摩斯传》记载，阿赫摩斯一世"陛下杀死亚细亚人，以后，他就沿着尼罗河上驶到亨腾诺斐尔（北努比亚），毁灭努比亚人特洛格罗迪特人，陛下在他们中间进行了大屠杀。"作为战士的阿赫摩斯追随着同名的阿赫摩斯国王，在这次战争中获得了黄金、男人、女奴等战利品。努比亚的第 2 次暴动，可能发生在第一瀑布区，"陛下在汀托伊姆发现了他。陛下带来了一名囚犯，而他的所有的人民沦为俘虏。"以泰廷为首的第 3 次努比亚暴动，"陛下杀死了他和他的仆人，并歼灭了他们。"①在阿赫摩斯一世每次远征期间，这个同名的阿赫摩斯战士都得到了俘虏等战利品，还有土地的奖赏。

在阿赫摩斯一世的继承人阿蒙霍特普一世和图特摩斯一世统治时期，这个名为阿赫摩斯的战士曾分别驾驶航船护送过他们远征努比亚。《埃巴纳之子阿赫摩斯传》还提到在阿蒙霍特普一世时，"他逆流而去库什，为的是扩大埃及的边界。"当埃及人到达第二瀑布时，陛下打败了努比亚人，"他们没有一个逃跑"。《阿赫摩斯·潘·尼克伯特传》还记载了阿蒙霍特普一世时，主人翁追随着国王两次出征：第 1 次是出征努比亚，而第 2 次是利比亚。传记作者说："我追随战无不胜的杰塞尔卡拉（阿蒙霍特普一世）国王；我在库什为他捕获了一名活的俘虏；我又为战无不胜的杰塞尔卡拉王服役；我在伊姆凯赫克的北部为他捕获了 3 只手。"②伊姆凯赫克或雅姆凯赫克是在晚后时期被埃及人攻击的一个利比亚人部落，它可能在努比亚或者在利比亚沙漠的绿洲中。③有关远征亚细亚的记载很少，可能属于阿蒙霍特普一世的一座墓中的残片上提到了魁德米（巴勒斯坦或约旦附近一带），而墓中的一段铭文暗示了阿蒙霍特普一世在阿摩西斯以后征伐了米丹尼,但也可能属于阿蒙霍特普一世的继承者之一的时代,在第 18 王朝早期,米丹尼和纳哈林显然是具有同一意义的地理上的术语,位于幼发拉底河东部地区。不能想象的是,阿蒙霍特普一世远征中横过了这条河。米丹尼的影响或许扩大到幼发拉底河西,并对埃及形成了在亚细亚的主要威胁(见图 48)。

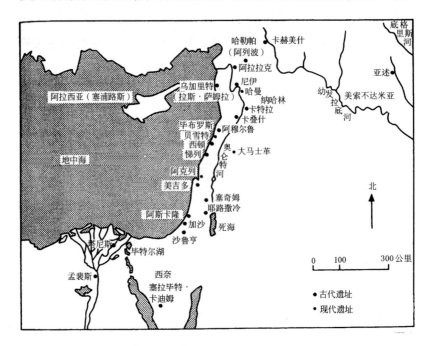

**图 48　埃及第 18 王朝初期西亚形势图**

在图特摩斯一世时代,埃巴纳之子阿赫摩斯又两次随国王出征。他说:"我驾驶胜利的埃赫帕尔卡拉(图特摩斯一世)船,他逆流而到亨腾诺斐尔(努比亚北部),为的是驱逐高地的暴行,为的是镇压丘陵地区的袭击。"④如果说,这次远征是为了镇压努比亚地区的暴乱和反叛行为,那么对亚细亚人的远征,可能带有挑衅性质。阿赫摩斯又说:"在这些事情以后,有人旅行到列腾努,在外国中间冲击他的心。陛下到达纳哈林……陛下在他们中间实行了大屠杀。俘虏不计其数……"⑤埃巴纳之子阿赫摩斯的这两次远征,在《阿赫摩斯·潘·尼克伯特传》中同样得到了证实。⑥《托姆波斯石碑》证明了图特摩斯一世在位第2年"打倒了努比亚人的首领",并且在尼罗河第三瀑布的托姆波斯岛上"为他的军队建造了一座堡垒。"他还炫耀"他的南方边界远至这块大地的前方,(他的)北方远至倒流水的地方(幼发拉底河)……"⑦从上述有关的文献来看,图特摩斯一世远征努比亚,把他的南方边界扩大到尼罗河的第三瀑布,而他的北方边界则是在幼发拉底河,他的先辈曾经达到的地方。

图特摩斯二世的统治时间不长,而且他去世时比较年轻,但是他仍然对努比亚和叙利亚动用了军事力量。从阿苏安到菲莱道路上的岩壁铭文,记载了图特摩斯二世对努比亚的远征:"陛下在他最初远征时派遣大量军队到努比亚,为的是征服对陛下造反的或者对两地之主怀有敌意的所有的人。"⑧《阿赫摩斯·潘·尼克伯特传》还记述了图特摩斯二世远征沙苏的贝都因人,仅仅是向北进军奈伊的"一个偶然事件"。而得自戴尔巴哈里的哈特舍普苏特祭庙的残片,记载了图特摩斯二世远征"上列腾努"和"奈伊之地"。⑨图特摩斯二世去世后,哈特舍普苏特作为图特摩斯三世的摄政王掌握了大权,并篡夺了王位。哈特舍普苏特通常被描写为"和平主义者",但是除了远征蓬特外,也对努比亚和西亚进行了规模不大的军事行动,以巩固图特摩斯一世的军事成就,她说:"我的南部边界扩张到蓬特……我的东部边界扩张到亚细亚的沼泽地,而亚细亚人在我的统治下,我的西部边界扩张到马努(西方)山……我从捷赫努(利比亚)得到贡品……"⑩

哈特舍普苏特死后,图特摩斯三世在位的第22年,他成为唯一的,也是真正掌握了大权的君主。他力图加强国力,特别是面临着西亚的反叛势力的联合,以及米丹尼国家的对外扩张,采取了紧急活动,仅仅几个月的时间,组织和发动了大规模的军事侵略活动。

图特摩斯三世进军西亚的全过程以及其他重大事件,被铭刻在图特摩斯三世建筑的卡纳克神庙回廊周围的墙内侧花岗岩壁上,通常以《图特摩斯三世年代记》而闻名。图特摩斯三世从其执政的第22—42年的20年间先后远征叙利亚、巴勒斯坦共17次,⑪同时还接受贡品和努比亚方面的税款。

在上述的17次远征中,有几次是最重要的,需要做进一步的说明。图特摩斯三世第1次远征的目标是巴勒斯坦。《图特摩斯三世年代记》记录了国王在巴勒斯坦主持的军事会议,以及美吉多战役的具体经过,其中描述了陛下驾驶着金银战车率领军队进攻时,敌人带着恐怖的面孔逃亡美吉多城,只是由于埃及士兵一心劫掠财物,而丧失了攻城的机会。但是后来还是经不住埃及军队的围攻,美吉多终于投降了。埃及人获得了战俘340人,被打死敌人的手83只,马匹2041只,战车924辆,大牲畜1929只,白色小牲畜(绵羊)20,500只等大量战利品。⑫

第1次远征并没有比南黎巴嫩的特里坡里斯向北更远,而这是内地。第2次和第3次远征不是攻势的,没有进一步扩张,主要是收取贡赋。第4次的远征因铭文损毁没有留下记录。

第5次远征的主要目标是卡叠什。卡叠什位于叙利亚北部,是西亚反埃及同盟的盟主。为了实现这一目标,埃及人首先要征服巴勒斯坦沿岸,因而攻陷了阿尔瓦德城。第6次远征攻陷了卡叠什,又惩罚了阿尔瓦德,埃及占领了全部叙利亚。叙利亚的首长的子女作为人质被带到了埃及。这些人质住在底比斯,受到了埃及的教育,成为埃及的忠实的信徒,然后被送回其本国通过他们把这些国家变成为埃及的可靠的属国。

在完成了叙利亚、巴勒斯坦的征服以后,埃及最终的目标就是米丹尼。米丹尼位于两河流域的北部,它为了向叙利亚扩张,因而不可避免地要和埃及发生冲突。图特摩斯三世的第 7 次远征主要是确保腓尼基的海上基地，并以此为跳板进行第 8 次远征，主要是征服米丹尼，即埃及语的纳哈林。埃及军队攻占了卡赫美什，为了追击米丹尼军，越过了幼发拉底河。图特摩斯一世曾在幼发拉底河西岸立碑为界，而图特摩斯三世则在东岸树立界碑，把埃及势力扩大到幼发拉底河东。所以，米丹尼、巴比伦、赫梯，后来甚至塞浦路斯都来称臣纳贡。但是，不久，米丹尼反叛，图特摩斯三世又发动了第 10 次远征，并取得了战利品。除了第 11 次和第 12 次远征的碑文模湖不清外，其余几次远征基本上是掠取贡品。最后一次即第 17 次远征，图特摩斯三世已经是年高 70 以上的老人，仍然率军再次征服卡叠什，颠覆了埃尔凯图、图尼普和卡叠什等小国。经过 17 次的长达 20 年的扩张战争，埃及最终确立了它在亚细亚的统治权。

　　图特摩斯三世的西亚远征，把埃及的版图扩大到叙利亚的北部。在这个过程中，究竟占领了多少城镇，我们不得而知，但是从保存在卡纳克神庙的第 1 次远征亚细亚城市的名单来看，第 1 个名单总共是 119 个城市，分布在巴勒斯坦边界向南朱迪亚以及大马士革一带。第 2 个名单包括北部叙利亚城市和也许向东远至查包拉斯河的 248 个名字（其中好多已模糊不清），⑬但是，这些数字的确切性令人怀疑。

　　有关图特摩斯三世远征努比亚的记载却很少。虽然早先他已在那里行动过，但是第 1 次提到他对努比亚的远征是在他统治的第 15 年。那时他到努比亚顺便清理了第一瀑布的运河。⑭此外，为了纪念他在努比亚远征的胜利，在卡纳克神庙中的他的一个塔门楼塔前铭刻了攻占的 17 个城镇和地区的名字，在一个名单的附带的浮雕上有一段铭文是："把活的人带到埃及，所有他们的审问引渡到埃及。他填满了他父亲的仓库，神之王国……他〔征服了〕〔他们的〕首长……"⑮最重要的是在尼罗河第四瀑布的拜尔卡勒山的山崖上立的一块花岗岩石碑表明,在他临终前,埃及人已扩张到库什那么远,并建立了那帕达的堡垒城市。这座城市后来成为第 25 王朝埃塞俄比亚王国的首都。

图特摩斯三世远征的结果,埃及的版图在北方扩大到叙利亚的北部,幼发拉底河上的卡赫美什,而他的南方边界达到尼罗河第四瀑布的拜尔卡勒山,形成了古代近东历史上的空前大帝国。

在图特摩斯三世以后,埃及的几代法老虽然继续发动了对西亚和努比亚的战争,而主要是为了镇压那些地方的反埃及奴役的起义,以及进一步掠夺财富、牲畜和奴隶。但是,这些远征活动基本上是维持了图特摩斯三世大帝国的版图。

埃及第 18 王朝的对外征服,特别是图特摩斯三世时期的军事侵略,确立了埃及在西亚和努比亚的霸权。但是埃及对于这两个地区的统治政策却有不同。西亚基本上处于城市或城市国家分立,地方君主自治的局面,年年在监督官的监视下向宗主国埃及缴纳繁重的贡赋,包括谷物、牲畜、油料、酒、银、铜、木材,甚至奴隶。与此同时,埃及在一些主要城市屯驻驻防军,监督周围的属国。而与西亚统治方式不同的努比亚,似乎成为埃及本国的直辖地。法老派遣其亲信担任"库什的总督",直接统辖努比亚,有一名为尼希的库什总督还享有"王子"的头衔。库什总督直接向法老负责,并贡纳黄金和奴隶。他们的职务世代相传,权力极大。在努比亚的战略要地,同样也有埃及驻防军定期巡视周边民族的活动。如果说埃及在亚细亚确立了"殖民地的统治"⑯,还不如说在努比亚,似乎更确切些。

## 二、阿蒙霍特普三世时期埃及帝国的昌盛

图特摩斯三世经过多年的征伐,建立了横跨亚非的空前大帝国。但是在他的后继者时期,对外的征服,更确切地说,对外的镇压活动并未停止。阿蒙霍特普三世在其统治的第 5、6 年,作为一种政策的需要,

侵入了努比亚远至卡罗伊。实际上早在阿蒙霍特普三世与泰伊结婚的圣甲虫铭文中已经提到了卡罗伊地名："……她（泰伊）是一位非凡的国王的妻子，国王的南方边界远至卡罗伊，（而）北方远至纳哈林"。[17]布雷斯特德认为，卡罗伊地区先前已经被阿蒙霍特普三世和先辈阿蒙霍特普二世征服过，而图特摩斯三世的征服或许是更远一些。但是也有人指出，阿蒙霍特普三世的向南推进，或许没有使他扩张到已被图特摩斯三世和阿蒙霍特普二世征服的第四瀑布地区以外。[18]有关这方面的报导保留在底比斯、阿斯旺和塞姆纳等地的 7 个不同的铭文中。在这些记录中，国王被描写为"凶猛的狮子""强大的公牛"，对敌人进行了大屠杀。在晚后某些年，阿蒙霍特普三世可能派遣少数军队进军叙利亚。但是有人认为，他的金荷鲁斯名"击败亚细亚人的强有力的伟大者"，似乎对于阿蒙霍特普三世特别不相称的。他的懒惰性的疏忽亚细亚行省，铺开了作为埃及统治叙利亚衰落之路，而绰号"纳哈林的粉碎者""什那尔的掠夺者"的确呈现出国王煞费苦心经营他的同盟的和平关系的不恰当的图景。[19]但是，实际上，阿蒙霍特普三世时期的埃及在西亚和地中海地区的影响突然扩大了。阿蒙霍特普三世的名字出现在克里特、迈锡尼、埃托利亚、安纳托利亚、也门、巴比伦和亚述等地。[20]

在埃及与西亚的关系上，政治性的联姻起了重要的作用。埃及与米丹尼的联盟是由阿蒙霍特普三世在他统治的第 10 年，与米丹尼的苏塔尔纳二世的女儿吉鲁凯巴的结婚而完成。在阿蒙霍特普三世统治的最后 3 年间，阿穆鲁王子阿布狄·阿什尔塔为了摆脱埃及的羁绊而与赫梯结盟。在米丹尼的首都，形势也恶化。苏塔尔纳二世之长子阿尔塔舒玛拉，被以图赫领导的前赫梯集团暗杀，而图赫声明他自己是王国的代理人，然而，最终阿尔塔舒玛拉的儿子图什拉塔为他的父亲报仇雪恨，并执掌了政权。图什拉塔由于阿蒙霍特普三世的要求，应允他的女儿塔杜凯巴与他婚配而重新确立了米丹尼与埃及的同盟。

巴比伦总是由于米丹尼的接近埃及而被欺负。随后阿蒙霍特普三世先是娶了卡达什曼·恩利尔的姊妹,然后还有他的女儿为妃。亚述则靠着对埃及的友谊在米丹尼和巴比伦两者的均衡中保持其独立。在阿蒙霍特普三世的晚年及其与阿蒙霍特普四世的权力交接的年代,赫梯的势力又迅速强盛起来。

阿蒙霍特普三世基本上维持了一个和平安定的帝国。从图特摩斯三世的帝国的形成开始,经过阿蒙霍特普二世和图特摩斯四世30多年,到了阿蒙霍特普三世统治时,达到第18王朝发展顶点。通常认为,阿蒙霍特普三世在位时代,帝国处在其政治权力的高峰,经济繁荣和文化发展。埃及不仅在努比亚,而且在叙利亚确立了其霸权。奴隶,牲畜和财富从北方源源不断地流入埃及;南方努比亚的矿山的丰富资源和东部沙漠的黄金宝藏的开发,也为埃及经济发展提供了有利的条件。所以,阿蒙霍特普三世在国内大兴土木建筑,奢侈、豪华的娱乐之风也流行起来,并且超过了其先前的任何一位统治者。

阿蒙霍特普三世统治的第2年,他在魁纳干河附近进行的野牛狩猎活动,由军官、士兵和军事殖民地附近的军官后补生陪同。阿蒙霍特普三世在其统治的前10年间,还狩猎射死了许多狮子。这些情况被详细地铭刻在一批圣甲虫纪念物上。

阿蒙霍特普三世经常沉湎于美酒、歌舞和佳人的欢乐生活中。他的后宫有数百名美女,而贴身的后妃有12名以上。阿蒙霍特普三世在其统治的早期,与平民之女泰伊结婚。在晚些的纪念物上常常提到两者的婚配。其中有一个圣甲虫的纪念物上提到泰伊说:"她是非凡的国王之妻"。[21]但是也有人认为,在阿蒙霍特普三世继位前就已立泰伊为妃子。[22]泰伊作为王后,对阿蒙霍特普三世的活动和国家的政治形势产生了很大的影响。柏林博物馆藏的泰伊王后头像,具有敏锐的目光和厚唇的形象,表现了一个意志坚强的女性。由于尼罗河水流入 1200 英尺宽和 1 里长的灌溉池塘,阿蒙霍特普三世下令 15 天内把它建成了一个名为哈布的人工湖:"陛下命令为伟大的王后泰伊在她的泽鲁卡城建造一个湖。它的长度是 3700 肘,它的宽为 700 肘。陛下在第一季 3 月 16 日举行了'湖'的开放庆典,那时陛下乘坐名为'阿吞闪烁'的王家御船航行在那里。"㉓在阿蒙霍特普三世统治的第 10 年,阿蒙霍特普三世与米丹尼国王苏塔尔纳之女吉鲁凯巴结婚。陪她而来的女侍 17 名,扈从 300 名。在阿蒙霍特普三世在位的第 36 年,在他的再三要求下,以黄金为代价与米丹尼的国王阿尔塔舒玛拉之子图什拉塔王之女,15 岁的塔杜凯巴小公主结婚。公主乘坐王室专用船,在两艘护送船的陪护下逆尼罗河而上。阿蒙霍特普三世亲自乘车到底比斯河岸迎接。围观的众人见到船中的新娘,从米丹尼远道而来的公主的神秘和美丽的身姿,不约而同的呼"尼斐尔泰悌"("来到的美女")。婚后两年,阿蒙霍特普三世去世,17 岁的尼斐尔泰悌守寡。后来,泰伊王后之子阿蒙霍特普四世与尼斐尔泰悌结婚。

阿蒙霍特普三世作为一位建筑和艺术的保护者,真正地博得了巨大的声誉。但是,这些建筑物和艺术品同样也反映了他的豪华生活。他用建筑物充实着努比亚,这些建筑物包括在厄勒藩汀的带有柱廊的神庙(献给图特摩斯三世),在瓦·伊斯·赛布阿的献给阿蒙的"道路之主"的岩窟庙和在阿尼巴的米阿姆的荷鲁斯神庙。在索列布他为自己及其妻与阿蒙的崇拜奉献了一座神庙。与塞定戈的神庙一样,他还在米尔吉萨、库班、萨伊与阿高岛树立了建筑物,在下埃及,阿蒙霍特普三世在阿特利比斯和布巴斯梯斯建筑,并且继续了他的先辈在赫利奥坡里斯的与荷鲁斯神庙建筑物同时的建筑计划。他还在萨卡拉的塞拉匹姆开始工作。他在尼罗河各地,埃尔卡博,格伯林附近的苏美努,阿拜多斯和赫尔摩坡里斯的玛格纳(树立了奔奔的巨像,仍在遗址上)从

事建筑。㉔

尤其引人注目的是，他在底比斯西岸美迪奈特哈布南面的马勒卡塔平原建筑了包括南宫、中宫和北宫的王宫、官邸综合建筑物，最北方有阿蒙神庙以及港口（哈布湖）。在遗址发现的小遗物的铭文上，把王宫命名为"尼布麻拉（阿蒙霍特普三世）之屋是阿吞的光辉"。在马勒卡塔的王宫综合建筑物以北两公里是阿蒙霍特普三世的葬祭庙，它是底比斯葬祭庙中规模最大的一座。遗憾的是，在晚些的第 19 王朝时期法老美椤普塔为了给自己的庙宇提供建筑石材而把它拆除。幸存的唯一的遗迹是在原阿蒙霍特普三世葬祭庙遗址上的塔门前面的两座雕像，即现今的以美农巨像而闻名的纪念物。另一个出自同一个祭庙的石碑还告诉我们，这座建筑物处处用黄金加工，它的底部用银子围绕，而它所有的入口则用纯质黄金"制作"。㉕

在底比斯东岸的卡纳克，阿蒙霍特普三世为阿蒙神庙扩建。在卡纳克的阿蒙神庙的北部，为战神孟图建筑神庙；在其西南面或许开始为阿蒙和穆特之子孔苏建庙。由于财力紧张，阿蒙霍特普三世在卡纳克神庙中树立的巨大的塔门，不得不借助于拆除先前的建筑物的方法来建造。现已发现有数百块雕刻过的粗料，其中包括从第 12 王朝塞索斯特里斯一世的神龛和第 18 王朝所有先前国王建筑物那里取来的石料，甚至还有阿蒙霍特普三世的父亲和他自己的较早时候的建筑物的石料。在卡纳克北面的卢克索，他建筑了柱廊、中庭和柱厅，成为卢克索神庙的主要构成部分，而卢克索神庙则是新王国时代神庙建筑的典范。卢克索和卡纳克神庙分别由两排并列的斯芬克斯大道连结起来，其中若干的阿蒙霍特普三世的斯芬克斯雕像仍在原有位置外，其余的都是后来增补的。在阿蒙神庙的卡纳克辖区的南部，阿舍鲁的穆特神庙，阿蒙霍特普三世树立了 600 座塞克美特女神的雕像，其中的某一些现藏于卢克索、大英博物馆和卢浮宫中。阿蒙霍特普三世和王后泰伊，包括其 3 个女儿在内的石灰石巨大的座像保存于开罗博物馆,成为其展品中的最大者。

阿蒙霍特普三世或许是在奢侈豪华的宫廷生活中,耗尽了平生的大部分时间,所以,在他统治的最后 10 年间,他体弱多病,显得过早的衰老。但是,他的建筑活动和奢侈的生活方式并无明显的减少和改变。在他统治的第 30 年、34 年和 37 年的赛特节或所谓 3 个 50 年节中,他每次都用精心的仪式和宫廷内的慷慨的礼物的交换来庆祝,并且同时伴随着像在萨勒布神庙和临近底比斯王宫的大柱厅那样的堂皇富丽的建筑。他的晚年是在疾病的折磨中渡过的,所以,有可能阿蒙霍特普三世与他的儿子一起共治。他甚至向他的异国"兄弟"或"父亲",米丹尼国王图什拉塔要求一座尼尼微的伊什塔尔女神肖像,企图以魔术的方法减轻他的最后时光的痛苦。

## 第四节　埃及帝国的专制主义统治的强化

古代埃及的专制主义制度确立于古王国时代,经中王国时代的发展,到了新王国时代,随着帝国的形成而进一步强化起来。埃及帝国的专制主义强化表现在专制君主权威的增大,以及政府组织机构的复杂化和"二元化"。

### 一、专制君主的衔位与权威的增大

作为专制主义君主的国王,他的权威在理论上依赖于他的假定的神性。国王的神性表现在他的 5 个头衔上。第 18 王朝图特摩斯三世的头衔是:"荷鲁斯'兴起于底比斯的强大的公牛',涅布提'像拉在空中一样持久的王权',金荷鲁斯'实力强大者,神圣的王权',尼苏毕特(上下埃及之王)'蒙凯帕拉'['拉的形式活着(?)'],拉之子'图特摩

斯［‘托特所生’］美丽的样子’……”。①在 5 个头衔之下，国王表明他
是出身于底比斯的“公牛”（国王的象征），像太阳神拉在天空上一样持
久的王权，而且又是实力强大的神圣的王权。作为上下埃及之王国，他
以拉的形式活着（？），并取名为图特摩斯，意为托特神所生。

　　图特摩斯三世的母亲或许是非王家血统出身，他本人又是在底比
斯阿蒙神庙僧侣的支持下登上王位的，所以他极力崇拜阿蒙神。他在
卡纳克的阿蒙神庙墙壁上的铭文写道：“……他（阿蒙神）是我的父亲，
而我是他的儿子”。②图特摩斯三世时期的上埃及维西尔莱克米尔墓
铭文中提到上下埃及之王时还说，“他是一位神”。第 19 王朝塞提一
世在其《阿拜多斯敕令》中还鼓吹他自己是“善良的神”“奥西里斯之
子”。③国王的神化为的是强化国王的权威。第 18 王朝的哈特舍普苏
特王后为了使自己的篡夺王位合法化，甚至还在戴尔巴哈里的葬祭庙
的柱廊墙壁上虚构了阿蒙神与她的母亲同房，以及她的神圣诞生的浮
雕神话。在画面上表现的是阿蒙神在一个诸神会议上，宣布哈特舍
普苏特的诞生，并赋予她伟大的权力。铭文写道：“我（阿蒙）将为她
把两地统一在和平中……我将把所有大地，所有国家授予她”。阿蒙
还对阿赫摩斯说：“她（哈特舍普苏特）将在这个全部大地上行使卓
越的王权。”④

　　国王，不仅是神或拉之子，而且又是权威、智慧和真理的化身，所
以，人们赞扬拉美西斯二世时说：“威令在你的口中，认知你的心中，而
你的舌头可以产生正义”。⑤在《伊普味陈辞》中，我们看到在第二中间
期国家发生动乱以后，伊普味埋怨国王说：“权威、知识和真理在你一
边，而你把全国安排的是混乱”。他相信，“当真理来到国王那里时他
的心情的确是愉快的!”⑥

　　从古王国以来，专制君主被神化和赋予神性外，到了新王国时代还
进一步被尊称为法老。“法老”一词的希伯来文𝕹𝕽𝕰，希腊文 Φαραύγ，

科普特文 πρρο：πογρο 皆来源于古埃及文 🔲 pr-ꜥ3，意为"大房子"或"大宫"。在古王国时代，"法老"作为习惯用语的一部分如 Smr Pr ꜥ 3 "大宫的廷臣"，显然关系到王宫和宫廷本身，而不涉及国王个人。从第 12 王朝时代起，这一术语写成 Pr-ꜥ 3 ꜥnḫ wḏ3 Snb "大宫，愿它长存，昌盛，健壮"，似乎仍然仅仅意指王宫。而法老 Pr-ꜥ 3 关系到国王的最早的确实无疑的例证是在给第 18 王朝阿蒙霍特普四世（埃赫那吞）的书信中。在那里，提到，Pr-ꜥ 3 ꜥnḫ wḏ3 Snb nb "法老，愿他长寿，昌盛，健康，主人"。从第 19 王朝起，我们可以读到"法老出发""法老说"等词语。至此"法老"一词演变成了对国王的尊称。最后，发展成附加到国王头衔上的固有的名字。[⑦]

与此相联系的还有"陛下"一词的称呼。介绍国王名字的习惯用语 ḥmn（"的陛下"）也常常可以见到，如"在贤明的神的陛下，两地之首领，阿蒙霍特普（Ⅲ）统治的第 19 年……"此外，法老也常常说到他自己为 ḥm. i，或者被称为 ḥm. k 等，哈特舍普苏特国王是女性，她使用了"陛下"一词的阴性形式 ḥmt. j。[⑧]

上述的头衔和尊称是臣民对专制君主的尊敬的表示，是法老至高无上的权威的体现。但是专制君主权威的真正体现，还表现在法老的统治权力上。

作为专制君主，法老具有无限的全权，法律只不过是他的意志的合法的表达。如前所述，埃及至今没有一部法典保存下来，只有少数的法庭审判记录和法老敕令或法令流传至今，如第 18 王朝的《郝列姆赫布通告》和第 19 王朝塞提一世的《纳乌里法令》。《郝列姆赫布通告》原文的开头是"国王他自己说"，《纳乌里法令》的原文开头是"陛下命令"。所以法老说的话就是法律，而立法似乎是法老一人的职务，没有显示他把立法委托给任何其他的人和团体。[⑨]但是法老的司法和行政工作却委托于非常庞大的、精心组织起来的官僚集团。埃及人精确的知晓行政和司法的职能之间的不同,然而,在帝国的统治下,司法的职能似乎通常由主要职务是行政的人员直接履行的。⑩

## 二、专制主义政府的官僚集团及其职能

法老不仅在中央政府的各部门,而且在国家的各部分,即首都和地方行使权力。在首都,中央政府官僚中最高官吏是维西尔。他似乎至少行使对国家行政各部门的监督与管理。在古王国和中王国时代,通常只有一名维西尔,然而由于维西尔权力的增强,到了第18王朝时代,从图特摩斯三世起,维西尔职务被分割,出现了上下埃及两名维西尔。上埃及维西尔或南部维西尔,其驻地是首都,负责管理底比斯至库塞(?)的国土,而下埃及或北部维西尔则在孟斐斯(或赫利奥坡里斯?),他的辖区扩大到中下埃及。⑪但是有关下埃及维西尔的报道保留下来的却很少。两名维西尔的主要职能是,遵照国王的意志报告和管理各自辖区内的情况,与王家大臣交换报告,受国王委托发布命令给政府各部门,起草和罢免法官、官吏和僧侣的任命,征收赋税等。他还以首席法官的资格主持议事会或高等法院,并通过关于民事案件的法律。他还负责法律公文书的盖印、保管法律和行政记录,接受外国使臣和外国贡品,并和财政大臣一起开设和封闭宫廷作坊,管理作坊、仓库和阿蒙神庙的财产等。他也领导远征和指导底比斯和孟斐斯两地的建筑事业,征集和视察军队等。此外,第18王朝的维西尔或许对于重新确定被每年河水泛滥而除掉的区域或所有地的界线,挖掘灌溉河渠和劳动者的徭役或许也是负有责任的。特别重要的还有国家资源的调查,宫廷防御事务以及防备社会的动乱等。⑫

专制主义政府的法律仅仅由法老一人制定,而实际上的司法工作则由官僚主义政府官员执行。有人认为,至少在第12王朝时有部实际的法典,似乎记录在40张皮革上,放置在维西尔大厅内的维西尔面前。

但是,也有人否认这种说法,认为40张皮革记载的并非法典原文,或许是"从厚皮革上割下的柔软的权杖",而权力的官杖放在各自的官员手中,作为委托的标志而执行法律,就好像是英国法警的手杖一样。⑬

在第18王朝时代我们看到了底比斯(或赫利奥坡里斯)的以维西尔为首的高级法院和地方的或省区的法院两级司法机关。高级法院的审判工作不仅有高级的行政官员,也有军官和僧侣参加。有些诉讼案件被保存下来,根据第18王朝晚期的一个名为美塞西阿的牧民的诉讼记录,可以看到法院的诉讼程序,其内容包括:事件的日期,在位法老的名字,案件介绍的短文;原告的陈述;被告或他的辩护人的发言;法院的裁决;法官和其他出席人员的名单,包括法庭记录人。从新王国时代的法律实践来看,已经形成了一个完整的审判体系。

维西尔作为最高大臣,受法老之委托行使行政和司法的大权。在维西尔之下,专制主义政府还形成了一个庞大的官僚主义体系。尽管目前我们还不能完全掌握它的完整的机构,但是,有两份重要的国家官职的名单给我们提供了某些依据。一份是保存在哈普之子阿蒙霍特普的祭庙和丧葬祭祀通告中的、王国主要官员及其关系的名单。除了维西尔外,名单上还有国库监督,(王家)产业总管,谷仓监督,高僧,神之父等。另一份稍晚些的孟斐斯高僧的墓浮雕上的官员名单有"世袭的王子和将军"的肖像和头衔,然后是两名维西尔,国王的书吏和管家,财政大臣,警卫室监督,士兵指挥官侍从,国库监督,两名高僧(赫利奥坡里斯和孟斐斯),塞泰姆僧侣,最后是孟斐斯辖区的市长。⑭

维西尔除了直接操纵中央政府的各部门外,还有一些隶属于他的一般管理下的政府组织机构,其中最重要的就是国库。正如在古王国和中王国时代的那样,它是仓库和国家财产的会计和支出的中心。国库适应维西尔的编制也分为南北两个,并且在两名"国库监督"的管理下。他们配合两名维西尔并合作掌管作为税收的定期收入的大量未加工的物资和制作的物品,以及外国贡品。与国库紧密相联系的是国家谷仓及其分支机构,分别由上下埃及的"谷仓监督"管理,其职责是监督每年谷物的收获,记录和贮藏。国家的牛群及其他的饲养场的牲畜则由"牲畜监督"指导下的中央一个部门来管理。但是耕地的中央集权的管理,在早期新王国时代没有证据。而"田野监督"的职能被"谷仓监督"所接任,或许允许保留在市长或其他的地产官吏手中。我们发现在第 18 王朝时为了征税而对田野的计量和评估是在被称为"两地君主之田野书吏"的官员的指导下进行。⑮

在早期图特摩斯统治时代,除了维西尔外,负有最重要的行政和王宫粮食供应责任的是国王的财政大臣,其职责不仅包括了王家财政和王家谷物的供应,而且也有王子的指导和矿山与贸易远征的事务。在第 18 王朝发展过程中,财政大臣的职能,特别是在孟斐斯,逐渐被国王的总管所接任;而在拉美西斯二世时期,它则降低到"后宫的监督"的地位。⑯

在国王的后宫,作为法老及其家属的大量个人财产的管理人,有"国王的总管"和其他的王室管家。总管由于常常受到国王的宠爱而往往构成了对国家或君主的威胁,因而在阿蒙霍特普二世和三世统治时代,为了缓和紧张关系和削减总管职务的地位,在两个总管之间划分了国王财产的管理人,一个驻在底比斯,在宫廷附近并且是在政府的中心;另一个在孟斐斯,接近于大部分位于三角洲的王家地产的地理上的中心。⑰

王宫还设有"房屋大门"或"警卫室",通常由廷臣出身的"宫廷侍者",充当王宫的生活起居的普通管理人。

在新王国时代,与维西尔匹敌的有两个重要的官职,一个是库什总督,一个是阿蒙第一先知。库什总督是在新王国时代设立的新的官职,他是法老在努比亚和下苏丹到第四瀑布地区为止的代理人,他的行政所在地是阿尼巴,具体负责埃及的埃尔卡博到苏丹的拜尔卡勒山的领域。他还有两个代理人协助他的工作:一个负责瓦瓦特(努比亚),也驻在阿尼巴;另一个负责库什,基地在阿玛拉。总督职务从第17王朝后期起被库什亲王所掌握,似乎是世袭继承的,并且接受法老委任的印章。⑱

另一个重要职务是底比斯的"阿蒙第一先知",或称"阿蒙高僧""阿蒙大祭祀",比其他任何地方神庙的第一先知的地位都高,可以说仅次于维西尔,而且,有些维西尔同时又兼任"阿蒙第一先知"。阿蒙神庙中的四个先知负责管理阿蒙神庙的祭祀活动和财产收支。四个负责人中的第二先知,从阿赫摩斯时代起,似乎与国王或其王后具有密切关系。阿蒙神庙僧侣靠着其阿蒙神的崇高地位及其雄厚的财富,而成为社会上的重要集团。在阿蒙霍特普三世法老时代的一位维西尔名为普塔赫摩斯,就其名字来看,可能出身于信仰普塔神的孟斐斯,但是他却被任命为"阿蒙第一先知",后来还被授予"上下埃及僧侣长"的头衔,这意味着他对全国的僧侣有监督权。一个不曾与阿蒙神庙有任何关系的维西尔被任命为阿蒙神庙的第一先知,显然反映了王权对日益增强的阿蒙神庙势力的抑制和挑战。后来还出现了阿吞取代阿蒙神的改革。但是,阿蒙神庙的势力仍然不断地增强。所以,在第19王朝和第20王朝时,"阿蒙第一先知"逐渐变成了埃及的实际上的统治者,以致与法老分庭抗礼。

在中央部门的各种官僚和管理人外,新王国时代省区官员主要由上下埃及的主要城镇的市长组成。这些地方的显贵的权限不仅扩大到城镇本身及其尼罗河边界,而且或许到乡村区,包括城市的耕地。他们的主要职能是在他们所辖的区域内收集、运送谷物和税收以及其他的日用品征税,而为了这些,正像在中王国时代的那样,他们直接对维西尔负责。市长(特别是底比斯市长)也对地方神庙的维持负责,并且其少数人正像过去世袭州长那样,带有"先知的监督"头衔。在晚期第18王朝的文献上还记录了城镇市长与"神庙僧侣"等一起参与地方法庭的审判工作。

### 三、军队和警察

军队和警察作为武装力量乃是国家机器的重要组成部分之一,随着专制主义的强化而越来越发展。古王国时代往往是因临时需要而招募兵员组成部队,在中王国时代开始出现常备军,但仍用地方民兵加以补充。到了新王国时代,随着埃及反希克索斯斗争的胜利,武器装备和军队组织进一步的改善,战略战术的不断提高,特别是在对西亚的征服战争中,常备军的进一步强化,埃及军事力量迅速发展起来。

法老作为军队的最高统帅,往往亲自率军远征。在战场上,军队实际上由师团组成,每个师团配备有战车兵和步兵队,其数目约5000人。拉美西斯二世在卡叠什战役中,亲自指挥一个师团,其余3个师团由其子指挥。新王国时代的主要兵种是战车兵和步兵,每辆战车乘两人,其中一人驾御战车,一人射箭或持枪战斗。每25辆战车构成一个大队。步兵利用弓矢、矛盾,还有大量的青铜斧、剑等作战。此外,还有骑兵、水兵以及驻守的特别部队等。[19]第18王朝时期,埃及军队编制扩大,但究竟有多少士兵还难以确切说明。有人估计,在第18王朝埃及最繁荣的时代,新兵数超过10万人,如果包括后备军可达13万人。但是,这个数字显然过高。事实上,军队大致保持在1至3万人。[20]第19王朝的拉美西斯二世在卡叠什的决定性战役中,统帅了2万人的庞大队伍。[21]

军队的组织系统在新王国时代已经完善起来。最低一级的军官为"五十人长",其次为"百人指挥官",其上级为"军旗持有者"。新王国末期,这种"军旗持有者"指挥一个200人的步兵连队。连队指挥官以上为"部队长"和"部队指挥官",他们大部分指挥由数个连队组成的旅团。高级军官有"军司令官代理",还有"军书吏""步兵书吏""会合书吏""配给书吏"等行政方面的将校。"将军"一词出现于古王国时代,但一般都是由非军事性质的文官担任。从中王国时代起,"将军"称号可以看成是"攻击部队司令官"和"家臣训练者"。"攻击部队"大部分是从国王的非军事的侍从"家臣"中选拔出来的。战争期间,早晚在国王身边保护国王。[22]与政府分成上下埃及两名的维西尔管理相适应,部队也分成两部分或两战区:一个部队驻守在下埃及,司令部设在孟斐斯;另一个在上埃及,司令部位于底比斯,每个战区在年长的军队副官指挥下。在第 18 王朝晚期我们还看到了"主要指挥官"或"国内军队的最高统帅"的记载。这些军队的责任是为国外服役军队供应有训练的补员。"作战部长"的职位似乎由维西尔行使。在中王国晚期或新王国早期,维西尔主持军队的参谋本部。[23]

部队的兵员主要由当地埃及自由人组成,辅助部队由努比亚人构成。从阿蒙霍特普三世时起,外国的战俘舍尔丹人等也加入了埃及部队。军官则往往由文职人员出身的常备军人或"宫廷侍者"担任。

新王国时代海军也发展起来。海军的职能主要是军队的运输、通讯和货运服务。在尼罗河上和叙利亚沿岸,海军好像是作为军队远征的一个活动的作战基地和作为法老使用的探查和贸易的舰队。除了法老豪华的旗舰——隼鹰号舰外,用于军事运输的船舰似乎是普通的商船。在海军服役的战斗的船舰,通常多至 200 人组成,他们在"军旗持有者"和"水手指挥官"等军官领导下。但是在船舰的航行中,则由他们自己的船长或"领航员"指挥和掌握。海军的较高级的官吏中,"船舰监督"或许仅仅是分队或分舰队指挥官,而"国王的全部船舰监督"似乎是"舰队司令官"或者也许是更高些的"海军大臣"。[24]

大约最早在第 12 王朝时期,作为努比亚人的一部分,麦德查人被编为职业的兵团和沙漠警察。《伊普味陈辞》说道:"麦德查人幸运地同埃及在一起"。可见,他们与那些被奴役的广大努比亚人不同。在第18王朝时期,麦德查人名副其实的成为警察或别动队员。他们在埃及官吏的领导下巡逻沙漠,警戒墓地,通常还要维持埃及境内的社会秩序。每个大城镇或诺姆都配备有警察连队,由"麦德查人指挥官"负责。㉕

专制君主,政府的官僚机构以及部队警察维护了专制主义制度,而新王国时代的专制主义制度则达到了法老时代的最高发展。

# 第七章　埃赫那吞的改革
## 及其后的社会斗争

在阿蒙霍特普三世去世后,他的儿子阿蒙霍特普四世继位,后来改名为埃赫那吞。阿蒙霍特普四世的统治在第 18 王朝,甚至整个新王国时代,表现了特殊的性质和地位。他冲破了传统的宗教势力,进行了一系列的改革,成为埃及史上的一大事件。但是,埃赫那吞的改革最后以失败而告终。埃赫那吞的改革包括了哪些方面? 究竟是什么性质的? 改革失败的原因是什么? 这些问题常常引起人们的兴趣,而且众说不一,存在着几种完全不同的评价。

## 第一节　阿蒙僧侣集团势力的增强
### 及其与王权的关系

### 一、阿蒙神的崇拜与僧侣集团势力的增强

在新王国时代,随着对外战争的扩大和胜利,以及底比斯作为首都地位的加强,阿蒙神的崇拜也随之发展起来,并且占有越来越重要的地位。

阿蒙神原本是以赫尔摩坡里斯神学中创世神之一的"神秘之神"而出现,最早见于第 5—6 王朝的金字塔文中。第一个有关底比斯阿蒙神的证据是第 6 王朝拉胡伊州长的铭文。在第 12 王朝时期,底比斯开

始影响埃及政治形势时,阿蒙的崇拜逐渐占了优势。在新王国时代埃及对外征服过程中,阿蒙作为王家的保护神而成为众神中的最高神。随着底比斯作为帝国首都的影响的扩大,阿蒙神的社会地位也愈益加强。从三角洲到北苏丹,阿蒙神的形象常常代替或遮盖了地方神的光辉。

在新王国时代,第18王朝的君主在驱逐希克索斯人之后,一方面开展了对西亚、努比亚的战争;另一方面也加强了中央集权的统治。中央集权的专制主义制度,除了政权本身的建设外,宗教也发挥了重要的作用。虽然,埃及还算不上是一个政教合一的国家,但是,宗教实际上也是政府的特殊职能部门之一。

新王国的法老们以阿蒙神作为他们的"父亲",以阿蒙的"儿子"而自居。特别是至少有两位法老:哈特舍普苏特和阿蒙霍特普三世把他们自己的出生和王权的合法的地位与阿蒙神联系起来。在图特摩斯二世法老去世后,年幼的图特摩斯三世法老继位时,哈特舍普苏特本来是以王后或异母的身份摄政,但是在第2年,她便迫不及待地僭取了王位。为了保证王位的合法性,她编造了阿蒙神是她的父亲,虚构了她的神圣诞生的神话,铭刻在戴尔巴哈里的她的葬祭庙柱廊和后墙面上,并配合以浮雕。哈特舍普苏特诞生的神话描写了创造生命之神克努姆引导阿蒙神到哈特舍普苏特的母亲阿赫摩斯王后的寝室并与之交媾。随后是众女神陪同她的怀孕的母亲到了产房并分娩。与此有关的铭文是,阿蒙在众神会议上宣布哈特舍普苏特的诞生,并赋予她以伟大的权力。①

图特摩斯三世在其父图特摩斯二世去世前,被宣布为王位继承人。但是,在晚后的纪念物上,往往把他的王位继承归功于阿蒙神的"显灵"。图特摩斯三世是王妃伊西丝所生,幼年在阿蒙神庙中受过教育。传说,阿蒙神的神圣方舟轿夫,在节日的庆典上抬着阿蒙方舟环绕庙宇行走,而走到了图特摩斯的面前时停止不动,当图特摩斯换到了另一个位置时,继续行走的方舟到他面前时又停止不前。如此情景出现了3次。于是僧侣宣布:按阿蒙神的意志,他应成为埃及的王。

阿蒙霍特普三世,虽然合法地继承了王位,但是,他也模仿哈特舍苏特在卢克索的阿蒙神庙中的所谓"诞生间"的墙上,设计了阿蒙霍特普三世神奇的诞生和由阿蒙神加冕的画面和铭文。②

上述的传说和事实表明了法老的王位继承,离不开僧侣的舆论和神庙的支持。同样,阿蒙神庙的发展也离不开法老王朝的维护与捐助。

## 二、神庙实力的增长与王权和神权之间的矛盾

历代法老持续不断地、慷慨地向神庙,特别是阿蒙神庙捐赠财富和人力已经成为一种习惯。国王往往把从战争中掠夺来的财富、牲畜和奴隶等,除了部分留给王室经济和作为奖品送给战士和官吏外,其余的大部分捐赠给神庙。这些捐赠,包括神庙的建筑和修复,以及为了维护神庙和活动所需的巨大财产。大约在图特摩斯三世在位的第15年至第22年之间,图特摩斯三世在卡纳克的一座神庙完成之际,用铭文记载了他用这座大的建筑物和昂贵的捐赠以表示他对阿蒙神的感恩。他给神庙捐赠的名单包括:建筑物、田地、畜群、奴隶和容器等。③附带的铭文虽然残缺不全,但仍然可以读出:"……〔为了〕在卡纳克我的父亲阿蒙·拉,由于重新为他建筑纪念物……关于……祖先,由于他修饰为他建筑的神庙,〔陛下〕……看啊,陛下树立了这个祖先的完成的,破坏严重的,这座砖(制作)的建筑物。""他〔做了〕比从开始以来的任何国王还要多的……当有一个'出现'在非常伟大的纪念物的……上的时候,根据陛下对他们提到的要求,工作是杰出的,因为他是如此热爱他的父亲〔底比斯之主〕阿蒙。"④此外,图特摩斯三世为他的父亲阿蒙又捐赠了"30坛……100捆蔬菜、3坛葡萄酒、家禽、水果、白面包、I nd

草本植物和 I nd 椰枣。"还有"公牛、牛犊、公牛的,小羚羊的……""陛
下为他又准备了园子,以便提供给他蔬菜和美丽的花。陛下另外给予
土地,2800 斯塔特是捐赠神的田地;在南方和北方的许多土地……〔斯
塔特〕……供给人。我用得自南方和北方国家的〔俘虏〕,列腾努首领
之子女和亨腾诺斐尔的〔首领〕之子女充实它,根据我的父亲〔阿蒙〕的
命令……牛奶在那里,每天用陛下为他准备的这些银子、金子和青铜器
皿,那些器皿是陛下为他重新准备的。"⑤

　　在图特摩斯三世统治的第 23 年,他把远征的胜利品也"捐赠给每
一位神",特别是阿蒙神:"亚细亚人,男性和女性,尼格罗男人和女人
的报表,那些人是陛下我给予我父亲阿蒙的,从第 23 年直至在这个圣
堂上的这个表报的记录为止;1578 名叙利亚人……"此外,还赐予牲
畜、贵金属、宝石、家禽甚至还有城市:"陛下给予他上列腾努的 3 个城
市,努吉斯是第一个城市的名字,耶诺阿姆是另一个的名字,海林凯鲁
是另一个的名字。"⑥

　　除了阿蒙神庙外,图特摩斯三世还在底比斯为普塔神建筑了新神
庙,并在陛下从列腾努国家第一次胜利远征返回时,"我用非常好的东
西,用公牛、马、香料、葡萄酒、各类水果的捐赠充实他的神庙。"⑦

　　此外,还有不少有关法老捐赠神庙财物的记载。阿玛达和厄勒藩
汀石碑两者都是奉献的纪念碑,其上半部分被献祭的场面所占有。在
阿玛达,阿蒙霍特普二世捐赠葡萄酒给哈拉凯俤和阿蒙·拉神,全部在
一只圣舟上;在厄勒藩汀,国王一次与阿蒙和阿努凯特在一起,而另一
次在克努姆面前,得到了"再生和安宁"。两个碑铭记录了阿蒙霍特普
二世在第 3 年的类似的建筑物,并且这同一事实涉及亚细亚元首。据
阿玛达碑记载,阿蒙霍特普二世"他是用心应允一切神的建筑物的国
王,是建筑他们的神庙(和)作成他们的雕刻的人。神圣的捐赠第一次
被确定,用丰富的面包和啤酒,和用许多家禽作为每天的捐赠。此外,

在那个季节的大牲畜和小牲畜,除了〔……〕"厄勒藩汀碑还提到了为厄勒藩汀的神造船:"陛下命令为居住在厄勒藩汀的这些神的航行制作了大的帆船,每一只10肘,而它们(从前)是3肘的帆船。"陛下还命令为他的母亲阿努凯特神增加一天庆典,供应:"面包、啤酒、公牛、马、葡萄酒、香料、水果,每一件好的和纯洁的东西,作为每年的费用……"⑧

从上述的几个事例可以看到,国王捐赠给神庙的东西非常丰富,不仅有日常食品和用品,如水果、蔬菜、面包、饮料、家禽、公牛、牛犊、马等大小牲畜,还有金银财宝、各种建筑物、田地、园子,甚至几座城市。对外战争掠夺来的俘虏,亚细亚人和尼格罗人,不论男人或女人都是国王捐赠给神庙的财富、用品的一部分。图特摩斯三世一次捐赠给神庙1578名叙利亚人,可以想象神庙奴隶之多。国王大量捐赠神庙财富和用品,不仅削弱了社会的一般福利,而且也成为国家的沉重的负担。但是,另一方面,却增强了神庙的经济实力,并且它们还占有"上下埃及最好的土地"。

在第18王朝期间,阿蒙神庙财产的管理通常委托于法老政府的高级官吏负责。例如哈特舍普苏特统治时,女王的大行政官塞奈穆特管理阿蒙的大地产,并且他还具有阿蒙大管家,"阿蒙·优塞尔赫特"船的管事,阿蒙谷仓的监督,阿蒙田野的监督,阿蒙牲畜的监督,阿蒙园子监督,阿蒙职工之长,和神庙的劳动监督或建筑工程管理人等头衔。⑨在底比斯的莱克米尔墓中的场面和铭文表明,至少在图特摩斯三世统治时,卡纳克的阿蒙神庙的整个经济组织是在南部维西尔的监督下。另一方面,阿蒙僧侣,特别是高僧,也积极参与神庙财产的管理。哈普塞尼布也是哈特舍普苏特集团中最有影响的人物之一。他不仅是维西尔,而且也是"阿蒙的高僧,南北的先知长",此外还掌握了国库中的一些职务。因此他把行政的管理与强大的僧侣集团联结在他自己的身上。全国的僧侣职务形成为一个紧密联系的组织,具有在他领导下的单一的独立性。⑩

蒙凯帕列塞尼布在图特摩斯三世时代,除了阿蒙高僧,阿蒙神庙总建筑师和工匠监督长职务外,还操纵了国库的"黄金屋的监督"和"白银屋的监督"。作为财务大臣,他控制了政府的财政大权。他在其墓中还描绘了他得到亚细亚的贡品和来自非洲的矿山的珍宝。⑪

阿蒙霍特普三世的阿蒙高僧之一,也是王国的财政大臣,而另一个高僧普塔赫摩斯则是政府的尊贵的维西尔。除了政治权力外,阿蒙高僧往往也是全国僧侣组织的最高领袖。的确,事实是这样广泛的政治权力现在被阿蒙高僧使用,必定是加强了年轻国王的要求摆脱由他继承下来的僧侣的束缚。⑫

阿蒙神庙的财产,尽管有国家高级官吏的监督,但阿蒙神庙的僧侣也参加管理,特别是地产中的相当大的一部分仍然归属于僧侣,所以,阿蒙神庙的僧侣成为国家中的最富有的贵族阶级之一。在阿蒙神庙中,以阿蒙高僧或第一先知为首,包括阿蒙第二、三、四先知在内,组成了僧侣中的领导集团,或者上层教士。普通僧侣则简称为"洁身者"或"洁净者"。此外,还有僧侣职务中的各方面的"专家",如讲师僧,画圣符人,时辰仪专家,信差僧,音乐家等。除了最高等级的上层教士外,其余的神庙僧职人员被分成 4 个班,每一班服务一个月,然后把神庙财产清单转交给下一个接班者。音乐家通常是指一队妇女,她们作为阿蒙神庙中的乐师,而成为"神的后宫"的女祭司的陪伴者。至于阿蒙高僧,除了僧侣的管理外,他和阿蒙第二先知等高级僧侣占有大住宅和大地产,并且配备有随从、仆人等为他服务,形成为国家中最有影响的显贵人物。那些高僧似乎是有教会背景和训练出来的人,他们中的大部分,确切地说,是在位法老的廷臣。此外,在国家的政府中,他们已经掌握了要害的职位,如阿蒙霍特普三世时期的普塔赫摩斯,担任了维西尔等一切重要职务。阿蒙神庙及其高僧占有国家中的几十万英亩的最好的农田和果园,享用大量的祭品,以及为他们驱使的牲畜、奴隶,不仅成为奴隶主显贵之一,而且还控制了国家机关的某些部分,或重要的岗位,这必然限制了其他行政官员的权利和作用,特别是威胁了中央集权的君主王权的统治。

王权借助于神庙及其僧侣,特别是阿蒙神庙的僧侣,宣扬它的神圣性,以维护和加强王权的统治,并用大量的财富、土地、牲畜和奴隶充实神庙,使之成为一个富有的奴隶主集团。但是,僧侣集团,特别是阿蒙僧侣集团一旦发展起来以后,他们又依靠其经济实力向政府的各部门伸张,控制国家的某些机构,以便增强其经济和政治势力。所以,王权与神权的相互依赖与利用最终导致了两者之间的矛盾。

王权与阿蒙神庙僧侣之间的矛盾,早在图特摩斯四世或阿蒙霍特普三世时代已经显示出来。他们开始提高阿吞神的地位,以削弱阿蒙神的影响。阿蒙霍特普三世时期政府的行政、财政大权都被阿蒙神庙的僧侣所控制。所以,年轻的法老用忠实于他的廷臣拉莫斯接替普塔赫摩斯担任维西尔的职务。甚至正像我们看到的那样,由他监督新神庙的采石工作。还有一项违背传统的事件是阿蒙霍特普三世任命了阿特里比斯出身的军事书吏哈普之子阿蒙霍特普为"上下埃及的先知"。哈普之子阿蒙霍特普是一位杰出的人,但是在底比斯的僧侣眼中,这绝不能成为他的令人震惊的升迁的原因。因为担任这种职务的人,传统上是属于底比斯的阿蒙的高僧。

阿蒙霍特普三世是图特摩斯四世与米丹尼公主穆特姆维娅王后之子,其父亲的婚配打破了以埃及王家血统的女性为王后的传统。阿蒙霍特普三世竟然仿效他的父亲,甚至更超越一步娶了平民之女泰伊为后。泰伊之父原为宫廷中的马倌,后为阿克米姆的敏神先知。泰伊虽然非王家出身,但却高居于所有王妃之上。"她的父亲的名字是尤亚,她的母亲的名字是图雅。她是非凡国王之妻……"⑬阿蒙霍特普三世还与其他外国女子结婚,我们已知的有两名是叙利亚的公主,两名米丹尼公主,两名巴比伦公主和一名来自阿尔扎瓦(西南小亚)的公主等。⑭阿蒙霍特普三世在婚姻方面破除传统的举动,显然也是对阿蒙僧侣影响力的抑制,因为僧侣往往能够左右王位的继承和王家之女传统的婚姻。

　　阿蒙霍特普四世也是强有力的和优秀的统治者世系的儿子,而因此被全国最有势力的阿蒙僧侣抛在一边。然而,他具有无限的个人性格的力量,并且他当然在反对阿蒙过程中被在孟斐斯和赫利奥坡里斯北方的僧侣所支持。正是在这个基础上,他与底比斯阿蒙神庙僧侣绝交,并且抬出阿吞圆盘太阳神,不仅在思想上,而且在实际上。于是,引发了一场令人注目的埃赫那吞的改革运动。

## 第二节　阿吞神的信仰与阿玛尔纳新都的建设

### 一、阿吞神的起源与信仰的演变

　　阿蒙僧侣势力的发展,导致了国王与僧侣,王权与神权之间的矛盾。埃赫那吞改革的主要内容是推行新的阿吞神的信仰与崇拜,以代替古老的阿蒙神。这种信仰的变革,并非是阿蒙霍特普四世偶然提出来的,实际上是经历了几代王的一个相当长的酝酿过程。

　　"阿吞"一词至少从中王国以来已使用,到目前为止,已发现的最早提及阿吞的是在石棺文中。在中王国的《辛努亥的故事》文献上,也可以见到它的例子。在那里一位国王被描绘为临终的归宿,就是"与太阳结合为一体"。最后,辛努亥寄信给他的国王说:"太阳在你的欢乐中升起。"在这两种情况下,表示"太阳"的术语都是阿吞,而不是经常使用的拉。因此,似乎可以确定的是,在中王国以前,埃及人已经有了一个称为"阿吞"的太阳神。①大约在图特摩斯三世及其子阿蒙霍特普二世统治时代,阿吞变成了万神殿中被承认的一员。作为阿吞的最早的图像出现于吉萨的阿蒙霍特普二世的纪念碑上,那是一个有翼的太阳圆盘,具有伸张的臂手抓住法老的王名圈。在图特摩斯四世时,一个甲虫纪念物下面的历史原文中提到了在战役中阿吞位于法老军队的前头,而不是像先前那样出现的阿蒙神。有人提出,"不仅阿吞被认为是分离于和不同于太阳神,而且阿吞它实际上被崇拜为给予法老胜利的战争神并保证他的杰出地位超过世界上其余的人,使一切人类成为圆盘的臣民。"②尽管也有否定的意见,但是至少在阿蒙霍特普三世统治时,国王在忠诚的信仰和慷慨地赠与阿蒙及其神庙的同时,我们也看到了阿吞的影响确实增强了。阿蒙霍特普三世的马勒卡塔王宫被命名为"阿吞的光辉",而他为泰伊王后建成的、湖上的游船被称为"阿吞闪烁"。他的廷臣有的还具有与阿吞崇拜相联系的称号,例如,哈提埃是"孟斐斯的阿吞神庙的两谷仓的书吏";拉莫斯(底比斯墓地中 46 号墓主,非维西尔)具有"阿吞邸宅的管家"头衔,并被描绘为与他的妻子一起去看太阳的圆盘。问题是阿蒙霍特普三世积极助长阿吞的影响,或者仅仅是容忍阿吞迅速扩大它的作用,还是一个值得讨论的问题。

　　作为法老的王权与阿蒙僧侣的彻底决裂,并且树立和推广阿吞神的信仰则是发生于阿蒙霍特普四世的统治时代,在他统治的一开始,就在底比斯的卡纳克的阿蒙神庙东边围墙外建筑了阿吞神庙,命名为"阿吞之家"。但是,后来神庙被拆除,其材料被其他神庙建筑而重新使用。得自阿蒙霍特普四世统治早期的部分少数建筑物,足够表示阿吞崇拜的肖像学的演进。在阿蒙霍特普四世早期宗教思想中的新的影响的第一个表示,就是太阳神拉·哈拉凯悌的出现。它是作为一个主要的神在新的统治的第一个月期间出现的众神之一。在底比斯的克鲁伊夫墓(No.192)的门口楣石上,阿蒙霍特普四世及其母伸手祷求在右侧的阿图姆和左侧的拉·哈拉凯悌。拉·哈拉凯悌的形象还出现在底比斯的帕连尼斐尔墓(No.188)的入口楣石石刻上。在墓的大厅墙上装饰的阿吞光芒四射的形象被拉·哈拉凯悌的隼鹰头的图像所补充。最显著的例子是在阿蒙霍特普四世最早时期的底比斯一个建筑物的部分沙石浮雕上,那里的中栏的铭文涉及到年轻国王的出现,在其左侧是拉·哈拉凯悌·阿吞的圆盘作装饰的图像,在国王上方的是两个相对的蛇标所环绕的太阳圆盘的像(见图49)。每一个蛇标具有一个"安柯"("生命"的象形文字符号)围挂在其脖子上。另有三个较小些的"安柯"连接在太阳圆盘底下。拉·哈拉凯悌·阿吞相联结的现象也出现在拉莫斯的墓中,而且在其西墙上太阳光芒顶端的一只手握住安柯朝向国王和王后的鼻孔,而一个芴和两个安柯朝向群集的其余的人。③这类形象在阿玛尔纳出现的更多。

图49 蛇标围绕的太阳圆盘

上述事实说明,在阿蒙霍特普四世早期,阿吞是伴随着拉·哈拉凯悌一起出现的,并未取得独立的地位。阿蒙霍特普四世把太阳神说成是"伟大的太阳圆盘哈拉凯悌",而太阳圆盘实际上就是阿吞。在他统治的头几个岁月以后,他甚至没有允许神人同形同性论的描写,没有原型的象征主义鼓吹颂扬新神的艺术风格,并且太阳圆盘非常少数的名字和装点完全借助于拉的圆盘崇拜和它的神性的同种的东西。④

## 二、埃赫那吞对阿吞神的颂扬与崇拜

埃赫那吞的改革首先是从宗教改革开始的,他废除了传统的阿蒙神,推行了新的阿吞神的崇拜。塞勒塞拉采石场的一段铭文是埃赫那吞改革残存的最早的公文书,它记载了塞勒塞拉采石场的开采,作为国王给他的新神的第一座庙的建筑而提供的石材。新神的崇拜似乎已经充分开展起来。虽然阿蒙神仍然没有被排除,阿吞已经有了它的正式的名字,但是还没有出现在王名圈中,只是后来才出现在那里。然而,国王是他的神的"高僧"。上述的这座神庙建筑于底比斯,它的名字是"阿吞被发现于阿吞的房屋中"。在这里,阿吞的名字出现在王名圈外,并且国王仍然保留他的原有名字(阿蒙霍特普)。后面的事实表明,这座神庙是在他统治的第 6 年以前建筑的。这种情况也反映在底比斯(库尔纳)的海泰的墓中,海泰是阿吞之家的谷仓的书吏、监督。在这同时,阿蒙的崇拜仍然没有被压抑。全部底比斯现在显然被称为"阿吞的灿烂的城市",而神庙区则以"伟大的阿吞的灿烂"而著称。⑤

　　阿蒙霍特普四世在位的前 5 年,在底比斯城以外,原有的诸神还是被保存下来。假如它们的崇拜的确被禁止,那么命令就没有发生效应。例如,丧葬的碑文仍然有涅赫伯特或奥西里斯或阿努比斯神的信仰,对阿蒙太阳神的颂歌继续出现,而新的变化发生在第 5 年。⑥大体上,在这一时期前后,国王决定以阿吞作为国家信仰的唯一的神。同时,阿蒙霍特普四世和尼斐尔泰梯前去阿玛尔纳视察并决定迁都到阿玛尔纳,在那里建设新的王宫、官邸和神庙。

　　阿吞的新的神庙的建设和装饰几乎是在国王与阿蒙神公开破裂时完成的。虽然阿蒙霍特普四世的新的崇拜或许因缺乏新的僧侣而烦恼,但神王还是默认并坚持下来,正式地诅咒阿蒙的名字并关闭其神庙。不论在何处,在神庙和坟墓中,雕刻像上和偶然的铭文中,凡是带有"阿蒙"的文字和描绘阿蒙神的画面,甚至献给它的东西完全被毁坏。即使是带有"阿蒙"合成名字的个人,其名字也被迫改变。国王本身为此也放弃了阿蒙霍特普("阿蒙的满意者")的名字,而改为埃赫那吞("服侍阿吞的人")。

由于国王只承认阿吞神,所以,从第 5 年以后,复数的"神"的术语从未被证明,国王被树立为绝对权威,没有真理能够来自国王以外的任何人,而他的真理是毋庸置疑的:除了太阳外没有神,没有行列圣歌的神庙,除了基本的献祭外没有崇拜行为,没有崇拜偶像,没有神人同形同性论,没有神话,没有总是变化的世界的表示。⑦

死后的奇异世界也从人们的精神中被排除。奥西里斯及其丧葬神的循环遭受了同样的诅咒,虽然传统的丧葬习惯或许保留下来,但是除去了魔术咒文企图使死者再生这一节的《死人书》。九神团、阿波斐斯和阴间的居民等观念,在丧葬文学中明显地被忽视,阴间本身简单地被作为死者出来观看太阳的场所。甚至写的字或装饰艺术也清除了有异议的部分,如拟人形或被崇拜的兽形神的符号。⑧

埃赫那吞改革的核心问题是对阿吞的崇拜。埃赫那吞竭力宣扬阿吞是唯一的和最高的神,是栩栩如生的太阳圆盘。

阿吞的象形文字,在大多数令人注意的雕刻中,最初是 ⊙、𓂝 和 𓁢 符号。另外在圆盘中通常带有♀小符号的一个蛇标由它那里悬挂,并且圆盘光线 𓂝 结束于阳光线手中。比较完整的表现见于阿玛尔纳出土的界牌上,以及柏林博物馆藏的石灰石的国王家庭石碑上。在那上面我们可以见到阿吞太阳圆盘伸出的带有生命符号的手掌,分别指向埃赫那吞和王后尼斐尔泰梯,似乎表明阿吞对他们的祝福(见图 50)。

我们了解和研究太阳圆盘阿吞的信仰的主要根据是:铭刻在阿伊墓中的献给阿吞和国王的大颂歌。有人认为它很像是国王本身的作文。此外,还有阿玛尔纳墓中发现的颂歌和祈祷文,主要是阿吞的短篇颂歌和阿伊墓中的两首颂歌和祈祷文。在这些作品中,能够被确定的唯一的概念是宇宙神教的那些:生活依赖于太阳,神的超然存在,创造力,宇宙的和谐以及绝对权力。在《阿吞大颂歌》中,太阳圆盘首先是大地的创造者和维持者:

**图 50　阿吞的光线照耀国王及其一家**

啊,太阳神,在你之外什么都没有!

正像你希望的那样,你独自一个,你造就了大地,

所有的人们,兽群和畜群;

所有的在地上用脚步行的,

所有的在天上用翅膀飞行的,

这霍尔(叙利亚、巴勒斯坦)和库什的大地,

这埃及的大地。

你把每一个人安排在他的适当的位置上,

你供应他们的需要;

每一个人有他的食物,

他的一生长短被算定。

············

你在 dat(阴间)设置了尼罗河,

当你愿意时你带来了它,

去抚养人民,

因为你为了你自己创造了他们。

为了他们而劳苦的一切之主,

为了他们而闪耀的一切大地之主,

日间的阿吞,光荣而伟大!⑨

　　阿吞作为"独自一个"的造物主,创造了大地,动物和人类,并供应他们食物和一切必需品。为此,阿吞还为埃及人创造了尼罗河,把它带给人类,而尼罗河抚养了人民。所以,日间的阿吞,作为闪耀一切大地之主而光荣伟大。对于人类的创造和维护,在《阿吞大颂歌》中还有特别的歌颂:

你制造了种子在女人身中成长,

你从精液中创造了人,

你喂养了儿子在其母胎中,

你安慰了他静止他的哭泣。⑩

　　阿吞的创造力不仅限于埃及,而且远及于一切国家,为他们创造生命和尼罗河。所以事实上,阿吞被看成是整个宇宙世界的造物主:

一切远离的大地,你给它们创造了生命,

你为他们设置了至福的尼罗河;

它在山上就像大海一样制造了波浪,

浸透了他们的田地和城镇。

你的道路多么卓越，啊，永生的主！

对于外国人来说哈匹来自于上天，

而所有大地的生物用脚步行，

对于埃及来说哈匹来自于 dat（阴间）。⑪

这里最后所讲的哈匹，作为泛滥的尼罗河，由阴间产生而抚育埃及；对于外国人而言，尼罗河来自于降雨的"上天"。在埃及人看来，尼罗河是人类的生命之源，没有尼罗河就没有埃及，同样，没有尼罗河，也没有外国的大地和城镇。

在《阿吞大颂歌》的开头，还描述了阿吞的超然存在和生命创造者的权威的形象：

光辉灿烂的你升起在天国的光明境界，

啊，活的阿吞，生命的创造者！

当你开始出现在东方的境界，

你与你的美丽充满了每一块大地。

你是美丽的，伟大的，辉煌的。

高高在每一块大地上；

你的光芒拥抱了大地，

直至你所创造的一切极限。

…………

当你竖立在西方的光明境界时，

地球是在黑暗中，仿佛是在死亡中；

…………

当你开始出现在境界时，

> 当你作为日间的阿吞照耀时,地球是光明的;
>
> 正像你驱散黑暗一样,
>
> 正像你放射出你的光芒一样,
>
> 两地是在喜庆中。⑫

　　上面对阿吞的赞美和歌颂主要表现在阿吞的自然属性上。阿吞作为太阳神,从东方升起,到西方落下,不断地运动,给人类带来了光明;而它不在时,大地一片黑暗。这些描述揭示了埃及人的自然哲学观。但是,阿吞神的颂歌作为一种宗教观念的表述,同样也展示了阿吞的社会属性,即阿吞是国王的父亲,阿吞是在国王的心目中,只有国王才了解阿吞的方法和力量;而它感动了国王统治的每一个人。《阿吞大颂歌》写道:

> 你在我的心目中,
>
> 没有其他人知道你,
>
> 只有你的儿子,尼斐尔凯普鲁拉,拉的唯一的一个,
>
> 你曾把你的方法和你的才能教导给他。
>
> …………
>
> 当你升起你感动了国王统治下的[每一个人]时,
>
> 每只脚从你创建地球以来就在移动。
>
> 你鼓励他们是为了你的来自于你身的儿子,
>
> 国王靠玛阿特(按:真理神)活着,两地的君主,尼斐尔凯普鲁拉,拉的唯一的一个,
>
> 拉之子靠玛阿特活着,王冠之主,埃赫那吞,他的一生都是伟大的;
>
> (而)伟大的王后,他爱她,两地的夫人,
>
> 尼斐尔·尼芙鲁·阿吞,尼斐尔泰梯,永生。⑬

在这里我们可以看到,埃赫那吞作为阿吞之子,他是来自于阿吞的"身体"。而且,他又是拉的唯一的继承者,并靠着真理之神玛阿特活着,显示出他的王权的神圣、公正和伟大,因而,国王和王后永生不死。由于阿吞是天空和大地的创造者,是一切大地的主人,又是埃赫那吞的父亲,所以,阿吞的自然属性与其社会属性结合在一起,塑造了埃赫那吞的伟大权威,成为阿吞在大地上的化身。太阳圆盘的阿吞教义最终所强调的正是这样一种带有政治意图的宗教意识。

### 三、阿玛尔纳新都的建设与"太阳圆盘的专制主义"

在埃赫那吞的改革中,除了用阿吞神代替阿蒙神的崇拜外,与此相适应,还有一个重要措施是阿玛尔纳建筑新都,代替旧都底比斯。在新都建设的同时,还伴随着与此有关的一系列改革,特别是新的政权的建设和埃赫那吞的太阳圆盘的专制主义统治。

早在埃赫那吞在位的第 4 年,国王在王后及其随从的陪同下视察并选定了现今称为阿玛尔纳的地方为首都。在其统治的第 6 年,在阿玛尔纳沿着尼罗河的两侧以大石碑的形式竖立了 14 块界标,标志了新的城市和首都的建立及其边界范围。

"阿玛尔纳"一名是现代阿拉伯人对当地的称呼,它是把北方的一个乡村 et-Till 和在这个地区的贝都因部落 Beni-Amran 的名字结合而成的,简称阿玛尔纳。遗址的古埃及名埃赫太吞则来源于这里的断崖地形。在阿玛尔纳的东方边界的断崖中有一处长方形的山峡的间隙,它的各方面相似的界线非常明显,所以根据山峡的东方地平面把这个地方称为埃赫太吞,意为"阿吞的地平线",或"阿吞的视界"。这个名称的来源,正像"地平线"一词的象形文字符号⌣形象所表示的那样。

阿玛尔纳位于上埃及第 15 州,底比斯的下游 368 公里的尼罗河东岸,处于底比斯与孟斐斯之间的地带。阿玛尔纳以尼罗河及其河谷之东的断崖为界,宽 5 公里,南北长为 13 公里。埃赫那吞用了 14 座界标围绕在城的周围,如果我们以界标为界,包含了尼罗河两岸在内,那么这座城市的整个面积大约为 16×13 平方公里。这座新城究竟有多少人口呢?根据现代的研究,假如我们限定新王国时代埃及的可耕地达到约瑟夫河之东的地方,那么能够得出一个有关这里的耕地和人口的谨慎的估计数字:耕地面积总计约 162 平方公里,或者按古代的土地尺度为 59,200 阿鲁拉。1 阿鲁拉单位的土地或许能够维持乡村人口 0.5 人,加上宁愿少些数量的非农业人口,或许 0.25 人,那么,我们可以估算,埃赫那吞的田地,大体上可维持 45,000 人。但是实际上,城市人口的估计数在 20,000 和 50,000 人之间变换。⑭

　　埃赫太吞新城一个重要特点,就是用界标围绕城市。界标又称为界碑,界碑大约 4 至 8 米高,11 座竖立于河东,3 座在河西岸。在这些石碑中,尼罗河东岸的 3 座是早期的,石碑日期损毁,可能是埃赫那吞在位的第 5 年。另外的 11 座界碑保留下来的日期是第 6 年。⑮界碑根据其内容可分为两类。第一类以两块石碑为代表,包括了对阿吞的捐赠的详细记录,或许不限于埃赫那吞的礼物。在碑文的日期之后,是前言、国王第一次参观埃赫太吞的报告和祭品,完全与第二块石碑的开头一致。这两块石碑继续赞美国王,接着是国王的庄严的主张。在那上面,他宣告埃赫那吞对阿吞的捐赠:"我为我的父亲建设埃赫太吞作为住所。我['划界']埃赫太吞在它的南方,在它的北方,在它的西方,在它的东方。我不曾向南超越埃赫太吞的南方界标,我也不曾[向北]超越[埃赫太吞]的北方界标"。接着声明埃赫太吞将是一个新的首都,在那里他将接见所有的国家:"由于美丽的埃赫太吞的所在地将是另一所在地,所有的国家[将来这里],我将接见它们,不论它们是北方的,或者南方的,或者西方的,或者东方的……"⑯在一段短缺的破损之后,原文接着记述了神庙的建筑。⑰

第2类石碑共12块,碑文
并不那样长,但是最初的6
块,在尼罗河两岸各3块。除
了日期和头衔外,它们记载了
国王在那些日子中,在埃赫太
吞的谒见。关于他第一次参
观那里,他的城市的考察,和
献祭阿吞,祝贺城市的建立,
正像第一类石碑那样。然后
国王继续安排南方石碑,在那
上面他宣布他的新城市的界
碑以6块石碑为标志,其中4
块在北方和南方,另有两块在
东西悬崖上,位于南北边界之
间的中途。所有的庄严的通
告都持久不断地捐赠给阿吞
神。[18]至今保留下来的石碑没
有一座完好无损,所有的石碑

**图51　界碑上表现的埃赫那吞王
与王后祭祀阿吞神**

显然是大致同样的设计:保存最好的就是上述的南方石碑,值得注意的
是上面描绘了国王和王后两手伸向太阳圆盘,而太阳圆盘光芒的终端
是手掌,其中有几只手握有"安柯"(生命)的象形文字符号指向王和王
后(见图51)。石碑注明第6年,碑文写道:"在这一天埃赫太吞为了活
的阿吞被创立,所以恩惠和慈爱能够为埃赫那吞王接受"。[19]

　　埃赫太吞是迄今我们所能见到的埃及城市设计的唯一的重要遗
址。埃赫太吞作为埃赫那吞改革的首都,直到图坦哈蒙返回孟斐斯和
底比斯,共维持了15年,在郝列姆赫布时代最终被破坏。到了近代,由

于"阿玛尔纳文书"的发现,埃赫太吞引起了人们的注意。从1891年英国考古学家皮特里的发掘开始,经德国博查德和英国的埃及探查协会等多人的努力,终于使这座古老城市重见天日(见图52)。

从埃赫太吞遗址的发掘来看,城市的主要大道沿着尼罗河延伸,或许在这以前已被使用。阿拉伯人把这条沿尼罗河的大道称为"君主之路",发掘者把它称为"王路",或译为"王道"。城市大体上分为三部分:北城、中城和南城。建筑物分布的面积长9公里,宽1公里的范围。中城或城市中心被称为"岛",在那里分布有王宫和大庙。一座桥立在王道之上,接连了王宫的两部分,并且也许包括了"风姿之窗"。国王和王后在特殊情况下通过"风姿之窗"展示一下他们的风姿,就好像是太阳圆盘出现在地平线上那样。⑳在王宫的南面,位于大道的东侧,竖立有 Ḥwt-itn"太阳圆盘的邸宅",不少的废墟保存尚好。 Ḥwt-itn 大约尺寸是 127 米×200 米,正像我们为卡纳克的 Gm・(t)-P³-itn 估计的那样,并且庭院衔接,被十字墙和塔门所分割。在 Ḥwt-itn 的第 3 个和最东的庭院,有圣堂或礼拜堂,独立建成的,由柱式门廊装饰前面。这座建筑物的确切的职能还不清楚。它可能是一个"礼拜国王的"那一类地方;从其名字和起源来看,它也可能用作为国王的葬祭庙。在中央广场的北侧,大道之东,有一座最大庙宇"太阳圆盘之家",这座由巨大长方形围墙环绕的圈地尺寸为 760 米×290 米,它的内部分布有各个独立的庙。㉑从西端接连进入整个的建筑物是"欢乐之家"(或"欢乐者之家"),奉献给 Cm-itn 的多柱式建筑一类。一系列 6 个缩小的庭院朝天开放,以便太阳圆盘能够发光于直接朝向它的所有仪式上。而 Ḥwt-bnbn 在东端,与屠场在一起。bnbn("奔奔")起源于赫利奥坡里斯,而赫利奥坡里斯的神圣的 bnbn 石在太阳城作为一个焦点而崇拜。在埃赫太吞,bnbn("奔奔")的出现,表明了埃赫那吞及其家族拜倒于太阳的面前。在"欢乐之家"的范围内,还竖立了一些小礼拜堂和"天棚"。

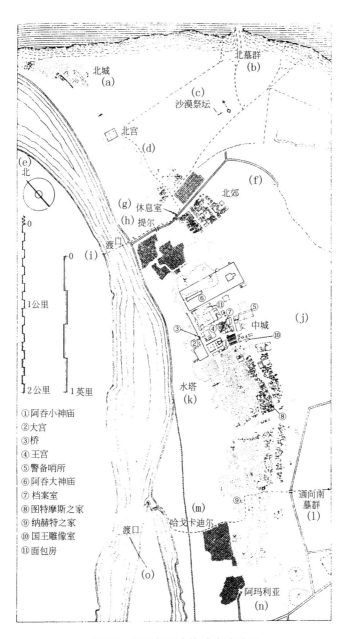

图 52　阿玛尔纳古代城市遗址图

这些建筑物最初属于王后,或者王家的其他女性成员的,但是后来被埃赫那吞以及其女儿们所擅用。㉒我们现在有可能描述这些礼拜堂的装饰,而通常把它们假定是"太阳之家"。埃赫那吞偏爱献祭太阳,有一个场面表现了他和王后尼斐尔泰悌与一个女儿在祭坛前举行祭礼。宫殿正面及其柱庭表现了值得注意的类似于我们在卡纳克所熟悉的那些:大门、柱子、"展示窗"、楼梯和附属物等。㉓

一系列的建筑物很快填满了中心城市的空间。长的仓库在两个大神庙的侧面,而僧侣之家位于最好地方的紧密相连处。中心城市中最重要的建筑物是王宫,其长度在 750 米以上。㉔王宫的政府机关和神庙是由地方开采的石灰石建筑的,有些地方用雪花石膏、石英岩和花岗岩补充的。但是所有室内建筑则用泥砖,有时涂上胶泥并装饰以绘画。政府办公厅和档案库,以及作为警察和军人的兵营建立于国王之家的正东。㉕档案库在 1887 年冬—1888 年,被一个农妇偶然发现而揭开了国家书信的贮藏处,它以"阿玛尔纳档案"而著名于世。

从中城的南部一直向南延伸到南城,分布一些豪华的别墅,形成了一个官邸区。除了一些著名的建筑家马尼克塔维特夫,雕刻家图特摩斯等人外,还有一些最重要的人物的官邸。维西尔纳赫特之家,靠近耕地的地方,占有 8000 平方英尺的广大地面,包括有花园和附属建筑。将军拉莫斯,僧侣帕瓦和第二先知派尼塞等都居住在这里。在这些私人区域中,泰伊和国王及其家族一起是封闭的,并且是单独的一个。主要的王家官邸位于中城,然而有很好的理由认为,国王可能喜欢把城市北方的大别墅作为他的主要的所在地。㉖

在南城,接近于南部悬崖的基地,有一座特殊的建筑合成物,以 Maru-aten 而闻名,包括花园、水池、人工岛和户外凉亭等。它究竟是娱乐场所或是神庙? 一直是人们讨论的问题。有人解释 Maru-aten 一词为"阿吞的观察的地方"。㉗在晚后时期,圆盘神的庙与 Maru 等同,并且两者记述的原文和它本身的名字(以"眼"而结尾)暗示了一个解释为"观察的地方"。事实上,它是神的"阳台"。㉘在南城向东更远一些地方,紧靠在东悬崖的山麓,还有一道围墙圈起来的乡村,是为建筑这个城市而被雇用的工人建设的。

在平原的最北端,接近尼罗河的悬崖,一个具有纪念性建筑的正面位于王道的西侧,背靠尼罗河,有人把它说成是尼斐尔泰悌宫。在北城中保存更好的是北宫。它位于上述建筑物的南方约 600 米远。北宫是一座 120 米×290 米的长方形建筑,它围绕着一个开放的庭院和花园而建筑的,还包括家庭寓所和宝座的房屋,以及仓库和牛舍,可能是王家的休息地。也有人推测,那里有个动物园,可以观察动物的生活,而动物在阿吞的崇拜中,作为创造者业绩的象征。㉙

阿玛尔纳城是前古代世界中保存下来的少数考古遗址之一,也是埃及史上一个典型的城市遗址之一。尽管,如今这里已成为乡村,而且是埃及最贫穷的地方。但是阿玛尔纳遗址对我们了解埃及城市化形态和阿玛尔纳时期埃赫那吞的改革无疑是具有重要的价值。

埃赫那吞废弃旧都底比斯,设立新都阿玛尔纳作为改革的措施之一,是为了摆脱阿蒙僧侣集团的势力及其影响。在埃赫那吞迁都,建立一个新的政治中心的同时,在阿玛尔纳建立了新的政府机关。从上述遗址的发掘来看,王宫分布有中央办公大厅、档案室等,另外还有警察和部队的兵营。

埃赫那吞与先前的法老同样,实行专制主义统治。在埃赫那吞迁都后,大约在其统治的第五、六年,下令废除阿蒙神及其他神的崇拜,废除其神庙和献祭。凡是与"阿蒙"一词组合成的人名必须改变,包括王名在内。不论何处,在神庙中,铭文上和坟墓内凡有"阿蒙"文字和形象的地方和纪念物,一律被消除或破坏,这种所谓"太阳圆盘的专制主义",㉚既是埃赫那吞改革的决心,又是法老君主专制统治的表现。

　　埃赫那吞的改革及其"太阳圆盘的专制主义"统治的社会基础和阶级支柱就是新兴的军事贵族。早在阿蒙霍特普三世统治时期，法老力图巩固自己的政权，依靠在国家机关不同范围内忠诚于他的非贵族出身的人，并且依靠于"新人"们，而法老的绝大多数官员出身于孟斐斯和其他的城市。㉛加德纳指出："埃赫那吞宠臣的基础似乎是'新人'（novi homines），它的少数甚至占有了高高的地位。"㉜这种"新人"通常担任政府机关中的重要职务。如维西尔纳赫特以及埃赫太吞的市长等。后者有一个可以揭秘的名字，可把它译为"埃赫那吞创造了我"。还有几个僧侣和两个王家后宫的监督，一名主治医等都是"新人"。当然，军队的指挥官，军旗的持有者也必定是他的新人之一。年高德劭的阿伊，他是国王的全国的马倌，此外，警察署长和国库监督人等也都出身于新人。但是并非所有的"新人"全都身居要职，有相当一部分人是中小奴隶主阶级或中小土地所有者。所有这些"新人"往往都与"涅木虎"有关联。

　　在埃及的文献中，我们常常见到"涅木虎"的术语。"涅木虎"nmḥu一词起源于中王国时代，而且与女性联系在一起，到新王国时代继续使用，直到第20王朝末或者更长些时间。"涅木虎"一词的含义据福克纳的解释，意味着"贫穷的""剥夺"（的人）"排除"（的人）"劣等""谦让"等。㉝贝克尔则把它说成是"自由的"或"解放的"人。这种"自由"乃是他们来源于无父母的孩子或孤儿，而这种孩子在某种意义上是没有义务的。所以，它意味着"自由的"受雇孩子。至于"解放的"人一词，并非指解放奴隶，而是描写了"一个变成自由人的身份"。㉞

　　除了从术语学的解释外，如果我们把它作为一个社会集团来研究，那么我们可以看到，"涅木虎"最初是贫穷的，孤独的，微末的，但是从第18王朝中叶开始越来越多地出现在纪念物上，作为表明埃及新的公职阶层官阶上，有时占有非常显著地位的新的社会术语，而名称的先前

意义,现在仅仅意味着与旧贵族相对立的这个阶层的起源。㉟

涅木虎就其出身而言是贫穷的,卑贱的,低下的自由人。但是从新王国时代开始,法老政府不断地开展大规模的对外战争,那些贫穷低贱出身的自由人投靠法老,在对外战争中为之尽忠效力,往往受到法老的奖赏,以致不断地晋升,担任了行政、经济范围内,以及军队中的重要职务。埃赫那吞时期的大臣马伊就是其中的一个例子。马伊在其墓铭中讲到,他是由"上埃及国王所赞扬的,下埃及国王所提拔的"的国王的"伙伴",担任过"国王书吏、新兵书吏、'阿吞之安抚'之家(寺庙经济)的长官、赫利奥坡里斯的拉的唯一之家的长官、赫利奥坡里斯的'拉之家'的牲畜之长官、国王的(一切工作)之长官、两地主宰的军队长官"。他写道:"听我说,所有的眼睛(即所有的人),不论大的,或者小的,我对你们述说君主(即埃赫那吞)对我作的好事。而你们说:'啊!对这个涅木虎所作的事是多么伟大'"。"我,按照父方和母方来说是涅木虎。君主造就了我。他使我成为……而我(本来)是个没有财产的人。他为了把使命放到我身上,使我得到了(许多)人。他提升我的兄弟们,使所有我的人关心(?)我。当我成为一个村的主宰时,他下令使我兼任大臣和'王友'(之职)。而(先前)我是最微末的,他每天给我食物和给养,而(先前)我[乞求]面包"。㊱上引的"我,按照父方和母方来说是涅木虎"一句俄译文略微不同于英译文:"我是一个没有父亲和母亲的孤儿。"㊲这里的孤儿就是涅木虎。从《马伊墓铭文》可见,马伊出身于涅木虎,社会地位低下,曾经作为乞食者,是个没有财产的人,但是他却被国王所赏识,以致提拔到宫廷担任要职。所以,国王每日为他提供"食物和给养"。现代的研究证明,埃赫那吞的确用黄金小项圈填满了那些人的私囊,并且从他自己的报表中提供给他们食物。㊳由于这样一些原因,这些涅木虎,正像马伊所表明的那样,赞美国王的"伟大"。埃赫那吞培植涅木虎是希望借助于他们的力量,巩固自己的地位,坚决地与底比斯的僧侣和古老的世袭贵族以及与之有联系的各地方行省的僧侣、贵族作斗争。

### 四、"阿玛尔纳书简"与埃及的对外关系

所谓"阿玛尔纳书简"是指着在阿玛尔纳王宫附近的一座建筑物中发现的西亚各国给埃及的书信，又称为"阿玛尔纳档案"，包括了350多片以阿卡德语书写的楔形文字泥板文书（见图53）。《书简》明显地全面地展示了埃赫那吞时代埃及与邻近国家的关系，包括米丹尼，赫梯，巴比伦等国，以及埃及在西亚的国际地位。

埃赫那吞致力于各项改革以来，尽管也想把阿吞的信仰推广到西亚和努比亚的一些被征服的地区，但并无精力争霸西亚的国际事务，甚至维持埃及在西亚的霸权地位也无能为力了。另一方面，当时的西亚国际形势对埃及也是十分不利的。

**图 53　阿玛尔纳楔形文字泥板书简之一**

在阿蒙霍特普四世登基时，小亚的赫梯帝国兴起，并把其势力伸张到幼发拉底河流域。埃及的同盟国米丹尼王图什拉塔由于受到赫梯的威胁而给埃及泰伊王后写信，除了对老王之死表示吊唁外，还要求维持两国之间的友谊和赏赐黄金（书简第 26 号）。[39]巴比伦王也有类似的要求，但是都没得到满足。赫梯王的书简先是表

达了与埃及之间的友好关系,接着很快就责难埃及王,而最后转变成敌
对关系,并插手米丹尼国家内政。在埃及无力关注的情况下,米丹尼王
图什拉塔被他的一个王子谋杀,从而引起了内乱。赫梯王乘机而入,硬
把他的女儿嫁给图什拉塔之子马梯瓦扎,并立他为米丹尼新王,而赫梯
王则以岳父的身份控制了米丹尼朝政。这样一来,埃及在西亚的势力
被动摇。

巴勒斯坦和叙利亚,从第18王朝开始被埃及征服后,地方的统治
者在埃及的监督下被委托管理自己的领地,但是在埃赫那吞时代,那些
地方领主大部分也遇到了骚乱,特别是从毕布罗斯的利布·阿狄给阿
蒙霍特普三世和四世的信,以及北叙利亚的图尼普和耶路撒冷的阿布
狄·希巴给阿蒙霍特普四世的信来看,西亚面对着哈比鲁集团的入侵,
埃及在西亚的危机的情况下没有力量采取行动(书简第50,74,285—
289号)。⑩

埃赫那吞在阿玛尔纳王宫中,沉醉于不绝于耳的赞美阿吞的呼声
之中,而对于西亚的动荡和属国的求援无动于衷。仅仅在其统治的第
12年,曾经乘坐由18名士兵抬的豪华的御轿接受了外邦的朝贡,但是
这种殊荣一去不复返。对于阿吞的崇拜,也没有像《颂歌》期待的那
样,"阿吞照耀在叙利亚、努比亚,世界各地"。虽然有些绘画,雕刻艺
术虽描绘了埃赫那吞以传统的国王的形象击杀敌人,但事实上,正像他
的继承者图坦哈蒙的《复兴碑》所说的那样,他的先辈远征巴勒斯坦和
叙利亚没有成功。

## 第三节 阿玛尔纳文学与艺术

埃赫那吞的改革,通常被局限于"宗教改革",但是实际上,它远远
超越了宗教的范围。就所谓宗教改革而言,它并未给后人留下什么痕

迹和遗产。值得注意的是,埃赫那吞的改革在文学,特别是在艺术上却显示了新的成就,在体裁和风格上突破了旧有的传统,创作出了全新的作品,通常把这一时期的文学和艺术创作称为"阿玛尔纳文学"和"阿玛尔纳艺术"。

### 一、阿玛尔纳文学

埃赫那吞的改革在文学方面的创新,就是适应于宗教的改革,在人们的语言和文学上采用了新的表现方法和内容。阿玛尔纳文学的特点与成就,首先是口头语言或口语的推广。在埃赫那吞改革过程中,创作了许多新的文学作品,不论是广为流行的诗歌或者不可缺少的碑铭公式用语,都采用口头语言来表达,以便更贴近生活,更容易为社会各阶层的人们所接受。这种口头语言或口语往往被称为"新埃及语"。这种口头语言不仅在当时推广,即便是在埃赫那吞改革失败后,仍然流行。

在阿玛尔纳文学中占有重要地位的是诗歌,也包括某些祈祷文。这些作品保存在阿玛尔纳的 5 个墓中:阿皮、阿尼、迈利拉、玛虎和图吐墓室内。阿玛尔纳墓的发掘者 G. 戴维斯把这些作品称为"献给阿吞的较简短的颂歌",而现在通常称为"献给阿吞的简短的颂歌"。所谓"献给阿吞的简短的颂歌"的 5 个抄本可以分为两组:一组是在阿尼和迈利拉墓中保存的;另一组是在其他 3 座墓中保存的。除了较小的原文外,两组颂歌之间的不同主要在于阿尼和迈利拉墓中的颂歌是崇拜者的朗颂诗歌,而在其余 3 座墓中,颂歌由国王表述。颂歌提供了包括来自笔写的材料在内的,少量和部分的反映王家教导的公式化的描写的印象。①《献给阿吞的简短颂歌》一开头就颂扬阿吞的升起:"光辉灿烂的你升起,啊,活的阿吞,不朽之主! 你是光辉的、美丽的、强大的。"这首诗歌的开头语与《献给阿吞的大颂歌》的开头语几乎相同:"光辉灿

烂的你升起在天国的光明境界,啊,活的阿吞,生命的创造者……你是
美丽的、伟大的、辉煌的"。②

　　在廷臣阿伊墓中的原文,不仅有各种短的颂歌和祈祷文,而最重要
的长的原文被复原成人所周知的《献给阿吞的大颂歌》或《阿吞大颂
歌》。在阿伊墓的东墙上铭刻有两首颂歌和一篇祈祷文,向阿吞和埃
赫那吞表述的这些原文占有了墙的低下部分,并且附有阿伊及其妻的
跪拜的图像。墙的上半部分现已大部分破坏,表现的是王家在礼拜。
在这两首颂歌中,阿吞与埃赫那吞王结合在一起。在颂歌后面有传记
报告和阿伊的一篇祈祷文,在那里廷臣请求得到国王的继续宠爱,并在
世上和死后保护他;特别是还给我们显示了廷臣在理想上和实践上对
阿吞崇拜的印象。他们不能较长期地祷求阿努毕斯神,所有的埃赫那
吞廷臣的卡(Ka)靠着他与国王结合的力量活下去:"准许我的卡为我
而持续和强盛,就像在世上追随你的卡一样,作为维西尔,持扇者的卡,
依据国王的正义"。③

　　在廷臣阿伊墓中,最重要的是西墙上的那篇长的原文,被复原成人
所周知的《阿吞大颂歌》。《阿吞大颂歌》的不知名的作者通常被认为
是埃赫那吞他自己。《阿吞大颂歌》赞美了阿吞的伟大,描述了阿吞的
创造力,同时也歌颂了作为阿吞儿子的埃赫那吞。《阿吞大颂歌》显然
继承了《阿蒙颂歌》的创作模式,尽管有人认为它的固有的继续和表现
证明了"无创意的,一连串的赞扬句子的并合",但是,《阿吞大颂歌》却
不失为第 18 王朝赞美诗写作的杰作。

　　此外,一些纪念物上的铭文,包括私人和王家墓中的铭文,也都充
满了对阿吞的信仰。私人墓中纪念性的铭文多半是对阿吞和埃赫那吞
的颂歌和祈祷文,部分内容是为自己而祈祷,或者记录了自己的职务
生涯。

　　作为阿玛尔纳文学中的特殊的文学表现形式是埃赫太吞的界标铭

文。界标铭文或碑文除了标明界标树立的年代外,还详细记述了边界的位置。例如:

"至于在埃赫太吞东山上的南方边界,那是埃赫太吞的界标,它是在我树立的范围内;我不会总是向南越过它。西南方的界标与它相对,在对面的埃赫太吞(西)山上被建立。

至于在埃赫太吞东山上的中部界标,那是埃赫太吞的界标,它是在我树立的范围内,在埃赫太吞东山上;我不会总是向东越过它。在西山上的中部界标与它相对,在对面被建立……"

在具体标明埃赫太吞的南方、中部和东北方的边界线的同时,还注明了它们之间的距离尺寸:

"现在说到埃赫太吞,从南方界标到北方界标测量埃赫太吞东山的界标和界标之间,算定 6 伊台尔,1 竿,1½ 竿,1¾ 竿和 4 腕尺。同样,从埃赫太吞西山上的埃赫太吞的西南界标到西[北]界标,它算定 6 伊台尔,1 竿,1½ 竿,1¾ 竿和 4 腕尺;在两侧是同样的。"④

埃赫太吞的界标,除了标明地界位置和距离外,同样也包括了对阿吞的颂歌和对埃赫太吞自己的赞美。界标上的颂歌与其他的颂歌几乎是同一的格式。

还有一些短的诗歌,代替了古老的奥西里斯的丧葬信条,显示了诗歌的美感。一个著名的例子是在棺材底板上的爱情诗。那个棺材最初是为埃赫那吞的女儿制造的,但后来却被斯门卡拉所占用。他向她表示了真切的爱情:

　　　我要呼吸由你口中涌吐出的芳香的气息。我的恳求是我能每日见到你的美丽;我能听到你的属于北风那样甜蜜的声音;我的身体能通过你的爱与可爱的人一起长成青年;而你能给我你的肩负你的生计之手而我接受它并由它而生活;你永远称呼我的名字而它在你的口中不会消失。⑤

在这里我们看到的是传统的对神的祈祷被以劝解的赞美的祈求所代替。这种劝解的赞美从上古以来是很少有的。或许重要的是这种谈情说爱的誓约祈求文,必定包含了在随后王朝的现实爱情诗歌中找到的它们回响的情感。⑥

## 二、阿玛尔纳艺术

在埃赫那吞的改革中最显著的,而且在现代研究中给予极大注意的是阿玛尔纳艺术的风格。阿玛尔纳艺术风格可以追溯到阿蒙霍特普三世时代,到了埃赫那吞时代形成了别具特色的艺术创作和新的风格。

阿玛尔纳艺术的特点主要在于真实地反映现实生活,尊重自然,描写自然。类似上述文学中的现实主义的大众化的特点,充分地展现在造型艺术中。如果说传统的艺术往往描绘法老的庄严不可侵犯的形象,而阿玛尔纳艺术则充满了强烈的现实生活的气息,包括对法老及其一家人的描绘。最典型的作品是埃赫那吞的全家浮雕图,在那里我们可以看到国王和王后尼斐尔泰梯在阿吞的光芒照耀下,怀抱和逗引孩子玩耍的形象,充分表现了父母对子女的慈爱和家庭美满生活的情趣。还有一幅类似的浮雕,表现了国王对子女的亲吻,甚至还有在公共场合下国王与王后亲昵的场面。在描绘埃赫那吞一家生活的写实作品中,有一幅浮雕生动地表现了小公主坐在地上吃鸭子的天真神态。⑦

在雕刻艺术上,人物雕像严格遵循求真的原则,如实地反映人物的不同特点,使得人物形象更为鲜明生动。现存于柏林博物馆的尼斐尔泰梯王后的胸像是埃及雕刻中最杰出的代表作之一,它一反传统的僵

**图 54　尼斐尔泰悌雕像**

硬的模式,赋予女性以自然的绝妙的美感(见图 54)。这座雕像细致地刻画了庄重高雅的王后形象,其稍微夸大了的优美细长的项颈被胸饰所装点,显得更加美丽典雅。特别是胸像被涂上鲜艳的色彩:浅红色的皮肤,浓黑的眉毛和眼眶,鲜红的嘴唇增添了她的无穷的魅力。

与此有关的,还有两座无头脚的女性大半身肖像,其中的一座高 29 厘米,用红硅岩石雕刻的,现存于卢浮宫。这座雕像被想象是尼斐尔泰悌的,在那细薄的衣服与褶曲和皱褶的形式下显示了女性的优美体态,达到了技艺上的卓越的高度水平(见图 55)。还有一座类似的半身裸体女像,高 15 厘米,现存于伦敦的阿什摩林博物馆。它是在阿玛尔纳第一次被发现的半身裸体女性雕像,细致地刻画了女性丰满健美的身躯。

但是,与上述这些娇美生动的女性雕像鲜明对照的是埃赫那吞的单身雕像,他是显得那样的丑陋,甚至可以说是畸形(见图 56)。埃赫那吞的单身雕像保存完好,高 4 米,现存于开罗博物馆。由于强调写实,所以他的这座雕像给人们的突出印象是长脸细腰,长眼厚唇,乳房隆起,腹部突出,臀部肥大,腿细如麻,毫无王者之威严,完全是普通人的形象,甚至还有一点夸张的变态。所以有人认为,这种奇妙的病态症状,可能是脑水肿的表现;也有人认为他不仅肉体发育不全,脂肪过多,体形异常,而且由于生殖器的异常发育引起了性障碍。⑧

图 55　女性大半身像　　　　　图 56　埃赫那吞雕像

在阿玛尔纳艺术中,除了雕刻外,绘画艺术也达到了高峰。有一幅彩色壁画描写了埃赫那吞的两个女儿神态自若地坐在一块垫子上,是埃赫那吞全家绘画的一部分。在北宫的"绿屋"的墙面上,有一幅画面描写了在纸草丛中栖息的群鹅,显得生动而自然。还有一组壁画,表现了沼泽中的纸草、鲜花盛开,群鸟纷飞的一刹那间。在阿玛尔纳王墓、王宫和阿吞祠堂中描绘的风景画中,动物形象异常生动活泼。从这些壁画或块料图画可以看出,阿玛尔纳艺术喜爱描绘自然的景物,注意把鸟兽草木当作独立体裁细致地描绘。这种新的表现形式,一方面受到了大概来自克里特艺术的影响,另一方面克里特的艺术更受到了正在发展中的古埃及艺术的影响。⑨

在阿玛尔纳艺术中,建筑艺术是其重要的组成部分之一。提到阿玛尔纳建筑艺术,无疑地使人联想到阿玛尔纳新都的宫廷建筑和民用建筑以及神庙。王宫和城市中心街道规划严谨,装饰富丽堂皇。阿吞大神庙更有其自己的特色。阿吞的祭祀与先前的不同,不在有屋顶的庙宇内进行,而是在中庭、露天的祭坛前进行,以便可以直接领受到太阳圆盘的光辉。但是由于新都埃赫太吞只是在埃赫那吞统治时匆匆兴建,在改革失败后,城市还未完全建成就被抛弃,而且不断地遭到人为的和自然的破坏,仅有部分建筑物残存下来,所以,很难了解它的全面情况。

从城市的发掘来看,它的布局基本清楚。神庙和政府机关主要是石灰石建筑的,但是所有的家内建筑物是用泥砖建成,并装饰以绘画。富裕的邸宅则设计有石门槛、门方楣石、柱基和窗户格子,浴室备有石头的防护板背脊和祛邪清洁石板,柱子和门是木质的。这种家庭民居在风格上和建筑方法上稍微不同于西底比斯阿蒙霍特普三世的宫廷城市。但是阿玛尔纳建筑物的新的特征是涂色石头的玻璃状物和彩色瓷器的镶嵌工艺的使用,这些建筑工艺使人们想起了现代建筑中的马赛克的应用。⑩

关于阿玛尔纳艺术所取得的成就,以及它在埃及艺术史上所占有的地位,正如对埃赫那吞的改革的看法一样,存在着两种截然相反的态度。有人认为,埃赫那吞革新的最显著的,并且在现代为他自己获得最大注意的是他激起的,和在他的更奇妙形式上的,确乎是革命的艺术风格。但是,在更精确地考察那种艺术就看到了一个只不过是描述王家的传统方法的歪曲。他所主张的自然主义或者现实主义已经出现在他的父亲统治时,他的真正新奇的东西毋宁说是比较难以捉摸的,并且在肖像学中的虚伪是新的和被具有非传统的立体关系的概念的艺术家的创作。⑪但是,我们的着眼点不应该拘泥于传统的模式。从阿玛尔纳艺术对当时埃赫那吞改革所起的作用,以及它在后世的发展和影响来看,无疑具有重大的意义。前苏联的埃及学者马提耶评论道:阿玛尔纳艺术是古埃及风景史的最重要阶段,它对随后的古代埃及所有艺术的发展具有巨大的意义。在新的首都创建的纪念物上,保存了大自然的和新的有时非常有特点的城市建筑物的最有趣的描绘。这些不仅在王宫的地面和壁画、绘画上,而且也在王宫附近岩窟墓的凿雕的浮雕中常常见到的描述,由于新颖和多样性而使人惊讶。⑫

　　但是,我们也应该看到,埃赫那吞改革在艺术上的创新,并没有大规模地流行,基本上局限于埃赫太吞城。在旧都底比斯,维西尔拉莫斯的墓中完成的浮雕和一二个私人雕像完全保留了先前统治时代的艺术风格。

## 第四节　埃赫那吞改革的失败与<br>阿蒙僧侣集团势力的恢复

　　埃赫那吞创建新都,在阿玛尔纳的改革继续了 15 年。图坦哈蒙继位后,离弃阿玛尔纳前往孟斐斯古都和底比斯,埃赫那吞的改革也就失败了。

### 一、埃赫那吞改革的失败与图坦哈蒙的"复兴"

　　埃赫那吞的改革,除了少数的"新人",或者涅木虎出身的国王支持者外,遭到了社会上不同阶层人们的反对,没有坚持下去。反对埃赫那吞改革的,首先是与阿蒙神有直接关系的僧侣集团。阿蒙僧侣集团在埃赫那吞的改革中,失去了先前掌握的大量土地、财富。埃赫那吞把没收来的部分阿蒙神庙土地分配给农民、贫民,而僧侣也必须参加一些劳动。与僧侣集团长期保持联系的底比斯旧贵族出身的国家官吏也参加到反改革的行列中。因为埃赫那吞把一切权力掌握在自己的手中,仅仅依赖于"新人",使旧有的国家官吏失去了他们在国家政权中的地位和影响。国王仅仅承认旧贵族自己的必要的土地权利,而且还必须纳税。甚至还有一些新的军事贵族也表现了不满的情绪。①由于法老的疏忽西亚的政治军事形势,而赫梯的军事成功改变了长期以来埃及称霸的局面。在社会动荡不安的形势下,阿蒙集团的僧侣减少麦种的分配量,提高麦种价格,妨碍国家的粮食供应,扩大社会上的不满情绪,继而巧妙地利用忠实于阿蒙的人们发动了叛乱。②

　　埃赫那吞在其晚年似乎已经觉察到了国内的无秩序状态。为了缓和日益增大的矛盾,可能在他死前不久,允许恢复已经取谛了的传统的崇拜,而首先是阿蒙的崇拜,并且可能试图向阿蒙僧侣集团妥协。③埃赫那吞在他去世前的公元前 1364 年,任命了他的长女美丽塔吞之夫斯门卡拉为王,而斯门卡拉原是阿蒙霍特普三世之子,他既是埃赫那吞王的弟弟,又是他的女婿。埃赫那吞派遣了他的长女和斯门卡拉两人前去底比斯接触。但是,在这项妥协谈判还没有成功时,埃赫那吞和斯门卡拉两王先后在公元前 1362 年和 1361 年相继去世。

　　斯门卡拉死后,埃赫那吞的另一个女婿,可能也是他的兄弟,图坦哈吞登上王位。那时,他还不满 10 岁。在这个时候,王宫内形成了一个强有力的反对派,其中起主要作用的是王宫的马厩长阿伊,大概还有一个官员郝列姆赫布。

　　阿伊是王太后泰伊之兄,阿伊在阿蒙霍特普三世和阿蒙霍特普四世时服务于宫廷,在埃赫那吞时代作为维西尔和国王的代理人参与国家的管理,左右国家的重要事务。埃赫那吞在任命斯门卡拉为他的共同摄政王时,又任命他自己的长女美丽塔吞为"伟大的王妃"。此年,埃赫那吞又与他的 12 岁的三女儿安凯塞帕吞结婚。显而易见,这时尼斐尔泰悌王后失宠,离开王宫。当时尼斐尔泰悌在政治立场上可能不满于埃赫那吞的妥协而坚持改革,导致了王室内部的对立。

在图坦哈蒙时代,阿伊以其长期效忠于宫廷的老资格直接控制了图坦哈蒙。另一名将军郝列姆赫布在表面上支持埃赫那吞的改革,但是现在他们协力恢复传统的宗教信仰。在图坦哈蒙在位的第4年,他们策划的反改革计划实现了。图坦哈蒙的一个专门的敕令恢复了传统的以阿蒙为首的崇拜,并把自己的名字图坦哈吞改成图坦哈蒙("阿蒙的活的肖像"),接着,法老离开了阿玛尔纳,前往孟斐斯。图坦哈蒙宣布定都于孟斐斯,而不是底比斯,其直接原因可能不是决定于阿蒙僧侣集团,而是由于武官出身的阿伊和郝列赫姆布面对着内外政策失败的现实而采取的临时措施。在图坦哈蒙前往孟斐斯的同时,部分大臣,其中包括阿伊在内也都迁到新的官邸,而郝列姆赫布是常年驻在孟斐斯。大概继续发扬阿玛尔纳风格的一大批能工巧匠也被迁移。因为具有阿玛尔纳风格的图坦哈蒙的宝座和其他制品曾发现于图坦哈蒙的陵墓中。④

图坦哈蒙恢复阿蒙信仰的敕令刻在石碑上,通常称为《复兴碑》,本来竖立于孟斐斯。在图坦哈蒙恢复阿蒙信仰时期,他的大部分时间是在图特摩斯一世领地上的王宫中渡过的,而这座王宫可能位于孟斐斯,后来他又迁移到底比斯的阿蒙霍特普三世的王宫。可能这座石碑最后也被移到底比斯竖立于阿蒙神庙中。

《复兴碑》上的浮雕,描绘了图坦哈蒙向阿蒙神礼拜的画面。其铭文记述了图坦哈蒙前国家的"衰落"和众神的离弃,以及图坦哈蒙的复兴:

"……善良的统治者……因为他建设了被破坏之物,继续作为长久的纪念物,并且他在整个两地驱逐了欺诈,而竖立了正义,(因此)他能够使虚伪成为大地的憎恨行为,正像(在)他的最初时的那样……,现在在这过去的日子以来,[陛下]莅临在他父亲的王位上。他统治了荷鲁斯的领域;黑地和红地在他的权威下,而每一地方向他的荣耀鞠躬"。⑤此外,图坦哈蒙还记述了他对众神,特别是阿蒙神的奉献和纪念:为它们建造纪念碑,用金银合金塑造它们的雕像,每天对它们献祭,用男女奴隶充实它们的服役,任命贵族子弟担任僧侣职务等。《复兴碑》的竖立,标志了埃赫那吞改革的失败,从此正式恢复了阿蒙及其他神的信仰,稳定了社会的形势。

图坦哈蒙在阿蒙神庙中又竖立了两座巨大雕像:一座是阿蒙神像,具有类似国王面孔的雕刻;另一座是与阿蒙相对应的女神阿蒙涅特像,其面孔的最初雕刻类似于图坦哈蒙王后安凯塞那蒙。此外,在卢克索的阿蒙霍特普三世柱廊两端的门廊墙壁上,描绘了奥帕特庆典,在那里表现了阿蒙、穆特、孔苏三神乘舟从卡纳克到卢克索,再返回到卡纳克的场面。这些画面图景充分显示了图坦哈蒙时代阿蒙神信仰的恢复。⑥

在埃赫那吞死后,在恢复阿蒙信仰的同时,僧侣、贵族等对阿吞神的信徒进行了迫害和报复。他们对数千名阿吞神信徒处以各种刑罚,包括磔刑、绞首刑、火烙、生埋等,或者流放到沙漠。而这些残酷刑罚竟被说成是为了阿蒙神的光荣而进行的伟大的审判。人民再次受到严刑的威胁,并且很多人被送到采石场为修复阿蒙等神庙而采掘石材。⑦

图坦哈蒙在位仅仅9年,至第10年便突然去世了。在上一世纪,当卡特发现了图坦哈蒙墓,在揭开了国王木乃伊的最后一层亚麻布时,人们惊讶地发现木乃伊脸上靠左耳垂的地方有一道致命的创伤。于是许多学者推测图坦哈蒙可能死于某种谋杀。图坦哈蒙是第18王朝阿赫摩斯家系的最后一位统治者。所以,第18王朝最后两名统治者阿伊和郝列姆赫布实际上借助手中的大权篡夺了王位,维持了30余年的统治。

## 二、阿伊与郝列姆赫布的篡权和第18王朝的终结

图坦哈蒙去世后,图坦哈蒙的寡后安凯塞那蒙为了维护王家的世系求婚于赫梯王子,并希望由他继承法老的王位,但是秘密败露,赫梯

王子在来埃及的途中被谋杀。或许安凯塞那蒙后来下嫁于她的已死丈夫图坦哈蒙的亲信阿伊。这个假设主要是根据图坦哈蒙墓壁画上所描绘的,阿伊主持国王木乃伊的"开口仪式"的画面提出来的。因为这种仪式传统上是由儿子和继承人履行的。或许由于这种原因,阿伊继承了王位,僭取了王权。阿伊在位仅仅维持了 4 年的统治便去世。但是在阿伊的墓中,我们能够看到的现象是他的原配妻子泰伊伴随着他。⑧这又使我们对安凯塞那蒙的下嫁阿伊产生了疑问。阿伊在位期间继续扩大了阿蒙神的崇拜,并在一些地方建筑岩窟祠庙。但是,阿伊没有男性的后裔,王位被郝列姆赫布篡夺。

　　郝列姆赫布自埃赫那吞改革以来,特别在图坦哈蒙统治时代,一直是一位有影响的人物。在他的墓中他被描绘为在国王身旁的人。到阿伊统治时代,郝列姆赫布仍然是一位重要的人物。他被任命为军队的总司令,掌握了军事大权,而且也是王家的代理人,对外事务的发言人。郝列姆赫布也许是通过与一个具有王家血统的穆特诺吉美的婚配而登上了国王的宝座。

　　郝列姆赫布僭取了王位后,首先是整顿、恢复社会秩序,稳定社会形势。他撤换了受贿的法庭官员,任命了新的法官和地区保民官,并改革了诉讼程序。他重新扩大了地方宗教的权威,改造了神庙经济,并由法老任命新的僧侣管理。上下埃及之间传统的分裂的权力被他所设立的底比斯和孟斐斯相对立的维西尔所均衡,并把国家机关的重要职务交给有功的军官负责。两地相对的观念也表现在军队分成南北两部分,并在军队中恢复和加强纪律。⑨尤其重要的是,在他统治的第 16 年,发动了一场对西亚的战争。他亲临毕布罗斯和卡叠什前线指挥,以缓和埃及在西亚霸权的危机。

　　与此同时,郝列姆赫布继续清除埃赫那吞改革时出现的某些弊端和影响,特别是严惩军官和政府官员,尤其是财务官吏的贪污腐败,可能收到了预想的结果。⑩另一方面,郝列姆赫布还下令破坏埃赫太吞的城市街道,把其石材运到其他地方的建筑工程中。他削除了带有埃赫那吞名字的墓碑,捣毁阿吞大神庙,破坏其中的圣物。在底比斯的阿蒙神庙内的阿吞神庙也遭到了破坏。⑪

在这同时,他还积极从事阿蒙等神庙的建筑事业。在塞勒塞拉山他为阿蒙和托特神建筑岩窟庙,在赫利奥坡里斯的普塔神庙区内和太阳庙区内树立建筑物。尤其是他在卡纳克贡献了他的大部分精力:他开始工作在卡纳克,并且建立了 3 个塔门(第 2、9、10 塔门),而这些建筑石材都是来自于被破坏的阿吞神庙。他在第 10 塔门基底竖立的恢复全国秩序的命令,比起图坦哈蒙的《复兴碑》更彻底。他把自己看成是一位伟大的统治者,正像他在加冕典礼铭文上所表明的那样:"[荷鲁斯:强大的公牛,在计划中准备好了的;两女神的宠爱者:在卡纳克的非凡人物中的伟大者;金荷鲁斯:具有真理而满意的人],两地的创造者;上下埃及之王,两地之君主:杰塞尔凯普鲁拉,塞泰普尼拉;拉之子,王冠之主:阿蒙的心爱者郝列姆赫布,荷鲁斯(的心爱者)……"。⑫

郝列姆赫布在图坦哈蒙统治时代的后期,作为国王的代理人已经行使了至高无上的权力。他在阿伊统治时代仍然占有一个高级的职位。在柏林博物馆藏的"哭丧人的浮雕"上所表现的丧葬队伍中,一位国王的书吏、继承人和军队统帅位于所有其他显贵人物的前面,可能就是这个时期的郝列姆赫布。在都灵博物馆的他自己和王后穆特诺吉美的一对底座背面上的加冕铭文,评述了在其早期阶段到他被任命为王的经历,并且提供了这个权力从他的先辈到他自己的顺利移交的印象。至少在一个原文中"荷鲁斯的长子"暗示了他自己被任命为阿伊的继承人。这个事实是郝列姆赫布把他自己看成是真正的世袭门第,而不是一个篡夺者或者是一个新的王朝的建立者。⑬埃赫那吞的改革遭到了彻底的失败。阿蒙的崇拜完全恢复并又发展起来。

郝列姆赫布大约统治 25 至 30 年,稳定了社会秩序,在内政外事关系上,尤其是建筑事业上作出了贡献。最终他选择了自己所信赖的和有权威的人作为他自己的继承人,而不是他的儿子和亲属。第 18 王朝也就这样完满的结束了。郝列姆赫布不失为新王国时代伟大法老之一。

### 三、关于埃赫那吞改革的评价

埃赫那吞的改革在政治上、宗教上和艺术上对传统的势力进行了挑战,并且产生了不同程度的影响。不论它的结果是成功或失败,在埃及史上都应该是一个重大的事件。所以,从古时起,人们对于埃赫那吞改革就表示了不同的看法和意见,存在着甚至完全相对立的评价。这些问题涉及埃赫那吞改革的性质如何? 改革失败的原因和意义是什么? 我们将对上述几个重要的或者有争论的问题作些介绍和评述。

第一,关于埃赫那吞改革的性质问题。

埃赫那吞改革否定了旧的阿蒙神及其他一切神,推行了唯一的阿吞神的信仰,这究竟是什么性质? 是否是一神教信仰? 阿吞神的信仰代替了阿蒙神的信仰究竟是革新还是复旧? 从宗教哲学上来说,是引进了一种新的神的解说,还是一个新的方法的理解?

首先,关于所谓"一神教"信仰的问题。

格里迈尔认为:"阿蒙霍特普四世选择了信奉太阳——它的圆盘——看得见的样子,而它的作用已明显地规定在从古王国以来的赫利奥坡里斯神学中。这一结果暗示了完全一神教装饰的宇宙神教徒的品质。"[14]

雷德福在其有关埃赫那吞王的著作中指出:"复数的'神'一词,在其统治的第 5 年以后尚未得到证明,而它偶然地被发现于残留在现存的铭文上。作为埃赫那吞的计划,绝对从一开始,以至现在公开地和普遍地鼓励一神教……太阳圆盘是唯一的和遍及宇宙各处的、最高的、仅有的神。"[15]克罗斯托夫采夫等人甚至认为："阿吞的宗教——是世界史上的第一个一神教的表现。"[16]奥尔德雷德写道："他的宗教思想的仅有的一个方面是在他的关于纯粹一神教的主张中,埃赫那吞被看成是别出心裁的,与太阳崇拜的单一神教不同。"他推行了"排除其他诸神的一神教"。[17]

但是,埃赫那吞改革的"一神教"的性质,也引起了人们的怀疑。因而出现了"单一神教"的提法。

扎布罗茨卡提出："埃赫那吞宗教改革的目的确实是建立一神教吗？在这个问题上文献没有给予只有一个涵义的回答。部分历史学家和专家根据埃及宗教史对这个涵义做了肯定的回答。另一部分人写到：这个改革目的具有很大的、完全是情有可原的谨慎性,因为很多人讲到了埃赫那吞政策的某些方面的两面性。"[18]

艾伦强调："阿玛尔纳革命的显著特点是,它的关于单一神教的原理的重要性。阿玛尔纳的神并不恰好是'唯一的、不具有其他的性质',像埃及其他的神那样。阿吞神的独一无二与其说是宗教的,不如说是哲学的学说。除了阿蒙及其圆盘外,传统的神仍然被默认,甚至它们的崇拜并不严格地被鼓励。"[19]类似的观点在国内近年的著述中也时有出现。

关于埃赫那吞改革的一神教或单一神教的性质问题的争论,至今还没有一个合理的结论。原因是上述两种不同的论点似乎都有一定的道理和根据。主张一神教者,往往是根据埃赫那吞所崇拜的对象和纪念物上反映的,或者是从他对阿吞神的祈祷而确定的。特别是《阿吞大颂歌》中对阿吞的描述,更容易让人们接受它的一神教性质的论点。由于与此有关的一段文字描述的内容在几种译文中稍有不同,现将他们摘录列举如下：

例1："啊,太阳神,在你之外什么都没有!

正像你希望的那样,你独自一个,你造就了大地……"⑳

例2："啊,太阳神,没有其他的像你那样,

你按照你的欲望创造了世界,而你是唯一的。"㉑

例3："啊,你制作的有多么多啊,而它是秘密的、唯一的神,(除了)它之外没有其他的。"㉒

从上引的3段译文来看,颂歌把阿吞看成是"独自一个"的造物主,除了太阳神外没有其他神;或者是把阿吞看成是"唯一的神",除了阿吞外没有其他的神。所以,人们常常把埃赫那吞的信仰看成是一神教。但是,也应该看到,主张单一神教者,也有其充分的根据。因为单一神教独尊一神,但不排除其他的神的存在。这种现象,我们在《阿吞大颂歌》中,同样可以找到说明:

你(按:阿吞)的光芒拥抱了大地,

直到你创造的一切的极限。

是拉,你扩展到它们的极限,

你〈为了〉你所爱的儿子而倾心它们。

国王靠玛阿特而活着,

两地的君主,尼斐尔凯普鲁拉,太阳拉的一个,

拉之子靠玛阿特而活着,王冠之主,他的一切都是伟大的。㉓

从上引的《阿吞大颂歌》来看,埃赫那吞在崇拜阿吞神之外,还提到太阳神拉和"真理"之神玛阿特,国王阿吞,作为太阳圆盘神离不开"拉"神,而且,国王必须主持"正义"或者"真理"。

除了《阿吞大颂歌》中单一的神和其他的神的并存外,在广大的人们的实践中也并未奉行一神教。即使是在埃赫太吞,除了国王及其某

些亲信大臣外,工人们在信仰阿吞新神时,仍然没有放弃传统的宗教。在阿玛尔纳的"工人村",考古学家发现了某些铭文,上面提到的主要是传统的神,包括阿蒙·拉,而它们则是埃赫那吞的头号敌人。人民实际上没有机会评价新的崇拜;而新的崇拜与传统的埃及社会结构没有什么关系——人民因此继续根据古老的宗教习惯,祈祷阿蒙神。㉔除了阿吞、阿蒙神之外,还可以看到工人们崇拜猿猴神托特和鳄鱼神索贝克。在埃赫那吞的城市居住的房屋中,甚至在宫廷中发现了由周围乡村带来的酒罐,在那上面装饰有普塔、荷鲁斯、阿蒙等神的标志。㉕

　　根据两种不同现象和文献的不同内容而得出的一神教或单一神教的两种不同性质的结论,谁是谁非? 还难以断定。如果我们拿出一个折中的意见,似乎可以说:埃赫那吞把阿吞神作为唯一的神,主观上企图推行一神教,以适应于埃及帝国的统治,但是,由于他的统治的软弱无力,还很难摆脱强大的传统的宗教势力及其影响。所以,在埃赫那吞把阿吞作为唯一的神来崇拜的同时,也不能完全废除拉神和玛阿特等神的影响。至于民间的传统宗教信仰,他更无力加以限制和禁止。因此,埃赫那吞在主观上推行阿吞的一神崇拜,而在客观上又不能完全禁止传统神的信仰。所以,我们认为埃赫那吞的宗教改革既有主观上的一神教的意义,又有客观上的单一神教的流行。

　　其次,在涉及埃赫那吞改革性质问题时,关于这场斗争究竟是改革、革命还是复旧、复古,也是一个有争议的问题。通常认为,埃赫那吞废除阿蒙神,推行阿吞神的崇拜,以及相关的其他措施是一种改革或革命,也可以说是"宗教改革""宗教革命"或"革命运动"。㉖与此相反,奥尔德雷德在谈到埃赫那吞艺术上的改革时说,那是对描述王家的传统方法的歪曲。作者还强调,从这一方面来说,"绝非革命,埃赫那吞恢复了古王国流行的信仰。"㉗

　　此外,还有一种介于这两种观点之间,而调合了两者对立的折中意见,戴维认为:"这种新的信仰,像古王国时代初期那样绝对的神圣王权的复活……阿吞神的信仰是象征支持保护王权的太阳神拉的信仰的复活,而在这里也加入了新的要素。"㉘

如果说埃赫那吞的改革或复旧问题的争论,难以定断而需要进一步研讨的话,那么,从哲学学说的角度来研究,也许能提供一个新的更广阔的视野。艾伦在《埃赫那吞的自然哲学》一文中指出:"埃赫那吞的改革恰恰不是引进新的神的解说,而是一个新的方法的理解,那就是神在这世界上起作用。阿玛尔纳时期的这种信条,神学和原文的形象化描述必定因此被理解在两个标准上——作为宗教和作为自然的哲学。"阿吞神的独一无二与其说是宗教的,不如说是哲学的学说。作者进一步论证了"作为统治的神的本质""作为自然的神的本质""作为根本的神的本质"等问题,以及自然哲学与宗教的关系。这在埃赫那吞改革的研究上,不仅提出了一种新的认识,也提供了新的解决问题的思维和方法。㉙

第二,关于埃赫那吞改革失败的原因。

埃赫那吞的改革仅仅维持了十几年,随着埃赫那吞的去世,改革也就结束了。对于埃赫那吞改革失败原因的探讨也是人们感兴趣的问题。归纳起来,主要有以下几种看法:

首先,埃赫那吞的改革在废除阿蒙神的崇拜,推行阿吞神的信仰上,不深入、不彻底。埃赫那吞在宗教方面的改革,只限于宫廷的很小范围内。正如戴维所说的那样,"埃赫那吞的新宗教缺乏一般接受的因素"。㉚除了宫廷外,全国广大人民群众没有理解新的阿吞神,仍然维持了传统的宗教信仰。我们从阿玛尔纳的"工人村"以及城市附近的居住区的发掘来看,阿蒙以及其他某些神的崇拜仍然存在。所以,有人认为,在地方上,许多地区的主要的或不重要的神原封不动地保存下来。㉛特别是奥西里斯神,由于与人们丧葬习俗密切相关,仍然十分流行。

其次,失败的原因还在于政府的内外交困。埃赫那吞废除了阿蒙神的信仰,与此同时,破坏了阿蒙神庙,并且建立新的首都,在各地兴建新的阿吞神庙和向阿吞神献祭,浪费了人力、财力。虽然已经产生了没有令人难以忍受的、剥削运行的体系,但是国家的资源进入了国王及其神的金库中。[32]

在经济上的浪费和破坏的同时,政府官员的贪污腐败,更加剧了经济上的无秩序状态。按照埃赫那吞的命令,如果征税官从人民中征收不当的赋税要被处罚。同样,对于做出不当判决的审判官也要追究其责任。[33]但是,那些微末出身的官员,竟不顾埃赫那吞的限制,任意勒索,专横无羁,以致到了郝列姆赫布时代,不得不谴责腐败,用严厉的手段处罚不法行为,以恢复传统的管理形式。[34]

通常认为,在埃赫那吞改革的过程中,所谓"和平外交"政策导致埃及的国际威信下降。这种现象实际上从阿蒙霍特普三世时期的晚期已经开始了。或许埃赫那吞已经意识到了事态发展的后果,所以在他统治的第10年,他命令所有的埃及附庸国首领来进贡。但是,实际上,类似的措施并未带来更大的政治意义。

埃赫那吞的对外政策也涉及西亚地区的政治形势。从阿玛尔纳文书可见,埃及北方的同盟国米丹尼受赫梯的威胁,要求埃及给予帮助。同时,叙利亚已完全处在赫梯的支配下。赫梯曾对埃及表示了友好的愿望,但是这种友好的愿望却很快地变成了敌对的关系。在巴比伦,对于埃及统治下的亚细亚人领域上的人民没有安全保障而表示抗议。[35]从上述情况来看,埃及对西亚的紧张局势和求援无力解决。

埃赫那吞改革失败的原因,在很大程度上还取决于埃赫那吞改革的社会基础和传统的阿蒙僧侣集团之间的力量的对比。埃赫那吞改革依靠的是出身于平民阶层的新兴的军事贵族,这些本来人数不多的军事贵族,由于埃赫那吞军事活动的减少或停止,失去了掠夺财富的机会,而不满或动摇。还有一些所谓的"新人",包括僧侣和官员,仅有少数人身居要职并在国王的直接控制下。大部分宫廷官员和地方政府官员则中饱私囊而背离了埃赫那吞。此外,王室内部的矛盾,尼斐尔泰悌王后的失宠等都影响了埃赫那吞改革的进行。在宫廷中以阿伊为首的一批重要人物,在紧急关头背离了国王,而大臣齐兹甚至勾结外来势力背叛埃赫那吞,甚至国王的御医也不尽忠于国王。㉟特别是埃赫那吞晚期的改革的软弱无力和妥协也削弱了改革的力量。另一方面,阿蒙僧侣集团虽然遭受到了打击和迫害,但是,他们的老巢在底比斯,根深蒂固,并没有遭到严重的破坏。阿蒙僧侣集团和世袭贵族一向关系密切,在抵制埃赫那吞的过程中,形成了一个强大的反对派。所以,在埃赫那吞死后,王位的继承者图坦哈吞及其政府官员最后不得不返回底比斯,而且最终恢复了阿蒙神的崇拜。

第三,关于如何评价埃赫那吞个人在历史上的地位的问题。

埃赫那吞改革虽然失败了,但是它毕竟是埃及史上的重大历史事件。埃赫那吞的改革打击了以阿蒙神庙僧侣为首的僧侣集团,以及旧的世袭贵族,扶植和加强了中小奴隶主和新兴奴隶主阶级的地位,促进了奴隶制关系的进一步发展和社会的进步。尤其不能忽视的是,它在文学艺术领域内所带来的巨大影响。但是,在评价埃赫那吞个人的功过和他在历史上的地位,仍然存在着严重分歧和褒贬不一的看法。

有人把埃赫那吞说成是"神秘主义者",或者说他疯狂地迫害阿蒙,是一个失常的"宗教狂热者","异端王"。㊲与此相反,埃赫那吞的许多文物都把他描写为"热爱人类的仁慈的统治者"。㊳有人根据埃赫那吞的温情和正义的政策,而认为他是"人类最早的和平主义者";或者说"埃赫那吞期望进化,打算把人们从偶像的宗教仪式中解放出来,也就是说,他向着个人主义迈进了第一步"。㊴

通常更多的是把埃赫那吞说成是"思想家""宗教改革者""艺术革新者""革命的和个人主义者"等。但是上述的种种评价,同样引起疑议。奥尔德雷德写道:"这种根据不充分的证据得出的意见导致了关于他的创造力和个人品质的许多站不住脚的结论。"⑩

目前,我们所能坚持的意见,正像前面已经阐述过的那样,埃赫那吞用阿吞神代替传统的阿蒙神及其他神的信仰,这在宗教史上来说的确是一次改革;他离弃底比斯,建都于阿玛尔纳也是对传统势力的背叛。为了配合宗教上的改革,在文学艺术领域内推出了一批具有新的体裁和风格的作品。所以,应该说,埃赫那吞是以宗教改革为中心,涉及了文学艺术、国家行政等方面的一位社会改革家。但是,由于主观上和客观上条件的限制,改革的失败也是必然的。至于把埃赫那吞说成是"宗教狂",或者"仁慈的统治者"一类的评价,显然,都是远离实际的,走向了两种不同的极端。

# 第八章　埃及帝国霸权的
## 重建及其没落

　　埃赫那吞改革是一场激烈的社会矛盾与斗争。在埃及国内矛盾重重,斗争尖锐的形势下,埃赫那吞自然无力争取和维护其在西亚的霸权。西亚的埃及附庸国乘机摆脱了埃赫那吞的控制,而小亚的赫梯帝国也积极向外扩张,企图代替埃及在西亚的霸权地位。第 19 王朝初期的法老,特别是拉美西斯二世企图重新恢复埃及在西亚的霸权,而发动了对西亚的长期战争,最终与赫梯签定了和平条约。第 20 王朝时期,由于埃及面临严重的内忧外患的局势,特别是尖锐的社会矛盾和阿蒙僧侣集团势力的扩张,最终导致了新王国的崩溃。

## 第一节　拉美西斯二世的霸权
### 及其后的帝国防御政策

### 一、第 19 王朝国王世系的演变

　　据马涅托的不同片断记载,第 19 王朝由 7(6) 或 5 王组成,总计为 209 年或 194 年。①这些数字与实际的国王数和王朝年代有很大的出入。但是马涅托提供的国王名基本上符合实际。现将第 19 王朝诸王名及其统治年代列举如下(见表17)。

表 17　第 19 王朝(公元前 1320—前 1200 年)王名表

| 王　　名 | 年代(公元前) |
|---|---|
| 门帕提拉·拉美西斯一世 | 1320—1318 |
| 门玛拉·塞提一世 | 1318—1304 |
| 乌塞尔玛拉·拉美西斯二世 | 1304—1237 |
| 拜恩拉·美楞普塔 | 1236—1223 |
| 门玛拉·阿蒙美西斯 | 1222—1217 |
| 乌塞尔凯普鲁拉·塞提二世 | 1216—1210 |
| 埃赫拉塞泰帕拉·美楞普塔·西普塔<br>西特拉·美丽塔蒙·特沃丝拉 | 1209—1200 |

　　拉美西斯一世,又名门帕提拉,第 19 王朝的创立者。拉美西斯一世原名普拉美斯,生于埃及东北三角洲的阿发里斯城。他出身于非王室的军队指挥官的家庭,在第 18 王朝的最后 10 年中,一直是在后来的国王郝列姆赫布的身边参加战斗,深得郝列姆赫布的宠爱。他在军队中服役以其卓越的成就而达到了显要的地位。他曾经是一个军的指挥官,骑兵部队长官,具有将军的身份,又是"尼罗河口"(尼罗河三角洲支流)的管理人。普拉美斯还被郝列姆赫布任命为维西尔,又得到了埃及首席大祭司和阿蒙高僧的头衔,担负了行政和全国宗教的重要职务。作为非王家血统家世出身的郝列姆赫布王宁肯抛开他的亲生血统的后嗣,任命了他的维西尔普拉美斯为继承人。大约在公元前 1320 年郝列姆赫布去世时,普拉美斯登上王位的宝座而称为拉美西斯。②

　　"拉美西斯"一名意为"拉塑造了他";他的王位名"门帕提拉"可解释为"拉的权力是持久的"。这个称号是拉美西斯一世作为对新王国的创建者阿赫摩斯一世(尼布帕赫悌拉)的颂辞而得到的。这些名称说明了新的王权对拉神的崇拜与信仰。在新王国时代,拉神已经与阿蒙神融合成为一体,所以,作为新王朝的国王的第一个行动是恢复和整修卡纳克的阿蒙大神庙。

在拉美西斯一世登基后不久,他就指定了他的儿子塞提一世为共同摄政王,而他的儿子已经是一名军队指挥官,热衷于远征叙利亚,并企图恢复埃及在那里失去的地位。但是,拉美西斯一世加冕以后仅仅一年零4个月便去世。拉美西斯一世被葬于帝王谷,郝列姆赫布墓附近的一座仓促建造的陵墓中。

塞提一世,又名门玛拉,第19王朝第2王,是拉美西斯一世和王后塞特拉之子。塞提一世曾经担任过军队的指挥官,他比其先辈更热衷于战争。他力图打破第18王朝末期以来的困境,着眼于恢复图特摩斯诸王所建立的伟大帝国,开辟埃及史上的新篇章。所以,塞提一世远征西亚,掠夺了巴勒斯坦,直到叙利亚地区,重新占领了在国外的埃及的堡垒和驻防的城市。但是,最终他必定失去了更北部的征服区,因而,后来他的儿子拉美西斯二世不得不再次出征卡叠什,并在那里立碑留念。在西方,塞提一世击败了利比亚人。

在国内,塞提一世着手于许多项目的建设计划,他在卡纳克神庙进行了多柱大厅的部分建筑工作。特别是他还在阿拜多斯建筑了奥西里斯神庙,直到拉美西斯二世时代才完成。在帝王谷,塞提一世为他自己建造了那里的最大的陵墓。

塞提一世定都于孟斐斯,但是他也花费了一些时间到底比斯,有时还到东三角洲阿发里斯处理政务。他的王后是图雅,生了拉美西斯二世,另外还有两名女儿。在戴尔巴哈里密室发现的木乃伊中,从塞提一世的木乃伊可见,他是一个俊俏的人,60岁去世。

拉美西斯二世,又名乌塞尔玛拉,第19王朝第3王。他在少年时代,大约14或15岁时陪伴其父远征叙利亚,随后又去过巴勒斯坦地区。在塞提一世在位的第7年,拉美西斯二世被任命为共同摄政王,取名乌塞尔玛拉,意为"拉始终是强大的"。拉美西斯二世曾经担任过军队司令官和努比亚总督。在公元前1304年,塞提一世去世时,拉美西斯二世继承了王位。他在其前辈成功的军事远征的基础上,为了恢复和扩大埃及帝国,而发动了一系列的远征小亚、叙利亚的战争。虽然,头几年的远征比较顺利,但是卡叠什战役后,埃及失利。叙利亚和巴勒斯坦的一些王公纷纷反叛埃及。拉美西斯二世虽然连续不断远征这些地区,与赫梯争夺霸权,但并无结果,最后在公元前1283年,即拉美西斯二世在位的第21年,他与赫梯王哈吐什里三世缔结了国际上的第一个和平条约。公元前1257年,拉美西斯二世在位的第34年,拉美西斯二世与赫梯王哈吐什里三世之公主结婚。当公主到达培尔·拉美斯·美里阿蒙城时,拉美西斯二世被她的美貌所打动,给她命名为"玛特尼弗鲁拉",意为"见到了拉之美的女人"。两国的联姻巩固了两国间的友好关系。

拉美西斯二世既是一名雄心勃勃的征服者,又是一位伟大的建筑者。他在建筑上的功业远远超过其他的君主。拉美西斯二世同样追随其父亲,开展了大规模的修复和扩建工程。他在阿拜多斯、底比斯、努比亚等地建筑了神庙、葬祭庙、岩窟庙。特别是他在卡纳克神庙最终完成了多柱大厅的建筑,又在卢克索神庙完成了阿蒙霍特普三世时着手建筑的大柱廊。在大柱廊前又建筑中庭和塔门,并立了两座方尖碑。他还在塔尼斯(先前的阿发里斯)建筑宫殿,着手建立一个新的首都,命名为培尔·拉美斯,并修整了城墙堡垒。

拉美西斯二世是埃及史上统治年代最长的一位法老,一直活到96岁。他生性好色,放荡无羁,至少有4名正妻和6名侧室,打破了埃及史上的传统。他的后宫藏娇甚于阿蒙霍特普三世,大约有500多名。③拉美西斯二世的主要配偶和首位王后是尼斐尔泰丽,意为"最美的女人",也可以说是"最好的女人"。她肤白纤细,深受拉美西斯二世的宠爱,在纪念碑上被称为"伟大的王后"。在尼斐尔泰丽失宠隐居或死后,伊塞诺弗列王后成为他的主要伴侣。后来,拉美西斯二世的女儿宾塔奈特和美丽塔蒙取代了她的地位。拉美西斯二世在54岁时，赫梯王哈吐什里三世的长女远嫁到埃及，也取得了法老妻子的最高身份。据说拉美西斯二世一生共有96名儿子和60名女儿，而且他本人往往比他的多数子女寿命还长。从拉美西斯二世的木乃伊遗体来看，他具有突出的下颚，长而细的鼻子和小而精细的眼睛，厚唇大耳，身高6英尺。死后葬于帝王谷。

美楞普塔，又名拜恩拉，第19王朝第4王，是拉美西斯二世和伊塞诺弗列之子，排行第14位，在先前的长兄死后继承了王位。当他50多岁继位时，利比亚人入侵三角洲。美楞普塔最后抵制了利比亚和"海上民"的联盟。碑文还记载了美楞普塔对赫梯、迦南、胡里特人的征伐。但是，对巴勒斯坦的作战似乎值得怀疑，至少也是夸大。美楞普塔在孟斐斯的普塔神庙附近，现今之米特·拉希那村建立了新的王宫。在阿蒙霍特普三世葬祭庙西北为自己建筑了一座葬祭庙，又在帝王谷给自己建筑了陵墓。根据他的木乃伊遗体推测，他可能活到62岁，也有人说在70岁以上。④

阿蒙美西斯，又名门玛拉，第19王朝第5王。在美楞普塔王去世后，合法的王位继承中断了，在拉美西斯二世的儿孙之间不断发生争权夺位的事件。在美迪奈特哈布的拉美西斯二世葬祭庙的浮雕上有一份王家身份序列的刻文，在那里拉美西斯二世和美楞普塔被塞提二世所继承，其后是作为第20王朝的第1王塞特那克特。这或许说明塞提二世是第19王朝最后的正统的国王。⑤但是其他的文献证明还有几个人实际上短时间内掌握了王位。根据大英博物馆纸草文献，在塞提二世前还有阿蒙美西斯。阿蒙美西斯的名字没有出现在王名圈中，这也暗示了他并非是合法的王，因而可能是一个王位的篡夺者。但是他的陵墓发现于帝王谷，说明他的王者身份。⑥有关阿蒙美西斯的记载很少，其统治时间也没有记录，显然是短暂的，或许不超过5年。帝王谷墓中的纪念物指明了他与拉美西斯二世的关系。他的母亲可能是拉美西斯二世之女或孙女塔卡耶特。他的配偶是巴克特维勒，也可能是提阿，而她或许还是后来的王位继承者西普塔的母亲。

塞提二世，又名乌塞尔凯普鲁拉，第19王朝第6（?）王。公元前1224年美楞普塔王死后的一个短暂时期，第19王朝的王位顺序似乎有些混乱。后来的拉美西斯三世仅仅承认塞提二世为合法的王，而他自然地把塞提二世看作美楞普塔的直接继承者。

塞提二世是美楞普塔和王后伊丝特诺弗列特之子，在十分困难的条件下统治了6年。可能建筑了少数纪念物。他的妻子是特沃丝拉王后，其王子塞提·美楞普塔年青早逝。塞提二世去世后，被埋于帝王谷，但是，他的陵墓和葬祭庙被破坏了一部分。

西普塔，又名埃赫拉塞泰帕拉·美楞普塔，第19王朝第7王，尚不能确定其王家血统，可能与塞提二世有着某种关系。慕尼黑博物馆的一尊破损的雕像上，西普塔的小像坐在特沃丝拉像的膝上，由此判断，两者可能是母子关系，因而西普塔直接继承了塞提二世的王位。[7]但是，也有人认为，他是靠着一名叙利亚人的王家管事，后来成为维西尔的巴依才登上了宝座。西普塔年少登基，塞提二世的寡后特沃丝拉摄政。西普塔在继位的第6年消失，或者是死去，或者是被特沃丝拉和巴依废黜。但是，在他消失以后，他被记载为领导了努比亚的远征，或许是把这一事件加到他的名下。西普塔的陵墓在帝王谷，却被另外的王所侵占，他的葬祭庙未完成也被破坏。

特沃丝拉，又名西特拉·美丽塔蒙，第19王朝末代王。特沃丝拉以塞提二世寡后的身份成为西普塔的摄政王。大概在西普塔统治的第6年，国王消失后，特沃丝拉以合法的身份取得了王位。特沃丝拉的王位名"西特拉"一词意味着"拉之女儿"。她是埃及史上继尼托克丽丝（第6王朝末）、索布克尼弗鲁（第12王朝末）和哈特舍普苏特（第18

王朝）之后的第 4 位摄政王后。

有关特沃丝拉的情况，所知甚少。她的统治时间不长，亦不能确切断定，就我们所知，她的最后统治时间在第 8 年，或许也包括了西普塔在位的 6 年。⑧从遗留下来的浮雕和印记来看，在她统治期间显然受到宠臣巴依的支持，她在帝王谷建筑了一座漂亮的陵墓（14 号），但却被第 20 王朝的创建者塞特那克特所侵占。

### 二、塞提一世的工程建设与对外战争

拉美西斯一世开创了第 19 王朝，但是，他还没有施展开他的王者的才能，便很快去世了。塞提一世继位后，面对着严峻的国内国外形势，首要的任务就是完成由郝列姆赫布着手的、恢复阿玛尔纳时期被破坏的公共建筑工程。塞提一世为他的父亲拉美西斯一世在阿拜多斯建筑了教堂，而他的主要捐赠是在底比斯的阿蒙大神庙。在那里他开始建筑著名的最大的多柱厅，但是直到他死后，由他的儿子拉美西斯二世最终完成。他的最伟大的工程是在古代的奥西里斯信仰的中心地阿拜多斯建筑的壮丽的神庙，同样也是完成于拉美西斯二世。这座建筑物的主体是两个中庭和具有七个门的多柱厅，以及最里面献给七个神的七个神殿。建筑物的中心是阿蒙的神殿，在右侧有拉·哈拉凯悌、普塔和塞提一世自己的教堂，而在左侧则有奥西里斯、伊西丝和荷鲁斯的神殿。在一幅绘画浮雕上表现了塞提一世被托特、阿努毕斯、穆特和其他神所陪伴。与此有关的是《塞提一世敕令》的一个抄本，记述了对这个神庙的捐献和保护它的职员与财产不受任何人的干涉。⑨在阿拜多斯遗址南面的一座神殿背面，塞提一世还建筑了一座无可匹敌的地下建筑物，曾以"奥西里翁"（"奥西里斯的"）而著名。这座建筑物最初被断定为奥西里斯墓，但事实上它是塞提一世的衣冠冢。中央大厅的设计似乎象征着神圣厅，在传说的宇宙创造的原始的水中崛起，而墓室包括

了有趣的天文学上的和戏剧的原文。⑩在埃及其他遗址上，塞提一世竖立的建筑物几乎完全消失。但是，在赫利奥坡里斯太阳庙的奉献的模型发现于泰勒雅胡迪亚。塞提一世大量建筑神庙表明了他恢复和继承了埃赫那吞先前的众神崇拜的传统。

此外，还要提到的是，塞提一世追随埃及的长期历史传统的意识。在他的阿拜多斯神庙的墙壁上，铭刻了从第 1 王朝的美尼斯到他统治时为止的 76 名埃及国王的名单，其刻本保留在拉美西斯二世在阿拜多斯的庙中。

塞提一世在底比斯的尼罗河的对岸，在库尔纳为自己建造了葬祭庙，位于他的父亲的葬祭庙的旁边。而他在帝王谷的陵墓，规模最大，保存完好。地下陵墓全长 100 米，其整体设计之复杂也是令人瞩目的。陵墓墙壁上的浮雕艺术也超过其他陵墓的水平。塞提一世还在帝王谷西南 1.5 公里的山谷毕班哈里姆为他的母亲、拉美西斯一世之妻塞特拉建造了陵墓。后来，这一带成了第 19 王朝、第 20 王朝拉美西斯诸王的王子、王后、妃子的墓地，以"王后谷"而闻名。

为了建筑事业和经济的发展，塞提一世在西奈、东三角洲和努比亚继续开采矿山。在西奈的塞拉毕特卡迪姆的绿松石矿遗址保留了两块石碑和一些带有塞提一世名字的小纪念物，以及连带塞提一世和拉美西斯二世名字的其他石碑，证明了塞提一世在那里的开采工作。为了阿拜多斯的大建筑物，又开采了埃德富沙漠中的金矿，并且由于在去金矿产地的路上缺水，而在阿布巴德干河支脉的米阿赫干河开凿了一口井，又在山谷的岩壁上开凿了一个带有柱廊的祠堂。

埃及在努比亚的势力，似乎没有受到第 18 王朝晚期事件的影响而严重削弱。在下努比亚的库班堡垒中发现的拉美西斯二世的石碑证明，塞提一世从阿拉齐干河地区获取黄金。塞提一世还在布亨捐献神庙，在那帕达（拜尔卡勒山）的阿蒙神庙中捐献一个柱厅。

除了公共建设事业外,塞提一世更热衷于对外战争。他出身于军人,在军事活动上比其前辈郝列姆赫布更活跃。在卡纳克的多柱大厅的全部北墙的外面,并且还向东角周围延长到大厅的东墙上,有塞提一世时代最广泛的系列战争的浮雕以及与之有关的铭文,这些浮雕和铭文是塞提一世时代的最重要的公文书,也是我们了解他的对外战争的唯一的来源。这些史料就像是图特摩斯一世的托姆波斯石碑和图特摩斯三世的阿尔曼特石碑一样。这些浮雕上唯一留下的一个日期是塞提一世统治的第 1 年对于沙苏的战争。在塞提一世完成了与利比亚人的战争后,远征沙苏,征服了巴勒斯坦和叙利亚南方的某些地方。⑪浮雕上的铭文还提到了皮卡南("迦南")、列腾努和卡叠什等。铭文写道:"第 1 年,上下埃及之王、门玛拉(塞提一世),法老的强大武力的破坏在击败来自特哈鲁堡垒的沙苏到皮卡南之间发生。当陛下向他们进军时,像一头凶狠注视着的狮子……"⑫在这个原文中提到的皮卡南,指明了与沙苏贝都因人战争的界线,并不是到达皮卡南。卡纳克浮雕上另一处铭文记载:"南部和北部的先知、贵族和官吏,过来欢呼善神,在他从列腾努返回时,带来极大量的俘虏"。⑬这里叙述的是,作为善神的国王,在列腾努国家的战争中捕获了大量的俘虏。后来,他又对卑贱的列腾努征伐,掠夺了金银等财富。另有一处铭文记载:"卡叠什的城镇,法老的袭击蹂躏卡叠什国土……"⑭塞提一世虽然对卡叠什发动战争,并统治了巴勒斯坦和叙利亚直至奥伦特河的卡叠什附近的边界,而在那以外的地方属于赫梯人的势力范围。显然,最后塞提一世必定失去了北方的征服区,因为他的儿子拉美西斯二世后来不得不再次攻击卡叠什,而险些败北丧命。

在西方,埃及面临利比亚人的威胁,显然,他们企图侵入并定居于三角洲。这些部落长期以来以捷赫努而闻名。卡纳克浮雕还记录了塞提一世对利比亚人的第 2 次战争,铭文写道:"打倒捷赫努的首长",

"打倒每一国家","打倒九弓","打倒诸国的首长"。另外还记录了"作为捷赫努国家的活的俘虏,靠他的父亲阿蒙的武力"获得。⑮

　　塞提一世在努比亚地区没有采取大规模的军事行动,而是实行了所谓"Pax Aegyptica",即"埃及的和平"政策。但是,在盖斯尔伊布里姆雕刻的岩石铭文上,还是记载了埃及对伊利姆部落的军事行动。⑯

### 三、拉美西斯二世在西亚的争霸和国内的大规模建设

　　在塞提一世对外战争的基础上,拉美西斯二世发动了更大规模的对西亚的战争。第 19 王朝的法老一直要恢复图特摩斯三世时代在西亚的霸权地位,而这个企图最终由拉美西斯二世基本完成。

　　拉美西斯二世曾经被其父塞提一世任命为共同摄政王,大约从公元前 1304 年起单独执政。第 19 王朝的王室家族情愿居住于北方,或许是孟斐斯,而不是底比斯。从拉美西斯二世时代起,他将三角洲的官邸培尔·拉美斯"Per-Ramesse"("拉美西斯之家")作为行政中心。从与巴勒斯坦和叙利亚的关系而言,这个地方比底比斯是更合适的。

　　拉美西斯二世在位的前 3 年致力于整顿内务之后,从第 4 年起发动了对西亚的战争。埃及军队向贝鲁特和毕布罗斯之间的纳赫尔卡勒布("狗河")进军。在第 5 年,拉美西斯二世以赫梯破坏了与塞提一世的和约为由,利用了北巴勒斯坦和腓尼基作跳板而挑起了与赫梯的长期争霸的战争。拉美西斯二世组织了大约 20,000 人的一个特遣部队,包括了舍尔丹人的禁卫军在内,由以阿蒙、拉、普塔和苏太克神分别命名的 4 个师组成。⑰拉美西斯二世亲自指挥阿蒙师团,经过几天的行军穿越黎巴嫩而来到奥伦特河岸。他不等其他师团的到来,就迫不及待地越过了奥伦特河,首先来到卡叠什城下,准备进攻赫梯军队。赫梯军队事先已做好了迎击战斗的准备,联合了周围的埃及附庸国纳哈林、帕德斯等组成了一个可能有 20,000 人的庞大的阵营,共同抗击埃及的进

攻。⑱拉美西斯二世率领阿蒙师团来到了卡叠什城北,恰在这时赫梯派遣的两名侦探有意让埃及人捕获,并向埃及人提供了假情报。拉美西斯二世误以为时机已到,当即决定进攻卡叠什。但是早已作好了准备而诱敌深入的赫梯军从卡叠什南方出击,将离开阿蒙师团 1.5 英里远的埃及军队拉师团从中间切为两段而各个击破,然后又向北杀向阿蒙师团。拉美西斯二世慌忙率军向南突围,然后又转向东方,使敌人一度陷入混乱。但拉美西斯二世仍然处于敌人重重包围之中。由于落在后面的普塔师团急速北上赶来救援,赫梯军才惨败而退却(见图 57)。

　　卡叠什战役,埃及和赫梯双方都付出了很大的代价。虽然埃及的文献极力夸耀拉美西斯二世的伟大成功和胜利,但实际上埃及丧失了在西亚的霸权。所以,此后几年埃及人不得不继续用兵。在拉美西斯二世统治的第 6 年或第 7 年,埃及袭击了阿斯卡隆城。在第 8 年埃及人占有了杰利里地区的一些地方和阿穆尔鲁地区的达普尔镇。在第 10 年拉美西斯二世又在纳赫尔卡勒布地方树立了一块石碑,碑文不清。可能,又在随后的年代,拉美西斯二世突破了赫梯的防线而侵入叙利亚。他又控制了突尼普城、盖特纳城,进一步向西北侵入考德地方。所以,他必定深入到了赫梯。⑲

　　从卡叠什战役以来,埃及和赫梯之间断断续续地进行了长达 16 年的战争,双方都陷入了困境,特别是由于赫梯王穆瓦塔尔的驾崩,他的兄弟哈吐什里继承了王位,影响了西亚的形势。在这同时,亚述帝国的发展又威胁了赫梯。赫梯面临着埃及和新兴的亚述两帝国的制约,难以对外扩张和争霸。另一方面,就埃及而言,多年的战争使之疲惫不堪,实在无力继续战争下去。在这种形势下,赫梯愿意与埃及讲和,而以全力对付亚述;埃及也盼望与赫梯和好以结束这场持久的战争。所以,在拉美西斯二世在位的第 21 年,赫梯使节来到了埃及,把赫梯王哈吐什里三世的和约草案递交给拉美西斯二世。而拉美西斯二世在此基础

图 57　拉美西斯二世在卡叠什战役中击败赫梯人（卡纳克神庙浮雕）

上拟定了自己的草案送给了赫梯。双方签定了和平条约，结束了战争状态。赫梯的条约原文刻在银板上，并有抄本的若干片段。埃及的象形文字的条约原文刻在卡纳克神庙和拉美修姆祭庙的墙壁上，至今仍然可以看到。

拉美西斯二世和哈吐什里三世的《和平条约》，确定了两国之间的永久和平，"在他们之间永不发生敌对"，"永远不侵入"对方的"领地"；遵守先辈时期的"公正条约"和现在"所订立的[和约]"；军事上确立了相互支持和援助的义务。条约的最后还有神对违约者的威胁和对守约者的加恩承诺。[20]这份条约通常被看成是世界上第一部完整的国际和平条约。条约一方面确定了埃及人与赫梯之间的"永久有美好的和平和美好的兄弟关系"，另一方面，实际上是两大霸国之间势力范围的划分。条约原文讲到了"按照自己愿望确定每一个国家自己的边界"，显然是涉及对叙利亚和巴勒斯坦领土的划分。条约上还有一个值得注意的地方，就是双方互不接纳对方的"亡命者"，而且还要把他引渡到对方国家。"亡命者"不论是贵族或平民，对于国家来说都是一种威慑力量。所以，双方在对待亡命者的态度上达成了协议，绝不允许他们逃跑，说明了国家机器的本质都是一样的。

和平条约的签订，又以两国之间的友好交往而巩固下来。埃及期待赫梯王哈吐什里三世的正式访问，但是否实现还不能断定。赫梯王哈吐什里三世的长女和次女先后嫁给拉美西斯二世。埃及和赫梯间的政治上的联姻，进一步巩固了两国之间的和平友好关系。

除了西亚的战争外，在拉美西斯二世时代其他地方的战争也时有发生，其中主要是对利比亚人的战争。因为来自利比亚方面的威胁，严重地干扰了埃及的安宁。从古代起，利比亚人以捷赫努和捷迈胡部落的名义与埃及发生了往来，而在拉美西斯二世时代，除了那些部落外，还有他们西面的邻人美什维什和利布部落，常常向三角洲地方渗入。

从塞提一世以来,利比亚人在饥饿的压力下,企图侵入并定居于富裕的三角洲地区,而不断遭到埃及人的阻止和追击。在贝特瓦利神庙铭文上讲到了"叛乱的捷赫努国"。在大英博物馆的一份纸草(公元前13世纪末)上提到,"利比亚在[他的]剑前倒下";在阿布辛拜勒神庙的带有利比亚人场面的铭文中,提到了拉美西斯二世,"他把捷赫努安置在高地,在那里充满了他用他的强大兵力的俘虏建筑的要塞"。㉑在这里提到的要塞,是在拉美西斯二世第44年建筑的构成防御线的6个要塞之一。这条沿着西海岸建筑的一连串堡垒从拉考提斯,即未来的亚历山大城遗址起,延伸到现今的美尔沙马特鲁,大约340公里长。其他的有关利比亚人的资料涉及到了在三角洲的沙漠西部的捷赫努,在西沙漠和昔兰尼加的利布,而在西昔兰尼加还有美什维什。埃及人面对利比亚人的威胁,不得不迎战驱逐。在三角洲除了利比亚人外,还有舍尔丹海盗的袭击。这种威胁和埃及军队中招募舍尔丹人有关。

埃及南方的努比亚处于比较安宁和平的状态。但是在阿布辛拜勒、贝特瓦利和埃德代尔的神庙墙壁上,仍然出现了埃及与努比亚战争的记录,然而却没有详细的日期和地点。可能这些记载完全沿袭了传统的描述而没有历史的意义。㉒

拉美西斯二世推行军事征服政策,企图恢复和重新确立埃及在西亚的霸权地位,但是,他并不是一位成功的军事活动家,他在位时的版图并未超过他的先辈。他的最大成就莫过于建设事业。他非常热衷于国内的建设,而且在某种意义上可以说,拉美西斯二世的远征也是为了大兴土木,建设一个繁荣的帝国。

在阿拜多斯,他建筑了一座神庙,接近于他父亲塞提一世树立的最著名的神庙。在卡纳克神庙,他最终完成了多柱大厅的建设。在卢克索神庙,他增加了一座塔门和中庭。这些伟大建筑物至今保存基本完好。在西底比斯,他给自己准备的葬祭庙以"拉美修姆"而闻名,是法老葬祭庙中规模最大、保存最好的一座。最令人惊奇的杰出建筑物是阿布辛拜勒的拉美西斯二世的岩窟庙。在庙内深入的殿堂中供奉了阿蒙、拉·哈拉凯悌、普塔和他自己。在其附近,拉美西斯二世还为哈托尔女神和他的娇妻尼斐尔泰丽王后开凿了一座规模稍小些的岩窟庙。除了上述的伟大建筑物外,底比斯的王后谷中最壮丽的陵墓也是属于拉美西斯二世建筑的尼斐尔泰丽王后墓。这些伟大卓越的建筑物是世界上最宝贵的文化遗产,由于其本身的无限魅力以及保存的基本完好而为世人所瞻仰。

在拉美西斯二世时代,从中央集权专制主义的政府来说,基本上维持了长期流行的制度而没有大的变化。维西尔是国家中的最高官吏,上下埃及各有一个。值得注意的是,底比斯阿蒙高僧的影响增大了,特别是在第20王朝时可能成为世袭的职务。

政府十分重视矿业的发展。在西奈的塞拉毕特卡迪姆的绿松石矿继续被开采。在沙漠的米阿赫干河和努比亚的阿拉齐干河的金矿也被开采。

城市的建设是一项重大的工程。拉美西斯二世对哈勒发干河南100多英里的、现在称为阿玛拉·威斯特的城市遗址赋予了一个新的名字,叫培尔·拉美斯·米阿蒙,并且捐赠了相当大的神庙,因而这里变成了库什行省的行政中心和行省政府的所在地。尤为重要的是在三角洲的培尔·拉美斯城市的建设。拉美西斯二世在其统治的第1年,从底比斯来到这里,而这预定的目的地是名为培尔·拉美斯·美里阿蒙伟大胜利的"权力之座"。拉美西斯二世在这里定都并设置了王宫,在城市的4个区分别建筑了4个神庙,培尔·拉美斯变成了帝国的首都。有人认为,《出埃及记》(Ⅰ.11)上所记述的以色列人在埃及的城市建设就是属于拉美西斯二世时期。㉓

在研究培尔·拉美斯的位置时,似乎有3个城市遗址与之有关,即坎提尔（开罗东北 95 公里）、卡塔那（坎提尔西南 2 公里）和塔尼斯（坎提尔北 18 公里）。坎提尔有一座大王宫，由塞提一世兴建，拉美西斯二世把它扩大。卡塔那也许与坎提尔作为同一城市发展起来。在塔尼斯发现了重要的拉美西斯二世纪念物，包括拉美西斯二世的头像和破裂的方尖碑。从发掘出来的大神庙可见，这里是重要的宗教中心。所以，通常把培尔·拉美斯遗址与塔尼斯视为同一，但是，更可能的是，它位于向南 11 英里远的坎提尔，因为那里有塞提一世和拉美西斯二世的王宫。㉔

### 四、利比亚人和"海上民"的入侵与伊尔苏起义

拉美西斯二世统治到 96 岁时去世，公元前 1236 年美楞普塔继承王位时已经是 50 多岁的高龄。美楞普塔接受了一个困难而危机的帝国：一方面是边防的削弱和军队的松弛；另一方面是利比亚人和"海上民"的入侵。N. K. 桑达斯认为，"海上民"或许是在这个系列的人民和地方以外的某些零散人，他们不是一个单独的民族，也不是居住于一个特有的地方；但他们的确是被列在古代世界的人民中，而且占领一定的特别的地方。这些地方不难被指明为东地中海和邻近之处，或南方的埃及到希腊的北方边界，以及相邻的一直到西方的撒丁和甚至科西嘉。㉕事实上，"海上民"主要是来自小亚和爱琴海沿岸和岛屿的人们。利比亚人和"海上民"的侵扰，正如加德纳所说，它是"来自北方和西方的袭击埃及和巴勒斯坦的大迁移运动的先驱"。㉖

利比亚人的流浪团伙从塞提一世起骚扰埃及三角洲，由于拉美西斯二世晚年边防建设的松弛，以及利比亚人迫于内部的饥饿，在美楞普塔在位的第 5 年，再次袭击埃及。利比亚人由利布、美什维什和凯赫克部落构成，并与"海上民"，即舍尔丹、塞克利什、卢卡、图尔沙和阿卡瓦沙联合，在穆罗伊元首领导下，侵扰了捷赫努地区，并到达了三角洲。

这些流浪人的活动,随身带着家族,包括小孩在内,所以他们存心留居埃及。

在新的威胁来临之际,美楞普塔请示在底比斯的阿蒙神谕,而神灵表示准许他们战争。孟斐斯的普塔神在其梦中显现在他的面前,并给他一把弯刀。美楞普塔坚定了战胜敌人的决心,因此进军到皮耶尔的一个不能确认的地方,双方发生了战斗。激战 6 小时后,入侵者失败。据《卡纳克铭文》记载,敌人总共被杀死 9376 人,但实际上被杀死的利比亚人 6359 人,非利比亚人 2370 人,总共 8729 人。而在《阿特里毕斯石碑》上记载的被杀者 9300 人,被杀和被俘者 18,000 多人。㉗利比亚元首穆罗伊单独逃回,但他的领袖职务被废除,而由新选出来的他的兄弟代替了他。除了上述碑铭外,《胜利颂》,即所谓《以色列石碑》也报道了战争的进程,增加了其他史料中没有的内容:

> 诸王被打倒,说:"萨拉姆!"
> 在九弓(外国人)中没有一个人保留了他的头,
> 捷赫努荒废,
> 赫梯被平定,
> 迦南与每一个不幸者一起被劫掠,
> 阿斯卡隆被攻陷,
> 盖泽尔被夺取,
> 耶诺阿姆成为不存在的东西一样。
> 以色列被荒芜,其子孙断绝;
> 巴勒斯坦因埃及而变成了寡妇。
> 所有地方被统一,它们被平定;
> 每一个骚动的人被像拉一样的,每天赋予生命的美楞普塔王所束缚。㉘

在这块石碑上,除了利比亚外,还提到了赫梯、巴勒斯坦和以色列等地方的征服和平定。所以,碑文不仅是为战胜利比亚人所写的颂歌,而且也是远征西亚胜利的碑文。值得注意的是这篇文献中还提到了以色列,这是当时所知的埃及公文书中提到以色列的唯一的例证。这块石碑发现于 1986 年,一般认为,美楞普塔是《出埃及记》中的法老,由此我们发现在他统治的中期,以色列人已定居于巴勒斯坦。至今我们没有关于以色列人出埃及的日期的确切证据。㉙美楞普塔击退了敌人的侵犯,但在他的十几年的统治期间,国内的建设上没有特别的新的建树。

在美楞普塔死后,埃及陷入了无政府的状态,埃及王位继承的顺序也存在一些问题。涉及这一方面的有关的王名是阿蒙美西斯、塞提二世、塞肯拉·拉美西斯·西普塔、埃赫拉塞泰帕拉·美楞普塔·西普塔和王后特沃丝拉。在这些王名中,仅仅塞提二世被后来的拉美西斯三世认为是合法的,而他自然地把塞提二世作为美楞普塔的直接继承者。因此,王位继承的顺序似乎是塞提二世、阿蒙美西斯、美楞普塔·西普塔和特沃丝拉。但是,有证据表明,美楞普塔·西普塔直接继承塞提二世,而且有许多学者相信,根据不列颠纸草,阿蒙美西斯先于塞提二世。㉚

美楞普塔去世后,合法的王位继承中断了,拉美西斯二世的儿孙之间为了争夺王位而斗争。阿蒙美西斯继位后,他的名字没有出现在王名圈中,或许可以说明他是一个篡位者。他的统治是短暂的。在他以后,美楞普塔·西普塔和塞提二世两个国王的继承顺序也存在问题。可能,塞提二世是美楞普塔的直接继承者,虽然还不能确定他的王家血统。美楞普塔·西普塔可能与塞提二世有着某种关系,美楞普塔·西普塔在位仅仅 6 年,他的母后特沃丝拉摄政,而在西普塔去世后,特沃丝拉以合法的身份夺取了王位。

除了王位继承上的斗争外,19王朝末形势的严峻还表现在北方的所谓伊尔苏的起义。《哈里斯大纸草》简单地记述了第19王朝末期的社会斗争和伊尔苏领导的起义:

"埃及的国土,以及所有的人,又得听天由命了。他们许多年没有首长,直到另一个时刻的到来。埃及的土地落在诸大臣和各城市统治者之手中。一个杀戮一个,不论在贵族之间,或是在平民之间。此后另一个时刻到来了。这是贫困的年代,那时一个叙利亚人名为伊尔苏(意为"僭主")的成为首长。他迫使全国只对他一个人纳贡。他把自己的同谋者联合起来,进行劫掠。他对待神也像对待人一样,神庙里的祭祀也中断了。"[31]

从上述记载可见,当时埃及的政府已经瘫痪,国家陷入无政府的状态,贵族官僚割据各霸一方。在这种混乱无序的形势下,一个叙利亚人伊尔苏结伙打劫,并自立为王。关于伊尔苏的情况还不清楚。可能,他是一名叙利亚籍的奴隶,依靠武力发动起义,夺取了政权,导致了第19王朝的灭亡。《哈里斯大纸草》还讲到:"最后,当神可怜并依法整顿好国家走向正轨,他们确立了从他们生出来的自己的儿子作为他们的统治者……拉之子,塞特那克特……""他按照自己的狂暴来说类似于塞特,他恢复了叛乱之前的全国秩序。"[32]显然,伊尔苏的起义失败了。塞特那克特镇压了起义并恢复了全国的秩序,因而成为新王朝的开创者。

## 第二节 帝国的危机与新王国的崩溃

### 一、第20王朝国王世系的演变

伊尔苏的起义摧毁了第19王朝,但是被塞特那克特最终镇压下去。塞特那克特登上了国王的宝座,确立了一个新的王朝,即第20

王朝。

据马涅托的记载,第20王朝由底比斯的12王组成,统治了135年或178年(见表18)。①但是却没有留任何王名。埃及学学者从有关纪念物上整理出来的第20王朝国王共10名,总共115年。

表18　第20王朝(公元前1200—前1085年)王名表

| 王　名 | 年代(公元前) |
| --- | --- |
| 乌塞尔考拉·塞特那克特 | 1200—1198 |
| 乌塞尔玛拉·美里阿蒙·拉美西斯三世 | 1198—1166 |
| 乌塞尔玛拉·塞泰帕那蒙·拉美西斯四世 | 1166—1160 |
| 乌塞尔玛拉·塞凯帕楞拉·拉美西斯五世 | 1160—1156 |
| 尼布麻拉·美里阿蒙·拉美西斯六世 | 1156—1148 |
| 乌塞尔玛拉·美里阿蒙·塞泰帕拉·拉美西斯七世 | 1148—1147(?) |
| 乌塞尔玛拉·埃赫那蒙·拉美西斯八世 | 1147—1140(?) |
| 尼斐尔卡拉·塞泰帕拉·拉美西斯九世 | 1140—1121 |
| 凯帕尔玛拉·塞泰帕拉·拉美西斯十世 | 1121—1113(?) |
| 门玛拉·塞泰帕普塔·拉美西斯十一世 | 1113—1085 |

塞特那克特,又名乌塞尔考拉。从塞特那克特名字中包含"塞特"来看,可能他是王家的苗裔,似乎与特沃丝拉不和,所以,他的在位日期注明在塞提二世统治结束之后。塞特那克特在位的初期情况不详,仅仅维持了5年的统治。从《哈里斯大纸草》的记载来看,在他执政之前,有一个利比亚人伊尔苏统治的混乱时期。塞特那克特在很短时期内恢复了秩序,开创了一个新的王朝,并任命了他的儿子为王位继承人。塞特那克特的配偶是梯美楞尼丝。塞特那克特设计了他的王陵,但是并未最后完成。可能他的木乃伊陈放在为特沃丝拉准备的墓中。

拉美西斯三世,又名乌塞尔玛拉·美里阿蒙,第20王朝第2王。

拉美西斯三世是塞特那克特和王后梯美楞尼丝之子，他以其父的共治者的身份在公元前 1198 年继承了王位。拉美西斯三世积极抵抗外来的威胁，并加强国内的建设，是新王国时代最后一位伟大的法老。但是，他的晚年是在极其严峻的形势下渡过的。拉美西斯三世死于他统治的第 32 年，他有许多儿子，其中的四、五个已先于他而去世。后来，他的一个儿子继承了王位。此后直至第 20 王朝的终结，所有的统治者都采用了拉美西斯的本名，一直传到第十一世。

拉美西斯四世，又名乌塞尔玛拉·塞泰帕那蒙，晚些时改名为希克玛拉·塞泰帕那蒙，第 20 王朝第 3 王。拉美西斯四世是拉美西斯三世之子，他以王储的身份在其父去世后以 40 岁的大龄继承了王位，但是，也有人怀疑其王位的合法性。他的统治时间仅仅是短暂的 6 年。拉美西斯四世统治的第 2、3 年，便开始探查和远征哈马马特干河采石场。远征队共有 8362 人，其中步兵 5000 人，②这是古代埃及的同类远征的第 2 次大规模的行动。拉美西斯四世在西底比斯的戴尔巴哈里建筑了两座大神庙，并继续装饰和完成了他的父王在卡纳克神庙中建立的孔苏庙。他还在西底比斯他的父亲的大建筑物附近建筑了一个小葬祭庙。但是他的建筑物的大部分没有完成。拉美西斯四世的陵墓建于帝王谷。从保存下来的木乃伊来看，他是一个秃头，长鼻子和身材短小的人。

拉美西斯五世，又名乌塞尔玛拉·塞凯帕楞拉，第 20 王朝第 4 王，塞特那克特四世和王后塔·奥帕特之子。他有一个雄心勃勃的计划，从塞勒塞拉沙石场和西奈矿山的再生产着手。除了在帝王谷建筑他的标准的陵墓和祭庙外，他还在赫利奥坡里斯和布亨从事建筑。拉美西斯五世时期给我们留下的著名的公文书，即所谓威尔伯纸草，对我们了解新王国末期的财政具有重大价值；纸草还记载了阿蒙僧侣占有的大量土地。拉美西斯五世仅仅统治了 4 年，在他 35 岁时过早地死亡。根据他的木乃伊检验,他死于天花。但是,在他头部还有一大创伤,或许是在他死前留下的,或者是在死后的不久。拉美西斯五世死后两年才被埋葬,而不是像通常的那样在 70 天后。所以,有人推测,可能在他死前王位已被篡夺。但是,也有可能陵墓没有及时建成。

拉美西斯六世,又名尼布麻拉·美里阿蒙,第 20 王朝第 5 王。拉美西斯六世可能是拉美西斯三世的儿子和拉美西斯五世的叔父,也有人主张他是拉美西斯三世的孙子。在美迪奈特哈布柱廊上的拉美西斯三世儿子的名单上,最初并没有拉美西斯六世的名字,因为所有的图像的名字被留下空白,包括国王本身。拉美西斯六世在卡纳克神庙铭刻了他的王名圈,而且也包括在其他一些地方。这些现象或许是王家成员权力斗争的迹象。③拉美西斯六世可能通过宫廷政变夺取了王位,通常被看成是篡权者。

拉美西斯六世统治时期,王权削弱,盗贼猖獗。埃及在尼罗河以外的霸权越来越有限,在西奈半岛上出现的拉美西斯六世是新王国时代的最后一个统治者。

拉美西斯七世,又名乌塞尔玛拉·美里阿蒙·塞泰帕拉,第 20 王朝第 6 王,拉美西斯六世之子。除了他在帝王谷建筑的一座陵墓外,没有其他建筑物保留下来。通过纸草文献可以看出,拉美西斯七世时代,阿蒙神庙的地产遍布埃及,并且大量征收税粮送往底比斯。另外,物价的上涨已超过了前期的指数。他有一子,但没有活到继位的时候。有关拉美西斯七世和八世继位的先后和统治时间还有争议。有人根据美迪奈特哈布的法老庙上的名单顺序,把拉美西斯八世列在拉美西斯七世之前,但是通常认为拉美西斯七世是拉美西斯六世的儿子,所以,前一说法难以成立。拉美西斯七世统治的时间,有人定为 1 年,但也有 7 年之说。

拉美西斯八世,又名乌塞尔玛拉·埃赫那蒙,第 20 王朝第 7 王。

在美迪奈特哈布的国王名单上，在拉美西斯六世和八世之间没有其他王名，所以，有人认为拉美西斯七世只能跟随着后者。还有人把拉美西斯八世说成是拉美西斯三世之子，但也有的认为拉美西斯八世和七世两者都是拉美西斯六世的儿子。④拉美西斯八世的统治时间，可能是7年，但是，如果拉美西斯七世统治了7年的话，那么拉美西斯八世就应该是1年。⑤拉美西斯七世的墓已在帝王谷发现，但唯独拉美西斯八世的墓，至今尚不知。假如他的墓一直存在的话，它可能还在山谷的碎石下而没有被发现。

拉美西斯九世，又名尼斐尔卡拉·塞泰帕拉，第20王朝第8王。在拉美西斯九世统治时代，严重的内患烦扰着埃及。在他统治的第8年，来自利比亚人的两个部落的匪徒开始骚扰底比斯地区，5年后他们使底比斯陵墓建造陷于停顿，并且不断向东底比斯渗入。政府的不断衰败，促使粮价提高，最后只能口粮定量供给西底比斯的雇员工人，从而引起贫困工人的盗墓活动。另一方面阿蒙僧侣集团势力不断发展，阿蒙高僧盘居于底比斯，行使全部宗教和某些政府的职能。但是，拉美西斯九世却常常畏缩在三角洲的新都的官邸。

拉美西斯十世，又名凯帕尔玛拉·塞泰帕拉，第20王朝第9王。有关他的文献很少，他统治的时间可能3年或9年。在他统治的第3年，坟墓工人由于没有即时领到口粮而怠工。社会的骚乱现象，特别是盗劫陵墓继续流行。他仅仅留下了很少的纪念物，包括在帝王谷的陵墓。

拉美西斯十一世，又名门玛拉·塞泰帕普塔，第20王朝和新王国的末代王。他是一个软弱无能的国王，在他统治时期国内的阶级矛盾加剧，政局混乱，阿蒙僧侣集团大有取代王权之势；国外失利，埃及的霸权丧失殆尽。随着拉美西斯十一世的去世，埃及帝国被荷里霍尔和斯门德斯所瓜分。随着第20王朝的终结，新王国时代便结束了。

### 二、拉美西斯三世的奋斗与帝国的最后维持

新王国时代从第 18 王朝开始至第 20 王朝,经历了一个由强到衰的演变过程。拉美西斯三世在位时代,可以说是这一过程的转折点。在他统治的前期,埃及帝国达到其最后的昌盛;在他统治的后期,帝国的衰败已开始。

在拉美西斯三世统治的前 4 年,几乎没有留下什么记录。但是,在其统治的第 5—11 年,发生了 3 次重要的战争。从拉美西斯三世在美迪奈特哈布祭庙上的画面和铭文来看,拉美西斯三世统治的第 5 年,埃及发动了对利比亚人的战争。利比亚人早在美楞普塔时代,便因进犯埃及而遭到打击。据说,拉美西斯三世干扰了捷赫努首领的继位。利比亚、美什维什和塞皮德的部落联合,再次企图侵入埃及。面对着利比亚人入侵的威胁,拉美西斯三世和他的先辈美楞普塔一样,事先请示底比斯的神谕,而神送给了他一把弯刀,坚定了他的打击敌人的信心。拉美西斯三世打败了利比亚的入侵,杀死敌人 12,535 人,至少 1000 名俘虏被带到埃及服役。⑥

在拉美西斯三世第 8 年,发生了形势更为严重的第 2 次战争。在美迪奈特哈布的第 2 塔门上的铭文写道:

"在小岛上的'北方人'骚动不安,有一个时期陷入混乱。从凯提(赫梯)、考狄、卡赫美什、阿尔瓦德、阿拉萨,没有一个人站在他们的面前,他们被劫掠。[他们]在阿摩尔的一个地方[设立]营垒。他们使他的人民孤独,而他的土地就像是不存在的那样。他们用在他们面前已准备好的火焰,朝向埃及而来。他们的主要同盟是帕来塞特(按:后来成为圣经上的腓力斯汀)、塞克勒、塞凯列什、狄念(按:或许是《伊里亚特》中的载奈奥)和维舍什"。⑦这些北方同盟或者说是"海上民",越过了卡赫美什等地,继续进军到叙利亚海岸,埃及的北部边界。北方的同

盟不仅大规模入侵,而且还有他们的妇女和子女随从,所以,在海面上还有相当大的舰队护送。拉美西斯三世动用了他在巴勒斯坦的驻军阻止他们的入侵,同时在海湾和河口,或许是在尼罗河河口之一的地方诱使敌人的舰队进入圈套,将他们歼灭。据上述同一处铭文记载:

"他们被拖走,被消灭和被安放在海岸上,杀死并堆积在他们的舰船的首尾,而所有他们的财产被扔在水中……至于说到九弓(外国人),我夺取了他们的土地和他们的边界;他们被发配到矿山上。"⑧

仅仅两年之后,在拉美西斯三世的第 11 年,利比亚人重新出现在埃及人面前。利布和美什维什部落在其他 5 个情况不明的部落支持下,向三角洲移动。这种和平的渗入已进行了多年,显然已取得了某些成功。拉美西斯三世依靠西部边界要塞的驻军力量,驱逐了骚扰者。在这场所谓第 2 次利比亚战争中,拉美西斯杀死敌人 2175 人,捕获了 2052 名俘虏和 558 名妇女和孩子以及其他的战利品。⑨《哈里斯大纸草》还提到了对塞尔山区的埃道米特斯的远征。关于努比亚方面,由于努比亚的埃及化,对埃及很少构成大的威胁。所以,这里提到的远征,或许不超过对游牧民的惩罚性的袭击。

在连续不断的防御战争之后,拉美西斯三世以其强大的武力为埃及赢得了和平和安宁。《哈里斯大纸草》中写道:

"我建设了具有树木和青青草木的整个国家,我准许人民在它们的遮蔽下;我令埃及的女人自由地旅行到她想去的地方,因为没有外国人或任何人在路上伤害她。我容许步兵和战车兵在我的时代定居下来,舍尔丹和凯赫克在他们城镇中,位于他们的内地[范围];他们已不受威胁,因为没有来自努比亚的破坏或者来自巴勒斯坦的敌人,而他们的弓和他们的武器被放在武器库的旁边。"⑩

拉美西斯三世着手国内的建设事业。据《哈里斯大纸草》的记载,拉美西斯三世在培尔·拉美斯建立了塞特神庙,而其中主要的业绩是底比斯的王宫和寺庙,但王宫已成废墟。在底比斯建设的寺庙有五座,其中至少有三座已被确认:在卡纳克两座,第三座是他在西底比斯的美迪奈特哈布的葬祭庙。后者是埃及葬祭庙中保存最好的:具有大的塔门和柱子庭院,而那些建筑物上的浮雕和铭文对于我们了解横跨地中海的民族迁徙提供了重要的资料。

拉美西斯三世十分注意社会经济的发展。他派遣远征队到蓬特,主要目的是交换产品,如没药等。另外,还有阿提克的远征,可能在西奈,从那里开采铜;还有塞拉毕特卡迪姆的绿松石矿的开采。至于所谓"阿杨国"的开凿大井,虽然不能确认它的位置之所在,但联想他的先辈塞提二世和拉美西斯二世的挖井活动,这个遗址可能位于努比亚和东沙漠的采金地。⑪

拉美西斯三世以其巨大的努力维持了一个和平安宁和繁荣昌盛的帝国,但是到了他的晚年,埃及帝国的王权开始衰落:一方面是宫廷的阴谋事件;另一方面是工人的暴乱以及后来的盗墓劫掠事件。

### 三、王权的动摇:王室内讧与工人的斗争

从拉美西斯三世统治的后半期以来,直至第 20 王朝末,常常发生篡权夺位和宫廷阴谋事件,尤以拉美西斯三世末期发生的后宫阴谋篡权事件为著名。根据都灵司法纸草等文献的记录,拉美西斯三世的第 2 位妻子泰伊为了把她的儿子蓬特维拉捧上国王的宝座,导演了一出宫廷阴谋杀害拉美西斯三世的悲剧。但是,阴谋活动因泄露而失败。从审判的纸草文献来看,被卷入阴谋活动的不仅有后宫的女人,而且也有大管家帕比卡蒙,膳司美塞德舒拉、膳司普卢卡("昌底亚人")和膳司伊奈奈(利比亚人)等一些官员。此外,还有军队指挥官帕伊斯以及努比亚射手指挥官毕耶尼姆瓦斯特。在这些名字中,有的显然是作为诽谤的假名,如美塞德舒拉("拉嫌恶他"),毕耶尼姆瓦斯特("底比斯

的祸害"），或许也有魔术的实施。后宫阴谋事件除了王妃泰伊外，至少已经知道了阴谋中的 28 人的名单和一些不知名的女人。王妃泰伊的命运未知，文献没有保存关于她的审判记录。有 6 人首先被处理，22人被判有罪，包括大管家帕比卡蒙，膳司美塞德舒拉，指挥官毕耶尼姆瓦斯特和宝库监督帕拉，此外还有后宫大门的官吏的妻子 6 人。刑罚没有规定，但必定处死。第 2 次起诉没有提到审判，结果 6 个人被定罪，包括军队指挥官帕伊斯。第 3 组的 4 个阴谋者除了 3 名膳司外，还有年轻王子蓬特维拉。所有 4 人被定为有罪的，而且准许自杀。第 4次起诉是对参与此案审判的不法的法官及其同伙。⑫

为了审判宫廷阴谋事件，成立了一个特殊的法庭委员会，由宫廷官吏和军官等十二人组成，其中包括白屋监督（两人）、军旗持有者，步兵军旗持有者，国王传令官，书吏、档案书吏和五名膳司。⑬令人震惊的是，在十二名法官中竟有五人贪赃枉法，与被告发的女人和男性罪犯狂饮而被审判：一名判刑自杀，三名割鼻和耳，另一名被严厉谴责。⑭这次阴谋活动最终平息下去，而拉美西斯三世并未受到伤害，这从他的木乃伊保存得完整无损可以证明。

拉美西斯三世时期的后宫阴谋夺权事件，虽然因事先泄露而被镇压下去，但是，在拉美西斯三世死后，他的儿孙之间的篡权争斗的事件层出不穷，甚至一直延续到王朝的末期。拉美西斯四世虽然继承了拉美西斯三世的王位，但由于他过分相信神明，为子求福等，他的王位继承的合法性受到怀疑。拉美西斯五世在位仅仅统治了五六年，大约在 35 岁的青年时代过早的去世，也引起人们的怀疑。他死于天花，但从他的木乃伊的伤痕，以及在他死后两年才被埋葬的迹象来看，很可能他是在被废黜后，患上天花死亡的。拉美西斯六世通常被看成篡位者。他很可能是通过宫廷政变而夺取了王位。他是拉美西斯三世的儿子，所以，在他继位后，对于作为王室另一支的先辈表示了敌意，僭取了他们的纪念物,甚至还霸占了拉美西斯五世的陵墓。就在他的先辈死后两年,他开始扩大拉美西斯五世陵墓为自己使用。⑮

此外,拉美西斯七世和八世继位的先后次序记载地也不尽相同,而且有些王的统治时间较短,也不能不引起人们怀疑王位继承上存在的问题。

王权的削弱,专制主义统治的危机,除了第 20 王朝统治阶级内部的篡位夺权外,还表现在社会的动乱,人民群众争取生存权力的反抗统治阶级的尖锐的斗争中。由于政府的腐败无能,工人及其他人民群众生活的困难,不时发生造墓工人的罢工、怠工事件,以及所谓盗贼猖狂劫掠陵墓的活动。

在现代名为戴尔美迪纳的地方,有一处著名的"工人村"。所谓"工人村"乃是新王国时代参加国王陵墓建筑而被国王招募雇佣的工人及其家族的居住点,也可以称为"工人公社"。工人村位于西底比斯的古代干涸的南北向的河床上,紧邻王后谷。工人村遗址最早可以追溯到第 11 王朝时期,那时,它是戴拉阿奔纳戈和戴尔巴哈里墓地的延长。真正的"工人村"是第 18 王朝图特摩斯一世开始创建帝王谷时建立的。最初,工人村有 60 座房屋,安置于山谷底并用围墙围绕。工人村的全盛期是在第 19 王朝和 20 王朝,工人总数达 120 人。整个公社包括家族在内有 1200 人。戴尔美迪纳工人村是保存下来的新王国工匠居住地遗址的最好例证。它的范围并不大,整个圈地面积为 131 米×50 米,包括了 70 间房屋,以及在围墙外的 50 个建筑物的居住地。⑯

在第 20 王朝拉美西斯三世统治末期,工人村发生了严重的危机。戴尔美迪纳的工人,作为国家雇佣的工匠,以食物的形式从当地王家仓库中领取报酬。由于官吏的腐败贪污,仓库中的口粮严重不足,工人们至少已有 18 天没有得到应有的口粮而挨饿。在拉美西斯三世的第 29年,终于爆发了工人的罢工和暴动。这是历史上有关工人罢工的最早的记载。值得注意的是,在这前一年,一个不知名的下埃及维西尔由于腐败贪污而被免除职务。工人罢工虽然最后由于上埃及维西尔出面调停而结束了动乱,但是他甚至不能给工人提供他们所需要的多半数的东西。⑰在这次罢工后,戴尔美迪纳村缩减了,并开始逐渐衰落,到拉美西斯四世统治时,工人数目减少到60人,最后在第21王朝时公社被解散。

拉美西斯三世时期的陵墓工人的罢工仅仅是墓地工人罢工的一个开始。由于官吏的贪污腐败,国家财政上的困境没有被摆脱和改善,苛扣或拖延口粮供应的现象继续存在。在第20王朝末期拉美西斯十世统治时代,除了拖欠口粮外,还伴随着利比亚人的所谓"沙漠居民"的侵袭或骚扰,发生了一群工人的怠工事件。从拉美西斯十世时代遗留下来的第3年的日志中,我们看到了整个的"冬季的第3月","在那个月的第6、9、11、12、18、21、24日"工人是懒散无事的。⑱他们甚至公然违抗维西尔发布的命令,采取抵制的态度,以发泄不满的情绪。

与陵墓工人罢工、怠工的活动有关的是,国王陵墓屡屡遭到盗劫破坏。埃及的盗墓事件早在古王国时代已经发生,在第20王朝末期,帝国衰落之际,盗墓事件又猖獗起来。

在拉美西斯九世时期的14件纸草和戴尔美迪纳日志中,记录了这一时期的盗墓事件。在拉美西斯九世的第9年以前的某些时候,5个强盗一伙抢劫了一座无名的墓,由于分赃不均,其中有人威胁要报告政府当局,后来由于企图获得更多的财宝,他们就花费了4天多的时间挖进了拉美西斯六世的墓中。纸草记载了对强盗的最后审判,没有详记他们的命运,但是拉美西斯九世第9年的一个命令,财宝被送到拉美西斯六世的墓中而被重新封印。⑲

最重要的盗墓事件,发生于拉美西斯九世在位的第16年。据埃伯特纸草的记载,底比斯市长帕塞尔接到了盗墓的消息,便向维西尔凯姆维塞控告他的对手西底比斯市长帕维罗失职。维西尔任命了一个调查委员会,查看了十个王墓,四个阿蒙神庙女歌手墓和几个私人墓。所有私人墓已荒废,女歌手墓两座被盗,两座完好无损。在十座国王金字塔墓中,一个被打开,九个完整无损。⑳但是,后来帕维罗提交了16人或29人盗贼的名单,进一步查明,发现了有的王墓被盗。

与此有关的阿默斯特纸草残片与埃伯特纸草不同,在这里保留了法庭的盗墓报告的一部分,它包括了盗劫第13王朝法老索布凯姆塞夫(索布考特普)二世及其王后努布卡丝墓的8人的自白。这些内容在埃伯特纸草中省略,而仅仅记录了无罪人铜匠的审判。㉑

迈尔纸草的两份公文是法庭调查盗墓者的记录,其名字被记录在埃伯特纸草的背面,分别属于拉美西斯十世的第1年(拉美西斯九世的第19年)和下一年。第一次审判了拉美西斯二世和塞提一世墓的盗贼,列出了囚犯、警长等7人的供词。㉒第二次审判了5人,没有提到控告盗劫的墓。所有5人被发现是无罪的。随后的起诉没有直接涉及任何一个墓,但是又有一份"法老墓的盗贼的名字",这个名单包括了22人(其中有两名女人)的名字,在他们之中有上面起诉过的一些人。在这份公文书中提到了"伟大的神,阿蒙尼姆赫特"的墓显然是被盗劫。㉓

从上述的审判文书来看,盗墓贼都是有组织的团伙,特别是盗墓者往往是王陵区的墓地工人。石雕工阿蒙潘尼斐尔供认他们参与索布凯姆塞夫二世法老墓的劫掠。他揭发了8名盗贼如何挖掘坑道而进入墓内,闯入石棺,盗窃金银珠宝,并且焚烧了国王木乃伊,而且使用了同样的办法盗劫了努布卡丝王后墓。下面是罪犯的供词:

> 　　我们打开了他们的棺材和在那里的其他的覆盖物。我们发现了这个国王的神圣的木乃伊……有大量的护符的饰物和在他的喉颈上的黄金的装饰;他的头部有黄金[面罩]在其上;这位国王的神圣木乃伊用黄金覆盖全身。它的覆盖物里外两面都是用金银制

成:用各种灿烂的宝石镶嵌。我们剥下了我们在这位神的神圣木乃伊身上发现的黄金,他的护符和在他的喉颈上的饰品,而把他的上面的覆盖物留下。[我们]同样发现了国王妻子;我们剥下了我们在她那里发现的一切。我们放火焚烧了他们的覆盖物。我们盗窃了我们发现与他们在一起的器具,是金、银和青铜的瓶。我们划分并算定了这两位神的木乃伊、护符、饰物和覆盖物上发现的黄金为 8 份。㉔

　　尽管罪犯招供并被判刑,但是盗墓事件并未停息。在随后的拉美西斯十一世时,拉美西斯六世的墓又被盗劫。面对着层出不穷的盗墓活动,僧侣们为了保护神圣法老的尸体,无奈只好想方设法把法老木乃伊集中转移到比较安全的地方。在拉美西斯十一世在位的第 25 年,高僧荷里霍尔曾把拉美西斯二世的木乃伊转移到塞提一世的墓中。后来在第 21 王朝西阿蒙统治时代,高僧帕努杰姆曾把他与塞提一世的木乃伊一起转移到戴尔巴哈里的隐蔽所。隐蔽所位于帝王谷山的另一边,在戴尔巴哈里悬崖山脚下的洞穴中,一个 12 米深的竖坑,或许是中王国时代的墓穴。被僧侣们转移到这个洞穴中的第 18 和 19 王朝的 40 多具国王的木乃伊,包括阿蒙霍特普一世、图特摩斯三世、塞提一世、拉美西斯二世和拉美西斯三世诸王;还有第 21 王朝 17 个高僧的棺材。这个隐蔽所在 1881 年被法国学者马斯帕洛所发现。还有一些国王的木乃伊被隐藏在已经被破坏了的墓中,如阿蒙霍特普二世的丧葬间。在阿蒙霍特普二世木乃伊旁,重埋了图特摩斯四世、阿蒙霍特普三世、美楞普塔·西普塔、塞提二世和拉美西斯四世、五世和六世。这座墓穴在 1898 年被 V. 罗列特发现。除了上述的隐蔽所外,在戴尔巴哈里还发现了 71 个孟图僧侣的石棺(1850 年)。在巴布戈苏斯的入口处还有第 21 王朝结束后的阿蒙最高僧侣的 153 座石棺(1891 年)。

### 四、阿蒙僧侣集团权威的增长与新王国的瓦解

埃及帝国的危机除了王权的动摇外,阿蒙僧侣集团势力的增长也进一步削弱了王权,最终导致了新王国和帝国的崩溃。

阿蒙僧侣集团与王权的矛盾早在第 18 王朝阿蒙霍特普三世时期已显露初端。埃赫那吞的改革虽然打击了阿蒙僧侣集团的势力,但是最后以王权的失败而告终。在第 19 王朝拉美西斯二世时期,阿蒙高僧职务甚至不再听由国王任命而是父子世袭。《阿蒙高僧罗伊的铭文》第一次证明了高僧的职务由儿子继承。罗伊生于美楞普塔时代,从他父亲那里继承了高僧职务。罗伊的父亲罗姆生活于拉美西斯二世时代,必定是伯克尼孔苏的继承者,而罗伊的儿子也名为伯克尼孔苏,又继承了阿蒙高僧的职位。㉕

在拉美西斯二世时代,我们还看到一个特殊的现象,那就是在法老的第 46 年的一次审判中,审判官 10 人中有 9 人都是神庙的僧侣,包括阿蒙第一先知在内,仅有一个是胡伊市的会计书史。

第 20 王朝拉美西斯三世时期,虽然力图维持帝国的霸权,但也只能是帝国的最后的荣华。拉美西斯三世、四世为了维持和巩固自己的政权,取得僧侣的支持,也大量向神庙捐赠财物和人力。法老向僧侣捐赠财物、土地、奴隶,从古王国以来已形成了传统,而在新王国时代随着大规模的对外战争,对僧侣的捐赠不断扩大。第 18 王朝的图特摩斯三世在他统治的第 23 年远征西亚后,一次便赠送给阿蒙神庙 1578 个叙利亚奴隶,金银等金属和宝石,特别是还有叙利亚的三座城市。在第 20 王朝时代,拉美西斯三世在底比斯兴建了寺庙五座,被确认的至少有三座,其中在卡纳克的有两座。拉美西斯三世在第 32 年还为阿蒙神庙捐赠船舰,并配备航行人员和武装。他说:"我为你建造了沿海[航行]的海船、巨舰和货船,有弓箭手和他们的武器。我给它们配备弓箭

手长官和舰长,配备以无可数计的水手,使之能通过水路,把腓尼基、亚细亚各国的财富运到强大的底比斯,以充实你的巨大的宝库"。㉖与此同时,还捐赠几十万头牲畜的牧场和几十万个葡萄园,以及其他的财富。拉美西斯四世为了解决各神庙建筑所需要的石材,组织了 8300 多人远征哈马马特采石场。特别重要的是,在拉美西斯四世时编制而以拉美西斯三世名义发表的、法老赠送神庙财产的清单,即所谓的《哈里斯大纸草》。《哈里斯大纸草》分别列举了底比斯的阿蒙神庙,赫利奥坡里斯的拉神庙,孟斐斯的普塔神庙以及其他一般的小神庙的财产统计数字。现将布雷斯特德绘制的神庙财产清单表列举如下㉗

表 19　神庙财产表

| | 底比斯 | 赫利奥坡里斯 | 孟斐斯 | 一般小神庙 | 共计 |
|---|---|---|---|---|---|
| 人 | 86486 | 12364a | 3079 | 5686b | 107615c |
| 大小牲畜 | 421362 | 45544 | 10047 | 13433 | 490386 |
| 园圃与丛林 | 433 | 64 | 5 | 11 | 513d |
| 田地 | 864168¼ 斯塔特 | 160084¾ 斯塔特 | 10154 斯塔特 | 36012 斯塔特 | 1070419e 斯塔特 |
| 船舶 | 83 | 3 | 2 | 无 | 88 |
| 手工作坊 | 46 | 5½ (原文如此) | 无 | 2 | 53½ (原文如此) |
| 埃及城镇 | 56 | 103 | 1 | 无 | 160 |
| 叙利亚和库什城镇 | 9 | 无 | 无 | 无 | 9 |
| 城镇总计 | 65 | 103 | 1 | 无 | 109 |

a. 纸草为 12963　　b. 纸草为 5811
c. 纸草为 113433　　d. 纸草为 514　　e. 纸草为 1071780

从《哈里斯大纸草》的记载来看,底比斯的阿蒙神庙财产最多,也是最富有的。其次是赫利奥坡里斯的神庙,再次是孟斐斯的普塔神庙。此外也有人对阿蒙神庙的财力、人力、牲畜等财产做了统计和对比,指出:埃及全国的神庙拥有 113,000 名奴隶,可能占有全国的人口 1/50 乃至 1/80。也就是说神庙最多占有人口的 2%，可是却掌握了将近 750,000 英亩的耕地。所以，全部耕地的 1/7 即 14% 归神庙所有，其中还不包括小神庙的耕地 1.5%。此外各神庙还有 490,000 头牛，88 只船队，514 个葡萄园和果树园，53 所造船场和工场。在埃及本土领有 160 座城市，国外有 9 座城市，掌握有 10,000 平方英里以上的土地及其居民。另外，还加上 71,000 卷麻布、近 427,000 只水禽、近 354,000 只鹅、2382,000 多袋水果、5279 多袋谷物、6262,000 多块面包。㉘还有人统计，神庙占有的居民占全部居民的 6%，而占有了当时的耕地的 10%。㉙上述的统计数字的比例有出入，并不一定完全准确，而且纸草本身破损很大，但是至少可以初步领略一下僧侣集团的实力。神庙雄厚的财富资源，特别是阿蒙神庙僧侣集团控制了多于其他神庙几倍甚至几十倍的财富，足以左右其他神庙，甚至可以与国王相抗衡。

在拉美西斯三世和五世时担任高僧职务的拉美斯奈克特，一直延续到拉美西斯九世时代的初期。拉美斯奈克特在这个期间利用一系列的联盟和联姻关系，把阿蒙第二先知、第三先知和第四先知高层领袖和底比斯市长及其他显贵人物笼络在一起，扩大自己的权势。在拉美西斯九世的第 10 年以后，阿蒙高僧的职务被拉美斯奈克特的儿子尼萨蒙和阿蒙霍特普所继承。

在第 20 王朝末期，僧侣与王权的斗争尖锐化。高僧阿蒙霍特普仰仗他们家族的势力，在卡纳克神庙把自己描绘成法老一样的人物，结果被拉美西斯十一世流放充军，类似于一场内战。库什总督皮安希奔波于底比斯远到哈尔戴进行调停。㉚另一个拉美斯奈克特可能由此而继承了高僧职务，一直到拉美西斯十一世的第 19 年前些时，那时一个强有力的人物荷里霍尔担任了高僧。

阿蒙神庙高僧荷里霍尔的出身不详，或许是利比亚家族的后裔，也有人认为他是从军队中提拔上来的，之后担任了高僧职务。荷里霍尔力图扩大自己的势力和影响,在卡纳克的孔苏神庙墙壁上,装饰绘画得自己宛如法老一样,暗示他已控制了上埃及的管理权,而且采用了先前新王朝建立者所使用的术语"复兴",表明自己的意图。荷里霍尔又以努比业总督和将军的身份掌握了上埃及和努比亚的军队。所以,他肩负宗教和世俗统治的双重任务,在晚后的历史上成就一番大事业。

拉美西斯十一世作为法老虽然保持了国王的权威,但在实际上已经失去了任何权力。阶级斗争削弱了王权统治;对外政治失利,埃及帝国的威信扫地。《温阿蒙出使记》充分反映了西亚国家对埃及的蔑视。拉美西斯十一世统治了 20 多年,但是到他去世时,他的陵墓才开始准备而没有完成。

除了高僧、国王外,还有一个重要人物是三角洲的地方贵族斯门德斯,他以行政长官的身份管理培尔·拉美斯以北的三角洲地方。

在拉美西斯十一世的末期,埃及事实上已形成了拉美西斯十一世、荷里霍尔和斯门德斯相互制约的"三头政治"。在公元前 1085 年,拉美西斯十一世去世后,"三头政治"的均衡被打破,埃及被荷里霍尔和斯门德斯所瓜分。维持了近 500 年的庞大埃及帝国,随着第 20 王朝的破裂而崩溃了。

# 第九章　新王国时代社会经济和文化的发展

新王国时代揭开了埃及史上最光辉灿烂的一页。新王国时代的政治、经济与文化,在古王国、中王国时代的基础上发展到了一个新的阶段。特别是随着埃及对外战争的不断胜利,确立了帝国的霸权,形成了奴隶制大帝国全面发展和繁荣昌盛的景象。

## 第一节　生产力的发展与社会经济关系的演变

### 一、生产力的发展与社会经济生活的繁荣

如果说,中王国时代埃及进入了青铜时代,那么新王国时代的埃及则处于青铜时代的发展期。在新王国时代,埃及发展成为一个奴隶制的大帝国,国内大兴土木,社会经济生活全面发展起来。

*农业、牧业、渔业的发展*

新王国时代的社会经济生活中,农业仍然是一个最重要的部门。埃及农业生产中,基本的作物还是大麦和二粒小麦。谷物生产是人民生活的主要来源。在第 18 王朝的私人墓的壁画上,我们常常可以看到农民从事播种、耕作、收获、打谷、簸谷、运输和贮藏谷物的场面。亚麻作为织布的加工原料,也是田野中种植的主要作物。在戴尔美迪纳的底比斯 1 号墓的壁画上,描绘了塞提一世时代森尼杰姆及其妻收割麦

穗,以及种植和收割亚麻的情景。①蔬菜和水果构成了埃及人每日食物中的不可缺少的部分,因而大量劳动者从事菜园和果园的园艺劳作。古埃及人除了食用野菜外,在园艺生产中,不论古代和现代,蚕豆是必不可缺少的蔬菜作物。椰枣在食物中也显示了它的重要地位,或许比其他任何种类的水果还多。椰枣-棕榈在果园,甚至在河边也生长。还有一种重要的园艺作物是葡萄,它除了直接食用外,还可酿酒。埃及各地分布有大量的葡萄园。据《哈里斯大纸草》的记载,法老捐献给阿蒙神庙"无数的葡萄园",在北方"其数有几十万"。②此外,还有无花果、石榴等。这些水果都是古代更早时期保留下来的品种。新王国时代,由于对外关系的发展和交流,引进了苹果、橄榄、西瓜、甜瓜等新品种。③到了托勒密时代,还有桃子和梨等。尼罗河的环境非常有利于水果的生长。

树木的栽植包括埃及榕、柽柳和刺槐等。这些树林除了提供木材外,还用于木器加工和建筑工程。

在新王国时代的园艺生产中,一个重大的改善就是沙杜弗的发明和应用。所谓"沙杜弗",通常译为"桔槔",人们在河边或水渠旁架上杆捍吊水桶,把低处的水扬到高处,浇水灌溉,以代替先前的挑水灌溉的落后技术(见图 58)。

虽然,埃及是一个农业国家,但是,牲畜的饲养并未排除在经济生活中的重要性之外。

埃及畜牧业的发展不仅表现在饲养大群的菜牛、绵羊、山羊和驴子,而且也有羚羊和其他反刍畜群,它们是从尼罗河谷西侧荒凉地带被引进的。马的饲养从新王国时代开始由西亚输入。通常认为,三角洲是主要的放牧区,适于大量饲养山羊、绵羊。猪也是被饲养的一种主要家畜,在居住地的遗址中,经常发现猪的骨头。家禽的饲养是农民家庭的一项重要生产活动,包括鸭、鹅、鸽子等。④

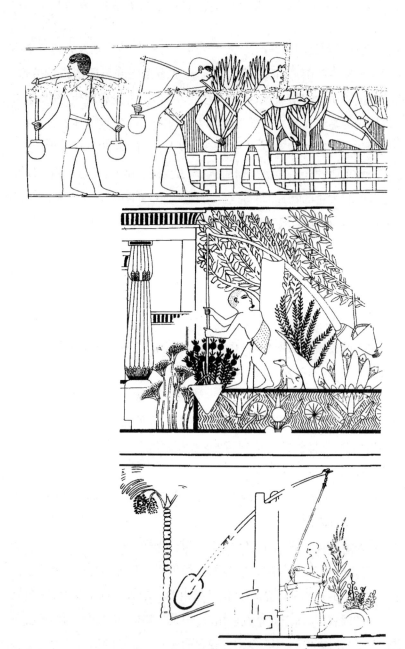

图 58　田园灌溉(下两图为沙杜弗)

　　捕鱼业,除了个别地方对鱼有特殊的崇拜外,一般农民还是把捕鱼作为生活来源之一。希罗多德说:"他们吃生鱼,或是太阳晒干的鱼,或是盐水腌起来的鱼……;所有其他各种禽类以及鱼类,除去埃及人认为是圣物的以外,则都是烤了或是煮了之后才吃的。"⑤

　　**手工业和矿业的发展**

　　手工业方面,包括金属、农作物的加工,建筑工程、采矿和矿产加工等。如前所述,在新王国时代,埃及进入青铜时代发展期,青铜器的冶炼技术有了显著的进步,发明了脚踏风箱代替先前的用管子吹气鼓风熔炉的办法。在底比斯第 18 王朝维西尔莱克米尔墓的壁画上(见图59)描绘了两人分别脚踩两只风箱鼓风(下左),另两人操纵坩埚(上左),还有人把融化的金属灌入一些模子中(中间)。⑥这幅图似乎表明工匠在为神庙制作青铜门,有两扇门已经展示出来(右上)。图上铭文说到图特摩斯三世为阿蒙神制作纪念物。

图 59　铜器的冶炼与加工

　　虽然,青铜生产已经发展起来,但是,铜和青铜的价值还是比较贵重,所以,在新王国时代,人们仍然继续使用燧石的刀子和木柄的燧石刃口等原始的器具。

　　玻璃制造业发展成大规模的手工业生产。大约在公元前 1500 年,玻璃制造业被引进埃及,可能是西亚发明之一。第 18 王朝一些玻璃器皿和小型玻璃工艺品流传到了现代。

　　纺织业方面,大约在第 18 王朝中期出现了立式织布机,代替了先前二、三人操作的卧式织布机。除了编制特别宽的织物外,新式织布机只需一人操纵。

　　上面提到的莱克米尔墓中的壁画还描绘了木工、制革工、砖工的生产过程和情景。

　　工程建筑在新王国时代的手工业生产中,尤其占有重要的地位。新王国时代大兴土木,大规模的建筑王宫、寺庙,有成千的石匠、砖匠、泥水匠参与工作。

　　除了手工业工艺外,矿业生产在新王国时代也显得比先前时期更为发展。在这个时期,金矿得到了充分的开采。黄金出产地位于尼罗河和红海之间的科普托斯和努比亚地区。埃及人讲的“科普托斯沙漠的黄金”“瓦瓦特的黄金”“库什的黄金”,或许指明了埃及的三大金矿区。黄金生产,也包括从亚细亚掠夺或进贡来的黄金是古埃及的最重要的产品和财源之一。但是每年的黄金产量还不清楚。《图特摩斯三世年代记》记载了库什在 6 个不同年代中和瓦瓦特在 4 年中交付的黄金总额,库什在那个时期似乎每年平均产量约 15 公斤,而瓦瓦特约248 公斤。科普托斯地区产量不知,但有人想象,它比努比亚高些。⑦图特摩斯三世在他统治的整个过程中,曾经给予卡纳克神庙总计 152,107德本,约 13,840 公斤以上的黄金,如果加上不知什么理由单独提到的“阿姆的黄金”613 德本,那么合在一起 152,720 德本或约 14,000 公斤。此外,再加上现金和戒指一类,总计可能至少 15,000 公斤。⑧但是,从《哈里斯大纸草》的记载来看,拉美西斯三世时代,捐赠给卡纳克神庙的黄金物件总计 92.7 德本,而其他的神庙合计共 2464.6 德本。根据纸草记载,全部神庙所得到的黄金合计在一起是 2557.3 德本或 232.7 公斤。至今我们还得不到黄金的可靠的年产量数字。⑨白银的产量相对不足,有人证明黄金对白银的比率为 1∶2,但是,也有人认为,黄金对白银的比率为

2：1，或者 5：3。⑩

铜矿开采也十分重要，因为它是最经常被使用的矿产。新王国时期，西奈的铜矿生产并不多，主要是在东沙漠地区，但产量完全不知。有人提出，东沙漠的生产与西奈的生产一起可能是足够的，然而有充分的证据证明铜矿还从亚细亚和塞浦路斯输入。⑪新王国时代，铜作为一般的价值尺度，并不稀有。从各种买卖契约中可以看到，少许的铜出现在商品交换中。为墓地工人配备的工具中，有大量的铜工具，这些工具都是法老所有的，并且被小心地注册，这也表现了铜的重要价值。

在第 19 王朝时期，银子价值明显下落，与铜比较起来，从 1：100 至 1：60。⑫但是，这也可能是铜的使用价值的增长。

商业、交换与价值尺度

农业、手工业的发展，促进了商业的繁荣。《鲍拉克纸草》记载，出售肉、葡萄酒和面饼的似乎是批发的商人。非常可能，产品来自神庙的祭品，而购买和消费食物的人可能是富裕阶层，因为葡萄酒和肉不属于劳动阶级每日的饮食。卢浮宫 E3226 纸草记载了谷物对椰枣的交换属于王家谷物部门的商人，这是一个国家商业的例子。此外，它证明政府不是局限于征税以取得物品，还需要在官员中再分配。但是国家是否垄断贸易，还不能断定。法老可能允许扶植神庙的甚至个体的商人。不过，还缺乏私人贸易的明显的证据，但是国外的贸易已被证明由王家袭断。因为外国人总是带着他们的"贡品"来到埃及，实际上是官方的贸易，而政府官员充当经济人。⑬

与商业贸易有关的是货币的问题。硬币在当时还没有发展起来，人们之间仅仅存在着一种简单的交换体系。通常承认的交换的媒介物是：金、银、铜和谷物。其他的交易物品能够用这样一些正确的和一致的"公正度"来定价。⑭金属的价值通常用重量表现，其使用单位为德本，大约等于91克的重量；它的 1/10 凯特（9.1克）重量等于 1/12 德本(7.6克)的重量。有的学者把它称为"钱币",因为它是一块圆形的金属,可能有一个铭刻指明它的"重量"或"发行的官方的名字",也可以说是"实际的硬币"。⑮

在新王国期间,黄金与白银的价值比率为1∶2或2∶1,而铜仅仅具有银子价值的1/100,通常以德本为单位。2德本的铜又等于1卡尔1袋(2蒲式耳)的价值。在18王朝,8个"硬币"(2/3德本)银子,或者在其他的相当的货物的条件下,能够买到1头公牛或母牛,或者男性奴隶4天的服役。6"硬币"可买一头小母牛或3阿鲁拉(2英亩)的(贫瘠)土地。3½"硬币"等于一件优质的亚麻衣服。而在新王国更晚些时,衣服被估价在13¾—20德本的铜,一件紧身衣为5德本的铜,一头牛犊是30德本的铜,一等的公牛是130德本铜。⑯

银子也常常被使用,在商务公文书中,"银子"(hd)一词具有一般意义的"支付"也许甚至作为"货币"而使用。在19王朝早期,1个叙利亚奴隶女孩价值4德本1凯特银子,但是用6个青铜器皿、10德本铜、15件亚麻外衣、1件寿衣、1件毯子和1个壶支付。⑰

上述事实证明,在生产力发展的同时,商品交换也有了较大的发展,社会经济生活显得繁荣而丰富多彩。

## 二、奴隶制的进一步发展

埃及是否存在奴隶制,奴隶制在社会生产体系中究竟占有什么地位? 这些问题常常引起人们的争论。究其原因,在很大程度上取决于表示奴隶概念的术语多种多样,以致人们往往难以分辨其不同的意义。所以,同样一个术语,如"麦尔特"mrt,有人译为奴隶,而有人译为农奴。

### 新王国时代的奴隶术语

在新王国时代,涉及奴隶的术语,有的属于先前时代保留下来的,并继续用于新王国时代,或者在某种意义上有些改变;还有一些属于新王国时代前后出现的,同样是表明奴隶概念的新的术语。下面主要根据贝克尔的研究,将新王国时代流行的有关奴隶的术语作些概括和说明。当然,其中有些术语究竟是否表示奴隶还是有争论的。

拜克 b³k(b³kt):可以译为"仆人""召使"等。拜克一词通行整个古埃及历史时期。在拉美西斯时代,拜克作为包括赫姆在内的奴隶用语而被继续使用。

赫姆 ḥm(ḥmt 女性):虽然这一术语出现于古王国时代,但是主要是用于中王国至第 22 王朝时期,特别是流行于新王国时代。赫姆主要来源于战争或对外贸易,法老常常把他们捐赠给神庙,或者奖励有功者。他们多数隶属于神庙、仓库、私人农场,而女性多用作王家墓地上的供物捧持者。有人把赫姆 ḥm 译为"奴隶",但也有人译为"仆人"。应该说,他们的奴隶身份毋庸置疑。但是值得注意的是,一个叙利亚的赫姆被买卖,另一方面,有的赫姆还占有土地,有权出卖自己的土地。

麦列特 mr(y)t:"下仆""织工",与古王国时代不同,主要是属于神庙所有,从事纺织、农耕、圣餐饮地的农作。新王国时代的原文把麦列特看成是 iḥt("财产"),而且主要从俘虏中补充。可见,在新王国时代他们社会地位的日渐低下。[18]

麦尔特 mr(t):"家仆""织工",属于神庙领地和个人的家仆、家婢,还有的人从事纺织工作。在新王国时代,麦尔特与麦列特混用,但是,从他们与神庙私人关系以及其工作性质来看,他们能够被转让和占有,可以看作为"家内奴隶"。[19]

塞姆德特 Smdt:其意为"农奴"(奴隶)、"劳动者"或"部员"等,隶属于神庙地产、墓地、各种农场及个人。《哈里斯大纸草》上的金细工、银细工、铜匠、捕鸟人以及造船、纺织亚麻者都属于 Smdt。

杰特 dt 与尼杰特 nd(y)t:据有关资料来看, dt 和 nd(y)t 都起源于象形文字 ⌇ "身体",因此,是"自己"的意思,属于个人的财产,主要从事家务,与主人及其家族关系密切,而且男女都服务于与丧葬有关的事情。这些术语主要用于中王国时代,从新王国时代以来,尼杰特nd(y)t 不同于杰特dt,似乎指定被征服的外国的自由的与不自由的人。⑳

伊互梯 iḥwty:农场劳动者,是奴隶从事的职业中最普遍的一种,与一般的劳动大众相对立。这种农场劳动者全部由奴隶构成,是实际从事农作的人。托特神庙所属的叙利亚奴隶被称为伊互梯。有的文献记录了领地有两名伊互梯逃亡。㉑

新王国时代奴隶的来源与应用

新王国时代的奴隶制,比起先前的任何时期的发展都显得充分,究其原因在于新王国时代常年的大规模的战争,而战争俘虏是奴隶的主要来源。第 18 王朝图特摩斯三世时代,在他个人执政的 20 年中,先后发动了 17 次远征西亚的战争。在第一次远征中,他就在美吉多捕获了 340 名"活着的人",在黎巴嫩 3 座城市中共捕获男女奴隶及其小孩 1796 人。在第 17 次,即最后一次的远征中,在卡叠什捕获了 691 人,不明地区贡献的奴隶 295 人。据《图特摩斯三世年代记》在他的总共 20 年的对西亚战争中,累计捕获了 2030 人,男女奴隶 2633 人……480+×人,首长 47+×人,王子 87 人,王妃 30 人,投降者 103+×人,合计 5410+×人,贡献奴隶 2543+×人,尼格罗系列贡纳奴隶 278+×人,合计 2821+×人。总共至少掠夺了自由的和不自由的战争俘虏 8231+×人。㉒阿蒙霍特普二世在其统治第 2 年,远征巴勒斯坦的列腾努的战斗中,捕获了贵族 550+×人,他们之妻 240 人。㉓在其统治的第 9 年,据《孟斐斯石碑》记载,捕获列腾努统治者 271 人,其兄弟 179 人,阿帕鲁 3600 人,沙苏(贝都因)15,200 人,叙利亚 36,300 人,拉沙 15,070 人,其亲属 30,652 人,合计 89,600(实应 101,218)人。㉔阿蒙霍特普三世远征努比亚的塞姆纳铭文提到,在一次战斗中,捕获努比亚人 150 名,战士 110 名,努比亚女人 250 名,努比亚奴仆 55 名,其子女 175 名,总计,活的人 740 名,如果再加上他

们的"手"312 只,那么,共计 1052 人。㉕第 20 王朝拉美西斯三世第 1 次
远征叙利亚杀死了敌人 12,535 人,捕获了至少 1000 人。他的第 2 次远征
叙利亚,杀 2175 人,捕获了 2052 人,其中 558 人是女人和小孩。㉖

掠夺奴隶是埃及对外征服的一个重要的目标,法老每次战争掠夺
来的奴隶,主要是在王室、寺庙经济中使用,或者是部分用于奖励有功
的军官和战士。

在王室经济中,主要是王室土地上,农场和手工作坊都有国王所有
的奴隶。但是,有关王室土地利用战俘奴隶的直接记录却很少。掠夺
来的奴隶相当大的一部分捐赠给神庙,而且,在神庙中,尤以阿蒙神庙
占有的奴隶最多。在第 20 王朝拉美西斯三世的 30 年间,赠给各神庙
的战俘奴隶的数目和比率如下:底比斯阿蒙神庙 86,486 人＝79.9％,赫
利奥坡里斯神庙 12,364(12,963)人＝11.9％,孟斐斯 3079 人＝2.84％。
其他地方的各神庙 5686(5811)人＝5.35％,总共 107,615(113,433)人。㉗

此外,法老把战俘奖给官吏和战士的大有人在。据《桡夫长阿赫
摩斯传》记载,阿赫摩斯在阿发里斯战斗中获得战利品有 1 男和 3 女,
"陛下把他们给我作战利品"。在镇压努比亚的两次战斗中先后共得 8
名奴隶,一生总共在战场上立功获得了 19 名男女奴隶。

但是,战争俘虏也并非全部充作苦役的奴隶。俘获的海盗——舍
尔丹人被用作国王的卫兵。还有些努比亚-麦德查人,他们往往被收编
为职业的兵团和沙漠警察。

除了战俘奴隶是奴隶的主要来源外,还有家生奴隶,但埃及的家内
奴隶与古典世界不同。至今还没有公文书给我们证明男女两个奴隶之
间的婚配,仅仅记录了配偶中一个是奴隶,而另一个是自由人。这是因
为两个奴隶之间的婚姻不被承认,而只能是同居。有一篇文献涉及女自
由民与男奴隶结婚。图特摩斯三世时的国王理发师塞巴斯特告诉他们:
"这……奴隶属于我……我获得他是由于我的强有力的臂……我曾把我

的侄女尼比塔嫁给他成亲,而她与[我的]妻子和(我的)姊妹同样分享。"㉘这是说明自由女人与奴隶结婚,仍然是保留自由身份的。子女的身份通常由母方的地位、身份来决定的。而女奴所生之子女基本上继承奴隶的身份:赫姆特 ḥmt 生出的子女为赫姆或赫姆特(《迪德索布克石碑》);杰特 dt 生出的儿子一般为杰特(开罗纸草 20,161)。㉙如果在主人的许可下,女奴隶与自由人结婚,她便可以获得解放,而她所生的孩子亦可成为自由人。第 20 王朝时期,一个名为涅布涅菲尔的骑兵长官,收养了名为狄纳哈托利的女奴,她生了一男两女,共三名子女,这些子女与主人的子女同样作为"兄弟或姊妹",而"根本不是作为奴隶"(b³kw)。㉚

债务奴隶是奴隶的又一来源。所谓债务奴隶,通常是由于债务关系或因生活困难而把自己让渡给某个主人,即成为债务奴隶。债务奴隶通过为主人服役可以免除债务。而债务契约有一定的期限,到期可以改变这种关系。债务契约包括时间、顶替债务的确认、内容、金额等。

最后,还有一种奉献奴隶。请愿者为了保证自己的安全和健康,避免人间的灵魂、妖魔、死者和疫病的缠身,求得诸神的保护,把自己的所有财产和自身奉献给神庙,为神庙服务。这种奉献奴隶一般称为拜克 b³k。

从前面的各类不同术语的奴隶身份来看,他们通常是在王室、神庙的领地或作坊中从事农业、手工业劳动,也有的在贵族或私人家庭中从事生产或家务劳动。除了少数奴隶能够被解放外,多数奴隶是作为主人的财产而存在,当然是处于社会的最下层。

奴隶的买卖与租用

奴隶除了通过战争掠夺外,他们还通过交易而被买卖。开罗纸草 65793 和迈尔纸草 A 证明,在新王国时代,叙利亚女奴隶每个被卖为 $4\frac{1}{10}$ 和 4 德本银子,而不列颠纸草 10052 记载一个男奴隶为 2 德本银子。㉛这些奴隶买卖的价格,实际上是用各种物品折价换算而成的。如开罗纸草 65739 记载的购买奴隶用寿衣(定价 5 凯特银子)、毯子(定价 3½ 凯特银子)、青铜器皿(定价 18 德本银子)等作价支付,共计 4 德本 1 凯特银子。㉜

奴隶不仅像商品那样被买卖,而且可以出租或被雇佣。牧民摩塞档案中保留了租用女奴隶的契约:阿蒙霍特普三世的一个王家牧民把女奴隶赫努特租给摩塞两个工作日,后来又租给他四个工作日,而摩塞则用谷物、山羊和白银等支付。另一件摩塞档案又记载了租用女奴隶赫努特两个工作日,而这两天的租金用青铜器和衣服支付,显然是交给女奴的主人。契约特意提到,如果"女奴在这两天生病不能工作就得加倍偿付"。㉝

奴隶被买卖、租用,说明了他们的低下的社会地位,但是,也有少数的奴隶被解放而改变了自己的地位,成为自由人。还有的奴隶虽然没有被解放,但是可以占有一定的土地财产,独立从事生产,并有自己的家庭经济,也可以称为授产奴隶。《威尔伯纸草》列举了僧侣、书吏、女市民等占有的神庙土地外,还有与他们并列的奴隶,这些奴隶与自由人同样占有一定数量的神庙土地。这种土地都是独立经营,但以承担一定的租金,向神庙交纳租税为条件。经营这类土地,不论自由人和奴隶都可以父子继承。在《威尔伯纸草》的第 228 节中记载:"81.45 田丈量给阿伊,僧侣,已死,在(他)孩子手中,5;没被注意到。"这里所记的是阿伊,已死,阿伊租用神庙的土地也就转到他的孩子手中。与此相类似,还有一处记载:"81.46 丈量给涅布涅菲尔,奴隶,已死,在(他)孩子手中,5(?)阿鲁拉 1¼ 谷物标准 1¼。"㉞这里提到了租用神庙的土地的奴隶,他的孩子继续租用,并交付一定的谷物。这些史料证明,某些奴隶可以和自由民一样,租用、占有神庙土地。

**图 60　舞蹈伴奏**

　　还有一种值得注意的，与此有关的现象就是，奴隶具有自己的土地，而且可以买卖。开罗石碑 $\frac{27}{24}\Big|\frac{6}{3}$ 记载："至于我，市民舍德斯，我的一个奴隶（ḥm）对我说，'照顾我，让我活着，你将获得属于我的土地。不要让我把它给予（或卖给）另一个不认识的人'。她给了我 $1\frac{1}{4}$ 凯特的土地。"还有一个市民塔阿的声明，她说："就我而言，我的一个奴隶塔比斯对我说，'我在贫困中，你把一些东西给予我，而我将把与我在一起的属于我的土地放弃，不要把它给予（或卖给）某些另外的人'"。㉟上述文献证明，奴隶有自己的土地，有自己的独立的经济，由于贫困而被迫出卖土地。

　　上面列举的《威尔伯纸草》和《开罗石碑》，都记载了奴隶占有一定的土地，这些奴隶都称为赫姆，但不同的是，前者提到的赫姆占有的土地是神庙的土地；而后者的是奴隶私人的土地，所以，后者的土地既可以继承，又可以买卖。他们占有一定的数量土地，自己独立经营，在经济上具有一定的独立性，但在实际上仍然依附于奴隶主，所以，这种现象是奴隶制发展中的一种特殊的形式。如果说，两者之间有区别的话，可以说，一种是国有的奴隶，一种是私有奴隶。类似的现象，在古典世界同样可以找到说明。

关于奴隶的数量问题

所有上述现象,都证明了奴隶制在新王国的发展。但是究竟发展到了什么程度,奴隶究竟有多少? 还难以确切地说明。我们仅仅知道,在新王国末期,全部神庙的奴隶总共约 10 万人,而据前面的统计,它占全国人数的 2%。按照神庙奴隶数来推测,全国的奴隶,不论是国有的,私有的,绝不会超过人口的 10%。如果按《剑桥非洲史》的统计,新王国时代晚期,埃及全国人口达 290 万人至 450 万人,㊱那么,奴隶人口占全国人口的比率,远远少于上面的比例数字。有的著作认为,在"新王国时代一个牧人至少有一名男奴隶和两名女奴隶。""从新王国以来,文献表明数字大概两人或一人,但在都灵纸草 2021,Ⅲ,1—2,其数目与小孩在一起达到九人。"㊲显然,这个估计是过高的。当然,我们也并不否认,作为新王国时代奴隶制发展的特征之一,就是一般私人奴隶的相对增加,牧人、手工匠、门房、水手、商人、歌手、僧侣等普通埃及人也往往占有奴隶。新王国文献中,常常可以看到不同职业的普通人可以占有几名奴隶,或者租用奴隶。如桡夫长先后得到了 19 名奴隶。国王的一名理发师从战场上得到了一名奴隶,后来把奴隶释放。一个女市民从商人那里买下了一名叙利亚女奴隶。㊳部分普通人,(不是所有的)能够占有一、二名,甚至三、四名,或更多些的奴隶,说明了新王国时代奴隶制的进一步发展和一定程度的普遍化。

## 三、土地制度及其表现形态

土地制度及其不同的表现形态,体现了社会的所有制关系,所以,研究这个问题与研究奴隶制具有同样重要的意义。但是,这些问题在埃及学的研究中相对不足,还存在不少难以说明的问题。

研究新王国时代的土地制度,除了《哈里斯大纸草》外,还有一个更重要的文献是《威尔伯纸草》。《威尔伯纸草》是第20王朝拉美西斯五世时期,对法尤姆至米雅赫为止约140公里长的一些地区的神庙和王室土地测量的记录,其中包括了土地所有者和佃耕者的姓名、身份、租佃土地的数量和应缴纳的租税数额等。这些材料为我们研究新王国时代埃及的土地制度、赋税制度,以及奴隶制度等问题提供了重要的依据。根据《威尔伯纸草》,我们可以把公有土地分为神庙领地、王室领地、佃耕地等几部分。

　　神庙领地㊸

　　《哈里斯大纸草》记述了各神庙每年的收入和谷物的贡纳以及拉美西斯三世时代各种财产和土地的总数。《威尔伯纸草》也适用于《哈里斯大纸草》,分成4个神庙群,即底比斯、赫利奥坡里斯、孟斐斯及其他的地方小神庙群。这些土地完全是官僚组织管理,由奴隶至先知等各个阶层的众多佃耕者经营。神庙领地是僧侣集团的集体所有地,它不同于王室土地。神庙土地有其独立的收入,除特殊例外,一般要向国家纳税。神庙土地大致分为3大类土地经营。

　　直接经营地:《威尔伯纸草》记载的全部297个项目中,直接经营地156项。直接经营地在底比斯的阿蒙神庙中,是由阿蒙神庙第一先知(僧侣长)之下的管理人员管理,其中包括:阿蒙神庙管理官、谷仓管理官、圣牛管理官、无记名诸官员的中央管理人,作为现地支配人的书吏、"卢德"管理人(阿蒙神庙)、阿蒙神庙第一先知、登记所管理官等。在赫利奥坡里斯神庙群中,有赫利奥坡里斯的拉·哈拉凯悌僧侣乌尔玛克之下的"卢德"管理人。孟斐斯神庙中的普塔神庙的先知、圣牛管理官的中央管理人。地方神庙群中也有先知、圣牛管理官等中央管理人。这种直接经营领地,还包括作为法老的雕像的领地、拉·哈拉凯悌神圣戏剧用的领地。一般的直接经营领地是规模小的区划(1阿鲁拉至80阿鲁拉)的集合体,在地理上范围较小。

佃耕地：佃耕地分为一般佃耕地、诺姆支配地、修姆地和牧草地等。

一般佃耕地包括大神庙附属的小神庙领地、附属的礼拜堂领地、地方神庙领地。卡纳克的阿蒙神庙的拉美西斯二世大多柱厅附属礼拜堂领地、郝列姆赫布礼拜堂领地、穆特神庙领地、美楞普塔庙领地、阿拜多斯的奥西里斯神庙领地、塞提一世葬祭庙领地，以及各地方神庙的佃耕地都属于这一类土地。

所谓诺姆支配地，涉及上埃及第 18—20 诺姆的范围内的四个区域。当然，《威尔伯纸草》划分的区域与诺姆的区划并不相同。诺姆支配地是底比斯神庙群、赫利奥坡里斯神庙群、孟斐斯神庙群所属的大神庙的全部的佃耕地。这份纸草所记的其各自管理的中心地是第 17 诺姆的首府希诺坡里斯；第 20 诺姆的首府赫拉克利奥坡里斯·玛格纳；第 22 诺姆的首府爱富罗底德坡里斯等。

修姆(šmw)地，作为圣餐领地的一种，是为神庙要员供应谷物而占有的土地，属于地方神庙群的佃耕地，唯一例外的是底比斯神庙群的拉美西斯四世葬祭庙。

牧草地是作为圣羊和白山羊饲料用的领地。不论大神庙所属的或地方神庙群所属的牧草地，都由神庙的特别要员掌握。所属的圣牛是在圣牛管理官的监督下，而饲料是由这个领地中支出。但是这种管理与其所属的神庙是否完全脱离还不明确。

相关支配地：作为神庙直接经营领地的耕作人，其他神庙的佃耕地的佃耕人，占有同一场所同样大的农耕地，在同一农场而分属为两个神庙的土地登记的情况下，从直接经营地中拿出一定比例的谷物给佃耕地。

王室领地⑩

王室领地由法老船场地、法老农场、法老警卫地、法老矿山地、法老国库地、王妃地和后宫地等构成。

法老船场地有直接经营地和佃耕地两种，在地方都市市长管理下。

法老农场地是法老船场地所属的佃耕地。

法老警卫地包括佃耕地（涉及到佃耕者 50 例）和直接经营地（18 例）。它的直接经营地是在收税长官、地方都市市长、地方神庙的先知、后宫管理人等管理下。《威尔伯纸草》涉及这一部分有 65 例，是非常大的领地。法老矿山地类似于法老警卫地，直接经营，而没有佃耕地。

法老国库地是直接经营地，《威尔伯纸草》上其小标题为北方巴巴利亚绿洲驴马饲料用地，而国库的白山羊饲料用地则是佃耕地。

王妃地包括直接经营地（3 例）和佃耕地（1 例）。后宫地有孟斐斯后宫地 3 例，直接经营地等，在地方都市市长、圣牛管理官等的管理下。

### 租佃地[41]

《威尔伯纸草》记载了直接经营地上的隶属农民的管理机构和租佃地的佃耕，加德纳把佃农作为土地所有者的一种。租佃地的土地占有者——佃农包括男女各阶层。《威尔伯纸草》所记的男女佃农 131 例，这里涉及到男性佃户，还有他的妻子和兄弟姊妹，同时也暗示了双亲死后，他们的子女分享和继承这种权利。

涉及到租佃耕地的人有马夫长 195 例、马夫 8 例、士兵 153 例、舍尔丹人 42 例，此外还有王子、大臣各一例，国库监督官 1 例，阿蒙神庙管理官 1 例，其他的佃耕者还有医师、建筑家、铜匠、织工、木乃伊制作人等一、二例；还有比较多的是饲牛者 102 例，"农场劳动者""耕作人"也有许多是佃耕者，有 109 例。还有召使人 5 例，奴隶 9 例。奴隶租佃的土地从 1 阿鲁拉至 24 阿鲁拉不等。据《威尔伯纸草》记载，这些奴隶佃耕者中有一个名为尼布尼斐尔的奴隶"死亡，由他的子女们来耕作"，由此可见，奴隶和自由人同样可以租佃神庙或王室土地，而且他们的子女可以继承佃耕权。

### 私有土地

古代埃及是否存在土地私有制，究竟何时出现了私有土地，似乎还是需要研究的问题。在前面我们已经证明,早在古王国时代埃及已经出现了土地私有制,到了新王国时代,随着奴隶制的进一步发展,土地私有制也有了进一步的扩大。新王国时代土地私有制的发展、扩大,与这个时期的奴隶制的特点相类似,主要表现为中小土地所有者的私有土地制。

先前我们提到的《摩塞档案》,除了租用女奴外,还保留了土地买卖的契约:

"第 2 年,幼芽……月,第 27 日,在这位〔善良的〕……上下埃及之王尼斐尔凯普鲁拉·乌恩鲁拉时代……

这一天,当涅布麦西再次来到牧人摩塞那里说:请给我不论什么样的母牛作为耕地 3 斯塔特的价钱。于是摩塞(给)他母牛,等于 1/2 德本。当着许多证人的面前,在阿赫摩斯本人及其子涅巴蒙面前,在伊切契及其子优凡赫(?)面前,在哈伊本人面前,在涅纳本人面前,由书吏钱契在这一天完成。"㊷这份土地买卖契约与《摩塞档案》中的租用女奴的契约同样是有效的。从这份契约可见,3 斯塔特土地的卖价等于 1/2 德本,但用母牛来交换。这种用牛交换的土地,也就是土地的买卖。所以,这份契约是土地买卖、转移的证据。在这份契约的开头部分标明了土地买卖的时间——阿蒙霍特普四世统治时代;在契约最后部分注明了在证人面前完成了土地买卖的交易,并由书吏起草契约证书。显然,这是私有土地的买卖。

前面我们已经提到,奴隶也占有土地,但是这种土地所有制是什么性质呢?我们知道,《威尔伯纸草》记载的是神庙和王室的土地,不论是奴隶或其他人占有的土地都是属于国王或神庙的财产。但是,《开罗石碑 $\frac{27}{24}\Big|\frac{6}{3}$》记载的奴隶出卖土地,希望主人"获得",而不要把它"给予(或卖给)某些另外人"。奴隶出卖的这种土地,既可以卖给奴隶

主,也可以卖给其他人,说明了这种土地是真正的私有地。另一份土地买卖契约,主要是购买了奴隶的"(7)17(?)诺比亚沙地",用"好东西","黄金"支付。㊸

在《桡夫长阿赫摩斯传记》中,记载了一个普通战士,后来成长为桡夫长,屡建战功,因而得到了黄金、奴隶和大量的土地的奖赏。在《桡夫长阿赫摩斯传记》的最后,总计生前获得的土地是"在伯希的份地。上下埃及之王又给我在赫泽的(这样的)⋯⋯60斯塔特,总计⋯⋯(斯塔特)"。㊹国王奖赏给战士、军官的土地,与获得的奴隶、黄金同样都是私有财产,是真正的私有地。

上面仅就神庙土地、王室土地、租佃地和私有地作为简要的说明,但是新王国时代埃及土地所有制形态,还有不少问题并不是很清楚的,特别是公社土地问题,还难以说明。

## 第二节　新王国时代文化的发展与成就

新王国时代,由于庞大帝国的形成,社会经济的发展,必然带来文化的繁荣的景象。新王国时代,宗教意识,文学和艺术的创作都取得了辉煌的成就,为世界文明的发展留下了丰富的宝贵的文化遗产。

### 一、宗教信仰与丧葬习俗的发展

古埃及的宗教信仰在新王国时代的发展和演变达到了空前活跃的阶段。新王国时代的大规模的对外战争,以及对外关系的密切往来,使得宗教信仰在国际上也得到了交流,而且在很大程度上刺激和影响了埃及宗教的发展。埃及国王不仅在叙利亚、努比亚建立阿蒙神庙,而且引入了外国神灵,在孟斐斯崇拜西亚的巴阿鲁神、列修夫神等。阿蒙霍特普三世法老牙痛难忍,而求助于米丹尼的伊丝塔神。

　　埃赫那吞的改革,排除其他的因素,仅从宗教方面而言,不论其成败与否,毕竟是一个重大的事件,是宗教思想观念发展的一个表现。它为埃及宗教史增添了新内容。

　　在埃及人的宗教意识中,丧葬习俗始终占有重要的地位。新王国时代的丧葬意识与先前时代比较起来,没有太大的变化,但是其习俗却更加丰富多采。新王国时代法老的陵墓,为了安全免遭盗劫,不再在地面上建筑金字塔式的陵墓,而是在山谷中开凿洞窟,采用较隐蔽形式的岩窟墓,而且陵墓与葬祭庙分开在两地。从第18王朝图特摩斯一世起,在底比斯西岸的荒山峡谷的丘陵地,如今称为毕班穆拉克的地方,开山凿洞,建造陵墓,以"帝王谷"而闻名于世。此后,新王国时代的法老们,直到第20王朝,都是埋葬在这里,至今已发掘出62座墓。这类地下墓通常由倾斜向下的通道或走廊、前厅、墓室等构成。与此相匹配的还有埋葬王后、妃子和其子女的所谓"王后谷"。①法老的葬祭庙一般分布在远离帝王谷几公里的临近尼罗河西岸的地方。

　　贵族墓一般远离王陵,而不像先前那样围绕在王陵周围。它们集中在帝王谷和王后谷的东面,接近法老葬祭庙的地方埋藏,因而形成了所谓"贵族谷"。值得注意的是,贵族谷的墓壁上,往往保留了他们生前的活动和生活方式的壁画,特别是还可以看到一些叙利亚人和爱琴海岛屿上的人捧着贡物来埃及的场面。

　　在丧葬习俗上,还有一个重要的现象是木乃伊制作技术的改进和完善。在古王国时代,木乃伊制作技术仅仅是初步的。到了新王国时代,从第18王朝开始,用钩子从鼻孔中掏出脑髓,以便更好地保存木乃伊。至此,木乃伊的制作已经完善。大体说来,木乃伊的制作,从剖出内脏,掏出脑髓,浸泡曹达,填充香料到最后包裹,整个制作过程大约需要70天,或者更多些日子。而一般平民的木乃伊制作则简单得多了。希罗多德记载了木乃伊制作的3种方法:第1种"最完备的"制作方法是先从鼻孔中用铁钩子把脑髓钩出,然后用石刀在侧腹上切开一个口子,取出内脏,把它们分别清洗后,用没药、桂皮等香料填充,再缝好。最后,把尸体放在曹达里浸泡70日以后拿出洗净,包裹起来,外面涂上树脂。第2种方法,把松树油通过肛门注射进去,并堵好,然后放在曹达中,到时再打开肛门,让已被溶化了的内脏流出来。最简便的方法是把尸体放在曹达里浸泡70天。②此外,在新王国时代墓壁画上,也描绘了木乃伊制作的情形(见图61)。

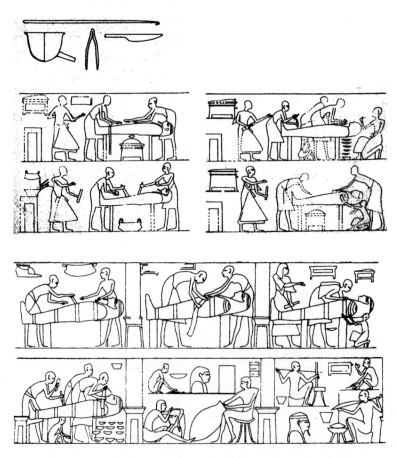

图61　木乃伊制作图

### 二、文学的巨大成就

新王国时代的文学较先前也有了很大的发展。中王国时代的一些古典作品,常常成为新王国时代学生们模仿的范本,并且继续为人们所阅读。但是,新王国时代并不缺少新的作品,而且文学的体裁也是多种多样的。

如果说,古王国时代流行的宗教文学是金字塔文,中王国时代是棺文,那么,在新王国时代,则是《亡灵书》,或直译为《死人书》。亡灵书和棺文相类似,通常是由不同时期的殡仪咒文混杂汇编而成;一般是写在纸草或皮革上,埋放在富裕人家的坟墓中,目的是帮助死者在地下世界渡过难关,通过奥西里斯的审判而得到永生,保证来世的更美好的生活。在这些魔术咒文中,有的是赞美拉神、奥西里斯神等,或者是表示自己的清白无过,或者是请求神的赦免等,有一章《亡灵书》一再表示自己生前没有作恶:

> 我没有对人作恶,
> 我没有虐待牲畜,
> 我没有在真理之处(按:神庙和墓地)犯罪。
> 我没有知道不应知道的事情,
> 我没有作过任何危害。
> …………
> 我没有亵渎神明,
> 我没有抢劫穷人。
> …………
> 我没有杀人,
> 我没有指使人杀人。③

在某些贵族坟墓中,《亡灵书》还配以彩色插图,以期增强其理想的效果。《亡灵书》按照其写作的不同时期,可以分为三种写本:中王国时期写本,主要发现于早期棺材里;新王国时期写本,主要是第 18—20 王朝时期;后期写本,第 21 王朝以后。④最完整的《亡灵书》,属于托勒密时代,包括了 150 篇以上的魔术咒文。与此有关的宗教文学,还包括《葬仪文》《阴间地府书》《鬼门书》等。还有一些医学、魔术作品,以及解释神秘现象的著作。

其次,应该提到历史原文,或历史记录。在新王国时代由于长期的对外战争或者矿山的远征开发,留下了不少真实事件的记录,通常以铭刻的形式保存在神庙墙壁和各种纪念物,以及悬崖峭壁上。如卡纳克神庙墙壁上的《图特摩斯的年代记》,以及《和平条约》等。此外,还有捐赠神庙财产的碑文,开发矿山的铭文,以及各种类型的界标等,所有这些历史记录,都属于官方的历史文献,具有重要的研究价值。

在新王国文学中占有重要地位的是散文故事,或者小说。其中历史故事有《塞肯内拉和阿波斐斯》《夺取约帕城》等。前者显然是埃及人驱逐希克索斯人斗争的一个插曲;后者则是图特摩斯三世或拉美西斯二世远征西亚过程中,利用计谋占领约帕城,取得胜利的故事,它的某些情节让人想起了特洛耶的木马计。

具有宗教背景的《两兄弟的故事》《荷鲁斯和塞特之争》与《人类的灭亡》等是非常流行的作品。《两兄弟的故事》⑤原名《阿努毕斯和瓦塔》,弟弟瓦塔先后 3 次遇难而在兄长的帮助下死而复活,故事情节离奇古怪,最终弟弟登上王位,兄长又继承了弟弟的王位。《荷鲁斯和塞特之争》纸草原文得自底比斯第 20 王朝拉美西斯五世时代,故事显然是奥西里斯神话中的一部分。这篇文献记述了叔侄的王位之事,最后以荷鲁斯的继位而结束。

此外,民间故事有《注定厄运的王子》⑥《温阿蒙旅行记》。《注定

厄运的王子》更准确地应名为《被命运之女神威胁的王子》,王子尽管
做了很大的努力,最终还是摆脱不了命运的捉弄。《温阿蒙旅行记》,
即莫斯科纸草 120 号,记载了阿蒙神庙僧侣奉命出使黎巴嫩,运输造船
用的木材的经历,文献写成于第 20 王朝末期。拉美西斯十一世时代由
于埃及当时正处于衰落阶段,在西亚已经失去了往日的霸权地位,温阿
蒙所到之处倍受歧视。有人把这部作品说成是"所有埃及故事中最有
魅力的",并且,由于主人公的机敏、顽强和奋发,使人想起奥德修斯。⑦

　　诗歌的发展,丰富了新王国时代埃及文学的内容。传统的诗歌通
常是描写和歌颂神与国王,著名的有《阿蒙·拉颂》《阿吞颂》《奥西里
斯颂》以及《对郝列姆赫布将军的祈祷和颂歌》等。流传甚广的是《尼
罗河颂》,因为尼罗河是埃及的生命之源,被埃及人当作神灵加以赞
颂,所以又称为《哈匹颂》,这里所引用的一段《尼罗河颂》,可能是得自
第 19 或 20 王朝时期的作品,但是它的最早的作品可能追溯到中王国
时代。《尼罗河颂》描写了尼罗河对埃及人的恩赐和埃及人的欢乐:

> 万岁,啊,尼罗河;
> 从大地里涌出,使埃及兴旺!
> …………
> 为了使每个山羊活着,
> 它灌溉了拉创造的土地。
> 它把沙漠和远离水的地方灌溉了水,
> …………
> 当它涨水时,大地欢呼,
> 那时所有的腹部都在欢乐中,
> 所有的脊柱呈现在笑声中,
> 而所有的牙齿都显露。

　　　食物的携带者,
　　　富于粮食的,一切美好事物的创造者,
　　　崇高的神,
　　　芬芳的可爱者。⑧


　　作为新王国时代诗歌的代表,或者说新王国时代诗歌发展的特色,就是爱情诗和劳动歌谣的流行。爱情诗或情歌有 4 个抄本为代表。切斯特·贝蒂纸草 1;哈里斯纸草 500;都灵纸草断片和开罗博物馆陶罐片段。

　　切斯特·贝蒂纸草 1,a 先是描写了"妹妹"的娇美动人和"哥哥"的爱恋:

　　　无人比得上的一个妹妹,
　　　一切人中最漂亮者!
　　　看起来她像晨星升起,
　　　在幸福之年的开始。
　　　…………
　　　笔直的项颈,光彩的乳房,
　　　头发如真正的青金石天蓝石;
　　　双臂胜于黄金,
　　　手指宛如莲芽。
　　　庄重的大腿,纤细的身腰,
　　　她的脚展示了她的美丽。
　　　…………。


　　接着,纸草又描绘了妹妹对哥哥的思念和情爱:

我的哥以他的声音折磨了我的心，

他使我生病控制了我；

…………

他使我的心一想到他便痛苦，

我已被他的爱情所占有，

真的，他是一个呆子，

而我也像他一样。

他不知我多么想拥抱他，

…………⑨


在这一部分纸草的最后，又描写了哥哥有7天没有见到妹妹，痛苦难忍，病魔缠身，思念着一旦见到妹妹被她拥抱，便会去病复元。

劳动者歌谣包括了《庄稼人的歌谣》《搬谷人的歌谣》和《打谷人的歌谣》等。《搬谷人的歌谣》写道：


难道我们应该整天

搬运大麦和小麦吗？

仓库已经装得满满，

…………

谷子也都滚到了外面，

但还是逼着我们搬运，

好像我们的心是用青铜铸成。⑩


这些情歌和劳动者歌谣与传统的以神、王为中心的颂歌不同，表现了男女青年的执着的爱情和劳动人民的苦难与愤慨。诗歌的主题范围扩大，显示了神和王之外，人的价值的提高。

### 三、艺术、建筑的发展

新王国时代的雕像以所谓"美农"和拉美西斯二世一些巨像为代表。除了众多的神与王的雕像外,浮雕、绘画也达到了前所未有的发展程度。在神庙、宫廷和陵墓的墙壁上,浮雕和绘画除了通常的祭祀活动外,更多的是表现了法老的战功和接受外国贡品的形象;贵族陵墓壁画上往往描绘了主人生前的奢侈豪华的生活,以及仆人耕牧的劳动情景。其中,著名的有《狩猎图》(尼巴蒙墓壁画)、《渔猎图》、《农耕图》(美纳墓壁画)、《舞蹈伴奏》(尼巴蒙墓壁画)、《女乐师》(纳赫特墓壁画)、《哭丧人》(拉莫斯墓壁画,见图 62)等都是杰出的绘画作品。但是,新王国时代的建筑艺术尤为高超,可以说达到登峰造极的程度。

**图 62　哭丧人**

新王国时代的建筑主要是王宫、神庙和国王葬祭庙,其中尤以神庙和葬祭庙为突出,而且神庙、葬祭庙通常是用石材建筑,所以保存下来的甚多,有的基本完好。

首先要提到的是第 18 王朝女王哈特舍普苏特的葬祭庙。[⑪]所谓葬祭庙就是国王死后用于祭祀国王的庙堂。哈特舍普苏特的葬祭庙建于戴尔巴哈里的沙漠丘陵的险峻陡峭的山麓下,与中王国时代孟图霍特普二世的陵庙相连接,而与帝王谷仅一山之隔。葬祭庙依山而筑,屹立于一片半圆形斜坡的广场上,因地制宜,开辟为 3 阶台地,低台地面积为 120 米×75 米。台地和前多利安式的柱廊殿堂别具一格。特别是建筑物被其背后的悬崖绝壁的山岭所衬托,越发显得气势磅礴。在第 3 阶上建筑有阿蒙大厅,其内殿则凿入岩窟之中。在柱廊墙壁上的浮雕,描绘了女王的神圣诞生以及远征蓬特等场面,具有重要的研究价值。

新王国神庙以卢克索和卡纳克神庙为代表。这两座神庙都是位于底比斯(今之卢克索),都是崇奉阿蒙的神庙。卢克索神庙以其典型的标准结构而闻名于世,卡纳克神庙则以它的宏大、雄伟、庄严而引人注目。

卡纳克神庙[⑫]位于卢克索镇的南端,在第 12 王朝神庙遗址上,经图特摩斯一世、阿蒙霍特普三世、塞提一世和拉美西斯二世等法老兴建扩张起来的。卡纳克神庙除了阿蒙大神庙区外,还包括穆特神(阿蒙之妻)庙区和孔苏神(阿蒙之子)庙区,但主要是祭拜阿蒙神的。阿蒙神庙区占地面积 25 公顷以上,南北东三面各 500 米长,西面为 600 米,略呈梯形,筑有围墙。整个大神庙区共有 10 座塔门,第 1 塔门高 43 米,长 113 米。著名的巨大的多柱厅,整个面积 4983 平方米,共有 134 根石柱,中间的 12 根巨柱每根高达 21 米,圆柱直径 11 米。大神庙区内原竖立四座方尖碑,现残存两座。神庙区南面有一处圣湖,湖水常年不干,用于僧侣洁身之用(见图 63)。

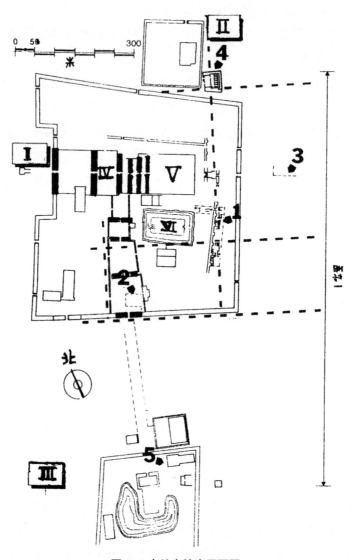

**图63 卡纳克神庙平面图**

I. 阿蒙大神庙；II. 孟图神庙；III. 穆特神庙；IV. 多柱大厅；
V. 中王国神庙遗址和阿蒙霍特普三世祀祭庙；VI. 圣湖；
1—5,新王国前城市遗址；----中王国城市定线；■■■■塔门

卢克索神庙⑬位于卢克索镇北面,包括了第 18 王朝阿蒙霍特普三世和第 19 王朝拉美西斯二世和希腊、罗马时代的建筑物群。卢克索神庙从现存的拉美西斯二世塔门起至希腊、罗马时代的圣所南北全长 260 米,位于一条中轴线上。神庙最前头的塔门是拉美西斯二世时建筑的,全长 65 米,高 25 米。卢克索神庙中最早的核心建筑是阿蒙霍特普三世时代建筑的柱廊(14 根柱),中庭和多柱厅(32 根石柱)。这些建筑尽管规模不大,却是埃及黄金时代建筑的典范。

卢克索神庙和卡纳克神庙塔门墙外都有两排斯芬克斯雕像排列,而且通过所谓斯芬克斯大道连接起来。在每年的祭祀阿蒙神的活动中,卡纳克神庙的阿蒙神被僧侣抬出,前往卢克索神庙"访问"。

在新王国时代,除了上述最著名的两座神庙外,还有一种岩窟庙,或者称为石窟庙。整座神庙除前面庙门外,都是凿入岩石山窟中,就像似岩窟墓一样。岩窟庙是新王国时代神庙建筑的另一类型,其典型的最伟大的建筑物就是阿布辛拜勒神庙。阿布辛拜勒岩窟庙利用山崖开凿,庙门洞口两旁利用山崖的斜坡岩壁雕刻出四座拉美西斯二世巨像,高 20 米。由庙门至后殿全长 55 米。在前半部分的洞窟厅堂有两排八根 9 米高的人形角柱支柱。此外,还有内室、仓库等。在神庙最深处的后殿,立有三位神像和拉美西斯二世本人像。整个建筑物,特别是它的门脸,显得雄伟壮观。而尤为人们所惊叹的是,每年的 2 月 21日和 10 月 21 日,阳光可以通过洞口射进后殿的四座雕像身上(迁移后的神庙,日期推迟一天),这是建筑师为纪念拉美西斯二世的诞辰日和登基日而特意设计的(见图 64)。这不能不说是埃及文明的又一奇迹。

新王国时代,法老的陵墓不再采用金字塔式建筑,因为金字塔显眼,容易被盗劫。从图特摩斯一世开始,帝王们选择了底比斯西岸的荒漠山谷,开凿石窟,在那里营造自己的陵墓。这里被考古学者称为"帝

**图 64　阿布·辛拜勒的拉美西斯二世岩窟庙**

王谷"，现已发现了 62 座墓。另外，还有"王后谷"。在远离陵墓的地方，另建葬祭庙。

　　埃及的建筑艺术在世界建筑艺术史上占有最辉煌的一页，它的建筑艺术，尤其各种类型的柱式，对古典世界的建筑艺术产生了很大的影响，为人类的建筑事业的发展留下了不可磨灭的丰功伟绩。

# 第十章 埃及帝国的分裂、
复兴与衰亡

新王国时代的埃及,作为奴隶制帝国维持了近 5 个世纪的霸权地位,到了第 20 王朝拉美西斯十一世的末期终于崩溃了。从第 21 至第 31 王朝,通常把它称为后埃及时代,或后帝国时代。但是,近年来往往又把这后帝国时代分为第三中间期和后埃及两个阶段。在这两个发展阶段中,埃及经历了分裂、复兴和衰落的演变过程,最后被马其顿王亚历山大所征服。

## 第一节 第三中间期的埃及

### 一、政治形势的主要特点

"第三中间期"这一术语,显然是接续埃及史上的"第一中间期"和"第二中间期"提出来的。1973 年,K. A. 基钦发表了《埃及的第三中间期》专著,他说:"'第三中间期'题名——以众所周知的第一和第二中间期的类推为依据——近来已经变成了作为第 21 至 25 王朝的术语而十分流行。"但是,他自己并不满足于这个术语,接着又说:"然而,可能期望,这部著作将废除它自己的题名,可以说是因为证明了谈论中的这一时期并非是混乱的(不同于它的较早想象的类推),而且并不仅仅是'中间的',重要的在于它的合理性"。基钦把"第三中间期"称作为"后帝国时代"（Post-Imperial epoch）。①尽管基钦并不满意于"第三中间期"这一术语，但是它还是逐渐流行起来。90年代的大英百科全书，明确地标明了"第三中间期和后埃及"两个时期。

第三中间期政治形势的主要特点是中央集权统治的瓦解和地方的独立化。由于地方分裂势力之间的斗争和相互影响，导致了埃及政治上的分裂和社会上的不安宁，以致被外族所征服。但是第三中间期包括了哪些王朝？人们的看法并非一致。有人把第21至24王朝划为第三中间期，也有人把它扩大到第25王朝。我们采纳的是后一说法。因为第25王朝是努比亚人王朝，并没有真正结束埃及的分裂状态。第26王朝埃及显然进入了一个新的发展阶段。

第21王朝由斯门德斯创建于塔尼斯，即先前的培尔·拉美斯堡垒。第21王朝的形势比先前更加复杂化，分裂的形势更加严重。就塔尼斯而言，有效的仅仅是他们的官邸城市的直接管理的地区，但是，就其内部形势而言，比起南方的荷里霍尔更稳固些。在南方的底比斯，中央政府规定了阿蒙总管的后裔继续保持相应的头衔，但也只能是把他们自己变成了有权威的行省贵族。与此同时，在孟斐斯一个家族垄断了普塔的高僧职务，一直到大约公元前870年，并且继续在那里几次掌握了重要的圣职。北方的所谓"玛的首领"十分重要，他们是利比亚人美什维什军事殖民地的利比亚人的首长，又称"玛的首长"，他们乘中央政权瓦解之机，凭着其种族的团结和军事力量，常常袭击某些中心和东三角洲的城镇。

位于三角洲西部的利比亚人早在埃及第20王朝拉美西斯三世统治时代，不断地向埃及移民，逐渐地充斥着埃及的北半部。利比亚的军事贵族与地方僧侣贵族结合起来形成了一些新的分裂势力。利比亚人的军事长官舍尚克一世在第21王朝普撒塞尼斯二世死后，于公元前945年在布巴斯梯斯建立了第22王朝。公元前818年，第22王朝的第

6 王舍尚克三世统治时代,三角洲的王公帕杜巴斯特在莱翁特坡里斯也宣布自己为王,成为第 23 王朝的创建者。在第 22 王朝和第 23 王朝并存的情况下,南方的阿蒙僧侣很快又承认了第 23 王朝的新法老,并且更倾向于新王朝。在第 23 王朝的晚后阶段,尤普特二世统治时代,他的王权又被另外两人篡夺了一部分。一是赫拉克利奥坡里斯的司令官帕夫乔阿维巴斯太特自称为王,从尤普特二世的政权中独立出来;另一个是赫尔摩坡里斯的地方官、高僧尼姆罗特也为自己采用了国王的头衔。除此之外,还有底比斯以南的努比亚地区的分裂势力。所以,在第 23 王朝的尤普特二世时代,同时并列的王权有:北方的两个高位的法老(第 22 和 23 王朝),中埃及的两个身份较低的法老(赫拉克利奥坡里斯和赫尔摩坡里斯王)。此外,在阿特里毕斯和赫利奥坡里斯的古老家系的一个"世袭的君主",在三角洲城市中的整个一系列"玛的首领",再加上控制西三角洲的一个西方公国。最后是统治底比斯以南的努比亚势力。②

在整个埃及严重分裂的形势下,三角洲的舍易斯地方的统治者泰夫那克特在公元前 727 年,僭取了国王的头衔。成为第 24 王朝的创建者。他一方面消灭西三角洲地方的"玛的首领",另一方面还与第 22 和第 23 王朝结盟,并向上埃及扩张,企图一统天下。但是,努比亚人以底比斯阿蒙僧侣的求援为借口,出兵埃及直至三角洲。在第 24 王朝博克霍里斯王统治时代,努比亚人再次入侵埃及,结束了第 24 王朝。此后埃及进入努比亚人统治的时代。

努比亚人在埃及的统治被排列在第 25 王朝,马涅托把它说成是"埃塞俄比亚王朝",也有人称为苏丹王朝,而更为流行的是称库什王朝。基钦认为,这些术语是不恰当的或者是错误的。他提议,使用传统的"努比亚"这一术语。③在努比亚的第 25 王朝时期,由于亚述人的不断入侵埃及,努比亚王朝在维持其统治的同时,不得不常常抵制和反击亚述人的进犯。舍易斯地方的利比亚人贵族不甘心于向亚述俯首称臣,决心抗击亚述。普撒美提克一世以舍易斯为首都,建立第 26 王朝,最后驱逐了亚述人,恢复和统一了埃及。第三中间期到此结束,此后进入一个新的复兴期。

## 二、第 21—25 王朝国王世系的演变

第 21 王朝国王世系的演变

据马涅托的记载,第 21 王朝由塔尼斯的 7 王组成,总共在位时间为 130 年(见表 20)。④在这 7 王中仅有 5 王能够与纪念物上的王名对应起来。在纪念物上还补充了一个王名,它似乎可能与剩下的马涅托两个王名中的一个相对应。⑤马涅托所记的王朝总计的 130 年时间,也没有得到证实。

表 20　第 21 王朝(公元前 1085—前 945 年)王名表

| 王　　名 | 统治年数 |
| --- | --- |
| 赫杰凯帕拉·塞泰帕拉·斯门德斯 | — |
| 尼斐尔卡拉·希克瓦斯特·阿蒙涅姆尼苏 | — |
| 阿凯帕拉·塞泰帕那蒙·普撒塞尼斯Ⅰ | 19 |
| 乌塞尔玛拉·塞泰帕那蒙·阿蒙尼摩普 | 49 |
| 纽特凯帕拉·塞泰帕那蒙·西阿蒙 | 17 |
| 提特凯普鲁拉·塞泰帕那蒙·普撒塞尼斯Ⅱ | — |

斯门德斯,原称为聂斯伯尼布德,显然与纪念物上的赫杰凯帕拉·塞泰帕拉为同一人。他在拉美西斯十一世死后篡夺了王位而成为第 21 王朝的创建者。

斯门德斯,三角洲的土著贵族,他在塔尼斯开始发迹,当第 20 王朝的拉美西斯十一世死后,斯门德斯与荷里霍尔瓜分了埃及,他直接控制了下埃及。斯门德斯名义上是法老,他的合法的王位或许是通过与坦塔蒙的结婚而实现的。坦塔蒙可能与先前的王室家族有联系。斯门德

斯在塔尼斯建立了常设的首都。荷里霍尔虽然掌握了上埃及，但是，他仍然承认斯门德斯的法老地位。在塔尼斯附近发现了斯门德斯的一个"卡诺匹斯"罐，证明了他死后埋在这里。

阿蒙涅姆尼苏，相当于马涅托的第 21 王朝的第 3 王尼斐尔契里斯，而尼斐尔契里斯等同于尼斐尔卡拉，后者的名字出现在一个保护弓的末端的金套上。阿蒙涅姆尼苏死后埋于塔尼斯的普撒塞尼斯一世墓的附近，后来可能为了防止被盗，把他的木乃伊和葬物转移到普撒塞尼斯一世的墓中。所以，在后来他们一起被发现。

普撒塞尼斯一世，是普撒凯姆尼王在马涅托时代的读音，被排列为马涅托第 21 王朝的第 2 王，按现代埃及学的研究，或许可以列为第 21 王朝的第 3 王。他的统治年代，马涅托记为 46 年，而实际上最多不过 19 年。"普撒塞尼斯"一名意为"星星显现在底比斯"，似乎说明他在底比斯的地位和影响。20 世纪的三四十年代在塔尼斯发现的第 21、22 王朝墓中最有价值的是普撒塞尼斯一世墓。在其各墓室内具有丰富的丧葬物，包括石棺，各种类型的器具和宝石镶嵌装饰品。第 2 个墓室是他的姊妹和妻子穆特诺吉美王后的棺室。从保存至今的、带有他的名字的许多纪念物来看，他可能是这个王朝中最杰出的一位法老。

阿蒙尼摩普，相当于马涅托王名表上的阿蒙诺福提斯，继承了其父普撒塞尼斯一世的王位，成为第 21 王朝的第 4 王。马涅托记述他的在位时间为 9 年，但他的同时代人的一个木乃伊绷带注明日期是"他在位的第 49 年"，⑥至少延长了 40 年。

西阿蒙，第 21 王朝第 5 王，在纪念物上的名字西阿蒙，似乎可以代替马涅托王名表上模糊的第 5、6 王奥索考尔和普塞奈奇斯，统治时间为 17 年。⑦

普撒塞尼斯二世，第 21 王朝第 6 王或末代王。他是荷里霍尔的后裔,原是底比斯的高僧。在塔尼斯王西阿蒙去世后,他掌握了整个国家的最高统治权,并且把他的官邸迁到了塔尼斯。在阿拜多斯的塞提一世神庙中的一块象形文字粗刻铭文上,记载了他的头衔和权力:"上下埃及之王,两地的君主,提特凯普鲁拉,阿蒙·拉所选定者,诸神之王,阿蒙拉之高僧,诸神之王,拉之子,显现的君主,第一人,在军队之首位的普撒塞尼斯"。在下面接着还有"阿蒙·拉高僧,诸神之王,他规定了埃及完善的法律,法老的第一人,普撒塞尼斯"的记载。⑧所谓"法老的第一人",虽然是篡夺王位前的称号,但最后保存了下来。

第 22 王朝国王世系的演变

马涅托的第 22 王朝王名表是由布巴斯梯斯的 9 王组成(据阿夫利坎努斯),其中保留的塞松契斯,奥索尔通和塔凯罗提斯 3 王名,显然相当于舍尚克、奥索尔康和塔凯罗特,其余 6 王名没有保存下来。马涅托的第 22 王朝总计 120 年,⑨而实际上 230 年(见表 21)。

表 21　第 22 王朝(约公元前 945—前 715 年)王名表

| 王　　名 | | 统治年代(公元前) |
|---|---|---|
| 赫杰凯帕拉·塞泰帕拉 | 舍尚克 I | 约 945—924 |
| 塞凯姆凯帕拉·塞泰帕拉 | 奥索尔康 I ᵃ | 约 924—889 |
| | 塔凯罗特 I ᵇ | 约 889—874 |
| 乌塞尔玛拉·塞泰帕那蒙 | 奥索尔康 II ᶜ | 约 874—850 |
| 赫杰凯帕拉·塞泰帕拉 | 塔凯罗特 II | 约 850—825 |
| 乌塞尔玛拉·塞泰帕拉 | 舍尚克 III ᵈ | 约 825—773 |
| 乌塞尔玛拉·塞泰帕拉 | 皮迈 ᵈ | 约 773—767 |
| 埃赫帕拉 | 舍尚克 V | 约 767—730 |
| 埃赫帕立·塞泰帕那蒙 | 奥索尔康 IV | 约 730—715 |

a. 显然国王统治的末朝,与赫卡凯帕拉·塞泰帕拉·舍尚克二世共治。

b. 王位名未知,也有人认为是乌塞尔帕拉·塞泰帕那蒙。

c. 赫杰凯帕拉·塞泰帕拉·哈尔塞斯名义上在底比斯共治。

d. 又名为乌塞尔玛拉·塞泰帕那蒙。

舍尚克一世,《圣经》上译为示撒,第 22 王朝开创者。舍尚克一世是利比亚部落的王公或族长的后裔,被称为"美什维什的伟大首长",似乎定居于中埃及的赫拉克利奥坡里斯,但传统上说的是尼罗河三角洲的布巴斯梯斯。在第 21 王朝普撒塞尼斯二世法老去世后,他进入塔尼斯,可能未经斗争而取得了王位,并以布巴斯梯斯为首都。他的儿子奥索尔康与普撒塞尼斯二世的女儿结婚,以加强王位的合法性。

为了控制上埃及底比斯僧侣集团的势力,舍尚克一世任命他的儿子为阿蒙高僧。大约在公元前 930 年,舍尚克一世出兵巴勒斯坦,干与所罗门王之子罗波安继承王位。据《旧约全书》记载,"罗波安王第 5 年,埃及王示撒上来攻取耶路撒冷,夺了耶和华殿和王宫里的宝物,尽都带走,又夺了所罗门制造的金盾牌。"⑩舍尚克一世在卡纳克神庙第 2 塔门和大列柱厅的西侧,建造了带有新列柱的前庭。在神庙的浮雕上记载了舍尚克对巴勒斯坦进军的胜利。他还恢复了与腓尼基沿岸国家毕布罗斯的贸易。舍尚克的所有上述的活动试图加强自己的势力,确立中央集权的统治。

奥索尔康一世,舍尚克一世之子,他继承了父亲的王位成为第 22 王朝的第 2 王。奥索尔康虽然没有远征巴勒斯坦,但是,布巴斯梯斯神庙记载了巴勒斯坦对埃及的进贡。

塔凯罗特一世,奥索尔康一世之子,第 22 王朝第 3 王。在王名单上,奥索尔康一世统治末期有一段时间与舍尚克二世共治,并且排列在塔凯罗特一世的名字前面。详情未知。

奥索尔康二世,第 22 王朝第 4 王。在奥索尔康二世统治第 3 年,尼罗河大泛滥,卢克索大列柱厅的西北角的铭文写道:"底比斯所有的神庙像是沼泽"。在他统治的第 22 年,举行了赛德节。在布巴斯梯斯的大神庙的两个主要大厅之间,他建筑了大门,并且装饰以各种活动的场面。

奥索尔康二世是第 22 王朝中最重要的法老之一,但是由于埃及内部的分裂势力,特别是在底比斯和上埃及的独立要求十分强烈,他难以完全地统治全国。特别是在几个纪念物上都提到了哈尔塞斯的名字,他不仅是底比斯的阿蒙高僧,而且或许要求王衔,并且在名义上与奥索尔康二世共治大约 10 年(约公元前 870—前 860 年)。

在埃及的内部矛盾削弱国力的同时,亚述的向西扩张,更进一步威胁了埃及在国际事务上的地位。埃及不得不采用外交手段与一定的军事力量相结合的办法,利用和联合巴勒斯坦和叙利亚诸国以对抗亚述。亚述的萨尔玛纳撒尔三世在《独石碑》上记载了在卡尔卡尔战役中,他的敌人还有"来自米斯里(埃及)的 1000 名战士。"⑪

塔凯罗特二世,第 22 王朝第 5 王。在塔凯罗特二世统治时期,他任命他的儿子奥索尔康为底比斯的阿蒙僧侣。在布巴斯梯斯城门的铭文上,残留的一份长的年代记讲到了在塔凯罗特二世统治中期的一次月蚀:"……第 15 年,第 3 季,第 4 月,第 25 日……天空吞没了月亮,(大)愤怒升起在这块大地上……(憎恨)和反叛者。他们在南方和北方战斗。"⑫古人不大理解月蚀,所以,往往把社会动乱与月蚀联系在一起。具体的动乱情况没有记载,但是可以想象出,那是地方贵族与北方的王权之间的斗争。关于这个动乱期间的塔凯罗特二世的情况,一无所知。塔凯罗特二世被埋于塔尼斯的奥索尔康二世的墓中,但是他的木乃伊却放在第 12 王朝的名为阿明尼官员的石棺中。

舍尚克三世,塔凯罗特二世之子,第 22 王朝的第 6 王。在舍尚克三世时代,一个名为帕戴斯的僧侣的赛拉匹姆碑文记载了一只阿匹斯公牛在舍尚克三世的第 28 年生,而在皮迈王的第 2 年,即它 26 岁时死去。由此可见,舍尚克三世统治了埃及 52 年。他是拉美西斯二世以来统治埃及最长的法老,他的儿子皮迈继承了他的王位。舍尚克三世墓建于塔尼斯,其墓室结构与其先辈普撒塞尼斯一世等人的墓室同样比较简朴。

皮迈,舍尚克三世之子,第 22 王朝的第 7 王。皮迈王的名字仅仅由卢浮宫中保存的一个石碑中得知，其日期是他在位的第 6 年，或许是他在位的最后一年。他是一个短命的人，详情未知。

舍尚克五世，皮迈王之子，第 22 王朝的第 8 王。有一块著名的赛拉匹姆石碑的时间是舍尚克五世的第 37 年，因此，他至少统治了这么长的时间。大概，在他统治末期，亚述王提格拉特帕拉萨尔三世攻占了大马士革，以及以色列北部的许多城市，并把他捕获的许多人带到亚述。如果说，前一世纪埃及一直插足于西亚的事务，并且与它们结成同盟共同抵抗亚述的扩张的话，那么，这时没有证据表明舍尚克五世支援其盟国抗击亚述的扩张势力。在塔尼斯的阿蒙神庙境内的东北角，舍尚克五世建筑了一座三位一体的阿蒙神庙。在他统治的第 30 年，他在那里还建筑了庆祝的祠堂。

奥索尔康四世，第 22 王朝末代王。舍尚克五世去世后，他的儿子奥索尔康四世继承了王位。奥索尔康四世在位时，北方几乎陷入了无政府状态。他的"王国"被法尔拜托斯那里统治的"玛的首领"分裂成两部分。尽管后者在名义上还承认奥索尔康四世的权威，但是，他的统治权仅限于自己的城市塔尼斯和另外的布巴斯梯斯。

奥索尔康四世对北方贵族严加控制，对外讨好亚述。以色列王何细亚在位时，亚述王萨尔玛纳撒尔五世进犯，何细亚被迫纳贡，另一方面又派使者去见埃及王梭。⑬但是梭王并未派遣援军，致使以色列被蹂躏。这里讲的梭王乃是奥索尔康四世。萨尔贡二世在其统治的第 2 年来到了拉斐亚，或许奥索尔康四世手下的一个军队指挥官赛比前去拜见了他。在这 4 年之后，萨尔贡二世来到"埃及的溪流"（阿里什干河，距布巴斯梯斯将近 225 公里），他说："米斯里（埃及）的什勒坎尼王……带给我 12 头米斯里的大马作为他的赠物，它们在这个国家（亚述）是见不到的。⑭什勒坎尼或许是奥索尔康的亚述语的读音，而他可能就是奥索尔康四世。这里的记载说明了埃及与亚述关系的密切。

第 23 王朝国王世系的演变

马涅托记载的第 23 王朝由塔尼斯的 4 王组成,总计 89 年。⑮通常认为,第 23 王朝 7 王,总计 103 年(见表 22)。

表 22　第 23 王朝(约公元前 818—前 715 年)王名表

| 王　　名 | | 统治年代(公元前) |
|---|---|---|
| 乌塞尔玛拉·塞泰帕那蒙 | 帕杜巴斯特 I ª | 约 818—793 |
| 乌塞尔玛拉·美里阿蒙 | 舍尚克 IV | 约 793—787 |
| 乌塞尔玛拉·塞泰帕那蒙 | 奥索尔康 III | 约 787—759 |
| 乌塞尔玛拉·塞泰帕那蒙 | 塔凯罗特 III | 约 764—757(?) |
| 乌塞尔玛拉·塞泰帕那蒙 | 鲁达蒙 | 约 757(?)—754 |
| 乌塞尔玛拉·塞泰帕那蒙 | 尤普特 II | 约 754—720(或 715) |
| 瓦斯尼泰拉 | 舍尚克 VI(?)ᵇ | 约 720—715(?) |

a. 与尤普特一世共治,约公元前 804—前 803 年

b. 是否存在不确定

帕杜巴斯特一世,即马涅托的帕图巴特斯,第 23 王朝的开创者。在第 22 王朝的第 6 王舍尚克三世统治的第 8 年,三角洲的王公帕杜巴斯特宣告他自己为王,并在三角洲的莱翁特坡里斯建立一个新的王朝,马涅托把它称为塔尼斯王朝。帕杜巴斯特一世给自己加上了"阿蒙的信任者","巴斯特(布巴斯梯斯地方神)之子",以及第 22 王朝国王采用的塞特的头衔。

在帕杜巴斯特一世建立第 23 王朝的同时,东南方的布巴斯梯斯的第 22 王朝仍然存在(舍尚克三世)。这个时期,埃及不仅南北分裂,而且三角洲地区也出现了分裂势力。南方的阿蒙僧侣很快地,至少从舍尚克三世统治的第 12 年起便承认了新法老,而且更倾向于新王朝。在公元前 804 年,即帕杜巴斯特一世在位的第 15 年,帕杜巴斯特一世任命其子(?)尤普特一世为他的共同摄政王。次年,尤普特一世去世。在这同时,王子奥索尔康怨恨其兄弟的篡权而投靠第 22 王朝的舍尚克

三世,舍尚克三世任命奥索尔康为阿蒙高僧。

舍尚克四世于公元前 793 年继承了帕杜巴斯特一世及其共治者的王位,并取得了"阿蒙的信任者"的头衔,但是,其统治是短命的。除了他的继承者和儿子是奥索尔康三世之外,有关他的情况一无所知。

奥索尔康三世,于公元前 787 年继承了其父舍尚克四世的王位,相当于第 22 王朝的舍尚克三世统治的最后 13 年。在奥索尔康三世统治时代,王权进一步衰落。据奥索尔康三世时代残存下来的卡纳克碑文来看,他在赫拉克利奥坡里斯和赫利奥坡里斯附近的敌对者被排除后成了阿蒙高僧。当时北方的第 22 王朝塔凯罗特二世在位的第 15 年发生了月蚀,这被认为是拉神的忿怒,因而引起了南北混战。奥索尔康三世的权威被他的直系同胞,在孟斐斯的"玛的首领"所承认。他留下的遗迹甚少,仅仅在卡纳克残存有献给奥西里斯的小祠堂。公元前 764 年,奥索尔康任命他的儿子塔凯罗特为王位继承人和共同摄政王,公元前 759 年去世。

塔凯罗特三世,原为赫拉克利奥坡里斯的高僧,随后又同时被任命为赫尔摩坡里斯和底比斯两地的高僧。公元前 764 年,作为王位继承人,与其父奥索尔康三世共治。六年后,奥索尔康三世去世,塔凯罗特三世单独执政,但也仅仅继续了两年。

塔凯罗特三世任命了他的姊妹舍频维帕特为"阿蒙神的崇拜者","阿蒙神之妻",管理阿蒙的岁入和负责解释阿蒙的意愿,代替和超过了先前的阿蒙高僧的权力。因而塔凯罗特三世和他的姊妹一起分担了统治底比斯的特权。塔凯罗特三世同时代的塔尼斯的法老是舍尚克五世。

鲁达蒙,大约在公元前 757 年(?)继承了其兄弟塔凯罗特三世的王位,统治时间很短,比其兄多活三年或四年。他在底比斯着手各项建筑工程,包括卡纳克的奥西里斯祠堂和美迪奈特哈布的神庙。其他情况几乎一无所知。

尤普特二世,有人假定他是鲁达蒙的儿子,但也可能仅仅是地方上的有实力的统治者。在他及其先辈鲁达蒙的统治时期,法老的王权被局限于莱翁特坡里斯的范围。可能,就在尤普特二世的长期统治的过程中,其权力被篡夺。

赫拉克利奥坡里斯的司令官帕夫乔阿维巴斯太特早在塔凯罗特三世时代被授予司令官衔位,他娶了塔凯罗特三世之弟鲁达蒙的女儿为妻。鲁达蒙后来继承了王位。在鲁达蒙的继承者尤普特二世统治时代,帕夫乔阿维巴斯太特不仅声明独立,而且自称为王,采用了王位名尼斐尔卡拉,并把他的名字写在王名圈内,采用他自己的统治年代。同时他的赫尔摩坡里斯的地方长官,或者也是高僧尼姆罗特,同样也采用了国王的头衔。他还僭取了国王的雕像,以他的名字命名,现被收藏在开罗博物馆。所以,在尤普特二世的第 23 王朝法老统治时代,他的王权被分割,同时还存在 3 个王统治埃及的不同地区:在三角洲的塔尼斯,还有与尤普特二世的第 23 王朝并存的第 22 王朝奥索尔康四世的王权,以及西三角洲的"玛的首领"和统治底比斯以南的努比亚的统治者。尤普特二世在莱翁特坡里斯统治了大约 25 年。虽然尤普特二世是第 23 王朝的国王,但是在早期的纪念碑上却没有他的名字,只有第 25 王朝的皮安希石碑提到了尤普特二世,并且把他作为第 23 王朝的末代王,因为皮安希王出兵消灭了第 23 王朝的末代王尤普特。

舍尚克六世(?)或许也是第 23 王朝末代王之一。在尤普特二世统治的末期,或许舍尚克六世继承了尤普特二世王位统治了一个短暂的时期,但仍有人怀疑他的存在的确切性。有关他的情况,几乎一无所知。

第 24 王朝国王世系的演变

马涅托的第 24 王朝仅仅保留了舍易斯的博克霍里斯王一名。⑩由当时的埃及纪念物上可见,至少有两名国王(见表 23)。

表 23　第 24 王朝(约公元前 727—前 715 年)王名表

| 王　名 | | 统治年代(公元前) |
|---|---|---|
| 舍普塞斯拉 | 泰夫那克特 | 约 727—720 |
| 瓦赫卡拉 | 博克霍里斯 | 约 720—715 |

　　泰夫那克特,第 24 王朝的开创者,建都于舍易斯。泰夫那克特原有"西方的首长""玛的首长""舍易斯的首长""利布的首长"等头衔,还有宗教上的"奈特(舍易斯女神)的先知"和"埃娇(布陀的蛇女神)的先知"等职务,并在公元前 727 年,僭取了国王的头衔。当时,埃及全国四分五裂,在三角洲,大部分的军权掌握在泰夫那克特的手中。他把三角洲西部的所谓"四大首长"归并在他的指挥下。他又与第 22 王朝的奥索尔康四世和第 23 王朝的尤普特二世的利比亚人的王朝结盟,并进一步把他的势力扩大到上埃及,企图统一埃及。但是,底比斯的阿蒙僧侣求援于努比亚的皮安希王,泰夫那克特的河上舰队被摧毁,并退回孟斐斯。皮安希攻陷了孟斐斯后,又向三角洲进军,泰夫那克特被迫投降。但是,在皮安希王退回库什后,泰夫那克特背弃了誓言,又自称埃及王继续统治埃及,直到努比亚王夏巴卡的再次征服。

　　博克霍里斯,在马涅托的王名表中,是第 24 王朝的唯一的国王。泰夫那克特去世后,博克霍里斯继承了其父的王位。在古典作家的著作中,他被说成是一位伟大的立法者。据说,他针对埃及当时的高利贷和债务奴役的严重性,制定了"有关订契约的法律",限制高利贷的巧取盘剥,废除债务奴役,并维护自由人的私有财产的不可侵犯性和人身的自由。但是,他的统治范围仍然局限于东部三角洲一带。他同样面临着 3 个重叠的利比亚王朝(包括第 24 王朝在内)和西三角洲的地方首长,以及底比斯的阿蒙势力的相持对立的局面。

　　在博克霍里斯及其父王泰夫那克特在位时代,埃及一直支持以色列王,抵制亚述国王萨尔贡的扩张,但是在博克霍里斯时代埃及终究战败。努比亚的第 25 王朝夏巴卡王登基的第 1 年,便乘机进攻博克霍里斯,据说,在公元前 715 年博克霍里斯战败,被夏巴卡王烧死在他自己的王宫中。

第 25 王朝国王世系的演变

马涅托所记的第 25 王朝由埃塞俄比亚的 3 王组成,总计统治了 40 年。⑰但是从纪念物上见到的诸王名,可以确认 4 个王名,总计 60 年（见表 24）。

**表 24    第 25 王朝（公元前 716—前 656 年）王名表**

| 王    名 | | 统治年代（公元前） |
|---|---|---|
| （乌塞尔玛拉·斯尼弗拉 | 皮安希） | 747—716 |
| 尼斐尔卡拉 | 夏巴卡 | 716—702 |
| 杰德卡拉 | 夏巴塔卡 | 702—690 |
| 尼斐尔图姆库拉 | 塔哈尔卡 | 690—664 |
| 巴卡拉 | 塔努塔蒙 | 664—656 |

皮安希,努比亚的库什王国国王卡什塔之长子,第 25 王朝的始祖。当第 24 王朝泰夫那克特王向底比斯扩张,企图统一埃及的时候,库什王皮安希出兵埃及,并攻占了孟斐斯。孟斐斯的僧侣宣布皮安希为"上下埃及之王"。皮安希进一步扩张到三角洲,当地的一些王公,包括泰夫那克特王在内,走投无路,遂向皮安希投降。皮安希留下了部分驻军,并保留了王公们的统治权力,返回那帕达。但是不久,泰夫那克特便恢复了自己的王权。皮安希把原有的马斯塔巴墓改造成金字塔形式,此后很快流行于那帕达。

夏巴卡,第 25 王朝的真正的创建者。马涅托把夏巴卡王作为第 25 王朝的第 1 王。公元前 716 年,夏巴卡继承了他的兄长皮安希之王位,并决心彻底摧毁第 24 王朝。夏巴卡出兵埃及,到达了三角洲。据马涅托的记载,夏巴卡俘虏了博克霍里斯,把他活活烧死,⑱最终结束了第 24 王朝。

夏巴卡王可能以孟斐斯为首都,并采用了传统的法老的称号。据希罗多德讲,在他统治埃及的期间,从不判处埃及人死刑,但是却处罚他们在本地城镇修筑堤坝。⑲对于积极向外扩张的亚述,夏巴卡采取了友好交往的政策。他向萨尔贡二世赠送许多礼物,而后者也向他回赠礼品以示友好。夏巴卡王参拜埃及的神灵,并把《孟斐斯神学》原文重新刻石立碑公布于世。在卡纳克神庙第 4 塔门上的一处铭文说,他重建这个"庄严的大门"。他授予他的姊妹阿蒙尼尔迪丝一世为阿蒙的"神之妻"的称号。夏巴卡去世后被葬于巴尔卡勒山下(首都那帕达)的金字塔内。

夏巴塔卡,皮安希之长子,夏巴卡之外甥。夏巴塔卡继位后的第 2 年(公元前 701 年),亚述王萨尔贡二世的继承者辛那赫里布又对巴勒斯坦发动攻势,并围攻耶路撒冷。夏巴塔卡与先前的奥索尔康四世和夏巴卡王不同,对亚述采取彻底抗击的政策。埃及派兵援助耶路撒冷抵制亚述的扩张,结果亚述军队彻底失败。

塔哈尔卡,夏巴塔卡的兄弟和继承者。塔哈尔卡继位后,以东北三角洲的塔尼斯为首都,继续支持巴勒斯坦策划反亚述的动乱,引起了亚述的报复。亚述王以撒哈顿率军侵入尼罗河。在公元前 671 年塔哈尔卡的军队被以撒哈顿击溃,孟斐斯失守。但是,在以撒哈顿撤退后,塔哈尔卡打垮了亚述的驻军,并收复了全部失地。亚述再次出兵,以撒哈顿之子亚述巴尼拔率军重新占领了孟斐斯,并到达底比斯。塔哈尔卡退到那帕达,并在那里去世,埋葬于努里的一个大金字塔中。

塔努塔蒙,塔哈尔卡的侄子,夏巴塔卡之子,继承了塔哈尔卡的王位,成为第 25 王朝的末代王。他面临亚述侵袭的严重形势,率军北上到达底比斯,受到了埃及人民和地方首领的欢迎。他继续北上进军到孟斐斯,并打败了忠于亚述的三角洲的王公。但是,当亚述再次侵入埃及时,塔努塔蒙节节败退,底比斯失守。亚述人大肆劫掠底比斯,屠杀俘虏,而塔努塔蒙则畏缩在那帕达,度过了他的晚年。

## 第二节　后埃及的复兴与衰落

后埃及,即后期埃及时代,是埃及法老时代的最后阶段。由于第26王朝的重新统一,埃及一度复兴,社会经济发展繁荣。但是随后波斯人两次征服埃及,包括地方土著政权在内先后又经历了第26—31王朝,法老埃及最终衰落了。

### 一、第26—31王朝国王世系的演变

第26王朝国王世系的演变

第26王朝,据马涅托所记,由舍易斯的9王组成,总计150(或163、167)年。[①]而我们所能确认的只有6(7)王,统治年代为139(147)年(见表25)。

表25　第26王朝(公元前664—前525年)王名表

| 马涅托王名 | 埃及王名 | 统治年代（公元前） |
|---|---|---|
| 斯泰斐奈提斯 尼契普索斯 尼科 | 蒙凯帕拉　尼科Ⅰ | 672—664 |
| 普撒姆美提克斯 | 瓦希布拉　普撒美提克Ⅰ | 664—610 |
| 尼科Ⅱ | 威亥迈布拉　尼科Ⅱ | 610—595 |
| 普撒姆提斯Ⅱ | 尼斐里布拉　普撒美提克Ⅱ | 595—589 |
| 乌阿斐里斯 | 哈‘阿’伊布拉　瓦希布拉/阿普里斯 | 589—570 |
| 阿摩西斯 | 克尼迈布拉阿赫摩斯-塞奈特/阿玛西斯 | 570—526 |
| 普撒姆美契里提斯 | 安克卡恩拉　普撒美提克Ⅲ | 526—525 |

尼科一世,第 26 王朝始祖。尼科的祖先可能是第 24 王朝利比亚人血统的王公。在亚述人侵入和统治埃及时期,他是埃及三角洲的舍易斯城的总督。公元前 671 年,亚述王以撒哈顿从第 25 王朝的塔哈尔卡手中掠去下埃及时,在地方的统治者中,亚述人任命他为封臣。在公元前 670—前 669 年,塔哈尔卡的武装重新征服了孟斐斯和下埃及,击败了亚述的驻军及其埃及的封臣。公元前 669 年,以撒哈顿去世,他的儿子和继承者亚述巴尼拔再次征服埃及,占领了孟斐斯(公元前 667 年)并开始攻入上埃及。当尼科一世及其他的封臣大约在公元前 667 年图谋参加塔哈尔卡领导的起义时,被亚述人发觉,而尼科一世被引渡到亚述首都尼尼微。次年,亚述王亚述巴尼拔恢复了尼科一世的舍易斯总督职务。尼科一世可能在重返埃及后不久去世。其子普撒美提克一世继位。

普撒美提克一世,第 26 王朝的创建者和第一位国王,建都于舍易斯。据希罗多德的记载,他原是埃及分裂成 12 个部分时的 12 个国王之一,在举行灌奠之礼时,因他没有杯子而拿青铜头盔,应验了神谕,因而必定成为国王。②公元前 663 年亚述王亚述巴尼拔恢复其父为舍易斯总督后,又任命普撒美提克一世为阿特里毕斯城的总督,但他不甘于俯首称臣,决心抗击亚述的侵犯。普撒美提克一世通过与小亚的吕底亚王吉盖斯的结盟,首先制服三角洲地方的亚述人的封臣(公元前 658—前 651 年),然后驱逐了亚述人一直到巴勒斯坦。他又在他的土著城市舍易斯建都,并进一步向中、上埃及进军。普撒美提克一世派遣了自己的女儿尼托克丽丝到底比斯作"阿蒙神之妻",并得到了地方的承认。实际上,他是通过阿蒙的权威扩大他的势力和影响。此外,他还派遣亲信任南方总督,坐镇埃德富。公元前 614 年,当新巴比伦王国兴起时,他又派遣援军围攻亚述,最终恢复了埃及的独立。普撒美提克一世在恢复和统一埃及之后,积极发展对外贸易,给希腊商人以优惠待遇,开辟希腊殖民城市,但同时维护了古老的宗教艺术传统。

尼科二世,普撒美提克一世之子。在亚述帝国崩溃后,新巴比伦王国向西扩张,占领了叙利亚。尼科二世为了抵制新巴比伦的扩张,反而又来支援亚述。当埃及军队出征美索不达米亚时,新巴比伦同盟犹太国的约西亚在美吉多阻击失败而身亡。不久,尼科二世派自己的儿子做了犹太国王。公元前605年,在叙利亚北部的卡赫美什战役中,新巴比伦王尼布甲尼撒大败尼科二世。公元前601年,埃及本身也受到了威胁,但是尼科二世再次击败了敌人,并继续向叙利亚和巴勒斯坦推进,以加强反巴比伦联盟的战争。

此后,尼科二世集中力量建立地中海和红海舰队。为了发展贸易,尼科二世建筑了沟通尼罗河和红海的运河工程,这可以说是现代苏伊士运河的先驱,但没有最后完成。据说尼科二世还派遣了腓尼基的水手绕行非洲一圈。所有这些措施促进了社会经济的发展。

普撒美提克二世,尼科二世之子。普撒美提克二世曾试图对外扩张,以收复他父亲的失地。在他统治的第3年,破坏了与努比亚和平共处的关系,率军远征库什王国,直达尼罗河第三瀑布。对于巴勒斯坦显然是保持了中立,并且在公元前591年对腓尼基进行了友好访问。普撒美提克二世从雕像和浮雕上铲除有关第25王朝的名字和王家标志。

瓦希布拉,普撒美提克二世之子与王位继承人。瓦希布拉继位后,面对着巴勒斯坦的新巴比伦王国的压力,开始向他们挑战,并且为耶路撒冷解围。由于希腊人不断移民到利比亚,并进一步侵占其土地,利比亚人求援于瓦希布拉,他派兵支援失败,遭到了人民的怨恨,并掀起了暴动。军队拥戴将军阿赫摩斯做国王,③保留了瓦希布拉的摄政王位。但是,他却在后来的企图重新夺权的战斗中战死。

阿摩西斯(阿玛西斯),或阿赫摩斯,平民出身,通过兵变取得了王位。新巴比伦的尼布甲尼撒二世乘埃及内战之机攻打埃及。但是,后来由于波斯帝国的兴起和威胁,埃及与巴比伦两国建立了和平共处的同盟关系。希罗多德在其《历史》中,赞美阿摩西斯以他的智巧,而不是暴力赢得了人民的拥戴。他还向神庙献祭,建筑了巨大的神庙。为了发展贸易,给希腊人以优惠的条件,允许他们定居在埃及。阿摩西斯时代被看成是埃及史上"空前繁荣的时代"。④

普撒美提克三世,第26王朝末代王。在他继承了王位后不久,埃及就遭到波斯王冈比西斯二世的侵犯。公元前525年波斯人攻陷了孟斐斯,俘掳了普撒美提克三世,结束了他的6个月的王位。波斯人先是优待着普撒美提克三世,后因他密谋反对波斯而被处死。波斯征服了埃及,毁灭了第26王朝,此后出现了波斯人统治的第27王朝。

第27王朝在埃及的统治

马涅托的埃及史记载了第27王朝由8名波斯王组成,总共124年。⑤事实上,公元前525年冈比西斯征服埃及至大流士二世的公元前404年为止,共计120年。(第27王朝的波斯国王世系从略。有关波斯在埃及的统治情况见本节三)

第28王朝的统治

据马涅托的记载,第28王朝,仅仅是阿米尔塔伊俄斯二世一人,统治了6年(公元前404—前399年)。⑥在公元前404年春,大流士二世死,埃及掀起反波斯起义,起义的领袖就是阿米尔塔伊俄斯的孙子,阿米尔塔伊俄斯二世。阿米尔塔伊俄斯二世与第24和第26王朝诸王一样,是舍易斯出身的利比亚人。在埃及暂时取得独立的情况下,阿米尔塔伊俄斯二世登上了王位,并得到了人民的拥护。在厄勒藩汀纸草中,日期最晚的一份公文书是借贷的契约,写成于该王的第5年(公元前400年)。这表明了不仅下埃及,而且上埃及也承认了他的权力。因此,他必定能够从全国范围内驱逐了波斯人。⑦根据后来的传说,由于他在某些方面违反了法律,所以,他的儿子未能继承王位。

### 第29王朝国王世系的演变

据马涅托的记载,第29王朝由门德斯的4(5)王组成,总共20(21)年零4个月。⑧但是,根据纪念物所能确认的至少有3王(见表26)。

**表26  第29王朝(公元前399—前380年)王名表**

| 马涅托王名 | 埃及王名 | 统治年代(公元前) |
| --- | --- | --- |
| 尼斐利提斯 | 尼发鲁德 | 399—393 |
| 阿考里斯 | 哈考尔 | 393—380 |
| 普撒姆提斯 | 普塞穆特 | 393 |
| 尼斐利提斯 | | 380(4个月) |

尼发鲁德,在先前的反波斯斗争中,可能是阿米尔塔伊俄斯二世的一个助手。他出身于三角洲的门德斯,塔尼斯之西,以此为中心形成了一个新的家族统治。公元前398年,斯巴达与波斯开战,尼发鲁德与斯巴达结盟,同时送给斯巴达100只3列桨战舰的装备和50万袋的谷物,但是,当舰船途经罗德岛时被波斯人得知而劫掠一空。⑨

哈考尔,第29王朝的第2或第3王。哈考尔与普塞穆特同年登基,普塞穆特维持了一年的王位,便被哈考尔驱逐。哈考尔继续统治了13年,成为该王朝中在位时间最长的国王。在卡纳克的一座小神庙,由普塞穆特着手建筑而被哈考尔所完成。但前者的名字被除掉,加上了哈考尔的名字。公元前386年,波斯与斯巴达缔结和约,次年,波斯王阿塔薛西斯二世发动了对埃及的3年战争。据说,哈考尔组织了2000名希腊雇佣军阻止了波斯的侵入。但是,也有人认为,哈考尔与塞浦路斯的萨米斯的王伊瓦高拉斯结盟,使埃及被解救。哈考尔的晚年可能出现了无政府状态,而他或许被杀死。由于哈考尔的去世,埃及政局更难以稳定。其子尼斐利提斯二世继承了他的王位。

普塞穆特,第29王朝的第2或第3王。在公元前393年,普塞穆特与哈考尔同年继位,马涅托的王名表把普塞穆特作为第 3 王排在哈考尔之后,但是,现代的研究者通常把普塞穆特看成是第 2 王,把他排在哈考尔之前。普塞穆特仅仅在位一年,便被哈考尔驱逐。

尼斐利提斯,哈考尔之子,继承了其父的王位,据说,仅仅维持了 4 个月。最后被第 30 王朝的国王所代替。

第 30 王朝国王世系的演变

第 30 王朝,据马涅托的记载,由塞边尼图斯的 3 王组成,总计 38 (20) 年。⑩在埃及的纪念物上,这 3 位王名已得到了证实,总计在位的年代 38 年(见表 27)。

表 27　第 30 王朝(公元前 380—前 343 年)王名表

| 马涅托王名 | 埃及王名 | 统治年代(公元前) |
|---|---|---|
| 涅克塔尼毕斯 | 奈克特尼毕夫(涅克塔尼布Ⅰ) | 380—362 |
| 泰奥斯 | 杰郝 | 362—360 |
| 涅克塔尼布斯 | 奈克托尔亥布(涅克塔尼布Ⅱ) | 360—343 |

涅克塔尼布一世,布巴斯提斯北部的塞边尼图斯出身的将军。他在公元前 380 年篡夺了第 29 王朝尼斐利提斯的王位,创设了新的王朝。波斯王阿塔薛西斯二世远征埃及遭到哈考尔的抵制而失败后,于公元前 373 年春再次进犯埃及。波斯的陆海军从北部巴勒斯坦南下,遭到涅克塔尼布军队的激烈抗击。到了七、八月末,尼罗河大泛滥,三角洲被大水淹没,几乎成了一片沼泽和海,波斯人被迫退却。在埃及恢复和平的同时,涅克塔尼布一世建筑和修复了许多纪念性建筑物。可能在他统治的晚年,其子杰郝与之共治。

杰郝,在公元前 362 年其父去世后继承了王位。他一反其父优待僧侣的政策,废除其特权,并劫取了寺庙的财宝用来铸造金币和组建雇佣军。其中有 8 万埃及人,1 万希腊人和 200 只 3 列桨的战舰。他亲自统帅这支雇佣军,在腓尼基和叙利亚攻击波斯人。但由于他手下的将军与他不和,甚至他的儿子涅克塔尼布二世也反对他,并被埃及人和希腊人离弃。杰郝绝望,经阿拉伯投向波斯人,并得到了波斯人的宽大处理。

涅克塔尼布二世,第 30 王朝末代王。当时,波斯王阿塔薛西斯三世再次进犯埃及并取得了胜利。涅克塔尼布二世联合了塞浦路斯共同谋反波斯,并援助了西顿,但西顿却被波斯所毁灭。在公元前 343 年冬,尼罗河的洪水泛滥停止,波斯人的 30 万大军和 300 只舰队进军埃及。涅克塔尼布二世退却到孟斐斯和上埃及,据说,最后逃到努比亚。波斯军再次占领埃及。在涅克塔尼布二世的 18 年的统治过程中,进行了广泛的土木工程的建设,还创作了许多伟大的雕刻。他的纪念物有不少残存到今天。

### 第 31 王朝在埃及的统治

公元前 343 年波斯王阿塔薛西斯三世奥库斯率军远征埃及,结束了埃及第 30 王朝,再次确立了波斯在埃及的统治,这段历史被称为第 31 王朝(公元前 343—前 332 年)。据阿夫利坎努斯著作中保留的、马涅托的《埃及史》写道:"第 31 王朝由 3 名波斯王组成。1. 奥库斯,在他的王权统治波斯的第 20 年(按:即公元前 343 年)成了埃及王,并统治了埃及两年。2. 阿尔塞斯,三年。3. 大流士(三世),四年。在第 3 卷中总计年代 1050 年(850)。马涅托的《历史》在此结束。"⑪事实上,马涅托的《埃及史》共有 30 王朝,而这里说的第 31 王朝并非马涅托本人所作,而是后来增加的,或许是使用了马涅托自己提供的资料。在另一抄本中,辛凯鲁斯说:"马涅托写了埃及的 31(30 王朝之误)王朝的总计直至奥库斯和涅克塔尼布时代"。虽然,这里的王朝数字是错误的,但是,讲到以奥库斯和涅克塔尼布为马涅托著作的结束是正确的。⑫

公元前 343 年,奥库斯征服了埃及,统治了六年,到公元前 338 年夏被其部下的指挥官巴高阿斯谋杀。奥库斯之子阿尔塞斯继承其父王位后,于公元前336年也被巴高阿斯所暗杀。波斯王朝末代王大流士三世从公元前336年继位统治埃及,到公元前332年亚历山大征服埃及为止,结束了波斯王朝在埃及的统治,代之而来的是马其顿希腊王朝对埃及的征服和统治。

## 二、舍易斯王朝时期社会经济、文化的复兴与阶级分化的加剧

### 生产力的发展与社会经济的繁荣

后埃及第26王朝又称为舍易斯时代。舍易斯王朝的普撒美提克一世面对亚述人的侵犯,领导了埃及人民抗击亚述人及其在埃及的附庸,并与国外的反亚述力量建立同盟关系,最终驱逐了亚述在埃及的统治权力,恢复了埃及的独立。此后舍易斯诸王一方面维持自己的独立,抗击新巴比伦和波斯的进犯,另一方面积极发展社会经济,特别是对外的商业贸易,以及国内的建筑事业,使没落的埃及复兴起来。到了阿摩西斯国王统治时代,社会经济和文化的发展到了"空前繁荣的时代"。

在公元前1000年的前半叶,西亚、南亚、东亚和南欧一些国家先后发展到铁器时代。在古代埃及,到了公元前7—6世纪也发展到了铁器时代。

埃及的铁矿是比较丰富的,很早已被利用,但是一直十分稀罕。在新王国的图坦哈蒙墓中出土的黄金鞘的铁剑引人注目,但是它可能是赫梯人制作的,通过米丹尼输入了埃及。[13]从图坦哈蒙以来,逐渐增加了一些发现的铁制品,直至第25王朝出现了一组铁的工具。从那以后,铁器变成了越来越流行的,而在大约第26王朝时期的诺克拉提斯和德奋奈,铁器就像青铜那样,甚至更为普遍,并且平民在乡下熔炼。[14]在公元前255—前254年铁工具被供应给采石匠使用。此外,值得注意的是,舍易斯时代的雕刻艺术品往往愿意采用坚硬的石材,或许可以说明铁的广泛应用。铁器的冶炼表明了冶金术达到了一个新的水平。

不仅金属器的制作技术十分精巧,纺织、陶器等手工业生产也很发达,而商业和对外贸易尤其兴盛。

作为舍易斯王朝时代社会经济发展的重要表现是商品货币关系的发展。传统的货物交换已被金属块的货币所代替,越来越多的一定重量的铜块和银块——“德本”(91 克)和“凯特”(9.1 克)作为基本的等价物,执行货币的职能。在阿摩西斯在位时,由国家制作“德本”和“凯特”,用于购买一般商品或土地、牲畜,甚至奴隶等。《阿蒙关于转让土地占有的命令》是一份土地兼并,所有权转让的公文书,在那里首先提到了购买 236 斯塔特耕地和 1 口水井,8 棵无花果树,6 棵枣椰树,共计支付了 8 德本和 2/3 凯特银子;71 斯塔特耕地,3 口水井,26 棵大枣椰树,50 棵小枣椰树,3 棵无花果树,共计 4 德本 1 凯特银子……⑮

随着商业和经济生活的繁荣,城市也迅速增加。希罗多德说,在阿摩西斯时代,埃及“有人居住的市邑有两万座”。狄奥多拉斯认为,“在古代它有 18,000 座以上的重要的乡村和城市……在托勒密时代总计在 30,000 座以上……总计人口大约 700 万。”⑯这些数字或许接近正确。后埃及时代城市的确发展起来,特别是阿摩西斯给予希腊人的殖民以优惠条件,愿定居者可定居,出现了诸如诺克拉提斯一类的新城市。

在尼科王统治时代,他在尼罗河和红海之间开凿运河。据说,他是“第一个着手把一条运河修到红海去,但完成这项工作的却是波斯人大流士。这条运河的长度是 4 天的航程,它挖掘的宽度足够两艘 3 段桨船并排行进……死于挖掘工程的有 12 万埃及人。”这项工程虽然具有军事意义,但也是为了商业贸易。而它真正发挥作用的是在波斯统治时代。为了开辟新的航线,尼科雇佣了腓尼基水手组成一支舰队从红海出发,绕行非洲一圈,用了两年多的时间返回埃及。⑰

在商品货币关系发展的同时,高利贷业逐渐兴旺起来。高利贷业早在新王国时期已盛行，而在新王国以后，直至第 26 王朝，高利贷业进一步推广并且越来越残酷，早已为许多文献所证明。柏林博物馆第 3048 号纸草文献记载，在一年的期间内，"……你带（给我）5 德本银子……而我还给你 10 德本银子。"⑱可见，借贷一年的利息按 100% 计算。

### 土地兼并与人身奴役

在商品货币关系以及高利贷的日益发展的情况下，社会分化进一步加剧。后埃及时代，特别是舍易斯时代社会的分化主要表现在土地的兼并，佃农制和债务奴役制的流行。

如果说，古王国时代的土地买卖记载，曾经引起人们的怀疑的话，新王国时代以后，特别是第 21 王朝西阿蒙的土地买卖文书，已被人们所承认。在那里讲到了两块地段的买卖，其中之一是 2 阿鲁拉土地，支付了 2 德本和 2 凯特银子；另一处 2 阿鲁拉土地为 1 德本银子。⑲在利比亚王朝时期保留了大量的带有象形文字铭文的石碑，其中最重要的文献就是上述的《阿蒙关于转让土地占有的命令》。这篇《命令》记载了第 23 王朝法老奥索尔康三世的儿子，阿蒙神庙高僧和司令官犹列契以阿蒙的名义宣布把他购买来的 556 斯塔特土地（152,066 公顷），包括土地上的牲畜、奴隶以及其他不动产，转让给他的儿子亥木阿塞。从《命令》中记载的卖主的身份来看，多数是农民、士兵和市民，还有 1 名僧侣。僧侣 1 人出卖了 236 斯塔特土地，几乎占全部买卖土地的半数，而其他人多则出卖 60—70 斯塔特土地，少者仅 1 斯塔特。⑳由此可见，僧侣显然占有了较多土地，而其他的中小所有者仅仅能够出卖一小块地段，这也反映了中小所有者的分化和破产。此外，不列颠博物馆保存的第 10117 号纸草文献是一份第 26 王朝时期签定的关于买卖 33 阿鲁拉土地的契约。都灵博物馆第 247 号纸草是关于普撒美提克一世时期用 5 德本银子购买 10 阿鲁拉土地的契约。还有不少舍易斯时期的世俗体文字记载的土地买卖契约保存下来。

在土地的买卖、兼并,土地集中于少数人的手中的同时,土地租佃的现象也流行起来。埃及的农民,从古以来,就由国王那里领得一块份地耕种,以向国王或国家缴纳赋税为条件。一旦土地被尼罗河淹没无法耕种时,可以上报国家以便减免税务。但是,在后埃及时代,土地兼并十分活跃,租佃土地的现象也十分流行。遗憾的是,从古时起直至公元前 6 世纪,往往只能找到间接证据,而看不到作为土地出租的契约或合同。类似的契约的缺乏并不意味着他们从未缔结或从未写成。

舍易斯时代的租约,往往不是经济的,而是带有某种协定性的,但不是单纯租种协定,在那里"租税"是作为收获的分配的报酬。因为地租总额被收获物的简单划分所决定。所以,舍易斯时期的租约仅仅是分配农作物的契约,而没有固定地租的或者部分或者全部预付地租的实例。G. R. 休斯在其《舍易斯世俗体文土地租约》一书中,翻译和注释了大英博物馆和卢浮宫的 7 份舍易斯租约的公文书,从中我们列举 4 份,可以略见一斑:

卢浮宫 No. E. 7844 纸草公文书,记载了两名佃户得到了收获品的 2/3,即每一佃户获得了 1/3 部分;

卢浮宫 No. E. 7845A 纸草公文书,讲到了佃户给佃主支付租用的地段为收获品的 1/4;

卢浮宫 No. E. 7833A 纸草文书,表明佃户交付佃主的租税为收获品的 5/6,而给自己留下的为 1/6;

大英博物馆 No. 10432 纸草文书,记载了 15 名佃户支付了收获物的 3/4,他们自己共留下了 1/4。余下的部分如果按 15 人平分,每人只得收获品的 1/60。[21]

从上述纸草文书中可以看到,租税额度之高令人惊讶。史料证明,在大领地上,包括神庙领地在内,其直接生产者佃农,不仅是公社成员,也有脱离公社的人——私有土地的使用者以及土地的占有者。[22]

从第三中间期以来,特别是在舍易斯时代,奴隶制在新的形势下继续发展。由于埃及帝国霸权的丧失,大规模对外侵略战争的停止,战争俘虏的来源也断绝。但是,随着商业高利贷的发展,社会分化的加剧,本族奴隶的来源扩大了。所以,在这个时期流行了自卖奴、养子、债务奴隶等奴役形式。前面我们曾经论述过作为奴隶的专门术语之一的"拜克"。拜克 $B^3K$ 一词在这个时期的文献中仍然可以经常看到,而且在保留了"仆役""奴隶"的含义外,也有相当一部分"拜克"实际上变成了债务奴隶。所以,有人认为,从地方居民中起源的舍易斯时期的卖身的债务奴隶"拜克",按其剥削方法能够理解为自由的埃及人并不奇怪。由于自由的埃及人变为债务奴隶,阶级关系复杂化和紧张化,造成了严重的后果,致使国家当局早在第 24 王朝时代就制定了限制高利贷和债务奴役的法律。在古典作家狄奥多拉斯的著作中保留了博克霍里斯法老的社会改革的内容:

> 据说博克霍里斯制定了有关订契约的法律。按照这些法律,凡借钱而未曾立约且发誓证明其不曾欠款者,可以不付债款……而贷款与人,取得契约者,收回母金时,所加利息,立法者不许它超过一倍。立法者认为财产应属于买得财产或得自赠礼之人,而只许从债务人的财产中收取债款,不许剥夺债务人的自由,而公民本身只能属于国家,战时或平时为之执行义务。因为,如果认为在保卫祖国时本身遭受危险的兵士,居然可以因为债务而被债权者召回,从而为了私人利害而使公共安全受到危害,那是荒谬的。㉓

博克霍里斯的改革,显然,是为了维护自由民的私有财产的不可侵犯及其人身的自由,以保证国家的兵源。但是,社会的分化,债务奴隶制的流行并非改革所能解决的。所以,到了第 26 王朝阿摩西斯时代,为了缓和由于财产不断分化而引起的社会危机,并保证国家的税收来源,不得不另行颁布法律:"……每一埃及人每年要到他的诺姆的首长那里去报告他的生活情况,而如果他不这样做或不来证明他在过着忠诚老实的生活时,他便要被处以死刑。"㉔阿摩西斯时代社会经济的发展达到了舍易斯王朝发展的顶峰,随着经济的发展,特别是商业高利贷业的流行也导致了阶级分化的加剧。繁荣的景象也就很快消失了。

舍易斯文化的复兴与发展

舍易斯的复兴和繁荣,除了经济上的表现外,也包括了文化上的内容,是经济和文化两者的共同复兴与发展。但是,遗留下来的考古证据比先前时代要少些,因为当时政治、经济的中心在三角洲,而那里的自然环境对于文物的保存是极端不利的。

舍易斯时代,文化的复兴是有其社会的根源和背景的。埃及经过了第三中间期的三四百年的分裂不安和努比亚人的统治,一旦重新恢复了国家的统一和独立,面对着先前已经衰微的文化趋势,不可避免地怀念起古老的历史业绩和文化传统。所以,在国家经济复兴之际,也力图恢复传统的固有的精神和文化。

舍易斯时代,大规模的神庙建筑虽然已经看不到了,但是,在全国的范围内,神庙还是增加了。人们常常用坚硬的石材和熟练的技巧雕刻艺术品,特别是奉献的神庙雕像成为私人的主要纪念物。这一时期艺术的特点是追求和模仿古王国的艺术传统,但很快又以新王国第 18 王朝为榜样,出现了短暂的艺术复兴,因而被称为新古典主义艺术。从这个时期的雕刻和绘画作品来看,总的倾向是复古,恢复古老的艺术传统。例如,萨卡拉的显贵的陵墓,依照带有深达 25 米坑道的马斯塔巴形式。底比斯的显贵的陵墓仍然是在悬崖上开凿,内部包括若干房间,甚至还有列柱大厅。陵墓外面添上了带有塔门的小庭院,围墙上的装饰与古王国时期的装饰一样。这个时期的雕像也普遍带有理想化的特点，与传统上的雕像也同样。

值得注意的是，由于舍易斯时代埃及与西亚和希腊的交往密切，超过了以往的任何时代，所以，埃及的艺术，甚至宗教习俗对周围国家民族也都产生了很大的影响。同时，埃及的文化也吸收了外来的，尤其是希腊文化的成就。移居到埃及的希腊人，首先接受了埃及人的宗教信仰，也相信地下世界和来世生活，因此，他们也同样把尸体制成木乃伊，以便长期保存。埃及人也学习了希腊人的壁画技巧，并且创作了具有希腊风格的人物肖像。

除了艺术上的复古模仿外，文字的演变是最大成就。埃及的象形文字经过了僧侣体以后，到了舍易斯时代，出现了世俗体文字，它以草书的形式出现，并且具有当代语言的特点，主要用于民间的书信、契约和日常生活的文件上。世俗体文字的产生显然是和舍易斯时期商业的发展和经济生活的繁荣分不开的。它由北方起源，但是很快传播、推广应用于南方，并代替了底比斯的僧侣体文字的使用。

人们的复古的思潮同样反映在宗教丧葬的思想上，先前已不使用的《金字塔文》和《亡灵书》，现在往往把它们与其他更新的文献中的咒文夹杂在一起重新使用。后埃及时期的铭文，也并非完全使用世俗语，而是采用已消失的中王国时期的语言写成的。

舍易斯时代文化，没有更大的成就令人赞叹，但是在恢复和继承传统的文化上起了不可磨灭的作用。

舍易斯时代经济文化上的复兴和繁荣，也仅仅是暂时的，在社会经济生活繁荣的景象下，隐蔽着深刻的阶级分化和尖锐的阶级对立，因而，从根本上削弱了国家的实力和对外的强权。所以，当东方的波斯帝国兴起，征服了巴比伦和小亚之后，便把矛头指向了埃及，埃及先后两次被波斯所征服。

### 三、波斯帝国的征服与埃及人民的反侵略斗争

公元前 525 年,波斯王冈比西斯远征埃及,在边境的第一次战役中,大败埃及。波斯进一步围攻孟斐斯。不久,在埃及海军司令官乌加霍列森尼的叛卖下,孟斐斯被攻陷。第 26 王朝末代王普撒美提克三世被俘。冈比西斯征服了埃及后,便把埃及划分为波斯帝国的一个行省,给自己加上了法老的头衔。从此开始直至公元前 404 年,波斯在埃及的统治被列在第 27 王朝,或称第 1 波斯王朝。

冈比西斯在埃及采取了恐怖屠杀的政策。[25]因此,当冈比西斯由埃及出征努比亚和利比亚时,埃及人民乘机发动起义,反抗波斯的奴役。据说,被废除的埃及法老普撒美提克三世"在埃及人中间煽动叛乱的时候被捉住了",[26]而他以自杀殉国。在公元前 522 年,冈比西斯死后,埃及人民和其他被征服的人民一道又掀起了反波斯侵略的斗争。

大流士一世继位后,在稳定了内部政权和安抚了周边国家之后,于公元前 518 年率军再次入侵埃及,镇压了反波斯起义。大流士一世在其碑文中讲到,"我是波斯人,我征服了埃及"。

埃及作为波斯帝国的一个行省,和其邻国一道,每年要向波斯缴纳贡赋 700 塔兰特银子,还有一定数量的谷物。[27]在大流士一世统治时代,为了军事和商业的需要,在尼科之后最终完成了尼罗河和红海之间运河的挖掘工作,其长度达 84 公里。他说:"我命令挖掘这条运河,从流经埃及的尼罗河到波斯开始的红海,正像我命令的那样,在这条运河挖掘成后,战舰由埃及经过这条运河到达波斯。正像我愿望的那样。"[28]由此可见,运河的挖通直接服务于波斯帝国。

此外,大流士一世不同于冈比西斯,他保持了传统的地方崇拜和宗教信仰。狄奥多拉斯说:"大流士从埃及统治者那里学习神学并且模仿在他以前法老的统治。"他还讲到大流士在孟斐斯修膳了普塔神庙,

并在一些地方建筑阿蒙神庙。㉙哈马马特干河采石场的铭文证明了他在埃及的建筑工作。据统计，在这个采石场发现的 250 块铭文中，有 17 块属于第 27 王朝(波斯王朝)，而大流士一世的名字出现在埃及各地，比其他任何波斯王的名字的总和还要多。㉚

在希波战争的马拉松战役后不久，即公元前 486 年，在埃及又爆发了反波斯的起义，原因在于沉重的税务负担和强迫成千手工业者去伊朗建筑苏萨和波夕波里斯的王宫。㉛大流士一世还未来得及镇压起义便去世了。这个任务自然便转到其子薛西斯的身上。有人认为，薛西斯亲自领导了这次讨伐活动，但似乎没有根据。埃及人的起义遭到了残酷的镇压，许多寺庙财产被没收。但是，薛西斯不同于他的前辈那样采用法老的头衔，而是采用了"王中之王"的称号，并把埃及作为被他征服的一个行省。所以，寺庙僧侣们骂他为"坏蛋"。

在公元前 460 年阿塔薛西斯时代，埃及再次爆发了反波斯起义。修昔底德在其著作中做了充分的介绍。狄奥多拉斯谈到这次起义的原因是沉重的税务负担，严酷的统治和波斯对地方庙宇殿堂的藐视。起义的领导者是三角洲的伊纳罗斯和阿米尔塔伊俄斯。伊纳罗斯后来又与雅典人联合围攻孟斐斯的波斯军，到公元前 456 年，埃及人失败，逃溃在西三角洲的岛上。公元前 454 年，波斯军追击到西三角洲，伊纳罗斯被俘，后被处死。但是埃及人又在阿米尔塔伊俄斯的领导下坚持战斗。波斯在埃及的总督、阿塔薛西斯的兄弟阿黑明率领军队前去镇压。据说，波斯大军有 40 万人和 80 艘战舰，其中 20 艘与全体人员一起被埃及人击沉，阿黑明战死，波斯人彻底失败。㉜最后，在迫使阿塔薛西斯遵守埃及王室合法的条约条件下，指定一些埃及人担任总督和其他职务。但是，在公元前 454 年，即起义的 6 年之后，埃及重新沦为波斯帝国的一个省区。希罗多德说："虽然没有人比伊纳罗斯和阿米尔塔伊俄斯给波斯人以更大的损害，但是波斯人还是把父亲的统治权交还给

伊纳罗斯的儿子坦努拉司,以及交还给阿米尔塔伊俄斯的儿子帕乌西里司。"㉝

公元前 424 年,阿塔薛西斯去世,大流士二世继位。在他执政时代,埃及又发生了骚动,特别是在厄勒藩汀的犹太军事移民的寺庙也被波斯驻军长官破坏。后来,可能在公元前 404 年,大流士二世去世,波斯帝国发生内乱,埃及又发生了阿米尔塔伊俄斯二世领导的三角洲利比亚人的起义。阿米尔塔伊俄斯二世在控制了下埃及后,建立了自己的政权,即第 28 王朝。到公元前 400 年,起义者在三角洲之外,还掌握了上埃及直至厄勒藩汀的广大地域。阿米尔塔伊俄斯二世甚至转战到叙利亚领地,波斯在埃及的第 1 次统治也就这样结束了。

在第 29—30 王朝时代,阿塔薛西斯二世又一再进犯埃及,但均未成功。直到第 30 王朝末,公元前 343 年,阿塔薛西斯三世亲率大军再度侵犯埃及获得成功。埃及末代王涅克塔尼布二世逃到了努比亚,宣布退位。波斯人第 2 次征服了埃及,创建了第 31 王朝。

阿塔薛西斯三世对埃及采取了残暴的报复政策,大肆破坏神庙建筑,劫掠圣物,甚至把普塔神殿改为军队的驴马圈以发泄他对埃及人的愤恨。他还任命斐连达斯为埃及总督,埃及再次沦为波斯帝国的行省,纳入了波斯版图内,直到公元前 332 年马其顿王亚历山大的征服为止。

# 第十一章　马其顿-希腊
## 统治下的埃及

公元前 332 年,马其顿大帝亚历山大征服了埃及,结束了近 3000 年的"法老埃及"统治时代,开始了马其顿-希腊统治时代,直至公元前 30 年罗马人的征服为止,维持了 300 年之久。传统上把这一时期称为"希腊化"时代,但是实际上,它也是希腊人的"东方化"时代。

## 第一节　亚历山大的征服埃及与托勒密王朝的统治

### 一、亚历山大的征服埃及

公元前 334 年,马其顿王亚历山大东征,侵入小亚。

公元前 333 年 11 月,亚历山大在伊苏斯以少胜多,打败了波斯帝国大流士三世的军队。现在,这位年仅 23 岁的天才军事政治家面临这样两种选择:乘胜追击大流士,或者停止追击以巩固西方。考虑到波斯强大的舰队的存在,切断自己与马其顿本土的联系易如反掌,亚历山大采取了巩固地中海沿岸的策略。他率军南下,夺取叙利亚沿岸,攻陷推罗。加沙之战后,他长驱直入占领埃及。马其顿军队来犯的消息早已传到埃及,推罗和加沙之围也给埃及的波斯统治者和埃及人以足够的时间做出选择:战还是降。被切断任何援助的波斯统治者知道,战只能是以卵击石,而要让埃及人在波斯统治者和亚历山大之间进行选择的话,他们宁愿要亚历山大。这样,公元前332年亚历山大侵入埃及的时候,几乎没有遇到来自波斯统治者的任何抵抗。亚历山大作为一个解放者受到了埃及人的欢迎。之所以如此,主要有以下几个原因:当时的埃及虽然已经经历很长时间的外族统治,但波斯人对埃及的压迫和掠夺却引起了埃及人的极大的仇恨。从民族心理上说,埃及是一个多神崇拜的民族,而波斯人却仇恨偶像并有一神倾向。这个具有一神倾向的民族统治了埃及这个多神崇拜的民族先后两次,共计一百余年之久,这不能不在埃及民族心理上种下仇恨的种子。此外,从希腊人与埃及人的关系上看,他们之间的交往融合也有几百年的历史了,其影响是我们所熟悉的。在普撒美提克一世统治时期,希腊人就在埃及的三角洲西部建立了一个贸易中心诺克拉提斯,许多希腊人到那里定居下来。爱奥尼亚居民和卡里亚人在埃及的任何地方都可以找到,特别是在孟斐斯地区。希罗多德在他的《历史》第二卷中就向我们展示了古代希腊人对埃及文化的浓厚兴趣和崇拜。

为了奠定在埃及统治的基础,亚历山大在埃及停留的短短的几个月中进行了一系列的活动:在孟斐斯取得法老的地位,为亚历山大城划定地址,并去锡瓦绿洲请示神谕。

公元前332年秋天,亚历山大进入孟斐斯。他一反波斯统治者的蔑视态度,对埃及诸神表示崇敬,他也随之被埃及人作为埃及的法老而受到拥戴。为了庆贺这一事件,希腊的许多著名艺术家来到孟斐斯,举行了盛大的赛会和戏剧音乐节。亚历山大之成为埃及的法老,使他对埃及的统治纳入到了埃及自己的神圣法老统治的民族思想和宗教信仰的框架之中。这一做法比波斯人在埃及之所为高明了许多。亚历山大被当作为埃及民族同化了的外国人,而不是完全陌生的外族统治者,这一点对于埃及这样的一个文明古国尤为重要。

亚历山大从孟斐斯沿尼罗河西部支流去卡诺普斯,途中在马留提斯这个不显眼的村庄,选定了后来以他的名字命名的一系列城市之中的第一个,也是最重要的一个,亚历山大城的地址。据说后来建成的亚历山大城只是当年亚历山大划定的疆界的一部分,可见这是个庞大的城建规划。亚历山大为什么要修建这座宏伟的城市,他的动机和打算到底是什么,后人只能猜测。据普鲁塔克记载,他曾在梦中看见白发苍苍的荷马站在他身边吟诵诗句:

"那时在狂暴的海中有一个岛屿,

在埃及的前面;人们称它法罗斯。"

他立刻起身前往法罗斯选定这片土地,并用大麦粉在黑土地上划出战袍形状的城廓。①事实证明,这的确是一个建造伟大城市的好地方。

亚历山大继续向西前进,通过沙漠来到锡瓦绿洲请示神谕。据古典作家阿里安讲,亚历山大在沙漠中得到了神蛇(一说乌鸦)的帮助,引导他的军队找到了神谕之所,并将他们带出死亡的沙海。亚历山大祈求神示,"据他自己说,得到了他梦寐以求的那种回答。"②他为什么这样做,他向阿蒙神提了什么问题,得到了什么答复,这些问题从一开始就为史学家们留下了疑问,当然我们也无法知道详情。关于这次神谕,他曾写信给他的母亲说,等他回去时,要把一切都告诉她,但遗憾的是他没能回到马其顿就带着这个秘密死去了。③亚历山大朝拜了锡瓦的阿蒙神庙后,被僧侣宣布为"拉之子""阿蒙的宠儿",从而取得了埃及法老的"合法"的统治地位。从锡瓦返回孟斐斯,他确立了自己在埃及的统治权。亚历山大首先把埃及分成两个行省,并指定两个埃及人做总督,分管上埃及和下埃及,仍然使用波斯人的总督头衔。第一位取得亚历山大统治下的、埃及的真正管理权的是诺克拉提斯的克里奥门尼斯,他曾被任命为财政总监。税收的权力最初交给了埃及的地方官员,这大概意在防止造成民族仇恨。亚历山大于公元前 331 年离开了埃及继续他的东征,只留下少量的驻军听从马其顿将领们的指挥,波斯人以前征募的雇佣军也由一名马其顿将领监管。

## 二、托勒密王朝的形成与国王世系的演变

公元前 326 年,亚历山大征服了印度河流域,次年返回巴比伦,以此为中心建立了一个庞大的亚历山大帝国。公元前 323 年,当亚历山大意识到自己定数不远的时候,已没有说话的力气,便把一枚戒指交给手下将领皮尔蒂卡斯作为权力的象征。6 月 13 日亚历山大死后,他的贴身大臣和将领们立即召开紧急会议,讨论继承人问题。皮尔蒂卡斯将亚历山大的戒指放在王座上提议,如果即将出生的亚历山大的遗腹子是男孩的话,他将是未来的国王,他们要等着这位国王的降生。然而,在没有亚历山大遗嘱的情况下,立谁为帝的决定须经马其顿人民代表认可。这个决定递交给人民代表讨论,立刻引起不同的反应。骑兵部队支持皮尔蒂卡斯立亚历山大的遗腹子为帝,但步兵部队却反对立一位波斯女人生的亚历山大的儿子,而要求立亚历山大的异母弟弟阿尔希道斯。一场争夺王位的斗争一触即发。尽管最后达成妥协,由阿尔希道斯和亚历山大的遗腹子共同执政,但实际权力落在了皮尔蒂卡斯手中。他利用掌握驻扎亚细亚军队的统帅权清洗异己,并再次召集政务会议,按自己的意图分派总督。托勒密,这位亚历山大手下一位将军、亚历山大的保镖之一,得到皮尔蒂卡斯的认可,取代了克里奥门尼斯成为埃及的总督。

托勒密曾跟随亚历山大转战波斯高原,担任过希达斯皮斯战役的马其顿舰队司令。在长期的军事政治生涯中,托勒密积累了丰富的经验。谨慎务实的性格使他在亚历山大死后马其顿帝国面临分裂威胁的情况下,能在巴比伦会议上提出将军作总督、瓜分辖地的建议,从而得

到了埃及这块富裕的土地。对此,有人认为托勒密从未打算角逐希腊世界的最高权力,而是基于一鸟在手胜于十鸟在林的思考巩固了他在埃及的地位,并在亚历山大死后的权力争夺中保持中立。④作为一个跟随亚历山大多年的勇于行动而又精明过人的中年将领,没有野心取得最高权力似不可信。托勒密暂时不去争夺最高权力以免成为众矢之的,恰恰表现了他既洞悉眼前的局势,又精于长远谋划的韬略。不然,我们就无法解释托勒密何以急匆匆从皮尔蒂卡斯手里夺得亚历山大的遗体带回埃及,葬于孟斐斯,而后又隆重奢华地迁往亚历山大城。皮尔蒂卡斯掌握着亚历山大的玉玺,攸曼尼斯得到了亚历山大的帐篷,托勒密却拥有亚历山大"本人"。他们不仅都想把亚历山大的遗物当作吉祥符,保佑他们战无不胜,更想通过拥有他的遗物而获取统治马其顿帝国的合法权。正如有的学者所说的那样,需要一块满足个人野心的跳板是吸引托勒密去埃及的主要原因。⑤埃及独特的地理环境,正适合作一个进可攻、退可守的帝国的基地。后来,罗马皇帝奥古斯都把埃及直接置于自己的控制之下,而不让元老们插手埃及事务与埃及这种易守难攻的地理环境恐怕不无关系。

　　在做了18年的埃及总督之后,托勒密于公元前305年11月7日宣布自己为国王,埃及的法老。这样,托勒密王朝便正式形成了。托勒密的后裔从此在埃及一代代作为新的"法老",统治埃及达275年(见表28)。

　　托勒密一世,又名索塔尔,生于公元前367/366或前364年,死于公元前283/282年。他是一位杰出的军事家、政治家和外交家。托勒密一世出身于马其顿贵族家庭,拉古斯之子,早年在宫廷中受过良好的教育和训练,并成为亚历山大的挚友。公元前336年亚历山大继位后,他加入国王的侍卫队,并伴随亚历山大东征,成为亚历山大的贴身护卫和马其顿舰队司令。

**表 28　托勒密王朝(公元前 305—前 30 年)王名表**

| 王　　　名 | 在位年代(公元前) |
|---|---|
| 托勒密一世　索塔尔 | 305—285 |
| 托勒密二世　菲拉德尔弗斯 | 285—246 |
| 托勒密三世　奥厄葛提斯 | 246—221 |
| 托勒密四世　菲洛帕托尔 | 221—205 |
| 托勒密五世　埃庇法尼斯 | 205—180 |
| 托勒密六世　菲洛麦托尔 | 180—145 |
| 托勒密七世　尼奥斯·菲洛帕托尔 | 145—144 |
| 托勒密八世　奥厄葛提斯二世 | ?—116 |
| 托勒密九世　索塔尔二世 | 116—80(中间时有缺位) |
| 托勒密十世　亚历山大一世 | 107—88 |
| 托勒密十一世　亚历山大二世 | ?—80 |
| 托勒密十二世　奥列提斯 | 80—51 |
| 克娄巴特拉七世 | 51—30 |
| 托勒密十三世　提奥斯·菲洛帕托尔 | 51—47 |
| 托勒密十四世　提奥斯·菲洛帕托尔二世 | 47—44 |
| 托勒密十五世　凯撒 | 44—30 |

　　公元前 323 年亚历山大死后,在帝国将领的争夺王位与领地的过程中,显示了他的非凡的政治外交的才能。根据"继业者"的决议,他成为埃及总督而独霸一方。在他担任埃及总督期间,加强了内政建设。他一方面把自己打扮成"仁慈"的君主,试图让人们知道,他不会像他的前任那样滥用权力,另一方面又加强了自己的军事力量。他用前任总督留下的 8000 塔兰特银子征招雇佣军以对付埃及人的可能的反抗。⑥与此同时,他还夺取了周边国家和地区,如利比亚和小亚沿岸的许多地方,以保证他的军事上的安全和贸易上的畅通。

　　公元前 305 年 11 月 7 日,托勒密一世在巩固了自己的权势和地位之后,宣布自己为埃及国王。公元前 304 年,他又给自己加封了"索塔尔"("救星")的神圣称号。公元前 290 年,托勒密一世封他的妻子贝蕾尼西为王后,并在公元前 285 年任命他的儿子托勒密二世为共同摄政王和王位继承者。他十分注意协调与周边国家的和睦关系,努力保持与希腊本土的友好关系。从此开始,埃及成为希腊化世界的中心。托勒密一世由于十分注意自己良好的形象的塑造,因而被某些人宣扬为具有神性的人,死后被埃及人崇奉为神。

托勒密二世(公元前285—前246年),又名菲拉德尔弗斯,公元前285年与其父共治而继承了王位。他乘西亚塞琉古王朝危机之时发动战争,将自己的版图扩大到叙利亚,小亚和爱琴海。他发动的第2次叙利亚战争以失败而告终。但是,他却通过外交和联姻手段而和解。托勒密二世加强了对国内经济生活,特别是对农业和手工业生产的控制,以及对王室佃农和手工业者的统治。他加强了亚历山大城市的建设,使之成为地中海世界的贸易和文化中心。他又在亚历山大扩建图书馆,资助博物馆,发展科学、文化和艺术。他为托勒密王朝的政治、经济和文化的发展奠定了基础。托勒密二世在他的姐姐阿尔茜诺的两个丈夫死后返回埃及时,他又娶并立他的姐姐为王后,代替了他的发妻,因而得到了"菲拉德尔弗斯"("与姐姐恋爱的人"或"爱他姊妹的人")的绰号。

托勒密三世(公元前246—前221年),又名奥厄葛提斯,生于公元前284年,为托勒密二世之子。公元前245年他与昔兰尼加国王马格斯之女贝蕾尼西二世公主结婚,结束了两国10余年来的对立状态。但是,与叙利亚方面的矛盾和战争却拖了多年,就在托勒密三世即位以后,他以其姊妹(叙利亚王安条克二世之妻)贝蕾尼西之子遭受国王前妻杀害为理由,在公元前246年派兵入侵叙利亚,即所谓第3次叙利亚战争,一直进军到美索不达米亚,并占领其首都。公元前245年,因埃及土著和东地中海沿岸地区发生起义,托勒密三世停止进攻,因而得到了"奥厄葛提斯"("善行者""施主")的称号。公元前241年,埃及与塞琉古实现了和平。托勒密三世还支持斯巴达王克利奥米尼三世的反马其顿王安提柯三世的斗争。在托勒密三世统治时,托勒密王朝达到鼎盛时代。

托勒密四世(公元前 221—前 205 年),又名菲洛帕托尔("爱他父亲的人"),生于公元前 238 年,托勒密三世之子。托勒密四世荒淫无度、纵酒寻欢、昏庸无能、听信谗言。他在宠臣的纵容下,密谋杀害了自己母亲、叔叔和兄弟,以及前来避难的斯巴达王克利奥米尼三世。在他统治时期,埃及在叙利亚、巴勒斯坦的领土受到了威胁。公元前 219 年,塞琉古王国攻陷了小亚一些沿海城市。在公元前 217 年春的所谓第 4 次叙利亚战争中,埃及击退了塞琉古王国的扩张,并签约和好。

托勒密五世(公元前 205—前 180 年),又名埃庇法尼斯,托勒密四世之子。托勒密五世生于公元前 210 年,5 岁继位,因年幼而被权臣所左右。马其顿的安提柯王朝和西亚的塞琉古王朝乘机密谋瓜分埃及在亚洲和爱琴海地区的领地。公元前 201 年,塞琉古王朝大举入侵叙利亚,发动所谓第 5 次叙利亚战争。因罗马的干预,战争告终。公元前 194—前 193 年,托勒密五世与塞琉古王国安条克三世王之女克娄巴特拉一世结婚,作为和解友好的表示。在托勒密四世、五世执政以来,埃及社会动荡不安,国内起义屡屡不止。从公元前 206年以后,起义势力席卷到南方,直至公元前 186 年托勒密五世才恢复了他在南方的政权。托勒密五世一方面镇压了起义,另一方面为了缓和矛盾,遂发布命令:豁免债务、赋税,释放囚犯与已投降的反叛者,特别是给僧侣以优惠与捐赠。僧侣感恩戴德,为托勒密五世立碑纪念。这块石碑于 1799 年在罗塞达发现,故称罗塞达石碑。公元前 180 年,托勒密五世突然去世。

托勒密六世(公元前 180—前 145 年),又名菲洛麦托尔。托勒密六世约生于公元前 184 年,在公元前 180 年托勒密五世去世后,其母后因他年少而摄政。公元前176年,其母后去世。公元前170年,托勒密六世与其兄弟托勒密八世共同执政,并出兵叙利亚,以战败而告终。公元前170年和168年,塞琉古王国安条克四世又两次侵入埃及,但在罗马的干预下被迫撤出。罗马人还插足了托勒密六世和八世之间权力的争夺。最后,塞琉古王巴拉斯在密谋夺取塞浦路斯的战争中,死于战场。托勒密六世则坠马负伤,数日后去世。

托勒密七世(公元前145—前144年),又名尼奥斯·菲洛帕托尔,托勒密六世的次子及其共同摄政王。公元前145年,托勒密七世继位,其父死后,由他的母后克娄巴特拉二世协助他管理国家。但是,同年,托勒密七世被反对派废黜,托勒密八世被拥立为王。次年,托勒密七世被托勒密八世杀害。

托勒密八世(公元前170—前116年),又名奥厄葛提斯二世,托勒密五世之子,托勒密六世之弟,约生于公元前182年。公元前170年,托勒密八世与其兄托勒密六世共同执政,公元前145—前116年为其独自统治的时代。托勒密八世与其兄共同执政时代,他们因争夺权力而对立,招致罗马人的介入进而引起了内战,导致了社会经济的崩溃。为此,托勒密八世在公元前118年实行改革,复兴国家。公元前117年左右,他又组织了从海上到印度的探险,以寻求香料。托勒密八世与其母后结婚,又与其姊妹、侄女婚配。

托勒密九世(公元前116—前80年),又名索塔尔二世,托勒密八世之子。公元前116年,托勒密八世去世,他的遗孀克娄巴特拉三世选择托勒密九世与她共治。因母子不和,公元前110年,托勒密九世被驱逐。后来,他暂短返回埃及,但又逃亡。公元前101年,克娄巴特拉三世去世后,托勒密十世成为埃及的唯一统治者。但因托勒密十世不得人心而被驱逐。先前逃亡在外的托勒密九世返回埃及,再次统治直到公元前81年去世。

托勒密十世（公元前107—前88年），又名亚历山大一世，托勒密八世之子，托勒密九世之弟。托勒密九世与他的母后克娄巴特拉三世时而共同执政，时而因冲突脱离王位，而克娄巴特拉三世则常常独揽大权。公元前101年母后去世，托勒密十世成为唯一的统治者。由于托勒密十世不得人心，埃及土著人民要求更大的权利和建立埃及民族的政权，因而发动了起义。公元前88年，托勒密十世被驱逐。次年，他组建雇佣军返回埃及，大肆劫掠亚历山大墓而被民众再次驱逐，最后在他骚扰小亚的吕底亚王国沿海时被杀。

托勒密十一世（？—公元前80年），又名亚历山大二世，约生于公元前115年，托勒密十世之子。公元前88年，在其父去世前后，他被本都国王米特拉达梯六世俘虏。逃离之后又被带到罗马作为人质。公元前81年，其伯父托勒密九世去世后，罗马的将军、独裁者苏拉将他送回埃及，并与托勒密九世的遗孀，他的伯母贝蕾尼西三世结婚。公元前80年，在他们共同执政的19天后，因王后揽权独霸，被他谋杀。托勒密十一世独揽大权后，又被愤怒的亚历山大起义者所杀害。

托勒密十二世（公元前80—前51年），托勒密九世之子，又名奥列提斯，生于公元前112年，其母身份不详。公元前88年，他与前王托勒密十一世一起被本都王所俘，后来返回埃及，不久即与或许是他的姊妹克娄巴特拉五世结婚。公元前76年，他在亚历山大登极，并得到了罗马将军凯撒的支持。由于罗马兼并了埃及的领地塞浦路斯，引起亚历山大城的人民暴动。托勒密十二世为了稳定埃及形势，在公元前58年去罗马寻求军事援助，而王后及其长女贝蕾尼西四世留守摄政。王后去世后，亚历山大城人民拥戴贝蕾尼西四世为唯一统治者。公元前55年，托勒密十二世在罗马军队的配合下重返埃及，恢复王位并处死其女儿。公元前51年，托勒密十二世去世。因他品行放荡游乐，得到了"奥列提斯"（"吹笛者"）的绰号。

托勒密十三世(公元前51—前47年),又名提奥斯·菲洛帕托尔,托勒密十二世之子。公元前51年,在其父去世后不久,便与其姐姐克娄巴特拉七世结婚,继承了王位并共同摄政。因宫廷内部集团的矛盾,以及某些人的离间,在公元前48年,克娄巴特拉七世被托勒密十三世逐出埃及。罗马将军凯撒出面调解,姊弟重归于好。但是,克娄巴特拉七世亲近凯撒,并凭借自己的魅力与手段而成为他的情妇,导致了亚历山大城市的暴动。托勒密十三世也加入了反凯撒的战争中,结果战败被杀或溺死于尼罗河中。

托勒密十四世(公元前47—前44年),又名提奥斯·菲洛帕托尔二世,托勒密十二世之子,克娄巴特拉七世之异母兄弟,约生于公元前59年。公元前47年,托勒密十三世被罗马击败而死,托勒密十四世与克娄巴特拉七世结婚并共同摄政。但是,克娄巴特拉已经与凯撒相恋偷情。相传在公元前44年,托勒密十四世被克娄巴特拉七世阴谋杀害。

托勒密十五世(公元前44—前30年),又名凯撒,托勒密王朝第15王,也是末代王。他是克娄巴特拉七世与其情夫凯撒的私生子,生于公元前47年。公元前44年,克娄巴特拉七世应凯撒之邀前去罗马,而在凯撒被刺后携子返回埃及。克娄巴特拉七世在谋害了其弟托勒密十四世以后,把其子托勒密十五世推上了王位并与之共治。公元前37年,克娄巴特拉又与凯撒部将安敦尼结婚并支持他与屋大维斗争。托勒密十五世又名小凯撒,于公元前34年称"众王之王",其母被封为"众王之女王"。公元前31年,罗马的屋大维进攻埃及,于亚克兴一战,打败了安敦尼和克娄巴特拉,屋大维追击敌人到亚历山大。次年,克娄巴特拉绝望而自杀。根据克娄巴特拉的要求,屋大维把她与安敦尼合葬在一起。托勒密十五世逃到上埃及的红海沿岸的港口贝蕾尼西,又被屋大维引诱到亚历山大而处死。托勒密王朝也就结束了。

## 第二节　托勒密王朝的政治、经济与社会关系

### 一、专制主义统治和对外关系

托勒密王朝的统治是一个多级的"金字塔"系统。法老（托勒密们）位于这个系统的顶尖，是最高君主，国家的象征，所有司法权和管理权的唯一源头。他控制着他的官员执行政令，与他的臣民保持一种非常直接的联系，当然这种联系只是观念上的。从大量的托勒密时代的宫廷政令中我们可以看到，事无巨细，所有决定和政策都由君王一人制定。下层位卑者直接向君主请愿状告地方官枉法的事例便有证可见，甚至家庭内部的纠纷也直接告向国王。国王下设财政大臣具体管理国家的财政事务，并任命下级财政官员，这是个一人之下万人之上权倾天下的职位。他通过设在亚历山大市的财政机构控制全国的经济命脉，国王谷仓和国家金库。在各诺姆和村子也都各有谷仓和金库负责为国王谷仓和国家金库收集谷物，收取税金。①在行政区划上，一个诺姆相当于一个行省，每个诺姆划分为若干地区"托坡斯"，每个"托坡斯"又统辖许多村庄。每个诺姆按旧制设一个诺姆长作为这一诺姆的最高统治者。但在托勒密王朝，诺姆长的实际权力不断受到限制，直到最后只相当一个微不足道的财政官，而统治诺姆的权力逐步落到了驻扎在那里的军队的斯特拉提戈斯或称将军的手中。他们都是希腊人，最初被任命为各诺姆的驻军的将军指挥军队，

**图 65　亚历山大货币头像**

很快又得到了内政和财政大权,直到最后成为诺姆的实际的全权统治者。斯特拉提戈斯下面设有一个宫廷秘书,当斯特拉提戈斯不在的时候代理行使他的职权。②每一诺姆的管理机构中,除了诺姆长和驻军将军,即斯特拉提戈斯之外,还有一批负责各项具体行政事务的官员。每个诺姆还设有一个总财政官、总会计师和一批分别管理档案、书信和政令的官员。在诺姆管理统治阶层下面,还有受控于诺姆的各层官吏各管一方土地。位于这个官吏"金字塔"最底层,构成托勒密王朝统治管理系统的最基本单位的首长是村长。介于诺姆阶层和村子阶层官吏之间还有一个地区管理阶层,他们是被称作奥伊口诺摩斯的财政管理人员。托勒密王朝的政权组织系统中除了行政的"金字塔"结构之外,还有一个不可忽视的力量在托勒密埃及的政治生活中起着非常重要的作用,这个政治力量就是僧侣集团。最高统治者与他们互相支持和利用。托勒密王需要僧侣的帮助使其统治合法化;僧侣们靠君王的支持使其生存发展。僧侣们召开宗教会议总是声言代表埃及,埃及人深深植根于宗教的传统又使僧侣受到人民的尊重。对于这样一个极能笼络民心的政治集团,托勒密王朝的统治者们是不会轻视的。可以说,托勒密王朝是埃及僧侣自身历史上的一个辉煌时期,其权力已超过僧侣的职责。在公元前 2 世纪的后期,我们可以看到一名叫托勒密的希腊人同时兼有一个高级教职和一个法官头衔。③

从政权的归属,组织形式和实现统治的制度等几个方面考查其政治体制,托勒密王朝是一个专制君主统治下的、希腊统治阶级为主并联合埃及高级僧侣和贵族阶级共同专政的中央集权的专制主义统治。托勒密作为埃及的至高无上的君主具有绝对的权威,他是法律的源头,他的意志就是最高法律。他是一家之长,臣民可以直接向最高君主请愿告状。一位悲痛的老人在给国王的信中写道:"科特西德向国王托勒密致敬。我受狄欧尼修斯和我女儿耐克的虐待。虽然作为我自己的女儿,我养育她,使她受教育,把她培养成人,而当我身体衰老不支,眼睛视力减退的时候,她不为我提供生活的必需品。而当我希望在亚历山大从她那儿得到公正的时候……她向国王起誓要每月以亲自干活的方式付给我 20 德拉克马……然而现在,受了那个畜牲狄欧尼修斯的收买,她不再对我遵守约定,不顾我年老体弱。"④尽管想通过写信给国王以求得公正的做法有些天真,但从中我们可以看到,国王托勒密是埃及的最高仲裁官;从君主治下的臣民方面,我们可以看到一种类似我们中国古代沿袭千年的"青天"意识。这种家长式的专制君主制统治使君臣之间的关系变成主仆关系,一切围绕着取悦君主这个中心,得宠失宠就成了大臣们政治生活中升迁荣辱的晴雨表。托勒密二世菲拉德尔弗斯的财政大臣阿波罗尼乌斯就是一位极为得宠的重臣。这种家长式的个人专制是一种人治而不是法制。国家是个人的国家,臣民是个人的臣民。为了缓和由专制主义统治带来的矛盾,君主常派大臣出游巡访,恩泽遍施,以显皇恩浩荡。巡访大臣出发前,君主还要谆谆教诲:"在你巡访期间,你走到哪里都要鼓励每一个人,使他们感到幸福;不仅要用你的语言去做这一切,而且如果他们中任何一个人抱怨村中书吏或村长有关农业的什么事,你要调查这件事并尽快制止它。"⑤

　　托勒密王朝专制君主政治的一大特征是王室家族内部关系的张弛成为统治集团政治生活的一个非常重要的内容。尽管统治家族非常重视内部的和谐,这一点在各君王的名号和王衔上都有反映:菲拉德尔弗斯——爱姐妹的人,菲洛帕托尔——爱父亲的人,菲洛麦托尔——爱母亲的人,但宫廷中的争权夺利的斗争并未因此减少一点血腥。两位朝臣,阿加托克勒斯和索西比尤斯策划了年幼的埃庇法尼斯继承王位,成为托勒密五世,并谋杀了他的母亲阿尔茜诺。在亚历山大城举行的登基仪式上,他们做了两个银质骨灰瓮,声称里面装的是托勒密四世菲洛帕托尔和阿尔茜诺三世的骨头,并伪造遗旨,成为这位未成年君王的保护人。⑥宫廷内部权力的争夺是激烈的,有时是违反天伦的残酷。托勒密五世继位的血腥谋杀才过去 40 年,另一场发生在托勒密六世菲洛麦特尔与其弟弟,后来的托勒密八世奥厄葛提斯二世之间的争夺又拉开了帷幕,结果以奥厄葛提斯二世去统治昔兰尼加而告一段落。虽然最终奥厄葛提斯二世继承了他兄弟的君王之位,但他的统治一直受到来自他妹妹和侄女(也都是他妻子)的内部冲突的困扰。据说他曾秘密杀害了他与其妹妹所生的儿子,割下肉来在吃饭的时候给他妹妹吃。⑦残酷血腥的家族内部斗争削弱着托勒密王朝的统治。统治者集团也意识到了这一点,于是缓和矛盾就成了托勒密家族的一个重要课题。血缘婚姻和大赦是托勒密王朝巩固其统治的两个缓冲器。托勒密二世菲拉德尔弗斯娶了他的妹妹阿尔茜诺·菲拉德尔弗斯为妻;之后,托勒密八世又娶了亲妹妹克娄巴特拉二世为妻;他们的女儿克娄巴特拉三世又嫁给了自己的叔叔托勒密九世,其儿子托勒密十世又与妹妹赛林娜结婚。除了缓和内部矛盾冲突的功能外,血缘婚姻还可以确保大权不至旁落,并可以借恢复埃及古老传统而取信于埃及人。但古埃及是确有血缘婚配这样的传统,还是后人对古埃及语言的误解而产生的错误还有待进一步证明,因为在中王国和新王国的诗歌中,我们都可以看到称妻子为妹妹的情况。大约公元前 121—前 118 年,奥厄葛提斯二世与他的姐姐克娄巴特拉二世以及妻子克娄巴特拉三世的斗争以一纸大赦令宣布结束。

从法律制度和法律实施的情况看,托勒密王朝是马其顿·希腊人与埃及上层,特别是高级僧侣集团的联合专政。埃及托勒密王朝的法律存在着两个系统:希腊人的城市法和埃及人的土著民族法。最初,这两个法律系统并行发展,互相影响,但希腊人的城市法逐渐取得统辖埃及人的土著民族法的支配地位。虽然两个法律系统必须服从国王的政令,但亚历山大、诺克拉提斯、托勒梅斯等城市享有很高的自治权。它们有自己的法律和自治政府所拥有的全部机构。在这些希腊人的城市里,法律禁止希腊人与埃及人通婚。住在这些城市里的居民除希腊人之外,还有逐渐希腊化了的埃及上流阶层,但大多数埃及人则生活在农村。生活在乡村的希腊居民的法律事务由希腊人的城市法庭派出的巡回法庭处理,埃及土著民族法不能干涉。如希腊人同埃及人发生法律纠纷,则组成联合法庭审理。后来不再组成联合法庭,而是根据公元前118年国王政令,希腊文契约归巡回法庭审理,埃及世俗体契约由埃及土著民族法裁定。上诉管辖权属于亚历山大城的最高法官。⑧总的来说,托勒密王朝的法律应该说还是个粗条的法律,有许多问题我们从法律的规定上无法找到答案。

托勒密时代埃及世俗体文字仍在使用,但政府的官方语言是希腊语,被任命的上层行政官员也都是讲希腊语的上层人士。下层管理人员并不排除任命埃及人的可能,但埃及人要实现这一可能,首先面临的任务是学好希腊语。托勒密王朝的最后一位统治者克娄巴特拉七世是唯一的一位能讲埃及语的希腊统治者,但埃及语也只是她能讲的许多种语言中的一种。希腊人是社会的主人,埃及人只有被统治的权力。一位没有得到工资的埃及骆驼承包人曾抱怨道:"他们蔑视我,因为我是个野蛮人……我不知道如何装得像个希腊人。"⑨

托勒密王朝的法律在实行上并不都按已有的法规行事。司法上的独行集中表现在行政管理对法律的蚕食。阿波罗尼乌斯是托勒密二世的财政大臣,但有证据表明,一位当时的法官却听命于他。⑩无论是希腊人还是埃及人,如果同财政部发生矛盾不能请律师为自己辩护。人们也渐渐习惯于让行政官员解决他们的法律事务,而不是等待巡回法庭。行政官员做出的裁决往往是非正式、不讲程序的,但其快捷与简便使人们乐于服从而无抱怨。政法不分所表现出来的国家机构权限和责任上的规定与实践上的混乱,不仅限于行政取代法律,还有军政不分、教俗不分、公私不分，如托勒密二世的财政大臣阿波罗尼乌斯的企业就很难辨别哪些代表国家，哪些代表自己。⑪职责界限的模糊，乱哄哄地支撑着托勒密王朝的政治体制。军人可以同时又是富有的地主和神庙的僧侣。这种"模糊"身份鼓励了官吏们的滥用权力、中饱私囊，腐败之风由此而开。于是不择手段，甘冒风险去追求升官便蔚然成风。为了制止腐败，国王们曾用联签的方式保证文件运行中的互相监督，⑫但弊端不少，收效甚微。

从国际地位和对外关系上看，托勒密王朝是一个以埃及，特别是亚历山大城为中心的军事帝国。其版图在鼎盛时期不仅圈入了塞浦路斯和昔兰尼加这两个分别隶属托勒密王朝二百多年的古老殖民地，而且还囊括了巴勒斯坦、彀埃拉-叙利亚、腓尼基、小亚西南和爱琴海南部以及萨摩特拉斯和雷斯勃斯岛屿上的主要城市及周边地区。这些埃及的域外之地，在组织管理方面受托勒密王朝影响极大，这说明托勒密帝国在其属国中具有很强的凝聚力。

托勒密王朝的域外控制地区主要在地中海南岸的利比亚，东北部的巴勒斯坦、塞浦路斯和爱琴海中的一些岛屿，多为希腊化世界的一些地区。因此，托勒密王朝的对外关系的中心仍在希腊化世界。

从担任埃及总督时开始，托勒密一世索塔尔就加入了争夺亚历山大去世后的地中海世界的霸权和地域的行列。通过外交和军事手段扩大版图，是托勒密王朝对外政策的主导思想：一方面是野心的驱使，另一方面是出于安全的考虑，同时也是贸易的需要。亚历山大死后，希腊化世界的内部纷争从未停止过。托勒密一世的第一需要是保证自己的根据地不遭受攻击。西边的昔兰尼加、东北的彀埃拉-叙利亚、北方地中海的塞浦路斯正好构成了埃及本土的陆路和水路屏障。这个防御体系挡住了敌人的进攻，但也需要强有力的陆军和海军来维持。建立一支强大的海军和陆军部队，不仅需要大量的军费开支，还要拥有足够的物质材料,如木材和沥青等用来造船,而这些原料又是埃及本土所缺乏的,唯一的解决办法是依靠进口。因此,确保陆路和海上商路的畅通和安全成了托勒密王朝在昔兰尼加、塞浦路斯、觳埃拉—叙利亚等地派驻军队的主要原因,同时,域外的税收也是支持托勒密帝国庞大开支的一项必不可少的经济来源。这就形成了一个封闭的循环圈:扩张需要金钱和原料,金钱和原料需要开放的贸易通道,贸易通道又需要驻军的保障。也有人认为托勒密王朝的对外政策并不基于野心和防御的需要,托勒密王朝诸王之所以要扩展那么大的地盘,主要是要切断与希腊化世界的联系,并在这些地域施加自己的影响。其实这也是一种扩张。《剑桥古代史》还提到了吸引人才的需要。统观托勒密王朝的对外政策,以上几种因素恐怕不能截然分开,而应综合考虑。

辽阔的域外版图并没能永远保持住,完美的防御体系和海外贸易通道也没能恒久不变。从宏观上看,希腊化世界的内部纷争削弱了亚历山大建立起来的超级世界帝国的力量,最终俯首于罗马人的刀剑之下。从托勒密王朝这个小世界来看,对外战争的消磨耗费与内部矛盾的愈演愈烈,使托勒密王朝的统治者把埃及的主权拱手交给了罗马人。这中间也有和平联姻,托勒密二世把自己的女儿贝蕾尼西嫁给了巴比伦王,塞琉古君王也把克娄巴特拉一世嫁到埃及。但这一切只是战争间歇中上演的插曲。

发生在托勒密与塞琉古帝国之间的叙利亚战争持续了70多年,先后打了5次,战争的根本诱因可以追溯到公元前301年伊苏斯战役。这场发生在亚历山大继承者的两大阵营之间的战争以色雷斯王来希马摩斯、巴比伦王塞琉古一世和埃及总督托勒密一世联盟的胜利而告结束。但战后托勒密一世没有退出腓尼基和觳埃拉—叙利亚地区,而塞琉古一世方面也不失时机地企图改变这种状态。这就为叙利亚战争埋下了火种。第1次叙利亚战争,托勒密二世从塞琉古王朝夺取了叙利亚海岸北部的腓尼基、安纳托利亚的大部分地区以及萨伊克拉得斯岛屿。在第 2 次叙利亚战争中,塞琉古国王安提欧库斯二世在马其顿安提柯·高那图斯的帮助下夺回了腓尼基和安纳托利亚。第 3 次叙利亚战争由托勒密三世发动。根据战后双方签定的条约,托勒密三世继续占有叙利亚的塞琉西亚、皮里亚和色雷斯的沿岸地区。安提欧库斯二世发动了第 4 次叙利亚战争,但托勒密四世节节胜利,取得了榖埃拉—叙利亚。但就在这时,埃及国内发生起义,阻碍了托勒密的前进。最后一次叙利亚战争的结果是托勒密埃及只剩下塞浦路斯和昔兰尼加两块域外占领地。在强大的罗马人的调停下,塞琉古一世从埃及退出了自己的军队,但从此埃及的统治便笼罩在罗马帝国的阴影之下了。

托勒密王朝一直与罗马维持着良好的外交关系。托勒密二世菲拉德尔弗斯首先向罗马派驻大使。公元前 211 年,罗马向托勒密四世要求供应谷物。公元前 201 年,罗马大使调停第 5 次叙利亚战争,埃及开始接受罗马人的保护。克娄巴特拉五世与其兄弟托勒密十二世共同执政。为了摆脱塞琉古一世的控制,兄妹二人完全倒向罗马,甚至成了罗马的傀儡。

早在公元前 65 年,克拉苏和凯撒就表现出要把埃及变成罗马的一个行省的兴趣。此后,托勒密十二世王位的失而复得也都是在罗马人控制下演出的喜剧,其财政大权落到了罗马骑士比利乌斯·坡斯图姆斯的手里。公元前 48 年,托勒密十三世在驱逐了他的姐姐和他的共治者克娄巴特拉七世之后,庞培被元老院指定为托勒密十三世的合法保护人。不久,凯撒来到埃及,召见双方代表以弥合托勒密王室内部的矛盾。被后人称为"埃及艳后"的克娄巴特拉七世让人将她用毯子裹起来扛在肩上,从仆人运货的后门混进王宫,突然出现在惊愕的罗马将军凯撒面前。有的作者在写到这一情节时,幽默地套用凯撒向元老院报告塞拉之捷的著名的简短的三句话:"她来了,看见了,征服了"。⑬克

**图 66　克娄巴特拉七世头像**

娄巴特拉七世用自己的美貌和才智征服了凯撒,于是她成了凯撒的情妇,并恢复了王位。然而好梦不长,公元前 44 年,凯撒遇刺身亡。公元前 41 年,安敦尼在塔尔苏斯召见克娄巴特拉七世。他本来是兴师问罪的,因为据说她帮助了刺杀凯撒的卡西乌斯,但却被"被告"征服,成了克娄巴特拉女王的"俘虏",于公元前 37 年同她正式结婚。她是一个野心勃勃的女人,她本想借助安敦尼的力量恢复托勒密王朝鼎盛时期的疆城,但她的眼界短浅,使她在公元前 31 年的亚克

兴海战失败后走向自己的也是托勒密王朝的末路。她可能用一条蛇毒死了自己。她的死是那么感人,那么独特,那么具有神秘气息和文化色彩。然而,对托勒密王朝来说,这一切都无济于事了。

## 二、经济制度和社会经济的发展

托勒密王朝的经济制度和社会经济的发展,奠基于法老时代的基础上,但是,又加上了希腊人的管理,形成了颇具特色的新的社会经济管理体系和社会经济生活。

在埃及,法老历来是全部土地的最高所有者,到了托勒密时代,全部土地在法律上仍然属于国王,但是土地形态却表现了几种不同的类型,[14]农民的负担和依附性更为强化。

国王直接拥有绝大部分优质的土地,被称作"王田"。王田由国家

行政机关经营管理,由"国王农民"耕种。国王农民又称"国王佃农",希腊语为"劳伊"(λαοι,直译为"人们""居民"),是农村居民的基本群众。关于他们的社会地位,有奴隶、农奴或半农奴等几种不同说法,至今还没有统一的答案。国王农民通常向国家缴纳一定数量的抵押品,通过契约形式承租国家土地(王田),并由国家那里领取种子,甚至租用牲畜,按照国家规定的播种时间和作物品种,在各州"管理人"的监督下生产。⑮国王农民享有一定的国家保护,但国王可以随时中止出租,收回土地。他们在承租的土地上耕作,从一定意义上说是强制的,有时还得被迫去开垦新地。国王农民必须向国家缴纳一定定额的谷物,通过设在各村的国王谷仓转交诺姆的国王谷仓,最后运到亚历山大城的国王谷仓,剩余的一小部分留归自己。国王农民每年缴纳土地实物税,每阿鲁拉土地平均 4 阿勒塔巴(1 阿勒塔巴=39.3 公升),估计正常的年收入是每阿鲁拉土地可达 10—12 阿勒塔巴。⑯租金大约 1/3 多。但是,国家不分担减产和歉收的损失,因此,遇到荒年租税的负担实际上还多,国王农民的生活就变得极其困难。此外,还要负担其他各种税务。尽管如此,他们并不固着在土地上,佃农身份也不是世袭的。在法律上,他们的社会地位和其他埃及人一样,是完全自由的。⑰公元前 118 年的《赦令》(《泰布图尼斯纸草》)把"国王农民"与僧侣、战士并列,作为赦免的对象。由此可见,他们既不同于奴隶,也不是农奴,而是自由的佃耕者。他们在佃耕王田外,也租种庙田或私人的赐田、屯田等。土地的佃耕,在新王国时代已经出现,而在托勒密时代发展起来。

王田以外的是"授田",包括庙田、屯田、禄田、赐田和私田等。这些土地关系的综合资料,见于公元前 118 年赦令。庙田又称圣田,是神庙僧侣祭司们占有的土地。底比斯地区就有大量的圣田存在。这些土地可以出租或买卖,但其经济作物如亚麻的生产,除留一部分自用(僧侣不可穿羊毛制成的衣服),其余的要上缴国王出口,屯田是军事移民地,往往是一些劣质土地,低价租给军事移民,供其开垦,屯田从公元前218年开始允许继承,后来又可以转让,变成私田。租种屯田的移民须交纳实物税或货币税(谷田以谷物交税,园田以货币交税),并有服兵役的义务。屯田制不仅解决了稳定的兵源问题,同时也开垦了许多新地。除了分配的土地之外,国家还给这些军人修建兵营,或建新房,或安排在住户的家中,这常常引起军人与住户间的不和乃至流血冲突。由于屯田的土质越来越差,其对军事移民的吸引力变得越来越小。赐田是由国王特别恩典而免纳租税的土地。这是一大笔财富,往往包括一个或几个村庄连同其土地。赐田的拥有者都是政府的官员。芝诺纸草为我们提供了法尤姆地区托勒密二世赠给他的财政大臣阿波罗尼乌斯的土地的材料。赐田不是私田,国王赏赐给这些官员使用,但有权收回。禄田是代替对神的津贴或对官吏的俸禄,一时的或永久的免除租税的土地。私田是一些新开垦的,不适于种庄稼的土地。起初,私田指住房,周围的园子和葡萄园,后来国王也把荒田,主人去世无人继承的土地,以及未开垦的王田给予这些土地的租佃者长期使用。私田的占有者实际上只拥有这块土地的长久使用权,因为所有的土地都是国王的财产。

　　关于不同种类土地的分布情况,可以根据地方的土地税单加以考察。《泰布图尼斯纸草》60.61.a记载了凯勒凯奥西里斯地方的情况:总共4700阿鲁拉土地面积中,在居住地附近有69$\frac{1}{2}$阿鲁拉;不提供收入的169$\frac{3}{16}$阿鲁拉;圣田271$\frac{7}{8}$阿鲁拉;屯田1564$\frac{27}{32}$阿鲁拉;果园21$\frac{1}{4}$阿鲁拉;不提供实物税的牧场175$\frac{7}{8}$阿鲁拉;王田2427$\frac{19}{32}$阿鲁拉。⑱由此可见,在其全部土地中,王田、庙田、屯田的土地面积占有相当大的比率。

　　托勒密王朝的土地制度,为埃及带来了大量的新开垦的土地。关于这一点,我们有大量的材料来自皮特里纸草。纸草文献证明,托勒密时代是农业发展非常繁荣的时期。托勒密二世曾在法尤姆地区大规模兴修水利工程,大大发展了农业生产,并建立了法尤姆省。《罗塞达石刻》中对托勒密五世的水利工程管理也有赞颂:"由于尼罗河在 8 年中上涨十分高,像往常一样,河流有可能淹没谷地,国王在许多地方封闭了河渠口后,制止了水流"。⑲无论从可耕地面积还是从人口密度上看,法尤姆地区在托勒密王朝之前都是不大的。由于莫伊利斯湖水位很高,加上尼罗河水在洪水期的灌入,可耕地据估计在古王国只有 100 平方公里,到中王国时估计最少 275 平方公里,可能最多到 450 平方公里。新王国时期人口定居密度有很大的发展,超过了尼罗河谷,但可耕地面积没有很大的扩展。在公元前 3 世纪期间,托勒密王朝为扩展土地进行了一系列工程的建设。复合渠道网首先在托勒密统治下兴建并投入使用,在拉宏的尼罗河—法尤姆出口处修建了控制水道,封闭了哈瓦拉。这样,不仅为相对高度的渠道辐射系统提供了水源,也使莫伊利斯湖水保持在 -5 米以下,使法尤姆地区的可耕地增加了两倍,达到了 1300 平方公里,相应地,人口可能超过了 30 万人,村落最少达 198 个。这项工程大约用了 40 年的时间。为了得到大面积的耕地,湖水必须在 -5 米以下,而根据希罗多德发现比亚赫姆巨像部分被淹,低水季水流向尼罗河谷的情况看,这些工程开始之前,莫伊利斯湖水可能超过 25 米深。哈瓦拉封闭之后,湖水以每天 5.5 毫米的速度蒸发,让出大面积的土地。⑳此外,沙杜夫扬水车的使用,使高地上的庄稼得以浇灌。脱米机的创造,大大地提高了谷物加工的生产效率。科学技术用于种田,结果埃及许多地方出现了一年三季的种植和收获。公元前 3 世纪中叶,托勒密二世时期遗留下来的皮特里纸草记载了广泛的土壤改良和灌溉劳动的有关资料,给我们提供了关于劳动规模、组织和技术等概念。㉑托勒密政府还鼓励人们在不毛之地开垦果园,种植葡萄,改善葡萄栽培技术,并对进口葡萄酒课以重税,以保护葡萄的生产。埃及引进种植的橄榄质量较差,但像葡萄一样给以生产的鼓励和保护。主要农作物是小麦。埃及在希腊化世界中素有"谷仓"之称,后来罗马统治时期成为罗马粮食的主要来源,可见小麦在埃及农业中的地位。此外,白菜、大蒜、玫瑰花等构成埃及农业种植生产的主要内容。畜牧、养蜂、养猪业在这一时代也有很大的发展。骆驼大概就是这时首次在埃及驯化的。埃及还从国外引进良种,改良绵羊。

此外,包括金属加工、制革、制陶、纺织等手工业也有很大发展,特别是玻璃器皿制造,名闻整个希腊化世界。

托勒密王朝的生产管理体系,从整体上看是一个国家垄断控制为主,私人经营为辅的综合体,是一种高度的"计划经济"。国家的垄断和专营是这一时代埃及经济生活的突出的特征。国家垄断和专营的部门和生产领域有银行、纺织、造纸、谷物、油料、制盐和酿酒等。国家银行设在亚历山大城,各诺姆设有诺姆银行,村有村行。与处理国家同时也处理个人事务的国家银行并行的,似乎还有私人银行。诺姆银行和村行除了收进货币税和货币交换外,它们还充任国家银行的支行的角色,收货币税,支付国库账目。纺织原料的生产是国家垄断专营的一大项。埃及的纺织原料以亚麻,羊毛和大麻为主,其生产的数量(当然是最低定额,多多益善)质量都是在严格的控制之下进行的,特别是亚麻的生产。虽然亚麻和大麻的生产数量可以控制,但每年增加的羊的数量却无法控制。为了保护埃及的羊毛产品的生产和出口,国家对进口羊课以百分之二十的进口税。纺织原料不得私自买卖,必须"卖"给国家,由国家工场统一加工生产。产品除供王宫享用和军队之需外,其余全部出口。神庙的僧侣们种植的亚麻也要"卖"给国家,不过可以留出自己用的那一份,就是说,国家不负担僧侣们的穿用。羊毛的加工生产似乎由私人工场完成。

油料生产也在国家袭断专营之列。埃及的油料作物主要有芝麻、巴豆、亚麻子、红花子和药西瓜等,此外还种植一定的橄榄以供榨油。国王决定每年种多少油料作物,种子由国家统一发放。年产量经国家仔细推算,定额收缴,其中四分之一以税的形式上缴,其余全部"卖"给国家,制成油后再零售给百姓。油料作物的种植是强制的,农民在法律上是自由人,但种植季节不得离开土地。油料加工工场的工人都是奴隶,没有命令不得离开自己的岗位。私坊榨油是违法的,但神庙中的僧侣可以在 2 月份生产自己用的那份油,平时所有的磨都要封起来。从油料生产和榨油中,政府获取的利润是非常高的。据估计,芝麻油可获利 70%,而药西瓜的利润可高达 300%,这是托勒密王朝的一大笔收入。为了保住这项高额利润不被进口油所破坏,托勒密王以重税扼制油的进口。公元前 259 年,托勒密二世曾对进口油征税 50%,并规定进口油必须以 46 德拉克马直接卖给他,而他以 52 德拉克马再在埃及出售。㉒

此外,国家垄断专营的还有纸草这种只有埃及能够生产并提供给希腊以及罗马使用的特殊商品。公元前 333 年,1 卷纸草在希腊卖 2 德拉克马,而随着埃及的开放,1 德拉克马后来可以买几卷纸草。但在公元前 275 年以后,1 卷纸草的价格又恢复到 2 德拉克马。盐、碱、矿场、采石场也在国家垄断专营之列。埃及人最喜欢喝的传统饮料啤酒,一般来说也属国家专营,也允许个人在家里酿造,但酿酒、养蜂和养猪要每年向国家购买许可权。进口香料都要以国王自己的价格卖给国王,不得私自在埃及出售。国王还拥有鱼产和蜜产量的 25%,并对此项进口课以 25% 的进口税以保护他的利益。㉓国王直接拥有尼罗河商队的一部分,以及全埃及的牧场和牛群。国王农民在收完庄稼后,要种植饲料供"王牛"食用。

托勒密王朝在经济上实行一种分级的管理体系。在财政大臣和斯特拉提戈斯之下设有税收部,土地部和文件管理机构,负责全国的税收和工农业生产。每个诺姆各设相应的奥伊口诺摩斯,诺姆长和皇家书吏。再往下有奥伊口诺摩斯助理,村长及村吏。在实践上,这一分级体系有更细的划分,以监督确保生产的顺利进行,以及国王的税收能维持庞大的军费和行政管理的开支。

实物税和货币税是托勒密王朝税收的两种主要形式。纳税的内容很多,包括屯田税、财产税、经营或种植许可税、房屋税、买卖税、人头税,此外还有鸽栅税,奴隶税;从上埃及到下埃及或从乡村到城市的入市税,尼罗河港进口税;还有国王登基也要收税——金王冠税,维持舰队和灯塔税,地方管理税,用于治安、医院、浴池等设施的管理税。除僧侣和一些特权人士可以免除人头税外,其余税务是必交的。屯田以及从国王那里买得许可种植的土地须以一定比例上交实物。葡萄园、果园及其他商业经营都须以货币形式纳税。国王为了使税收得到保障,在全国范围内设有严密的统计注册系统。亚历山大城的注册官负责全国的统计注册,每个诺姆又设有注册官,每村又有每村的注册人员,甚至设有户籍注册员,记录牲畜投入工作的数量,捕鱼的多少等。托勒密每年还进行一次人口统计。通过这一统计注册系统,国王把一切税收的项目尽掌手中。

埃及被称为希腊化世界的谷仓,谷物是其主要的出口货物。作为古代世界唯一的纸草供应国,埃及还向国外出口大量的纸草。此外,大麦啤酒、亚麻、雪花石膏、多色玻璃也在埃及出口货物中占有很大的比例。尽管托勒密王朝的进口税很高,但一些埃及缺少的货物还是源源不断地输入埃及。木材、金属是其进口的主要项目。另外,酒、橄榄油、咸鱼、奶酪和贵重宝石,以及棉、绸等货物也从地中海沿岸各国、小亚细亚、索马里、东非、阿拉伯和印度等地运进埃及,成为宫廷内和高级僧侣们的建筑材料,日用品以及玩赏珍藏的奢侈品。克娄巴特拉女王身着昂贵的中国丝绸,已是众所周知之事。

### 三、亚历山大城:地中海世界经济生活的中心

托勒密王朝社会经济的发展,还表现在城市经济生活上。特别是亚历山大城,不仅在埃及,而且在整个地中海世界中也占有极其重要的地位。

被称作"地中海女皇"的亚历山大城以她那无与伦比的优雅姿态坐落在地中海南岸,成为公元前数百年地中海世界政治、经济和文化的中心,到了现代,亚历山大城仍以她独特的埃及、希腊和罗马文化的蕴含吸引着无数的游人。

亚历山大在选择这个地点作为以自己的名字命名的一系列城市中的第一个,也是最大的一个城市的时候,这里只是埃及北三角洲西部的

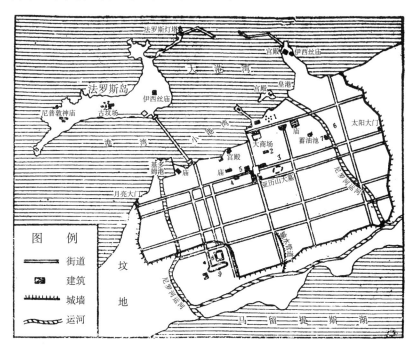

图 67　亚历山大城市平面图

介于地中海和马留提斯湖之间的一片狭长的沙地。荒凉的海岸只有一个叫拉考提斯的渔村孤零零地在这块沙地的西端。地中海北岸的法罗斯岛形成了这块土地的天然海上屏障，非常适合修建大港。也许正是看到了地理位置的优越，亚历山大决定在这里建立一座前无古人的大都市。据说后来建成的亚历山大城尽管是同类城市中最大的一座，但其规模也只是亚历山大当年庞大规划的一部分。这是一座希腊传统的长方形城市，由建筑师迪诺克拉蒂斯制定规划并建造起来。亚历山大城与法罗斯岛由一条约1400米长的大堤连接起来，这样就形成两个港湾：大堤东部是一个自然内湾，皇家港马格纳斯港就在湾内；西部是一个人工港，尤诺斯托斯港。马格纳斯湾环护的陆地是王室区博鲁克昂，王宫就耸立在这一地区的神庙和花园当中，著名的亚历山大博物馆、图书馆、卫戍区、托勒密墓地和亚历山大墓都在这一带。尤诺斯托斯港由防波堤构成并有运河与马留提斯湖相连接。马里奥提斯港承担尼罗河的内地贸易运输，据说其吞吐吨位比海港还要大，这里有托勒密二世华丽的私人舰队，托勒密四世也曾在一艘游船上建有自己的别墅。

亚历山大城的面积是雅典城的3倍以上，6公里长的一条大街东西向贯穿整个城市，宽度可容几辆车并行。其他街道与之相辅或相交，呈现出希腊城市风貌。许多街道以人们崇拜的阿尔茜诺二世的名字命名，人工造出的潘神山可俯瞰全城。托勒密王朝的中央管理机构就集中在这座城中，经营谷物、油料和其他产品的中央商场，法院大厅和体育馆各距一方，靠东面不远有一个竞技场和赛车场，东部靠近拉考提斯区可见塞拉匹姆神庙。繁华的中心街道商店、市场鳞次栉比，上百幢房屋有几层楼之高。全城划为5个区，以希腊字母头5个字母命名，5个区中，王室所占地域最大，约为全城的1/3。东城是希腊等外族人居住区，再向东，城外几英里处便是希腊人的消遣娱乐的胜地坎诺普斯。靠近王室的戴尔塔区是犹太人的聚集地，而西城靠近拉考提斯的地区为埃及人的生活区。这是一座很"现代化"的城市,不仅有商场、体育馆和竞技场等设施,还有供市民生活用的供水系统:先通过运河将水引入市区,再将水通过水道分配给各蓄水池供人们抽取使用。亚历山大城建成以后,托勒密二世将埃及的首都由孟斐斯迁往这座新城,并将亚历山大的遗体迁过来重葬在这座城内。这样,托勒密王朝的政治中心就移到了亚历山大城。

亚历山大城最著名的建筑是坐落在法罗斯岛上的灯塔(见图68)。这座被称作古代世界七大奇迹之一的灯塔,从公元前280年托勒密二世菲拉德尔弗斯执政时由狄诺克拉特和索斯特拉图捐资建造。关于法罗斯灯塔的建造时间,还有人认为开始于公元前297年托勒密一世时期,后来优塞比乌斯说始于公元前283或公元前282年。它很可能始建于托勒密一世时期,完成于托勒密二世,直到公元642年阿拉伯人征服埃及才停止照明。由于这座灯塔于14世纪地震全部被毁,我们只能从一些古代经典著作提到的资料,一些阿拉伯历史学家对塔的描述,以及古钱币和镶嵌图案上此塔的外观,来了解这座古代世界的建筑奇迹。灯塔高122米,㉔由石灰石砌成,外表饰以白色大理石和青铜雕刻。整个灯塔由三级组成,第一级底层为四方形,中间一级为八角形,最上面一级先由八根花岗石圆柱撑起一个顶盖,顶盖上面树立一个手持三叉戟的天神雕像,有人认为是海神波塞冬,也有人认为是宙斯-索塔尔。每当夜幕降临,圆顶盖下便点起一堆篝火,火光映在特制的磨光金属镜上反射出去,照亮了40公里为半径的亚历山大附近的海域,引导商船航行。但是,对于缺少木材的埃及,每夜用大量的燃料点亮灯塔,有人提出疑问,认为夜间灯火从远处很容易误为星光,因此古时禁止夜航,金属镜主要用来在白天反射太阳光。法罗斯灯塔不仅有导航的作用,还有军事意义。13世纪我国南宋时赵汝适写的《诸蕃志》中提到这座灯塔:

**图 68　亚历山大港灯塔想象图**

相传古有异人徂葛尼(按:亚历山大的阿拉伯译音)于濒海建大塔,下凿地为两层,砖结甚密,一窖粮食,一储器械。塔高二百丈,可通四马齐驱而上,至三分之二。塔心开大井,结渠透大江以防。他国兵侵,则举国据塔以拒敌。上下可容两万人,内居守而外出战。其顶上有镜极大,他国或有兵船侵犯,镜先照见,即预备守御之计。㉕

其经济上的地位我们可以借助普鲁萨的忒奥克里托斯的《牧歌》了解其概貌:"你(按:指亚历山大)不仅以你美丽的港口,庞大的舰队,丰富的各地产品的市场垄断着整个地中海的船运,外海的水域无论红海还是印度洋也都在你的掌握之中……结果是不仅岛屿的,而且,海峡的贸易,实际上整个世界的贸易都是你的。因为可以说,亚历山大城坐落在整个世界,甚至是最遥远国家的交叉路口上,它就像一个单一城市的市场,把所有人带入一个地方,互相展示,尽可能使他们成为一个民族"。㉖

亚历山大城国际商都的地位,部分得益于她的自然优势。北有两大港口迎送地中海来往船只,南有马里奥提斯港与尼罗河相连接,经科普托斯又与红海沟通,进而与印度和阿拉伯构成贸易网。尼罗河此时已成为古代世界贸易的一支大动脉。正像斯特里波说的那样:"这个城市的主要优点是,它是全埃及唯一既适合海上贸易又适合内陆贸易的地方,成为世界最大的市场"。㉗通过这两条路线,亚历山大城无数的纸草、银器、铜器、玻璃制品、陶器以及葡萄酒、橄榄油运往国外,同时运回象牙、没药、香料、宝石。为了开拓市场,寻找财富,托勒密八世曾派人去寻找通往印度之路。商业的发达带来大量财富,使亚历山大城的商人变得非常富有,也为城中的下层居民提供了大量的就业机会。吹玻璃器皿、造纸、织麻是亚历山大城手工业者的日常景观。

### 四、社会关系和埃及人民的起义

托勒密时代的社会关系,比以前埃及各时期的社会关系都要复杂。一次次的外族入侵和外族统治,以及商业贸易的频繁交往给埃及民族成分中注入了许多亚洲和欧洲基因。前面已经提到,早在公元前 7 世纪,米利都的爱奥尼亚人就在尼罗河三角洲西部建起了一个贸易文化中心诺克拉提斯,大量的希腊人移居那里。当亚历山大来到埃及,建立起亚历山大城这个希腊化世界的经济、文化中心,又有大量的希腊移民在这里落户。托勒密王朝建立之后,托勒密一世索塔尔又在下埃及建起一座以他的名字命名的新城托勒梅斯,这是托勒密王朝的又一个希腊人的聚居地。随着马其顿-希腊人的统治在埃及的确立,又有大量的希腊军人进入这块土地,成为这块土地上的居民。他们从埃及的希腊城市散向整个埃及,虽然人数远不及埃及人多,但却成了埃及托勒密王朝的主体民族。生活在农村的希腊人在一定程度上与埃及人融合起来,如可以自由通婚,承认那些进入自己家族姓名中的埃及姓名,有的人学起了埃及语以适应周围的环境,更有效地进行贸易。在宗教方面,这种同化更为突出。希腊人接受埃及宗教并把希腊的神与埃及神相认同。

但是,希腊人与埃及人的界线是分明的。首先,只有希腊人和马其顿人享有公民权,成为公民。尽管也有个别的埃及人从财富的角度说超出一些希腊人,即所谓的埃及富人与希腊贫民,但他们还属于地位极低的社会阶层,被排斥在军队和高级管理阶层之外。这是托勒密王朝对待希腊人与埃及人的原则上的差异。埃及人自己也感到是下层的被征服民族。除高级僧侣祭司作为托勒密王朝的笼络对象,留有部分土地供自己使用,得到国王的扶持,可以召开宗教会议外,又在旦德拉、埃德富、考姆翁布和菲莱等地为他们修建了神庙以换取僧侣的支持,稳定其统治。广大的埃及人只能充当佃户、工匠、雇工和奴隶。修建灌溉运河、拦洪大堤等苦役都是埃及人不能推脱的责任。埃及人得到的私人土地也远少于希腊人。其次,希腊语成为托勒密王朝的官方语言,军队中、法庭上和行政管理领域都须使用希腊语,埃及语降到了从属的地位。这一现实使一些埃及人开始努力学习希腊语以提高自己的社会地位,尽管这并不能使他们获得公民身份。自然,希腊人很少有学习埃及语的。克娄巴特拉七世可能是希腊统治者中的唯一能讲埃及语的女王,但埃及语对于她只是她精通的几门外国语之一。语言的地位是社会地位的直接反映,两种语言的尊卑贵贱表现了两个民族的主从次序。

当然,埃及人在托勒密时期的地位,并非没有一点变化。亚历山大进入埃及的时候,埃及人曾衷心地欢迎他,这位疆土辽阔的帝王也把埃及人当成一个同等民族来平等对待。但好景不长,亚历山大城取代孟斐斯成为国家的首都,并把亚历山大的遗体迁至亚历山大城的塞马。马其顿军队依法享有许多特权,而埃及人从公元前 312 年以后被禁止携带武器。这时的国家军事力量以马其顿部队为主,辅之以希腊人,还有犹太人等外族构成的雇佣兵军队。㉘这种格局一直持续到公元前 217 年新建的埃及部队为托勒密四世赢得拉斐亚之战,打败塞琉古王国安条克三世的军队时才有新改变。托勒密王朝统治的最后一个世纪,马其顿-希腊人的统治已非常软弱,王位的争夺需要民众的支持,在这种情况下,埃及人的社会地位才开始改善。他们可以充任军队和地方的高级将领和官员,一些资深的埃及老兵得到与希腊军人所得到的同样多的土地,埃及的神庙受到王室的保护,享有特权。㉙

除了埃及自由人外,还有相当一部分非自由的奴隶。奴隶制仍在发展。托勒密王曾发布了有关奴隶买卖的法令,其中包括私人和国家的债奴。而奴隶买卖税是国家税收的一大来源。从公元前 3 世纪芝诺档案来看,法尤姆绿洲的贵族大农庄,除了把土地租给国王农民外,也还利用部分奴隶和雇工耕种。㉚王室经济和神庙经济也役使大量奴隶。奴隶在托勒密王朝时代,仍然处于社会中的最低层。

希腊人来到埃及富裕起来,并保持着希腊传统的生活方式。他们崇拜自己的神,读荷马、欧里庇德斯的作品,组织自己的俱乐部。他们沿袭了希腊的教育体系,具有非义务性和非国家组织性。就是说,托勒密王朝希腊人的教育是一种个人教育。基础教育所学的内容主要有读写、语法、数学,荷马作品在教育中占极大的分量。希腊人对体育运动非常偏爱,这一传统也带到了埃及。每一诺姆的首府都设有体育馆,甚至在村子里如法尤姆的菲拉德尔斐亚也有同样的设施。中级教育以修辞学和数学为主要内容。前者可以培养人的伶牙俐齿,以便升上高位;

后者为丈量土地所必需。两者都是以训练统治阶层人才为目标的。

　　一般说来,托勒密埃及的希腊公民的基本组织形式是部落和德莫,又称市区,是希腊公民的地方单位。每个城市都有公民大会,行政院和管理机构。此外还有一些其他市民机构,如体育馆等。托勒梅斯城的一个政令向我们展示了埃及托勒密王朝市政组织的情况,其行政院长有权批准公民身份,接纳公民加入部落和德莫。㉛这很有点现代民主政体的样子,但只是大都市的情形。希腊人遍及整个埃及,远离城市的,聚居人口不足以组成城市的便组成波里坦玛塔和自治组织。希腊人是一个喜欢组织的民族,喜欢政治的民族。希腊人当中的个人组织很多,商业组织、男青年成人俱乐部等,甚至扩展到了埃及人当中。雇佣军还有许多他们自己的俱乐部组织。

　　随着希腊人的大量涌入,罗马人也零星地来到埃及定居下来。早在公元前 3 世纪就有许多犹太人来到埃及,公元前 2 世纪后,又有大量的犹太人移民埃及。这可能是托勒密六世亲犹太政策和玛加巴乌斯反抗塞琉西入侵的反叛失败后其国民四处逃散的结果。托勒密六世曾用被废黜而逃到埃及的玛加巴乌斯高级僧侣奥尼亚斯统帅其犹太人军队,并在赫利奥坡里斯诺姆拨一块土地供犹太士兵定居。就是在那里,犹太人恢复并建立了自己的神庙。犹太人的聚居区主要在亚历山大城。其余犹太移民分散居住在埃及全国各地。从厄勒藩汀到亚历山大城,不论是尼罗河谷还是三角洲,城乡到处可以看到犹太人的身影。他们人数之多在罗马统治时期达 10 万人。埃及的犹太人不能成为公民,但可以有自己的法庭、行政院和议会。就是说,他们在埃及拥有自己独立的法律制度并享有自己的风俗习惯,形成了国中之国。许多城市中不仅有犹太教堂,还有犹太街道。此外,他们还有独立的宗教权,亚历山大城内就到处可见林立的犹太教堂。犹太人的职业大多是军人、商人、农民、工匠和劳动者,他们的社会地位比埃及人高,因此也引起了埃及人对他们的憎恨。公元前1世纪上半叶的一封信中说，"你知道他们憎恨犹太人"，[32]可见犹太人和埃及人之间的关系。

马其顿·希腊人构成托勒密埃及的统治阶级。希腊人的自大和花样翻新的民族特性常引起埃及人的不满。一位埃及骆驼承包人索要未付的工钱，他说："他们蔑视我，因为我是一个野蛮的人……我不知道举止如何像一个希腊人。"[33]对埃及人的统治和压迫必然引起埃及人民的强烈反抗。从托勒密王朝一开始，埃及人的罢工、逃亡以及暴动就从未完全停止过，甚至上埃及底比斯地区曾一度独立。埃及人对希腊统治者的仇视心态从一个埃及人做梦都想把外国人赶出家园中可以得到印证，当时阶级斗争的紧张气氛可以说是一触即发。一位在孟斐斯塞拉匹姆庙中受拘的希腊人遭到庙中打扫环境的人的攻击，他要求给予法律的平反。他说："他们当中有人手拿石头，其余人手拿木棍想冲进来，要捣毁这座神庙，并打死我，因为我是个希腊人。"[34]公元前3世纪有埃及人造反，公元前2世纪和1世纪又爆发了许多爱国起义。但3个世纪的民族斗争终未形成一个统一的运动。

埃及人反抗外族统治的主要方式是罢工、逃亡和暴动。托勒密二世菲拉德尔弗斯就曾试图消除奴隶的逃亡。来自菲拉德尔斐亚的一件公元前259—前258年的纸草（开罗博物馆藏59015号）记载了阿波罗尼乌斯庄园管理人芝诺同时分发的几封信函，要求协助拘捕逃亡奴隶。到公元前2世纪，奴隶逃亡这种消极的反抗更为普遍，政府经常悬赏缉捕。属于公元前156年的一件缉拿逃亡奴隶的纸草文书，详细注明了逃奴的名字、籍贯，身材外形特点，服装以及带走的东西和各种不同数额的赏金。文书写道："凡能将此奴送回者，得铜2[3]塔兰特；如能指明其所藏匿之神庙者，给1[2]塔兰特；如在一般实可以控诉的人家，给3[5]塔兰特。有此消息可向斯特拉提戈斯的官员报告。"显然，缉拿逃奴已成为政府的一项经常的事务。[35]逃亡的不仅是奴隶，还有王田农民。他们说："我们疲乏极了，我们要逃跑了。"㊱他们通常逃到有避难权的神庙里躲藏起来。因此，托勒密王朝的头三位统治者都曾削减享有避难权的神庙。对于这些逃亡的王田农民，官员们束手无策，只能劝说他们回到王田上去。鉴于王田农民逃亡的经常发生，为了预防，每个王田农民在劳动前必须向主人发誓不逃往圣地，即有避难权的神庙。罢工的埃及人主要是矿工、船工、各种工匠以及零售商人和警察等，有的甚至一些政府职员也卷入罢工。罢工、逃亡与管理人员的滥用权力一起从两个方面极大地破坏了社会生产力。从托勒密四世执政时期开始，埃及经济连年恶化，走向衰退。托勒密四世新铸了一种铜币投入使用，与金币和银币一起流通。金币和银币主要在希腊人当中使用，而铜币的使用者主要是埃及人。㊲铜币投入使用的结果是引起了通货膨胀，而造成的负担完全落在了广大人民，特别是埃及人民身上，引起了人们的极大的不满。农民逃亡了，但农田仍须生产，劳动力减少，劳动强度自然就增加了。为了缓解劳动力的不足，托勒密王朝曾使用犯人参加秋收，但并未从根本上解决这个问题。这就把下层人民逼上了绝路，人民起义暴动此起彼伏。托勒密五世埃庇法尼斯曾派军队去上埃及，但数年未归，这说明南方形势的严重。

埃及下层人民最为激烈的反抗是暴动和起义。由于埃及士兵的社会地位远在希腊、马其顿武士之下，他们也常常加入到反抗政治上不平等的行列之中，举行起义。公元前216年，托勒密四世统治时期，埃及北部爆发了大规模的埃及士兵起义。后来农民也加入到起义队伍的行列。10年后，即公元前206年，起义暴动的烽火席卷南方，底比斯这个埃及民族主义的策源地建起了独立的地方政权。到托勒密五世埃庇法尼斯统治初期，反抗势力更加强大。外有塞琉古王国的威胁，内有人民的起义。内外交困的统治集团于公元前197年试图利用为12岁的托勒密五世举行成人仪式来取得埃及人的支持。又过了近10年的时间，托勒密五世才于公元前 186 年恢复了南方政权。托勒密四世统治时期,布塞利斯州的利考坡里斯、孟斐斯也发生过有组织的大规模的起义。《罗塞达石刻》曾记述托勒密五世对这次起义的残酷镇压:

> 他很快攻占了该城并歼灭了城里所有邪恶的人,正如赫尔墨斯和荷鲁斯、伊西丝和奥西里斯的儿子以前在此歼灭造反者一样。当他为了保卫他的父亲和王国来到孟斐斯的时候,那些在他父亲的时代领导了起义,破坏了土地和对神庙犯下罪过的人,他都给予了理应给予的惩罚……㊳

公元前 165—前 164 年,借托勒密六世与其弟弟托勒密八世争夺权势,与叙利亚宫廷反目为仇的时机,亚历山大城爆发了埃及贵族狄奥尼西·帕特萨拉匹斯领导的起义,试图推翻托勒密王朝但没能成功。公元前 1 世纪 80 年代,以底比斯为中心又掀起了持续 3 年之久的埃及人民的大起义。起义遭到了残酷镇压,底比斯这座历史名城因此遭到严重破坏。㊴此后,直到罗马人吞并埃及,大大小小人民起义一直没有停止过。

## 第三节　托勒密王朝的宗教与文化

### 一、希腊文化与埃及文化的交融

如果说马其顿-希腊人对埃及人在政治上加强了专制主义统治,在经济上实行了国家垄断政策,但是,在文化上却显得宽松和谐。所谓埃及的"希腊化",并非单纯的希腊文化强加于埃及文化,往往是东西两大文化的交融,希腊文化也常常被埃及文化所同化,传统的埃及文化仍然保留下来。有人说:"'希腊化'的过程在托勒密埃及的本土人民中似乎是极小的。无疑地,在埃及僧侣中,马涅托以外,许多其他人……他们学得了希腊语和文化知识。而在较下层,僧侣以外的埃及人企图靠学希腊语而发迹,在某些情况下,借着采用希腊名字并且变成希腊人,但是那不是企图在文化上同化埃及人民大众。"①

托勒密王朝的建立使希腊文化和埃及文化发生碰撞,从而使两者各自产生的变化在许多文化领域都有迹可寻。随着托勒密王朝的建立,越来越多的希腊人来到埃及,也使越来越多的希腊人对埃及文化产生兴趣。一些希腊人为学习埃及的一些特殊技能而开始学习埃及语,并向希腊世界介绍埃及文化。后世所知道的古代埃及大多是通过希腊著作来了解的,希腊人为世界了解埃及架起了一座桥梁。有许多埃及的文学作品被译成希腊文流传下来。希罗多德《历史》第 2 卷专讲埃及。埃拉托色尼也曾描写尼罗河航行的情况。此外还有许多专题文章分别介绍埃及的各方面情况。狄奥多拉斯于公元前 59 年访问埃及,在他的第一部书中描写了尼罗河全程。地理学家斯特里波也向希腊世界介绍过埃及的地理、风俗习惯。埃及僧侣马涅托受命用希腊文写了埃及史,将埃及历史划分成 30 个王朝,成为法老埃及历史编年的一个基本框架。希腊人对埃及文化的传播、复活起了非常重要的作用,同时,埃及文化在希腊文化中也占据了自己的一席之地,使希腊文化的内容包含了埃及文化的因素。

### 二、宗教生活与神庙建筑

托勒密统治者们从不排斥埃及传统的宗教信仰,不拒绝埃及的神。他们像尊重自己的神一样尊重埃及的神,这一点与波斯统治者有明显的不同。事实上,希腊人从埃及吸收的许多文化大多与宗教有关。就是说,宗教是埃及的希腊人受到埃及文化直接影响的领域。托勒密统治者有时也限制埃及僧侣们的势力,削弱埃及僧侣们的影响力,但他们从不压制埃及人的宗教信仰。托勒密王朝新建和重建了许多神庙,大多是按埃及原有风格建造的。伊西丝崇拜在这一时期得到的发展可以说明托勒密统治者对待埃及宗教的态度。下层希腊人也普遍接受埃及当地神祇,去哈特舍普苏特庙请示神谕的,请示阿蒙神谕的希腊人就有证可鉴。在一个文件上记载了一位希腊人向埃及神的求救:"我,斯帕尔塔库斯,菲德鲁斯之子,来到阿拜多斯。救救我,奥西里斯。"②到基督教诞生前,埃及的兼有神秘、救世和医病为一体的传统宗教,一直在埃及宗教生活中占据主导地位。对埃及原有神的宽容与崇敬反映了托勒密王对异族统治艺术的精通。他们相信,仅用武力是不能够彻底征服一个民族的,对一个被征服民族的民族心理的把握往往能弥补武力的缺陷,解决武力解决不了的难题,成为强权的一个最重要的补充。以国王和王后的名义崇拜埃及的神,就能赢得僧侣阶层的支持,从而得到人民对他们的忠诚。

托勒密王朝宗教信仰的最显著的特点是埃及传统神与希腊神的认同合一。托勒密一世引进埃及的塞拉匹斯崇拜是这一结合的最集中的体现。塞拉匹斯作为托勒密王朝的保护神,其崇拜中心在亚历山大城和孟斐斯地区,两地都建有这一神的神庙。这是一个男性人形神,其由来有不同的说法。古代作家如塔西佗认为它起源于小亚细亚,原型是巴比伦的莎尔-阿普希神。现代学者却认为塞拉匹斯来自埃及神奥索拉匹斯,是奥西里斯神与阿匹斯神中综合的产物。埃及的人化动物神死后化为奥西里斯神,孟斐斯阿匹斯神牛死后变成塞拉匹斯。此神在托勒密一世之前就已存在。从本质上看,塞拉匹斯含有死后的生命、农业、生产等因素,而这些因素正与希腊神宙斯的主宰世界,狄奥尼索斯的生产,哈得斯·埃斯科拉庇俄斯的与冥界和医病的联系相吻合。托勒密一世将其视为埃及神中的精华而加以推崇,其神庙也遍及上下埃及,其石棺随处可见,但其真正的崇拜却仅限于孟斐斯和亚历山大城两地,其他地区无论是埃及人还是希腊人都并不怎么认可。塞拉匹斯的崇拜主要是在埃及以外的地方,因此有人说,此神是造出来出口的,而不是自己用的。③

埃及的一些原有的神如阿蒙、哈托尔、阿努毕斯、托特、伊西丝、奥西里斯和荷鲁斯神在托勒密王朝仍为人们所崇拜,特别是伊西丝女神的崇拜,远达地中海的每一个角落,对文学艺术的影响非常大。托勒密王朝的女统治者阿尔茜诺二世和最后一位统治者克娄巴特拉七世被认同于伊西丝神。这些埃及神被希腊人认同于自己的神,如阿蒙神认同于宙斯,荷鲁斯认同于阿波罗,托特认同于赫尔墨斯,哈托尔认同于爱富罗底,普塔认同于赫菲斯图斯。这种认同使希腊人和埃及人都能接受共同的信仰,为意识形态的沟通架起了桥梁。

埃及人信仰的神祇中,有不少是动物神,动物的崇拜在托勒密时代也很盛行。如鳄鱼神索贝克,这一法老力量象征的鳄鱼形(有时也为人形)神的崇拜中心在法尤姆。埃及的希腊人由于此神的原始力量和人们对它的尊敬与恐惧而继续崇拜它。上埃及的科罗考第坡里斯就是以他的名誉命名的。在考姆翁布的最靠近阿斯旺的神庙中,东边一部分专门用来祭祀索贝克。我们在埃及的许多地区能够看到制成木乃伊的鳄鱼及其墓葬,如卡拉尼斯、泰布图尼斯。本世纪初在泰布图尼斯发掘的一些坟墓向我们展示了索贝克神在宗教生活中的情况。在这些坟中,数千具鳄鱼被挖掘出来,其中一些由纸草包裹。有的单个埋葬,有的则五个一组或十个一组头朝北排列。其中不仅有成年的鳄鱼,还有一些小鳄鱼也被很好地制成木乃伊。另外,发掘出来的有用石头或木头刻成的鳄鱼埋葬其中。④在孟斐斯地区,我们还能看到神牛阿匹斯的石棺,大量葬有狒狒和被认作荷鲁斯神的鹰的通道坑。据说光神鸟埃及每年就要埋葬掉一万多只。⑤在当时,饲养神圣动物和将它们制成木乃伊是一项庞大的工程。埃及人崇拜动物神,罗马时期派驻埃及的一名使官因打死一只猫引起埃及暴动,而使官被拷打致死就足以说明这些神圣动物的不可侵犯。⑥当然,希腊神的崇拜也有其独立性。在托勒密王朝,具有独立性的,保持了希腊传统的神庙有泰阿德尔菲亚的狄奥斯库罗伊神庙,德墨特尔神庙,拉勃兰达的宙斯神庙和卡拉尼斯的赫隆神庙等。

托勒密统治者接受了埃及传统,不仅使王权神化,也使国王成为神。三角洲卡诺普斯公元前238年3月4日法令提到:"由于托勒密王,托勒密和阿尔茜诺的儿子,兄弟姐妹神,王后贝蕾尼西,他的妹妹和妻子捐助神明,总是给全国的神以许多巨大恩惠,给予神以越来越多的崇敬,并对这个国家的阿匹斯神,穆涅维斯以及其他有名的神圣动物表现出永久的关爱……"⑦克娄巴特拉七世把自己神化,使其形象与埃及历史上最为显赫的新王国女法老哈特舍普苏特相等同。她死后400多年还有一个叫泰罗佛罗斯的僧侣在石头上记下他如何不怕危险给她的雕像镀上金。⑧新建的祭拜神化统治者的圣殿分布在全国各地,如泰阿德尔菲亚的阿尔茜诺二世神庙,科普托斯的托勒密一世神庙等。这些神庙是埃及的希腊人表现其忠诚的中心,并给予这些人以僧侣的特权身份。公元前207年阿尔茜诺二世死后,她的塑像出现在埃及神庙之中,与神庙中的原来已有的神像放在一起。

托勒密王朝的僧侣阶层在宗教生活中以至政治生活中都占有非常重要的地位。尽管埃及僧侣的势力在托勒密的专制统治下受到了限制,许多特权被剥夺,但埃及僧侣阶层一直是托勒密统治者拉拢收买的对象,是埃及社会的上层分子。因为他们是埃及民族心理和思想意识以及感情好恶的向导,得到他们的支持等于赢得埃及的民心。托勒密王朝的僧侣划分成部落,其内部存在着不同的等级。主持礼拜仪式并净化、更衣、冠神像和仪式餐的先知和衣冠祭司为僧侣中的最高等级。

他们是不对外开放的圣殿的常侍,是沟通人与神的使者。宗教活动离不开记录、铭文,因此,紧挨着先知和衣冠祭司但位于他们之下的便是圣书僧。此外,还有被称作帕斯托佛洛伊的,其实不是僧侣,因为他们不具有僧侣们的权利,只是在游行的时候抬着神像。最下层的僧侣有神庙的清扫者(扫去人们的脚印),倒酒者(为奠酒仪式)和神圣动物的照看者,还有妓女。这些人被称作"圣奴",但其实是自愿者。索克耐布突尼斯神庙的一位女圣奴就曾说:"我是你的奴隶,我的孩子,孩子的孩子都是,我永远不能离开你的神庙,你要保护我,让我安全……"⑨显然,这只是个自愿的信徒的表白,而不是真正的奴隶。

　　埃及僧侣们的生活与世俗界的生活有很大的不同。他们要直接与神打交道,因此不能以半点俗界的污染沾污神的圣洁。这样,他们便主张禁欲,默祷,素食(甚至不食)。在举行一个神圣仪式之前,他们要素食 42 天。在实践上有的多些有的少些,但至少也要净浴 3 次,睡在棕榈树枝做成的床上,枕圆木枕头并忍受饥渴,⑩希腊僧侣与埃及僧侣不同,他们不像埃及僧侣是专职的献身宗教的圣徒,而是来自富裕阶层的俗人,相当于政府机构的管理人员。他们参加宗教仪式都是个人的,而不是作为组织中的一员,他们不生活在僧侣部落中。

　　宗教在社会生活中的地位是不容忽视的,对生活有多方面的影响。神被绘在墙壁上作装饰,人们的居住区处处有神像立在墙壁上的壁龛中,以起保护居民的作用。神深入生活的每一个角落,包括家庭生活。有无数神像保存下来,如在卡拉尼斯发现的伊西丝哺育哈尔波克拉提斯等雕像都与家庭生活有关。婚姻契约中,在嫁妆条款中特别提到哈托尔—爱富罗底。生育保护神,矮个子的贝斯也在有关家庭生活的文献中见到。公元前 241 年的一封官函从侧面向我们展示了神是如何构成埃及人生活的一部分的:"以前用来安顿军人的鳄鱼城的一些房屋已被房主拆毁,或者堵上门,并靠着门建起了祭坛;他们这样做为了使它们不能用于安顿军队……向阿根诺写信,让这些房屋主人将祭坛搬到最方便的宏伟的房顶上去,并把它们重建得比现在更好。"⑪神对托勒密王朝统治下的臣民日常生活的影响还渗透在人们的名字中,日常用语中和官方用语中。一些人的名字中出现神名,像比托西里斯,意为奥西里斯的礼物,伊西多鲁斯,意为伊西丝的礼物,泰奥多鲁斯,神的礼物等都属于这种情况。有些人甚至直接把神名用作自己的名字,如伊西丝,荷鲁斯等,但这种情况通常发生在希腊人或其他外来民族的个人身上。"在神的帮助下""如果神让我安全""如果神愿意"等表达方式常在日常生活的用语中出现。官文中也常出现呼唤神灵的语言:"国王托勒密,王后阿尔茜诺和您的神灵""为您的健康,献给所有神和国王的神灵。"⑫此外,避邪的护符,祈求神灵以得到心爱之物的符咒,对仇人的咒语,预知吉凶的神谕,以及占星,秘语等生活中处处可见的活动都与神庙密切相关。释梦以及与医药有关的艺术也都带有神的色彩。在孟斐斯塞拉匹姆神庙中的托勒密石板上有释梦的记载:"我解释梦,得到来自神的教诲。带着好运。此解释者是个克里特人。"⑬用希腊文和埃及世俗体两种文字写的药书,爱的符咒,埃及神秘纸草登记表等在这一时代的文献中占有很突出的地位。

埃及人有重视死后世界的传统信仰,在托勒密王朝时代,不论是在埃及人还是希腊人的生活中,都占据了极其重要的地位。在希腊文献中可以看到这样的文字:"这将是我全部心愿,有幸保护你无论是活着还是走向神。"⑭这时期有大量的墓、石碑和铭文保留下来。考古发现这一时期的木乃伊为尸体保存的继承和变化提供了很好的研究对象。富人死后木乃伊制作装饰得比较奢华:尸体要涂上香料,缠上布,穿上带有装饰的木乃伊衣服,戴上镀金面罩,装入木棺。木乃伊头上的木板上有釉烧画像,随葬的装饰铭文的箱子置于木乃伊之侧。下层人的木乃伊就没那么奢华了,一般是布缠木乃伊沾上沥青,其上有这个人的名签,葬于公共坟场甚或是公共的大坑中。《亡灵书》记述的古埃及丧葬的程序,在托勒密时代仍然沿用。与丧葬有关的神有奥西里斯和阿努毕斯,我们可以在大量的墓画和裹尸布上发现他们的形象。此外,在高度希腊化的亚历山大城地下墓穴的壁画中,我们还发现有拉神和玛阿特神等。

希腊人统治时期重修和重建了大量的神庙。卡纳克阿蒙神系统的增补就是这一时期的一项成就。菲莱的伊西丝神庙始建于托勒密二世统治时期。埃德富的荷鲁斯神庙的重建开始于托勒密三世当政时期。旦德拉、考姆翁布、伊斯纳保存下来的神庙建筑都是希腊或罗马统治时代的产物。托勒梅克·科尔科奥西里斯在公元前 2 世纪仅有人口约1500 人,但埃及神殿就有 13 座,希腊神殿有两座。这 13 座埃及神殿分别供奉埃及神伊西丝(两个)、托特(三个)、阿蒙等神。两个希腊神殿,一座是宙斯神殿,一座是迪奥斯库罗伊神殿。法尤姆的卡拉尼斯村有大约 4000 居民,在那里有南北两座神庙被发现。北神庙由两个塔门,三个院子构成,第三个院子包含一个隐蔽的圣殿祭坛。北神庙保存较好,由石头建成。整个庙区占地 4500 平方米,神庙位于这块地的中心,长 22 米,宽 15 米。一组台阶和一个平台引导进入神庙的主殿,包括一个图书馆和神谕所的一系列小屋环绕两院。第一个院内有一个圣殿,内有一个祭坛和神像。泰布图尼斯也有类似的神庙建筑。此外,教区内还有许多僧侣、神职人员以及为求神谕、释梦、治病的来访者提供住宿的建筑。⑮其他围绕神庙的建筑用作广场货摊或小规模的纺织,酿造工场。从神庙建筑的地位和结构看,神庙是一村的中心。

## 三、亚历山大城:东西文化交融的中心

亚历山大城不仅在地中海世界的政治、经济生活中占有重要的地位,而且在文化发展上,在东西文化交融中也占有中心的地位。

亚历山大城对后世文化影响最大的,莫过它的博物院和图书馆。博物院最初是一个缪斯神庙,受亚里斯多德影响极深的托勒密一世倡导学术研究,把它建成了广招希腊世界学人的博物院。它很像现代的科学院和大学的结合体,免费为名学者们提供膳食住宿,并免除院士们的赋税。斯特里波对博物院有很具体的描述:"王宫也包括博物院,博物院里有一个散步的场地,一个会议室和一个大厅,博物院的语言学家在大厅里一起进餐。有一笔总的资金供养全院人员和一个由国王……任命的主持院务的祭司。"⑯博物院设四个部门:文学、数学、天文和医学。博物院的院士直到公元前 2 世纪仍然是受人羡慕的头衔。在许多领域,博物院的作用独领风骚,其学者也是后世无与伦比的:卡里马库斯、阿波罗尼乌斯、忒奥克里图斯、欧几里德、埃拉托色尼等一大批人。公元前 4 世纪史学家阿米安努斯·马尔西里努斯写道:"甚至现在这座城里各种学术分支仍让人们听到它们的声音;因为各学科的教师们还活着,几何学家的测杆揭示着隐蔽的知识,音乐的研究还没有枯竭……"⑰

亚历山大图书馆也在王宫区,相传是托勒密一世根据一位雅典避难者法鲁姆的德米特里乌斯的建议兴建的。通过购买和有计划地抄写原稿搜集典籍,亚历山大图书馆很快成为藏书 50 多万卷的文化宝库。许多学者经常出入这座图书馆,整理、注释、校订古籍。藏书之多几乎包括了所有古代希腊著作和部分东方典籍。为了搜集书籍,托勒密三世曾下令,所有在亚历山大上岸的游客都要将随身带来的书存下,如有价值,图书馆则留下原件,以抄本交还书的所有者。据载,托勒密三世还以 15 塔兰特⑱重金从雅典借来古希腊三大悲剧诗人埃斯库罗斯、索福克利斯和欧里庇得斯的作品原本,制成副本交还给雅典,宁愿使 15 塔兰特押金被没收。文献学和文本评论在图书馆中建立起来,古典希腊作家的文学目录在这里编制出来,荷马以及其他作家的著作在这里被整理,以与现代读本没多大差异的形式建立起重读系统并加了标点符号。

博物院和图书馆吸引了大批希腊化世界的文学家、史学家和自然科学家,并为他们提供了良好的研究写作环境,使大量的作品和研究成果问世。忒奥克里图斯在这里写了他的《田园诗》,为后世拉丁语田园诗树立了样板。罗得岛的阿波罗尼乌斯完成了他的古希腊后期留存至今的最长的史诗《阿尔戈船英雄记》,一反荷马英雄史诗风格,着重写美狄亚和伊阿宋的爱情,很像现代心理小说,影响到维吉尔等一大批罗马诗人。卡里马库斯应托勒密二世之邀来到亚历山大城,主持图书馆的工作。此间他写成了他的哀歌体的代表作《起源》,对罗马诗人卡图卢斯、奥维德等都有很深影响。

亚历山大城的自然科学研究也以它成果的显著,学者的众多,学术风气的浓厚而代表了一个辉煌的时代。阿里斯塔尔古斯抢在哥白尼之前作出了地球围绕太阳运转的猜测。埃拉托色尼这位地理学之父,根据对夏至这一天他认为是在同一经度上的亚历山大城和赛伊尼(阿斯旺)两地中午日影的观察研究,通过几何学计算,确定了地球圆周的长度约 39,700 公里,接近实际的长度(40,000 公里)。他还是世界上第一个试图根据经纬线系统完成世界地图的人。欧几里德在公元前 300 年来到亚历山大城,成为博物院院士。他对所有希腊化世界的数学文集进行了系统化工作,并创立了一种从原理进行演绎的证明法。正是在亚历山大,欧几里德写出了他的《几何原本》。亚历山大的海伦,公元前 1 世纪中期在空气力学和自动机等领域做了大量的工作,成果很多。现代人一般认为他是现代喷气式发动机的鼻祖,因为是他根据别人的发明详细描述了蒸气机。阿基米德也曾于公元前 3 世纪末来到亚历山大城工作,据说在埃及他创造了阿基米德螺杆。他对固体几何和力学的探索研究尤为重要。斯忒西比乌斯在这里发明了水钟和压力泵。医学在托勒密时代也有极大的发展。当时最为著名的两位医生,来自小亚的荷罗菲鲁斯和埃拉西斯特拉图斯于公元前 3 世纪上半叶来到埃及,对神经系统、消化系统和血管系统进行了深入的研究,奠定了医学科学的基础。前者发现了心跳和脉搏的关系,并区分了动脉和静脉。亚历山大城的医院也很著名,特别是在解剖和外科手术方面。

亚历山大城对后世在科学文化方面的贡献是巨大的,影响是深远的。虽然后来在罗马人的统治下,由于战争和人为的劫难,博物院和图书馆遭受了严重的破坏,书籍流入罗马,学者也纷纷离开埃及,但亚历山大城作为一个科学文化中心对世界文明的贡献以及为后世提供的经验是青史永垂的。

### 四、埃及的传统文化对希腊文化的影响

在东西文化交融过程中,在希腊文化对埃及文化影响的同时,我们也不能忽视传统的埃及文化对希腊文化发展的影响。

由于托勒密王朝重视和支持埃及的宗教和僧侣阶层,埃及宗教的神秘主义和非理性因素得到了发展。希腊人以及希腊世界的各地区的人们对埃及的神秘启示宇宙观发生了浓厚的兴趣。希腊的赫尔默斯·特里斯美吉斯图斯被认为是穿着希腊外衣的埃及神秘主义者。古希腊哲学家斐洛在他的论《沉思的生活》的著作中,叙述了起源于埃及的修炼术派的原理,他们过着一种极度虔诚的生活,并从事比喻的诠释和神学的冥想。他们的禁欲主义和隐居生活为圣贝第克特树立了榜样。西方的神秘主义有一条渊源线连接着古代埃及,而希腊的占星学家是这一线条的中间一环。

埃及宗教对希腊文化的影响还表现在埃及与希腊神的认同融合上。埃及的阿蒙神被希腊人认同于宙斯神,荷鲁斯神认同于阿波罗。希罗多德在谈到希腊神的起源时强调:"较大的一部分则是起源于埃及的。"⑩在希腊人信奉的诸神中,贝斯神是纯粹来自埃及的。他是一

个丑陋的,具有雄狮貌的矮个子神,但是,他保护人们免除灾难,并保佑
妇女生育,因而成为人人喜爱的神。特别是塞拉匹斯神的创造,也来自
埃及,成了希腊化的神。伊西丝在地中海世界成为人们崇拜的神,是通
过希腊的中介完成的。不仅于此,伊西丝和她的儿子荷鲁斯的故事与
圣母马利亚与圣子的故事的相同也不是巧合,其源流关系已为一些学
者所推证。

　　埃及文化对希腊文化的影响,在艺术上的以尼罗河为主题,描绘了
尼罗河的风光,特别是在绘画中也有明显的痕迹。希腊的镶嵌画中就
有相当多的这类作品。洪水节主题也可以在希腊绘画中找到:平静地
行驶在水绕山村之间的花饰的船只、荷花间的鳄鱼、尼罗河惊起的飞
鸟、骑在河马或战鹤身上的矮人构成典型的埃及艺术风格。托勒密王
朝的墓中壁画往往具有希腊和埃及两种风格。此外,许多希腊传奇作
品中都有去埃及见到女巫的人物形象。

　　埃及的历法盛行于希腊。希罗多德在《历史》中说:"埃及人在全
人类当中第一个想出了用太阳年来计时的办法(即我们说的阳历),并
且把一年的形成时期分成 12 部分。根据他们的说法,他们是从星辰而
得到了这种知识的。在我看来,他们计年的办法要比希腊人的办法高
明,因为希腊人每隔一年就要插进一个闰月才能使季节吻合,但是埃及
人把一年分成各有 30 天的 12 个月,每年之外再加上 5 天,这样一来,
季节的循环就与历法相吻合了。"[20]在希罗多德著作中强调的埃及人的
"巨大业绩",证明了埃及文化在希腊人心目中的重要地位。

# 第十二章 罗马与拜占庭帝国
# 统治下的埃及

公元前30年,屋大维带领罗马军队侵入了埃及,托勒密王朝崩溃了,取而代之的是罗马帝国的统治。395年,罗马帝国本身分裂成东、西罗马两帝国。东罗马帝国又称拜占庭帝国,埃及自然成为拜占庭帝国的一部分。在罗马和拜占庭帝国统治下,埃及奴隶制继续发展,并逐渐向封建制过渡。641年,阿拉伯人征服了埃及,代替了拜占庭帝国的统治,埃及的古代史最终结束。

## 第一节 罗马的入侵及其对埃及的统治

### 一、罗马的入侵埃及

罗马人取代希腊人统治了埃及是一个不知不觉的权力转移的过程。托勒密王朝创立不久,它便和罗马形成非常密切的关系。托勒密二世首先于公元前273年向罗马派驻大使,开辟了埃罗亲近之路,并与罗马签订了永久友好条约。随着希腊化世界斗争向埃及本土的蔓延,托勒密王朝越来越依赖罗马的支持。在托勒密六世执政时期,塞琉古国王安条克利用埃及"三头政治"的内部纷争侵入埃及,在孟斐斯加冕为法老,并于公元前168年,把托勒密六世置于自己的控制之下,然后离开埃及,返回叙利亚。第2年当他再来埃及的时候,遇到的是克娄巴特拉二世和托勒密八世的抵抗。应克娄巴特拉二世和托勒密八世的请求,罗马派大使波庇里乌斯·莱纳斯来到埃及,迫使安条克撤出埃及。罗马的威慑拯救了埃及,但托勒密王朝付出的代价是逐渐丧失自己的独立,成为罗马庇护下的被保护国。之后,埃及托勒密统治集团内的不断的权力角逐已深深地卷入罗马的派系之争中。托勒密十二世的廷臣在凯撒和庞培的争斗中先是派军队支持庞培,但当庞培在希腊战败逃往埃及时又转而暗杀了他,导致凯撒的兴师问罪。公元前74年,托勒密王朝统治下的域外之地昔兰尼加被罗马吞并,公元前58年,塞浦路斯也被划入罗马版图。这时,托勒密王朝的"独立"地位的最终丧失已只是个时间早晚的问题了。

公元前31年,屋大维在亚克兴海战中战胜安敦尼和克娄巴特拉联军,次年率军侵入埃及。安敦尼自杀,克娄巴特拉落在屋大维手中,也绝望自杀。从此埃及成了罗马的一个行省。"我将埃及纳入了罗马人的帝国",奥古斯都(屋大维)这样记载他的功绩。有人认为埃及并不是真正意义上的罗马行省,而是罗马皇帝的私人领地,因为没有皇帝的许可,罗马元老院中的任何一位元老都不得进入埃及。另一些人则以为此时的埃及是罗马的一个行省,只是地位有些特殊而已。奥古斯都不允许上层罗马人进入埃及有两个原因:首先,由于埃及的独特的地理环境,东西为无法穿越的沙漠,南部的尼罗河几大瀑布构成天险,北部海岸除亚历山大城便没有可靠船的港口,形成一个易守难攻的独立地区,如果哪位罗马元老来此冒险独自为政,则可轻易取得成功;其次,埃及是地中海世界最富裕的谷仓,罗马依靠埃及为其提供粮食,如果有人独立,则可轻易切断罗马的粮食供应,并切断欧洲同东方通商的一条重要通道,对罗马帝国构成祸患。基于这种考虑,奥古斯都派了一位具有骑士身份的罗马长官科内利乌斯·加卢斯去统治埃及,并直接向罗马皇帝负责。但由于他过于自负,过于吹嘘自己在埃及的军功而丢掉了这一职务,继而又丢掉了自己的生命。这足以说明埃及对罗马的重要。

在托勒密王朝统治的末期,王权已变得越来越软弱无力,底比斯地区曾几度独立。因此,罗马人在埃及的首要任务是建立秩序和强化统治。屋大维向埃及派驻了 3 个军团的军队,每军团大约 6000 人,①并配有一定数量的步兵辅助部队驻扎在亚历山大城和沿尼罗河而上的许多地点。底比斯地区的反抗很快被平定,之后,真正对罗马在埃及的统治构成威胁的便是南部的麦罗埃王国。托勒密王朝末期,第一瀑布南部的努比亚地区已转向麦罗埃王国,公元前 29 年,罗马平定了底比斯反抗之后,罗马与麦罗埃王国达成协议,在第一和第二瀑布之间建立一个独立的中立国。但这个协议很快就被撕毁了。公元前 25 年,麦罗埃军队袭击上埃及,罗马和麦罗埃之间发生战争。作为报复,罗马军队攻入努比亚,洗劫了那帕塔城。至此,罗马在埃及的统治暂时不再有内忧外患,驻扎在埃及的军队也由三个军团减至两个。

## 二、罗马帝国的行省管理与专制主义统治的加强

埃及作为罗马帝国的一个特殊行省被直接置于罗马皇帝的控制之下。这是一种遥控的统治,尽管罗马皇帝也偶尔来到埃及,但平时只是通过任命相当于总督的长官在埃及常住,作为罗马皇帝的代表管理埃及的事务,并以罗马皇帝的名义发号施令。奥古斯都在罗马谨慎地称自己为罗马第一公民,但对于埃及人来说,他是托勒密的继承者,埃及的法老,上下埃及之王。罗马帝国统治下的埃及继承了托勒密以及传统的法老统治时代的习惯,以罗马帝国皇帝的朝代纪年,而不是像罗马帝国其他行省和地区的以执政官任期纪年,这说明罗马统治下的埃及尽管是罗马帝国的一个行省,但与其他行省比起来却很像一个独立的王国。特别是罗马皇帝把埃及的全部收入归他个人管理,这更说明,埃及已成为罗马元首的私人领地。

在行政机构的组织系统上,罗马埃及的中央机构与托勒密王朝没有很大的变化,变化主要发生在地方,特别是诺姆以下的组织机构上。中央机构的最高首脑是由罗马皇帝直接从罗马具有骑士身份的人当中任命的长官。长官被赋予极大的权力,统管着埃及的行政、财政、法律和军事等事务。他的权力极大,唯一的限制是当人们反对他的时候,可以直接向皇帝本人提出申诉而不用通过他本人。因此,可以说他是埃及的最高代理君主。由于整个埃及的各方面事务都由他来处理,长官的工作就显得非常繁重。211 年一份文件记载,在短短的 3 天时间内,就有 1804 份请愿书呈到他的手中。②这样,就有必要在长官的下面设一个政务会以协助长官的各方面工作,包括一个裁判官,相当于现在的最高法官,一个卷宗官,管理公共事务的记录文件,一个采邑税务官,负责皇帝的私人账目,临时税收如罚款、没收和无人认领的财产。此外,还设一个负责管理寺院,被称作"亚历山大及全国的最高僧侣"。他本人并不是僧侣,而是罗马的行政官员,具有管理埃及宗教事务的最高权力,罗马帝国通过这一职务控制埃及民族主义的代言人宗教界。这些官员都从罗马骑士阶层中任命。

长官及其下属官员要处理大量的法律事务,这一点与托勒密王朝有明显的不同。除托勒密时代保留下来的希腊和埃及法律外,中央政府保存着大量的法典、法令、罗马皇帝回答法律问题的复文等文件,以作为政策决策制定的参考书。在这些法律之上,还有罗马人的主体法,规定罗马市民的权利义务关系。亚历山大城设有法庭,取消了托勒密王朝的巡回法庭制度,代之以长官每年一次的巡回审判,主要在亚历山大城附近的培琉喜阿姆、孟斐斯和法尤姆的阿尔茜姆。长官的每年巡回审判,主要处理下面的请愿、诉讼和管理上的纠纷,其审理过程包括非正式的调查和正式的审判,非常审慎。从法学角度评价,这种制度具有判例法的性质。影响判决的因素很多,包括案子的性质,涉及的人员的地位,处理这件事的官员的权限等。发生在 63 年的一次长官巡回审判,就很具典型意义。这是一个老兵代表团抱怨他们的罗马公民权遭到践踏的判例。首先,这些人在营地的街道上上前与长官搭话,提出他们的抱怨,然后又在司令部里正式向长官提交一份书面材料,最后,经过长官同顾问委员会一起坐下来讨论,做出判决:让这些人回家去,不要无所事事,没事找事。③

构成中央政权机构的所有官员都须有罗马骑士身份,并由罗马帝国直接任命。中央政权下面是诺姆和村镇地方政权机构。在长官和地方行政机构之间,还有一个埃庇斯特拉提戈斯官员层分别管理底比斯、中埃及(又称"七诺姆和阿尔茜诺诺姆")和三角洲三个地区。托勒密王朝末年,在底比斯地区曾设立过一个埃庇斯特拉提戈斯,罗马人由此受到启发,并扩而大之。这一官职由罗马公民出任,没有军权和财权,主要负责管理地方行政事务,任命地方官。诺姆的最高首脑是斯特拉提戈斯,与托勒密时代不同的是这一职位不再具有军事职能。辅佐斯特拉提戈斯的有皇家书吏(诺姆书记)和会计师(诺姆监察官)。这些诺姆官员不再从罗马骑士中挑选,而是从埃及的希腊人中任命。同属需要有埃及希腊人身份的职务还有介于诺姆和村庄之间,起沟通作用的地区书吏和村书吏,他们也由政府任命。诺姆下面的政权机构是村镇层的基层执行机构,他们由选举或选举加任命的方式产生。

在地方的行政管理系统中,引进了一些新的体制,特别是城市的行政管理体系中出现了许多不同于托勒密希腊人统治时代的新的变化。托勒密时代的领薪官员让位于罗马时代的受封爵位的地方官员。他们无薪俸,是"自费"的义务官员。这样,就形成了一个不同等级的强制公职系统。在托勒密时代埃及的希腊人就组织了许多具有俱乐部性质的学院。虽然这些组织都是非官方的个人团体,但加入这个组织是一种身份的象征。同时,希腊青年也在这里接受传统的希腊式教育。这是一种典型的希腊人的生活方式，哪里有希腊人居住，哪里就会有学院。这大概表现了希腊民族的爱好政治的天性。到了罗马统治时代，奥古斯都取消了村级的学院，而对于诺姆首府的学院则给以官方行政地位，学院中的首脑便成了罗马统治时期埃及的正式官员。许多这样的由学院转变来的行政团体构成了城市议会，负责人们的身份、公民权的记录和管理。2 世纪末，以它们为核心构成了元老院。从理论上讲，由学院转变来的行政组织是自治的，管理着自己的公社，保证向中央上交收缴的定额税收。这种自治的或者说是"自费"的公职管理体系是罗马统治时期埃及行政管理的一大特色。但这种制度只存在于埃及的一些希腊城市中，主要有亚历山大城，托勒梅斯城，诺克拉提斯城和后来哈德良皇帝于 130 年建起的安提诺奥坡里斯城。

在罗马统治的自治体制的最底层，存在着一个对罗马统治下的埃及的行政管理机构起着经济支柱作用的强制公职系统。其中的强制公职人员是根据其社会地位和财产的多寡来任命的。理论上讲是自愿的捐助，实际上是被迫的人力、财产的奉献。他们的主要任务是负责组织、建立、管理社会公共事务，包括河堤的修建、灌溉下种的监督，收送谷物到谷场和谷仓，收取税金，以及各种节日庆典和公共设施的组织管理。这一阶层的人大多是当地的富人，其中许多是托勒密时代望族的后代。他们有足够的财产和充裕的时间供他们充任地方基层行政事务的"自愿"管理。

罗马统治者的这种体制减轻了政府任命地方官员的负担，政府不花一分钱就使整个埃及的管理机器运转起来。但同时也削弱了地方的富裕农民和城市的中产阶级，把沉重的国家行政事务的经济负担压在了他们身上。结果，由于这种负担太重，使某些被任命的官员以逃亡的方式躲避政府的任命。据说埃及村子中因无力完成任务而逃跑的占任命的强制公职人员的 20%—30%。从奥克西林库斯城中一位官员的报告中我们得知,那里有 120 名逃亡的强制公职人员的财产被没收。④尽管罗马统治者采取了一些措施,想使这一机制维持下去,如命令其他人到逃避任命的强制公职人员的土地上去耕种。200 年塞普提米乌斯·塞维鲁改革,提出减税,授权元老院到埃及诺姆首府去,让他们负责诺姆的财政和税收,并为市政院提供资金,每位元老对可能发生的任何议会管辖之内的亏空负责,拒绝任命的将没收其 2/3 的财产,⑤但强制公职这种杀鸡取卵的政策最终导致了社会的崩溃。

200 年以后,埃及地方政府的主要机构是议会,包括 100 名议员,他们从有财产的希腊"学院阶级"中指派担任,终生任职。议会每年换一位主席,由在其他部门任过职的前政府官员出任。除一名主席外,议会中还设有理财官和秘书。议会每月召开一次会议,如需要可随时立会。议会议员的共同责任,首先是确保诺姆中的村镇完成向政府上缴的赋税义务,同时确保城镇强制公职的顺利运行。他们负责任命和监督强制公职人员,而税收上又接受中央政府官员和诺姆的斯特拉提戈斯的严格监督。地方行政管理上出现问题可以请求斯特拉提戈斯的帮助,但如果是长期性的问题,罗马帝国则派代表来解决。其次,他们还负责作为个人应尽义务的基础的财产登录,并负责征收一些不定期的临时税,如罗马皇帝或埃及长官的下访税、军需税等。这些种目繁多的税收,在 3 世纪后收得越来越勤,最后导致议会体系的瘫痪。议会对城市中的所有工作进行从金融到行政的全面的管理,他们控制着城市基金,并监督属于城镇的财产的出租。他们负责节日庆典的组织、公共设施,如体育馆和浴池的管理,市场秩序,农产品的供应也尽在他们的管辖之内,他们要控制上市量,收取市场税。市政方面,他们要负责城市建设和维修。另外,由于公民身份和市民在社会中的地位都由议会记录管理,所以,麦子在有威望的公民中的分配也便自然成了他们的工作。从 299 年的一份议会会议日程安排上,我们可以看到议会在城市各方面行政管理上的全面性：

> 关于任命一个人去请埃庇斯特拉提戈斯来参加节日庆典。
> 关于从议会基金中贷款给一些岗位。
> 关于催促提名人员到位去作比赛的工作人员。
> 关于催促……于某日上任体育馆总管。
> 关于推迟僧侣的请愿到下次会议。⑥

　　罗马人在埃及实行的这种强制公职政策，一方面出于对埃及的最大程度的剥削的需要，另一方面也表现出以财产为基础划分人的社会地位和政治权利，从而使社会等级之网在埃及确立起来。

　　税收是罗马帝国在埃及统治的一项非常重要的内容。罗马帝国在埃及的统治，放弃了托勒密时代的国家专营和垄断，实行了一种更复杂、更有效的税收系统，所收的税款或实物大部分运往罗马。税收可分为实物土地税和货币税。所有的税收都是罗马帝国的税收，很少有地方税。土地税大多以实物的方式上缴，但土地的成分与托勒密时期有一些变化。除了王田外，庙田、赐田和屯田多被没收或拍卖，直接受帝国财政控制，向国家纳税。税收上来的谷物从尼罗河顺流而下，运往亚历山大城和罗马。

　　货币税所含范围非常广，而且名目越来越多。主要有人头税，这是罗马人在埃及统治中引进的新的项目。除罗马公民、法尤姆屯田兵的后代，希腊城市中的公民可以免除人头税外，其他人，主要是埃及人，一律要缴纳人头税。尽管根据 212 年法令，埃及的成年男性成为罗马公民，但他们仍未能像罗马人一样免除人头税。通过人头税的收取情况，我们可以看到罗马统治下的埃及，从托勒密王朝开始的种族歧视的加强和人们的社会地位的反差。人头税之外，还有贸易税，制造者税，工匠税和市场税等都需要用货币交付。3 世纪中期以后,不断增加了一些不定期的税收项目,强迫人们上缴。税款收取的方式主要是指派专门官员执行,他们受斯特拉提戈斯的领导,并从税收中分得一定份额作为报酬。

为了使罗马帝国在埃及的税收得到保障,罗马统治者在埃及建立了一套完整的挨户普查系统。在奥古斯都统治下,全国普查每 14 年进行一次,中间经常进行反馈修改,使之尽可能没有遗漏。普查是一种挨户注册的方式,每处房产的所有者或使用者都要注册并发誓按时纳税。从中央到地方,都设立了专门机构负责普查工作的实施。亚历山大城设有中央的普查卷宗机关,诺姆首府也设有相应的机关负责普查卷宗的保管和整理。分成综合卷宗和摘要卷宗的档案,记录着土地和其他财产包括房屋和奴隶的占有,个人的社会地位、职业等情况。由于罗马统治埃及的地方管理实行的是强制公职制度,没有多少人领取罗马的工资,因此,需要大量的人力参与的挨户普查就不得不借助军队的协助。尽管这样,也不是没有漏登或隐瞒财产的现象。

89 年长官令说:"由于许多财产登记部门的摘要没能按规定要求去做,所以,公共和私人的事务未能得到合适的对待……因此,我命令所有财产的所有人都要在 6 个月内到登记处登记他们的个人财产"。[⑦]

越来越多,越来越重,越来越频繁的不定期税收给纳税人造成了极大的负担。亚历山大城提比里乌斯·朱力乌斯·亚历山大长官 68 年政令反映了人民对过多的税收的不满:"全国各地经常有农民向我请愿并告诉我,他们被迫以实物和现金的形式缴纳许多没有先例的费用……"[⑧]人民不堪其税,有的开始逃亡。55 年一份文件提到,有 105 人从菲拉德尔斐亚小村逃跑,这个数目占应纳税人的 12%。[⑨]为了解决这个问题,罗马统治者试图用法律的形式把人们固定在他们耕种的土地上,并在荒年减税,有时皇帝开恩,还免除欠款或命令暂停收取不定期的特别税。然而,罗马统治者在埃及的竭泽而渔的政策,最终导致了他们在埃及的行政管理和专制主义统治的崩溃。

## 第二节　埃及奴隶制的继续发展、衰落及其向封建制的过渡

### 一、奴隶制的继续发展与衰落

罗马帝国统治时期,埃及社会的生产关系并没有发生质的变化。1、2世纪,仍然有许多证据表明奴隶制在埃及的继续发展。23年,一个奴隶报告他从奥克西林库斯向西诺坡里诺姆转运一群羊的情况;①129年奥克西林库斯城的购买奴隶契约纸草文书,证明了2世纪各城奴隶买卖仍在进行;47年阿尔茜诺的析产契约和156—165年间奥克西林库斯城的公产遗嘱,都涉及奴隶,奴隶仍是重要的财产项目。2世纪的法令摘要中,有些条款也涉及到奴隶:

19. 以遗产给予解放奴隶,而此解放奴隶尚未经依法解放者,没收其遗产。被解放者在30岁以上方为合法解放。

20. 以遗产给予奴隶,而奴隶尚在械系中,后始解放,或已被解放而未达30岁者,没收其遗产。

21. 年未满30而被解放,但得有长官解放状者,以30岁以上被解放论。

22. 有奴隶而未登记者,所没收以奴隶为限。

66. 出海而未领得照会者,罚款为其财产的三分之一,倘输出其自己的奴隶而未得照会者,则全部没收之。

67. 将原籍为埃及人的家生奴隶于登记或出卖时改变其身份,

而目的在于将其输出者,或没收其全部财产或一半,或其四分之一,其从犯罚之。家生奴的母方血统不计,即使其母不是埃及人。②

以上法律片断表明,奴隶买卖和输出在当时是一种普遍存在的现象,但同时也表明,奴隶解放也开始威胁到埃及奴隶制的发展,以至于统治者不得不以法律的形式限制奴隶解放和接受遗产,限制奴隶的输出,以维持奴隶制的继续存在。甚至到君士坦丁大帝为327年人口普查做准备的法规还规定,用于农业的奴隶,只能在本省内买卖。③尽管统治者想以法律的形式维护奴隶制的存在和发展,但其衰落的趋势已露端倪。

然而,奴隶制的衰亡不是一个直线的下降,而是一个缓慢而起伏的过程。根据埃及纸草中提到的奴隶数量,4、5世纪埃及的奴隶数量有很大幅度的减少,但6世纪又有一个反弹。巴登第95号纸草描述了位于赫尔摩坡里斯附近的一个菲奥多拉庄园的情况,从维持奴隶生活上的开销和雇佣自由劳动人手的支出和对照上看,这一庄园中奴隶使用的规模是很大的,因为用在维持奴隶生活上的开销远超过雇用自由劳动人手的开支。④埃及的纸草常常展示出卖子女为奴隶,以奴隶劳动来偿清债务的情况。6世纪耶安达那纸草62号还提到一个负债人的妹妹被抵押为奴隶的情况。债主负责她的食用,但在偿清债务之前,她的兄弟无权将她领回。569年,斯特拉斯纸草40号也记载了卖身为奴4年的协定。⑤

## 二、土地制度与封建化过程

大体说来,从3世纪以后,埃及奴隶制逐渐衰落,封建化过程开始出现。埃及奴隶制的崩溃不仅表现在私有土地不断增加,私有土地趋向集中,奴隶越来越少,农民被束于土地之上而越来越依赖大土地所有者等方面。在上层建筑领域,由于奴隶制已不再能为统治者提供太多的财富,统治阶级也被迫改变他们的剥削方式,开始用法律的形式限制奴隶制的发展。在狄奥多西和查士丁尼法典中就有许多保护隶农制,庇护制的法令,直接从奴隶劳动中榨取财富的做法转变为主要靠税收掠夺埃及人民的方式。人头税与奴隶制的冲突导致了这些保护隶农制和庇护制法令的出现,以确保税收收入源泉的不至枯竭。

罗马统治下的埃及土地制度与托勒密时代没有太大的不同。皇家土地或称王田仍占所有土地中的最大部分,但庙田却有许多被没收了,赐田也一个个通过没收或其他方式归入帝国私产。由于罗马帝国在埃及废除了军田,所以,这些军田也变成了占有者的私人土地。私人土地的增加在 3 世纪以后表现得尤为突出,但这些土地大多是小块的。4 世纪中期的赫尔摩坡里斯附近的地产清册登录了 470 块份地,其中只有 8 块地超过了 500 阿鲁拉。这些小的私有土地逐渐向大土地集中,富裕农民设法购买同村人的土地,而这些卖掉土地的农民就成了这些土地的租佃者。576 年的奥克西林库斯纸草第 2195 号记载了领主在一个村落里从 15 家租佃者取得收入。⑥

罗马帝国在埃及的统治比托勒密的统治还要严酷,他们对埃及农民征收各种名目的苛捐杂税,使农民无法承受,不得不逃出王田。据文献记载,罗马统治时代埃及共有 50 种实物税和 450 种以上的货币税。⑦不仅税多,官场的腐败对埃及的农民更是雪上加霜。收税官经常从中营私,使这些农民无法生存。193 年的一封农民的请愿信中说:"我和我的兄弟在派尼月已交付了我们欠的所有谷物税,也就是在卡拉尼斯村向我们征收的 10 阿勒塔巴中的 9 阿勒塔巴。现在,因为剩下的 1 阿勒塔巴,谷物税收官特凯罗的儿子庇忒埃西奥,马龙的儿子萨拉庇昂,他们的职员托勒麦奥,以及他们的助手阿蒙尼奥一起,当我在田里的时候闯入我家,并强行扒下我母亲的斗篷,将她摔在地上。结果她卧床不起,不能移动。因此,我请求您将他们召到您的面前。以便我可以在您手中得到公正。"⑧从这封信中可见收税官的凶恶。逃亡是埃及农民传统的反抗压迫的举动。这种反抗形式在罗马统治时期变得尤为突出。1 世纪,逃亡报告越来越多,根据菲拉德尔斐亚的阿尔茜诺村的此类报告,55 年夏天,有 43 人列在"逃亡而无财产留下"的名单中;一年以后,这个名单上的逃亡人数已超过 100 人;很快又达到 152 人。⑨人口大量逃亡的直接结果是使大量的王田无人承租,土地日益荒芜。3 世纪末,埃及的灌溉系统几近瘫痪,罗马统治者的利益受到严重损失。为了解决这一问题,罗马帝国政府除用逮捕逃亡者家属以迫使逃亡者返回的方法外,从 1 世纪开始,推行了强制代耕和永佃权的制度。强制代耕主要以三种方式进行:一是通过抽签的方式在领土承担人中间分配;二是先把土地分配给整个村子,然后再在承租人中间分配;第三种是将此村未租的土地指定由彼村村民耕种。永佃权则是将王田等土地长期租给承租人。永佃权最初是想把皇帝私人领地上的荒地变成耕地,后来,扩大到教会和私人遗传下来的地产。193 年,罗马皇帝柏提那克斯决定免除这些耕种人的一切租税 10 年,并且保证他们对那些土地的永久所有权。⑩

　　苛捐杂税使承租人逃亡,而罗马统治者实行的强制公职制度又使中产阶级破产。强制公职的执行是很严厉的,对于拒绝任命的,将实行没收大部分财产的处罚,对于有意渎职的村级官员的判决就很说明问题:"当你任命一位财产不足的人到一个强制公职上去时你指望什么?你造成了他的逃亡并使他的财产被卖(以支付公职的费用)。你须受到惩罚:你要向国库交纳(规定的)罚款……"⑪罗马帝国的税收政策和强制公职制度在埃及造成的后果是人口减少,中下层破产。3 世纪农村居民的赤贫化甚至达到一些农村找不到一头牛羊的程度。为了对付这种情况,从 4 世纪初开始,罗马帝国不得不把国有土地分配给全村居民耕种,使之变成私有土地。除了广大农民的小私有地外,大土地所有制也发展起来,土地逐渐向世俗贵族和僧侣贵族手中集中。而这种土地私有化和小土地向大土地的集中,从 350 年的赫尔摩坡里斯诺姆的土地占有规模中可见一斑。一份 441 人的土地所有者名单中,有 274 人拥有约 1 到 20 阿鲁拉的土地,占名单中总土地占有的 8%,16 人拥有 200 阿鲁拉,占名单中总土地的 51%。⑫在其他地区,这一时代出现了更大的土地所有者。被称作荷罗努纸草的一组文献,向人们展示了一个叫阿利庇乌斯的人的情况:他在法尤姆各地拥有大量的田产,身边有一大群仆人、秘书,财务管理员围绕左右。⑬在大土地所有者越来越强大的同时,还有许多小土地所有者依然存在,他们既无法承担繁重的税收,又无力与国家对抗,所以他们不得不寻求大土地所有者的保护。罗马帝国在埃及推行的税收政策和强制公职所造成的破产农民和中产阶级的出路是什么呢? 破产农民中有的成了大土地所有主的农奴,有的成了依附农民,而破产的中产阶级则成了大领主庇护下的受庇护人。这些受庇护者将自己的土地交给大土地主、官吏以及教会的僧侣,自己仍留在这片土地上,佃耕原来的土地。他们失去了自己的土地所有权,却保留了使用权。他们不再向国家纳税,成了 colonus adscripticius("重新列入名单上的隶农"),实际上接近封建农奴。这就形成一种新的生产关系。庇护制使受庇护者免除了赋税的重负,但国家却减少了许多税收,因此,罗马帝国并不喜欢庇护制。虽然三令五申禁止庇护制,收效却不大,因为庇护制所代表的生产方式,是一种新的生产关系的兴起。最终,于 415 年,罗马政府不得不做出有条件的让步,从法律上承认了庇护者对所庇护土地的权利,规定凡于 397 年以前以庇护人的名义掌管的土地都要转为自己的土地,并承担这些土地的一切义务,但要停止使用庇护的名义。虽然这一法令给被庇护人以合法的地位和身份,但并没有扼制住庇护制的继续发展。

　　从 3 世纪以来,特别是 3 世纪末 4 世纪初的大土地所有制的形成和小土地所有者向大领主的投靠、依附,以及农民的农奴化,封建制终于在罗马统治的末期和阿拉伯占领初期开始出现。在奥克西林库斯纸草文献中,关于 6 世纪末一些大土地所有者家族财产和权势的记载,反映了他们在社会政治经济生活中的特殊地位和作用。例如,阿庇昂家族不仅拥有大量的财富,还拥有很大的政治权利。他不仅在奥克西林库斯占有土地,而且至少在西诺坡里斯诺姆或阿尔茜诺也掌握大面积土地。在奥克西林库斯诺姆,甚至许多村庄整个归他们所有。此外,他们还有自己的军队、私人监狱、邮政系统、私人收税官以及尼罗河舰队。[14]这些大庄园主垄断了中央政府的一系列政权。

　　埃及的封建化严格地说具有半封建的性质。由于埃及的小土地所有者同大土地所有者并存,以及罗马和拜占庭帝国对埃及的统治政策,使埃及的封建制具有与西欧封建制不同的一些特点。西欧的封建主与国王,封建主与诸侯之间都是军事的效忠关系,封建主住在城堡里,其政治结构很像它所属的王国;埃及的封建制则不同,封建主同中央政府是一种官僚体系中的上下级关系,他们住在城里,利用行政系统去管理自己的土地财产。但有一点是相同的,就是在农奴制发展的道路方面,埃及和西欧都走了一条小所有者农民的农奴化的道路。在欧洲是法兰克自由农民向农奴的转化,在埃及,则是国王农民随着奴隶制的衰落而成为小所有者,再向农奴过渡。埃及在这个过程中,无论是农奴还是自由农民都被固定在土地之上,不得离开,境遇不断恶化。

## 第三节　基督教在埃及的传播及其影响

### 一、基督教传入埃及的社会基础

罗马统治者对埃及宗教的态度与托勒密王朝有很大的不同。在托勒密时代,僧侣是统治者笼络的对象,给以很高的地位,国王依靠他们使其统治合"法"化。在罗马统治时期,尽管埃及这块神的土地没有发生根本的改变,但神庙和僧侣们却受到罗马官员,"亚历山大及全埃及最高僧侣"的严格控制。神庙要定期检查,多出的人员要交人头税。此外,对罗马皇帝的崇拜引进埃及,享有高于埃及传统宗教的地位,只有埃及的基督教徒冒死拒绝崇拜罗马皇帝。基督教传到埃及大约发生在1世纪中后期,遗憾的是关于基督教初入埃及的文献我们所知甚少,这大概与罗马统治者对基督教的迫害有关。谁愿意冒生命危险去记录当时基督教徒在埃及活动的情况呢?据传,彼得的门徒马可是第一位从罗马来到亚历山大城传播福音的基督徒,是他在亚历山大城的犹太区建立了基督公社。这样,他也就成了基督教在埃及的创建者。被誉为基督教教会史家之鼻祖的犹塞比乌斯曾在戴克里先迫害基督教时被放逐到埃及,在他写的《基督教教会史》中提到了马可的传说。此外,伪经书《玛尔赛实录》中也详细叙述了这一传说的基督教在埃及的起源。

　　基督教之所以能够传入埃及,首先是因为基督教与埃及的传统宗教有许多相通契合之处。基督教在形成的过程中融入了许多东方神学的内容,特别是埃及的传统宗教对基督教的影响在许多方面为基督教的完善成熟做出了贡献。作为基督教象征的十字架起源于钉死耶稣的架子,但令人不解的是基督教并不宣扬死亡。在基督教艺术作品中,我们常常看到以基督殉教为主题的画,基督被钉死在十字架上,还有的作品表现基督的复活。其中一幅从埃及出土的基督教美术作品,描绘一位基督徒手中的十字架特别引人注意,[①]它与其他十字架不同的是在十字架的顶端增加了一个圆环,在埃及文中,十字上面一个圆环♀,读为安柯ᶜnḫ,意为"生命"和"再生",很符合基督复活的教义,在埃及的科普特基督教建筑中被广泛使用。另外,基督教圣母马利亚与圣子基督的故事也脱胎于古老宗教中的伊西丝神与荷鲁斯神的故事。再有，基督教和埃及传统宗教都很重视来世。基督教有天堂地狱的概念，古埃及宗教更以来世为核心为人类创造出了包括金字塔，木乃伊的灿烂的文明。还值得一提的是《旧约·诗篇》中的第 104 篇对耶和华的颂扬很像埃及的《阿吞颂诗》，是模仿或是启发？还不清楚，但其间的联系是明显的。

其次，犹太人在埃及的存在，为基督教传入埃及架起了民族因素的桥梁。从公元前 3 世纪起就有大量的犹太人来到埃及定居，公元前 2 世纪后，由于托勒密六世的亲犹太政策，又有大批的犹太人涌入埃及。他们来到埃及并带来了犹太人的宗教，亚历山大城到处可见犹太教教堂。犹太人在埃及成为推动把《圣经》译为希腊文的一个动力。托勒密时代，亚历山大城的希腊化的犹太人公社就已有了圣经的希腊文翻译。②这样，埃及人很早对基督教的思想就有所了解，基督教在埃及的传播也就不会引起埃及人的任何不安。第三，基督教普救众生的性质正符合作为外族长期占领下的民族意识集中体现的埃及宗教的救世的需要。

## 二、基督教在埃及的传播及其影响

基督教的传入埃及以犹太人战争为界，可以分为前后两期。115 至 117 年的犹太人战争之前，是基督教传入埃及的初期，其活动中心主要在亚历山大城和乔拉两地。犹太人战争的结果是犹太人在亚历山大城的聚居地的消失，基督教的传播受到很大的打击，直到 135 年才再一次在埃及出现，开始了基督教传入埃及的第二个阶段。现在我们所知道的最早的《新约全书》的抄本是可能写于 2 世纪上中期的圣约翰福音书的残片。③圣约翰福音书在埃及的广泛流传，表明早期的基督教接受了诺斯替派的一些影响，如禁欲、苦行。在基督教传入埃及的初期，有一个人所起的作用是非常大的,这就是1世纪初活跃于亚历山大城的犹太神秘主义哲学家,被称作"基督教的真正父亲"的斐洛。他用隐喻解经法解释《圣经》,试图使犹太教神学和希腊哲学,特别是柏拉图的思想融为一体。斐洛的贡献不仅在于他的著述规定了基督教在埃及的发展方向,也为弥合积之甚久的希腊人和犹太人的怨恨起了非常积极的作用。斐洛没有直接的追随者,两个世纪以后,亚历山大城的基督徒们开始逐字抄写斐洛留下的文字,以求使基督教与希腊哲学相结合。克里门特可算是他最杰出的门徒。与斐洛同时的还有一个以忒拉波乌塔为代表的犹太教的苦行派作为基督教的先导而存在。犹塞比乌斯在他的《基督教教会史》一书的第2卷中,曾把这一犹太教流派当作基督徒,因为他们很像基督教教徒。2世纪初,我们开始有了基督教在埃及传播的切实的证据。在这一世纪中,我们至少可以看到7件圣经纸草,圣约翰福音书就是其中之一。之后,我们看到的是犹太人与基督徒之间的激烈的争吵。《巴尔纳巴斯通信》于2世纪初期在埃及流传,尽管在埃及以外几乎没有人给它以太高的评价,但在埃及却被看作是《圣经》的内容。其作者可能是亚历山大城犹太教堂的叛逆者,对犹太人异常仇恨。他用犹太人同样的方法解释圣经,却认为犹太人无法理解《旧约全书》,不知道《圣经》的预言是指耶稣基督。在信的末尾还谈到了光明与黑暗之路,即善恶之路。另外一个对正统犹太教充满敌意的是来自2世纪初的纸草文献《无名福音书》。此外,带有对犹太教的猛烈攻击的四福音书也在埃及广泛流传。④

　　犹太人战争之后的基督教的再次兴起是在大约135年,其后的大约45年时间里,埃及特别是亚历山大城的基督教处于诺斯替派为主导的宗教思潮之中。诺斯替运动在埃及的盛行主要得力于巴西利德斯、瓦兰替努斯和荷拉克里昂这些学者和导师在亚历山大城创立的一些诺斯替学校。1945年在埃及的卢克索北面的纳格·哈玛蒂发现的,封于陶罐中的 48 卷科普特诺斯替著作向我们展示了这一时期诺斯替思潮的主要思想。他们认为，物质世界是罪恶的世界，只有通过掌握"诺斯"，即真知，才能得到解脱。⑤对于正统基督教来说，诺斯替派是异教，因为它的救世之道既与耶稣的教徒无关，也与新的《新约全书》无连。它把人类划分成被照亮的、可救赎的和大量剩余的两类，与正统基督教的人是按神的形象创造出来的思想相去甚远。

诺斯替派思潮主导埃及基督教之后的一百多年是亚历山大城的教理学校统治基督教的时代。几位影响巨大的基督教领袖，克里门特、奥里根、狄奥尼西乌斯有着师承关系，又都曾任教理学校的校长。大约在180 年左右，在亚历山大城出现了教理学校与主教和 12 长老掌管的教堂。教理学校由教堂主管创办，采取教义问答的形式传授教理。亚历山大城教理学校的第一任校长是从斯多噶派皈依基督教的潘塔劳斯，其继任者就是他的学生克里门特主教。他是一个很有才气的主教，既幽默又有几分尖刻；他既是一个热情的正统基督徒，又不像其他教徒那样不食人间烟火；他热爱古典文学，崇敬柏拉图；他不掩饰对美好生活的赞美，并试图将基督教与希腊文化结合在一起。他指出，真正的哲学是能够把人引向基督的学问。他说："只有一条真理之河，而许多溪流都注入它。犹太人的律法也是希腊人的哲学，一位大师要把它导向上帝。"⑥203 年罗马皇帝塞普提米乌斯·塞维鲁斯对基督教的迫害使克里门特不得不逃出埃及，结束了他的宗教领袖生涯。接替克里门特的是他的学生，出身埃及家庭的奥里根。他既是一位虔诚的教士，又是一位学者。作为虔诚的教士，他按《马太福音》19 章"辩论休妻"中耶稣的话自阉，几乎因此受控犯了教规而得不到神职，当然，也有人说是他为避免教妇女而遭不幸。他对基督教的最大贡献是他在建立《新约全书》的可信文本方面所做的努力。他力图将《圣经》与希腊哲学结合起来，并将这种结合的结果引入希腊语教堂。他对《圣经》做了大量的注释,并将希伯来文《旧约全书》与希腊文等4种文字分成6行对照排列,编成《六栏圣经》。新柏拉图主义又和斯多葛派的影响弥漫于他的《圣经》注释中。对于人类的认识,他从斯多葛派的格言"认识你自己"出发,认为人类个体走向基督的精神完美是必由之路,而其途径只有苦行。他对三位一体的解释是圣父圣子皆为上帝,但圣子为圣父所生而低于圣父,圣灵与圣父圣子同质但位处第三。奥里根的一生伴随着基督教由一个小宗派到成为希腊罗马世界的一大宗教的发展。他辉煌过,菲利普皇帝曾召他到宫廷去讨论宗教问题,但他最终还是因迪修斯的宗教迫害而逃到卡撒利亚并于253年死在那里。

奥里根之后没有产生像他和他的老师克里门特那样有影响和贡献巨大的人物,基督教却遭受一次次罗马帝国的残酷的迫害。然而,基督教不仅在埃及生存下来,而且与埃及民族宗教结合起来,扎根于埃及,形成了基督教的科普特时代。如果说,迪修斯迫害时人们怀着恐惧,惴惴不安地走向宗教裁判所去"坦白"的话,那么,开始于303年的戴克里先大迫害时,基督徒们已是带着笑容走向死亡,情愿为基督教而殉难。迪奥尼西乌斯对迪修斯迫害时基督徒的表现的描述与犹塞比乌斯对戴克里先迫害时基督教徒的表现的描述是一个非常好的对比。奥里根的学生,247—264年的亚历山大城主教迪奥尼西乌斯在给安条克主教的信中写道:"当皇帝的法令到达埃及,人们都非常恐惧。查出的人物当中,一些人由于恐惧而立即前来,其他有公共职位的人由于他们的公务而被迫这样做,其余人则被他们周围的人拉来。按名叫,他们走向那污浊的、卑贱的牺牲,一些人脸色苍白,哆嗦着,好像他们不是来献祭而是向偶像献上的牺牲是他们自己,以致站在他们周围的庞大人群对他们倾泄着潮笑。显然,他们的本性在任何事情上都是懦夫,怕死的懦夫,怕牺牲的懦夫,但是,其他人热切地走向祭坛,想以此证明他们甚至在这之前也不是基督徒;关于他们,上帝已非常忠实地预言,他们很难得救。其余的人中,有的跟随这些人中的这一个或那一个,其他人则逃亡了;一些人被抓住,其中有的甚至下狱住牢,当然,当他们关上几天之后,甚至在被推上法庭之前就发誓抛弃(基督教)了,而其他一些在拷打下坚持一段时间的人最终也屈服了。"⑦犹塞比乌斯在他的《基督教会史》中,对303年开始的戴克里先迫害时,底比斯的基督徒赴难的描述却是另外一幅悲壮的图景:"第一个判决一做出,来自这一区和那一区的人们便踊跃来到法官前的法庭承认他们是基督教徒,面对恐怖和各种酷刑全然不在意,勇敢而毫不犹豫地说出对宇宙的上帝的虔诚,带着欢乐,大笑和愉快接受最后的死的判决;这样,他们向宇宙之神唱着颂歌和感恩直到他们的最后一口气。"⑧

基督教的传入埃及,并在那里生根落户对埃及的政治经济文化的影响是巨大的。基督教传入埃及并与埃及的传统宗教相融合是一个漫长的过程。在这漫长的进程中,基督教成了先是反抗罗马统治者后又抗拒阿拉伯人的重要力量。在基督教成为埃及具有统治地位的宗教之前,它与异教之间的斗争由缓到激,由温和到动武。塞拉匹姆庙就是在基督教徒与异教徒的暴乱中被毁的。此外,由于埃及的希腊人对于基督教徒来说是新教徒,而埃及人却是皈依基督教的兄弟姐妹,因此,随着基督教的科普特时代的到来,埃及民族的社会形象发生了变化,有了一定程度的提高。

在埃及基督教时代,以希腊罗马艺术为基础发展起来的埃及艺术通常称为科普特艺术。科普特艺术接受了古典的遗产,促进了埃及艺术的发展。所以,在埃及基督教艺术发展中,打上了古典艺术的烙印,并且在宗教思想上进一步交流。科普特艺术中所描绘的希腊的奥林普斯诸神,如宙斯、阿波罗、爱富罗底等受到埃及人的特别爱戴。希腊、罗马文学艺术中的英雄题材同样受到欢迎,大约涉及了20多位英雄,如亚特兰大、欧罗巴、赫丘利、巴里斯等。值得注意的是,在埃及的传统文化中,很少看到英雄的。⑨

# 第四节　埃及人民的反抗斗争
## 及罗马、拜占庭帝国统治的终结

### 一、埃及人民反抗罗马与拜占庭帝国的革命斗争

　　罗马、拜占庭帝国对埃及的长达 600 多年的统治,给埃及人民造成了巨大的灾难。罗马统治者源源不断地从埃及无偿地调出粮食运往罗马,使埃及中下层,特别是农民赤贫化。罗马统治者在埃及推行的强制公职制又给埃及的中产阶级以沉重的打击。强制公职制将政府的一切开支都转嫁给当地的人民,特别是有点身份的人。他们不能从政府得到工资,但一旦被任命,就必须倾自己的一切财产来维持政务机制的运行。这种制度最终由于被任命的官员的大量逃亡而陷于瘫痪。大量频繁的苛捐杂税、劳工徭役落在埃及人民头上,严格的财产和人口的挨户普查使人民没有喘息的余地。军队的安置,货币成色降低而造成的负担像一座座小山压向埃及人民。第一次财产人口普查就引起了底比斯地区人民的反抗,虽然遭到了军队的血腥镇压,但造成起义的根本原因却并未得到解决,仇恨的火种深深埋在人民的心中。

　　罗马在埃及的统治以低税鼓励土地的私有化,而对承租土地的佃户则赋以重租税。人民不堪承受如此大的剥削和掠夺,先以逃亡的形式消极反抗罗马的残酷统治,继而举行起义反抗异族的压迫。1 世纪时就有因赋税过重而导致的农业人口下降的趋势,有的农民甚至逃离自己的土地而到三角洲的沼泽地去当强盗。人头税的缴纳不仅加重了广大埃及人民的负担,还因罗马统治者对其他各异族的不同程度的免税所造成的民族歧视而使埃及人民忍无可忍。卡拉卡拉皇帝曾下旨规

定,埃及人唯有给公共浴室送燃料或赶牛供屠宰时才许进入亚历山大城。211 至 217 年访问亚历山大城时,他还因市民对他的嘲弄而勃然大怒,借口征集青年入伍而将他们集合起来,下令将他们全部屠杀。①

　　1 世纪犹太人与希腊人的冲突和最后的犹太人的叛乱给罗马在埃及统治造成的麻烦刚刚过去,2 世纪又出现了不断的埃及人反抗罗马残暴统治的斗争。尽管早期的埃及人民的斗争因当地驻军的镇压都没能扩展成一个全民族的运动,但一些起义却确实给罗马统治者以很大的打击。152 年发生的埃及人民起义持续了一年多,威胁到罗马的粮食供应,罗马驻埃及的长官也在这次起义中丢了性命。从被称为五位"好皇帝"之一的安敦尼·庇乌斯不得不亲临埃及恢复秩序这一事实来看,这次起义决不是一次无关大局的小骚乱。20 年后,又一次更大规模的起义从布科里沼泽揭竿而起,席卷整个三角洲。这次起义的领导人伊西多是一位埃及僧侣,这表明了这次起义的民族主义性质,就是说,这完全是一场反对罗马统治埃及的民族革命斗争。这支起义队伍作战勇敢,所向披靡,打败了罗马军队,兵临城下,几乎夺取亚历山大城。这个被称作布科里人起义的节节胜利,除了被压迫民族为自由平等而战的正义性给予起义者的力量外,还有两个因素使起义的时机趋向成熟:一是当时横扫罗马帝国的那场瘟疫使帝国的内部出现危机,无力顾及埃的紧急形势;另一个因素是驻扎在埃及的两个军团中的一个被调往罗马帝国的多瑙河前线去与日尔曼部落作战。起义的时机非常好,但是,这支起义队伍是自发地凑合起来的农民武装,缺乏斗争经验,没有突出的政治军事家的领导,没有一个明确的政治纲领。镇守罗马帝国东半部的叙利亚军团被调往埃及镇压了这次叛乱。他们通过在起义队伍中制造内讧,煽动不和,分裂瓦解了起义部队,使埃及的民族主义旗帜再次被砍倒。②这次起义虽然被镇压下去了,但布科里人并没有因此而屈服,他们反抗罗马统治的斗争一直继续下去。他们以三角洲沼泽地为据点,经常袭击罗马与拜占庭驻军和行政区,在埃及民族主义革命的史册上留下了辉煌的一页。

3世纪的埃及是伴随着更多的不安和反抗度过的。249年,东部沙漠上的伯莱米斯人对埃及的骚扰居然升级到侵入上埃及。269年,帕尔米拉人侵入埃及得到了埃及人的大力支持。虽然帕尔米拉人于272年被罗马人驱除出境,但给人们树立了一个反罗马的榜样。两年之后,亚历山大城发生一次人民起义,继而于291年,上埃及的科普托斯和布塞里斯又发生叛乱。296至297年亚历山大城再燃起义烽火。这种此起彼伏接连不断的人民起义,不断地打击着罗马和拜占庭帝国在埃及的统治,直到6世纪末7世纪初。这些零星的起义越来越频繁,形成一系列大规模的奴隶、农民和贫民的革命斗争。特别是阿萨利亚领导的起义,严重地威胁了拜占庭帝国的统治,帝国政府不得不调动大批军队来镇压,起义队伍与政府军队进行了激烈战斗,表现了宁死不屈的革命精神。埃及人民的起义很快波及到拜占庭帝国的其他行省。③构成了摧毁拜占庭帝国在埃及统治的一个重要力量。

## 二、拜占庭帝国在埃及统治的终结

330年,罗马帝国皇帝君士坦丁大帝将帝国首都从罗马迁至拜占庭。395年,罗马帝国分成东、西两部分,东罗马帝国又称拜占庭帝国。罗马统治下的埃及也随之进入了拜占庭统治时期。拜占庭时代的埃及,政治、经济、文化各方面都发生了一些变化,但要在埃及这段历史上明确地划出一个转折点作为罗马时代和拜占庭时代的分水岭是很难的。有人把这条分水岭定于284年,这一年,戴克里先就任皇帝,实行改革,废除元老制,采取君主制。但对埃及来说,312年可能更有意义,因为正是从311到313年,罗马帝国停止了对基督教的迫害。先是加勒里乌皇帝颁布"宽容法令",之后君士坦丁的"米兰敕令"恢复了基督教会的财产。④

为了加强帝国的专制主义统治,戴克里先的改革在行政管理上使埃及成为罗马东部主教管区的一部分,并把过去的埃及行省变成 3 个省。原长官的权力受到限制,只管辖三个省中最北面的一个。其他两个省又设新官普雷斯管理,但须向长官报告。长官的军权也被剥夺,转到了督军手中,只留下行政权。地方行政也有很大变化。作为传统的地方行政的基本单位的诺姆失去了它的地方管理的地位,取而代之的是自治市区。每一个自治市区管辖其周围的农村地区,总称地区。随着诺姆的消失,诺姆的最高行政官斯特拉提戈斯和皇家秘书也不再存在,相应的市政官是新设的税收强征人,斯特拉提戈斯的财政权便由他来负责,斯特拉提戈斯的其他责任由城市元老院首席元老普罗波里特诺曼诺斯接替。自治市区之下又分出若干行政区。称作帕古斯,每个帕古斯设一个监督官,从属于强征人,管理这一地区的财政。到 6 世纪,拜占庭埃及的这种行政管理体系再次发生变化。首先,监督官治下的帕古斯不见了,整个农村地区形成一个财政上由帕加克管理的地区。帕加克由皇帝指定并向皇帝负责,但他的管理权并不覆盖整个地域,因为他所辖地区的大土地所有者,一些修道院和教会以及一些比较重要的村庄享有直接向省财政官交纳赋税的特权。管理上的另一个重大变化大约发生在 539 年,查士丁尼颁布了他的第 13 号法令。根据这个法令,戴克里先制定的军政权分开的原则被抛弃了,埃及的奥古斯塔尔长官不再对其他省有任何控制权,每个地方统治都集政权和军权于一身。整个埃及重新划成平等的 4 个省:埃及的普图斯省由一个拥有奥古斯塔尔头衔的督军掌管;阿尔卡第亚省由一位伯爵秉政;奥古斯塔姆尼卡省由一位督军主持;底比斯省由一位奥古斯塔尔督军掌权。其中除阿尔卡第亚省外,其余 3 个省又分成两个副省,由纯文职的普拉萨迪斯管理。⑤

埃及拜占庭时代政治生活中的另一个显著特点是,随着基督教的合法化，罗马帝国教会在埃及成为一支政治上举足轻重的力量。过去，基督教是受迫害的对象，现在成了国家的官方信仰。但各派对基督教信条的解说，一直存在着分歧，经常导致冲突甚至流血。这些冲突危害了国家的安定，因此，拜占庭帝国要制定统一的对基督教基本信条的解释，试图用强权消除基督教内部的纷争。但深受希腊文化影响的亚历山大基督教徒并不买账，于是造成了君士坦丁堡朝廷和亚历山大教廷之间的经常的紧张关系，拜占庭政府要将自己的思想强加给埃及，于是在卡尔西顿宗教会议（451 年）以后，亚历山大城出现了两位主教，一位是君士坦丁堡任命的梅尔凯特教派主教，他向国王负责，主管行政、司法和执法大权；另一位是代表埃及基督教并得到埃及人支持的一性论教派主教。教派的冲突，导致了埃及人对拜占庭帝国的民族反感情绪，这种情绪帮助了波斯人于 615 年侵入三角洲，并占领了埃及。

戴克里先在埃及的改革还包括一项不成功的尝试，即引进拉丁语以取代希腊语的官方语言的地位。但我们所见到的文献，无论是法庭卷宗，各管理部门的记录，还是公共告示，仍然使用希腊语。

在文化方面，拜占庭时代的埃及呈现出一种奇妙的混合。希腊文化对埃及文化的影响已失去强劲的势头，但其衰落是一个漫长而缓慢的过程。罗马的传统在埃及各地发展起来，但始终未形成一种压倒的趋势，对古埃及神的崇拜仍然很有市场。值得注意的是埃及的民族传统仍然得到了发展。以宗教为主题的民族文学使用本地的方言，特别是到了 7 世纪初。科普特语在官方文件中的地位越来越高，甚至基督教会中的重要人物也宁愿讲科普特语而不讲希腊语。

到 6 世纪末，拜占庭在埃及的统治已经走向末路，内忧外患使这一老大帝国无力支撑那么大的版图。埃及人民的不断起义，已使统治者焦头烂额，国际形势的持续恶化，更令拜占庭的埃及统治苟延残喘。608 年迦太基总督赫拉克利乌斯起兵进攻僭主福卡斯。他们分兵两路,一路由尼亥塔斯率军占领埃及,另一路由赫拉克利乌斯的儿子小赫拉克利乌斯率领进军帖撒罗尼迦。经过一番苦战,609 年底埃及陷落,与此同时,小赫拉克利乌斯也于 609 年 10 月 3 日出现在君士坦丁堡面前。两天之后,僭主福卡斯被交到小赫拉克利乌斯手中处死,小赫拉克利乌斯随即当上了皇帝。但是,尽管小赫拉克利乌斯被认为是杰出的将军,决断的皇帝,他所接管的帝国却是一个四分五裂、民穷财尽的烂摊子。拜占庭军队一次次被外敌打败。614 年,波斯军队攻下耶路撒冷,616 年攻下埃及。经过几年的相持与反攻,629 年小赫拉克利乌斯重新夺回埃及,但这也只能是回光反照。就在拜占庭与波斯人打得不可开交之时,另一支力量正在悄悄地崛起。622 年,穆罕默德在麦加传教 13 年后秘密出走麦地那,开始了他用伊斯兰教统一阿拉伯半岛的时代。到 632 年他死在麦地那的时候,阿拉伯半岛大体上已统一于伊斯兰的旗帜下。第一位哈里发艾卜·伯克尔在平定了一些部落的反叛之后,统一了整个阿拉伯半岛并开始扩张。637 年灭掉波斯人的萨珊王国,639 年阿拉伯大将阿慕尔·伊本·阿斯进军埃及。经过一些战斗,法尤姆于 640 年陷落。同年,15,000 名阿拉伯人与 20,000 名埃及抵抗者在赫利奥坡里斯展开大规模的激战。641 年 4 月 9 日,伊斯兰军队猛攻开罗附近的巴比伦要塞并取得胜利。巴比伦要塞之战是关键性的一战,也是拜占庭统治下的埃及的最后一战。641 年 9 月 14 日被拜占庭赫拉克利乌斯皇帝召回的西鲁斯奉命回到埃及,与阿拉伯占领者签署和约,将埃及交给阿拉伯人,罗马、拜占庭统治埃及的历史最终结束,同时开创了阿拉伯人统治埃及的新的历史篇章。

# 注　释

## 第一章　古代埃及的地貌、生态环境和民族

### 第一节　"埃及"一名的起源与古埃及的地理位置

①　上引象形文字及其译名,参看 A. Gardiner, *Grammar*, pp. 597, 603, 569, 594, 599; E. A. W. Budge, *The Mummy*, KP1, 1987(1893), pp. 1 – 2.

②　冯承钧原编,峻岭增订:《西域地名》,中华书局 1980 年版,第 66 页。

### 第二节　古代埃及的地貌与生态环境

①　K. W. Butzer, *Early Hydraulic*, pp. 110 – 111.

②　*CAH*, Vol. I, pt. 1, p. 70.

③　同上书,第 63 页。

④　前嶋信次等编,オリエント史讲座, I, オリエント世界の诞生,学生社 1984 年版,第 162 页。

⑤　K. W. Butzer, *Early Hydraulic*, p. 17.

⑥　同上。

⑦　同上书,第 18 页。

⑧　前嶋信次等编,オリエント史讲座, I, オリエント世界の诞生,第 163—164 页。

⑨　K. W. Butzer, *Early Hydraulic*, p. 14.

⑩　同上书,第 14, 19 页。

⑪　同上书,第 20 页。

⑫　*ATLAS*, p. 17.

⑬　K. W. Butzer, *Early Hydraulic*, pp. 22, 25.

⑭　*ATLAS*, p. 17.

⑮　K. W. Butzer, *Early Hydraulic*, p. 25; *ATLAS*, p. 17.

⑯　希罗多德:《历史》Ⅱ, 王嘉隽译, 商务印书馆 1959 年版, 第 149 页。

⑰　*ATLAS*, p. 18.

⑱　K. W. Butzer, *Early Hydraulic*, p. 39.

### 第三节　古代埃及的民族和语言文字

①　希罗多德:《历史》Ⅱ, 177。

②　*Diodorus of Sicily*, Ⅰ, 31. 6 - 8, The Loeb Classical Library, London, 1946.

③　陈海宏等译:《世界人口历史图集》, 东方出版社 1992 年版, 第 266 页。

④　K. W. Butzer, Archaeology and Geology, *Science*, 1960, Vol. 132, no. 3440, pp. 1618 - 1620.

⑤　K. W. Butzer, *Early Hydraulic*, p. 83.

⑥　陈海宏等译:《世界人口历史图集》, 第 266—268 页。

⑦　联合国教科文组织编写:《非洲通史》第 2 卷, 中国对外翻译出版公司、联合国教科文组织出版办公室 1985 年版, 第 10, 37 页。

⑧　C. Aldled, *The Egyptian*, Thames and Hudson, 1987, p. 63.

⑨　同上书, 第 64—65 页。

⑩　М. А. Коростовцев, Введение в Египетскую филологию, Москва, 1963, стр. 5.

⑪　同上书, 第 5 页。

⑫　*CAH*, Vol. Ⅰ, pt. 1, p. 132.

⑬　同上书, 第 473 页。

⑭　E. J. Baumgartel, *CPE*, pp. 49 - 50.

⑮　*CAH*, Vol. Ⅰ, pt. 1, p. 132.

⑯　同上书, 第 133 页。

⑰　同上书, 第 133—134 页; A. Gardiner, *Grammar*, pp. 5 - 6.

⑱　A. Gardiner, *Grammar*, 第 544 页以下。

## 第二章　史前埃及与尼罗河文明的起源

### 第一节　旧石器时代埃及的史前文化

①　*CAH*, Vol. Ⅰ, pt. 1, pp. 70 - 71.

② *The Anchors Bible Dictionary*, Vol. 2, 1992, p. 331; M. A. Hoffman, *Egypt before the Pharaohs*, London and Henley, 1979, pp. 49 – 50.

③ 《非洲通史》第 1 卷,第 472 页。

④ 同上书,第 473 页。

⑤ *CAH*, Vol. Ⅰ, 1982, p. 223.

⑥ R. Schild and F. Wendorf, *The Prehistory of an Egyptian Oasis*, Ossolineum, 1981, pp. 119, 113.

⑦ 同上书,第 72, 68 页。

⑧ 转引自 M. A. Hoffman, *Egypt before the Pharaohs*, London and Henley, 1980, p. 53。

⑨ 《非洲通史》第 1 卷,第 473 页。

⑩ *CAH*, Vol. Ⅰ, p. 253.

⑪ *The Anchors Bible Dictionary*, Vol. 2, p. 331.

⑫ 同上书,第 333 页。

⑬ *CAH*, Vol. Ⅰ, pt. 1, p. 71.

⑭ P. E. L. Smith, *Stone-Age Man on the Nile*, Hanter, Farmers, and Civilization: Old World Archaeology, 1979, pp. 51 – 52.

⑮ *CAH*, Vol. Ⅰ, pt. 1, p. 72.

⑯ 同⑭,第 51—52, 55 页。

⑰ 同上书,第 52 页。

⑱ 同上书,第 55 页。

⑲ F. Wedorf, R. Schild, Use of Barley in the Egyptian Late Paleolithic, *Science*, Vol. 205(1979), no. 4413, p. 1347.

⑳ 游修令译:《最早的粮食生产》,《农业考古》1988 年第 2 期,第 299 页。

㉑ 同⑭,第 55—56 页。

㉒ *The Cambridge Encyclopeadia of Archaeology*, Cambridge, 1980, p. 128.

㉓ *CAH*, Vol. Ⅰ, pt. 1, p. 72.

㉔ 同上书,第 72—73 页。

㉕ 同上书,第 73 页。

㉖ 同上。

㉗ A. Алиман, До Историческая Африка, Москва, 1960, стр. 116 – 126.

㉘ J. Finegan, *AHAME*, p. 163;《非洲通史》第 1 卷,第 476—478 页。

## 第二节　新石器时代、铜石并用时代与埃及的前王朝文化

① 恩格斯:《家庭、私有制和国家的起源》,《马克思恩格斯选集》第 4 卷,

人民出版社 1972 年版,第 23 页。

　　②　柴尔德:《远古文化史》,周进楷译,中华书局 1958 年版,第 60,63 页。

　　③　N. Grimal, *A History of Ancient Egypt*, Blackwell, 1992, p. 22.

　　④　J. Finegan, *AHAME*, pp. 163 – 165.

　　⑤　*CAH*, Vol. Ⅰ, pt. 1, p. 468; E. Baumgartel, *CPE*, pp. 49, 51, 121.

　　⑥　F. A. Hassan, Radiocarbon Chronology of Neolithic and Predynastic Sites in Upper Egypt and the Delta, *The African Archaeological Review*(*AAR*), 3(1985), p. 106.

　　⑦　同上文,第 105,111 页。

　　⑧　F. A. Hassan, Prehistoric Settlements along the Main Nile(*PSMN*), M. J. Williams and H. Faure(eds), *The Sahara and the Nile*, Rotterdam, 1980, p. 441.

　　⑨　K. W. Butzer, Archaeology and Geology, *Science*, 1960, Vol. 132, no. 3440, p. 1618.

　　⑩　同⑧,第 447 页。

　　⑪　E. J. Baumgartel, Some Notes on the Origins of Egypt ( Origins), *Archiv Orientalni*, Vol. 20, 1952, no. 1 – 2, p. 285.

　　⑫　J. Finegan, *AHAME*, p. 194.

　　⑬　同⑧,第 441—442 页。

　　⑭　《非洲通史》第 1 卷,第 484 页。

　　⑮　F. A. Hassan, Radiocarbon Chronology of Neolithic and Predynastic Sites in Upper Egypt and the Delta, *AAR*, 3(1985), p. 105.

　　⑯　F. A. Hassan, *PSMN*, M. J. Williams and H. Faure(eds), *The Sahara and the Nile*, p. 443.

　　⑰　*CAH*, Vol. Ⅰ, pt. 1,第 463 页以下。

　　⑱　同上书,第 467 页。

　　⑲　Г. Чайлд, Древнейший восток в Свете Новцх Раскопок, стр. 81.

　　⑳　K. W. Butzer, Archaeology and Geology, *Science*, 1960, Vol. 132, no. 3440, p. 1619.

　　㉑　*CAH*, Vol. Ⅰ, pt. 1, p. 472.

　　㉒　同上书,第 470—471 页。

　　㉓　同上书,第 471 页; E. J. Baumgartel, *CPE*, p. 19.

　　㉔　同上书,第 473 页。

　　㉕　同上。

　　㉖　参看同上书,第 467 页。

　　㉗　K. W. Butzer, Archaeology and Geology, *Science*, 1960, Vol. 132, no. 3440,

p. 1619.

㉘ F. A. Hassan, *PSMN*, p. 442.

㉙ *CAH*, Vol. Ⅰ, pt. 1, p. 469; J. Ruffle, *The Egyptians*, New York, 1977, p. 19.

㉚ 同上书,第469—470页。

㉛ F. A. Hassan, Radiocarbon Chronology of Neolithic and Predynastic Sites in Upper Egypt and the Delta, *AAR*, 3(1985), p. 107; J. Finegan, *AHAME*, p. 165.

㉜ *CAH*, Vol. Ⅰ, pt. 1, p. 469; E. J. Baumgartel, *CPE*, p. 22.

㉝ E. J. Baumgartel, Origins, *Archiv Orientalni*, Vol. 20, 1952, no. 1 - 2, pp. 278 - 279; C. Aldred, *Egypt to the End of the Old Kingdoms*, London, 1965, p. 29.

㉞ А. Алиман, ДА, стр. 142.

㉟ *CAH*, Vol. Ⅰ, pt. 1, pp. 474 - 475.

㊱ 同上书,第476页。

㊲ 同上书,第477页。

㊳ 同上。

㊴ 同上书,第478页。

㊵ 同上。

㊶ E. J. Baumgartel, Origins, *Archiv Orientalni*, Vol. 20, 1952, no. 1 - 2, p. 280; *CAH*, Vol. Ⅰ, pt. 1, p. 478.

㊷ *CAH*, Vol. Ⅰ, pt. 1, p. 480.

㊸ E. J. Baumgartel, *CPE*, pp. 27, 50.

㊹ *CAH*, Vol. Ⅰ, pt. 1, p. 476.

㊺ E. J. Baumgartel, *CPE*, Vol. Ⅱ, p. 107.

㊻ *CAH*, Vol. Ⅰ, pt. 1, p. 480.

㊼ 恩格斯:《反杜林论》,《马克思恩格斯选集》第3卷,人民出版社1972年版,第218页。

㊽ E. J. Baumgartel, *CPE*, p. 50.

㊾ 同上书,第64页。

㊿ Г. Чайлд, ДВ, стр. 92 - 93.

(51) E. J. Baumgartel, *CPE*, p. 50.

(52) Г. Чайлд, ДВ, стр. 96.

(53) 同上。

(54) E. J. Baumgartel, *CPE*, p. 50; *CAH*, Vol. Ⅰ, pt. 1, p. 481.

(55) Г. Чайлд, ДВ, стр. 122.

(56) *CAH*, Vol. Ⅰ, pt. 1, pp. 490 - 491.

(57) 同上书,第 487 页。

(58) 同上书,第 489—490 页。

(59) J. Finegan, *AHAMA*, pp. 166 - 167.

(60) *CAH*, Vol. Ⅰ, pt. 1, p. 484.

(61) 同上书,第 485 页。

## 第三节 城市和城市国家的形成

① 恩格斯:《家庭、私有制和国家的起源》,《马克思恩格斯选集》第 4 卷,人民出版社 1972 年版,第 160 页。

② 转引自 B. J. Kemp, *The Early Development of Towns in Egypt*, Antiquity, L1, 1977, pp. 185 - 186。

③ E. J. Baumgartel, *CPE*, p. 66.

④ 原理雄译:古代ォリエント都市,东京,1983 年版,第 60 页。

⑤ *CAH*, Vol. Ⅰ, pt. 1, p. 476; *CPE*, Vol. Ⅰ, p. 27, Vol. Ⅱ, p. 135.

⑥ 参见刘文鹏《古埃及的早期城市》,《历史研究》1988 年第 3 期,第 166 页。

⑦ 同上文,第 167—168 页。

⑧ K. W. Butzer, Archaeology and Geology, *Science*, 1960, Vol. 132, No. 3440, pp. 1619 - 1620.

⑨ 《世界考古学事典上版》,平凡社 1985 年版,第 917 页。

⑩ F. A. Hassan, *PSMN*, M. J. Williams and H. Faure (eds), *The Sahara and the Nile*, p. 443.

⑪ 同上书,第 444 页。

⑫ 同上书,第 447 页。

⑬ 同⑧,第 1624 页。

⑭ Ю. В. Андрев, Ранные формы урбанизация в Древнии Египет, 1987, no. 1, стр. 9.

⑮ B. J. Kemp, *The Early Development of Towns in Egypt*, Antiquity, L1, 1977, p. 199.

⑯ 柴尔德:《远古文化史》,周进楷译,第 97 页。

⑰ B. J. Kemp, *Ancient Egypt*, London and New York, 1991, p. 52.

⑱ И. М. 贾可诺夫, В. А. 雅各布森:《"诺姆国家"、"地域王国"、"城邦"和"帝国"(国家类型问题研究)》,汪连兴译,中国世界古代史学会编:《古代世界城邦问题译文集》,时事出版社 1985 年版,第 80 页。

⑲    ИБВД,стр. 144.

⑳    转引自 G. A. Wainwright,The Red Crown in Early Prehistoric Times,*Journal of Egyptian Archaeology*(*JEA*),Vol. Ⅸ,1923,第 27 页。

㉑    E. J. Baumgartel, Some Remarks on the Titles of the Archaic Egyptian Kings,*JEA*,Vol. 61,1975,pp. 28 - 32;又见刘文鹏译《略论早王朝王衔的起源》,《世界历史译丛》1980 年第 2 期,第 24—27 页。

㉒    同上中译文,第 24 页。

㉓    同上中译文,第 25—26 页。

㉔    同上中译文,第 27 页。

㉕    E. J. Baumgartel,*CPE*,Vol. Ⅱ, 1960,pp. 107 - 110,111 - 113,120 - 121.

㉖    J. E. Quibell,*Hierakonpolis*,pt. Ⅰ,London,1900,PL,**XXXI**. a;J. E. Quibell and F. W. Green,*Hierakonpolis*,pt. Ⅱ,London,1902,pp. 39 - 40,52;A. J. Arkell,Was King Scorpion Menes? *Antiquity*,**XXXVII**,1963,pp. 32 - 34.

㉗    刘文鹏:《希拉康坡里斯画墓及其壁画》,《内蒙古民族师院学报》1992 年第 1 期,第 5—6 页;参看 H. Case and J. C. Payne, Tomb 100:The Decorated Tomb at Hierakonpolis,*JEA*,Vol. 48,1962,p. 13,Fig. 4 -(12)。

㉘    B. J. Kemp,Photographs of the Decorated Tomb at Hierakonpolis,*JEA*,Vol. 59(1973),p. 41.

㉙    参看 M. A. Hoffman,*Egypt before the Pharaohs*,London and Henley,1979,p. 115。

㉚    J. E. Quibell and F. W. Green,*Hierakonpolis*,pt. 2,London,1902,pp. 20 - 22;J. C. Payne,Tomb 100:The Decorated Tomb at Hierakonpolis Confirmed,*JEA*,Vol. 59(1973),pp. 34 - 35.

㉛    参看刘文鹏《希拉康坡里斯画墓及其壁画》,《内蒙古民族师院学报》1992 年第 1 期,第 4 页。

㉜    *CAH*,Vol. Ⅰ,p. 521.

㉝    *CPE*,pp. 49 - 50;*CAH*,Vol. Ⅰ,pt. 1,p. 483.

㉞    W. Kaiser, Einige Bemerkungen zur ägyptischen Frühzeit, *Zeitschrift für Ägyptische Sprache und Altertumskunde*,91,Band,1964,s. 113.

㉟    同上书,第 106 页;又见《世界上古史纲》(上册),人民出版社 1979 年版,第 253 页。

㊱    N. Grimal,*HAE*,Blackwell,1992,pp. 36 - 37.

㊲    B. Emery,*Archaic Egypt*,Harmondsworth,1963,p. 116;参看刘文鹏《古代埃及的早期国家及其统一》,《世界历史》1985 年第 2 期,第 30 页。

# 第三章　统一王国的开端与早王朝时代的埃及

## 第一节　希拉康坡里斯王国的霸权与那尔迈开创的统一事业

① J. B. Pritchard, ed. , *Ancient Near Eastern Texts* ( *ANET* ), Princeton, 1955, pp. 4 – 6.

② Manetho, *History of Egypt*, London, 1948, pp. 3 – 5, Fr. 1.

③ N. Grimal, *HAE*, p. 46.

④ A. Gardiner, *Egypt of the Pharaohs* ( *EP* ), Oxford, 1962, pp. 421 – 422.

⑤ J. Finegan, *AHAMA*, p. 185.

⑥ K. W. Butzer, Archaeology and Geology, *Science*, 1960. Vol. 132, no, 3440, pp. 1617 – 1618.

⑦ 同上文,第 1621 页。

⑧ J. E. Quibell, and F. W. Green, *Hierakonpolis*, pt. 2, pp. 19 – 20; Atlas, p. 78.

⑨ K. W. Butzer, Archaeology and Geology, *Science*, 1960, Vol. 32, no. 3440, p. 1620.

⑩ J. E. Quibell, and F. W. Green, *Hierakonpolis*, pt. 2, pp. 20 – 22.

⑪ H. Case and J. C. Payne, Tomb 100: The Decorated Tomb at Hierakonpolis, *JEA*, Vol. 48, 1962, pp. 6 – 9.

⑫ 刘文鹏:《希拉康坡里斯画墓及其壁画》,《内蒙古民族师院学报》1992 年第 1 期,第 1—9 页。

⑬ K. W. Butzer, Archaeology and Geology, *Science*, 1960, Vol. 32, no. 3440, pp. 1619 – 1620; Г. Чайлд, ДВ, стр. 112.

⑭ 《世界考古学事典上》,平凡社 1985 年,第 917 页。

⑮ *CAH*, Vol. Ⅰ, p. 686; B. J. Kemp, *Ancient Egypt*, p. 40.

⑯ J. E. Quibell and F. W. Green, *Hierakonpolis*, pt. 2, PL. ⅩⅬⅧ, a. b.

⑰ B. Adams, *Ancient Hierakonpolis*, Warmninster, 1974, p. Ⅷ.

⑱ 同上书,第Ⅸ页。

⑲ Н. М. Постовская,《Царь》《Скорпион》 и его время ВДЕ, 1952, no. 1, 第 52 页以下。

⑳ 转引自同上文,第 52 页。

㉑　A. Gardiner, *EP*, pp. 482 - 483.

㉒　同⑲,第 54—55 页。

㉓　A. Gandiner, *EP*, p. 481.

㉔　同上书,第 172,453 页。

㉕　同⑲,第 57 页。

㉖　A. Gardiner, *EP*, p. 407.

㉗　Г. Чайлд, ДВ, стр. 135; *CAH*, Vol. Ⅰ, p. 523; *CAH*, Vol. Ⅰ, pt. 2, p. 3.

㉘　E. J. Baumgartel, Scorpion and Rosetta and Fragment of the Hierakonpolis Mace Head, *Zeitschrift für Ägyptische und Altertumskunde* ( *Z. Ä. S.* ) , 93( 1966) , s. 9; J. Finegan, *AHAME*, p. 169.

㉙　J. Finegan, *AHAME*, pp. 170 - 171.

㉚　转引自 A. Gardiner, *Ancient Egyptian Onomastica* ( *AEO* ) , Oxford, pt. 1, 1947, p. 102*。

㉛　A. Gardiner, *AEO*, pt, 1, pp. 105*, 100*.

㉜　A. Gardiner, *Grammar*, p. 511.

㉝　*CAH*, Vol. Ⅰ, pt. 2, p. 6.

㉞　同上书,第 524 页。

㉟　J. E. Quibell, *Hierakonpolis*, pt. 1, p. 8.

㊱　同上书,第 9 页; J. Finegan, p. 171.

㊲　A. J. Arkell, Was King Scorpion Menes? *Antiquity*, Vol. 37( 1963) , p. 31.

㊳　B. Adams, *Ancient Hierakonpolis*, p. 3.

㊴　A. J. Arkell, Was King Scorpion Menes? *Antiquity*, Vol. 37, ( 1963) , p. 33.

㊵　B. Adams, *Ancient Hierakonpolis*, p. 3.

㊶　*CAH*, Vol. Ⅰ, pt. 2, p. 6.

㊷　A. Gardiner, *AEO*, pt. 1, p. 104*.

㊸　Manetho, pp. 29, 31, 33.

㊹　*Diodorus of Sicily*, Ⅰ, 89.

㊺　希罗多德, Ⅱ, 99。

㊻　主要据 W. S. Emery, *Archaic Egypt*, Harmondsworth, 1961, p. 35; 另见 A. J. Arkell, p. 33; *CAH*, Vol. Ⅰ, pt. 2, p. 11。

㊼　A. Gardiner, *EP*, pp. 404 - 405; *CAH*, Vol. Ⅰ, pt. 2, p. 14; W. B. Emery, *Archaic Egypt*, Harmondsworth, p. 49.

㊽　J. Finegan, *AHAME*, pp. 186 - 187.

㊾　W. B. Emery, *Archaic Egypt*, pp. 49 - 50.

(50) 岗岛诚太郎等:《西洋古代史》第 2 卷,平凡社 1942 年版,第 59—60 页。

(51) E. J. Baumgartel, Herodotus on Min, *Antiquity*, no. 21,1947, p. 150.

(52) M. A. Hoffman,*Egypt before the Pharaohs*,London and Henley,1980,p. 289.

(53) *CAH*,Vol. Ⅰ, pt. 2,p. 14.

(54) J. Finegan,*AHAME*,p. 177;A. *Gardiner*,*Grammar*,p. 7;A. Gardiner,*EP*, p. 404;*CAH*,Vol. Ⅰ, pt. 2,p. 7.

(55) J. Finegan,*AHAME*,pp. 178 – 179.

(56) J. E. Quibell,*Hierakonpolis*,pt. 1,p. 10;J. Finegan,*AHAME*,p. 178.

(57) 同上书,第 9 页。

(58) W. B. Emery,*Archaic Egypt*,pp. 44 – 45;J. E. Quibell,*Hierakonpolis*,pt. 1, p. 9.

(59) J. E. Quibell,*Hierakonpolis*,pt. 1,p. 7,pl. xv,7.

(60) *CAH*,Vol. Ⅰ, pt. 2,p. 7;A. Gardiner,*EP*,p. 393.

(61) W. B. Emery,*Archaic Egypt*,p. 116.

(62) *CAH*,Vol. Ⅰ, pt. 2,p. 10.

(63) W. B. Emery,*Archaic Egypt*,p. 47.

(64) *CAH*,Vol. Ⅰ, pt. 2,p. 23.

(65) 转引自 *CAH*,Vol. Ⅰ, p. 523。

(66) A. J. Arkell,Was King Scorpion Menes? *Antiquity*,Vol. 37(1963),p. 33.

(67) 苏联科学院编:《世界通史》第 1 卷,生活 · 读书 · 新知三联书店 1959 年版,第 200 页。

(68) 参看 *CAH*,Vol. Ⅰ, p. 524。

(69) Н. М. Постовская,《Царь》《Скорпион》и его время, ВДЕ,1952,no. 1. стр. 64,67.

(70) J. H. Breasted,*A History of Egypt*,New York,1912, p. 36.

(71) *CAH*,Vol. Ⅰ, pt. 2,pp. 6 – 7.

(72) Советская Историческая энциклопедия,том. 5,1964,стр. 41.

(73) E. J. Baumgartel,*CPE*,Vol. Ⅱ, 1960,p. 141.

(74) И. М. Дьяконов,ИДМ, Ранняя Древность,Москва,1982,стр. 98.

(75) 联合国教科文组织编写:《非洲通史》第 2 卷,第 64,68 页。

## 第二节　早王朝时代埃及政治形势的演进与君主政治的国家制度

① J. Finegan,*AHAME*,p. 187.

② 希罗多德,Ⅱ,99。

③　Manetho, p. 29.

④　*CAH*, Vol. I, pt. 2, p. 17.

⑤　Manetho, pp. 27, 29.

⑥　Diodorus, I, 45, 1.

⑦　Manetho, pp. 29, 31, 33.

⑧　*CAH*, Vol. I, pt. 2, p. 23.

⑨　同上。

⑩　同上。

⑪　W. B. Emery, *Archaic Egypt*, p. 69; *CAH*, Vol. I, pt. 2, pp. 24 – 25.

⑫　*CAH*, Vol. I, pt. 2, p. 26.

⑬　J. H. Breasted, *A History of Egypt*, p. 59; В. В. Струве, Д. Г. Редера, Хрестоматия по Истории Древнего Востока, Москва, 1963, стр. 17, 24, no. 1.

⑭　*CAH*, Vol. I, pt. 2, p. 26.

⑮　同上书, 第 26 页。

⑯　同上书, 第 28 页; W. B. Emery, *Archaic Egypt*, p. 84.

⑰　Manetho, p. 31.

⑱　同上书, 第 29 页。

⑲　同上书, 第 35 页。

⑳　同上。

㉑　同上书, 第 37 页。

㉒　W. B. Emery, *Archaic Egypt*, pp. 93 – 94.

㉓　*CAH*, Vol. I, pt. 2, p. 32.

㉔　同上书, 第 32 页。

㉕　同上书, 第 33 页。

㉖　同上书, 第 34 页。

㉗　H. Frankfort, *Kingship and Gods(KG)*, Chicago and London, 1978, p. 51.

㉘　W. B. Emery, *Archaic Egypt*, p. 105.

㉙　T. G. H. James, *Pharaoh's People*, London, 1984, p. 51.

㉚　A. Gardiner, *Grammar*, pp. 71 – 76.

㉛　*CAH*, Vol. I, pt. 2, pp. 36 – 37.

㉜　同上书, 第 37 页。

㉝　同上书, 第 38 页。

㉞　Ю. Заблоцка, История Ближнего Востока в древность. Москва, 1989, стр. 164.

㉟　*CAH*, Vol. I, pt. 2, p. 39.

㊱　同上书,第 39—40 页。

## 第三节　早王朝时代的宗教信仰与丧葬习俗

①　J. Finegan,*AHAME*,p. 193.

②　希罗多德,II,59,63。

③　J. Finegan,*AHAME*,p. 195.

④　希罗多德,II,73。

⑤　转引自 B. N. Shafer, ed. ,*Religion in Ancient Egypt*(*RAE*), Ithaca and London,1991,p. 92。

⑥　J. Finegan,*AHAME*,pp. 195 – 196.

⑦　B. N. Shafer,ed. ,*RAE*,pp. 92 – 93.

⑧　N. Grimal,*HAE*,p. 44.

⑨　转引自 B. N. Shafer,ed. ,*RAE*,p. 94。

⑩　B. N. Shafer,ed. ,*RAE*,p. 95.

⑪　*ANET*,pp. 4 – 5.

⑫　同上书,第 5 页。

⑬　同上。

⑭　J. Finegan,*AHAME*,p. 196.

⑮　R. O. Faulkner,*A Concise Dictionary of Middle Egyptian*(*CDME*),Oxford, 1988(1962),p. 82.

⑯　J. Finegan,*AHAME*,p. 196.

⑰　同上书,第 196—197 页。

⑱　J. Kamil,*Sakkara and Memphis*,Longman,1985,p. 70;J. Ruffle,*The Egyptians*,Ithaca,New York,1977,p. 27.

⑲　J. Kamil,p. 70;J. Ruffle,p. 27.

⑳　J. Kamil,p. 69;J. Ruffle,p. 29.

㉑　J. Kamil,*Sakkara and Memphis*,p. 69.

㉒　W. B. Emery,*The Tombs of the First Pharaohs*(*TFP*),Hunters,*Farmers and Civilization*:*Old World Archaeology*,1979,pp. 220 – 222.

㉓　A. J. Spencer,*Death in Ancient Egypt*(*DAE*),Harmondsworth, 1982,pp. 36 – 37,117,121.

㉔　J. Finegan,*AHAME*,p. 189.

㉕　同上书,第 192 页。

㉖　W. B. Emery, *Archaic Egypt*, p. 74.

㉗　同上书,第 54 页;I. E. S. Edwards, *The Pyramids of Egypt*, p. 40.

㉘　W. B. Emery, *Archaic Egypt*, p. 71;Г. Чайлд, ДВ, стр. 138.

㉙　W. B. Emery, *Archaic Egypt*, p. 71.

㉚　同上书,第 76,80 页。

㉛　参看 I. E. S. Edwards, *The Pyramids of Egypt*, PL, 2。

㉜　J. Kamil, *Sakkara and Memphis*, p. 80.

㉝　同上书,第 102 页。

㉞　W. B. Emery, *TFP*, p. 220.

# 第四章　专制主义统一王国的确立与
# 古王国时代的社会经济关系

## 第一节　古王国时代埃及王朝与政治形势的演变

①　Manetho, p. 41.

②　同上书,第 41,43 页。

③　*CAH*, Vol. Ⅰ, pt. 2, p. 146.

④　J. Finegan, *AHAME*, p. 203.

⑤　同上书,第 204 页。

⑥　同上书,第 208 页。

⑦　Manetho, p. 45.

⑧　Хрестоматия, стр. 19 – 20.

⑨　J. H. Breasted, *Ancient Records of Egypt*（*ARE*）, Vol. Ⅰ, New York, 1962, p. 83.

⑩　Manetho, p. 47.

⑪　希罗多德, Ⅱ, 124。

⑫　Diodorus, Ⅰ, 64, 1.

⑬　希罗多德, Ⅱ, 129。

⑭　同上书, Ⅱ, 136。

⑮　J. Finegan, *AHAME*, p. 217.

⑯　同上书,第 219 页。

⑰　Хрестоматия, стр. 21.

⑱　*CAH*,Vol. Ⅰ, pt. 2, p. 184.

⑲　同上书,第 187 页。

⑳　Manetho, p. 53.

㉑　*CAH*,Vol. Ⅰ, pt. 2, p. 193.

㉒　Manetho, p. 55.

㉓　同上。

㉔　希罗多德,Ⅱ,100。

## 第二节　古王国时代的物质生产与社会经济制度

①　R. O. Faulkner, *CDME*, p. 4.

②　Хрестоматия, стр. 21.

③　B. J. Kemp, *Ancient Egypt*, London and New York, 1991, p. 13.

④　希罗多德,Ⅱ,14。

⑤　同上书,Ⅱ,125。

⑥　Т. Н. Савельева, Аграрный Строй, стр. 51.

⑦　W. B. Emary, *Archaic Egypt*, p. 45；Хрестоматия, стр. 19 – 20.

⑧　希罗多德,Ⅱ,40,47。

⑨　Т. Н. Савельева, Аграрный Строй, стр. 83.

⑩　希罗多德, Ⅱ,37,69,77,92。

⑪　转引自 A. Lucas, *Ancient Egyptian Materials & Industries*（*AEMI*）, London, 1948, p. 229。

⑫　Т. Н. Савельева, Аграрный Строй, стр. 87.

⑬　A. Lucas, AEMI, p. 229.

⑭　Т. Н. Савельева, Аграрный Строй, стр. 93.

⑮　同上书,第 95 页。

⑯　同上。

⑰　同上书,第 96 页；A. Lucas, *AEMI*, p. 245.

⑱　A. Lucas, *AEMI*, p. 257.

⑲　Т. Н. Савельева, Аграрный Строй, стр. 99.

⑳　A. Lucas, *AEMI*, p. 279.

㉑　希罗多德,Ⅱ,125。

㉒　A. Lucas, *AEMI*, pp. 270 – 271.

㉓　希罗多德,Ⅲ,114。

㉔　Т. Н. Савельева, Аграрный Строй, стр. 90 – 91.

㉕　同上书,第 100 页。

㉖　同上书,第 74 页。

㉗　同上书,第 74—75 页;吉村作治,貴族の墓のミィテちたち,第 149—152 页。

㉘　Хрестоматия,стр. 20.

㉙　希罗多德,Ⅱ,37。

㉚　Т. Н. Савельева,Аграрный Строй, стр. 114.

㉛　Ю. Я. Перепелкин, О Деньгах в Древнейшем Египте. Древний Египет(ДЕ),Москва,1960,стр. 162 - 163.

㉜　Хрестоматия, стр. 28.

㉝　Ю. Я,Перепелкин,ДЕ,стр. 169.

㉞　Хрестоматия, стр. 20,22.

㉟　M. Lichtheim,*AEL*,Vol. Ⅰ,pp. 23 - 27.

㊱　Хрестоматия,стр. 21.

㊲　Т. Н. Савельева,Аграрный Строй,стр. 172.

㊳　同上书,第 171 页。

㊴　J. H. Breasted,*ARE*,Vol. Ⅰ,p. 89.

㊵　Т. Н. Савельева,Аграрный Строй,стр. 164.

㊶　同上书,第 164 页。

㊷　同上书,第 165 页。

㊸　同上书,第 166—170 页。

㊹　同上书,第 170 页。

㊺　Хрестоматия,стр. 21,23;Е. В. Черезов,Древнейшая Летопись,《Парермский Камень》и Документы Древнего Царства Египта, ДЕ,стр. 267.

㊻　Е. В. Черезов, ДЕ, стр. 268.

㊼　同上书,第 269 页。

㊽　Т. Н. Савельева,Надписи из Гробницы Мечена(Переводи Комментарий),(Мечен),Древний Египет и Древняя Африка, Москва, 1967, стр. 121,no. 5.

㊾　同上书,第 128 页,no. 40。

㊿　同上书,第 130 页,no. 68;*ACE*,стр. 160 - 161.

(51)　Т. Н. Савельева,Аграрный Строй, стр. 170.

(52)　参见同上书,第 123 页。

(53)　同上书,第 124 页。

○54　参看同上书,第 123—124,134,142,179 页;*ARE*,Vol. I, pp. 89－90.

○55　Аграрный Строй,стр. 142－147.

○56　《梅腾墓铭文》俄文中译文见刘文鹏:《〈梅腾墓铭文〉所见的古王国时代埃及的土地私有利》,《世界古代史研究》,北京大学出版社 1982 年版,第 25—26 页。

○57　*ARE*,Vol. I, p. 77.

○58　Т. Н. Савельева,Мечен,ДЕДА,стр. 125－126. no. 30.

○59　И. А. Стучевский,Рабство-Должничество в Сапсском Египте,ДЕ, стр. 198－199.

○60　Т. Н. Савельева,Аграрный Строй,стр. 145.

○61　同上。

○62　Т. Н. Савельева,Мечен,ДЕДА,стр. 117－118,中译文第 25,27 页。

○63　马克思:《黑格尔法哲学批判》,《马克思恩格斯全集》第 1 卷,人民出版社 1956 年版,第 382 页。

○64　Т. Н. Савельева,Мечен, ДЕДА, стр. 118,中译文第 26 页;Т. Н. Савельева,Аграрный Строй,Стр. 144.

○65　*ARE*,Vol. I, pp. 99,101.

○66　同上书,第 171 页。

○67　Т. Н. Савельева,Аграрный Строй,стр. 169.

○68　Т. Н. Савельева,Мечен,ДЕДА,стр. 126,no. 31.

○69　Т. Н. Савельева,Аграрный Строй,стр. 147.

○70　И. А. Стучевский,Некоторые Данные Древнеегипетских источников о сельской обществе,ДЕДА, стр. 133.

○71　参看 Аграрный Строй,стр. 148－149。

○72　Мечен,ДЕДА,стр. 126－127.

○73　同上书,第 127 页。

○74　马克思、恩格斯:《共产党宣言》,《马克思恩格斯选集》第 1 卷,人民出版社 1972 年版,第 251 页。

○75　*ANET*,p. 212.

○76　Хрестоматия,стр. 37－39.

○77　转引自 Т. Н. Савельева,Аграрный Строй,стр. 167。

○78　同上书,第 167—168 页。

○79　Хрестоматия,стр. 33－34.

○80　同○77。

⑧ 参看同上书,第 144—145 页;Т. Н. Савельева,Мечен,стр. 126‑127.

⑧ *ANET*,p. 212.

⑧ R. O. Faulkner,*CDME*,p. 149.

⑧ Аграрный Строй,стр. 174.

⑧ Мечен,стр. 117‑118;中译文见第 25—26 页。

⑧ 转引自 Аграрный Строй,стр. 178;A. M. Bakir, *Slavery in Pharaohnic Egypt*,Caire,1952,p. 14.

⑧ Аграрный Строй,стр. 180‑181.

⑧ 同上书,第 176 页。

⑧ 同上书,第 181 页。

⑨ R. O. Faulkner, *CDME*, p. 111;A. Gardiner, *Grammar*, p. 569;Т. Н. Савельева,Аграрный Строй,стр. 183.

⑨ Т. Н. Савельева,Аграрный строй,стр. 154.

⑨ *ARE*,Vol. Ⅰ,pp. 77,171.

⑨ *ANET*,p. 212.

⑨ Хрестоматия,стр,23.

⑨ A. Gardiner,*Grammar*,p. 595.

⑨ A. M. Bakir,*Slavery*,p. 45.

⑨ *ARE*,Vol. Ⅰ,p. 171.

⑨ 参见 Т. Н. Савельева,Аграрный Строй,стр. 183。

⑨ 同上书,第 197 页。

⑩ 参见 Т. Н. Савельева,Мечен,ДЕДА,стр. 129。

⑩ A. M. Bakir,*Slavery*,pp. 22‑24.

⑩ 同上书,第 25—27 页。

⑩ 同上书,第 26 页。

⑩ 转引自同上书,第 31 页;Т. Н. Савельева,Аграрный Строй, стр. 17.

⑩ A. M. Bakir,*Slavery*,pp. 14‑15;Т. Н. Савельева,Аграрный Строй, стр. 178,192.

⑩ A. M. Bakir,*Slavery* p. 16,no. 3.

⑩ R. O. Faulkner,*CDME*,p. 79;A. Gardiner,*Grammar*,p. 563.

⑩ A. M. Bakir,*Slavery*,p. 17.

⑩ 同上书,第 17—18 页。

⑪ Т. Н. Савельева,Аграрный Строй, стр. 193.

⑪ 转引自 A. M. Bakir,*Slavery*,p. 17。

⑫　岩波讲座,世界の历史,第 1 卷,岩波书店 1978 年版,第 230—231 页。

⑬　R. O. Faulkner, *CDME*, p. 169; A. Gardiner, *Grammar*, pp. 563, 581.

⑭　A. M. Bakir, *Slavery*, p. 30.

⑮　同⑩,第 193 页。

⑯　转引自同上书,第 194 页。

⑰　同上书,第 201—202, 204 页。

⑱　恩格斯:《反杜林论》,《马克思恩格斯选集》第 3 卷,人民出版社 1972 年版,第 220—201 页。

## 第三节　古王国时代的专制主义国家制度和对外关系

①　卡尔·魏特夫:《东方专制主义》,徐式谷等译,中国社会科学出版社 1989 年版。

②　H. Frankfort, *KG*, p. 9.

③　酒井傅六译:古代エジプト人(原书名 *Life under the Pharaohs*, L. Cottrell, 1955, London),日本法政大学出版局 1984 年版,第 187, 192 页。

④　Liu Wen-peng, Review for the Despotism of Pharaonic Egypt, Ⅵ, *Congresso Internazionale di Egittologia Atti*, Vol. Ⅱ, Torino, 1993, pp. 269 – 272.

⑤　*ARE*, Vol. Ⅰ, p. 108.

⑥　A. Gardiner, *Grammar*, p. 71.

⑦　A. Gardiner, *EP*, p. 405; A. Gardiner, *Grammar*, p. 73.

⑧　E. J. 鲍姆伽特:《略论早王朝王衔的起源》,刘文鹏译,《世界历史译丛》1980 年第 2 期,第 26 页。

⑨　A. Gardiner, *Grammar*, p. 73; N. Grimal, *A History of Ancient Egypt*, p. 89.

⑩　W. B. Emery, *Archaic Egypt*, p. 107.

⑪　岩波讲座,世界の历史,第 1 卷,第 67 页。

⑫　*ANET*, p. 4.

⑬　G. Hart, *A Dictionary of Egyptian Gods and Goddesses* (*DGG*), London, Boston and Henley, 1986, pp. 116 – 117.

⑭　C. Aldred, *The Egyptian*, Thames and Hudson, 1987, p. 177.

⑮　R. O. Faulkner, The Adomonitions of an Egyptian Sage, *JEA*, Vol. 51, 1965; 刘文鹏译:《一个埃及贤人的训诫》,《世界历史译丛》1980 年第 2 期,第 36 页。

⑯　转引自威尔逊:古代エジプトにぢける权威と法,富村傅译,古代协会编:《西洋古代史论集》,东京大学出版会 1973 年版,第 138 页。

⑰　H. Frankfort, *KG*, p. 5.

⑱　Diodorus，Ⅰ，79，94－95.

⑲　希罗多德，Ⅱ，136。

⑳　Хрестоматия，стр. 38－39.

㉑　W. F. Edgerton，The Government and the Governed in the Egptian Empire，*JNES*，Vol. 6，1947，p. 154.

㉒　C. Aldred，*The Egyptians*，p. 185.

㉓　*ARE*，Vol. Ⅰ，p. 118.

㉔　同上书，第 122—123 页。

㉕　《旧约·创世记》，第 41、47 章。

㉖　希罗多德，Ⅱ, 109。

㉗　Ю. Заблоцка，ИБВД，стр. 142.

㉘　*CAH*，Vol. Ⅰ，pt. 2，p. 37.

㉙　N. Grimal，*HAE*，p. 90；Ю. Заблоцка，ИБВД，стр. 142.

㉚　J. H. Breasted，*A History of Egypt*，New York，1912，p. 82.

㉛　《旧约·创世记》，第 41 章。

㉜　*ARE*，Vol. Ⅰ，p. 122.

㉝　C. Aldred，*The Egyptian*，p. 188.

㉞　Ю. Заблоцка，ИБВД，стр. 143.

㉟　N. Grimal，*HAE*，p. 91.

㊱　*CAH*，Vol. Ⅰ，pt. 2，p. 38.

㊲　N. Grimal，*HAE*，p. 91.

㊳　同上书，第 91 页。

㊴　刘文鹏译：《一个埃及贤人的训诫》，《世界历史译丛》1980 年第 2 期。

㊵　Хрестоматия，стр. 73，no. 25.

㊶　J. H. Breasted，*A History of Egypt*，p. 81.

㊷　R. O. Faulkner，Notes on "The Admonitions of an Egyptian Sage"，*JEA*，Vol. 50，1964，p. 30.

㊸　R. O. Faulkner，*CDME*，p. 119.

㊹　*ANET*，p. 228；Хрестоматия，俄译文将"上下埃及"译为村庄和村镇，стр. 35。

㊺　酒井傅六译：古代エジプト人，第 101—102 页。

㊻　J. J. Janssen，The Early State in Ancient Egypt，H. J. M. Claessen，ed.，P. Skalnic，*The Early State*（*ES*），Hague，1978，p. 225.

㊼　J. H. Breasted，*A History of Egypt*，p. 79.

㊽ *CAH*, Vol. Ⅰ, pt. 1, p. 483; Ю. Заблоцка, ИБВД, стр. 144.

㊾ G. Posener, *Dictionary of Egyptian Civilization*, New York, 1959, p. 90; J. J. Janssen, *The Early State in Ancient Egypt*, ES, p. 225.

㊿ Ю. Заблоцка, ИБВД, стр. 144; J. J. Janssen, *ES*, p. 226.

(51) J. J. Janssen, *ES*, p. 225.

(52) J. H. Breasted, *A History of Egypt*, p. 80.

(53) Ю. Заблоцка, ИБВД, стр. 144.

(54) М. А. Коростовцев, Писецы Древнего Египта, Москва, 1962, стр. 5.

(55) *ARE*, Vol. Ⅰ, p. 122.

(56) В. И. Авдиев, Военная История Древнего Египта, том. 1, Москва. 1948, стр. 31, 32.

(57) 同上书,第32—33页。

(58) Хрестоматия, стр. 19 – 20.

(59) 同上书,第45页。

(60) 同(56),第34页。

(61) 同上书,第35页。

(62) 同上书,第41页。

(63) 同上书,第71页。

(64) *AEL*, pp. 23 – 27.

(65) *ARE*, Vol. Ⅰ, p. 163.

(66) 日知选译:《古代埃及和两河流域》,第19页以下。

(67) *ARE*, Vol. Ⅰ, p. 175.

(68) В. И. Авдиев, ВИДЕ, том. 1, стр. 37.

(69) 同上书,第38页。

(70) Хрестоматия, стр. 22.

(71) *CAH*, Vol. Ⅰ, pt. 1, p. 193.

(72) *ARE*, Vol. Ⅰ, p. 164.

(73) 同上书,第163页。

## 第四节　古王国时代的宗教信仰与文化艺术

① 近藤二郎译:古代エジプト人(原书是 A. R. David, *The Ancient Egyptians-Religious Beliefs and Practices*),筑摩书房1986年版,第63页。

② J. Finegan, *AHAME*, p. 219.

③ 希罗多德,Ⅱ,123。

④ 　近藤二郎译：古代エジプト人，第 58—59 页。

⑤ 　B. Watterson，*The Gods of Ancient Egypt*，New York，p. 84；近藤二郎译：古代エジプト人，第 95 页。

⑥ 　A. J. Spencer，*DAE*，p. 139.

⑦ 　同上书，第 140 页。

⑧ 　同上。

⑨ 　E. W. Budge，*The Mummy*，London and New York，p. 201.

⑩ 　A. J. Spencer，*DAE*，p. 30.

⑪ 　希罗多德，II，85。

⑫ 　A. J. Spencer，*DAE*，p. 129.

⑬ 　I. E. S. Edwards，*The Pyramids of Egypt*，p. 48.

⑭ 　参看刘文鹏《金字塔建筑的演进与衰落》，《埃及学文集》，内蒙古大学出版社 1996 年版，第 156—174 页。

⑮ 　同上书，第 284—285 页。

⑯ 　J. Kamil，*Sakkara and Memphis*，p. 84.

⑰ 　同上书，第 86 页。

⑱ 　J. Finegan，*AHAME*，p. 211；酒井傳六：エジプト学のすすめ，学生社 1987 版，第 85 页。

⑲ 　酒井傳六：エジプト学のすすめ，第 89—90 页。

⑳ 　J. Finegan，*AHAME*，p. 211.

㉑ 　酒井傳六译：ピラミットの谜，法政大学出版局 1982 年版（J. P. Lauer，*Le Problème des Pyramides d' Egypt*，Paris，1952），第 171—172 页；酒井傳六译：王家の谷（O. Neubart，*Tut-Ench-Amun*），法政大学出版局 1983 年版，第 65—66 页。

㉒ 　希罗多德，II，126。

㉓ 　I. E. S. Edwards，*The Pyramids of Egypt*，p. 134.

㉔ 　酒井傳六译：王家の谷，第 54—55 页。

㉕ 　希罗多德，II，127。

㉖ 　J. Finege，*AHAME*，p. 214.

㉗ 　希罗多德，II，134。

㉘ 　同上书，II，125。

㉙ 　酒井傳六译：ピラミットの谜，第 198—199 页。

㉚ 　Т. Н. Савельева，Аграрный Строй，стр. 201.

㉛ 　参见同上书，第 109 页。

㉜　希罗多德,Ⅱ,124。

㉝　I. E. S. Edwards,*The Pyramids of Egypt*, p. 283.

㉞　参看同上书,第 285 页;酒井傳六:エジプト学のすすめ,第 57 页。

㉟　参看 Т. Н. Савельева, Аграрный Строй, стр. 203。

㊱　I. E. S. Edwards,*The Pyramids of Egypt*, p. 283.

㊲　同㉟,第 204 页。

㊳　J. N. Wilford,Sated With Pharaohs,Experts Study Laborers,*The New York Times*,Tuesday,July,11,1989.

㊴　《参考消息》,1991 年 7 月 24 日;《光明日报》,1992 年 3 月 1 日。

㊵　D. Walsh, Group Aims to Save Site in Egypt, Miami Herald, March, 21, 1994;S. Montgomery,Lost City Potential not Lost on Patrons,The Palm Beach Post, Thursday,March,3,1994.

㊶　J. Finegan,*AHAME*,p. 217.

㊷　同上书,第 21 页。

㊸　N. Gnimal,*HAE*, p. 101.

㊹　近藤二郎译:古代エジプト人,第 86—87 页。

㊺　同上书,第 67 页。

㊻　*ANET*,pp. 412 – 414;*AEL*,Vol. Ⅰ, pp. 61 – 80.

㊼　*AEL*,Vol. Ⅰ, pp. 23 – 27.

㊽　倪罗译:《埃及古代故事》,作家出版社 1957 年版,第 1—18 页。

# 第五章　埃及王国的分裂与中王国时代
## 统一王国的恢复和发展

①　D. B. Spanel,*The First Intermediate Period through the Early Eighteenth Dynasty*,G. Robin,Beyond the Pyramids,ed. ,Emory University Museum of Art and Archaeology,Atlanta,1990,p. 18.

## 第一节　第一中间期的内忧外患与尖锐的社会斗争

②　K. Kanawati,*The Egyptian Administration in the Old Kingdom*,Warminster, England,1977,pp. 69 – 70.

③　同上书,第 70 页。

④　岩波讲座,世界の历史,第 1 卷,第 73 页。

⑤　*ARE*,Vol. I,p. 118.

⑥　岩波讲座,世界の历史,第1卷,第71—72页。

⑦　Manetho,pp. 57,59.

⑧　*CAH*,Vol. I,pt. 2,p. 197.

⑨　B. Bell,*The Dark Ages in Ancient History*, I, *The First Dark Ages in Egypt*（*FDAE*）,*AJA*,75,1971,1,p. 22.

⑩　*CAH*,Vol. I,pt. 2,p. 197.

⑪　J. Finegan,*AHAME*,p. 229.

⑫　*CAH*,Vol. I,pt. 2,pp. 197 - 198.

⑬　Ю. Заблоцка,ИБВД, стр. 158 - 159.

⑭　Manetho,pp. 61,63.

⑮　同上书,第61页。

⑯　*CAH*,Vol. I,pt. 2,p. 465.

⑰　同⑬,第163页。

⑱　B. Bell,FDAE,*AJA*,75,1971,1,p. 6.

⑲　同上文,第2页。

⑳　同上文,第7—8,14页。

㉑　C. Aldred,*The Egyptians*,pp. 120 - 121.

㉒　*ARE*,Vol. I,pp. 126,171;*AEL*,Vol. I,p. 24.

㉓　B. Bell,FDAE,*AJA*,75. 1971,1,p. 8.

㉔　转引自同上文第8页。

㉕　转引自同上文第10页,布雷斯特德把这篇铭文归入第9、10王朝,见*ARE*,Vol. I,第188—189页。

㉖　转引自同上文,p. 10。

㉗　同上文,第15页。

㉘　*ARE*,Vol. I,p. 218.

㉙　B. Bell,FDAE,*AJA*,75,1971,1,p. 15.

㉚　Хрестоматия,стр. 74,75;中译文见《世界古代及中古史资料选集》,北京师范大学出版社1991年版,第11—12页。

㉛　Хрестоматия,стр. 75,中译文第13页。

㉜　同上书,第73页。

㉝　Под ред,И. М. Дьяконов,ИДМ,стр. 113 - 114.

㉞　N. Grimal,*HAE*,p. 159.

㉟　*CAH*,Vol. I,pt. 2,p. 527.

㊱ *AEL*, Vol. Ⅰ, p. 139.

㊲ Хрестоматия, стр. 74－75, 中译文第 11—13 页。

㊳ *ANET*, p. 415.

㊴ J. V. Seters, A Date for the "Admonitions" in the Second Intermediate Period, JEA. Vol. 50, 1964, p. 13；中译文见刘文鹏译：《〈训诫〉的年代在第二中间期》,《埃及学文集》1996 年版, 第 308 页。

㊵ G. E. Kadish, British Museum Writing Board 5645：The Complaints of kha-kheper-rē'-senebu, *JEA*, Vol. 59, 1973, p. 89.

㊶ 同上文, 第 77—79 页。

㊷ *AEL*, Vol. Ⅰ, p. 163；*ANET*, p. 405.

㊸ *ANET*, p. 406.

㊹ 同上书, 第 416—417 页。

㊺ Хрестоматия, стр. 74－75, 中译文第 11—12 页。

㊻ *ANET*, p. 416.

㊼ Хрестоматия, стр. 41.

㊽ *CAH*, Vol. Ⅰ, pt. 2, p. 467.

㊾ *ANET*, p. 416.

㊿ Хрестоматия, стр. 41；又见 *ARE*, Vol. Ⅰ, p. 186。

(51) Ю. Заблоцка, ИБВД, стр. 164.

## 第二节 统一王国的重建与中王国时代王朝世系的演变

① *CAH*, Vol. Ⅰ, pt. 2, pp. 281－282.

② J. Finegan, *AHAME*, p. 235.

③ 同上书, 第 235 页；*CAH*, Vol. Ⅰ, pt. 2, p. 479.

④ Manetho, p. 4.

⑤ *CAH*, Vol. Ⅰ, pt. 2, p. 478.

⑥ 同上书, 第 478 页。

⑦ *ARE*, Vol. Ⅰ, pp. 213, 216.

⑧ Manetho, pp. 65, 67, 69.

⑨ *ARE*, Vol. Ⅰ, p. 214.

⑩ 希罗多德, Ⅱ, 102－110。

⑪ J. Finegan, *AHAME*, p. 243.

⑫ 希罗多德, Ⅱ, 148。

### 第三节　中王国时代的行政改革与对外战争

① *CAH*, Vol. Ⅰ, pt. 2, pp. 482－483.

② Ю. Забоцка, ИБВД, стр. 169.

③ *CAH*, Vol. Ⅰ, pt. 2, p. 505.

④ B. Bell, FDAE, *AJA*, Vol. 75, 1971, 1, p. 18.

⑤ *CAH*, Vol. Ⅰ, pt. 2, p. 506.

⑥ В. И. Авдиев, ВИДЕ, том. 1, стр. 88. 85.

⑦ 同上书, 第 86 页。

⑧ *CAH*, Vol. Ⅰ, pt. 2, p. 485.

⑨ *ARE*, Vol. Ⅰ, p. 227.

⑩ 同上书, 第 235 页。

⑪ 同上书, 第 232 页。

⑫ 同上书, 第 251 页。

⑬ В. И. Авдев, ВИДЕ, том. 1, стр. 72.

⑭ *ARE*, Vol. Ⅰ, pp. 247－248.

⑮ 同上书, 第 274 页。

⑯ 同⑬, 第 73 页。

⑰ *ARE*, Vol. Ⅰ, p. 278.

⑱ 同上书, 第 293—297 页。

⑲ N. Grimal, *HAE*, p. 168.

⑳ *ARE*, Vol. Ⅰ, p. 320.

㉑ *CAH*, Vol. Ⅰ, pt. 2, p. 508.

㉒ N. Grimal, *HAE*, p. 169.

㉓ 同上书, 第 170 页; *CAH*, Vol. Ⅰ, pt. 2, p. 510.

㉔ *CAH*, Vol. Ⅰ, pt. 2, p. 510.

### 第四节　中王国时代社会经济的发展和社会关系

① B. Bell, FDAE, *AJA*, Vol. 75, 1971, 1, p. 16.

② 同上书, 第 16—17 页。

③ *ARE*, Vol. Ⅰ, p. 232.

④ B. Bell, FDAE, *AJA*, Vol. 75, 1971, 1, p. 18.

⑤ 希罗多德, Ⅱ, 149。

⑥　*CAH*, Vol. Ⅰ, pt. 2, p. 511;另据 M. Bunson, *Encyclopedia of Ancient Egypt*, 1991, p. 15,数字为 153,600 英亩。

⑦　希罗多德, Ⅱ, 149。

⑧　K. W. Butzer, *Early Hydraulic*, p. 47.

⑨　同上书,第 50 页。

⑩　希罗多德, Ⅱ, 169。

⑪　J. Finegan, AHAME, p. 248.

⑫　*ARE*, Vol. Ⅰ, p. 232.

⑬　D. Dunham, Notes on Copper-Bronze in the Middle Kingdom, *JEA*, Vol. 29, 1943, pp. 60 - 61.

⑭　J. Finegan, *AHAME*, pp. 177, 229, 261;A. Lucas, *AEMT*, pp. 252 - 253.

⑮　《中国大百科全书·考古学》,中国大百科全书出版社 1986 年版,第 399 页。

⑯　*CAH*, Vol. Ⅰ, pt. 2, p. 510.

⑰　J. Finegan, AHAME, p. 247.

⑱　参看同上。

⑲　同上。

⑳　*ARE*, Vol Ⅰ, pt. 2, p. 292.

㉑　*CAH*, Vol. Ⅰ, pt. 2, p. 506.

㉒　*AEL*, Vol. Ⅰ, p. 170.

㉓　*ANET*, p. 19.

㉔　N. Grimal, *HAE*, pp. 161, 165.

㉕　同上书,第 165—166 页。

㉖　*ARE*, Vol. Ⅰ, p. 259.

㉗　同上书,第 218, 259 页。

㉘　*ANET*, p. 415;*AEL*, Vol. Ⅰ, pp. 101, 140.

㉙　R. O. Faulkner, The Admonitions of an Egyptian Sage, *JEA*, Vol. 51, 1965, pp. 54, 56;参看 R. O. Faulkner, Notes on "The Admonitions of an Egyptian Sage", *JEA*, Vol. 50, 1964, pp, 25, 30。

㉚　Хрестоматия, стр. 65 - 66.

㉛　R. O. Faulkner, *CDME*, p. 145.

㉜　Хрестоматия, стр. 40.

㉝　*ANET*, p. 415;*AEL*, Vol. Ⅰ, p. 101.

㉞　岩波讲座,世界の历史,第 1 卷,第 78—79 页。

㉟　*ARE*, Vol. Ⅰ, p. 48；Хрестоматия, стр. 43.

㊱　Хрестоматия, стр. 74.

㊲　*ARE*, Vol. Ⅰ, p. 262.

㊳　Хрестоматия, стр. 56－58.

㊴　*ARE*, Vol. Ⅰ, p. 235.

㊵　同上书,第 306 页。

㊶　Хрестоматия, стр. 60－61.

㊷　同上书,第 60,63 页。

㊸　P. C. Smither, The Report Concerning the Slave-Girl Senbet, *JEA*, Vol. 34, 1948, p. 32.

## 第五节　中王国时代的宗教意识与文学艺术的发展

①　B. Watterson, *The Gods of Ancient Egypt*, p. 190.

②　*CAH*, Vol. Ⅰ, pt. 2, p. 519.

③　同上。

④　近藤二郎译:古代エジフ°ト人,第 120 页。

⑤　*CAH*, Vol. Ⅰ, pt. 2, p. 520.

⑥　A. J. Spencer, *DAE*, p. 70.

⑦　同上书,第 131 页。

⑧　*CAH*, Vol. Ⅰ, pt. 2, p. 521.

⑨　近藤二郎译:古代エジフ°ト人,第 137 页。

⑩　同上书,第 138 页。

⑪　见《文物参考资料》1958 年第 9 期,第 46 页。

⑫　A. Gardiner, *Grammar*, p. 19.

⑬　*CAH*, Vol. Ⅰ, pt. 2, pp. 515－516.

⑭　W. S. Smith, *The Art and Architecture of Ancient Egypt* (*AAAE*), New York, 1981, pp. 158－159.

⑮　N. Grimal, *HAE*, p. 177.

⑯　同上书,第 178 页。

⑰　同上书,第 179 页。

⑱　同上书,第 178—179 页。

⑲　同上书,第 179 页。

⑳　希罗多德, Ⅱ, 148；Manetho, p. 69, Fr, 34.

㉑　J. Finegan, *AHAME*, p. 248.

㉒ R. David, *The Pyramid Builders of Ancient Egypt* (*PBAE*), London, Boston and Henley, 1986, p. 103; B. J. Kemp, *Ancient Egypt*, p. 151.

㉓ R. David, *PBAE*, pp. 103 - 104.

㉔ 同上书,第 106—109 页; *ATLAS*, p. 130.

㉕ R. David, *PBAE*, p. 106.

㉖ A. Gardiner, *Grammar*, p. 5.

㉗ *CAH*, Vol. Ⅰ, pt. 2, p. 523.

㉘ *ANET*, p. 415.

㉙ 同上书,第 418 页。

㉚ Хрестоматия, стр. 56.

㉛ 同上书,第 56—58 页。

㉜ 同上书,第 58 页。

㉝ 同上书,第 59 页。

㉞ G. E. Kadish, British Museum Writing Board 5645: The Complaints of Kha-Kheper-Rē'-Senebu, *JEA*, Vol. 59, 1973, p. 77.

㉟ 同上书,第 78 页。

㊱ 同上书,第 79 页。

㊲ *AEL*, Vol. Ⅰ, p. 164.

㊳ 参看倪罗译:《埃及古代故事》,第 1—18 页。

㊴ *ANET*, pp. 18 - 22.

㊵ *AEL*, Vol. Ⅰ, pp. 222 - 235.

㊶ 同上书,第 211—215 页。

㊷ *ANEL*, p. 467.

㊸ *CAH*, Vol. Ⅰ, pt. 2, p. 528.

㊹ 同上。

㊺ *ANET*, p. 4.

㊻ *CAH*, Vol. Ⅰ, pt. 2, p. 529.

㊼ *ARE*, Vol. Ⅰ, pp. 297 - 299.

㊽ *CAH*, Vol. Ⅰ, pt. 2, p. 530.

㊾ A. Gardiner, *Grammar*, pp. 23 - 24.

㊿ N. Grimal, *HAE*, p. 180.

(51) C. Aldred, *Egyptian Art*, Thames and Hudson, 1980, p. 127.

(52) 同上书,第 115—118 页。

(53) 同上书,第 113—115 页。

(54) 同上书,第 120 页。
(55) 同上书,第 122—123 页。

# 第六章 新王国的兴起与埃及帝国霸权的形成

## 第一节 第二中间期埃及地方王朝的分立与社会的矛盾斗争

① Manetho,Fr. 38,39,p. 37.

② *CAH*,Vol. Ⅱ, pt. 1,p. 45.

③ 同上书 ,第 46 页。

④ 同上书,第 47—48 页。

⑤ 同上书,第 48—49 页;N. Grimal,HAE,p. 183.

⑥ *CAH*,Vol. Ⅱ, pt. 1,pp. 47,50.

⑦ Manetho,p. 73,no. 3.

⑧ *CAH*,Vol. Ⅱ, pt. 1,p. 51.

⑨ 同上书,第 818 页;M. Bunson,*The Encyclopedia of Ancient Egypt*(*EAE*), New York,Oxford,1991,p. 71 记为 14 年。

⑩ *CAH*,Vol. Ⅱ, pt. 1,p. 52.

⑪ Manetho,Fr. 41,p. 75.

⑫ N. Grimal,HAE,p. 171.

⑬ J. V. Seters,A Date for the "Admonitions" in the Second Intermediate Period,*JEA*,Vol. 50. 1964,pp. 13 - 23;中译文见刘文鹏译《〈训诫〉的年代在第二中间期》,《世界历史译丛》1980 年第 2 期,第 47 页。

⑭ 同上中译文,第 39—42 页。

⑮ R. O. Faulkner,The Admonitions of an Egyptian Sage,*JEA*,Vol. 51,1965, pp. 53 - 62;中译文见刘文鹏译《一个埃及贤人的训诫》,《世界历史译丛》1980 年第 2 期,第 28—30 页。

⑯ 同上中译文,第 28—37 页。

⑰ Manetho,Fr. 42,43,pp. 85,91.

⑱ D. B. Redford,*Egypt,Canaan,and Israel in Ancient Times*(*ECIAT*),Princeton,1992,p. 100.

⑲ *CAH*,Vol. Ⅱ, pt. 1,pp. 54 - 55.

⑳ D. B. Redford,*ECIAT*,p. 99;G. Heinsohn,Who Were Hyksos? Ⅵ Congresso Internazionale di Egittologia Atti,Vol. Ⅱ,Torino,1993,pp. 207－217.

㉑　C. A. Redmount,Ethnicity,Pottery,and the Hyksos at Tell el－MasKhuta in the Egyptian,Delta,Biblical Archaeologist,Vol. 48,No. 4,1995,pp. 183,185－186.

㉒　Manetho,Fr. 42,pp. 79,81.

㉓　CAH,Vol. Ⅱ,pt. 1,p. 54.

㉔　《一个埃及贤人的训诫》,《世界历史译丛》1980 年第 2 期,第 30 页。

㉕　CAH,Vol. Ⅱ,pt. 1,p. 59.

㉖　同上书,第 60 页。

㉗　В. И. Авдиев,ВИДЕ,стр. 173.

㉘　D. B. Redford,ECIAT,pp. 108－109.

㉙　CAH,Vol. Ⅱ,pt. 1,p. 57;N. Grimal,HAE,pp. 186－187.

㉚　CAH,Vol. Ⅱ,pt. 1,pp. 61－62.

㉛　同上书,第 63 页。

㉜　Manetho,Fr. 45,p. 93,另两个抄本出入很大。

㉝　Manetho,Fr. 47－49,第 95,97,99 页;CAH,Vol. Ⅱ,pt. 1,pp. 65,69.

㉞　N. Grimal,HAE,p. 187.

㉟　CAH,Vol. Ⅱ,pt. 1,p. 69.

㊱　同上书,第 70 页。

㊲　N. Grimal,HAE,p. 189.

## 第二节　埃及人驱逐希克索斯人的斗争与第 18 王朝国王世系的演变

①　ANET,pp. 231－232.

②　同上书,第 232 页。

③　同上书,第 554 页。

④　同上书,第 233 页。

⑤　同上书,第 554—555 页。

⑥　J. Finegan,AHAME,p. 259.

⑦　ARE,Vol. Ⅱ,pp. 6－7.

⑧　Manetho,Fr. 42,p. 87.

⑨　CAH,Vol. Ⅱ,pt. 1,p. 294.

⑩　ARE,Vol. Ⅱ,p. 10.

⑪　CAH,Vol. Ⅱ,pt. 1,p. 295.

⑫　Manetho,Fr. 52 – 53,pp. 111 – 117.

⑬　M. Bunson,*EAE*,p. 270.

⑭　转引自 J. Finegan,*AHAME*,p. 265。

⑮　吉村作治:古代エジプト女王传,新潮社 1984 年版,第 59 页。

⑯　L. Habachi,*The Obelisks of Egypt*,The American University in Cairo Press, pp. 59 – 60.

⑰　*CAH*,Vol. Ⅱ, pt. 1,p. 319.

⑱　同上书,第 321 页。

⑲　*EAE*,p. 18;J. Finegan,*AHAME*,p. 272.

⑳　近藤二郎译:古代エジプト人,第 189 页。

## 第三节　第 18 王朝的对外战争与埃及帝国的霸权和昌盛

①　*ARE*,Vol. Ⅱ, pp. 8 – 9.

②　同上书,第 17—18 页。

③　*CAH*,Vol. Ⅱ, pt. 1,p. 310.

④　*ARE*,Vol. Ⅱ, pp. 33 – 34.

⑤　同上书,第 34 页。

⑥　同上书,第 35—36 页。

⑦　同上书,第 30—31 页。

⑧　同上书,第 50 页。

⑨　同上书,第 50—51 页。

⑩　转引自 В. И. Авдиев,ВИДЕ,том. Ⅱ, стр. 99。

⑪　*ARE*,Vol. Ⅱ, pp. 172 – 175.

⑫　同上书,第 181—187 页。

⑬　同上书,第 170—171 页。

⑭　同上书,第 257,260 页。

⑮　同上书,第 258 页。

⑯　岩波讲座,世界の历史,第 1 卷,第 207 页。

⑰　*ARE*,Vol. Ⅱ, p. 345.

⑱　*CAH*,Vol. Ⅱ, pt. 1,p. 340.

⑲　同上。

⑳　N. Grimal,*HAE*,p. 222.

㉑　*ARE*,Vol. Ⅱ, p. 345.

㉒　吉村作治:古代エジプト女王传,新潮社 1984 年版,第 78 页。

㉓　*ARE*,Vol. Ⅱ, p. 349.

㉔　N. Grimal,*HAE*,pp. 223－224.

㉕　*CAH*,Vol. Ⅱ, p. 341.

## 第四节　埃及帝国的专制主义统治的强化

①　A. Gardiner,*Grammar*,p. 72.

②　*ANET*,p. 446.

③　The Abydos Decree of Seti I at Nauri,*JEA*,Vol. 8,1927,p. 196.

④　*ARE*,Vol. Ⅱ, p. 78.

⑤　威尔逊:古代ェジフ°トにすける权威と法,富村傳译,《西洋古代史论集》,东京大学出版会 1973 年版,第 138 页。

⑥　The Admonitions of an Egyptian Sage,*JEA*,Vol. 51,1965;中译文见《世界历史译丛》1980 年第 2 期,第 30—31 页。

⑦　A. Gardiner,*Grammar*,p. 75.

⑧　同上书,第 74—75 页。

⑨　W. E. Edgerton,The Government and the Governed in the Egyptian Empire,*JNES*,Vol. 6,1947,pp. 154－155.

⑩　同上书,第 155 页。

⑪　*CAH*,Vol, Ⅱ, pt. 1,p. 354.

⑫　同上书,第 356 页。

⑬　同上书,第 357 页;W. F. Edgerton,The Government and the Governed in the Egyptian Empire,*JNES*,Vol. 6,1947,p. 175,no. 5.

⑭　*CAH*,Vol. Ⅱ, pt. 1,pp. 361－362.

⑮　同上书,第 359 页。

⑯　同上书,第 360 页。

⑰　同上。

⑱　C. Aldred,*The Egyptians*,Thames and Hudson,1987,pp. 186－187.

⑲　酒井傳六译:古代ェジフ°ト人,法政大学出版局 1984 年版,第 105—106 页。

⑳　В. И. Авдиев,ВИДЕ,том. 1,стр. 85.

㉑　*ARE*,Vol. Ⅲ, p. 127.

㉒　酒井傳六译:古代ェジフ°ト人,法政大学出版局 1984 年版,第 103,105 页。

㉓　*CAH*,Vol. Ⅱ, pt. 1,pp. 365－366.

㉔　同上书,第 367—369 页。

㉕　同上书,第 370 页。

# 第七章　埃赫那吞的改革及其后的社会斗争

## 第一节　阿蒙僧侣集团势力的增强及其与王权的关系

① *ARE*, Vol. Ⅱ, pp. 78－81.

② 同上书,第 334 页。

③ 同上书,第 55—56 页。

④ 同上书,第 66 页。

⑤ 同上书,第 67 页。

⑥ 同上书,第 222—223 页。

⑦ 同上书,第 246 页。

⑧ 同上书,第 311,313 页。

⑨ *CAH*, Vol. Ⅱ, pt. 1, pp. 325－326.

⑩ *ARE*, Vol. Ⅱ, p. 161.

⑪ 同上书,第 300 页。

⑫ J. H. Breasted, *A History of Egypt*, p. 362.

⑬ *ARE*, Vol. Ⅱ, p. 345.

⑭ D. B. Redford, *Akhenaten, the Heretec King*, Princeton, 1987, p. 36.

## 第二节　阿吞神的信仰与阿玛尔纳新都的建设

① *AEL*, Vol. Ⅰ, pp. 223,231; G. Hart, *A Dictionary of Egyptian Gods and Goddesses* (*DEGG*), London, Boston and Henley, 1986, p. 151.

② A. W. Shorter, Historical Scrabs of Tutmosis Ⅳ and Amenophis Ⅲ, *JEA*, Vol. xvii, 1931, p. 24.

③ C. Aldred, The Begingning of the El-'Amārna Period, *JEA*, Vol. 45, 1959, p. 25.

④ D. B. Redford, *Akhenaten, the Heretec King*, pp. 173,169.

⑤ *ARE*, Vol. Ⅱ, pp. 382－383.

⑥ D. B. Redford, *Akhenaten, the Heretec King*, p. 175.

⑦ 同上书,第 169—170 页。

⑧ 同上书,第 176 页。

⑨　*AEL*, Vol. II, p. 98.

⑩　同上书,第 97 页。

⑪　同上书,第 98—99 页。

⑫　同上书,第 96—97 页。

⑬　同上书,第 99 页。

⑭　B. F. Kemp, *Ancient Egypt*, p. 269.

⑮　*ARE*, Vol. II, p. 390.

⑯　同上书,第 393 页。

⑰　同上书,第 393—394 页。

⑱　同上书,第 394—395 页。

⑲　J. Finegan, *AHAME*, p. 424, no. 73.

⑳　同上书,第 424—425 页, no. 75。

㉑　D. B. Redford, *Akhenaten, the Heretec King*, p. 146.

㉒　同上书,第 146 页。

㉓　同上书,第 147—148 页。

㉔　*CAH*, Vol. II, pt. 2, p. 57.

㉕　同上书,第 58 页; D. B. Redford, *Akhenaten, the Heretec King*, p. 148.

㉖　A. Badawy, *A History of Egyptian Architecture*, University of California Press, 1968, p. 78; D. B. Redford, *Akhenaten, the Heretec King*, p. 148.

㉗　A. Badawy, Maru-Aten:Pleasure Resort or Temple? *JEA*, Vol. 42, 1956, p. 63.

㉘　D. B. Redford, *Akhenaten, the Heretec King*, p. 149.

㉙　同上书,第 148—149 页; J. Finegan, *AHAME*, p. 425, no. 75.

㉚　D. B. Redford, *Akhenaten, the Heretec King*, pp. 175 - 176.

㉛　Ю. Заблоцка, ИБВД, стр. 245.

㉜　A. Gardiner, *EP*, p. 223.

㉝　R. O. Faulkner, *CDME*, p. 133.

㉞　A. M. Bakir, *Slavery*, pp. 48 - 52.

㉟　Под ред, И. М. Дьяконов, ИДМ, стр. 248, no. 4.

㊱　Хрестоматия, стр. 108 - 109.

㊲　A. M. Bakir, *Slavery*, p. 48.

㊳　A. Gardiner, *EP*, p. 224.

㊴　J. Finegan, *AHAME*, p. 285.

㊵　同上。

### 第三节　阿玛尔纳文学与艺术

① *AEL*, Vol. Ⅱ, p. 90.

② 同上书,第 91,96 页。

③ 同上书,第 95—96 页。

④ *ARE*, Vol. Ⅱ, pp. 397 - 398. 伊台尔,长度不明,大约等于 1 英里或更长些。5½ = 5.0292 公尺。

⑤ 转引自 *CAH*, Vol. Ⅱ, pt. 2, p. 93。

⑥ *CAH*, Vol. Ⅱ, pt. 2, p. 93.

⑦ W. S. Smith, *AAAE*, pp. 310 - 311,329.

⑧ 吉村作治:古代ェジフ゜ト女王传,新潮社 1984 年版,第 90—91 页。

⑨ 酒井傳六译:王家の谷,法政大学出版局 1983 年版,第 157 页。

⑩ *CAH*, Vol. Ⅱ, pt. 2, p. 58.

⑪ 同上书,第 51 页。

⑫ М. А. Матье, Значение Амарнского искусства в развитии Древ-неегипетского Пейзажа, ДЕ, стр. 145.

### 第四节　埃赫那吞改革的失败与阿蒙僧侣集团势力的恢复

① 酒井傳六译:王家の谷,第 162 页;Ю. Заблоцка, ИБВД, стр. 248.

② 酒井傳六译:王家の谷,第 163 页。

③ Ю. Заблоцка, ИБВД, стр. 249.

④ 同上书,第 249—250 页。

⑤ *ANET*, p. 251.

⑥ J. Finegan, *AHAME*, pp. 286 - 287.

⑦ 酒井傳六译:王家の谷,第 165 页。

⑧ N. Grimal, *HAE*, p. 242.

⑨ Ю. Заблоцка, ИБВД, стр. 250;N. Grimal, *HAE*, pp. 244 - 245.

⑩ J. Finegan, *AHAME*, p. 289;Ю. Заблоцка, ИБВД, стр. 250.

⑪ 近藤二郎译:古代エジフ゜ト人,第 205 页。

⑫ *ARE*, Vol. Ⅲ, pp. 14 - 15.

⑬ *CAH*, Vol. Ⅱ, pt. 2, p. 71.

⑭ N. Grimal, *HAE*, p. 228.

⑮ D. B. Redford, *Akhenaten, the Heretec King*, p. 176.

⑯　М. А. Коростовцев, Идеология время эхнатона. Тутанхамон и его время. Москва, 1976, стр. 5;参看岩波讲座,世界の历史,Ⅰ,岩波书店 1978 年版,第 218 页。

⑰　*CAH*, Vol. Ⅱ, pt. 2, p. 51; C. Aldred, *Akhenaten*, *King of Egypt*, Thames and Hudson, 1988, p. 306.

⑱　Ю. Заблоцка, ИБВД, стр. 247.

⑲　J. P. Allen, The Natural Philosophy of Akhenaten (NPA), Yale Egyptological Studies, 3, *Religion and Philosophy in Aneient Egypt*, New Haven, 1989, pp. 90－91.

⑳　*AEL*, Vol. Ⅱ, p. 98.

㉑　*ANET*, p. 370.

㉒　Хрестоматия, стр. 106.

㉓　*AEL*, Vol. Ⅱ, pp. 97, 99;参看 *ARE*, Vol. Ⅱ, p. 393。

㉔　N. Grimal, *HAE*, p. 231.

㉕　Ю. Заблоцка, ИБВД, стр. 248.

㉖　同上书,第 246 页; J. P. Allen, *NPA*, p. 90。

㉗　*CAH*, Vol. Ⅱ, pt. 2, pp. 51－52.

㉘　近藤二郎译:古代ェジフ°ト人,第 201 页。

㉙　J. P. Allen, *NPA*, pp. 89－101.

㉚　近藤二郎译:古代ェジフ°ト人,第 203 页。

㉛　Ю. Заблоцка, ИБВД, стр. 248.

㉜　*CAH*, Vol. Ⅱ, pt. 2, p. 53.

㉝　酒井傳六译:王家の谷,第 162 页。

㉞　*CAH*, Vol. Ⅱ, pt. 2, p. 53.

㉟　J. Finegan, AHAME, p. 285.

㊱　酒井傳六译:王家の谷,第 164 页。

㊲　近藤二郎译:古代ェジフ°ト人,第 200 页; D. B. Redford, *Akhenaten*, *the Heretec King*, pp. 57－156.

㊳　参看 C. Aldred, *Akhenaten*, *King of Egypt*, Thames and Hudson, 1988, p. 305。

㊴　酒井傳六译:王家の谷,第 164、167 页。

㊵　*CAH*, Vol. Ⅱ, pt. 2, p. 50.

# 第八章　埃及帝国霸权的重建及其没落

## 第一节　拉美西斯二世的霸权及其后的帝国防御政策

① Manetho,pp. 149,151.

② *CAH*,Vol. Ⅱ, pt. 2,p. 217.

③ 吉村作治:古代エジプト女王传,新潮社 1984 年版,第 129 页。

④ J. Finegan,*AHAME*,p. 312.

⑤ 同上书,第 313 页。

⑥ 同上。

⑦ 同上书,第 314 页。

⑧ *CAH*,Vol. Ⅱ, pt. 2,p. 239.

⑨ The Abydos Decree of Seti I at Nauri,*JEA*,Vol. XLLL,pp. 193 – 208.

⑩ *CAH*,Vol. Ⅱ, pt. 2,p. 224.

⑪ *CAH*,Vol. Ⅲ, pp. 37 – 38.

⑫ *ARE*,Vol. Ⅲ, p. 47.

⑬ 同上书,第 52 页。

⑭ 同上书,第 71 页。

⑮ 同上书,第 67—69 页。

⑯ *CAH*,Vol. Ⅱ, pt. 2,p. 224.

⑰ *ARE*,Vol. Ⅲ, p. 127.

⑱ 同上书,第 129,136 页。

⑲ *CAH*,Vol. Ⅲ, pt. 2.

⑳ 《世界通史资料选辑·上古部分》,商务印书馆 1985 年版,第 21—27 页。

㉑ J. Finegan,*AHAME*,p. 304.

㉒ *CAH*,Vol. Ⅱ, pt. 2,p. 230.

㉓ J. Finegan,*AHAME*,p. 310.

㉔ *CAH*,Vol. Ⅱ, pt. 2,p. 225.

㉕ N. K. Sandars,*The Sea Peoples*,Thames and Hudson,1978,p. 9.

㉖ 转引自 *CAH*,Vol. Ⅱ, pt. 2,p. 233。

㉗ *ARE*,Vol. Ⅲ, pp. 250,255 – 256.

㉘　*ARE*, Vol. Ⅲ, pp. 263 - 264.

㉙　*CAH*, Vol. Ⅱ, pt. 2, p. 234.

㉚　同上书,第 235—236 页。

㉛　Хрестоматия, стр. 132.

㉜　同上。

## 第二节　帝国的危机与新王国的崩溃

①　Manetho, p. 153.

②　*ARE*, Vol. Ⅳ, p. 226.

③　*HAE*, p. 288.

④　参看 *CAH*, Vol. Ⅱ, pt. 2, p. 615。

⑤　同上书,第 616 页。

⑥　*ARE*, Vol. Ⅳ, 第 19—33 页以下。

⑦　同上书,第 37—38 页。

⑧　同上书,第 39 页。

⑨　同上书,第 50, 66 页。

⑩　同上书,第 204—205 页。

⑪　*CAH*, Vol. Ⅱ, pt. 2, p. 245.

⑫　*ARE*, Vol. Ⅳ, pp. 211 - 212.

⑬　同上书,第 213 页。

⑭　同上书,第 219 页。

⑮　*HAE*, p. 288.

⑯　*CAH*, Vol. Ⅱ, pt. 2, p. 246.

⑰　同上书,第 618 页。

⑱　*HAE*, p. 289.

⑲　*ARE*, Vol. Ⅳ, pp. 256 - 257.

⑳　同上书,第 264 页。

㉑　同上书,第 269—271 页。

㉒　同上书,第 272—273 页。

㉓　同上书,第 265 页。

㉔　*ARE*, Vol. Ⅲ, pp. 264 - 269.

㉕　*ARE*, Vol. Ⅱ, pp. 222 - 223.

㉖　《世界通史资料选辑·上古部分》,商务印书馆 1985 年版,第 31 页。

㉗　*ARE*, Vol. Ⅳ, p. 97.

㉘　参看岗鸟诚太郎等,西洋古代史,第 2 卷,平凡社 1942 年版,第 266 页。

㉙　参看 И. А. Стучевский,Храмовия форма Царского Хозяйства Древнего Египта,Москва,1962,стр. 11。

㉚　N. Grimal,*HAE*,pp. 291 – 292.

# 第九章　新王国时代社会经济和文化的发展

## 第一节　生产力的发展和社会经济关系的演变

①　Atlas,p. 190.

②　《世界通史资料选辑·上古部分》,第 32 页。

③　吉田作治:贵族の墓のミィラたち,日本放送出版协会 1988 年版,第 148—149 页。

④　*CAH*,Vol. Ⅱ,pt. 1,p. 373.

⑤　希罗多德,Ⅱ,77。

⑥　Ruffle,*The Egyptian*,p. 162,Fig. 119.

⑦　J. J. Janssen,Prolegomena to the Study of Egypt's Economic History during the New Kingdom(SEEH),Studien Zur Altägyptischen Kultur(*SAK*),1975,No. 3,p. 154.

⑧　同上。

⑨　同上书,第 155 页。

⑩　同上;*CAH*,Vol. Ⅱ,pt. 1,p. 389;苏联科学院:《世界通史》第 1 卷,生活·读书·新知三联书店 1959 年版,第 449 页。

⑪　J. J. Janssen,SEEH,*SAK*,pp. 156 – 157.

⑫　同上书,第 158 页。

⑬　同上书,第 163—164 页。

⑭　*CAH*,Vol. Ⅱ,pt. 1,p. 389.

⑮　同上。

⑯　同上书,第 389—390 页。

⑰　同上书,第 390 页。

⑱　A. M. Bakir,*Slavery*,pp. 22,24.

⑲　同上书,第 26 页。

⑳　同上书,第 35,38 页。

㉑　世界の历史,Ⅰ,第 232—233 页。

㉒ *ARE*, Vol. Ⅱ, pp. 187 - 216.

㉓ 同上书,第 309 页。

㉔ Хрестоматия, стр. 99.

㉕ Хрестоматия, стр. 100; *ARE*, Vol. Ⅱ, p. 341.

㉖ *ARE*, Vol. Ⅳ, pp. 19, 30, 55 - 66.

㉗ 同上书,第 97 页。

㉘ A. M. Bakir, *Slavery*, pp. 82 - 83.

㉙ 世界の历史, Ⅰ, 第 236 页。

㉚ 北京师范大学历史系世界古代史教研室编:《世界古代及中古史资料选集》,北京师范大学出版社 1991 年版,第 45—46 页。

㉛ J. J. Janssen, SEEH, SAK, 1975, No. 3, p. 171.

㉜ A. Gardiner, A Lawsuit Arising from the Purchase of Two Slaves, *JEA*, XXL, pt. 2, 1935, p. 142.

㉝ Хрестоматия, стр. 109 - 110.

㉞ 北京师范大学历史系世界古代史教研室编:《世界古代及中古史资料选集》,第 50—51 页。

㉟ A. M. Bakir, *Slavery*, pp. 85 - 86.

㊱ *CAH*, Vol. Ⅰ, p. 837.

㊲ 苏联科学院主编:《世界通史》第 1 卷,第 453 页; A. M. Bakir, *Slavery*, p. 100.

㊳ 北京师范大学历史系世界古代史教研室编:《世界古代及中古史资料选集》,第 42 页。

㊴ 以下据世界の历史,第 242—249 页。

㊵ 同上书,第 249—250 页。

㊶ 同上书,第 250—252 页。

㊷ Хрестоматия, стр. 110.

㊸ A. M. Bakir, *Slavery*, p. 86.

㊹ Хрестоматия, стр. 83.

## 第二节 新王国时代文化的发展

① 详见刘文鹏:《底比斯的神庙与王陵》,《埃及学文集》,内蒙古大学出版社 1996 年版,第 267—271 页。

② 希罗多德, Ⅱ, 86 - 88。

③　*AEL*，Vol. Ⅱ，p. 125.

④　A. Gardiner，*Grammar*，中译文见《世界历史译丛》1980 年第 2 期，第 17 页。

⑤　参看倪罗译：《埃及古代故事》，第 60—73 页。

⑥　同上书，第 54—59 页。

⑦　J. R. Harris，ed.，*The Legacy of Egypt*，Oxford，1987，p. 244.

⑧　*ANET*，pp. 372－373.

⑨　*AEL*，Vol. Ⅱ，pp. 182－183.

⑩　《译文》，人民文学出版社 1957 年 1 月号，第 52 页。

⑪　详见刘文鹏：《古埃及女王哈特舍普苏及其葬祭庙》，《埃及学文集》，第 273—276 页。

⑫　详见刘文鹏：《底比斯的神庙与王陵》，《埃及学文集》，第 261—266 页。

⑬　同上文，第 257—261 页。

# 第十章　埃及帝国的分裂、复兴与衰亡

## 第一节　第三中间期的埃及

①　K. A. Kitchen，*The Third Intermediate Period in Egypt*，Aris & Philips，1973，pp. Ⅺ－Ⅻ.

②　同上书，第 361 页。

③　同上书，第Ⅻ，148 页。

④　Manetho，p. 155.

⑤　*CAH*，Vol. Ⅱ，pt. 2，p. 643.

⑥　同上书，第 646 页。

⑦　同上书，第 647 页。

⑧　同上书，第 646 页。

⑨　Manetho，p. 159，Fr. 60；*AHAME*，pp. 324－325.

⑩　《旧约·列王记》，上，15：25－26。

⑪　*ANET*，p. 279.

⑫　*ARE*，Vol. 4，p. 382.

⑬　《旧约·列王记》，下，17：4。

⑭　转引自 *AHAME*，p. 329。

⑮　Manetho，p. 161，Fr. 62.

⑯　同上书,第 165 页。

⑰　同上书,第 167 页。

⑱　同上。

⑲　希罗多德,Ⅱ,136。

### 第二节　后埃及的复兴与衰落

①　Manetho,p. 169.

②　希罗多德,《历史》,Ⅱ,147,151。

③　同上书,161—163。

④　同上书,172—182。

⑤　Manetho,p. 175.

⑥　同上书,第 179 页。

⑦　*AHAME*,p. 345.

⑧　Manetho,p. 179,181.

⑨　Diodorus,14,79,4.

⑩　Manetho,pp. 183,185.

⑪　同上书,第 185 页。

⑫　同上书,第 184—185 页,No. 1。

⑬　三笠宫崇仁编,生活の世界史,第一卷,古代オリエントの生活,河出书房新社 1980 年版,第 312,342 页。

⑭　A. Lucas,*AEMI*,p. 272.

⑮　Хрестоматия,стр. 148.

⑯　希罗多德,Ⅱ,177;Diodorus,1. 31. 6 – 8.

⑰　同上书,158—159,Ⅳ,42。

⑱　转引自 ДЕ,стр. 197。

⑲　同上书,第 198—199 页。

⑳　Хрестоматия,стр. 147 – 149.

㉑　G. R. Hughes,*Saite Demotic Land Leases*,Chicago,Illinois,1952,pp. 3,9 – 10,18 – 19,28 – 29,51 – 52.

㉒　ДЕ,стр. 198.

㉓　Хрестоматия,стр. 164.

㉔　希罗多德,Ⅱ,177。

㉕　同上书,Ⅲ,127—129。

㉖　同上书,15。

㉗　同上书,89,91。

㉘　М. А. Дандамаев,Политическая История Ахеменид（ПИАД）,Москва,1985,стр. 107.

㉙　Diodorus,1. 95. 4 - 5.

㉚　ПИАД,стр. 107 - 108.

㉛　同上书,第 132 页。

㉜　同上书,第 180 页。

㉝　希罗多德,Ⅲ,15。

# 第十一章　马其顿-希腊统治下的埃及

## 第一节　亚历山大的征服埃及与托勒密王朝的统治

①　M. M. Austin,*The Hellenistic World from Alexander to the Roman Conquest*（*HWFATRC*）,Cambridge,1981,no. 7,p. 18.

②　阿里安:《亚历山大远征记》,Ⅲ,1,李活译,商务印书馆 1979 年版。

③　同①,no. 8,第 19—20 页。

④　H. Bell,*Egypt from Alexander the Great to the Arab Conquest*（*EFAGAC*）Oxford,1956,p. 32.

⑤　*CAH*,Vol. Ⅶ,pt. Ⅰ（1984）,p. 122.

⑥　Diodorus,ⅩⅧ,14,1.

## 第二节　托勒密王朝的政治、经济与社会关系

①　W. Tarn,*Hellenistic Civilization*（*HC*）,London,p. 196.

②　H. Bell,*EFAGAC*,p. 44.

③　W. Tarn,*HC*,p. 196;H. Bell,*EFAGAC* p. 43;*CAH*,Vol. Ⅶ,pt. Ⅰ,1994,p. 166.

④　Sel,pap. Ⅱ,268（220BC）,见 A. K. Bowman,*Egypt after the Pharaoh*（*EAP*）,Oxford,1990,p. 58。

⑤　M. M. Austin,*HWFATRC*,no. 256,p. 430.

⑥　同上书,no. 226,第 372 页。

⑦　A. K. Bowman,*EAP*,p. 26.

⑧ 参见 *CAH*,Vol. Ⅷ,pt. Ⅰ,(1984),p. 155;W. Tarn,*HC*,pp. 196 – 197;H. Bell,*EFAGAC*,pp. 42 – 43。

⑨ M. M. Austin,*HWFATRC*,no. 245,p. 418.

⑩ W. Tarn,*HC*,p. 197.

⑪ *CAH*,Vol. Ⅷ,pt. Ⅰ,p. 147.

⑫ 同上书,第 148 页。

⑬ *CAH*,Vol. Ⅸ(1982),p. 670.

⑭ 关于托勒密王朝的土地制度,参见 M. Rostovtzeff,*The Social and Economic History of the Hellenistic World*,Vol. Ⅰ,Oxford,1986,pp. 274 – 298;А. И. Ранович,Эллинизм и его Историческая Роль(Эллинизм),Москва-Ленинград,1950,стр,193 – 194.

⑮ Под ред. Д. П. Каллестова,Хрестоматия по истории Древней Греции(ХИДГ),Москва,1964,стр. 577 – 580.

⑯ А. Б. Ранович,Эллиннзм,стр. 195 – 196.

⑰ ХИДГ,стр. 589.

⑱ А. Б. Ранович,Эллиннзм,стр. 194 – 195.

⑲ ХИДГ,стр. 582.

⑳ K. W. Butzer,*Early Hydraulic Civilization in Egypt*,Chicago,1976,pp. 37,47 – 48,93.

㉑ ХИДГ,стр. 552 – 555.

㉒ W. Tarn,*HC*,p. 191.

㉓ 同上书,第 192 页。

㉔ 有人说塔高 135 米,根据埃庇法尼斯的记载,塔高甚至达到 559. 6 米,似不可能。还有人认为正好 100 米,参见 P. A. Clayton and M. J. Price,*The Seven Wonders of the Ancient World*,Routledge,1988,p. 145。

㉕ 冯承钧撰:《诸蕃志校注》,中华书局 1956 年版,第 69 页。

㉖ Theocritus,*Idyll*,15,pp. 82 – 86.

㉗ 转引自莫赫塔尔主编:《非洲通史》第 2 卷,第 142 页。

㉘ H. Bell,*EFAGAC*,pp. 35 – 36.

㉙ 同上书,第 60 页。

㉚ ХИДГ,стр. 555 – 557.

㉛ A. K. Bowman,*EAP*,p. 125.

㉜ *CPT*,141;参见 A. K. Bowman,*EAP*,p. 123。

㉝ M. M. Austin,*HWFATRC*,no. 245,p. 418.

㉞　P. Col,66(161/OBC),参见 A. K. Bowman,*EAP*,p. 61。

㉟　ХИДГ,стр. 585.

㊱　W. Tarn,*HC*,p. 199.

㊲　H. Bell,*EFAGAC*,p. 59.

㊳　S. Quirke and C. Andrews,*The Rosetta Stone*,New York,1981,pp. 18 − 19;
ХИДГ,стр. 582.

㊴　M. M. Austin,*HWFATRC*,pp. 378 − 379.

## 第三节　托勒密王朝的宗教与文化

①　*CHA*,Vol. Ⅱ, pp. 153 − 154.

②　Wchr,117(Ⅱ AD),sb1060(Ⅱ BC),见 A. K. Bowman,*EAP*,p. 176。

③　H. Bell,*EFAGAC*,p. 40.

④　P. Teb,Ⅰ, p. vi,见 A. K. Bowman,*EAP*,p. 173。

⑤　Ray,*The Archive of Hor*（Egypt Exploration Society,Texts from Excavations,Memoir 2）1976,p. 136.

⑥　A. K. Bowman,*EAP*,p. 174.

⑦　M. M. Austin,*HWFATRC*,no. 222,pp. 366 − 367.

⑧　Griffith,*Catalogue of the Demotic Giaffiti of the Dodecaschoenus*,Ⅰ, 1937,
p. 104,ph. 370.

⑨　Thompson,"Self-Dedication",Actes du Vᵉ congrès internationale de papyrologie,pp. 498 − 499.

⑩　Van der Horst,Chaeremon,*Egyptian Priest and Stoic Philosopher*,1984,
frag. 10.

⑪　Sel. pap. Ⅱ, p. 413,见 A. K. Bowman,*EAP*,p. 185。

⑫　A. K. Bowman,*EAP*,p. 188.

⑬　同上书,第 189 页。

⑭　Sel. pap. Ⅰ, p. 94,见 A. K. Bowman,*EAP*,p. 186。

⑮　A. K. Bowman,*EAP*,pp. 171 − 172.

⑯　斯特拉波,17. 1. 8,见 G. 莫赫塔尔主编《非洲通史》第 2 卷,第 144 页。

⑰　Ammianus,22,16,17,见 Bowman,*EAP*,Oxford(1990),p. 224。

⑱　1 塔兰特相当于 6000 德拉克马,15 塔兰特折合 90,000 德拉克马。

⑲　希罗多德,Ⅱ, 50。

⑳　希罗多德,Ⅱ, 4,35。

# 第十二章　罗马与拜占庭帝国统治下埃及

## 第一节　罗马的入侵及其对埃及的统治

① *The New Encyclopaedia Britannica*, Chicago(1992), Vol. 18, p. 126.

② 同上书, 第 127 页。

③ FORA, Ⅲ, p. 171, 见 A. K. Bowman, *EAP*, p. 74。

④ Turner, *The Papyrologist at Work*(Greek, Roman and Byzantine Monograph 67), 1973, pp. 44 - 45.

⑤ H. Bell, *EFAGAC*, p. 92.

⑥ P. Oxy, p. 1416, 见 A. K. Bowman, *EAP*, p. 72。

⑦ Sel. Pap. Ⅱ, 219, 见 A. K. Bowman, *EAP*, p. 76。

⑧ G. Chalon, L'Edit de Tiberius Julius Alexander, 1964, pp. 27 - 29.

⑨ P. Ryl, p. 595, 见 A. K. Bowman, *EAP*, p. 77。

## 第二节　埃及奴隶制的发展、衰落及其向封建制的过渡

①　W. Westerman, *The Slave System of Greek and Roman Antiquity*, Phile, 1955, pp. 120 - 121.

②　A. S. Hunt and C. C. Edgar, ed. , *Select Papyri*, The Loeb Classical Library, p. 45.

③　同①, 第 133 页。

④　《罗马奴隶占有制崩溃问题译文集》, 科学出版社 1958 年版, 第 57 页。

⑤　同上书, 第 57—58 页。

⑥　同上书, 第 68—69 页。

⑦　苏联科学院主编:《世界通史》第 2 卷, 下册, 第 881 页。

⑧　N. Lewis, *Life in Egypt under Roman Rule*(*LEURR*), Oxford, 1985, p. 162.

⑨　同上书, 第 164 页。

⑩　杜丹:《古代世界经济生活》, 志扬译, 商务印书馆 1963 年版, 第 270 页。

⑪　同⑧, 第 181 页。

⑫　A. K. Bowman, Landholding in the Hermopolite Nome in the Fourth Century AD, *JRS*, Vol. 75, 1985, pp. 137 - 163.

⑬　H. Bell, *EFAGAC*, p. 96.

⑭　同上书,第 122—123 页。

## 第三节　基督教在埃及的传播及其影响

①　张治江主编:《基督教文化》,长春出版社 1992 年版,图 63。

②　H. Bell, *EFAGAC*, p. 90.

③　P. Ryl, 457; A. K. Bowman, *EAP*, p. 191.

④　*CHA*, Vol. 2, pp. 414 - 415.

⑤　这些重要材料迟迟未能发表出来,但 W. Foerster 在他的 *Gnosis*, Oxford, 1975,第 2 卷中对这些材料做了概述。

⑥　*CHA*, Vol. 2, p. 416.

⑦　同上书,第 420 页。

⑧　同上书,第 426 页。

⑨　А. Я. Каковкин, Античное Наследие в Искусстве Коптского Египта, ВДИ, 1997. 1, стр. 124 - 128.

## 第四节　埃及人民的反抗斗争与罗马、拜占庭帝国统治的终结

①　G. 莫赫塔尔主编:《非洲通史》第 2 卷,第 161 页。

②　N. Lewis, *LEURR*, p. 205.

③　《世界上古史纲》,上册,人民出版社 1979 年版,第 340 页。

④　A. K. Bowman, *EAP*, p. 46.

⑤　H. Bell, *EFAGAC*, p. 121.

# 略　　语

AAAE——W. S. Smith, The Art and Architecture of Ancient Egypt, Penguin Books, 1981.

AAR——The African Archaeological Review.

AEL——M. Lichtheim, Ancient Egyptian Literature, Vol. Ⅰ, Ⅱ, University of California Press, 1973, 1976.

AEO——A. Gardiner, Ancient Egyptian Onomastic, 3 Vols, Oxford, 1947.

AEMT——A. Lucas, Ancient Egyptian Materials & Industries, London, 1948.

AHAME——J. Finegan, Archaeological History of the Ancient Middle East, Westview Press, 1979.

AJA——American Journal of Archaeology.

AKhenaten——D. B. Redford, AKhenaten, The Heretic King, Princeton, 1984.

ANET——J. B. Pritchard, Ancient Near Eastern Texts, Princeton University Press, 1955.

Archaeology and Geology——K. W. Butzer, Archaeology and Geology in Ancient Egypt.

Atlas——J. Baines and J. Malek, Atlas of Ancient Egypt, New York, 1980.

ARE——J. H. Breasted, Ancient Records of Egypt, Vols. Ⅰ-Ⅳ, New York, 1962.

CAH——The Cambridge Ancient History, Cambridge, Third Edition, Vol. Ⅰ, pt. 1, 1970; Vol. Ⅰ, pt. 2, 1971; Vol. Ⅱ, pt. 1, 1973; Vol. Ⅱ, pt. 2, 1975; Vol. Ⅶ, pt. 1, 1984; Vol. Ⅸ, 1982.

CDME——R. O. Faulkner, A Concise Dictionary of Middle Egyptian, Oxford, 1988.

CHA——The Cambridge History of Africa, Vol. 1, ed by J. D. Clark, Cambridge, 1982; Vol. Ⅱ, 1978.

CPE——E. J. Baumgartel, The Cultures of Prehistoric Egypt, Oxford, Vol. 1, 1955, Vol. Ⅱ, 1960.

DAE——A. J. Spencer, Death in Ancient Egypt, Harmondsworth, 1982.

DEGG——G. Hart, A Dictionary of Egyptian Gods and Goddesses, London, 1986.

Diodorus——Diodorus of Sicily, London, 1946.

EAE——M. Bunson, The Encyclopedia of Ancient Egypt, New York, Oxford, 1991.

EAP——A. K. Bowman, Egypt After the Pharaohs, Oxford, 1990.

Early Hydraulic——K. W. Butzer, Early Hydraulic Civilization in Egypt, Chicago, 1976.

ECIAT——D. B. Redford, Egypt, Canaan, and Israel in Ancient Times, Princeton, 1992.

EFAGAC——H. Bell, Egypt from Alexander the Great to the Arab Conquest, Oxford, 1956.

EP——A. Gardiner, Egypt of the Pharaohs, Oxford, 1962.

ES——J. J. Janssen, The Early State in Ancient Egypt, Hague, 1978.

FDAE——B. Bell, The Dark Ages in Ancient Egypt, I, The First Dark Age in Egypt.

Grammar——A. Gardiner, Egyptian Grammar, Oxford, 1982(1927).

HAE——N. Grimal, A History of Ancient Egypt, Blackwell, 1992.

HC——W. Tarn, Hellenistic Civilization, London, 1953.

HWFATRC——M. M. Austin, The Hellenistic World from Alexander to the Roman Conquest, Cambridge, 1981.

JEA——The Journal of Egyptian Archaeology, London.

JNES——The Journal of Near Eastern Studies, Chicago.

JRS——The Journal of Roman Studies.

KG——H. Frankfort, Kingship and Gods, Chicago and London, 1978.

LEURR——N. Lewis, Life in Egypt Under Roman Rule, Oxford, 1995.

Manetho——History of Egypt, London, 1948.

NPA——J. P. Allen, The Natural Philosophy of Akhenaten, Yale Egyptological Studies 3, Religion and Philosophy in Ancient Egypt, New Haven, 1989, pp. 89 – 101.

Origins——E. J. Baumgartel, Some Notes on the Origins of Egypt, Archiv Orientalni, Vol. 20, 1952, no. 1 – 2.

PBAE——R. David, The Pyramid Builders of Ancient Egypt, London, Boston and Henley, 1986.

PSMM——F. A. Hassan, Prehistoric Settlements along the Main Nile, M. J. Williams and H. Faure(eds), The Sahara and Nile, Rorterdam, 1980.

RAE——B. E. Shafer(ed), Religion in Ancient Egypt, Cornell University Press, 1991.

SAK——Studien Zur Altägyptischen Kulture.

SEEH——J. J. Janssen, Prolegomena to the Study of Egypt's Economic History During the New Kingdom, Studien Zur Altägyptischen Kulture, 1975, 3.

Slavery——A. M. Bakir, Slavery in Pharaohnic Egypt, Caire, 1952.

TFP——W. B. Emery, The Tombs of the First Pharaohs. Hunter, Farmers and Civilization: Old World Archaeology, 1979.

ZÄS——Zeitschrift für Ägyptischen Sprache und Altertumskunde, Leipzig.

Аграрный строй——Т. Н. Савельева, Аграрный строй Египта в Период Древнего Царства, Москва, 1962.

ВДИ——Вестник Древней Истории, Москва.

ВИДЕ——В. И. Авдиев, Военная История Древнего Египта, том. 1, 1948, том II, 1959, Москва.

ДА——А. Алиман, Доисторическая Африка, Москва, 1960.

ДВ——Г. Чайлд, Древнейший Восток в Свете Новых Раскопок, Москва, 1956.

ДЕ——Древний Египет(Сболрик Статей), Москва, 1960.

ДЕДА——Древний Египет и Древная Африка, Москва, 1967.

ИДМ——под ред. И. М. Дьяконов, В. Д. Нероновой, И. С. Свенцицкой, История Древнего Мира, Ранняя Древность, Москва, 1982.

ИБВД——Ю. Заблоцка, История Ближнего Востока в Древности, Москва, 1989.

Мечен——Т. Н. Савельева, Надписи из Гробницы Мечена (Перевод и Комментарий). Древний Египет и Древная Африка, Москва, 1967.

ПДЕ——М. А. Коростовцев. Писецы Древнего Египета, Москва, 1962.

ПИАД——М. А. Дандамаев, Политическая История Ахменидской Державы, Москва, 1985.

ХИДГ——под ред. Д. П. Каллистова, Хрестоматия по Истории Древней Греция, Москва, 1964.

Хрестоматия——под ред. В. В. Струве и Д. Г. Редра, Хрестоматия по истории Древнего Востока, Москва, 1963.

# 译名对照表

## 1. 普通译名对照表 *

Abadiya　阿巴底亚

Wadi Abbad　阿巴德干河

Abbassia　阿巴西亚

Abbevellian　阿布维利

Abdi Kheba　阿布狄·希巴

Wadi Abhad　阿布哈德干河

Abu Ghourob　阿布古罗布

Abu Rawash　阿布拉瓦西

Abu Simbel　阿布辛拜勒

Abu Sir　阿布西尔

Abydos　阿拜多斯

Acheulian　阿舍利

Achoris　阿考里斯

Achthoes　阿赫托伊

Actium　亚克兴

Aeschylus　埃斯库罗斯

Aetolia　埃托利亚

Africanus　阿夫利坎努斯

El-Agamiyin　阿盖米因

Agathocles　阿加托克勒

Aha　阿哈

Ahhotep　阿赫霍特普

Ahmose(Amosis)　阿赫摩斯(阿摩西斯)

Ahmose-Pen-Nekhbet　阿赫摩斯·潘·尼克伯特

Ahmose Sipar　阿赫摩斯·塞帕尔

Akauhor　阿考霍尔

Akawasha　阿卡瓦沙

Akhenaten　埃赫那吞

Akhenre-Setepenre　埃赫拉塞泰帕拉

Akhepernre　埃赫帕连拉

Akheperekare　埃赫帕尔卡拉

Akheperre　埃赫帕拉

Akheprure　阿凯普鲁拉

Akhetaten　埃赫太吞

Akhmim　阿克米姆

Akkad　阿卡德

Alasa　阿拉萨

Alexander　亚历山大

Alexandria　亚历山大(城)

Wadi el-Allaqi　阿拉齐干河

Amada　阿玛达

Amara　阿玛拉

Amara West　阿玛拉·威斯特

Tell el-Amarna　阿玛尔纳

Amasis　阿玛西斯

Amene　阿明尼

Amenemnisu　阿蒙涅姆尼苏

Amenemope　阿蒙尼姆普

Ameneseneb　阿蒙尼塞尼布

---

＊ 本表只列重要的古代人名、地名、种族名、神名等，不包括现代人名、地名。

Amenhotep　阿蒙霍特普

Amenmesses　阿蒙美西斯

Amenmos　阿蒙摩斯

Amenemes　阿蒙尼美斯

Amennemhet　阿蒙尼姆赫特

Amennophthis　阿蒙诺福提斯

Amenophis　阿蒙诺斐斯

Ammianus Marcellinus　阿米安努斯·马尔西努斯

Amor　阿摩尔

Amoses　阿摩西斯

Amr ibn Al-Äs　阿慕尔·伊本·阿斯

Amratian　阿姆拉

Amu　阿姆

Amun　阿蒙

Amunet　阿蒙涅特

Amurru　阿穆尔鲁

Amyrtaeus　阿米尔塔伊俄斯

Anat　阿那特

Anatolia　安纳托利亚

Anedjib　阿涅吉布(阿涅德吉布)

Aniba　阿尼巴

Ankhesenamun　安凯塞那蒙

Ankhesepaaten　安凯塞帕吞

Ankhesepaten Sherit　安凯塞帕吞什赖特

Ankhhaf　安克哈夫

Ankhkaenre　安克卡恩拉

Ankhkhau　安克卡乌

Ankhkheprure　安克凯普鲁拉

Ankhtifi　安克提斐

Ankhu　安虎

Antigones　安提柯

Antinoopolis　安提诺奥坡里斯

Antiochus　安条克

Antonius Pius　安敦尼·庇乌斯

Antony　安敦尼

Anubis　阿努毕斯

Anukhet　阿努凯特

Any　阿尼

Apachnan(Pachnan)　阿帕克南

Aphrodite　爱富罗底

Aphroditopolis　爱富罗底德坡里斯

Apis　阿匹斯

Apollo　阿波罗

Apollonius　阿波罗尼乌斯

Apophis　阿波斐斯

Apy　阿皮

Aqenenre　阿昆内拉

Tel Arad　阿拉德

Archimedes　阿基米德

Argo　阿高

Aristarchus　阿里斯塔尔古斯

Aristotle　亚里斯德

Arkinian　阿基

Armant　阿尔曼特

Arrian　阿里安

Arses　阿尔塞斯

Arsinoe　阿尔茜诺

Artapanus　阿尔塔帕努斯

Artashumare　阿尔塔舒马拉

Artaxerxes　阿塔薛西斯

Arvad(Arwada)　阿尔瓦德

Asclepios　阿斯克列庇奥斯

Asehre Khamudy　阿塞拉·卡穆底

Ashkalon　阿斯卡隆

Ashurpanipal　亚述巴尼拔

Assis　阿塞斯

Assuan　阿苏安

Assyria　亚述

Asychis　阿苏奇斯

Asyut(Assiut)　阿西龙特

Aten　阿吞

Aterian　阿泰尔

Athothis　阿托提斯

Athribis　阿特里毕斯

Atum　阿图姆

Auletes　奥列提斯

Avaris　阿发里斯

Awibre Hor　阿维布拉·荷尔

Ay　阿伊

Ayan　阿扬

Baal　巴勒

Dandera　旦德拉

Dapur　达普尔

Darius　大流士

Dedefptah　戴德夫普塔赫

Dedyet　德杰特

Defenneh　德奋奈

el-Deir　戴尔

Deir el-Bahri　戴尔巴哈里

Deir el-Ballas　戴尔巴拉斯

Deir el-Medina　戴尔美迪纳

Deir Tasa　戴尔塔萨

Demeter　德墨特尔

Demetrius　德米特里乌斯

Den　登

Denyen　狄念

Diari　贾里

Dicletian　戴克里先

Dinocrates　狄诺克拉特

Diodorus　狄奥多拉斯

Dionysius Petosarapis　狄奥尼西·帕特萨拉匹斯

Dionysus　狄奥尼索斯

Diospolis Parva　狄奥斯坡里斯·帕尔瓦

Dira Abun-Naga　戴拉·阿奔·纳戈

Dishasha　狄沙舍

Dja　吉阿

Djedhetepre　杰德赫特普拉

Djadia　佳加

Djedkare　杰德卡拉

Djedkhau　杰德卡乌

Djeho　杰郝

Djer　哲尔

Djeret　杰列特

Djet　杰特

Djeserkheprure　杰塞尔凯普鲁拉

Djoser　左塞

Djoser Teti　左塞·特梯

Dudimos　杜狄摩斯


Ebana　埃巴纳

Ed-Derr　埃德代尔

Edfu　埃德富

Edjo　埃娇

Edomites　埃道米特斯

Edwa　爱德瓦

Elephantine　厄勒藩汀

El-Kab　埃尔卡伯

epi-Levalloisian　斯外勒瓦娄哇

Epiphanes　埃庇法尼斯

Erasistratus　埃拉西斯特拉图斯

Eratosthenes　埃拉托色尼

Esarhaddon　以撒哈顿

Esh-shallal　伊什舍拉勒

Ethiopia　埃塞俄比亚

Euclid　欧几里德

Euergetes　奥厄葛提斯

Eunostos　尤诺斯托斯

Euripides　欧里庇德斯

Eusebius　犹塞比乌斯

Evagoras　伊瓦高拉斯


Faiyum　法尤姆

Farafra　费拉法（绿州）


Galilee　杰利里

Wadi el-Gasus　戈苏斯干河

Gaza　加沙

Geb　盖伯

Gebel Barkar　巴卡勒山

Gebel el-Ahmar　艾哈迈尔山

Gebel el-Silsila　塞勒塞拉山

Gebelein　格伯林

Gerzean　格尔塞

Gezer　盖泽尔

Giza　吉萨

Gyges　吉盖斯


Ha　哈

Habiru　哈比鲁

Habu　哈布

Iput　伊普特
Ipuwer　伊普味
Irem　伊利姆
Irmaat　伊尔玛阿特
Irsu　伊尔苏
Lrtjet　伊尔杰特
Isetibtowy　伊塞悌布托威
Isetnofret　伊塞特诺弗列特
Ishtar　伊什塔尔
Isi　伊塞
Isidor　伊西多
Isinofre　伊塞诺弗列
Isis　伊西丝
Isna　伊斯纳
Issus　伊苏斯
Itai　伊塔
Itet　伊太特
It　伊梯
Iti-towy　伊梯·托威
Itju　伊提乌
Iuny　尤尼
Iuput　尤普特

Jamdat Nasr　捷姆迭特·那色
Jerusalem　耶路撒冷
Joppa(Jaffa)　约帕
Joseph　约瑟夫
Josephus　约瑟夫斯
Josiah　约西亚
Justinian　查士丁尼

Ka　卡
Kaaper　卡佩尔
Kagemni　卡盖姆尼
Kaiechos　凯奇奥斯
Kakave Ibi　卡凯拉·伊比
Kakau　凯考
Kakheperre Senebu　卡凯培拉·塞奈布
Kaku　凯库
Kamos　卡莫斯

Kanefer　卡尼斐尔
Karanis　卡拉尼斯
Karnak　卡纳克
Karoy　卡罗伊
Gebel Katherina　凯瑟林山
Kaykhet　凯克特
Kehek　凯赫克
Keket　凯开特
Kenkenes　肯凯尼斯
Kentetenka　肯特坦卡
Kerma　凯尔玛
Khaba　卡阿巴
Khafre　哈夫拉
Khakheperre　卡凯帕尔拉
Khamerernebty　哈美莱尔尼布梯
Khamudy　卡穆底
Khamwese　凯姆维塞
el-Kharga　哈里杰
Khasekhem　哈塞海姆
Khasekhemwy　哈塞海姆威
el-Khatana　卡塔那
Khatii　凯悌
Khendjer　肯杰尔
Khenthenofer　亨腾诺斐尔
Khentimentiu　亨悌曼提乌
Khentkawes　肯特卡维斯
Khenut　凯努特
Kheper　凯帕尔
Kheperkheprure　凯帕尔凯普鲁拉
Khepermare　凯帕尔玛拉
Khepri　凯普利
Kheruef　克鲁伊夫
Kheta　凯塔
Khety　凯悌
Khnum　克努姆
Khnumhotep　克努姆霍特普
Khonsu　孔苏
Khor　霍尔
Khufu　胡夫
Khufuhaf　胡夫哈夫
Khui　库威
Khunere　库尼拉

Khutowyre Ugaf　库托威拉·乌戈夫
Khyan　希安
Kiya　凯娅
Kode　考狄
Kom Ombo　考姆翁布
Kons　孔丝
Koptos　科普托斯
Kumma　库玛
Kurna　库尔纳
Kush(Kushit)　库什(库希特)

Lacuna　拉库纳
Lagus　拉古斯
el-Lahun　拉宏
Leontopolis　莱翁特坡里斯
Letopolis　列脱坡里斯
Levalloisian　勒瓦娄哇
Levant　利凡特
Libu　利布
Libya　利比亚
el-Lisht　利希特
Lukka　卢卡
Luxor　卢克索
Lycian　吕底亚人
Lycopolis　利考坡里斯

Maadi　马阿底
Maat　玛阿特
Maatkare　玛阿特卡拉
Maatnefrure　玛特尼弗鲁拉
Jadas Maccabaeus　玛加巴乌斯
Magas　马格斯
Maghara　马格哈拉
Magna　玛格纳
Magnus　马格纳斯
Mahasna　马哈斯那
Mai　马伊
Maidum　美杜姆
Makherure　马凯鲁拉
Malkata　马勒卡塔

Bab el-Mandeb　曼德海峡
Manetho　马涅托
Manikhtawitf　马尼克塔维特夫
Mareotis　马留提斯(湖)
Mark　马可
Mathha　玛特哈
el-Matmar　玛特马尔
Mattiwaza　马梯瓦扎
Mauroy　穆罗伊
Mayebre Sheshi　迈耶布拉·舍西
Mazghuna　马兹古纳
Mazoi　玛佐伊
Medamud　迈达姆德
Medinet Habu　美迪奈特哈布
Medjay　麦德查
Madjedu　美杰杜
Megegi　麦杰吉
Megiddo　美吉多
Meir　美尔
Meket-re　美凯特拉
Melchit Patriarch　梅尔凯特教派
Memnon　美农
Memphis　孟斐斯
Menas　美纳斯
Mencheres　门契里斯
Menchian　门契
Mendes　门德斯
Menes　美尼斯
Meni　美尼
Menkauhor　孟考霍尔
Menkaure　孟考拉
Menkhau　孟考
Menkheperre　蒙凯帕拉
Menkheprure　蒙凯普鲁拉
Mentiiu　门杰乌
Mentuhotpe　孟图霍特普
Merenre　麦然拉
Mereruka　美列卢卡
Meresankh　美丽珊克
Merhetepre Ini　美尔赫特普拉·伊尼
Merikare　美里卡拉
Merimda Beni Salama　麦里姆达·贝尼·

萨拉姆

Meritamun　美丽塔蒙

Meritaten　美丽塔吞

Meritites　美丽特丝

Mer(it)neith　美丽(特)奈茨

Mernefere Iy　美尔尼斐拉·埃伊

Mernptah　美楞普塔

Meroe　麦罗埃

Mersekhemre　美尔塞凯姆拉

Meruserre　美卢塞拉

Meryamun　美里阿蒙

Meryetre　美丽特拉

Meryhathor　美里哈托尔

Meryibre　美利布拉

Meryre　麦利拉

Meryreankhnes　美列莲柯尼丝

Merytowy　麦利托威

Mesedshure　美塞德舒拉

Mesehti　美瑟赫梯

Meshwesh　美什维什

Methen　梅腾

Methusuphis　美扎萨斐斯

Wadi Miah　米阿赫干河

el-Mialla　米阿莱

Miam　米阿姆

Min　米恩、敏(神)

Minkaf　敏卡夫

Minoan　米诺安

Mirgissa　米尔吉萨

Mishrife　密什利菲

Misphragmuthosis　密斯弗拉格穆托西斯

Mitanni　米丹尼

Mithradates　米特拉达梯

Mnevis　穆涅维斯

Moeris　莫伊利斯

Montu　孟图

Mousterian　莫斯特

Muhammad　穆罕默德

Musri　米斯里

Muses　缪斯

el-Mustagidda　穆斯塔吉达

Mut　穆特

Mutmweya　穆特姆维娅

Mutnodjme　穆特诺吉美

Mutnofret　穆特诺夫列特

Mycenae　迈锡尼

Mycerinus　米塞里努斯


Naharin(a)　纳哈林

Nahr el-kalb　纳赫尔卡勒布

Nakht　纳赫特

Nakhthorhebe　奈克托尔亥布

Nakhtnebtepnefer　那克特尼布太普尼斐尔

Napata　那帕达

Naqada　涅伽达

Narmer　那尔迈

Nasb　奈斯布

Natrun　纳特仑

Natufian　纳吐夫

Naucratis　诺克拉提斯

Nauri　纳乌里

Nebamun　尼巴蒙

Nebemakhet　尼布玛凯特

Nebet　尼布特

Nebhepetre　尼布赫帕特拉

Nebiryerawet　尼比利拉维特

Nebka　尼布卡

Nebkare　尼布卡拉

Nebkhau　尼布卡乌

Nebkheprure　尼布凯普鲁拉

Nebmaat　尼布玛阿特

Nebmare　尼布麻拉

Nebpehtyre　尼布帕赫悌拉

Nebtowy　尼布托威

Nebuchadnezzar　尼布甲尼撒

Nectanebef　涅克塔尼毕夫

Nectanebes　涅克塔尼毕斯

Nectanebo　涅克塔尼布

Nectanebus　涅克塔尼布斯

Nefarud　尼发鲁德

Neferefre　尼斐勒弗拉

Neferhetepes　尼斐尔海特普斯

Neferhotpe　尼斐尔霍特普

Neferibre　尼斐里布拉

Neferirkare　尼斐利尔卡拉

Neferkara　尼斐尔卡拉

Neferkhau　尼斐尔卡乌

Neferkheprure　尼斐尔凯普鲁拉

Nefermaat　尼斐尔玛阿特

Neferti　聂非尔提

Nefertiry　尼斐尔泰丽

Nefertiti　尼斐尔泰悌

Nefertkau　尼斐尔特卡乌

Neferu　尼斐鲁

Neferukheb　尼斐勒凯布

Neferure　尼斐鲁拉

Nefret　尼芙丽特

Nefrush　尼夫鲁什

Nefrusheri　尼弗鲁舍丽

Nefrutotenen　尼弗鲁托坦

Neheri　尼赫里

Neith　奈特

Nekaure　涅库拉

Nekhbe(el-kab)　涅克伯

Nekhbet　涅赫伯特

Nekhen　涅亨

Nekhet　涅凯特

Nekhtnebef　奈克特尼毕夫

Neos Philopator　尼奥斯·菲洛帕托尔

Nephercheres　尼斐尔契里斯

Nepherites　尼斐利提斯

Nephthys　涅菲悌丝

Nesamun　尼萨蒙

Nesbenebded　聂斯伯尼布德

Neshi　尼西

Nesumont　尼苏孟特

Neterimu　涅特里木

Netjerkhau　尼杰尔卡乌

Netjeryhedzet　尼切利赫杰特

Netjerykare　尼杰利卡拉

Netjerykhet　奈贴莱凯特

Newserre　纽塞拉

Nicetas　尼塞塔斯

Nichao(Nicho)　尼科

Nichepsos　尼契普索斯

Nicherophes　尼契罗斐斯

Niferkare　尼斐尔卡拉

Nimlot　尼姆罗特

Nineveh　尼尼微

Nitocris　尼托克丽丝

Nitokerti　尼托凯尔梯

Niy　奈伊

Nofret　诺弗列特

Nubia　努比亚

Nubkaure　努布考拉

Nubkhas　努布卡丝

Nubkheperre　努布凯帕尔拉

Nubt　努布特

Nuges　努吉斯

Nun　努恩

Nunet　努涅特

Nuri　努里

Nut　努特

Nynetjer　尼涅特杰尔

Nysuteh　尼苏太赫

Ochus　奥库斯

Octavius　屋大维

Oldowan　奥杜韦

el-Omari　奥玛里

Ombite　奥姆毕特

Ombos　奥姆鲍斯

On　奥恩

Onias　奥尼亚斯

Onnus　翁努斯

Opet　奥帕特

Origen　奥里根

Orion　奥利翁

Orontes　奥伦特

Orus　奥鲁斯

Oryx　奥利克斯

Osiris　奥西里斯

Osochor　奥索考尔

Osorkon　奥索尔康

Osorthon　奥索尔通

Othoes　奥奏伊斯

Oxyrhynchus　奥克西林库斯

Paibekhamen　帕比卡蒙
Paiis　帕伊斯
Palamyrians　帕尔米拉人
Pan　潘恩
Pantainus　潘塔努斯
Parennefer　帕连尼斐尔
Pawah　帕瓦
Pe　帕
Pedes　帕德斯
Pedubast　帕杜巴斯特
Peftjauawybastet　帕夫乔阿维巴斯太特
Pehemefer　帕赫尔尼斐尔
Pehou　帕浩
Pekanan　皮卡南
Peleset　帕来塞特
Pelusium　培琉喜阿姆
Pentwere　蓬特维拉
Pepinakht　珀辟纳赫特
Pepy(Phiops)　珀辟
Per-Nefer　帕尔·尼斐尔
Perdicas　皮尔蒂卡斯
Peribsen　伯里布森
Per-Ramesse　培尔·拉美斯
Persenti　帕尔森悌
Pertinax　帕提那克斯
Peser　帕塞尔
Petubates　帕图巴特斯
Pewero　帕维罗
Phalerum　法鲁姆
Pharbaithos　法尔拜托斯
Pharos　法罗斯
Philadelphia　菲拉德尔斐亚
Philadelphus　菲拉德尔弗斯
Philae　菲莱
Philipus　菲利普
Philo　斐洛
Philometor　菲洛麦托尔
Philopator　菲洛帕托尔
Phoenicia　腓尼基

Phucas　福卡斯
Piankhy　皮安希
Pimay　皮迈
Piter　比德
Pliny　普林尼
Pluka　普卢卡
Plutarch　普鲁塔克
Pompey　庞培
Pontus　本都
Popillius Laenas　波庇里乌斯·莱纳斯
Poseidon　波塞冬
Pramesse　普拉美斯
Psammecherites　普撒姆美契里提斯
Psmmuthis　普撒姆提斯
Psimut　普塞穆特
Psinaches　普塞奈奇斯
Psukhemne　普撒凯姆尼
Psummetichus　普撒美提克
Psusennes　普撒塞尼斯
Ptah　普塔
Ptahmose　普塔赫摩斯
Ptahotpe　普塔霍特普
Ptahshepses　普塔舍普塞斯
Ptolemais　托勒梅斯
Ptolemy　托勒密
Punt　蓬特

Qaa(Kaa)　卡阿
Qadesh　卡叠什
Qantarah　坎塔拉
Qantir　坎提尔
Qarqar　卡尔卡尔
Birket Qarun　加龙湖
Qasr Ibrim　盖斯尔·伊布里姆
Qatna　盖特纳
Qedem　基德姆
Qedmi　魁德米
Qena　基纳
Qode　考德
Quban　库班
Quneh　库尼赫

Seqenere　塞肯内拉

Serabit el-khadim　塞拉毕特·卡迪姆

Serapeum　塞拉匹姆

Serapis　塞拉匹斯

Sesesu　塞斯苏

Sesochris　塞索克里斯

Sesonchis　塞松契斯

Sesoosis　塞索西斯

Sesostris　塞索斯特里斯

Sesothis　塞索提斯

Setepenamun　塞泰帕那蒙

Setepenre　塞泰帕拉

Seth　塞特

Seth-Baal　塞特·巴勒

Sethnakhte　塞特那克特

Sethnes　塞特尼斯

Seti(Sethos)　塞提

Setietiu　塞切契乌

Setjet　塞捷特

Seuserenre　修塞连拉

Sewadjenre　塞瓦健拉

Shabaka　夏巴卡

Shabataka　夏巴塔卡

Shalek　舍列克

Sharuhen　沙鲁亨

Shasu　沙苏

Shedit　舍戴特

Shedtowy　舍德托威

Shedwast　舍德瓦斯特

Shekelesh　塞凯列什

Shemra　塞姆拉

Shepenwepet　舍频维帕特

Shepseskaf　舍普塞斯卡夫

Shepseskare　舍普塞斯卡拉

Shepsesre　舍普塞斯拉

Shepsesykhet　舍普塞西凯特

Sherdan　舍尔丹人

Sheshi　舍西

Shikhanni　什勒卡尼

Shinar　什那尔

Shoshenq　舍尚克

Shu　舒

Shuppiluliumash　苏比鲁琉马什

Shuttarna　苏塔尔纳

Sia　西阿

Siamun　西阿蒙

Sibe　塞比

Sidon　西顿

Sihathor　塞哈托尔

Silsilan　塞勒塞拉

Simuhe　辛努亥

Sinnacherib　辛那赫里布

Siptah　西普塔

Sisires　塞赛里斯

Sitamun　赛塔蒙

Sithatorynet　塞塔托丽尼特

Sitre　西特拉

Siwa Oasis　锡瓦绿洲

Smendes　斯门德斯

Smenkhkara　斯门卡拉

Sneferu　斯尼弗鲁

Sobek(sobk)　索贝克

Sobkemsaf　索布凯姆塞夫

Sobknakhte　索布克那克特

Sobkhotpe　索布考特普

Sobkkara　索布克卡拉

Sobkneferu　索布克尼弗鲁

Socibius　索西比尤斯

Soleb　索列布

Solomon　所罗门

Sophocles　索福克勒斯

Soris　索里斯

Sosis　索西斯

Sostratus　索斯特拉图

Soter　索塔尔

Stan　斯坦恩

Stephinates　斯泰斐奈提斯

Stoics　斯多噶

Strabo　斯特里波

Suchos　沙考斯

Sulb　萨勒布

Sulla　苏拉

Sumenu　苏美努

Suphis　萨斐斯

Sutekh  苏太克

Tadu-Kheba  塔杜凯巴
Taharqa  塔哈尔卡
Takeloth(Takelot)  塔凯罗特
Takelothis  塔凯罗提斯
Takhaet  塔卡耶特
Tancheres  坦契里斯
Tanis  塔尼斯
Tanutamun  塔努塔蒙
Tao  泰奥
Tarsus  塔尔苏斯
Tasian  塔萨
Tebtunis  泰布图尼斯
Tefawi  塔法维
Tefibi  泰费比
Tefnakhte  泰夫那克特
Tefnut  泰富努特
Tem  泰姆
Tentamon  坦塔蒙
Teos  泰奥斯
Tep(y)a  泰皮阿
Teshub  特舒布
Teti  特梯
Tetien  泰廷
Tetisheri  特悌舍丽
Tewosre  特沃丝拉
Thampthis  塔姆普提斯
Thannuras  坦努拉司
Theadelphia  泰阿德尔菲亚
Thebes  底比斯
Thekel  塞凯勒
Theocritus  忒奥克里图斯
Theodosius  狄奥多西
Theos Philopator  提奥斯·菲洛帕托尔
Thet  泽特
This  提斯
Thoth  托特
Thrace  色雷斯
Thuthotpe  图特霍特普
Thutmose (Tuth-mosis)  图特摩斯(图特摩

西斯)
Ti  悌伊
Tia  提阿
Tiberius Julius Alexander  提比里乌斯·朱
　力乌斯·亚历山大
Tiglath-pileser  提格拉特帕拉萨尔
Timash  提马什
Tintto-emu  汀托伊姆
Tio  梯奥
Tiy  泰伊
Tiymerenese  梯美楞尼丝
Tjehenu  捷赫努
Tjemehu  捷迈胡
Tlas  特拉斯
el-Tod  陶德
Tomas  托马斯
Tombos  托姆波斯
Toshka  图什卡
Tosorthros  陶索尔特罗斯
Toth  托特
Tuho  图赫
Wadi Tumilat  图密拉特干河
Tunip  突尼普
Tura  图拉
Tursha  图尔沙
Tushratta  图什拉塔
Tutankhamun  图坦哈蒙
Tutankhaten  图坦哈吞
Tutimaios  图梯迈乌斯
Tutu  图吐
Tuty  图梯
Tuya  图雅
Twosre  特沃斯拉
Typhon  泰丰
Tyre  推罗

Uaphris  乌阿斐里斯
Uasneterre  瓦斯尼泰拉
Udim  乌吉姆
Udjahorresnet  乌加霍列森尼
Ugarit  乌伽里特

Umm el-Qaab　乌姆·卡伯
Unas　乌那斯
Uni(Weni)　乌尼
Usaphais　乌萨菲
Usercheres　乌塞尔契里斯
Userib　乌塞里布
Userkaf　乌塞尔卡夫
Userkara　乌塞尔卡拉
Userkhau　乌塞尔卡乌
Userkheprure　乌塞尔凯普鲁拉
Usermara　乌塞尔玛拉

Waditowy　瓦吉托威
Wadjet　瓦吉特
Wadjkheperre　瓦吉凯帕尔拉
Wahankh　瓦汉库
Wahibre　瓦希布拉
Wahkara　瓦赫卡拉
Wahkau　瓦卡乌
Wajmos　瓦吉摩斯
Washi　瓦西
Washptah　瓦什普塔赫
Wawat　瓦瓦特
Wehammeswet　维哈美斯维特

Wehemibre　威赫迈布拉
Wenamun　温阿蒙
Weneg　温尼格
Wenis　威奈斯
Weretyamtes　维列特雅姆悌斯
Weshesh　维舍什

Xenophon　色诺芬
Xerxes　薛西斯
Xois　克索伊斯

Tell el-Yahudiya　雅胡迪亚
Yakin-ilum　雅肯伊鲁姆
Yakubher　雅库布赫尔
Yam　雅姆
Yansas　延沙斯
Yantin　杨廷
Yenoam　耶诺阿姆
Yuia　尤亚
Bahr Yusef　优素福河

Zaniyet el-Aryan　扎维耶特阿里安

## 2. 古埃及专有术语译名对照表

Abydos List of kings　阿拜多斯王名表
Akh　阿克
Amarna Letter　阿玛尔纳书简
Arourae　阿鲁拉
Artaba　阿勒塔巴
Ash　阿什

Ba　巴
Benben　奔奔
Book of the Dead　死人书(亡灵书)
Boukoloi　布克里

Canopic jar　卡诺匹斯罐
Chaouc(Hausa)　凯狄克(豪沙)语
Coffen Text　棺文
Coptic　科普特
Cubit　腕尺

Deben　德本(91克)
Demotic　世俗语
Djadjat　委员
Drachmae　德拉克马

Ennead    埃尼阿德(九神团)
Epistrategoi    埃庇斯特拉提格

Fathom    欧尔巨阿(寻)

Gnos    诺斯
Gnosticism    诺斯替派
Golden Horus    金荷鲁斯

Hamito-Semitic Family    塞哈语族
Har(Hur)    哈尔(胡尔)
Hipostyle hall    圆柱厅

Iter    伊台尔

Karnak List of kings    卡纳克王名表
Khar    卡尔(袋=蒲式耳)
Khet    竿(5.029米)
Kite    凯特(9.1克)

Labyrinth    拉比林特(迷宫)
Laoi    劳伊

Mastaba-tomb    马斯塔巴墓
Memphite Theology    孟斐斯神学
Mina    米那
Monophysite patriarch    一性论教
Mortuary Temple    葬祭庙
Mummy    木乃伊

Nebty    涅布提
Nome    诺姆(州)

Nomen    国王"出生名"
Novibomines    新人

Obelisk    方尖碑
Ogdoad    八神团
Oikonomos    奥伊口诺摩斯
Ombite    奥姆伯特
Opet    奥帕特

Palermo Stone    巴勒莫石刻
Prenomen    王位名
Pylon    塔门
Pyramid Text    金字塔文

Schoeni    斯科伊诺斯
Sed festivol    赛德节
Serekh    "王宫门面"
Shabti（Sawabty,Ushabti）    夏勃梯
Shaduf    沙杜弗
Son of Re    拉之子
Sphinx    斯芬克斯
Stat（Stade）    斯塔特(斯塔迪昂)
Strategos    斯特拉提戈斯

Talent    塔兰特
Turin Canon    都灵王名册
Two Ladiès name    "两夫人"名

Valley of the kings    帝王谷
Valley of the Queens    王后谷
Vizier    维西尔

Waret    瓦列特
Wartu    瓦尔图

# 后　　记

　　这部书稿,作为国家哲学社会科学规划研究课题之一,从 1992 年立项,至 1996 年最终完成,经历了 4 个春秋。初稿完成后,经由廖学盛(原中国社会科学院世界史研究所所长)为首的专家组的鉴定而结题上报。参加鉴定工作的专家组成员还有我的导师东北师大林志纯教授、我的师兄北京师大刘家和教授和北京大学周怡天教授。鉴定认为"这是迄今中国学者自己撰写的篇幅最大,内容最丰富的古代埃及史","是一项优秀科研成果"。书稿不足之处,作者根据他们的意见也做了修改。正是在他们的鼓励下,我寻找了京沪几家出版社商谈出版事宜,由于众所周知的原因,而没有达成协议。最终在以学术为重的商务印书馆各级领导的支持下,把书稿纳入出版计划中,令我感激万分。

　　《古代埃及史》初稿 60 万字,我用了大约一年的时间压缩和修订后,送交商务印书馆。经过责任编辑林鲁卿同志的认真审校和有关各部门的努力,如今终于发排付印,即将出版。借此机会,我对所有关怀、协助我的领导、同事和朋友表示深切的谢意。

　　包括古代埃及史在内的埃及学研究,已有近两个世纪的历史。但是,埃及学在我国仅仅是刚刚起步。近年来,国内虽然已出版了几部有关古埃及历史、宗教、艺术等方面的著作,但与国外比较起来,仍有较大差距。在新的千年、新的世纪来临之际,作为古老文明的新中国理应在埃及学的研究上迈出一大步,做出应有的贡献。

　　考虑到我国迄今尚无一部详尽的古代埃及史,本人在力所能及的条件下,参阅了英、俄、日文的有关文献和论著,从政治、经济、文化以及社会生活等方面详细论述了古埃及社会的发展演变,力求以马克思主义观点揭示出其社会发展的某些规律性的东西。书稿在体系或内容上,也力求有些突破。比如,我们把古埃及史的下限延长到 7 世纪阿拉伯人的征服,而不是通常的希腊人的征服。鉴于国人对古埃及史缺乏系统了解,书稿全面系统地介绍了王朝世系的更迭,对于古埃及文化的发展,按不同时期划阶段,逐步予以论述。

限于个人水平和研究条件,这部著作不可能尽善尽美,有些地方显得薄弱。疏漏和谬误之处,在所难免。敬请学界同仁和广大读者赐教,以便改正,为发展我国的埃及学共同努力。

最后,还要提到的是,李晓东同志作为本课题组的成员,承担了第 11、12 章的写作任务,其手稿由我增补、删节了部分内容,不当之处,由我负责。

刘文鹏

2000 年 3 月 8 日

# 重印校后记

拙著《古代埃及史》出版以来,得到读者的厚爱,早已售缺。2003年,本书被教育部审定批准为研究生教学用书,经协商,现仍由原出版单位商务印书馆重印发行。

这部著作,作为中华社会科学基金项目,是我在教学之余利用 4 年的时间于 1996 年写成的,几经修改、压缩,最后在 2000 年出版。

这次重印是在原有版面的基础上,仅对个别错误和不当之处做了改正,错别字和印刷上的技术性等问题也做了修订。但是,深感遗憾的是本书仍有两大缺陷没有得到修补。第一,由于原著作出版的字数限制,有关不同的时期的宗教、艺术等文化方面的内容,压缩过多,有些重要的成就和文化遗产没有充分的论述;第二,从写作到出版历经近 10 年之久,其间埃及学,特别是埃及考古学有了很大的进展,有些新的成就没有及时吸收,必然影响到本书的科学价值,如有可能将来再另作论述。在本书重印出版之际,就某些有关问题做一简单补充说明。

目前,关于史前埃及或前王朝文化的研究上有了新的突破。埃及的新石器文化向来以尼罗河流域为根据,现在,除了尼罗河流域系统外,还有一个撒哈拉新石器文化系统,扩大了埃及新石器文化的内容。在前王朝文化发展的系列上,涅伽达文化原先分为文化Ⅰ和Ⅱ两期,现在由于德国考古学者的努力,在涅伽达文化Ⅱ的基础上,又分化出一个涅伽达文化Ⅲ(约公元前 3250—前 3100/3050 年),通常把它认定为 0 王朝,甚至还有人提出了 00 王朝的概念。这在埃及国家起源的研究上，前进了一大步。

与埃及文明起源直接有关的埃及文字的起源及其年代问题，一直是人们争论的焦点。根据近年德国学者在阿拜多斯 u-j 墓出土的铭文标签的研究，其年代可测定为公元前 3200 年，而图章的年代据说甚至可追溯到公元前 3400 年。这些铭文除表意文字外，也有表音文字的意义。由此可见，埃及文字有其本土起源的根据，并且其年代并不亚于美索不达米亚文字。

关于埃及统一国家形成的意义，现在已有了新的评价。传统上那尔迈的统一国家的建立，仅仅被看成是上下埃及的统一。但是却忽略了埃及统一国家在世界历史上的重要意义。近年来人们评价 0 王朝的终结和那尔迈统一国家的形成是"民族的统一"，也是"地球上创立民族国家的最早人民"，是"世界上第一个民族国家的兴起"。

法老时代，埃及的文明达到了高度的发展，无论在宗教、文学、艺术、建筑以及科学知识方面，都有了重大的成就。然而，需要补充的是，古埃及人在哲学方面的贡献。哲学向来被认为是希腊人的发明。但是，应该指出，希腊最早的哲学米利都学派起源于小亚，接近于东方的埃及和美索不达米亚。古埃及与美索不达米亚虽然没有形成系统的哲学学说，但是他们已经有了基本的哲学思想或意识。古埃及人的"神创论"的宇宙观，生死的二元论的世界观，规范社会行为法则的伦理观或人们之间的道德准则等构成了埃及哲学思想或意识的基本内容。这些哲学意识，应该加以总结，并把它作为埃及精神文明中的重要内容之一。古埃及的哲学思想对希腊哲学的起源，必定产生一定的影响。

埃及是一个宗教意识浓厚的国家，与此相关的丧葬习俗有其特殊的发展。金字塔之谜，一再引起人们的兴趣，在吉萨发掘出来的金字塔建筑工人和工程技术人员之墓数以百计，金字塔城的人口已达 5—10 万人。这些新的发现，可以破解所谓外星人建筑之神话。特别是近年用 C$^{14}$ 测定大金字塔的年代大约在公元前 2589—前 2504 年间,与传统的年代基本相符。顺便提到的是国内出版物所记述的已发掘出来的金字塔的总数通常在八九十座,显然已经是老黄历了。目前已发掘出来的金字塔的数字已达 110 座以上。还需要提到的是,帝王谷发掘的新进展。新王国时代,帝王不再建筑金字塔,而是选择帝王谷作为死后的安葬地。但是,帝王谷新的考察证明,这里不仅埋葬了帝王,而且还有更多的不同种类的人,包括非王室成员、小孩、青年,也许还有王后。1995 年,帝王谷发现的拉美西斯二世帝王诸多儿子墓中的 110 个墓室,再度轰动了考古学界。

托勒密王朝时期兴建的亚历山大城,一度是地中海世界的经济、文化中心,城市繁荣,建筑豪华。近年由于潜水考古学的发展,亚历山大城的水下考古取得了重要成就。因为,亚历山大海港内的王宫建筑遭到多次地震破坏,而陷入海中。除了人、神的雕像、巨像发现外,克娄巴特拉王宫遗址的水下考古取得巨大成就。在水下还发现了被震毁的七大奇迹之一灯塔的部分建筑材料。

在埃及考古发掘工作上,西沙漠绿洲的考古、亚历山大城的希腊化埋葬区,以及城市建筑中的墓葬的抢救性的发掘,以及"木乃伊谷"的发现,都取得了一定的成绩。还要提到的是 DNA 的测试及其在埃及考古学上的应用。上述有关的考古学成就,有些内容我们已在《世界历史》杂志 2001 年第 2 期(《1989—1999 年埃及考古学的新发现》)上发表,在此不再赘述。

最后,再说明一下关于古埃及史的下限,即终结的时间问题。传统上古埃及史以公元前 332 年马其顿亚历山大的征服为结束,或者以公元前 30 年罗马屋大维的征服为终结。本人早在 1996 年的论文和后来这本著作中曾经表明,无论希腊或者罗马、拜占庭统治下的埃及,古老埃及的民族及其文化传统,仍然维持下来而没有中断。因此,古埃及史应以 641 年的阿拉伯人的征服为下限。国外 1999 年出版的《古代埃及考古学百科全书》、2000 年出版的《牛津古代埃及史》和 2001 年出版的3 卷集的《牛津古代埃及百科全书》，都把古埃及史延长到或者 395 年的拜占庭时代，或者 641 年阿拉伯人的征服。应该说，古埃及史的下限时间，大有延长的趋势。

此外，还需要说明的是，在本书的文字校对过程中，我的几位研究生郭子林、李宏艳、曹采霞、侯彦玲、李红云等给了我不少的帮助。

本次修订工作，还得到了商务印书馆编辑的大力支持，在此一并表示谢意。尽管我们已经做出了努力，但是个人的能力毕竟有限，仍希望并感谢学界的同仁、广大读者，不吝指教，以便修正。

作者谨识

2004 年 3 月 8 日于通辽